高港年鉴 2021

GAOGANG YEARBOOK

中共泰州医药高新技术产业开发区工作委员会
中国共产党泰州市高港区委员会
泰州医药高新技术产业开发区管理委员会
泰州市高港区人民政府
主办

泰州医药高新技术产业开发区（泰州市高港区）党史方志办公室　编

方志出版社
Publishing House of Local Records

图书在版编目(CIP)数据

高港年鉴. 2021 / 泰州医药高新技术产业开发区（泰州市高港区）党史方志办公室编. -- 北京 ：方志出版社，2021. 10
ISBN 978-7-5144-4949-5

Ⅰ. ①高… Ⅱ. ①泰… Ⅲ. ①区（城市）—泰州—2021—年鉴 Ⅳ. ①Z525. 33

中国版本图书馆CIP数据核字(2021)第254677号

高港年鉴（2021）

编　　者：泰州医药高新技术产业开发区（泰州市高港区）党史方志办公室
责任编辑：陈　菁

出 版 者：方志出版社
地址　北京市朝阳区潘家园东里9号（国家方志馆4层）
邮编　100021
网址　http://www.zgfzcb.cn
发　　行：方志出版社图书经销中心
电话（010）67110500
经　　销：各地新华书店
印　　刷：南京凯德印刷有限公司

开　　本：889×1194　　1/16
印　　张：28
字　　数：688千字
版　　次：2021年10月第1版　　2021年10月第1次印刷
印　　数：0001~1000册

ISBN　978-7-5144-4949-5　　定价:280.00元

泰州市高港区地方志编纂委员会

（2021年8月）

名誉主任 叶冬华

主　　任 孙宏建

副 主 任 陶　旭　张汉刚　刘振东　李新美　周法鸣

委　　员 （按姓氏笔画排列）

于德宏　王　龚　王飞平　王林林　王晓瑾　王锁东　卞晓江　尹　杰
左祥生　卢国平　叶　健　田华东　史连美　白　剑　冯智洋　匡裕民
吉徐兵　朱　兵　朱双六　朱平平　朱俊茂　朱越春　刘长军　孙　俊
孙　跃　严　虎　严小龙　李　亚　李风华　李秀年　李忠钱　李晓娟
李润润　李惠平　吴玉春　邱卜雨　邱小平　冷　洪　沈虹振　张万卿
张小平　张国胜　陆　青　陆明航　陈志俊　陈宝进　邵釜明　金正文
周　骏　周　曦　赵剑三　秦　鑫　秦荣生　秦勇华　袁　斌　钱　峻
徐　旭　徐旭东　徐思达　栾　勇　高志勇　陶春山　曹小平　曹明德
曹春明　曹映华　戚永生　戚斐斐　彭铁官　蒋　为　蒋加华　程永进
雷家昌　樊增华　戴　波　戴立新　戴永建　戴建斌

编纂委员会下设办公室，李秀年任办公室主任，卢峰、王小萍任办公室副主任。办公室设在区党史方志办公室内。

《高港年鉴》编辑部

主　　任 李秀年

副 主 任 卢　峰　王小萍

统　　编 查云富　高蓓蓓　俞德斌

编　　辑 （按姓氏笔画排列）

孙乃庆　孙智慧　朱素芹　李爱云　祝　媛　贾美铭　戚继胜
薛　睿

英文翻译 卢　峰

封面题字 孙志勇

图片提供 高卫东

数字2020

地区生产总值：634.97亿元

第一产业增加值：14.4亿元

第二产业增加值：328.31亿元

第三产业增加值：292.26亿元

农林牧渔业总产值：22.6亿元

粮食总产量：9.23万吨

建筑业施工总产值：599.42亿元

社会消费品零售总额：96.69亿元

出口总额：3.7亿美元

一般公共预算收入：46.4亿元

全体居民人均可支配收入：40915元

城镇居民人均可支配收入：50068元

农村居民人均可支配收入：25666元

荣誉2020

中国工业百强区

全国农村生活污水治理示范区

扬子江药业集团连续6年位居中国医药工业企业百强榜榜首

高港综合物流园连续3年获评全国优秀物流园区

江苏省法治政府建设示范区

江苏省义务教育优质均衡发展区

2020年长江禁捕退捕工作受到省推进长江流域禁捕退捕工作领导小组办公室、中国海监江苏省总队来信表扬

泰州港经济开发区在2019年度全省省级开发区排名中位列第一

获2020年度泰州市综合考核优秀市（区）奖一等奖，实现“十一连冠”

2020年1月28日，防控人员在泰镇高速高港出口给过往人员测量体温 （区委宣传部　供稿）

2020年1月29日，白马镇陈家村退休老党员在村口布防 （区委宣传部　供稿）

2020年1月29日，永安洲镇兴洲社区志愿者开展疫情防控入户宣传　　（永安洲镇　供稿）

2020年2月1日晚，民警在时代广场小区岗亭登记出入人员信息　　（区公安分局　供稿）

2020年2月7日，泰州市第三人民医院志愿者在医院门口进行体温检测　　（区卫生健康委　供稿）

2020年2月8日，胡庄镇专项服务突击队到道路卡口配送物资　　（胡庄镇　供稿）

2020年2月13日，高港区年轻干部一线专项服务突击队为船民服务　　（区委区级机关工委　供稿）

2020年2月16日，永安洲镇党员先锋突击队队员在东江社区防控点布防　　（永安洲镇　供稿）

2020年2月15日，区级机关党员突击队队员在雪中执勤　　（区委区级机关工委　供稿）

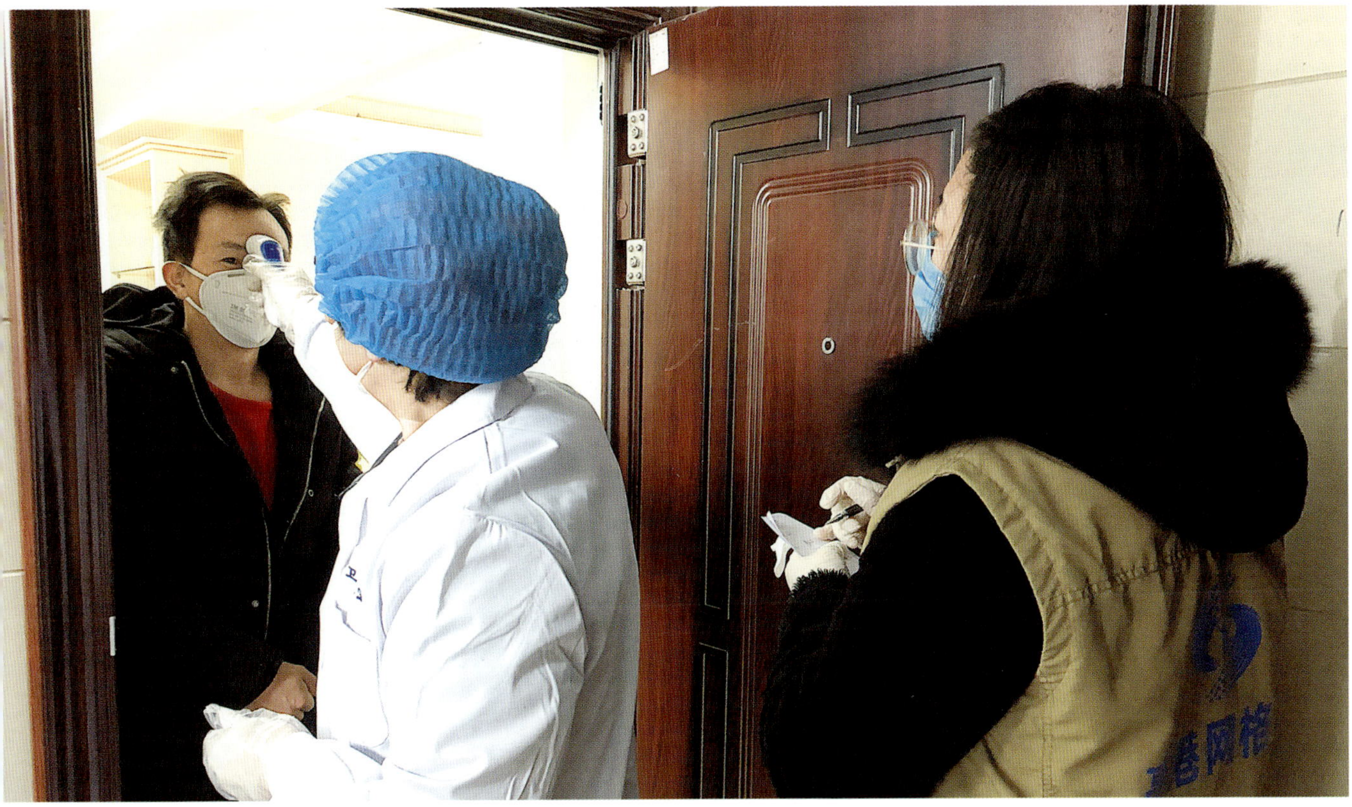

2020年，刁铺街道网格员与医务人员给居家隔离人员测量体温　　（区委宣传部　供稿）

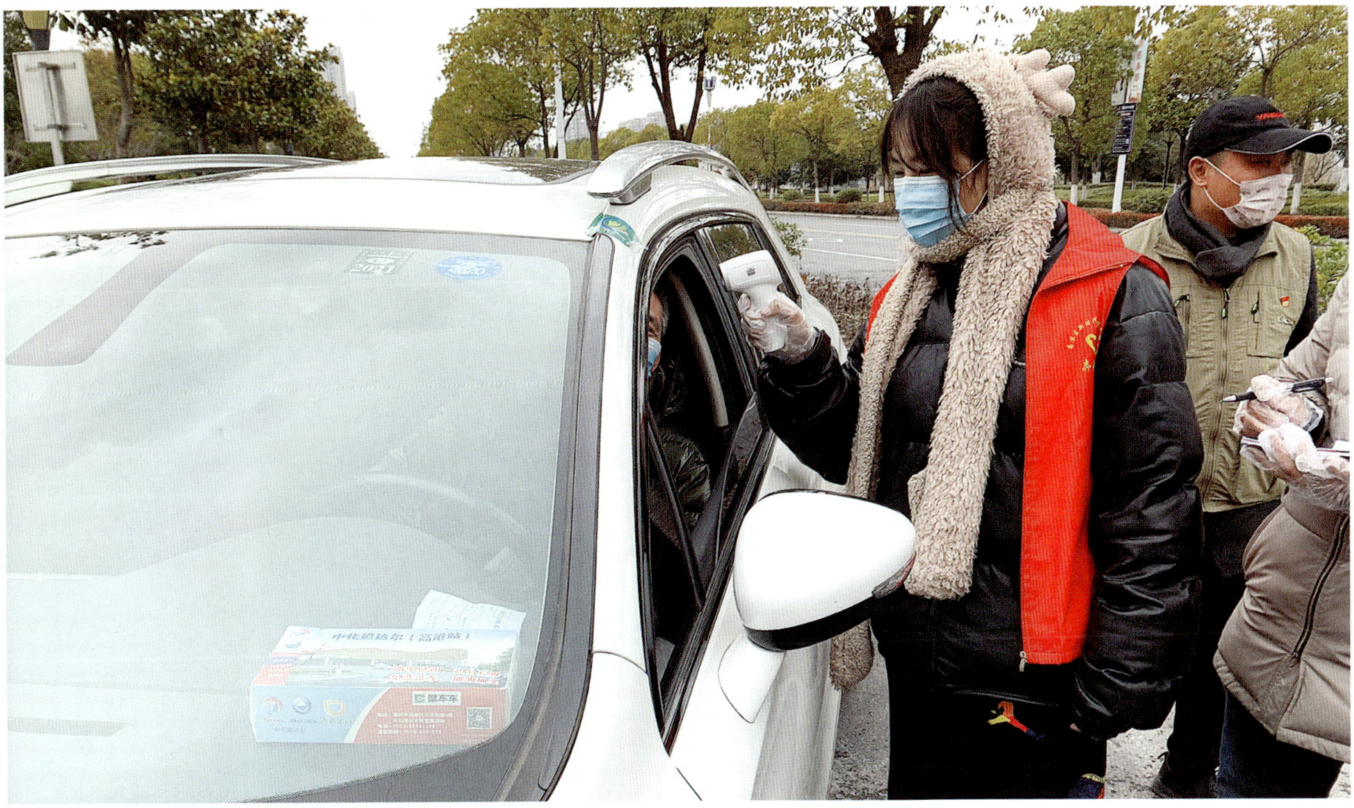

2020年，未返校的大学生主动参与社区防控工作　　（区委宣传部　供稿）

2020年1月22日，扬子江药业集团满载药品的大货车连夜奔赴武汉 （扬子江药业集团 供稿）

2020年2月14日，扬子江药业集团向江苏省医疗队捐赠价值100余万元的医用防护物资

（扬子江药业集团 供稿）

2020年2月3日，江苏苏萨食品有限公司为疫情防控捐款20万元　　（区委宣传部　供稿）

2020年2月6日，汇福粮油捐赠抗疫物资　　（永安洲镇　供稿）

2020年2月12日，白马镇陈家村乡贤能人捐赠防疫物资　　（区委宣传部　供稿）

2020年2月16日，胡庄镇水果店主慰问金果路卡口执勤人员　　（胡庄镇　供稿）

2020年，泰州百诺医疗器械有限公司加急生产医用口罩　　（区委宣传部　供稿）

元宵佳节，刁铺街道社区卫生服务中心给党员突击队队员送元宵　　（区委区级机关工委　供稿）

2020年3月5日，高港区免费赠送钉钉无接触考勤机助复工企业发放仪式现场　　（区委宣传部　供稿）

2020年4月28日，高港区农业项目集中开工仪式在胡庄镇举行　　（区委宣传部　供稿）

——复工复业

2020年9月29日，高港区乡村旅游节在白马镇陈家村开幕　　　　（区委宣传部　供稿）

2020年，扬子江药业集团对上班职工进行登记、体温检测　　（区委宣传部　供稿）

2020年，泰州港经济开发区驻厂员帮助企业开展疫情防控宣传工作　　（区委组织部　供稿）

2020年，高港区加强市场保供稳价惠民生（组图）　　（区商务局　供稿）

2020年3月18日，泰州市高港实验小学开展疫情预防演练　　（区教育局　供稿）

2020年3月28日，驻校员协助泰州市田河初级中学做好开学准备工作　　（区教育局　供稿）

2020年，泰州市高港实验小学教师开展居家线上教学　　（区教育局　供稿）

★ 全国抗疫“最美家庭”、江苏省抗疫“最美家庭”——白马镇王华芹家庭

★ 全省抗击新冠肺炎疫情先进集体——区政府外办

★ 全省抗击新冠肺炎疫情先进个人——泰州市第三人民医院汪羽、口岸街道引江社区张竹山

★ 泰州市新冠肺炎疫情防控工作首批“骏马奖”——大泗镇卫生院杨勇

★ 泰州市新冠肺炎疫情防控工作第二批“骏马奖”——刁铺街道明发社区霍荣康

2020年，白马镇王华芹家庭到泗白路防疫卡口赠送物资，慰问执勤人员　（区妇联　供稿）

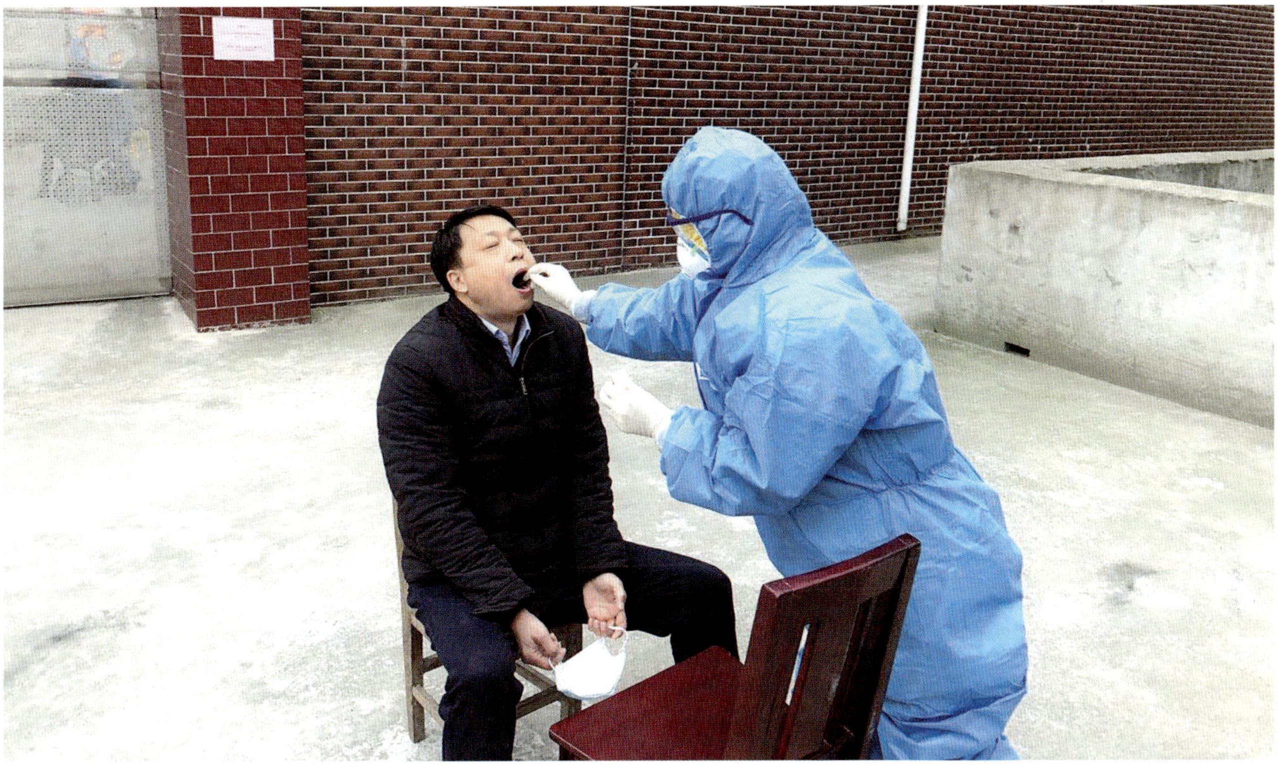

2020年，大泗镇卫生院医生杨勇（女，右）上门采集咽拭子　　（大泗镇　供稿）

2020年，刁铺街道明发社区党支部书记霍荣康（右）为出入小区的居民测量体温　　（刁铺街道　供稿）

2020年，泰州市第三人民医院副院长汪羽（右一）研究疫情防控工作　　（区委宣传部　供稿）

2020年，口岸街道引江社区党总支书记张竹山给过往人员测量体温　　　（区委宣传部　供稿）

2020年2月21日，建设中的长城汽车泰州整车项目现场　　（区委宣传部　供稿）

2020年11月24日，长城汽车泰州工厂正式竣工投产仪式在泰州港经济开发区举行
（区委宣传部　供稿）

2020年9月1日，长城汽车泰州分公司 PT（生产线试生产）整车下线　（区委宣传部　供稿）

长城汽车股份有限公司泰州分公司（2020年摄）　（区委宣传部　供稿）

长城汽车股份有限公司泰州分公司航拍图（2020年摄）　（区委宣传部　供稿）

长城汽车股份有限公司泰州分公司汽车生产线（2020年摄）　（区委宣传部　供稿）

长城汽车股份有限公司泰州分公司生产的“欧拉·好猫”新能源车（2020年摄）　（区委宣传部　供稿）

凤栖湖景区（2020年摄）

（区委宣传部　供稿）

凤栖湖景区内的寿胜寺（2020年摄）　　（区委宣传部　供稿）

凤栖湖风光（2020年摄）
（区委宣传部　供稿）

凤栖湖景区内的湖滨长廊（2020年摄）　　（区住房城乡建设局　供稿）

2020年9月25—26日，江苏省第八届全民健身运动会航海模型比赛在凤栖湖景区举行　（区委宣传部　供稿）

2020年10月14日，江苏省青少年山地自行车锦标赛在凤栖湖景区举行　　（区委宣传部　供稿）

经济答卷

地区生产总值年均增长8%，人均主要经济指标超过苏南平均水平，以全市5%的面积和5.73%的常住人口，创造12%的 GDP 和12.1%的财政收入。连续五年获评泰州综合绩效考评一等奖、实现“十一连冠”，获评全省首批高质量发展先进区。先期投资80亿元的长城汽车、总投资50亿元的龙凤堂中药等重大项目相继建成投产，扬子江药业集团连续6年问鼎中国医药工业企业百强榜榜首。获国家、省级科技进步奖6项，创成国家知识产权强县工程示范区。被评为国家农产品质量安全县。

地区生产总值

单位：亿元

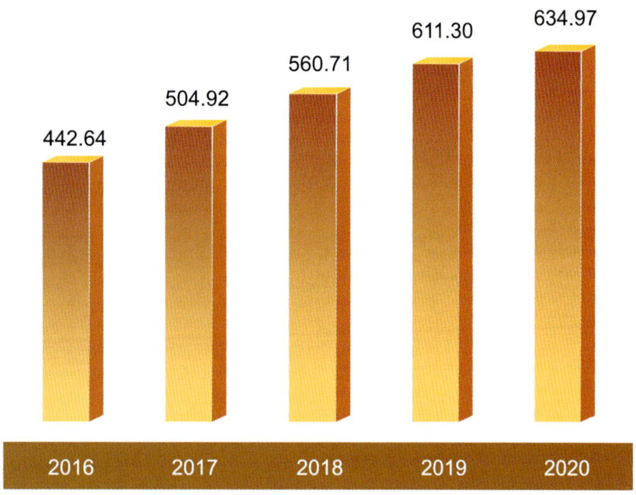

第一产业增加值

单位：亿元

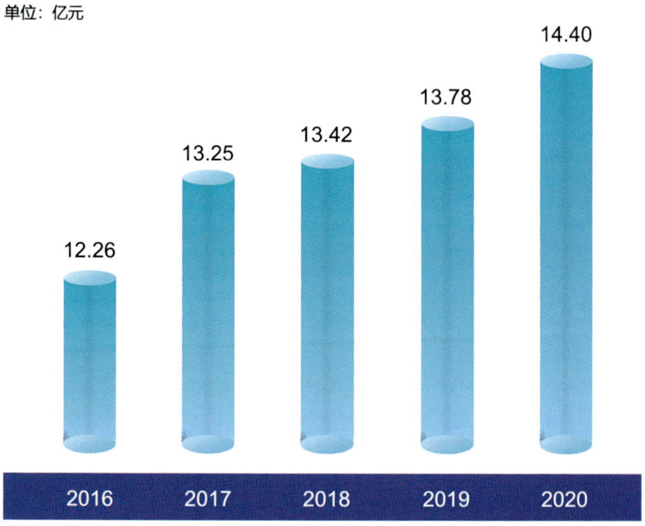

第二产业增加值

单位：亿元

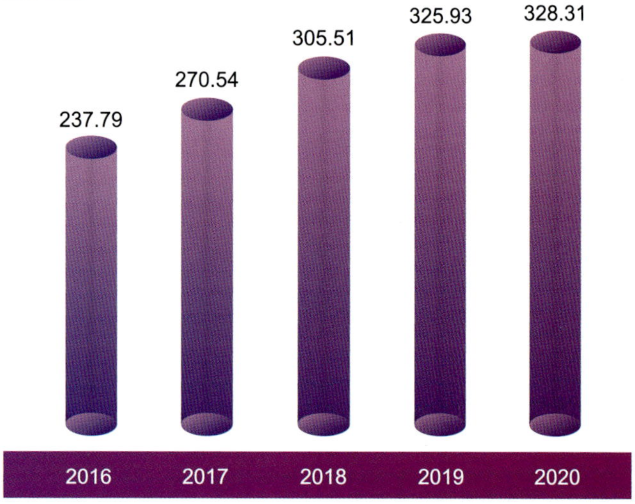

第三产业增加值

单位：亿元

社会消费品零售总额

单位：亿元

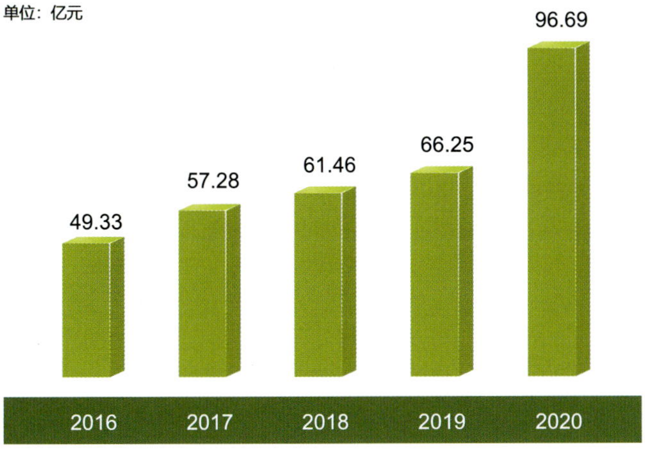

一般公共预算收入

单位：亿元

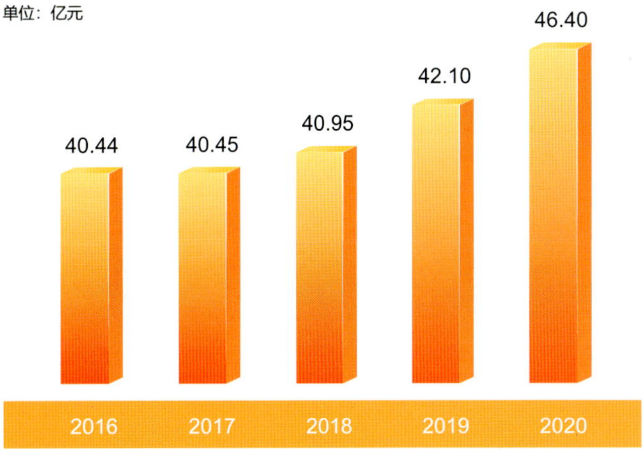

全体居民人均可支配收入

单位：元

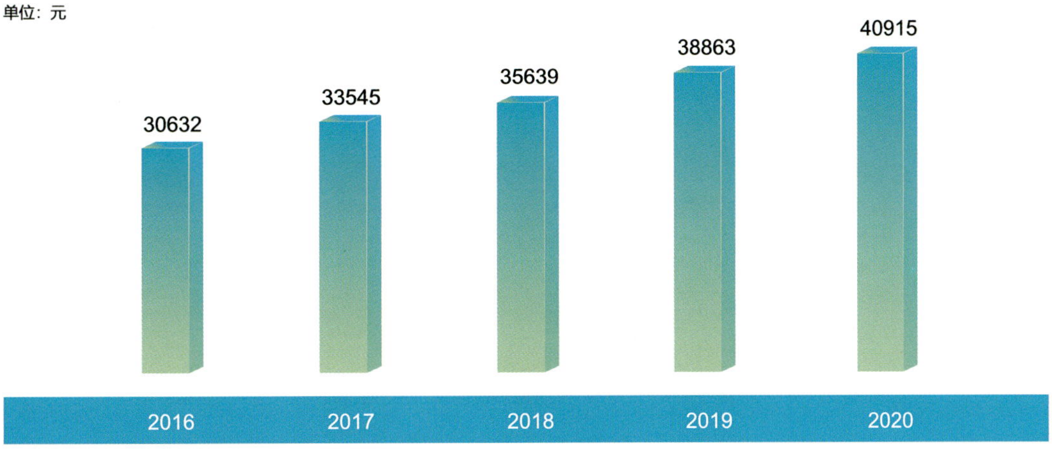

城镇居民人均可支配收入与农村居民人均可支配收入

单位：元

“十三五”期间，扬子江药业集团连续位居全国医药工业企业百强榜榜首。图为扬子江药业集团总部（2017年摄）

（扬子江药业集团　供稿）

总投资50亿元的扬子江药业集团江苏龙凤堂中药有限公司项目（2019年摄）　　（永安洲镇　供稿）

2016年1月，国家能源集团泰州发电有限公司二期2台百万千瓦超超临界二次再热燃煤发电工程4号机组建成投产。图为国家能源集团泰州发电有限公司全景（2017年摄） （国家能源集团泰州发电有限公司 供稿）

2016年10月，江苏苏萨食品有限公司植物蛋白饮料一期项目建成投产（2017年摄）

（区委宣传部　供稿）

2018年，总投资10亿元的万向精工江苏有限公司三期年产1000万套轮毂轴承单元项目竣工投产。图为万向精工江苏有限公司生产线（2018年摄）

（区委宣传部　供稿

2019年11月11日，长城汽车泰州整车项目在高港区开工，2020年11月项目竣工投产　　（区委宣传部　供稿）

2019年，丸庄益海嘉里（泰州）食品工业有限公司年产13万吨酿造酱油项目竣工投产。图为包括益海粮油、汇福粮油、丸庄酱油等在内的沿江粮油产业集群（2019年摄）
（永安洲镇　供稿）

泰州港经济开发区跃升至全省省级经济开发区第1名（2019年度）。图为园区一角（2019年摄）

（泰州港经济开发区　供稿）

2018—2020年，高港综合物流园连续三年获评全国优秀物流园区。图为园区内的泰州东君物流发展有限公司（2019年摄）

（区委宣传部　供稿）

2020年，泰州国际集装箱码头吞吐量达32.6万标准箱　　（区委宣传部　供稿）

2016年，泰镇高速高港段开通。图为泰镇高速与京沪高速互通立交桥（2019年摄）　　（区委宣传部　供稿）

2017年，东风快速路开通。图为东风快速路高港段夜景（2017年摄） （区委宣传部 供稿）

“一路高畅”四好农村路先导段（2021年摄）（区交通分局　供稿）

“一路高畅”四好农村路先导段彩凤桥与果园桥（2021年摄）　（区交通分局　供稿）

2016年，高港区政府与吉林大学合作共建吉林大学（泰州）汽车动力传动研究院。图为2018年9月20日高港区举办吉林大学（泰州）汽车动力传动研究院科技成果路演活动　（口岸街道　供稿）

2019年，位于临港经济园的国家特种劳动防护用品质量监督检验中心（江苏）获批国家级质检中心（2019年摄）

（口岸街道　供稿）

2019年2月，中科院自动化所泰州智能制造研究院在高港区揭牌。图为该项目产业基地（2020年摄）

（区委宣传部　供稿）

民生答卷

累计投入171亿元用于民生事业，实施10大类87个民生实事项目。城乡居民收入增速始终快于经济增速，城镇登记失业率一直保持全省最低。创成苏中苏北唯一的省义务教育优质均衡发展区、省中小学校责任督学挂牌督导创新区。市、区人民医院紧密型医联体建设持续深化，省级卫生镇实现全覆盖，永安洲镇、许庄街道创成国家级卫生镇。先后荣获省级“四好农村路”示范县、食品安全示范区、妇幼健康优质服务示范区、卫生应急工作规范区等称号。

2016年，泰州市永安洲实验学校投入使用（2017年摄）

（永安洲镇　供稿）

2018年，异地改扩建的泰州市口岸中心小学建成（2019年摄）　　（区教育局　供稿）

2018年，泰州市环溪幼儿园新园项目竣工（2019年摄）　　（刁铺街道　供稿）

2019年9月，尚德智幼儿园开园（2019年摄）　　（尚德智幼儿园　供稿）

2020年，泰州市柴墟幼儿园建成（2021年摄）　　（区住房城乡建设局　供稿）

2016年7月，高港区政府和泰州市人民医院就合作共建泰州市第三人民医院（高港区人民医院）签署战略合作框架协议。图为泰州市第三人民医院（2020年摄）

（区住房城乡建设局 供稿）

异地新建的刁铺街道社区卫生服务中心（2021年摄）（区卫生健康委 供稿）

2016年，高港区全民健身中心二期工程建成并对外开放（2017年摄）　　（区委宣传部　供稿）

2016年8月，高港美术馆（高港书画院）揭牌开馆　　　　（区委宣传部　供稿）

2019年，口岸街道蔡滩社区城市书房建成并对外开放（2019年摄）　　　　（区委宣传部　供稿）

2019年，明发商业广场开业运营（2020年摄） （区委宣传部　供稿）

2019年年末，泰州维景国际大酒店开始试营业（2020年摄） （大江公司　供稿）

2020年，海军“洪泽湖”号综合补给舰（图中左二）退役后入驻高港海军舰艇文化公园。图为2021年对外开放的高港海军舰艇文化公园
（区住房城乡建设局　供稿）

口岸智慧农贸市场（2020年摄）　　（区委宣传部　供稿）

2020年，共享单车投入使用（2020年摄）　　（区委宣传部　供稿）

2020年，刁铺红烧羊肉入选江苏省百道乡土地标菜
（刁铺街道　供稿）

2020年10月18日，“相约高港·蟹逅胡庄——2020首届高港江水清沙螃蟹节”在胡庄镇宗林村举办。图为蟹农展示螃蟹
（区委宣传部　供稿）

生态答卷

2.2千米的原生态长江深水岸线得到妥善保护。河道长效管护连续4年获省、市考核一等奖，省考、市考断面水质持续稳定达标，获评全国农村生活污水治理示范区；空气质量优良率从2016年的68%提升到2020年的82.7%；先后创成江苏省生态文明建设示范区、江苏省节水型社会示范区和国家环境保护模范城市、国家园林城市，获评全国绿化模范区，绿色成为发展的底色、本色和亮色。

长江秋色（2020年摄）

（区委宣传部　供稿）

沿江生态走廊（2020年摄） （区委宣传部 供稿）

泰州长江公路大桥北接线两侧美景（2020年摄）　　（区委宣传部　供稿）

泰州引江河高港枢纽（2020年摄）　　（区委宣传部　供稿）

2016年，口岸雕花楼景区被评为国家AAAA级景区。图为雕花楼景区内的观澜阁（2019年摄）
（雕花楼景区管委会　供稿）

2017年，白马旅游文化景区创成国家AAA级景区。图为白马雕艺小镇（2017年摄）　　（区委宣传部　供稿）

2018年，江苏中药科技园创成国家AAA级景区（2019年摄）　　　　（区委宣传部　供稿）

2019年建成的刁东中沟游园（2020年摄）　（区住房城乡建设局　供稿）

2019年建成的高港生态公园装配式公厕，搭载垃圾分类功能（2019年摄）　（区城管局　供稿）

城区洒水作业（2018年摄）　　（区委宣传部　供稿）

大泗镇大马水生植物园（2020年摄）　　（大泗镇　供稿）

2016年，许庄街道乔杨社区被评为全国美丽宜居村庄。图为乔杨社区集中居住区（2021年摄） （乔杨社区 供稿）

2019年，许庄街道蔡庄村入选江苏省第三批特色田园乡村试点。图为蔡庄村全貌（2021年摄）　　（蔡庄村　供稿）

2019年、2020年，白马镇陈家村、胡庄镇宗林村先后被认定为全国“一村一品”示范村。图为陈家村逸夏果园（2019年摄）

（区委宣传部　供稿）

2020年，大泗镇霍堡村入选江苏省第五批次特色田园乡村。图为霍堡村廉政法治文化园（2020年摄）

（区委宣传部　供稿）

“十三五”期间，口岸街道引江社区、刁铺街道大丰社区获评江苏省美丽乡村。图为引江社区一角（2019年摄）
（区委宣传部　供稿）

2020年，高港区获评全国农村生活污水治理示范区。图为永安洲镇东江社区污水处理站（2019年摄）
（区委宣传部　供稿）

文明答卷

新时代文明实践中心（所、站）建设实现全覆盖，万人“中国好人”比例全省领先，助力泰州实现全国文明城市“三连冠”、全国双拥模范城“五连冠”。“大江”系列文化品牌深入人心，获评全国群众体育先进单位。网格化管理经验全市推广，连续多年获评江苏省法治建设示范区、平安区，被评为全国平安建设先进区。安全生产形势持续稳定向好，连续16年未发生较大及以上和有较大影响的事故。

“中国好人”陈伟（前）向长江放流河豚鱼苗（2018年摄）（区委宣传部　供稿）

2016年2月，高港区开展农民工学法活动周法律咨询活动 （区委宣传部 供稿）

2017年3月24日，泰州市暨高港区3月份"志愿服务大集市"集中行动启动仪式在高港区举行 （区网管中心 供稿）

2017年5月31日，区人民法院“何芬法官工作室”走进许庄街道马厂社区，举办防范非法集资专题宣讲会
（区委宣传部　供稿）

2017年3月28日，高港区举办中小学生“好家风好家训好家规”诵读展演活动　（区网管中心　供稿）

2018年10月16日，高港区开展“巾帼敬老　爱在重阳”志愿服务活动　　（区妇联　供稿）

2019年3月5日，高港区新时代文明实践中心志愿者开展“健康长江泰州行动”义务植树活动　　（区委宣传部　供稿）

2019年5月13日，口岸街道新时代文明实践所在大润发广场开展“志愿再出发　我们来报到”志愿者招募活动
（区委宣传部　供稿）

2019年9月26日，省委宣传部、省教育厅在高港区举行江苏“最美教师”钱维胜发布会　　（区委宣传部　供稿）

2020年5月12日，高港区“最美家庭”“五好家庭”“家庭好角色”推进会在口岸街道徐庄村召开

（区委宣传部　供稿）

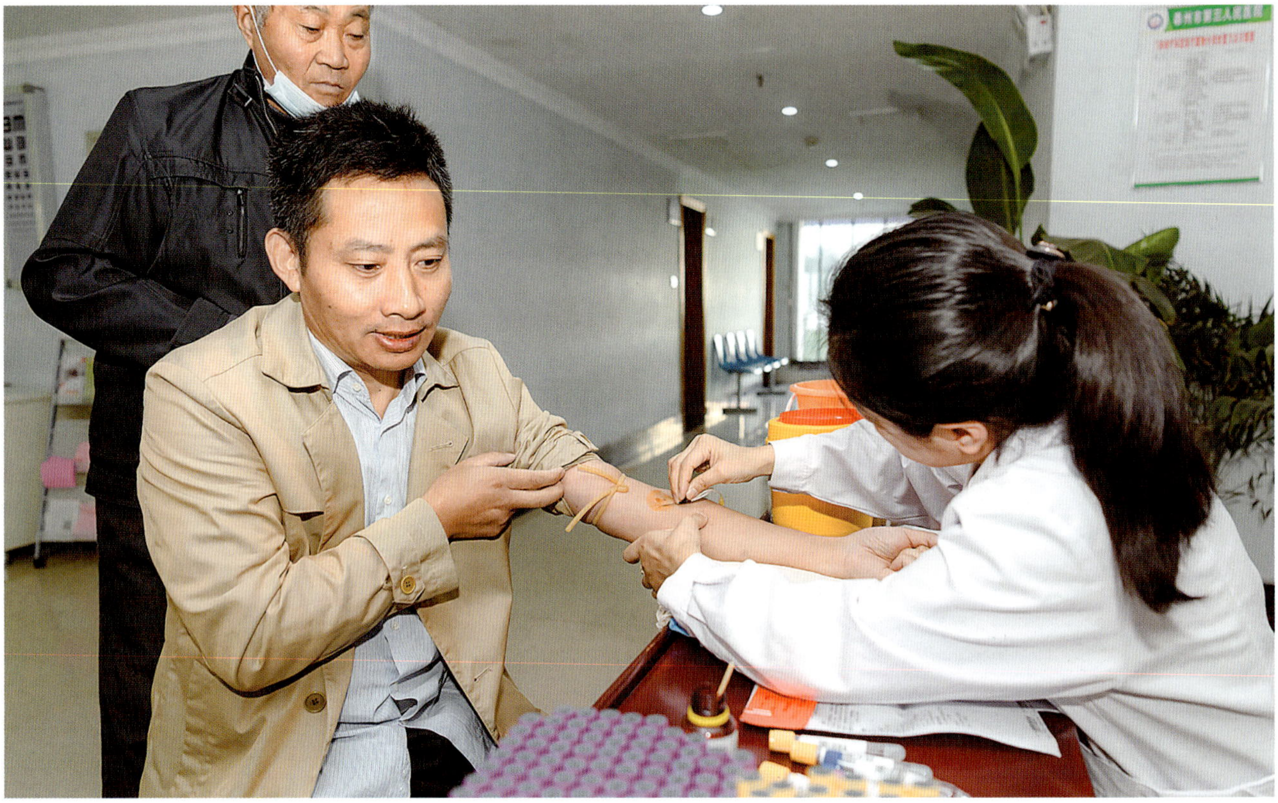

2020年10月9日，高港区组织80余名市级以上先进典型进行免费健康体检　　（区委宣传部　供稿）

2020年12月4日，泰州市“百姓名嘴”范正德（左一）用“鼓儿书”进行法治宣传　　（大泗镇　供稿）

2020 年，大泗镇获评全国文明乡镇。图为大泗镇区（2019 年摄）（大泗镇　供稿）

永安洲镇兴洲社区开展社会主义核心价值观宣传（2017 年摄）（区委宣传部　供稿）

脱贫攻坚

高港区认真贯彻习近平总书记关于脱贫攻坚重要指示精神，积极落实中央和省、市决策部署，不断加强组织领导，创新扶贫举措，强化工作保障，全力打赢脱贫攻坚战。至2019年，全区8个市级建档立卡经济薄弱村集体经营性收入均稳定在18万元以上，且可支配收入超过35万元；全区7000元以下建档立卡低收入农户脱贫率100%。2020年，突出“两不愁三保障”问题清零、产业扶贫推进、返贫风险防控、长效机制建立等工作重点，不断提升脱贫质量，巩固脱贫成果，全区1340户建档立卡低收入人口和8个市级建档立卡经济薄弱村实现稳定脱贫。

自2017年起，高港区对口帮扶陕西省淳化县，淳化县累计脱贫1.2万余户4万余人，退出贫困村95个。2019年5月陕西省政府公告淳化县退出国家贫困县序列，摘掉贫困县帽子。

2019年，位于高港现代农业园区的“富民大棚”项目建成　　（胡庄镇　供稿）

2019年12月31日，高港区举办经济薄弱村农产品产销对接会 （区委宣传部 供稿）

扶贫人员入户核查低收入农户情况（2017年摄）　（区农业农村局　供稿）

区级机关挂钩人员入户走访建档立卡低收入农户（2019年摄）　（区农业农村局　供稿）

高港区为低收入农户建立“一户一档”（2019年摄）　　（区农业农村局　供稿）

2020年，胡庄镇医疗小分队开展健康扶贫活动，为低收入农户免费体检　　（区农业农村局　供稿）

党的建设

致力从严管党治党，为各项事业发展提供坚强保障。五年来，始终把学习贯彻习近平新时代中国特色社会主义思想作为首要政治任务，把抓好党建作为最大政绩，全面推进党的政治建设、思想建设、组织建设、作风建设、纪律建设，把制度建设贯穿其中，深入推进反腐败斗争，党的建设质量不断提高。始终支持人大、政协围绕中心、履职尽责，统筹抓好统战、党管武装、群团、老干部、退役军人服务、关心下一代和老区经济建设等工作，形成心齐气顺、政通人和的良好局面。

2020年12月8日，高港区举办学习贯彻党的十九届五中全会精神宣讲报告会　　（区委区级机关工委　供稿）

2019年7月1日，高港区举行庆祝建党98周年暨优秀共产党员事迹报告会。图为泰州港经济开发区的两名年轻党员讲授党课《信仰的“度量”》（区委组织部　供稿）

2019年10月30日，区委区级机关工委在区人民检察院组织召开区级机关“高标准抓好主题教育，助推机关党建高质量发展”现场观摩会 （区委区级机关工委　供稿）

2017年，高港区在全省率先启动并扎实开展“大走访大落实”活动，为群众办理一系列实事。图为刁铺街道界牌社区设立的老年人助餐点 （区委宣传部　供稿）

2017年9月11日，区委统战部组织党外干部培训班学员参观山东临沂孟良崮战役纪念馆 （区委统战部　供稿）

编 辑 说 明

一、《高港年鉴》是由中共泰州医药高新技术产业开发区工作委员会、中国共产党泰州市高港区委员会、泰州医药高新技术产业开发区管理委员会、泰州市高港区人民政府主办，泰州医药高新技术产业开发区（泰州市高港区）党史方志办公室编纂的年度综合性、资料性文献。创刊于2010年，本卷为第12卷。

二、《高港年鉴（2021）》（以下简称本年鉴）坚持以马克思列宁主义、毛泽东思想、邓小平理论、“三个代表”重要思想、科学发展观、习近平新时代中国特色社会主义思想为指导，坚持辩证唯物主义和历史唯物主义的立场、观点和方法，全面、系统记述2020年高港区自然、政治、经济、文化、社会和生态建设等年度情况，旨在为领导决策提供参考资料，为社会各界和海外人士了解、研究高港提供翔实信息。

三、本年鉴采用分类法编辑，设类目、分目、条目3个层次，分目下视情设副分目。类目设32个，包括：年度聚焦、年度报告、大事记、区情概览、中共泰州市高港区委员会、泰州市高港区人民代表大会、泰州市高港区人民政府、政协泰州市高港区委员会、纪检监察、民主党派·群众团体、法治·军事、港口·口岸、江苏泰州港经济开发区、扬子江药业集团、经贸合作、农业、工业·建筑业、服务业、科技、经济管理、城乡建设、生态环境、文化·体育、教育、卫生健康、人力资源、社会保障、社会事务管理、应急管理、街道·镇、人物·荣誉、附录。条目为记述的基本单位，其标题采用黑体加“【 】”表示。大事记前有“△”者，表示与前所记日期相同。

四、本年鉴资料由全区各园区、镇街、部门、单位供稿，并由供稿单位领导审核。撰稿人员署名于条目之后。文中数据及有关内容由区统计局和区保密局审核把关。部分数据因统计口径不同存在差异的，以统计部门提供的统计数据为准。

五、清代及其以前使用朝代年号纪年，括注相应的公元纪年，在同一条目中只首次括注相同朝代年号的公元纪年。中华民国、中华人民共和国采用公元纪年。外币注明币种，人民币不作标注。

六、本年鉴中的机构、缩略语使用规范性简称，附录中设有部分组织机构全称、简称对照表和缩略语注释表。

七、本年鉴卷末设主题分析索引，按汉语拼音字母顺序排列。

目 录

Contents

图片专辑

Photo album

年度聚焦

Annual focus

年度报告

Annual reports

大事记

Chronicle of events

区情概览

Overview of Gaogang District

中共泰州市高港区委员会

CPC committee of Gaogang District

泰州市高港区人民代表大会

People's Congress of Gaogang District

泰州市高港区人民政府

People's government of Gaogang District

政协泰州市高港区委员会

CPPCC of Gaogang District

纪检监察

Discipline inspection & Supervision

民主党派・群众团体

Democratic parties & Mass organizations

法治・军事

Law operation & Military

港口·口岸

Port

江苏泰州港经济开发区

Jiangsu Taizhou Port Economic Development Zone

扬子江药业集团

Yangtze River Pharmaceutical Group

经贸合作

Economic and trade cooperation

农 业

Agriculture

工业·建筑业

Industry & Construction industry

服务业

Service industry

科 技

Science and technology

经济管理

Comprehensive economic management

城乡建设

Urban and rural development

生态环境

Ecological environment

文化·体育

Cultural activities & Sports

教　育

Work of educational department

卫生健康
Public health

人力资源
Work on human resources

社会保障

Social security

社会事务管理

Social affairs management

应急管理

Emergency management

街道・镇

Profiles of the administrative sub-districts and towns

人物·荣誉

Figures & Honors

附 录

Appendices

索　引

Index

年度聚焦

抗击新冠肺炎疫情

2020年，高港区累计确诊新冠肺炎病例4人，全部治愈出院，密切接触者91人，区隔离点集中隔离1322人，集中隔离入境人员278人。

一、高站位构建组织架构，疫情阻击战高效有序推进

迅速落实突发公共卫生事件一级响应机制，建立严密规范的组织架构和责任体系，统筹做好疫情防控和经济社会发展工作。

高位部署推动　1月22日，区委常委会会议传达学习习近平总书记对新型冠状病毒感染的肺炎疫情防控作出的重要指示精神。1月24日，区疫情防控办出台《关于加强新型冠状病毒感染的肺炎疫情防控工作的通告》。1月26日，区政府发布《关于实施新型冠状病毒感染的肺炎疫情一级响应措施的通告》。1月28日，区委常委（扩大）会议专题研究部署疫情防控工作。区委、区政府决定成立应对新型冠状病毒感染肺炎疫情工作领导小组。区委、区政府主要负责人任双组长。下设机构为“一办八组”，包括办公室、预防控制和医疗救治组、交通管控组、社会及社区防控组、农村防控组、学校防控组、企业防控组、新闻宣传组、物资保障组，后增设涉外联防联控指挥部和市场与物流防控专项组。

广泛宣传引导　各园区、镇街和城管、卫健、市场监管、商务等部门切实履行自身职能，利用室内外电子显示屏、广播、展牌站牌、横幅标语、宣传栏等，做好疫情防控事项和科普知识的宣传。全区累计发放宣传画册20余万份，张贴公告4万余份，发送短信1300余万条。在各级媒体刊发防疫稿件300余篇，被央视采用3篇、新华网采用近40篇、《泰州日报》采用50余篇，“微高港”微信公众号共推出疫情原创微信近400条。及时向各级媒体推介在抗疫工作中涌现出来的先进典型和感人事迹。

发挥先锋作用　实行党员干部+志愿者+网格员+物业管理员“四员联动”，形成红色引领、志愿同行、全员参战的抗疫工作格局。动员区级机关部门（单位）500余名机关干部参与疫情防控，组织100余支志愿服务队、7000余名志愿者有序开展志愿活动1000余场次。白马镇王华芹家庭获评全国和江苏省抗疫“最美家庭”，是泰州市唯一同时获此殊荣的家庭；区政府外办被省委、省政府评为全省抗击新冠

党员突击队队员对过往人员进行登记　　（区委区级机关工委　供稿）

肺炎疫情先进集体，泰州市第三人民医院汪羽、口岸街道引江社区张竹山被省委、省政府评为全省抗击新冠肺炎疫情先进个人；2人被泰州市效能建设领导小组授予泰州市新冠肺炎疫情防控工作“骏马奖”；24个集体、个人被区效能建设领导小组授予高港区新冠肺炎疫情防控工作“骏马奖”。

二、高密度搭建阻隔网络，防控全程管理形成闭环

立足切断传染源，不折不扣落实“早发现、早报告、早诊断、早隔离、早治疗”的要求，全力严防死守、严控到底。

严把源头关 设置治安卡口1个、防疫检查点7个、镇村级道路卡点356个，实施24小时全天候值守，做到逢车必查、逢人必测、信息必登。压实各镇街主体责任，充分用好“大数据+网格化+铁脚板”，聚焦城市社区、农村地区两个重点关口，建立镇村干部带队，民警、卫生人员、网格员组成的摸排小队，进行地毯式调查摸底。对入泰返泰人员落实健康状况主动申报和14天隔离措施。

严把管控关 坚持问题导向，突出对主要人员、主要场所、主要区域的防控措施，外防输入、内防扩散。密切关注近14天有疫情重点地区行程史、确诊及疑似病例密切接触史人员，严格落实登记、测温、集中医学观察等防控措施。加强公众聚集活动管制，取消或延期举办大型群众性活动，严禁大规模操办婚丧喜事和群体性聚餐活动。加强零售药店早期监测，实行购买退热、止咳药品实名信息登记报告制度，进一步有效控制感染源。制定小区、村居等封闭管理标准，通过发放工作证、小区居住证和推广“祥泰码”等措施，落实人员和车辆进出管控。全面开展高风险人员及入境人员的核酸检测。9月起，每周对辖区内的冷链食品（含包装物）、冷链食品环境样品、冷链食品从业人员进行检测。至年末，共采集检测冷链食品（含包装物）364份，冷链食品环境样品265份，冷链食品从业人员193人，结果均为阴性。

严把隔离关 组织镇、村医务人员对摸排出来的有湖北特别是武汉旅居史的人员进行随访，落实14天的居家医学观察，医务人员每日测温2次，建立动态管理台账，对出现发热、咳嗽等呼吸道症状的人员第一时间由120专车转运到发热门诊就诊。落实区级隔离观察定点医院，全区分层、分级建立集中隔离医学观察点体系，设立集中医学观察点20个、观察容量1718张床，医疗机构留观点2个、留观床位28张。

严把救治关 抽调呼吸、重症医学、急诊、儿科等骨干力量，组建区级医疗专家组。组织区级专家以及各医疗卫生单位分管院长、医疗防保具体负责人、骨干医师等相关人员进行多轮专业培训。按规范要求，做好发热门诊设置和预检分诊工作。充分发挥医联体作用，对送往泰州市人民医院隔离观察及救治人员信息及时反馈、研判，并落实措施。强化院感防控，规范发热门诊和预检分诊，设置就诊流程，切实做好“内防蔓延”工作，全区未发生一起院内感染事件。

严把涉外关 国内疫情得到有效控制后，落实中央“外防输入，内防反弹”要求，及时调整工作思路和工作方向，把防范境外疫情输入作为防控工作的重中之重，制定“信息获取、推送流转、排查管控、核实反馈”闭环工作流程，全方位紧盯境外人员输入风险，细化部署各项任务措施，精准分类抓好社会及社区防控工作，层层压实防疫责任，确保科学、规范、有序开展境外入境人员管控工作。对已掌握的入境人员按照“一人一档”建立管控台账，实行等级化管理，开展动态化管控，对居家隔离人员每日测量体温，及时获取有效信息，确保疑似病例第一时间发现。第一时间设立上海口岸入境人员转接工作专班，由区公安分局联合区卫生健康委、各镇街实行24小时驻点轮班制，做好联系对接、核查登记、体温检测、车辆调度、接送转送等工作，从源头上防控境外疫情输入和蔓延。专班3辆警车、6名警力24小时待命，随时准备赶赴南京、镇江等地，将确需入泰州境外人员安全接至高港接驳点进行分流，保证即接即转。确保入境人员来高港全流程封闭式、流水式跟踪管控。8月起，专班共转接境外入泰州人员228人，均安全返回目的地。

三、高质量服务经济发展，生产生活秩序加快恢复

坚持通盘考量、科学安排，强化分类指导、精准施策，有力有序推动各类企业复工复产、学校开学复课，逐步恢复经济社会秩序。

推动工业企业复工复产 把全区工业企业按照类别、规模、效益等分为A、B、C、D四种类型，分级分类做好工业企业复工。全区31个重点骨干企业、192个规模以上工业企业全部复工，规模以上工业企业驻厂员全覆盖。成立6支精准服务小分队，对已复工企业开展走访服务，从产能恢复、物资储备、行业走势、行业特点、新增长点、存在的困难等方面开展走访调研。累计帮助复工企业解决人员、资源、产能等问题事项30余项。放大“店小二”专业服务效应，通过网上申请、快递收送、全程网办，实现行政审批不间断、优质服务不终止，累计完成线上审批998件。

促进服务业复工营业 在保持疫情防控期间超市、农贸市场和药店正常营业的基础上，根据疫情发展实际，实施分级分类管控，科学精准做好全区服务业经营主体复工复业工作，恢复人民群众正常生活，促进经济社会平稳、健康发展。制定商贸服务业复工复产“负面清单”，除文化娱乐、公共洗浴、线下培训等非生活必需、空间相对密闭、人员相对集聚的经营性场所暂缓复工复

永安洲实验初中教师在家授课　　（区教育局　供稿）

业外，其他服务业经营主体在严格落实疫情防控措施的前提下，分步有序复工复业。随着疫情防控形势的逐渐好转，全区理发店、便利店、水果店等民生配套行业有序恢复营业。3月16日起，全区餐饮服务企业逐步恢复堂食、开门迎客。

推动农业复工复产　组织人员到田间地头和生产一线，动员蔬菜生产主体合理安排茬口，做好技术指导和服务。至3月末，全区54个农资零售商全部复工复产，全区涉及蔬菜和应季水果（草莓）生产的28个新型经营主体已正常生产，日均产量15~20吨，全区果蔬基本供应充足。组织家庭农场、农业企业、农民专业合作社、种植大户等各类农业主体，在“我的泰州”App“战疫情　保供应”本地优质农产品线上展销活动板块发布销售信息。强化农产品质量安全网格化监管，加强农业标准化生产技术指导，开展农产品质量安全知识在线培训，加大地产农产品风险监测抽检频率，确保上市农产品质量安全。4月，在疫情防控常态化条件下，农业生产工作有序开展，小麦病虫害防治、水稻育秧、农村人居环境整治等工作逐步恢复正常。

保障学校开学复课　做好“停课不停学”，所有学生均进行“线上学习”和“省名师空中课堂”“泰微课”等优质授课平台自学，全面停止校外培训机构线下服务。坚持“日报告”“零报告”制度，实时监控泰州市师生健康管理平台，实行分类指导、分层管理，定人定责包保疫情重点地区师生，精准掌握每一名师生的健康信息，坚决杜绝师生带病、带隐患返岗返校。实行驻校机制，组建37个工作组，在全市率先开展驻校指导工作，全力保障到校、上课、就餐、课间、放学全流程安全。

常态化开展疫情防控　组织开展医疗机构、学校企业、公共场所、养老机构、社区农村等重点场所、重点机构防控工作人员技术培训，督促、指导大型超市、农贸市场等营业单位落实清洁、通风、消毒措施。实施泰州市第三人民医院发热门诊改造，推进二级以上医院和区疾控中心核酸检测实验室建设，提高全区疫情防控能力。对新冠病毒疫苗接种重点人群进行补充摸底。广泛宣传科学佩戴口罩、规范使用空调、保持社交距离等疫情防控知识，引导社会公众养成勤洗手、戴口罩等良好的卫生习惯和生活方式。　（区防控办）

决战决胜脱贫攻坚

2020年，高港区围绕中央、省、市脱贫攻坚工作整体部署，突出“两不愁三保障”问题清零、产业扶贫推进、返贫风险防控、长效机制建立等工作重点，推动责任落实、政策落实和工作落实，不断提升脱贫质量，巩固脱贫成果，全区1340户建档立卡低收入人口和8个市级建档立卡经济薄弱村实现稳定脱贫，完成脱贫致富奔小康工程各项工作任务，通过省、市考核验收。

一、责任落实

将习近平总书记关于脱贫攻坚的重要论述及中央、省、市脱贫攻坚重要会议精神纳入全区各级党委（党组）中心组学习的重要内容，集中学习培训。常态化召开区委常委会会议、政府常务会议和农村工作领导小组会议，研究部署脱贫攻坚工作。镇街、部门党委（党组）至少每季专题研究扶贫工作1次以上，及时解决工作难点和问题。分批次组织镇街分管领导、镇村扶贫专员、村党总支书记等学习脱贫攻坚政策和业务知识。

区委、区政府负责人到重点乡镇、经济薄弱村和低收入农户督查指导扶贫工作。区委、区政府研究制定《高港区2020年扶贫工作要点》《关于切实抓好脱贫攻坚问题排查整改高质量打赢脱贫攻坚战的通知》等文件，层层压实扶贫责任。区委、区政府牵头抓总，区级部门协调推进、各级党委主体落实、社会各界全面参与的大扶贫工作格局更加稳固。

开展区级脱贫攻坚问题“回炉”排查和“推磨式”检查，配合开展脱贫攻坚市级预验收和验收检查，共发现问题144个。针对存在的问题，分镇街、部门开出问题“交办单”，相关镇街、部门对照交办问题，制定详细整改方案，逐个问题过堂，逐条对账销号，发现的各类问题均按期整改到位。

二、政策落实

保障义务教育　通过完善资助制度、强化资金管理、加强政策宣传等措施，高效规范推进教育资助工作。2016—2020年，全区共发放资助金1085.35万元，惠及困难学生18247人次，其中，义务教育共资助学生12464人次，资助金额719.9万元。

保障基本医疗　深化村居医疗综合体制改革，深入开展家庭医生签约服务，全面落实“先诊疗后付费”和“一站式”服务，稳步推进低收入人口大病专项救治，累计救治患有30种大病的患者344例。通过落实困难群体资助参保、降低大病保险起付线、提高大病保险报销比例、实施医疗救助托底等政策，减轻困难群体经济负担，稳定降低低收入人口个人自付医疗费用。

保障住房安全　坚持分类施策，通过翻新重建、修缮加固、集中安置、亲情安置等多种形式，保障全区所有建档立卡人员住房安全。建立农村危房改造长效管护机制和应急处置方案，开展农村危房改造实施情况“回头看”，累计改造建档立卡户危房203户。

保障民生兜底　紧扣疫情防控、社会救助、困境儿童保障等重点任务，坚持执行城乡低保标准自然增长、城乡低保渐退、重病重残单人保等制度，兜牢民生安全底线。困境儿童精准排查和分类保障省、市试点工作经验受到省农业农村厅通报表扬，支出型困难家庭救助帮扶机制获评省农业农村厅创新实践最佳案例。

三、工作落实

实施动态管理　开展非贫困户边缘户、脱贫监测户“两户”动态排查，建立动态监测与低保标准同步调整机制，组织镇村每月开展排查分析。依托“阳光扶贫”监管系统，及时比对信息。严格执行低收入农户申报公告、村级评议公示、相关部门数据比对、入户人工核对、镇街审核公示、区级确认公示、异议复核公示和脱贫公告“两公告两比对四公示”，以及识别人签字确认、农户签字确认、帮扶人签字确认、检查验收签字确认、农户签字确认同意销账“五签字五确认”程序，确保小康路上一户不少，一人不落。

推动产业扶贫　8个经济薄弱村均落实产业发展项目。继续利用标准厂房租金收入帮扶8个经济薄弱村及低收入农户。累计向经济薄弱村发放扶持资金1490.5万元。对经济薄弱村进行梯度奖励，进一步激励经济薄弱村自主发展。白马镇白马社区、岱白村成功申报2020年财政扶贫专项资金项目，获120万元财政奖补。区扶贫办与泰州市文旅集团建立消费扶贫协作机制，通过电商扶贫、消费扶贫拓宽增收渠道，2020年完成各类农副产品销售2000余万元。

建立长效机制　开展低收入农户就业调查，开发公益性就业岗位。结合“就业援助月”“春风行动”“民营企业招聘周”等公共就业服务专项活动，为扶贫对象搭建用工对接平台。出台《关于建立解决相对贫困长效机制的实施意见》，投入91.09万元，在泰州市率先启动“防贫保”工作。

优化攻坚氛围　新选配8名机关党员干部到经济相对薄弱村（社区）担任第一书记。组织开展“扶贫日”系列活动，启动以“助力脱贫攻坚，共建幸福城市”为主题的“泰有爱·慈善一日捐”活动，募集捐款73万元。开展高港区“扶贫路上，有我同行”征文活动。借助中央、省、市各类媒体，报道高港区扶贫工作先进做法和典型经验。（于　辉）

长江十年禁渔

根据中央和省、市统一部署，高港区实施长江十年禁渔计划。2020年10月，在泰州市率先完成长江高港段全线退捕工作，渔船渔民退捕、退捕渔民转产转业、退捕渔民养老保险参保率均达100%。高港区2020年长江禁捕退捕工作受到省推进长江流域禁捕退捕工作领导小组办公室、中国海监江苏省总队来信表扬。

一、加强组织领导

区委、区政府成立由区政府主要负责人任组长的长江泰州高港段禁捕退捕长效管理工作领导小组，多次召开会议专题研究部署禁捕退捕各项重点任务。建立区、镇、村三级禁捕网络，形成上下联动、部门协作、齐抓共管格局。健全政策体系，制定出台《泰州市高港区重点水域渔民退捕工作实施方案》《全面推进我区长江流域禁捕退捕工作实施方案》《泰州市高港区长江干流水域禁捕工作监测办法》《高港区渔民养老保险补贴方案》等文件，统筹落实中央、省、市各级各类资金6000余万元。强化督查考核，将长江禁捕退捕工作纳入全区高质量发展考核体系和河湖长制考核体系，作为区政府重点督查项目。

二、落实退渔转产

永正水源地保护区内2个水产养殖单位、10口鱼塘共3.27公顷养殖面积全部退出。建立长江岸线2千米以内水产养殖单位的基础数据库，落实长江岸线2千米内水产养殖单位“一户一策”任务清单，实行水产养殖废弃物集中收集，建立工厂化循环水处理模式水产养殖场1个，高港区水产生态健康养殖面积占比达85%。

对照“退得出、禁得住、稳得好、能小康”的总体要求，落实落细退渔转产各项政策，保障退捕渔民的各项权益，确保渔民上岸“一个不少、一户不落”。按照“一船一档、一户一档”原则，全面开展退捕渔船、渔民排查核实，425艘捕捞、辅助渔船，194套渔网捕捞工具等全部精准建档立卡，对渔业捕捞许可证和渔船、渔具等专用生产设备进行收回补偿并统一销毁，渔船、渔民退捕率100%。按照“即征即保、应保尽保”要求，安排382名退捕渔民全部进保，每人按10.39万元标准一次性缴纳养老保险，由政府统一缴纳医疗保险。实施渔民上岸安居工程，建设渔民安置小区，为2名无住房渔民安排保障房。引导退捕渔民转岗就业创业，公开选聘9名退捕渔民成立“护鱼员”队伍，实现劳动年龄段143人全部就业。

三、实施综合治理

紧扣“江中无渔船、水中无渔具、市场无江鱼”的总体目标，做到“管住岸”“管住船”“管住销”。开展农业农村、公安、海事、交通等部门联合巡查，围绕重点区域、重点时段开展区域间联合执法，严查长江非法捕捞行为。至年末，对非法捕捞行为立案19件，其中移交公安4件。“4·5”高港非法捕捞案被省公安厅挂牌督查，被农业农村部列为2020年首批长江流域重点水域违法捕捞十大典型案例。常态化开展市场督查，对餐饮消费场所发现的江鲜，寻根溯源开展实地摸排。组建“健康江来”等一批志愿服务队，定期开展沿江骑行环保宣传、长江江堤植树造林、长江鱼苗增殖放流等志愿服务活动，累计放流河豚等鱼苗20余万尾。

（倪留山）

长城汽车泰州整车项目竣工投产

2020年2月4日，面对突如其来的新冠肺炎疫情，长城汽车泰州整车项目在落实好疫情防控和安全生产措施的前提下，开始阶段性复工，2月11日正式复工。当月，泰州港经济开发区先后组织包车到河南开封、洛阳、驻马店，湖南凤凰县等地点对点接送项目建设工人300余人。2月21日，长城汽车泰州整车项目复工人员到岗率达100%。

2—5月，各级领导和部门走进长城汽车泰州整车项目施工现场，给予关心和支持。2月21日，市委书记史立军带领市发改、工信、人社、交通、住建、供电等部门负责人到项目建设工地开展现场办公，研究解决实际困难。3月19日，省委常委、统战部部长杨岳调研项目现场。4月29日，省委副书记、省长吴政隆调研疫情防控、安全生产及项目进展情况。5月27日，副省长、省公安厅厅长刘旸调研项目推进情况。

4月，长城汽车泰州整车项目首批设备正式进场，项目冲压车间、涂装车间首批生产设备启动安装，标志着项目建设进入设备安装阶段。5月，总装车间首批设备、冲压车间核心设备压力机的部件依次进场。6月，焊装车间设备安装启动。7月25日，首台白车身正式下线，标志着项目进入产品调试全新阶段。8月4日，接受工业和信息化部工厂准入审核。8月15日，焊装车间开启试生产。8月31日，通过工业和信息化部验收公示。9月1日，PT（试生产）整车正式下线，标志着项目全面进入试生产阶段。9月26日，首批“欧拉·好猫”新能源车亮相北京国际汽车展览会。10月22日，“欧拉·好猫”正式批量下线。该款车为纯电动车型，续航里程分为401千米和501千米，根据配置不同，预售价为10.5万元至14.5万元。其外观设有8种纯色、15种套色，内饰有4种颜色可供选择，星际悬浮式中控台设计、智能环抱式驾舱造型等均紧扣年轻人个性化需求。在智能驾驶方面，融合众多智能科技，打造可成长型L2+级别14项智能驾驶功能；拥有AEB辅助制动、智慧躲避、车道偏离预警、智能远近光

长城汽车股份有限公司泰州分公司总装车间底盘一线车身吊具
（区委宣传部　供稿）

灯等多项功能。从2019年11月开工到2020年10月正式量产，历时11个半月，创造中国汽车制造史上的最快速度。11月24日，长城汽车泰州智慧工厂竣工投产，省政府副省长马秋林，市委书记、市人大常委会主任史立军，长城汽车董事长魏建军等出席竣工投产仪式。竣工仪式结束后，长城汽车举办“欧拉·好猫”上市发布会，邀请新华社、人民网、凤凰汽车等300余个媒体参加。

长城汽车泰州整车项目的建设，带动一批汽车零部件项目落户高港。1月3日，长城汽车核心部件泰州项目签约仪式在高港区举行。签约项目总投资17亿元，分别为年产80万台涡轮增压器总成及3万台氢燃料电池空压机项目、年产50万台变速器DCM/HCM（双离合器）项目，投资主体为蜂巢易创科技有限公司。2月24日，高港区举办2020年春季首批重大项目集中开工仪式。开工项目中，有4个是长城汽车泰州整车项目配套产业链项目，包括汽车底盘、内外饰、增压器、变速器双模块等，4个项目总投资55亿元。其中，诺博汽车内外饰项目是集中开工项目中投资体量最大的，项目总投资19亿元，由诺博汽车系统有限公司投资兴建，竣工投产后将形成年产25万台（套）汽车内外饰的产能。5月8日，6个零部件配套项目集中签约落户泰州港经济开发区，涵盖汽车灯具、线束、空调，汽车KD工厂、汽车电池PACK等项目，单体投资平均在5亿元以上。10月10日，在长城汽车股份有限公司泰州分公司首届供应商大会暨泰州港经济开发区投资推介会上，有总投资超30亿元的10个汽车零部件项目签约落户，分别为汽车内高压成形管件、汽车LED照明、汽车智能装备制造、汽车NVH复合降噪、汽车内饰件总成、汽车座椅生产、汽车灯具设计及制造以及汽车密封件、汽车仓储物流、汽车涂装密封增强材料项目，投资规模平均3亿元。

在推进项目建设过程中，泰州港经济开发区提供“店小二”贴心服务。在用工保障方面，超前谋划、主动出击，先后组织到扬州、常州、山东、安徽、江西等省内外高校举办专场招聘会，开展委培合作、订单培养，招引产业工人2000余人。在员工生活方面，面对长城汽车股份有限公司泰州分公司员工住宿、通勤、办公等困难，园区统筹资源、积极协调，帮助企业租用周边人才公寓、居民小区、企业厂房，新增厂区直达住所的公交路线。在项目困难方面，面对汛情、高温来袭，千方百计帮助企业排涝、防水、降温，通过设备进场、安装调试与厂房施工同步安排、交叉实施，最大限度地消除恶劣天气对项目施工的影响，高质量建成16栋18万平方米厂房及10万平方米停车场、7.2万平方米绿化工程、4千米污水管网、3.5千米厂区道路等配套设施，高效率完成2600台（套）设备安装调试。　（泰州港经济开发区）

基层整合审批服务执法力量改革

一、改革任务

2020年4月，高港区被确定为全市推进基层整合审批服务执法力量（以下简称基层“三整合”）改革试点区。高港区全面梳理镇街管理体制现状及存在的问题，组织镇街及相关部门学习中央和省、市基层“三整合”改革实施方案，围绕政策口径，理清改革思路。7月27日，出台《泰州市高港区推进基层整合审批服务执法力量实施方案》，明确“加强党的全面领导，充分发挥镇（街道）党（工）委领导作用”“强化基层政务服务体系建设，实现审批服务一窗口”“推进基层综合执法体制改革，实现综合执法一队伍”“推进基层网格化建设和管理服务，实现基层治理一张网”“打造一体化综合指挥平台，实现指挥调度一中心”“优化机构设置和职能配置，构建简约高效的管理体制”“强化配套保障，建立健全长效管理机制”7个方面25项具体任务。区委、区政府调整区机构改革领导小组成员，设立5个工作组。研究制定高港区推进“三整合”改革日程安排表，梳理并形成准备阶段、实施阶段、评估验收阶段15项改革任务表，明确各阶段的工作任务及时间要求。

二、改革部署

7月30日，高港区召开推进基层整合审批服务执法力量工作部署会。区委成立基层“三整合”改革工作指导组，向各镇街派出工作指导组，全程指导、督查镇街改革工作。印发基层“三整合”改革组织实施阶段工作安排表及工作手册，每周召开例会，交流工作情况，讨论存在的问题。建立区基层“三整合”改革微信工作群，对各镇街提出的问题及时反馈。组织镇街研学改革方案，编制镇街“三定”规定模板。7月，印发高港区镇（街道）职能机构对应上级部门一览表，建立健全镇街机构“一对多”“多对一”工作机制。8月，制定《泰州市高港区区级派驻镇（街道）机构、人员管理办法》，召开区级部门派驻镇街机构、人员管理工作会议。其间，由区委组织部部长带队对各镇街“三整合”改革工作进行督查。8月末，各镇街基本完成领导分工调整、人员定员定岗、职能机构挂牌、办公场地调整等工作。10月末，通过听取汇报、查阅资料、走访座谈、实地察看等方式对镇街开展区级评估，印发《基层“三整合”改革工作区级评估发现问题进行整改的通知》，确保基层“三整合”工作落地、落准、落细。改革期间，通过体验化教学，配合理论讲解、现场模拟、实践操作等环节，开展审批服务类赋权事项培训3期，累计培训200余人次；开展审批服务综合执法一体化平台业务培训，对平台数据采集、模块操作、系统维护等方面进行业务指导；开展为期2天的综合执法类赋权事项培训，培训150人次。

三、改革成效

党的领导进一步加强 建强党的组织体系，将党支部或党小组建在网格上，实现党的组织全覆盖、党的监督全覆盖。在各镇街挂牌设立党建工作办公室，配备组织员，切实增强党务力量。完善镇（街道）党（工）委运行机制，制定党建责任和任务双清单，突出政治功能，推动基层党委、支部、党员和群众4个主体联动共进。

机构设置进一步优化 严格按照规定，分类设置镇街职能机构，做到镇街有区分，大镇小镇有区别。优化整合镇街职能机构、事业单位和基层站所职责，统筹设置协调、党建、治理、经济、执法、服务六大板块，领导班子按照板块分工，工作人员按照板块配备，办公场地按照板块集中；建立上级下级协调联动机制，制定赋权清单、职责准入机制清单、主体责任与配合责任清单、党建责任和任务清单、权力清单、服务清单、责任清单“七张清单”，以及《关于推进全区镇（街道）及村（社区）政务服务机构规范化标准化建设的通知》《泰州市高港区各镇（街道）综合行政执法局硬件设施建设指南》《泰州市高港区镇（街道）综合指挥中心硬件设施建设指南》。

人员力量进一步整合 重新核定镇街行政、事业编制及劳务派遣员额，推行镇街人员管理一体化，打破行政和事业人员身份界限，建立编制分类管理、人员统筹使用模式；推动区级派驻机构人员实行“区属、镇管、镇用”，下沉城管、水利、市场监管、司法、畜牧兽医等领域的派驻机构人员142人，加强镇街对派驻机构、人员的绩效考核权重。

赋权理责进一步清晰 对照省《赋予乡镇（街道）经济社会管理权限指导目录》，通过多次意见征求、交流探讨，首批赋予镇街32项审批服务事项和122项行政处罚事项，制定权责清单、考核办法、准入制度，横向上建立职能部门“前台+后台”工作机制，纵向上建立“镇街吹哨、部门报到”联动机制，厘清区、镇两级职责边界。实现“一站式”便捷服务、“一队式”综合执法。

（赵聪聪）

年度报告

争当排头兵 建强核心区 加快打造“中国第一、世界有名”医药名城

——在中共泰州医药高新区工委（扩大）会议暨中共泰州市高港区委五届七次全会上的讲话

叶冬华

2021年7月9日

同志们：

这次会议的主要任务是，高举习近平新时代中国特色社会主义思想伟大旗帜，全面贯彻党的十九大和十九届二中、三中、四中、五中全会以及中央经济工作会议、省委十三届九次全会、市委五届十一次全会精神，深入落实医药高新区、高港区融合发展暨举全市之力建设中国医药城大会精神，总结2020年以来成绩，研究部署当前和今后一段时期工作，审议区党工委（区委）关于制定医药高新区（高港区）国民经济和社会发展第十四个五年规划和二〇三五年远景目标的建议，动员全区上下承前启后、继往开来，以“争当表率、争做示范、走在前列”的使命担当，奋力开启全面建设社会主义现代化新征程。

现在，我根据区党工委会（区委常委会）会议讨论的精神，讲四个方面的意见。

一、团结拼搏、克难奋进，决胜高水平全面建成小康社会取得决定性成就

2020年以来，面对前所未有的严峻挑战、艰巨任务，我们坚持以习近平新时代中国特色社会主义思想为指导，坚决贯彻落实党中央和省市委各项决策部署，统筹推进疫情防控和经济社会发展，改革发展稳定和党的建设各项事业取得新的成效，在国家级高新区综合评价中再进1位，位列中国生物医药产业园区综合竞争力第11名，在2020年度泰州综合考核中再次获得一等奖。2020年实现地区生产总值971.9亿元，增长4.5%，完成一般公共预算收入89.9亿元，增长8.5%；今年上半年，预计实现地区生产总值540亿元，增长18%，完成一般公共预算收入51.76亿元，增长18.1%。

1.疫情防控精准有力。充分运用“大数据+网格化+铁脚板”做法，扎实抓好常态化疫情防控各项工作，在全省首批实现确诊病例清零，规上企业第一时间实现100%复工，累计接种疫苗43.3万剂次，首剂接种率49.15%。支持本地企业研发生产新冠病毒检测试剂、开展新冠疫苗临床试验，扬子江药业、硕世生物、康为世纪、瑞科生物等企业为全国全省抗疫大局作出重要贡献，有力打响了中国医药城品牌。

2.特色产业提质增效。坚持“企业集中、产业集群、用地集约”，编制产业链招商图谱，创新建立承办员、协办员、督办员机制。去年以来，累计新开工5亿元和3000万美

元以上项目56个、10亿元以上项目19个，实际利用外资和港澳台资7亿美元，10个项目纳入省重大项目投资计划。累计实现医药产业总营业收入1520.9亿元，医药制造业产值862.9亿元，药品、器械申报获批数实现爆发式增长。总投资180亿元的中海油二期项目成功签约，先期投资80亿元的长城汽车整车项目11个月竣工量产，扬子江药业成为全球首家获得新版"欧洲质量奖"的制药企业。泰州国际集装箱码头一期工程正式对外开放，国际航线船舶可直接靠泊，集装箱吞吐量达48.6万标准箱。

3.改革创新持续深化。获批全省自贸试验区联动创新发展区，成功举办第十一届中国（泰州）国际医药博览会。"放管服"、基层"三整合"、"亩均论英雄"等改革不断深化，以疫苗工程中心改革为代表的园区改革正式启动。新增国家级高新技术企业68家，进入省高企培育库102家，累计新引进高层次人才1056名。北京大学医学部（泰州）医药健康产业创新中心加快建设，国际遗传工程和生物技术中心（ICGEB）—泰州区域研究中心建成运营，中科院智能制造研究院集聚4个研发团队、3个自主在研项目进入产业化阶段。企业上市步伐不断加快，金迪克生物科创板IPO获证监会同意注册，亚虹医药上市申请获上交所受理，康为世纪、默乐生物等企业进入辅导期。举办"圆梦高新"创咖汇，营造创新创业的"小环境""小气候"，推动做优企业、做强主业、做大产业。

4.城市能级不断提升。高标准开展国土空间总体规划研究编制工作，明确"东进、西优、南联、北融"的城市发展方向。实施城建重点项目263个，总投资722亿元，体育文创中心、天禄湖公园、凤栖湖生态区建成投入运营，雕花楼景区二期、鲍中路（泰州大道—江洲南路）、高港大道城市化改造等项目加快推进，海军舰艇文化公园即将对外开放。全面完成农村人居环境整治三年行动计划，创成全国农村生活污水治理示范区。大力开展环境综合整治，"两区"$PM_{2.5}$平均浓度同比分别下降12.2%、16.3%，空气质量优良天数比例同比分别上升4.8、7.1个百分点，国、省考断面水质达标率100%。全面落实长江"十年禁渔"任务，渔民退捕率、进保率、就业率均达100%。

5.民生福祉有效增进。脱贫攻坚战取得全面胜利，建档立卡经济薄弱村和低收入农户全部脱贫。围绕"办好人民满意的教育"，系统谋划部署教育优先优质发展，入选首批省级幼小衔接实验区，高港中等专业学校创成省级现代化示范性职业学校，凤凰小学教育集团周山河小学、省泰中附中教育集团周山河初中正式挂牌。全国首创实施"健康惠民一号工程"，为群众免费提供幽门螺旋杆菌和胃肠癌早期筛查服务，实现"惠民""惠企"双赢。深化扫黑除恶专项斗争，开展政法队伍教育整顿，上线"高新民声"网络问政平台，获评全省首批法治政府建设示范区，公众安全感、法治满意度继续保持全省领先。

6.党的建设全面加强。认真贯彻落实习近平总书记视察江苏重要讲话指示精神，深入开展党史学习教育，隆重举办庆祝建党百年系列活动，创新设立"格物讲堂"，教育引导广大党员干部学思践悟、风雨无阻。圆满完成镇党委、村（社区）"两委"班子换届，基层堡垒不断夯实。一体推进"三不"机制，率先开展政治生态监测评估工作，深挖"四风"隐形变异问题，推动政治生态持续向好。支持人大、政协依法履职，不断加强对党管武装、统一战线、史志档案、老干部、工青妇、关心下一代、侨联、老区建设等各项工作的领导，和衷共济、团结奋进的良好局面进一步巩固拓展。在此，我代表区党工委（区委），向全区广大干部群众和社会各界致以衷心的感谢和崇高的敬意！

二、继往开来、接续奋斗，奋力谱写中国医药城核心区崭新篇章

2021年对医药高新区（高港区）而言是不平凡的一年。市委五届十一次全会强调"举全市之力建设中国医药城，打造全国领先的地标产业"，重申"中国医药城就是泰州，泰州就是中国医药城"，赋予了中国医药城新的战略内涵，上升到了新的战略高度。6月28日，市委市政府召开泰州医药高新区、高港区融合发展暨举全市之力建设中国医药城大会，标志着"两区"融合发

凤栖湖景区　　（区委宣传部　供稿）

展正式启航，中国医药城建设踏上了一个新的征程。会议强调，医药高新区（高港区）作为“特区”、核心区，要发挥核心作用、作出特殊贡献，勇立改革创新潮头、争创更多唯一第一，努力成为名副其实的现代产业新高地、科技创新新高地、对外开放新高地、民生幸福新高地。这是我们当前和今后一个时期的发展取向、工作导向、奋斗指向，也是我们立足新起点、奋进新征程肩负的时代使命和重大责任。全区上下要准确把握、深入贯彻市委市政府决策部署，立足更高站位、树立更高标杆，以百倍的努力与干劲，全力打造改革先行区、创新活力区、发展引领区、幸福示范区，争当全市高质量发展排头兵，建强中国医药城核心区，倾力打造“中国第一、世界有名”的医药名城。

面对“两区”融合发展带来的战略机遇，我们必须主动作为、乘势而上再出发。“两区”融合，不仅是在面积、人口、数据等表象特征上实现叠加量变，更重要的是在产业特色、城市能级、资源要素等内涵品质上实现飞跃嬗变，形成“产城一体、港城相依”的理想图景和现实模样。市委市政府出台了支持医药高新区（高港区）率先发展的24条政策举措，干货满满、含金量十足。全区上下要倍加珍惜前所未有的历史机遇，抓紧抓实、用足用好融合发展带来的政策红利，集中力量、集聚资源、集成政策打造特色产业集群，努力将先发优势转化为竞争优势、发展胜势。

面对市委市政府史无前例的支持厚爱，我们必须勇争一流、高点定位再出发。市委市政府专门成立了中国医药城建设发展委员会，书记、市长带头站在“第一线”亲自谋划、高位推动，市级机关各部门专班跟进、特事特办，并建立责任分担机制，为我们解除了后顾之忧。举全市之力建设中国医药城，我们不能仅仅要支持，更要对得起这份支持。全区上下要紧紧围绕“‘第一产业’的最强地标、改革创新的最亮底色、幸福泰州的最美窗口、担当奋进的最佳风采”要求，在各个领域、各个方面、各项工作中，真正对标国际、追求卓越，体现引领、彰显示范，探索一条符合市委要求、契合发展实际、具有区域特色的发展道路，交出一份让市委满意、群众认可，经得起时间和历史检验的成绩单。

面对争当排头兵、建强核心区的历史使命，我们必须点燃激情、知重负重再出发。“打造令人向往的‘幸福水天堂’、崛起中部的产业增长极”，是省委省政府赋予泰州的重大任务，关键就是中国医药城，核心就在医药高新区（高港区）。可以说，我们在中国医药城建设中的作为，事关泰州大局、事关泰州未来。全区上下必须更加主动地扛起政治担当、责任担当，点燃干事创业激情，以人一我十、人十我百的勤勉敬业，以敢为人先、勇于争先的无私无畏，看红旗就扛、见第一就争，加快建设大健康产业集聚发展的产业高地和未来泰州拥江发展的新城中心，在产城“双强”上走在全市前列、争做示范先锋，把排头兵的旗帜牢牢镶嵌在医药高新区（高港区）大地上。

三、冲刺起步、勇开新局，努力夺取“十四五”首战胜利

一个地方的发展，紧要处往往只有关键几步。当前，医药高新区（高港区）的发展已经到了一个紧要关口，我们必须只争朝夕、实干前行，以更强信心、更实举措守住“保”的底线、夯实“稳”的基础、拓展“进”的态势，确保“十四五”开好局、全面建设社会主义现代化起好步，努力开创医药高新区（高港区）高质量发展新局面。

今年经济社会发展的主要预期目标是：地区生产总值增长8%左右，一般公共预算收入增长5.3%左右，医药产业规模增长20%以上，城乡居民收入与经济同步增长。具体工作中，重点抓好以下四个方面：

1.要坚决扛起“第一担当”，在打造地标产业上作引领、作示范。坚持“项目兴区、产业强区”战略，致力打造全国领先的医药地标产业。全力培育特色产业集群。聚焦“医”和“药”两大主题，在横向上持续壮大疫苗、抗体、诊断试剂、化学药新型制剂、特医配方食品等特色产业，同时与汽车整车及零部件、电子信息、石化新材料、现代物流等优势产业相互耦合，共同支撑区域经济发展，增加贡献份额；在纵向上以扬子江药业、阿斯利康等头部企业为核心，加快产业化步伐，打通产业链条，实现上下游紧密联动。全力突破高端优质项目。遵循产业发展规律，瞄准国际前沿，突破国内重点地区，主攻世界500强、国内100强及行业头部企业，力争年内招引100亿元以上的“链主企业”1家，5亿元、10亿元以上“隐形冠军”企业12家，新开工5亿元和3000万美元以上项目50个，实际利用外资和港澳台资6.3亿美元。加快推进扬子江中西药研发生产、泰康生物抗体药物产业化、中海油二期、蓝思科技二期、曼德电子等重大项目建设，建成硕世生物、迈博太科等一批企业总部基地。全力优化精准专业服务。坚持“专业的人做专业的事”，放大新药申报服务中心“四个90%”机制效应，实行专班服务、全生命周期闭环管理。对标世界银行标准，从“效率、成本、可预期”三个维度入手，建立“园区吹哨、部门报到”机制，上争构建“市权委办、一网通办、马上就办”机制，全力打造成本最低、效率最高、服务最优的营商环境“高地”。加快推进国家知识产权战略推进与服务（泰州）中心实体化运作，上争设立省药监局泰州审评核查分中心、省特殊食品质量监督检验中心等，构建专业化服务比较优势。

2.要坚决激发“第一动力”，在深化改革创新上作引领、作示范。坚持勇闯“无人区”、争当“示范生”，让一切创新的要素、资源、机制都能在医药高新区（高港区）找到注脚、得到体现。以更高定位吹响科技创新号角。探索市、区两级出资组建科创集团，共同设立天使基金，培育孵化一批高新技术企业。加强与北京大学医学部合作，加快医药健康产业创新中心建设，推动更多创新成果落地转化，全力打造长三角地区最具竞争力的创新中心。深化与复旦大学、中国科学院大学、中科院自动化所、中航704所等院所合作共建，提升ICGEB—泰州区域研究中心、中科院大化所生物医药创新研究院等机构的运营质态。以更强决心深化园区改革。以疫苗工程中心改革为突破口，聚焦“两集中三剥离”，全面推进开发园区体制机制改革，推动园区从1.0向2.0转型、向3.0迈进。坚持充分授权，推动有关管理权限下放、委托给园区，以权力的增量注入实现扁平化管理。坚持产业逻辑，以产业化为核心进行机构设置、人员配备、制度设计。坚持公司化运作，按市场规律运营，配备好金融、人才、科技、资产等要素。坚持全员聘用，创新选人用人方式，统筹谋划好身份档案制、绩效薪酬制等机制。坚持KPI考核，推行“KPI+重点工作”全员绩效考核，打破平均主义，有效激发活力。加快推进国企平台AAA评级，实现国有资产、资源、资本功能性重组，培育一批主业突出、产权明晰、制度完善的市场竞争主体。以更广视野构建融合发展格局。用足用好市委市政府支持医药高新区（高港区）率先发展的政策意见，借助部省共建机制全力上争国家部委、省委省政府支持。抢抓建设江苏自由贸易试验区联动创新发展区机遇，办好第十二届中国（泰州）国际医药博览会，加快创建国家药品进口口岸城市和国家级跨境电商综合试验区。充分发挥核心区引领示范作用，参与完善全市域产学研协同创新机制，努力实现平台共建、资源共用、成果共享，全力打造立足泰州、面向长三角、服务全国的创新体系。

3.要坚决聚焦“第一追求”，在建设幸福城市上作引领、作示范。自觉践行以人民为中心的发展思想，聚焦“八个更”要求，多做顺民意、得民心的好事，多做打基础、利长远的实事，真正让广大群众享受融合发展带来的更大红利、更多福祉。以绣花功夫提升城乡品质。紧扣“一核三极三城”目标，启动城市增长专项规划编制，推动城市建设与内生动力源集聚发展、精明增长。深化全国文明城市创建，实施精致高新三年行动计划，按照产城融合理念，启动新市民服务中心、东部新城等规划建设，依托天德湖、天禄湖、凤栖湖，串联水系绿地、城市景观，有序推进城市能级跃升。扎实推进乡村振兴，围绕“清爽、整洁、和谐、自然”目标，启动实施农村人居环境整治提升五年行动，健全农村河道、道路交通、绿化美化、环境保洁、公共设施“五位一体”综合管护机制。以数字赋能建设“智慧高新”。探索建设数字孪生城市，加快布局5G网络、大数据中心、人工智能、工业互联网等“新基建”，数字化模拟城市全要素生态资源，打造物联、数联、智联“三位一体”的新型城域智慧网。紧扣“一屏观天下、一网管全城”目标，加强各类城市运行系统互联互通，形成统一的城市运行视图，推动硬件设施共建共用，加快形成跨部门、跨层级、跨区域的协同运行体系。以满腔赤诚办好民生实事。以“我为群众办实事”实践活动为统揽，依托新时代文明实践中心（所、站），开展助企、兴村、惠民、提效、善治“五大行动”，扎实推进127个民生实事项目建设。高质量编制教育布局专项规划，统筹推进高港实验小学东校区、鲍徐中心小学等学校建设，加快“市直+高新”“区内+区外”集团化办学，争创全国义务教育优质均衡发展区，努力办好人民满意的教育。高标准编制卫生布局专项规划，加快区域性紧密型医共体、纵向医联体建设，实施健康惠民系列工程，让老百姓在家门口就能享受优质便捷的医疗卫生服务。深入实施文化惠民工程，放大“大江文化惠万家”品牌效应，精心组织“全民迎省运”系列活动，构建高质量公共文化服务体系。

4.要坚决担起“第一责任”，在

江边晚霞 （区委宣传部 供稿）

树牢底线思维上作引领、作示范。越是形势复杂、任务艰巨，越是关键节点、重要时期，越要守好底线。要全面防范可能出现的各类风险隐患，切实把问题消除在萌芽状态，为融合发展营造和谐稳定的社会环境。坚决守住稳定底线。严格落实十年化债方案，加强全口径债务管控，压降债务规模和融资成本，确保不发生区域性系统性金融风险。围绕社会治理现代化目标，坚持和完善“大数据+网格化+铁脚板”机制，建强区域社会治理现代化综合指挥中心，常态化开展扫黑除恶斗争，持续深化平安法治建设，让“长治久安”成为永久名片。坚决守住安全底线。以创建省级安全发展示范城市为抓手，深入推进安全生产专项整治三年行动，促进安全生产形势持续稳定向好。当前正是汛期和高温叠加时段，各类事故易发多发，要牢固树立“一失万无”的安全理念，扎实开展大排查大整治行动，抓紧抓实抓细防汛防灾各项工作。坚决守住生态底线。着力推进 $PM_{2.5}$ 和臭氧浓度“双控双减”，靶向治理工地扬尘、餐饮油烟、移动源污染和国控站点空气问题，确保空气质量优良天数比例好于2020年。从严落实“河湖长制”“断面长制”，以南官河、古马干河等通江河道为重点，全面排查整治各类入河排污口，确保河道“长治久清”、国省考断面水质持续稳定达标。深入推进“健康长江泰州行动”和“十年禁渔”行动，做好长效监管工作，精心打造沿江最严生态环境管控区、大江风光样板区。

四、全面从严、全面过硬，充分汇聚肩负新使命、开启新征程的强大合力

深入贯彻落实习近平总书记在庆祝中国共产党成立100周年大会上的重要讲话精神，按照新时代党的建设总要求，坚持严字当头、实字为要、廉字打底，坚定不移推进全面从严治党，以良好的形象、实在的成绩、过硬的作风引领保障高质量发展。

1.永葆绝对忠诚的政治本色。对标对表习近平新时代中国特色社会主义思想，更加彻底地解放思想、统一思想，真正从规律上学深学透、行动上紧跟紧随、工作上落细落实。增强科学把握形势变化、精准识别现象本质、清醒明辨行为是非、有效抵御风险挑战的能力，自觉从政治上观察和分析问题，不断提高政治判断力、政治领悟力、政治执行力，切实做到对“国之大者”心中有数。认真落实意识形态工作责任制，扎实开展党史学习教育，以凝聚人心、鼓舞信心的主流思想舆论筑牢意识形态主阵地。

2.构筑坚强有力的战斗堡垒。以提升政治能力和组织力为重点，扎实推进“五聚焦五落实”三年行动计划，加强村（社区）“两委”新班子的教育培训、监督管理，深化“雁阵培育计划”，实施乡村振兴“丰羽竞飞”计划，建强一批带动有力的好“头雁”、团结务实的好班子。精准实施镇（街道）党（工）委“书记项目”，提升党建品牌的辐射带动效应。统筹做好区委换届工作，确保换出新面貌、新气象、新活力。把减负增效、赋权扩能结合起来，推动更多社会资源、管理权限和民生服务下放到基层，做到基层权力给基层、基层事情基层办。

3.锻造扛旗引路的高新力量。坚持知事识人、因事择人，大力选用敢抓敢管、敢于负责的干部，专业专注、善于作为的干部，争先领先、实绩突出的干部。定期举办“格物讲堂”，实施干部源头活水工程，增强干部政治素养和履职担当能力。把企业家和高层次人才作为发展的“根”和“魂”，放大“圆梦高新”创咖汇示范效应，常态化举办企业家研修班、企业家沙龙、早茶会等活动，营造尊重企业家、爱护企业家的良好氛围；深入推进“人才强区”战略，为人才解决好配偶就业、子女入学、医疗保健、住房保障等问题，创造事业留人、感情留人、待遇留人的优质环境。

4.弘扬真抓实干的务实作风。精心组织开展“争先、进位、创优”大讨论活动，坚决向官僚作风开战、坚决向形式主义开战、坚决向佛系做派开战、坚决向官商勾结开战、坚决向老好人倾向开战，调优实干担当、敢为人先的精神状态。实行“一线工作法”，坚持项目工程化、工程节点化、节点责任化、责任明确化，做到真抓实干、马上就办、办就办好。弘扬“药城精神”，体现“长城速度”，创设“三牛奖”，用好“红黑榜”，通过双向激励，让领导班子有事业心、中层干部有上进心、全体同志有责任心。

5.营造风清气正的政治生态。把纪律和规矩挺在前面，严格落实中央八项规定实施细则及省市委具体办法，常态化开展巡察，落实“双交办、双点评”制度，持续整治群众身边腐败和不正之风。综合运用监督执纪“四种形态”，一体推进不敢腐、不能腐、不想腐，做到会监督、善监督、敢监督，让广大党员干部知敬畏、存戒惧、守底线。增强“三项机制”的引领力和穿透力，健全事前、事中、事后容错免责闭环体系，做到“三个区分开来”，宽容探索中的失误、改革中的过错，旗帜鲜明为干事创业者撑腰壮胆。

同志们，医药高新区（高港区）的发展已经掀开了崭新篇章。使命光荣催人奋进，征途漫漫惟有奋斗。让我们更加紧密地团结在以习近平同志为核心的党中央周围，在省市委坚强领导下，永葆“闯”的精神、“创”的劲头、“干”的作风，奋力开创医药高新区（高港区）高质量发展新局面，为建设“中国第一、世界有名”的医药名城作出新的更大贡献！

政府工作报告

——在泰州市高港区第五届人民代表大会第五次会议上

孙宏建

2021年7月20日

“十三五”时期及2020年以来主要工作回顾

“十三五”时期，我们坚持以习近平新时代中国特色社会主义思想为指导，在市委、市政府和党工委、区委的坚强领导下，在区人大、区政协的监督支持下，紧扣“强富美高”总目标，坚持稳中求进工作总基调，坚持新发展理念，坚决打好三大攻坚战，高质量发展一直走在全市前列，决胜高水平全面建成小康社会取得决定性成就，交出了一份厚重提气的答卷。

这是一份令人振奋的“经济答卷”，综合实力在转型升级中显著增强。地区生产总值年均增长8%，人均主要经济指标超过苏南平均水平，以全市5%的面积和5.73%的常住人口，创造了12%的GDP和12.1%的财政收入。连续五年获评泰州综合绩效考评一等奖、实现“十一连冠”，荣获全省首批“高质量发展先进区”称号。先期投资80亿元的长城汽车、总投资50亿元的龙凤堂中药等重大项目相继建成投产，扬子江药业集团连续6年问鼎中国医药工业企业百强榜榜首。获国家、省级科技进步奖6项，创成国家知识产权强县工程示范区。被评为国家农产品质量安全县。

这是一份令人信服的“民生答卷”，人民生活在持续改善中更加丰富。脱贫攻坚圆满收官。累计投入171亿元用于民生事业，实施10大类87个民生实事项目，满意和基本满意率均保持在99%以上。城乡居民收入增速始终快于经济增速，城镇登记失业率一直保持全省最低。创成苏中苏北唯一的省义务教育优质均衡发展区、省中小学校责任督学挂牌督导创新区。市区人民医院紧密型医联体建设持续深化，省级卫生镇实现全覆盖，永安洲镇、许庄街道创成国家级卫生镇，先后荣获省级“四好农村路”示范县、食品安全示范区、妇幼健康优质服务示范区、卫生应急工作规范区。

这是一份令人赞叹的“生态答卷”，区域面貌在深刻变化中越来越美。中央及省市环保督察巡察交办问题全部完成整改销号，2.2公里的原生态深水岸线得到妥善保护。河道长效管护连续四年省市考核一等奖，省考、市考断面水质持续稳定达标，获评全国农村生活污水治理示范区；空气质量优良率从2016年的68%提升到82.7%，创历史最优；先后创成江苏省生态文明建设示范区、节水型社会示范区和国家环境保护模范城市、园林城市，获评全国绿化模范区，绿色成为发展的底色、本色和亮色。

这是一份令人欣慰的“文明答卷”，全民素养在潜移默化中不断提高。新时代文明实践中心（所、站）建设实现全覆盖，万人“中国好人”比例全省领先，助力泰州实现全国文明城市“三连冠”、全国双拥模范城“五连冠”。“大江”系列文化品牌深入人心，获评全国群众体育先进单位。网格化管理经验全市推广，连续多年获评江苏省“法治建设示范区”“平安区”，被表彰为“全国平安建设先进区”。安全生产形势持续稳定向好，连续十六年未发生较大及以上和有较大影响的事故。

2020年以来，我们主动担当作

扬子江药业集团江苏龙凤堂中药有限公司五期项目（区委宣传部　供稿）

为抗击疫情，大兴实干之风攻坚克难，积极顺应医药高新区、高港区融合发展，因时因势调整工作重心和着力点，统筹推进疫情防控和经济社会发展，扎实做好“六稳”“六保”工作，各项事业取得了来之不易的成绩。

产业结构和发展质态持续优化。先进制造业稳中向好，药品、器械申报获批数爆发式增长，实现医药产业总营业收入985.2亿元，医药制造业产值569.7亿元，跻身全国生物医药产业园区前10强。扬子江药业成为全球首家获得新版“欧洲质量奖”的制药企业。累计新开工5亿元和3000万美元以上项目56个、10亿元以上项目19个，总投资180亿元的中海油气二期项目成功签约，长城汽车项目11个月竣工量产，已下线整车6.15万辆。现代农业稳中增效，新增高标准农田9500亩，生猪存栏量、出栏数均超额完成市交目标；新开工农业重大项目11个，“万企联万村”行动促成投资13亿元。乡村振兴年度重点任务完成情况列全省第一等次。第三产业稳中有升，中国（泰州）健康医疗大数据中心加快建设，天虹、万象城等城市综合体开业运营，海军舰艇文化园、总投资10亿元的爱情海田园综合体即将对外开放，凤栖湖生态区创成AAA级景区。

改革开放和科技创新深度赋能。重点改革扎实推进，实体化运作“工程建设项目审批服务专区”，开办企业在营商环境评价排名中全省第一；启动改革创新1号工程——疫苗工程中心改革，国企造血功能、经营手段等更加完善。在全市率先推进基层整合审批服务执法力量改革，基层在服务保障群众需求上展现更大作为。创新赋能更有成效，全社会研发投入占GDP比重3%，高新技术产业产值占规上工业产值比重52.32%。北京大学医学部（泰州）医药健康产业创新中心加快建设，ICGEB—泰州区域研究中心建成运营；中科院泰州智能研究院引进孵化企业4家，泰晶e空间创成国家级众创空间。开放开发深度拓展，多渠道多形式利用外资和港澳台资5.03亿美元，完成进出口总额31.5亿美元。高港综合物流园连续三年获评全国优秀物流园区，泰州港经济开发区在省级开发区综合排名全省第一。滨江园区连续3年跻身全国化工园区30强。

城乡统筹和民生事业互促共进。推进“城建惠民”，实施城建重点项目263个，总投资722亿元，高港大道城市化改造（综合管廊）加快推进，雕花楼景区二期主体封顶，维景国际、体育文创中心、天禄湖公园、东方明珠二期建成投用。实施动迁41.38万平方米，改造棚户区3111套、老旧小区3个、后街背巷1条，新改建城市公厕16座，铺设、疏通雨污水管网135.5公里。农村人居环境整治工作列全省第一等次，“春江江畔湿地”入选省级长江大保护示范工程，野徐镇新联社区创成省级绿美乡村，大泗镇获评全国文明镇，许庄街道蔡庄村通过省级特色田园乡村验收，白马镇陈家村获评全国乡村旅游重点村培育单位。素质教育专项考核全市第一，入选全市唯一的首批省级幼小衔接实验区，许庄初中、枫雅幼儿园建成投用，凤凰小学教育集团周山河小学、省泰中附中教育集团周山河初中正式挂牌，高港中等专业学校创成省级现代化示范性职业学校。全国首创实施“健康惠民一号工程”，实现“惠民”“惠企”双赢。改造提升胡庄卫生院，刁铺街道社区卫生服务中心基本建成。全面完成公办养老机构升级改造，居家养老上门服务占比连续两年全市第一。疫情发生后，全区上下闻令而动、众志成城，守住泰州“南大门”，荣获“省抗疫先进集体”称号。

真抓实干和依法行政蔚然成风。坚持事业为上、知责思为，时刻保持“今天再晚也是早，明天再早也是晚”的紧迫感，政府系统的执行力和落实力得到全面提升。坚持把一切工作全盘纳入法治框架，重大行政决策、政府规范性文件、行政协议合法性审查率100%，行政执法程序“三项制度”全覆盖，获评全省首批法治政府建设示范区。上线“高新民声”网络问政平台，建立完善底线责任落实“四项清单”。自觉接受人大及其常委会法律监督、工作监督，主动接受政协民主监督，建议提案办结满意或基本满意率继续保持100%。牢固树立“过紧日子”思想，“三公”经费下降19.2%，一般性支出下降53.1%。全面履行党风

雕花楼景区二期项目建设现场　　（区住房城乡建设局　供稿）

廉政建设“一岗双责”，扎实抓好审计、巡视巡察发现问题整改，强化政府采购、工程招投标等重点领域监管，营造了风清气正的政治生态。

此外，统计、消防、气象、侨务、广电、通信、邮政、电力、科协、工商联、残联、机关事务、史志档案、人民武装、民族宗教、双拥、对台等各项工作也都取得了新的成绩，工会、青少年、妇女儿童、红十字、老区经济建设和关心下一代事业健康发展。

各位代表，事非经过不知难，成如容易却艰辛。回首五年的发展历程，我们深刻体会到：站位决定方位，只要我们始终坚持以习近平新时代中国特色社会主义思想为根本遵循和前进指引，创造性地把中央、省市要求和本地工作实际结合起来，就一定能走出一条符合时代特征、具有自身特点的发展之路；思路决定出路，只要我们敢于打破惯性思维，勇于跳出路径依赖，少谈不行的千般理由，多想能行的万般办法，永葆“闯”的精神、“创”的劲头、“干”的作风，就一定能扫清前进道路上的藩篱、激发持续发展的活力；格局决定全局，只要我们牢固确立份额意识、贡献意识，高点定位、负重加压，在激烈的区域竞争中敢于“出招”、善于“亮剑”，勇为改革担风险，勇为发展挑重担，勇为事业作奉献，就一定能创造出无愧于时代的辉煌业绩、为全市大局多作贡献；态度决定高度，只要我们牢牢把握人民对美好生活的向往，正确处理好改革的力度、发展的速度、社会可承受程度之间的关系，用情用心用力为群众办好事、办实事，就一定能让老百姓的获得感幸福感安全感一年更比一年强、生活一年更比一年好。我们将十分珍视这些宝贵经验，在今后工作中更好地继承和发扬。

发展历程令人难忘，发展成果令人鼓舞。上述成绩的取得，得益于市委、市政府和党工委、区委的正确领导、科学决策，离不开区人大、区政协的有效监督和鼎力支持，凝聚着全区广大干部群众的辛勤汗水和不懈奋斗。在此，我代表区人民政府，向在座的各位代表、委员，向全区人民以及所有关心支持医药高新区、高港区发展的社会各界人士表示衷心的感谢，并致以崇高的敬意！

在肯定成绩的同时，我们也清醒地看到发展中面临着一些问题和挑战：产业集聚度还不高，重特大项目招引有待进一步突破。创新活力还没有充分释放，创新资源与企业主体、市场力量的结合不够紧密。中心城区首位度、辐射力、带动力还有待提升，城市功能尤其是现代高端商贸服务业态仍显不足。教育、医疗、文化、养老等优质公共服务供给与老百姓的期盼还有一定差距，社会治理现代化能力水平仍需提高。政府部门的服务意识、担当意识还不强，执行力、落实力有待进一步提高。对此，我们一定高度重视，采取有效措施，认真加以解决。

“十四五”时期目标任务

“十四五”时期，是我国开启全面建设社会主义现代化国家新征程的第一个五年，也是医药高新区、高港区融合“蝶变”的第一个五年。凡事预则立，不预则废。根据《中共泰州医药高新区工委、高港区委关于制定国民经济和社会发展第十四个五年规划和二〇三五年远景目标的建议》，我们制定了《规划纲要（草案）》，提请大会审议。

百年征途谋新篇，雄心壮志启新程。当前，医药高新区、高港区的发展已经迈入了一个新的阶段。面对市委、市政府沉甸甸的信任、支持与厚爱，我们必须知恩、感恩、报恩。我们要扛起“核心区”“特区”的特殊使命，勇立改革创新潮头、争创更多第一唯一，努力成为名副其实的现代产业新高地、科技创新新高地、对外开放新高地、民生幸福新高地，为泰州打造崛起中部的产业增长极提供硬核支撑。我们要作出“核心区”“特区”的特别贡献，高点定位、乘势而上、守正创新，把全部心思和所有精力集中到建设“中国第一、世界有名”医药名城的目标上来，推动各项工作“争当表率、争做示范、走在前列”，以吨位体现地位，以实绩回报信任。我们要展现“核心区”“特区”的特别风采，大力弘扬“三牛”精神，持续激发敢于亮剑的“血性”和无坚不克的“狼性”，以我为主，做最好的自己，凡事快人一步、先人一拍、胜人一筹，坚定不移争当排头兵、建强核心区，让各方看好医药高新区、高港区的共识持续增强。

“十四五”时期，经济社会发展指导思想是：高举中国特色社会主义伟大旗帜，深入贯彻党的十九大和十九届二中、三中、四中、五中全会精神，坚持以习近平新时代中国特色社会主义思想为指导，认真落实习近平总书记对江苏工作重要指示要求，围绕“五位一体”总体布局和“四个全面”战略布局，紧扣“强富美高”总目标，聚焦“争当表率、争做示范、走在前列”新使命新要求，坚定不移贯彻新发展理念，坚持稳中求进工作总基调，以推动高质量发展为主题，以深化供给侧结构性改革为主线，以改革创新为根本动力，以满足人民日益增长的美好生活需要为根本目的，统筹发展和安全，全力打造改革先行区、创新活力区、发展引领区、幸福示范区，争当高质量发展排头兵，建强中国医药城核心区，奋力谱写“中国第一、世界有名”医药名城新篇章。

“十四五”时期，经济社会发展主要目标是：地区生产总值年均增长8%左右，到2025年力争达1500亿元。全社会研发投入占GDP比重3%以上，高新技术产业产值占规上工业产值比重54%以上。居民人均可支配收入增长与经济发展同步。单位地区生产总值能耗、二氧化碳排放下降率完成市定目标。社会文明程度测评指数达90以上。

今后五年，全区经济社会发展的主要任务是：

——以内生动力淬炼涅槃蝶变，打造改革先行区。聚焦园区改革、国企转型、要素供给、营商环境等关键领域，推动质量变革、效率变革、动力变革，消除阻点、断点和阻碍经济循环的行政壁垒。抢抓“一带一路”、长三角一体化发展、长江经济带大健康产业集聚发展试点等重大机遇，拓展新空间、增创新优势，在构建国内国际双循环相互促进新发展格局中抢得先机、赢得主动。

——以科技赋能点燃高新火炬，打造创新活力区。坚持创新在现代化建设全局中的核心地位，推动要素资源向创新整合、政策配置向创新聚焦，加快形成产业创新优势、创新生态优势。围绕产业链布局创新链、配置资金链、构建人才链、拓展数据链，加快引进一批国家级重大创新平台和高层次创新团队，全力攻克一批“卡脖子”关键技术，致力打造长三角地区具有竞争力的科技创新中心。

——以硬核实力筑牢标杆地位，打造发展引领区。围绕构建现代产业体系，锻长板、补短板，推动农业向现代高效发展、工业向中高端迈进、服务业向新型业态拓展。以自主可控安全高效为导向，全力打好产业基础高级化和产业链现代化攻坚战，培育一批世界级领军企业、具有行业主导力的“链主”企业及单项冠军企业，建设经济总量更大、产业特色更强、发展质态更优、长三角地区更具发展潜力和活力的城市。

——以共建共享拥抱美好生活，打造幸福示范区。聚焦“八个更”要求，持续加大民生投入，尽力而为、量力而行，全面提升普惠性、基础性、兜底性建设水平。坚持让发展成果惠及全体人民，率先实现幼有善育、学有优教、劳有厚得、病有良医、老有颐养、住有宜居、弱有众扶。进一步健全各类风险防控体系和安全机制，确保社会安全稳定、发展行稳致远。

2021年工作安排

今年是奋进“十四五”、逐梦新征程的开局之年，也是医药高新区、高港区迈好第一步、见到新气象的起始之年，做好政府工作意义重大、任务艰巨。我们将紧紧围绕“十四五”时期总体目标和要求，努力开好局、起好步。今年经济社会发展主要预期目标是：地区生产总值增长8%左右，一般公共预算收入增长5.3%左右，社会消费品零售总额增长7%左右，城乡居民收入与经济同步增长，节能减排完成市交目标，安全生产形势持续稳定向好。

围绕上述目标，重点做好以下四个方面的工作：

一、聚焦产业发展，致力形成更具爆发力的动力引擎

加快医药“第一产业”发展是中国医药城的“第一担当”。必须坚持把“产业强区、项目为王”作为高质量发展的主旋律，不断提升产业的辨识度和贡献度，打造全国领先的地标产业。

1.做强特色产业。紧扣“医药”主题，探索建立“链长制”“群长制”，编制用好产业链图谱、投资“热力图”，大力发展以扬子江药业为龙头的化学药，以龙凤堂为主体的中成药，以疫苗和单抗类为重点的生物药，以体外诊断试剂为特色的高端医疗器械，以雀巢为代表的特医食品，把生物医药的先发优势巩固扩大成产业发展的整体优势，确保医药产业规模增长20%以上，在全国生物医药园区综合排名位次前移。围绕高端装备制造产业，以长城汽车为龙头，成立汽车产业招商中心，紧盯汽车全产业链条深耕细作，做好“后半篇”文章，打造华东地区最具影响力的汽车科技产业园；支持三福船舶、口岸船舶，推动传统船舶向多功能重吊船舶等方向发展；依托蓝思、巨腾、纬创等优势企业，以电子产品高端防护零部件产业等细分领域为突破口，推动电子信息产业向价值链中高端迈进。壮大石化及新材料产业，加快中海油气二期项目建设，推动产业链前伸后延，建设国内领先、特色鲜明的中型石化产业基地，共同支撑区域经济发展。

2.突出项目为王。坚持“一切围绕项目转、一切围绕项目干”，建立“党（工）委书记主抓项目”的工作机制，发挥“招商大使”桥梁纽带作用，形成“招大商、大招商，招真商、真招商”的浓厚氛围。纵深推进“三比一提升”行动，大力实施功能招商、基金招商、供应链招商，年内5亿元和3000万美元以上项目新招引98个、新开工49个，力争在50亿元、100亿元以上项目上实现重大突破。坚持培大育强与招大引强并重，支持瑞科、荃信等一批自主创新能力强、产品市场前景好的企业创特色、建品牌，加快推进泰康生物、蓝思三园、曼德电子等重大项目建设，建成硕世生物、迈博太科等一批企业总部基地。实行重大项目专班服务、全生命周期闭环管理，压实投资、建设、园区“三方”责任，创新建立承办员、协办员、督办员机制，加强前期手续办理和施工组织管理，确保圣森生物、康为世纪等项目全部按序时高效推进。坚持“亩均论英雄”，健全工业项目用地综合评估制度，试行“双信地”出让模式，全年盘活低效闲置土地2500亩以上，亩均税收同比增长20%以上。

3.优化营商环境。主动对标世界银行标准，以制度创新、流程再造为核心，强化“用户思维”，注重“客户体验”，努力提供专业高效精准的优质服务。持续优化政务环境，放大新药申报服务中心“四个90%”机制效应，让专业的人做专业的事；推行“园区吹哨、部门报到”工作机制，从“效率、成本、可预期”三个维度入手，擦亮“全科店小二”服务品牌，深化“一件事一次办”改革，丰富“24小时不打烊”在线服务，真正实现“区内事区内办结”。持续优化政策环境，用好用足市支持我区率先发展的24条政策举措，主动对接、加强研究，提升政策承接的专业素养，强化政策精准有效供给，让企业充分享受“政策红利”。持续优化法治环境，加强政府诚信建设，建立健全信用监测、知识产权保护、柔性执法等机制，让企业依靠规则公正和法律保护健康发展。持续优化政商环境，定期开展企业家沙龙、“圆梦高新”创咖汇等活动，让企业的声音“听得到”、意见“看得到”、诉求“办得到”，推动企业在市场搏击中发展壮大。

二、聚焦改革创新，致力构筑更具支撑力的发展高地

医药高新区、高港区因改革而生、因创新而兴、因开放而强。必须坚持敢闯敢试、先行先试，用改革重塑体制机制优势，靠创新破解深层次难题，以开放赢得未来发展主动。

1.深化园区改革。主动向苏州工业园区、南京江北新区对标看齐，在思路举措上大胆探索，在体制机制上大胆突破，推动开发区高质量、高水平发展。坚持以“两集中三剥离”为导向，推行“管委会+公司化”运作，实施大部门制扁平化管理，提升园区发展活力和竞争力。突出主责主业，厘清园区与属地镇街的关系，推动园区专注于经济建设，进一步明晰主导产业及细分定位、优化空间布局、完善功能载体，实现从一般园区向特色园区、专业园区转型发展，形成鲜明标识度。创新选人用人机制，实行全员聘用，打破行政事业、编制内外、资历辈分界限，真正实现能上能下、能进能出。坚持“KPI+重点工作”全员绩效考核，突出一线、按绩分配、拉开差距，有效激发全员创新创优活力。深化国有平台改革，以运营的思路指导策划规划，用效益的标准校验转型效果，走市场化、实体化之路，力争国投创成AAA级。

2.坚持创新赋能。放大部省共建机制优势，跟进推动全省自贸试验区联动创新发展区的政策落地，努力在项目审批、空间规划、财政金融等方面获得更大支持。围绕提升创新能级，加强与北大医学部的全方位合作，全力推进省特殊食品品质量监督检验中心、兽用生物制品技术创新中心、疫苗质量评价中心和国家级疫苗临床评价基地等建设，争创国家药品进口口岸城市，形成产业吸附优势。深化与复旦大学、中国科学院大学、中科院自动化所等院所合作共建，增强共性技术供给和个性技术攻关能力，让“两高”真正“高”起来。围绕构建创新矩阵，组建科创集团，共同设立天使基金，分行业制定重点企业和高成长型企业培育计划，加快构建“研发—孵化—加速—产业化”的成长体系，全年力争培育医药“独角兽”“瞪羚”潜在企业4~5家，10亿元以上企业6家、上市企业3家。围绕构建创新生态，用好市双“六条”政策，加快建设创新先导区、人才家园、科技服务集聚区；紧紧抓住人才这个核心，以人才集聚整合创新资源，完善“政产学研金用”六位一体的协同创新体系，让一切要素活力竞相迸发、创新源泉充分涌流，打造具有影响力的区域性人才高地。

3.扩大对外开放。抢抓扩大跨境电商零售进口试点政策的契机，积极开展网购保税进口、跨境电商B2B出口等业务，加快培育外贸新业态新模式。以隆基全球物流分拨中心为抓手，做大做强保税物流产业，辐射带动外向型企业扩大进出口规模。充分借鉴先进港口的发展模式，以益海、国电、瑞茂通、海企等企业为抓手，创新线上线下、交易交割、期货现货等业态，打造国家级粮食物流交易、专业化工油品交易和长三角区域供应链“三大中心”，推动港口不断实现迭代升级。实行“区港联动”，整合综保区的政策优势和泰州港的资源优势，形成“政策叠加、优势互补、功能集成”的良性发展格局。办好第十二届中国（泰州）国际医药博览会，发挥ICGEB—泰州区域研究中心作用，加强与国际组织的交流合作，积极参与全球分工协作，提升全球知名度和国际影响力。以“一带一路”沿线国家为重点，引导企业更好地融入两个市场、利用两种资源、构建两个循环，主动参与全球产业链价值链重塑，全年实际利用外资和港澳台资5亿美元。

三、聚焦城乡统筹，致力建设更具亲和力的美丽家园

城市是我们共同生活的家园。必须按照“产城一体、港城相依”的思路，进一步强功能、优品质、美形象，建设泰州最具现代化和国际化气息的“城市新中心”。

1.提升城市品质。围绕泰州“一核三极三城”的空间架构，加强空间规划与“十四五”规划的有机衔接，提升高铁枢纽片区、周山河街区、国际精准健康中心、东部新城等城市功能和建设形态，做到结构上调整、规模上控制、布局上优化。实施精致高新三年行动计划，加快凤栖湖生态区、雕花楼景区二期开放，启动寺巷片区、许陈河北侧等城市更新，改造老旧小区5个，既有住宅增设电梯40部，新增绿化300万平方米以上。围绕当好省运会主场，有序抓好攀岩、空手道等场地建设，大力实施“五点一线”环境提升工程，营造全社会关心参与支持省运会的浓厚氛围。瞄准青年、农村人口、产业工人等重点对象，研究制定促进人口集聚的总体策略和具体路径，通过“外引内聚”做大基数、集聚人气。顺应消费升级趋势，大力发展“首店经济”，全力招引时尚消费、金融商务等业态的品牌项目，提升城市首位度。做优“城市大脑”，加强城市运行、社会治理、政府监管等领域大数据归集共享，实现城市运行管理“一网统管”。完善城市配套功能，新增公共停车位1000个，新改建城市公厕2座，新增生活垃圾分类省级达标小区24个。实施文明城市创建三年行动计划，常态化开展文明实践活动，让广大群众接受思想洗礼、文化熏陶，提升自己、奉献社会，让城市更美好，让生活更幸福。

2.推进乡村振兴。深刻把握“三农”工作重心向全面推进乡村振兴的历史性转移，加强顶层设计，助推农业全面升级、农村全面进步、农民全面发展。切实扛起粮食安全政治责任，坚决遏制耕地“非农化”、防止“非粮化”，压紧压实“米袋子”和“菜篮子”两个责任，全年新增高标准农田9000亩。加快全国农村综合性改革试点落地，深入开展“万企联万村”行动，力争招引规模农业项目20个，全力争创“省级现代农业产业示范园”。实施农村人居环境整治提升五年行动，加快“一路高畅”旅游品牌农路建设，增设农村公路生命安全防护设施479处，疏浚整治农村河道79条，打造“幸福河湖”示范河道37条。启动第二轮土地承包到期后再延长30年试点，开展闲置宅基地和农房综合利用试点工作，盘活农村集体资产资源。扎实做好巩固拓展脱贫成果同乡村振兴有效衔接，保持现有帮扶政策、资金支持、帮扶力量总体稳定，让富民强村帮促行动成为乡村全面振兴新动力。

3.坚定绿色发展。严守生态保护红线，以更强决心、更大力度加强生态文明建设，全面做好碳达峰、碳中和工作。扎实推进“健康长江泰州行动”，持续开展长江入河排污口、农业面源污染、港口船舶污染、非法码头整治，加快长江堤防防洪能力提升工程等生态修复项目建设，切实抓好长江“十年禁渔”，全力守护“一江清水”。深入打好污染防治攻坚战，强化VOCs、餐饮油烟和扬尘治理，扎实抓好留学生创业园、周山河街区、王营国控站点周边的源头治理、联防联控，确保空气优良天数比例好于同期，$PM_{2.5}$平均浓度控制在36微克/立方米以下。严格落实河湖长制、断面长制，全面排查整治各类排污口，确保祥和大桥、古马干河国考和高港大桥、口岸闸省考断面水质稳定达标；统筹城区、园区、社区污水管网建设，实施老旧小区雨污分流、村庄生活污水治理二期和港城污水处理厂三期扩建工程，新建污水管网5.2公里，消除城市建成区污水管网空白区。严防土壤污染风险，加快推进“无废城市”建设，全力守护土壤环境安全。积极培育生态文化，增强全社会绿色消费意识，引导公众积极使用绿色能源，让绿色生活成为公众自觉行为。

四、聚焦普惠共享，致力共建更具向心力的和谐社会

民生工作是心中工作。必须以“我为群众办实事”实践活动为抓手，注重解民忧、纾民困、暖民心，努力把老百姓的微心愿、小确幸一点点变成现实。

1.推进民生保障优质化。坚持把稳就业放在更加突出位置，支持中小微企业稳岗，加大困难群体就业帮扶，推动高校毕业生、退役军人、农民工等各类群体充分就业，全年组织开展补贴性职业技能培训3400人，新增就业1.32万人。加大创业担保贷款支持力度，鼓励城乡居民创新创业，支持成功自主创业1650人。接续传递温暖关爱，健全困境儿童、外来务工人员子女、留守儿童关爱服务体系，在所有镇街举办“青仔公益暑托班”，改造“梦想小屋”50间。健全工伤补充保险制度，为企业减负、为职工谋福。依托“1+14”社会救助政策体系，抓好社会福利、慈善事业、优抚安置等工作，在全市率先探索完善低保边缘户救助制度和支出型困难家庭帮扶机制，兜牢困难群体生活底线。

2.推进公共服务精准化。围绕“办好人民满意的教育”，扎实推进学校建设三年行动计划，启动高港实验小学东校区、鲍徐中心小学等项目，加快塘湾、大泗中心幼儿园和新城荣樾幼儿园等建设，建成观澜天境幼儿园、环溪小学、环溪初中等；加快“市直+高新”“区内+区外”集团化办学，加大高层次教育人才引进和名特优教师培养力度，打造一批人民满意的品牌学校，争创全国义务教育优质均衡发展区。常态化抓好疫情防控，提高全民疫苗接种率。加快区域性紧密型医共体、纵向医联体建设，实施健康惠民系列工程，推进市三院病房楼和门诊楼改造，完成许庄街道社区卫生服务中心建设，柔性引进高层次医疗专家团队和专科人才，打造“家门口”的优质医疗。进一步提升养老保障水平，完成特殊困难老年人家庭适老化改造275户，建设农村区域性养老服务中心2所、失能（失智）特困老年人集中供养服务机构1所，构建多元化养老服务体系。完善15分钟城乡健身圈，新建改建全民健身点35处；实施王营河东岸文体广场工程，推动全民健身中心健身设施、体育文创中心体育馆分时段低收费向社会开放，新建城市书房2所，丰富群众文体生活。

3.推进社会治理网格化。依托网格化社会治理体系，打造城区3公里公安综合便民服务圈，设立服务点20个，建成基层为民服务中心示范点12个，打通便民“最后一公里”。结合新一代雪亮技防工程建设，把互联网、大数据等技术手段运用到社会治理实践的各方面、全过程，完成标准地址二维码门牌约27.8万个。加快综合指挥中心规范化建设，增强突发事件响应和应急处置能力，不断提升网格治理服务智能化实战化水平。坚持和发展新时代“枫桥经验”，健全“一站式”

多元解纷机制，跟踪推进积案化解。持续加大食品安全监管力度，建成标准化农村（社区）集体聚餐“阳光宴会厅”8家、智慧农贸市场“阳光菜篮子”2家、“阳光厨房（食堂）”100家。争创省级双拥模范城。全面巩固“一年小灶”成果，高标准开展“三年大灶”，进一步压紧压实安全生产责任链条，继续推进党政领导干部挂钩化解重大（较大）安全风险、重点行业领域隐患整改等工作，统筹抓好安全发展示范城市创建，坚决防范各类生产安全事故发生。

加强政府自身建设

立足新起点、奋进新征程，我们肩负的时代使命和重大责任对政府工作提出了新的更高要求。我们将全面推进政府治理体系和治理能力现代化，用实干创造、用奋斗作答，以百倍的努力与干劲奋力打造人民满意的服务型政府。

守初心，让对党忠诚成为自觉追求。深入学习贯彻习近平新时代中国特色社会主义思想，以及总书记视察江苏重要讲话指示和“七一”重要讲话精神，从灵魂深处增强“四个意识”、坚定“四个自信”、做到“两个维护”，牢记“国之大者”，不断提高政治判断力、政治领悟力、政治执行力。弘扬伟大建党精神，推动党史学习教育向纵深发展，真正做到学史明理、学史增信、学史崇德、学史力行。坚持把党的领导贯彻到政府工作各领域、全过程，全力抓好中央和省市区委决策部署的落地见效，确保政令畅通、令行禁止。

担使命，让争先创优成为鲜明特质。深入开展“争先、进位、创优”大讨论活动，向最好者学习、与最强者比拼，以思想破冰引领行动突围，做到干在实处、走在前列。持续加强思想淬炼、政治历练、实践锻炼、专业训练，强化“七种能力”，练就过硬本领。倡导“真抓实干、马上就办、办就办好”的工作作风，坚持工作项目化、项目节点化、节点责任化、责任具体化，以“超常规”的努力，创造“超预期”的业绩。更大力度精简会议、压缩文件，让基层有更多精力投入到促发展、解难题、办实事上。

重法治，让依法行政成为根本遵循。坚持以习近平法治思想为引领，规范重大行政决策行为，启动“八五”普法，建设更高水平的法治政府。落实政府权责清单制度，划定重点工作中部门职责范围和权限等级，构建权力行使全链条管控机制。主动接受人大法律监督、工作监督和政协民主监督、纪委监委专责监督，深化群众监督，推进基层政务公开标准化规范化，用全面有效的外部监督清除刷存在感的空间。打造“高新高效、知行合一”政务服务平台，主动回应民生诉求，高质量办理建议提案，提升政府公信力。

存敬畏，让廉洁自律成为一种习惯。扎实推进政府系统党风廉政建设，认真履行全面从严治党主体责任，管好“微权力”，严防“微腐败”，把严的主基调长期坚持下去。高标准执行中央八项规定实施细则和省市区委具体办法，力戒形式主义、官僚主义，防止“四风”问题反弹回潮。严控各类债务风险，确保政府负债率控制在合理区间。树牢“过紧日子”思想，压减非急需非刚性支出，严控政府支出规模，加强预算执行监督，严格绩效跟踪考核，促进干部清正、政府清廉、政治清明。

各位代表，“两高”人民勤劳、智慧、善良，“两高”干部忠诚、干净、担当，“两高”大地秀美、旖旎、钟毓，“两高”未来充满希望、令人向往、催人奋进。让我们更加紧密地团结在以习近平同志为核心的党中央周围，在省市区委的坚强领导下，带领和依靠全区人民，锚定目标、乘势而上、接续奋斗，争当排头兵，建强核心区，为打造“中国第一、世界有名”医药名城作出新的更大贡献！

大事记

1月

1日　即日起，长江高港段全面实行常年禁捕。

2—4日　政协泰州市高港区第五届委员会第四次会议召开。

3日　长城汽车核心部件泰州项目签约仪式在高港区举行。

3—6日　泰州市高港区第五届人民代表大会第四次会议召开。

8日　高港区2020年“三下乡”集中慰问服务活动启动仪式在胡庄镇举行。

14日　高港区召开“不忘初心、牢记使命”主题教育总结大会。

15日　“网格+警格——高港区‘警民大联防’”行动启动。

18日　区领导到浙江省舟山市慰问泰州舰官兵。

△　“我们的中国梦”文化进万家——“同心同书，祖国新春好”市书法家协会送万福进万家活动在大泗镇前进村举行。

20日　中国红十字会总会事业发展中心在高港区老年养护院举行“曜阳关爱行动——走进泰州”春节慰问捐赠活动，看望慰问区老年养护院的失能老人，举行养老设备、生活用品和年货捐赠仪式，向老人发放慰问金，并进行慰问演出。

△　高港区举办“春风行动”——2020年劳动力综合交流洽谈会。共提供3400余个工作岗位，吸引2600余人进场洽谈。

2020年1月8日，高港区“三下乡”集中慰问服务活动启动仪式在胡庄镇举行

（区文化体育旅游局　供稿）

22日　区委常委会会议传达学习习近平总书记对新型冠状病毒感染的肺炎疫情防控作出的重要指示精神。

26日　高港区召开新型冠状病毒感染的肺炎疫情防控工作领导小组会议，部署疫情防控工作。

△　高港区人民政府发布《关于实施新型冠状病毒感染的肺炎疫情一级响应措施的通告》。

28日　区委常委会（扩大）会议召开，专题研究部署新型冠状病毒感染的肺炎疫情防控工作。

是月　区司法局获评全国公共法律服务先进集体。

△　扬子江药业集团入选2019年中国“年度荣誉品牌”优秀案例。

2月

1日　副省长马秋林调研高港区口罩生产企业，实地走访泰州百诺医疗器械有限公司。

△　高港区召开疫情防控工作领导小组会议，要求全力以赴做到严密防控，全力以赴做到保障周全，全力以赴做到压实责任。

3日　泰州市高港区应对新型冠状病毒感染肺炎疫情工作领导小组办公室发布《关于对商场超市餐饮酒店等公众聚集场所实施严格管制措施的通告》。

△　泰州港经济开发区举行抗击新冠肺炎爱心企业捐赠仪式。江

苏苏萨食品有限公司、统之幸食品（江苏）有限公司等6个企业向高港区红十字会共计捐款55万元，用以支援武汉重点疫区、江苏赴武汉医疗救援队、泰州本地医疗机构等采购紧缺医疗用品。

4日 高港区召开应对新型冠状病毒感染肺炎疫情工作领导小组会议，对下一阶段疫情防控工作再安排、再部署。

5日 泰州市高港区应对新型冠状病毒感染肺炎疫情工作领导小组发布《泰州市高港区关于实施“防控疫情、群防群治”十项措施的通告》。

6日 汇福粮油江苏泰州公司向疫区捐赠100万元抗疫物资。

7日 高港区光彩事业促进会举行“众志成城，抗击疫情”捐赠仪式，向泰州市第三人民医院捐赠17.4万元。

8日 市委副书记、市长朱立凡调研高港区企业复工和疫情防控工作，实地察看汇福粮油江苏泰州公司。

9日 市委书记史立军以“四不两直”方式检查指导高港区疫情防控工作，看望慰问坚守在防控一线的工作人员，实地察看区集中医学观察点、水岸帝景小区、益海（泰州）粮油工业有限公司等处。

12日 市委书记史立军调研指导扬子江药业集团疫情防控和复工生产工作。

14日 区住建系统举行抗击新冠肺炎疫情爱心企业捐赠仪式。江苏大江建设工程有限公司、江苏环宇水利水电工程公司、江苏金云建设工程有限公司、江苏步步高建设有限公司、江苏三泰建设工程有限公司向区红十字会捐赠疫情防控费用共39万元。

21日 市委书记史立军到长城汽车泰州整车项目建设工地开展现场办公，研究解决实际困难。

△ 许庄街道蔡庄村入选第一批江苏省传统村落。

23日 即日中午12点起，全区所有交通卡口全部撤除。高港区从1月27日开始设立交通管控点，持续时间近1个月。

24日 市委书记史立军以“四不两直”方式到高永化工集中区督查疫情期间企业安全生产和复工复产工作，实地检查泰州瑞世特新材料有限公司等企业。

△ 高港区举办2020年春季首批重大项目集中开工仪式。共有诺博汽车内外饰、精诚工科汽车底盘等10个重大项目集中开工，总投资94.7亿元，其中10亿元以上项目6个。

是月 区委组织部、区委区级机关工委通过线上招募、线下动员的方式，广泛号召机关党员积极参与疫情防控工作。

3月

4日 国家能源集团泰州发电有限公司“高参数大容量二次再热机组运行控制关键技术”项目获2019年度江苏省科学技术奖三等奖。

7日 根据泰州市应对新冠肺炎疫情工作领导小组办公室统一部署，即日起，高港区推广使用电子通行证“祥泰码”（后统一使用“苏康码”）。

12—13日 高港区党员干部读书班在区新时代文明实践中心举行。

18日 即日起，高港区新增51路公交车，运营时间为早上6:30至晚上6:00，途经高港大润发、高港区政府、医药高新区管委会、力宝广场等33个站点，运营初期一小时一班次。

19日 省委常委、统战部部长杨岳调研指导高港区民营企业重大项目建设工作，实地察看扬子江药业集团龙凤堂生物制药项目、长城汽车泰州整车项目现场。

23日 高港区召开工业经济暨开放创新大会。

25日 市委副书记、市长朱立凡调研高港区涉外疫情防控和学校开学准备工作，实地察看高港区集中隔离点、涉外人员中转站、高港实验学校、口岸中心小学等处。

30日 高港区举行牧原实业集团高港生猪养殖项目签约仪式。牧原实业集团有限公司与胡庄镇签订10万头生猪养殖项目投资意向书，项目总投资2亿元，采用全新的楼房养猪模式。

31日 扬子江药业集团员工陆科锦在泰州市人民医院完成造血干细胞采集工作，捐献出234毫升造血干细胞混悬液，成为高港区第2例，也是新冠肺炎疫情期间全省首例造血干细胞捐献者。

是月 《高港区突发事件总体应急预案》（2020版）正式印发实施。

4月

3日 高港区召开农村工作暨扶贫工作会议。

9日 全市产业强市推进会召开，会议表彰一批先进。高港区获工业经济工作目标考核先进市（区）、开放型经济工作目标考核先进市（区）一等奖。

10日 长城汽车泰州整车项目首台设备——载荷50吨的起重机顺利安装完成，项目建设全面进入设备安装阶段。

12日 区文联到长城汽车泰州整车项目现场开展“文艺家走基层”活动，5名书法家、5名画家、5名摄影家现场创作赠送书法、绘画作品36幅。

14日 市委书记史立军到高港区滨江生态湿地保护带调研长江大保护工作。

15日 市委副书记、市长朱立凡专题调研高港区国土空间规划工作，实地察看凤栖湖景区、高港大道城市化改造及地下管廊工程项目、口岸雕花楼景区（一期、二期）项目，召开座谈会，听取高港区城市规划建设情况汇报。

17日　高港区人民政府、泰州市人民医院府院合作第四次联席会议召开。

20日　区五届纪委第五次全体会议暨全区领导干部警示教育大会召开。

20—26日　高港区组织开展以“爱鸟新时代，共建好生态”为主题的“爱鸟周”系列宣传活动，普及野生动物保护及疫情疫病防控知识。

21日　市委副书记、市长、市总河长朱立凡检查高港区防汛防旱及河长制工作，实地检查区2019年度长江堤防防洪能力提升工程（幸福闸至泰州长江公路大桥段）现场，了解防汛准备情况。

23日　市委书记史立军调研高港区就业促进、帮扶困难家庭特殊群体工作，实地走访口岸街道大石村和江苏凯威药用包装有限公司。

24日　高港区举行首批安全生产人民监督员聘任仪式。区安委办为首批30名安全生产人民监督员颁发聘书（聘期3年）。

26日　全市首台租赁式老楼电梯在高港区育才花苑27号楼正式吊装。电梯采用模块式安装，主体长9米、宽2.5米、重7.2吨。

27日　市委书记史立军到大泗学校、扬子江药业集团看望慰问工作在一线的劳动模范、五一劳动奖章获得者。

28日　高港区2020年农业项目集中开工仪式在胡庄镇举行。参加集中开工的农业项目共31个，计划总投资10.8亿元。

△　《白马镇志》通过区党史方志办公室组织的终审，系2017年泰州市启动名镇名村志工程以来全市第一部通过终审的志稿。

29日　省委副书记、省长吴政隆检查调研高港区企业复工复产、疫情防控及安全生产等工作，实地察看扬子江药业集团、长城汽车泰州整车项目基地。

是月　高港区获评全省法治政府建设示范县（市、区）。

5月

1日　高港大道下穿江广高速改造工程主体工程完工并通车。高港大道下穿江广高速路段是许庄街道连接高港城区的主要道路之一，原先采取弯道下穿江广高速，2019年8月启动改造工程，裁弯取直。

7日　高港区召开项目建设点评暨冲刺“双过半”动员会议。

8日　高港区举办“三比一提升”产业推介大会暨项目集中签约仪式。共签约项目35个，总投资190.44亿元，签约项目涵盖汽车零部件、高端装备制造、现代服务业、大健康、智能制造等多个领域。

9日　陕西省咸阳市淳化县党政代表团到高港区对接苏陕扶贫协作工作，实地参观长城汽车泰州整车项目建设现场、滨江生态湿地保护带等地，召开高港·淳化对口协作党政联席会议，并签订农副产品产销合作协议。

10日　高港区首届“徐庄杯”中国象棋赛在口岸街道徐庄村举行。

△　“2020中国品牌价值评价信息发布会”线上召开，扬子江药业集团以品牌强度945分、品牌价值505.95亿元双双获得医药健康板块第1名。

12日　海军“洪泽湖”舰退役移交仪式在山东省青岛市举行。“洪泽湖”舰退役移交泰州后，入驻高港海军舰艇文化公园。15日，高港区在泰州国际港集装箱码头举行欢迎仪式，迎接“洪泽湖”舰。

15日　区残联、区残疾人福利基金会在区残疾人托养中心联合举行“圆梦行动”暨贫困残疾人家庭基本家电捐赠仪式。共募集资金26.27万元，向全区564户困难残疾人家庭捐赠太阳能热水器、电风扇等家电物品。

19日　高港区召开五届区委第十轮巡察工作动员部署会。

△　2020年“中国旅游日”泰州分会场暨健康生活、欢乐旅游活动在口岸雕花楼景区举行。

20日　高港区召开深化全国文明城市创建工作大会。

△　区卫生健康委举行出征仪式，为第三批共6名对口支援陕西淳化医护人员送行。

△　“中国好人”陈伟将自行繁育总价超过18万元的6万余尾河豚鱼苗放流长江。2018年起，陈伟每年向长江放流河豚鱼苗，是泰州市以个人名义出资增殖放流濒危品种的第一人，3年累计放流河豚鱼苗近24万尾。

21日　牧原食品股份有限公司成为高港区首个享受告知承诺优惠政策的企业。

是月　白马镇王华芹家庭获评全国和江苏省抗疫“最美家庭”。

△　上膳源泰州农场获评国家第一批有机食品生产示范基地。

△　刁铺街道、许庄街道入选第三批江苏省生态文明建设示范乡镇（街道）；口岸街道引江社区、大泗镇前进村入选第三批江苏省生态文明建设示范村（社区）。

6月

1日　泰州学院服务长城汽车泰州整车项目洽谈会在泰州港经济开发区召开。

11日　高港区举行二季度项目集中开工暨项目观摩活动。共有18个重大项目集中开工，总投资108.38亿元。

11—12日　高港区党政代表团赴陕西省咸阳市淳化县商讨新一轮对口协作工作，实地参观车坞镇扶贫产业园、十里塬镇易地移民搬迁福缘社区、十里塬镇江之源双孢菇项目等地。双方签订两地政府扶贫合作框架协议，泰州港经济开发区与淳化县工业园区签订园区共建框架协议。

19日　高港区开展2020年度防汛抢险军地联合应急演练。演练模拟设置江堤巡查、排除渗漏、封堵管涌、构筑子堤、机泵排涝、块石调运、医疗救护、应急照明等多个科目。

28日　副省长马欣检查江苏省口岸中学高考考点考务准备工作，实地检查学校考场、校园环境、高考疫情防控准备工作等情况。

30日　高港区举行庆祝建党99周年暨"弘扬实干之风、永葆奋斗精神"先进事迹报告会。

是月　高港区提高城乡居民养老保险基础养老金标准，由2019年的每人每月158元提高至170元。11月，提高至每人每月185元。

△　高港区"泰晶e空间"众创空间入选2020年度国家众创空间备案名单。

7月

6日　市委副书记、市长朱立凡检查高港区高考考点准备工作，实地察看江苏省口岸中学考点。

8日　高港区举行"百团进百万企业"安全生产学习宣讲会。

12日　高港区提升长江防汛应急响应至Ⅱ级，为建区以来长江防汛应急响应最高级别。

14日　省委常委、省纪委书记、省监委代主任王常松调研高港区监督保障统筹推进疫情防控和经济社会发展、整治群众身边腐败和作风问题等工作，实地察看扬子江药业集团。

15日　市委书记史立军检查高港区防汛工作，实地察看高港幸福闸、泰州国际集装箱码头。

20日　市委书记史立军，市委副书记、市长朱立凡分别带领全市"三比一提升"项目建设现场督查会参会人员分两组现场督查高港区项目建设情况，实地察看大自然家居产业园项目、统之幸年产2740万包料理包项目、榕兴医用敷料全自动生产线项目。

21日　高港区开展2020年度夏季安康"送清凉、送安全、送法律"活动，走访慰问高温下坚守岗位的一线职工。

24日　广西壮族自治区政协副主席陈刚调研高港区发展医药产业、推进政策体制改革创新及深化国际医药产业合作情况，实地察看扬子江药业集团。

25日　长城汽车股份有限公司泰州分公司举行白车身下线仪式。

29日　永安洲镇、许庄街道被命名为国家卫生乡镇。

是月　泰州港务集团有限公司高技能人才曾焱入选2020年度江苏省有突出贡献中青年专家名单。

2020年8月25日，江苏大学产学研对接会暨专家巡诊活动在高港区举办
（区科技局　供稿）

8月

5日　高港区在全省范围率先出台《高港区"全科店小二"专业化服务团队管理考核办法》。

6日　泰州盾安保安服务有限公司高港分公司在白马镇前进村挂牌成立，系"万企联万村，共走振兴路"行动开展以来成立的全市首个村企合作企业。

7日　区委五届六次全会召开。

12—13日　陕西省咸阳市淳化县党政代表团考察高港区，实地察看苏陕对口扶贫协作消费扶贫冷库项目建设现场、泰州祥瑞食品有限公司、苏民福超市、凤栖湖、长城汽车泰州整车项目等处。

14日　区政府五届六次全体（扩大）会议召开。

19日　高港区—武汉理工大学产学研合作云对接会在高港区举行。现场签约项目4个，发布项目需求和成果29个。

25日　江苏大学产学研对接会暨专家巡诊活动在高港区举办。会上，区政府与江苏大学签订"江苏大学技术转移中心高港分中心"协议。

30日　扬子江药业集团连续第6年荣登"中国医药工业百强榜"榜首，并获"2020年中国医药研发产品线最佳工业企业"称号。

是月　省商务厅发布2019年度全省经济开发区科学发展综合考核评价情况通报，泰州港经济开发区在全省91个省级开发区中排名第一。

9月

1日　长城汽车股份有限公司泰州分公司举行PT（生产线试生产）整车下线仪式。首台PT整车下线，标志着该项目工程建设期基本结束，开始进入量产前的全面冲刺阶段。

△ “幸福小康，追梦成长”泰州市“开学第一课”示范活动在高港区口岸中心小学举行。

3日 高港区召开五届区委第十一轮巡察工作动员部署会。

7日 高港区召开“万企联万村，共走振兴路”行动推进会暨农村人居环境整治三年行动计划收官冲刺会。会上，10对企村进行联建项目签约，投资金额11.65亿元。

9日 高港区举行2020年“泰有爱·慈善一日捐”启动仪式。活动现场，区四套班子有关负责人带头捐款。

12日 全国政协原副主席刘晓峰到高港区参观考察，实地察看舒禾江苏健康产业有限公司。

14日 泰州港经济开发区成立园区首个国资控股的混改试点企业——江苏鼎实供应链管理有限公司。

15日 泰州国际集装箱码头有限公司举行泰州港—洋山港天天班直航首航仪式。

17日 口岸街道引江社区党总支书记张竹山获评2020年2月至7月敬业奉献类“中国好人”。

22日 “2020年泰州·高港农民丰收节”庆祝活动在江苏中药科技园举行，现场开展农产品展销、直播带货、文艺表演等一系列活动。

25—26日 江苏省第八届全民健身运动会航海模型比赛在凤栖湖景区举行。比赛分为竞速类、耐久类、仿真模型类、帆船类4类比赛项目。来自全省的11支代表队、214名选手参加。

26日 无锡市党政代表团考察高港区，实地察看扬子江药业集团、万向精工江苏有限公司。

28日 高港区在泰州港经济开发区联东U谷·泰州智造科技谷项目现场举行全区“冲刺四季度”项目集中开工仪式。集中开工的20个项目总投资100亿元，涉及智能制造、医疗器械等多个产业。

28—29日 省总工会在高港区召开全省重点工程劳动竞赛工作推进会。其间，与会人员参观扬子江药业集团和省重点工程劳动竞赛项目——长城汽车泰州整车项目基地。

29日 中国泰州（高港）智能制造论坛在高港区举办。

△ 泰州市“我们的节日·中秋”主题活动在春江花月夜景区举行。

30日 全区村（社区）“两委”换届工作部署会召开。

是月 高港区河道长效管护工作连续4年荣获全省一等奖。

△ 高港刁铺红烧羊肉入围江苏省百道乡土地标菜名单。

10月

9—10日 高港区组织全区80余名市级以上先进典型集中免费健康体检。

10日 长城汽车股份有限公司泰州分公司首届供应商大会暨泰州港经济开发区投资推介会在高港区举行。300余个汽车零部件企业代表参加活动。

13日 扬州市党政代表团考察高港区，实地察看扬子江药业集团、长城汽车泰州整车项目、万向精工江苏有限公司。

△ 经江苏省市场监督管理局批准，扬子江药业集团和中国标准化研究院联合起草的江苏省地方标准《中药智能工厂中药水提醇沉提取过程质量监控》正式发布并推广应用，为全省首个中药领域智能制造地方标准。

14日 2020年全省青少年山地自行车锦标赛在凤栖湖景区举办。比赛设男、女山地越野赛和混合团体接力等组别，全省4支代表队的29名运动员参加。

18日 “相约高港·蟹逅胡庄——2020首届江水清沙螃蟹节”在胡庄镇宗林村举办。

22日 长城汽车股份有限公司泰州分公司首款新能源汽车“欧拉·好猫”正式批量下线。

23日 核心港区举办第三届趣味运动会。共设拔河、螃蟹赛跑、企鹅漫步、四人五足、旋风跑5个项目。

25日 泰州三福船舶工程有限公司、泰州苏中天线集团有限公司等企业的9款产品通过江苏省级新产品样品鉴定。

31日 高港区举办高港发展大会暨在外知名人士看家乡活动。

是月 长城汽车股份有限公司泰州分公司获2020年全国汽车行业设备管理与技术创新成果二等奖。

11月

10日 贵阳市贵安新区党政代表团考察高港区，实地参观扬子江药业集团、长城汽车泰州整车项目。

13日 由中央网信办主办、省委网信办承办的“共舞长江经济带·看高质量发展”网络主题活动采访团走进高港区。

△ 中国县域工业经济发展论坛发布2020年“中国工业百强区”等榜单，高港区入选2020年“中国工业百强区”榜单。

17日 江苏省“诵读学传”走进泰州示范观摩活动在高港实验小学举行。

19日 泰州港经济开发区与统之幸食品（江苏）有限公司举行二期项目签约仪式。该项目总投资1.2亿美元，年产“开小灶”方便食品、冷冻食品、冻干食品、拌饭酱等食品5000万箱。

24日 长城汽车泰州智慧工厂竣工投产仪式在泰州港经济开发区举行。

27日 2020年江苏省“在同

2020年11月27日，江苏省"在同一片蓝天下成长"乡村学校少年宫优秀成果展演活动在永安洲实验小学举办 （区委宣传部 供稿）

一片蓝天下成长"乡村学校少年宫优秀成果展演活动在永安洲实验小学举办。

是月 大泗镇获评全国文明镇。

△ 高港综合物流园获评2020年度全国优秀物流园区，继2018年、2019年后连续第3年获此殊荣。

△ 胡庄镇宗林村入选第十批全国"一村一品"示范镇村名单。

△ 白马镇社区教育中心选送的《健康教育》乡土教材获评2020年全国精品乡土教材。

△ 泰州市创新电子有限公司被认定为第二批国家级专精特新"小巨人"企业，实现全区国家级专精特新"小巨人"企业零突破。

△ 高港区人民政府外事办公室获评江苏省抗击新冠肺炎疫情先进集体；口岸街道引江社区党总支书记张竹山、泰州市第三人民医院副院长汪羽获评江苏省抗击新冠肺炎疫情先进个人。

△ 由区文体旅游局、区文化馆创作的女声独唱《我们永远这样》获江苏省第十四届"五星工程奖"。

12月

3日 全市人大代表履职平台规范化建设现场推进会在高港区召开，与会代表实地观摩刁铺街道、许庄街道、大泗镇人大代表工作站建设情况，交流代表履职平台规范化建设的经验做法。

△ 高港区通过国家级县域节水型社会达标建设验收。

8日 高港区举办学习贯彻党的十九届五中全会精神宣讲报告会。

9日 "万物生机"泰州市美术馆馆藏书画精品展高港巡展在区美术馆开幕。

17日 市委书记史立军调研高港区特殊困难老年人家庭适老化改造工作开展情况，实地走访许庄街道乔杨社区低保户家庭。

△ 口岸街道徐勤生家庭被评为第十二届全国五好家庭。

18日 凤凰新华江苏省口岸中学校园店"清源书苑"揭牌暨全省首个"校园文学阅读基地"授牌仪式在江苏省口岸中学举行。

△ 泰州港—盘锦港直航航线开通。

24日 省委决定，叶冬华任泰州医药高新技术产业开发区党工委书记、高港区委书记；孙宏建任泰州医药高新技术产业开发区管委会主任。

△ 市委决定，孙宏建任泰州医药高新技术产业开发区党工委副书记。

27日 古马干河特大桥主塔正式封顶。古马干河特大桥是核心港区集疏运体系重大项目疏港公路的重要组成部分，设计总长988.1米，主塔采用C50混凝土A型索塔，索塔总高度121.96米。

28—29日 泰州市组织开展全市项目建设观摩活动。29日，市委书记史立军、市政协主席卢佩民分别带队观摩高港区项目建设情况，实地观摩龙凤堂五期中药生产等7个项目。

29日 市委书记史立军专题检查高港区极端天气下的防寒防灾工作，实地检查口岸街道引江社区明涛家庭农场草莓基地、口岸敬老院等处。

30日 "泰州好巴士1号线"开通。

是月 高港区24小时政务服务自助区正式投入运营。

△ 高港区获评全国农村生活污水治理示范区。

△ 扬子江药业集团荣登"2019年度中华民族医药百强品牌企业"榜首。

△ 高港区获评江苏省义务教育优质均衡发展县（市、区）。

△ 大泗镇霍堡村被命名为江苏省第五批次特色田园乡村。

△ 白马镇白马社区老庄入围第三批江苏省传统村落名录。

△ 扬子江药业集团工业旅游区入选江苏省级工业旅游区。

区情概览

高港名片

【人民海军诞生地】 1949 年1月，中共中央政治局通过《目前形势和党在一九四九年的任务》的决议，提出："一九四九年及一九五〇年我们应当争取组成一支能够使用的空军，及一支保卫沿海沿江的海军。"此后，中共中央、中央军委指示第三野战军前敌委员会在华东地区把海军组建起来。3月下旬，第三野战军前敌委员会传达中共中央和中央军委关于筹建人民海军的指示。4月23日，中央军委急电：第三野战军立即组建海军，名为中国人民解放军华东军区海军。13时30分，张爱萍在白马庙宣读中央军委急电和第三野战军前敌委员会关于成立人民海军的决定。张爱萍带领李进、黄胜天、张渭清、温礼芝等13人开展组建工作，成立中共华东军区海军临时委员会，组建司令部、政治部等部门。抽调第三野战军教导师第3团、直属侦察营等部和苏北军区海防部队编入海军，并接管国民党海军起义、投诚的军舰。张爱萍任华东军区海军司令员兼政治委员。1989年2月17日，中央军委关于海军成立日期的批复同意以一九四九年四月二十三日成立华东军区海军的日期为中国人民解放军海军的成立日期。1998年，江泽民为中国人民解放军海军诞生地纪念馆题写馆名。1999年，中国人民解放军海军诞生地纪念馆开馆。人民海军诞生地为全国重点文物保护单位，中国人民解放军海军诞生地纪念馆为全国爱国主义教育示范基地。

【泰州港高港港区】 北宋乾德二年（964），柴墟港口形成。明初，柴墟港口成为口岸港口。19世纪末，由于江中沙洲不断淤涨，江岸线南移，口岸港口南移2000米至封家庄。清光绪二十八年（1902），港口开埠通商。清末，封家庄码头淤浅，港口西移500米至龙窝口。1954年9月，龙窝口码头淤浅，口岸港口移至高港，称高港港口。1988年7月，高港港被省政府批准为对外开放二类港口。1992年11月，高港港被国务院批准为对外开放一类港口。1997年6月，高港港更名为泰州港。1999年，建成杨湾作业区。2002年，原高港港改称泰州港高港港区，为泰州港主港区。2006年，建成永安作业区。2014年，泰州港核心港区（高港）集装箱码头开港。2020年，高港港区拥有高港、杨湾、永安3个作业区，集装卸、仓储、运输、船舶代理、货物代理、配送等物流服务于一体，有长江泊位14座，其中万吨级泊位10座，完成货物吞吐量4397万吨、集装箱进出口32.6万标准箱。

【扬子江药业集团】 创建于1971年，是跨地区、产学研相结合、科工贸一体化的国家大型医药企业集团，也是科技部命名的全国首批创新型企业。集团总部位于高港区，有员工1.4万余人，总占地面积300余万平方米。旗下20余个成员公司分布于泰州、北京、上海、南京、广州、成都、苏州、常州等地；营销网络覆盖除台湾以外的全国各省、市、自治区。集团始终秉承"求索进取，护佑众生"的企业使命，践行"高质、惠民、创新、至善"的核心价值观，高起点打造"扬子江水哺育中华，扬子江药造福华夏"的品牌文化。1996年起，连续多年排名江苏省和全国医药行业前列。2020年，企业连续6年在全国医药工业百强企业榜上排名第1位，获2020年中国品牌价值评价医药健康板块品牌强度、品牌价值双第一，蝉联全国医药行业质量管理成果评比一等奖总数第1名，实现"十六连冠"。

（区党史方志办）

【口岸雕花楼景区】 口岸雕花楼景区总占地面积8.8万平方米，建筑面积3.9万平方米，总投资近10亿元，为国家AAAA级旅游景区。以柴墟古街区为载体，融休闲、娱乐、餐饮、购物等功能，集楼景、水景、桥景、街景于一体，形成包括"一桥、两街、三庙、四宅"在内的主要景点。2020年1月起，口岸雕花楼

泰州长江公路大桥俯瞰 （区委宣传部 供稿）

景区由北京华录乐动旅游有限公司泰州分公司承租经营。口岸雕花楼景区管委会履行服务、协调、监督管理职能。

（口岸雕花楼景区管委会）

地理环境

【区位面积】 高港区位于泰州市市区南部，濒临长江。北连泰州医药高新区，东接姜堰区、泰兴市，西临扬州市江都区，南与镇江扬中市隔江相望。全区总面积286.83平方千米，建成区面积20平方千米。

（区党史方志办）

【地形地貌】 高港区属长江三角洲冲积平原。古代是浅海，后来渐次成陆。地形平坦，地面高程一般2~5米，最低处1.8米（永安洲镇北沙局部地面）。大体北部为高沙平原，南部为沿江平原，江岸线附近的狭长区域为江边滩地。

（区自然资源和规划分局）

【河流交通】 区内主要河流有8条，东西向有许庄河、宣堡港、古马干河、生产河和周山河，南北向有南官河、引江河和西干河，均可通航。京沪高速、沪陕高速、泰镇高速、336省道穿境，乡际、乡村均有公路通达。泰州港高港港区、泰州长江公路大桥坐落境内。

（区党史方志办）

【气候】 2020年，高港区平均气温比常年偏高，高温日数比常年偏多。年降水量1326.5毫米，较常年多2成，出现暴雨日3个。登陆并影响高港区的台风有1个。主要气象灾害有暴雪、台风、暴雨、高温、强寒潮等。因台风、暴雨、冰雹、干旱等造成的损失相对较重。

日照 全年日照总时数2146.6小时，较常年多0.4成。其中，2月、3月、4月、8月、9月、10月较常年偏多，1月、7月较常年偏少，其他月份正常。

气温 全年平均气温16.4℃，比常年偏高（常年15.1℃）。年极端最高气温38.1℃（8月16日），年极端最低气温-8.9℃（12月31日）。

降水 全年降水量1326.5毫米，比常年多2成（常年1022.6毫米）。1月、3月、6月、7月和11月较常年偏多，其中6月异常偏多，2月、4月、5月、8月、9月、10月和12月较常年偏少。全年降水日数138天（常年114.7天）。

2020年高港区月度降水量一览表

表1 单位：毫米

月份	降水量	月份	降水量
1	61.0	7	200.4
2	24.5	8	165.6
3	103.7	9	63.9
4	60.8	10	54.2
5	38.0	11	86.4
6	447.8	12	20.2

大雪　全年高港区出现降雪过程3次，其中，12月29—31日全区普降大雪，积雪深度为3厘米。

梅雨　6月9日入梅，与常年相比偏早（常年6月18日），7月21日出梅，与常年相比偏晚（常年7月10日），梅期长43天，梅期偏长（常年23天）。梅雨量621.4毫米，与常年（平均240.1毫米）相比偏多，仅次于1991年。

台风　8月4日凌晨，第4号台风“黑格比”在浙江省乐清市沿海登陆，登陆后向偏北方向移动，经江苏省东部，受高空槽和台风残留低压影响，8月5日高港区极大风速普遍5~6级，局部地区达7级以上。

强对流天气　6月27日上午，白马镇1个站点出现1小时最大雨量54.9毫米的短时强降水。6月12日下午，泰州长江公路大桥观测站点出现全年极大雷雨大风19.4米/秒（8级）。

高温　全年高温日数（35℃以上）16天，比常年偏多（常年7.7天）。连续高温过程出现在8月中旬。受副热带高压控制，进入8月出现持续性大范围高温天气，8月11—20日出现影响范围大且持续时间长的高温天气，16日出现年极端最高气温38.1℃。

强寒潮　2月14—16日，受北方强冷空气影响，高港区出现大范围寒潮、雨雪天气，日最低气温48小时降幅14.7℃，15—17日出现6~7级偏北风，18日最低气温降至-4.8℃。2月15日傍晚起出现雨夹雪天气，16日3时前后雨雪过程结束，最大积雪深度1.5厘米。由于前期基础气温较高，并没有造成严重的道路结冰。12月29—31日出现大范围寒潮天气，并伴有雨雪和大风天气过程。29日下午出现雨转雪天气，降雪过程纯雪量达到大雪，最大积雪深度达3厘米，大部分地区出现7~8级偏北大风，最大出现在泰州长江公路大桥站点为22.3米/秒（9级），48小时最低气温降幅达12.1℃，31日最低气温降至-8.9℃。该降温过程最低气温低，且低温持续时间长，全区出现严重冰冻。暴雪、大风、低温冰冻对农业生产不利，大部分地区出现灾情。（徐为进）

【水文水情】2020年，境内长江最高水位为5.64米，发生在7月24日；长江最低水位为-0.18米，发生在1月9日。口岸闸全年引水222次、28976.3万立方米，排水8次、1067.3万立方米。（区水利局）

【自然资源】长江岸线资源　高港区拥有沿江岸线25.6千米。

水资源　可利用水资源主要为长江水，水量每年约3亿立方米。全区水面广阔，资源丰富，江、河、塘中主要产鱼、虾、蟹、蚌、龟、鳖等。

江河资源　有干河、中沟等各类河道1296条、1018.3千米，其中，骨干河道13条、106.12千米，中沟109条、275.3千米，村庄河道1174条、636.88千米。

土地资源　全区土地总面积28683.62公顷，其中，耕地10328.08公顷，园地1615.71公顷，林地2046.67公顷，草地292.57公顷，城镇村及工矿用地5814.9公顷，交通运输用地2432.6公顷，水域及水利设施用地6051.02公顷，其他土地102.07公顷。

（区水利局　区自然资源和规划分局）

建置区划

【建置沿革】西周，境内初属邗国，后改属吴、越、楚。秦王政二十四年（前223），为晦（海）陵县地。西汉高祖五年（前202），属楚国。汉高祖六年，属荆国。汉高祖十二年，属淮郡海陵县。新王莽天凤元年（14），属淮平郡亭间县。东汉建武十三年（37），属广陵郡海陵县。东汉永平元年（58），属广陵国海陵县。永平十年，属广陵郡海陵县。三国魏文帝黄初五年（224），海陵县废，境内沦为魏、吴间弃地。西晋太康元年（280），属广陵郡海陵县。南朝梁武帝天监元年（502），属海陵郡海陵县。隋开皇三年（583），属吴州海陵县。开皇九年，属扬州海陵县。隋大业三年（607），属江都郡海陵县。唐武德三年（620），属吴州吴陵县。武德七年，属邗州海陵县。武德九年，属扬州海陵县。唐天宝元年（742），属广陵郡海陵县。唐乾元元年（758），属扬州海陵县。五代十国吴高祖武义二年（920），属江都府海陵县。南唐烈祖升元元年（937），分属泰州泰兴县、海陵县，泰兴县治设于济川镇，济川镇位于济川河（今南官河）河口附近。北宋乾德二年（964），因济川镇坍江，泰兴县治移至柴墟。北宋宣和四年（1122），分属扬州泰兴县、泰州海陵县。南宋建炎四年（1130），岳飞任通泰镇抚使兼知泰州，屯兵柴墟，在南坝桥大败金兵。时境内分属泰州泰兴县、海陵县。南宋绍兴五年（1135），分属扬州泰兴县、泰州海陵县。绍兴十年，分属泰州泰兴县、海陵县。绍兴十二年，分属扬州泰兴县、泰州海陵县。元至元十四年（1277），分属扬州路泰兴县、泰州路海陵县。至元二十一年，分属扬州路泰兴县、扬州路泰州海陵县。元至正二十五年（1365），徐达为进攻泰州，自境内大江口开济川河直至泰州南门。至正二十六年，境内分属扬州府泰州海陵县、扬州府泰兴县。明洪武元年（1368），分属扬州府泰州、泰兴县。明嘉靖年间（1522—1566），泰州至泰兴的驿道经过境内，并设刁家渡铺、口岸铺。明代，口岸成为泰兴的西北重镇，先后建有口岸察院、口岸公馆。清顺治二年（1645），分属扬州府泰州、泰兴县。清雍正二年(1724),分属泰州、通州泰兴县。清雍正十三年,泰兴全县分为四辖,口岸巡检司所治地域为“口辖”。口岸逐渐发展为长江北岸的一个重要港口和物资集散地。清乾隆九年(1744),境内分属扬州府泰州、泰兴县。1912年,分属泰兴县、泰县。1940年7月后,分属泰兴、泰县抗日民主政府。1945年11月,苏皖边区政府成立,境内分属第一行政区的泰兴县、泰县。1949年4月,分属苏北行政公署泰州专区的泰州市、泰兴县。1950年5月,分属泰兴县、泰县。1953年1月,分属扬州专区(后改称扬州市)泰兴县、泰县。1959年1月,泰州市、泰县合并为泰州县,境内分属泰兴县、泰州县。1962年5月,分属泰州市、泰兴县、泰县。1964年9月,分属泰兴县、泰县。1992年9月,分属泰兴市、泰县。1994年10月,分属泰兴市、姜堰市。1996年7月,境内分属地级泰州市所辖泰兴市、姜堰市。1997年8月,设高港区,隶属于泰州市。

(区党史方志办)

【行政区划】 1997年8月高港区成立时,辖永安洲、田河、口岸、刁铺、许庄、白马、野徐7个乡镇。2008年区划调整,辖口岸、刁铺、许庄3个街道及永安洲、野徐、白马3个镇,野徐镇殷蒋村、陈庄村和白马镇朱穆村划归泰州市周山河街区管委会代管。2009年区划调整,辖口岸、刁铺、许庄3个街道及永安洲、白马、大泗、胡庄4个镇,许庄街道唐家村、老庄村划归野徐镇代管,野徐镇及刁铺街道部分村组划归泰州经济开发区代管。至2020年年末,辖街道3个、镇4个,共有社区51个、居民小组883个,村40个、村民小组752个。

(侯金春)

2020年高港区各镇街所辖村(社区)情况一览表

表2

街道、镇	社区	行政村
口岸街道	王营社区、口岸社区、龙窝口社区、城东社区、柴墟社区、新城社区、育才社区、城南社区、蔡滩社区、东南社区、朱营社区、戴集社区、集成社区、新明社区、引江社区、张马社区、田河社区	吴楼村、雅儒村、郎庄村、徐桥村、徐庄村、大石村
刁铺街道	关桥社区、通太社区、环溪社区、万庄社区、大丰社区、界牌社区、圩岸社区、明发社区	—
许庄街道	马厂社区、三星社区、官沟社区、周梓社区、三旗营社区、曹官营社区、许庄社区、乔杨社区、赵王社区、孔桥社区	明河村、钱赵村、管营村、蔡庄村
永安洲镇	福沙社区、新街社区、中心社区、永兴社区、兴洲社区、永胜社区、上桥社区、建安社区、东江社区、兴隆社区、润洲社区	—
白马镇	金马社区、白马社区	岱白村、陈家村、陆家村、黄河村、前进村
大泗镇	大泗社区	时庄村、马龙村、康乐村、霍堡村、大马村、佴陈村、佴庄村、二陈村、北港村、曹于村、前进村、杨营村
胡庄镇	胡庄社区、汪群社区	赵市村、薛垛村、戴陈村、刘荡村、单王村、刘元村、史庄村、庵桥村、周马村、宗林村、丁庄村、田野村、陈隆村

人口民族

【人口】 2020年年末,高港区户籍总人口260365人,其中,男性130943人,占人口总数的50.29%;女性129422人,占人口总数的49.71%。男女性别比为101:100。人口密度为908人/平方千米。全年出生人口2029人,死亡人口2734人。

(区公安分局)

【民族】 2020年,高港区有定居少数民族31个,少数民族常住人口983人。少数民族人口中,以土家族最多,有246人。镇街中,以口岸街道少数民族人口最多,有198人。

(区民宗局)

2020年高港区少数民族人数及分布情况一览表

表3　　　　单位：人

民族	口岸街道	刁铺街道	许庄街道	永安洲镇	白马镇	大泗镇	胡庄镇	小计
土家族	35	10	28	22	66	44	41	246
苗族	18	5	11	11	12	25	45	127
满族	25	19	12	10	4	8	6	84
壮族	10	6	19	8	9	16	16	84
彝族	15	6	16	9	4	15	5	70
回族	25	6	13	3	6	4	3	60
蒙古族	25	3	8	3	1	3	10	53
布依族	8	10	3	4	5	11	9	50
侗族	6	—	4	2	4	2	10	28
白族	4	3	5	2	—	2	11	27
傣族	3	5	2	5	3	4	4	26
黎族	7	—	2	2	5	4	5	25
瑶族	2	—	1	5	2	3	5	18
朝鲜族	5	1	5	—	3	2	—	16
畲族	1	2	2	2	2	—	—	9
仡佬族	3	—	4	1	—	—	—	8
哈尼族	—	1	2	—	—	4	1	8
佤族	—	4	2	1	1	—	—	8
土族	2	—	1	2	1	1	—	7
藏族	2	—	—	—	—	—	2	4
傈僳族	2	—	—	2	—	—	—	4
水族	—	—	1	—	—	2	—	3
纳西族	—	—	—	—	—	1	2	3
羌族	—	—	3	—	—	—	—	3
拉祜族	—	—	1	—	—	—	1	2
锡伯族	—	—	—	2	—	—	—	2
保安族	—	—	2	—	—	—	—	2
景颇族	—	—	—	—	2	—	—	2
达斡尔族	—	—	2	—	—	—	—	2
维吾尔族	—	—	—	1	—	—	—	1
裕固族	—	—	—	—	—	1	—	1
合计	198	81	149	97	130	152	176	983

古迹名人

【名胜古迹】 高港辖区内有全国重点文物保护单位1处(人民海军诞生地),省级文物保护单位3处(口岸雕花楼、解放街戚宅、李信昌过载行),市级文物保护单位6处(口岸城隍庙、刁铺龙王庙、泰昌生木号、龙泉池浴室、解放街孙宅、佴家庄战斗旧址纪念碑)。有南宋抗金名将岳飞大胜金兵的遗址南坝桥,有形成于南宋的口岸庆元街、口岸解放街清式民居等古建筑。口岸雕花楼景区为国家AAAA级旅游景区。中国人民解放军海军诞生地纪念馆、白马文化旅游区、江苏中药科技园、凤栖湖景区均为国家AAA级旅游景区。

【名人】 有东汉秣陵(今南京)县尉蒋子文(被孙权追封为“白驮将军”,民间俗称“白马大将军”)、北宋名臣潘及甫、明代儒学大家储巏、明代武进士戚世光、清康熙侍卫徐左柱、清开明绅士赵良礼、教育家李煦春、《解放军报》总编赵易亚少将、军旅诗人栾长明、工程力学专家蔡强康、现代“生命之约”英雄刘绍安、民间收藏家蔡澧泉、儿童文学作家陈模、企业家徐镜人、“人民科学家”叶培建、抗战老兵史保东等。 (区党史方志办)

地方美食

【全羊席】 刁铺全羊席具有上百年历史,用料考究、工艺独特、口味鲜嫩、色香俱佳、养身补体。全部菜肴皆以1年生山羊为原料,经去膻工艺后,或焖或炖或炒或冷切或红烧或油浸,将羊肉及羊的眼、耳、心、肝、腰、脑、蹄、卵、鞭、肠、肚等部位做成佳肴。其中,以扒乳羊、蟹黄羊肉狮子头、生爆羊球片、多子多福、豆腐烩羊脑、鳜鱼烧羊肉为代表。

【全牛席】 新中国成立前,大泗有“霍堡庄、穷叮当、杀老牛、卖生姜”的说法。霍堡人做牛肉生意已有近百年的历史。霍堡牛肉传承至今成为大泗独特的菜肴。大泗镇现有几十个牛肉店,其中以“泗水人家”全牛席最为有名。全牛席以牛的头、尾、蹄、内脏、肉为原料。上菜顺序,从头到尾,极为讲究,共有百余种菜品。最具代表性的有十大名菜,依次是:牛气冲天(牛头)、爆炒世界(牛眼)、美味牛簧(牛舌)、生爆牛宝(牛宝)、酸辣牛肚(牛肚)、心怀天下(牛心)、铁板腰花(牛腰)、快马加鞭(牛鞭)、祥龙摆尾(牛尾)、脚踏实地(牛蹄)。牛肉分水牛肉和黄牛肉,黄牛肉纹理清晰,肉实味美,为大泗全牛席的首选。 (区党史方志办)

2020年高港区国民经济和社会发展统计公报

【概况】 2020年,全区实现地区生产总值634.97亿元,按可比价计算,比上年增长4.1%。其中,第一产业增加值14.4亿元,增长3%;第二产业增加值328.31亿元,增长2.9%;第三产业增加值292.26亿元,增长5.6%。产业结构继续优化。全年三次产业增加值比重调整为2.3∶51.7∶46,服务业增加值占GDP比重较上年提高1.5个百分点。

【农林牧渔业】 农业生产平稳增长。全区实现农林牧渔业总产值22.6亿元,同比增长5.2%,其中农业、林业、牧业、渔业和农林牧渔专业及辅助性活动产值分别完成15.91亿元、0.13亿元、3.56亿元、1.9亿元和1.1亿元。全年实现农林牧渔业增加值14.96亿元,可比增长2.8%。

粮食生产稳产保供。全区粮食播种面积13293.33公顷,同比增长1.2%;粮食总产量9.23万吨,同比增长1.6%;其中,秋收粮食总产量5.56万吨,同比增长2.8%。

生猪产能加快恢复。全区生猪存栏2.55万头,同比增长345.9%,其中,能繁母猪存栏0.06万头,同比增长68.7%;全年生猪累计出栏3.41万头,同比下降45.3%。

【工业和建筑业】 工业生产稳中有增。全区规模以上工业产值同比增长8.9%,其中民营工业产值同比增长8.4%。分轻重工业看,轻工业产值同比增长15.2%,重工业产值同比下降10.5%。分经济类型看,集体企业产值同比下降23.4%,股份制企业产值同比增长8%,外商及港澳台商投资企业产值同比增长16.7%。从产值排名前五的行业看,医药制造业同比增长13.5%,农副食品加工业同比增长28.1%,铁路、船舶、航空航天和其他运输制造业同比下降29%,电力、热力生产和供应业同比下降0.9%,化学原料和化学制品制造业基本持平。

重点行业支撑有力。医药、粮油两大主导行业持续发力,有效支撑规模以上工业经济稳步增长。医药制造业全年产值增速高于规模以上工业产值增速4.6个百分点,拉动规模以上工业产值增长8.2个百分点。龙头企业扬子江药业集团发挥重要支撑作用,全年产值同比增长14.1%,对规模以上工业产值增长的贡献率为93.5%。因粮油市场逐步回暖,以及益海(泰州)粮油工业有限公司二期的投产,粮油食品加工业全年产值同比增长28.1%,对规模以上工业产值增长的贡献率为32.7%,益海、汇福两大粮油企业持续较快增长,全年产值增幅分别达13.7%和57.4%。

产业结构不断优化。全区规模以上工业企业高新技术产业产值同比增长11.3%,高新技术产业产值占规模以上工业产值比重为56.7%,高于全市平均水平10.8个百分点;战略性新兴产业加快恢复,工业战略性新兴产业产值占规模以上工业产值比重为66.8%,分别比上半年、上年度提高1.5个、0.1个百分点,高于全市平均水平29.2个百分点，高新技术产业产值、战略性新兴产业产值占比均列全市第1位。

建筑业平稳发展。全年完成建筑业总产值599.42亿元，同比增长5.8%；竣工产值461.94亿元，同比下降14%，竣工率77.1%。建筑业企业房屋建筑施工面积3859.34万平方米，同比增长7.9%，其中，新开工面积1776.24万平方米，同比增长18%；竣工面积1387.14万平方米，同比下降21%，其中，住宅竣工面积1204.66万平方米，同比下降25.7%。

【固定资产投资】 固定资产投资稳中有升。全区固定资产投资整体呈低开稳走趋势，全年增速为5.5%，其中，民间投资占固定资产投资比重为88.2%，高技术产业投资占固定资产投资比重为21.2%。分登记注册类型看，内资企业投资同比增长4.4%，港澳台商企业投资同比下降94.1%，外商企业投资同比下降22.7%。分行业看，纺织业投资同比增长1.3%，汽车制造业投资同比增长2014.6%，医药制造业投资同比下降0.7%，铁路船舶航空航天和其他运输设备制造业投资同比增长101.6%，批发和零售业投资同比增长41.2%，水利环境和公共设施管理业投资同比增长1004.1%，教育业投资同比增长508.7%，卫生和社会工作投资同比增长14.5%。

服务业投资占比提升。随着高港大道、环溪花园、凤栖湖景区等重大项目的快速推进，全年服务业投资同比增长22.8%，高于固定资产投资17.3个百分点，服务业投资占固定资产投资的比重为40.5%，比上年提高5.7个百分点。

房地产业形势较好。全区房地产投资为32.32亿元，同比增长143.2%。商品房销售面积为72.26万平方米，同比增长19.3%。

【国内贸易】 消费市场质态良好。全区实现社会消费品零售额96.69亿元，同比增长8.7%。分地区看，城镇仍是全区消费的主战场，城镇消费市场实现限上社会消费品零售额24.48亿元，同比增长27.9%；农村市场实现限上社会消费品零售额1.48亿元，同比增长6%，低于城镇21.9个百分点。从商品分类看，粮油食品类商品发挥市场稳定器作用，限额以上粮油食品类商品零售额3.98亿元，同比增长33.7%，其中，粮油类、肉禽蛋类、水产品类、蔬菜类、干鲜果品类商品分别增长25.1%、37.5%、65.2%、34.9%和22.2%。中西药品类商品成为消费市场增长强引擎，限额以上中西药品类商品零售额2.79亿元，同比增长83.1%，其中西药类、中草药及中成药类分别增长301.8%、6875.2%。限额以上通信器材类商品零售额2.43亿元，同比增长54.9%；限额以上石油及制品类商品零售额2.13亿元，同比增长62.9%；限额以上建筑及装潢材料类商品零售额4.87亿元，同比增长39.3%。

【财政和金融】 财政收支平稳增长。全区努力克服疫情、减税降费等因素影响，多措并举促增收、全力以赴保收入，全年一般公共预算收入完成46.4亿元，其中，税收收入32.85亿元。政府性基金收入12.06亿元，上划中央四税（国内增值税、国内消费税、企业所得税、个人所得税）31.46亿元。一般公共预算支出48.94亿元，同比增长2.6%。其中，社会保障和就业支出5.06亿元，同比增长0.6%；一般公共服务支出4.68亿元，同比增长0.6%；公共安全支出1.15亿元，同比增长11.7%；节能环保支出0.28亿元，同比下降58.8%；科学技术支出2.29亿元，同比增长0.4%；教育支出6.88亿元，同比增长1.8%。

金融市场运行平稳。2020年年末，全区金融机构本外币各项存款余额607.8亿元，同比增长17.6%；贷款余额340.41亿元，同比增长9.6%。全区银行业存贷比为56%。

【科技、教育和卫生】 科技创新能力持续增强。全区组织79个企业申报高新技术企业，获批34个，40个企业进入省高企培育库，16个企业进入区“瞪羚”“雏鹰”企业培育库。中科院自动化所泰州研究院引进科研人员61人，新建研发场所5000平方米，购置研发设备99台（套）。全年获批省级研发机构3个、市级8个，市级科技公共服务平台1个；获批国家级众创空间1个（泰晶e空间）、省级星创天地3个。17个企业获批科技贷款8050余万元，有效缓解科技型中小企业融资难、融资贵的问题。高新技术产业产值占比为56.7%。

教育事业均衡发展。全区共有各级各类学校39所（不含市属高中），其中，幼儿园17所，小学11所，初中9所，九年一贯制学校1所，中等专业学校1所。幼儿园在园人数7331人，毕业人数2529人；小学在校人数12676人，毕业人数1957人；普通中学在校人数5456人，毕业人数1911人；职业中学在校人数1932人，毕业人数640人。学龄儿童入学率、小学毕业升学率、初中学生毕业率均为100%。

卫生事业加快发展。全区共有各类卫生机构90个，新型农村合作医疗覆盖面100%。其中，医院4个，卫生院（社区卫生服务中心）9个，疾病预防控制中心1个，妇幼卫生保健机构1个。全区各类卫生机构设置床位数1430张，其中，医院965张，卫生院（社区卫生服务中心）465张。卫生技术人员共有1376人，其中，执业医师、执业助理医师581人，注册护士571人。医院卫生技术人员769人，其中，卫生院（社区卫生服务中心）卫生技术人员457人，疾病预防控制中心卫生技术人员9人，妇幼卫生保健机构卫生技术人员16人。

【文化、体育】 文化水平不断提升。全年新增文化企业29个，纳入统计的文旅项目55个，计划投资99.04亿元，启动雕花楼二期、凤栖湖景区、海军舰艇文化公园、20公顷玫瑰花海、"一路高畅"旅游公路等项目建设。组织各类大型文艺演出30余场，讲座、展览等线上线下活动100余场，完成送戏下乡活动14场，"文化惠民券"点单演出201场。

全民健身蓬勃发展。全年新建成1000米长的塑胶健身步道，增加大型体育运动标识8处，二代健身路径1套。积极实施"城区10分钟体育健身圈""农村15分钟体育健身圈"建设，新增健身路径109套。

【人民生活和社会保障】 人口总量基本稳定。2020年年末，全区家庭总户数80169户，户籍总人口26.04万人，其中女性12.94万人。户籍人口中，17岁以下人口3.72万人，18~34岁人口5万人，35~59岁人口10.61万人，60岁以上人口6.71万人，60岁以上老龄人口占比为25.8%。全年出生人口2029人，人口出生率为7.79‰，比上年下降0.02个千分点，死亡人口2734人，人口死亡率为10.5‰，比上年提高2.06个千分点；全年迁入896人，迁出1322人。

居民收入稳步增长。全体居民人均可支配收入为40915元，增长5.3%，其中，城镇、农村居民人均可支配收入分别为50068元和25666元，同比分别增长4.3%、6.5%。城镇、农村居民收入比为1.95∶1，较上年度下降0.04个百分点，城乡居民收入差距进一步缩小。从收入结构看，工资性收入占比超六成，继续发挥"压舱石"作用，同比增长4.4%；经营性收入同比上涨2.9%，较上年提高194元/人；财产性收入和转移性收入占比与上年相比分别提高0.4个和0.5个百分点。

社会保障水平不断提升。全区每万名劳动力中高技能人才数为1578人。发放富民创业贷款4000余万元，支持成功自主创业2543人。引进各类高层次人才325人，集聚本科以上高校毕业生3730人，新增专业技术人员1900人，发放"购房券"496万元。养老保险参保人数11.72万人，工伤保险参保人数4.89万人。城乡居保基础养老金提高至每人每月185元。全年处理各类劳动人事争议案件1832件，结案率100%，调解成功率94.7%。

【资源环境】 生态环境质量持续改善。全年空气质量优良天数比率为82.7%，同比提高7.1个百分点；$PM_{2.5}$平均浓度为36微克/立方米，同比改善16.3%；集中式饮用水源地永安洲永正水源地水质达标率100%；南官河口岸闸省考断面、宜堡港口岸桥市考断面水质为Ⅲ类，优于考核要求Ⅳ类标准。

说明：（1）本公报使用的数据为快报数。

（2）地区生产总值和各产业增加值绝对值按现行价格计算，增长速度按可比价格计算。（区统计局）

延伸阅读："十三五"期间泰州医药高新区（高港区）经济社会发展概况

综合实力持续攀升 "十三五"末，泰州医药高新区（高港区）实现地区生产总值达971.9亿元，一般公共预算收入89.9亿元，年均分别增长9%和6.6%，经济总量居全市前列，人均地区生产总值突破20万元。以占全市近7%的国土面积、10.7%的常住人口，贡献了18.3%的GDP和23.5%的一般公共预算收入，是全市发展最快的区域。三大需求对经济拉动持续增强，固定资产投资年均增长11.6%，全社会消费品零售总额、进出口总额分别达245亿元人民币和31.5亿美元。高质量发展不断取得进展，高港区先后成为国家农产品质量安全县、省首批"高质量发展先进区"，泰州港经济开发区综合排名跃居省级开发区首位。医药高新区连续五年争先进位，列全国169家国家级高新区第74位，在全国生物医药园区排名提升至第11位。

主导产业优势凸显 医药健康产业加快集聚，产业规模超过全市半壁江山，8个国家一类新药实现投产，近五年生物制品申报量占全省的三分之一以上。扬子江药业成为全球首家获得新版"欧洲质量奖"制药企业，硕世生物等企业为全国全省抗疫大局作出重要贡献，医药健康产业创新中心建设列入国家战略规划。长城汽车泰州工厂实现量产，圆了泰州"汽车整车梦"，汽车产业链条加速布局。建成中海油、龙凤堂、蓝思精密等一批区域总部基地，规上工业总产值迈上2000亿

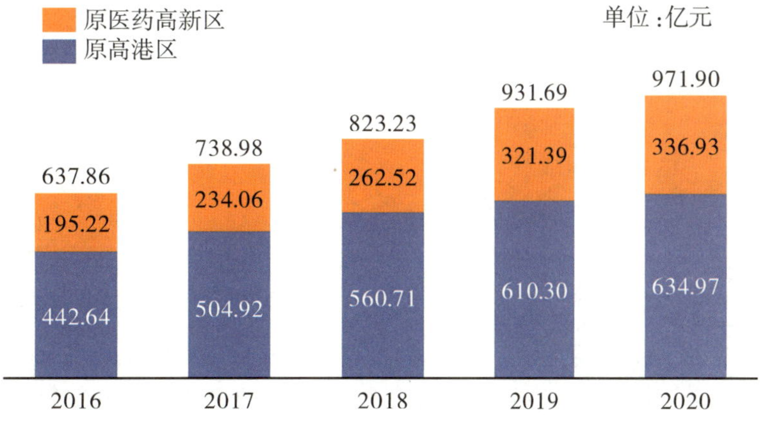

"十三五"期间泰州医药高新区（高港区）GDP变动情况

元台阶，总量居全市首位，培育发展战略性新兴产业工作获省政府通报表彰。产业科技创新力度加大，先后与复旦大学、中科院、北京大学医学部等大院大所开展合作创新，ICGEB-中国区域研究中心等创新平台启动运营。

改革开放不断突破 持续深化“放管服”改革，“一枚印章管审批”“互联网+政务服务”实现全覆盖，企业登记实现“全城通办”，高港区营商环境综合评价全省第二。资本市场“医药高新区板块”初现雏形，企业上市实现零的突破，3家本土企业挂牌上市，多家企业逐步登陆资本市场。稳步实施园区“去行政化”和国企混改，综合保税区成为一般纳税人资格备案制改革后全国首批首家试点。积极融入国家和区域发展战略，实际利用外资基本稳定在6亿美元左右，总量持续超过全市的三分之一，以医博会为龙头的“1+N”会展品牌知名度日益提升。开发开放载体提质发展，国家创新型特色园区加快建设，经济开发区跻身国家火炬特色产业基地，滨江工业园跻身“中国化工园区30强”。

城乡面貌显著改善 扎实推进城乡协调发展，常住人口城镇化率达80.6%。积极打造市区南部精致城区，城市框架进一步拉开，泰州第一外国语学校、区体育文创中心、天虹商业广场等陆续投用，新增一批景观大道、公园游园。着力深化文明城市创建，市容市貌和城乡环境持续改善，基本消除城市黑臭水体，生活垃圾无害化处理、生活污水处理实现全覆盖。“健康长江泰州行动”有效落实，建成春江生态湿地一期工程，沿江生态走廊基本形成，大江风貌进一步彰显。国家生态工业示范园区创建取得重要进展，持续开展“两减六治三提升”专项行动，国考省考断面和主要入江支流断面水质全部达到Ⅲ类以上，先后获评全国绿化模范区、省级生态文明建设示范区。

人民生活持续改善 全面完成“脱贫致富奔小康”和“两不愁三保障”工程，城乡居民人均可支配收入突破4.2万元。坚持就业优先，累计新增城镇就业11.3万人。社会保险保障待遇水平稳步提升，低保标准实现城乡一体化。系统谋划推动教育改革，优质教育资源更加均衡，南中医泰州校区成为全市首个本一高校。医疗资源布局得到优化，全面落实分级诊疗和双向转诊，基层医疗机构达到省级示范标准。文化服务供给得到提升，加强了“一园区一书房”和基层综合文化服务中心建设，体育、养老、妇儿等事业扎实推进，基本公共服务体系更加健全。

区域治理显著提升 区域治理体系和治理能力现代化建设有力推进，建成运行区、镇、村三级综治服务管理体系，社会治理和社区服务向末梢延伸，网格化社会治理机制全国领先。深入开展扫黑除恶专项斗争，不断深化矛盾纠纷排查化解工作，公众安全感达99%，连续多年获评江苏省法治建设示范区、江苏省平安区，建成全国平安建设先进区。持续狠抓安全生产，对化工园区实行“一企一策”管理，创成智慧化工园区，压紧压实企业主体责任，企业全部纳入安全风险分级管控体系，安全生产标准化实现三级全覆盖。

高港城区东部俯瞰　　（区委宣传部　供稿）

中共泰州市高港区委员会

综　述

【概况】 2020年，区委全面落实党中央和省、市委各项决策部署，统筹推进疫情防控和经济社会发展各项工作，改革发展稳定和党的建设取得新成效。疫情防控精准高效，经济运行稳健提质，创新活力持续增强，城市能级不断提升，民生福祉有效增进。全区共有基层党组织893个，党员14464人。

【调研工作】 2020年，区委办印发《关于加强和改进调查研究工作的通知》，按照“党委点题、群众出题、干部选题、公开评题、共同答题”的总体思路，推动各地、各部门开展调查研究，明确区领导重点调研课题17个和部门重点调研课题34个，形成一批优秀调研成果。区委领导班子成员带头讲党课，把调研成果转化为解决问题、群众认可的具体方案和实际行动。10余篇调研文章在《群众》《江苏通讯》《泰州通讯》和“先锋泰州”微信公众号等杂志及新媒体平台发表。

（张　宇）

【信息工作】 2020年，高港区党委信息工作质量系数在全省区级中排名第一。全年被中央办公厅采用1篇，被省委办公厅信息刊物采用85篇（条）。《我省美丽宜居城市建设痛点堵点》等3篇信息被省委办公厅《信息专报》采用。《建议我省借鉴上海经验优化设置生态环保投入指标助力美丽江苏建设》等信息被省信息刊物《快报》“决策参考”栏目采用。全年被市委办公室采用358篇（条）。《基层深入贯彻落实市委“大兴实干之风，致力高质量发展”部署要求》《高港区投入运行全市首家工业经济大数据平台》2篇（条）信息得到市委书记史立军批示。省委办公厅、市委办公室先后发来感谢函，区委办被评为省、市优秀信息工作单位。全年编报《高港情况》系列刊物88期。加强信息员队伍建设，将信息报送网络拓展至扬子江药业集团、泰州口岸船舶有限公司、江苏省口岸中学等重点企事业单位。加大信息组织化程度，继续实行信息报送采用情况定期通报制度，对2019年度信息工作先进和优秀单位、先进个人进行通报表扬。开展信息网络活动，对口岸街道（临港经济园）、区“年轻公务员成长计划”基本功学堂开展信息工作业务培训。实行专（兼）职信息员跟班学习制度。常态化做好重要紧急信息报送工作。

（顾晶晶）

【保密工作】 3月，区保密局对全区2019年产生国家秘密事项进行调查统计，优化定密工作。5月，对全区涉密信息设备进行调查统计，印发《互联网保密监管提醒》，确保“涉密信息不上网，上网信息不涉密”。6月2日，开展全区党政机关保密工作专题培训，落实各单位保密责任，提升保密工作水平。6月下旬，对全区涉密人员进行调查统计，动态调整相关数据库。8月，组织参加《中国红色保密故事大全（江苏卷）》编写。10月，对全区新录用人员进行保密培训。

（戚斐斐）

【全面深化改革工作】 2020年，区委全面深化改革委员会办公室围绕区委深改委年度工作要点，聚焦重点领域，加强统筹协调，严格督察考核，推动143个重点改革项目全落实。配合区纪委监委开展政治生态监测评估，对7个部门承担的29项重点改革任务实施动态监测和跟踪督导。注重改革经验做法总结提炼和宣传推广，产业工人队伍建设改革工作被省委《改革简报》专题推介，推进特殊工时管理改革试点经验在《江苏通讯》《泰州通讯》刊载，困境儿童精准排查和保障试点、“3+3+N”为农服务体系建设、“1+3”模式化解医疗纠纷等工作得到国家和省级相关领导批示肯定。

（戴　静）

【政策法规工作】 2020年，区委办组织开展第二次党内规范性文件集中清理工作，共废止文件60件，宣布失效24件，修改5件。向省、市

报送规范性文件37件，报备率、及时率100%。常态化开展各地各部门备案审查工作。（王燕勤）

【档案管理工作】 2月，区档案局、区档案馆印发《关于做好新冠肺炎疫情防控文件材料收集归档工作的通知》，明确疫情防控工作文件材料归档范围和档案保管期限，对收集归档工作进行辅导。8月，印发《关于接收新冠肺炎疫情防控档案进馆的通知》，区档案局、区档案馆联合成立工作专班，开展全区新冠肺炎疫情防控档案进馆工作。加强档案法治宣传教育，组织收看"新修订档案法公益大讲堂"在线课程，开展国际档案日主题宣传活动，区档案局联合区档案馆、区扶贫办举办脱贫攻坚工作图片展，组织开展"档案见证小康路，聚焦扶贫决胜期"主题征文活动，4篇征文在市档案局、市档案馆评比中获奖。持续推进村级建档工作，加强督查指导，全区91个村（社区）按"六有"标准实现村级建档全覆盖。（王燕勤）

重要会议

【区委五届六次全体会议】 8月7日，区委五届六次全体会议召开。区委书记作《大兴实干之风，建设幸福港城，奋力夺取疫情防控和经济社会发展"双胜利"》工作报告。区委副书记、区长作小结讲话，就贯彻落实会议精神和做好当前工作进行部署。区委委员、候补委员出席会议。区纪委委员，不是区委委员、候补委员的区四套班子负责人等列席会议。会议指出，要矢志拼搏奋斗，认清宏观形势、把准政策走势、紧跟发展趋势，致力推动高质量发展行稳致远。要毫不放松抓好疫情防控，着力筑牢发展基石；多措并举稳住实体经济，着力加固发展底盘；持之以恒深化项目建设，着力积蓄发展后劲；一着不让加快转型升级，着力建强发展引擎；全力以赴防范风险隐患，着力守住发展底线。会议强调，要坚持民生优先，突出稳定稳固，以务实的富民举措让群众生活更宽裕；突出普及普惠，以优质的公共服务让群众生活更便利；突出宜居宜业，以美丽的城乡环境让群众生活更舒适；突出共建共享，以高效的社会治理让群众生活更安心，全面建设人民满意的幸福港城。会议要求，要提升党建质量，践行"两个维护"，铸就绝对忠诚的政治品格；聚力固本强基，打造攻坚克难的坚强堡垒；奋力担当作为，锤炼堪当重任的干部队伍；坚持严管厚爱，巩固干事创业的良好环境，为应对大战大考提供坚强政治保证。

【区委常委会会议】 2020年，五届区委共召开常委会会议18次。

1月19日，召开五届区委第七十次常委会会议，听取区人大、区政府、区政协、区人民法院、区人民检察院党组工作情况汇报。区委常委出席会议。区人大常委会、区政府、区政协有关负责人列席。

1月22日，召开五届区委第七十一次常委会会议，传达学习习近平总书记对新冠肺炎疫情防控作出的重要指示，李克强总理等中央领导批示以及国家、省、市有关会议精神，听取高港区疫情防控工作情况汇报。

2月17日，召开五届区委第七十三次常委会会议，学习习近平总书记在北京市调研指导新冠肺炎疫情防控工作时的重要讲话，2月12日中央政治局常务委员会会议，2月14日中央全面深化改革委员会第十二次会议，中央应对新冠肺炎疫情工作领导小组会议和省、市委常委会会议精神，听取区应对疫情工作领导小组办公室和各镇街前期工作进展、存在问题及下一步工作打算汇报。

2月28日，召开五届区委第七十四次常委会会议，传达学习近期中央和省、市疫情防控有关会议精神，讨论高港区2020年政府投资项目计划、高港区项目建设"三比一提升"行动方案，听取高港区重点行业领域专项整治工作开展情况汇报。

3月20日，召开五届区委第七十五次常委会会议，传达学习习近平总书记3月6日在决战决胜脱贫攻坚座谈会上的重要讲话及中央和省、市农村工作、扶贫工作会议精神，讨论生猪稳产保供有关工作方案、疫情防控工作首批"骏马奖"表彰事项。

5月29日，召开五届区委第七十八次常委会会议，听取园区体制机制改革推进情况汇报，讨论《进一步促进恢复生猪生产政策措施》《打好防范化解重大金融风险攻坚战实施方案》《关于建立泰州市高港区打好防范化解重大金融风险攻坚战指挥部的通知》《2020年度高港区向环境污染宣战考核考评办法》。

6月17日，召开五届区委第七十九次常委会会议，听取2020年上半年全区意识形态工作、扫黑除恶专项斗争"六清行动"、"七五"普法终期评估验收、2020年上半年安全生产工作情况汇报。

7月10日，召开五届区委第八十次常委会会议，听取长江禁捕工作情况汇报，传达市学习贯彻《2019—2023年全国党政领导班子建设规划纲要》座谈会精神。

7月27日，召开五届区委第八十一次常委会会议，学习习近平总书记关于"六保"任务等重要讲话精神以及中央和省、市委关于"六保"的决策部署，讨论教育系统解决突出民生问题三年行动计划（2020—2022年）。

9月28日，召开五届区委第八十四次常委会会议，讨论《高港区关于坚持和完善"大数据+网格化+铁脚板”治理机制加快构建基层社会治理新格局的实施意见》《关于做好全区村(社区)“两委”换届工作的意见》。

11月9日,召开五届区委第八十五次常委会会议,听取国务院、省、市巡察督导交办问题整改和市、区党政领导挂钩化解重大安全风险隐患整改完成情况汇报。

11月19日,召开五届区委第八十六次常委会会议,传达学习习近平总书记视察江苏重要指示、在全面推动长江经济带发展座谈会上的重要讲话精神和在浦东开发开放30周年庆祝大会上的重要讲话精神。

12月10日,召开五届区委第八十七次常委会会议,听取武装工作情况和脱贫攻坚工作情况汇报。

【“不忘初心、牢记使命”主题教育总结大会】 1月14日,高港区召开“不忘初心、牢记使命”主题教育总结大会。区委书记和市委第三指导组组长出席并讲话。区委副书记、区长主持会议。市委第三指导组其他成员出席会议。区委常委,区人大常委会、区政府、区政协党员负责人等参加。会议指出,要深入学习贯彻习近平总书记重要讲话精神,坚定不移把“不忘初心、牢记使命”作为永恒课题、终身课题。要进一步巩固、深化和提升主题教育成果,凝聚推进“四个高港”建设、当好全市高质量发展排头兵的强大力量。会议强调,要认真学习领会中央和省、市委主题教育总结大会精神,持之以恒强化理论武装,以坚定的理想信念坚守初心使命;善始善终抓好整改落实,以攻坚的决心意志彰显初心使命;举一反三固化经验做法,以健全的制度机制永葆初心使命;抖擞精神大兴实干之风,以更大的担当作为践行初心使命。

【工业经济暨开放创新大会】 3月23日,高港区召开全区工业经济暨开放创新大会。区委书记出席并讲话。区委副书记、区长主持会议。区四套班子负责人、区人民法院院长、区人民检察院检察长等参加会议。会议指出,要坚定“增速领先、份额提升”的目标追求不动摇,增强高质量发展的信心和决心。宏观形势危中有机,必须抢抓机遇、乘势而上;发展要求催人奋进,必须主动作为、实干担当;区域竞争日趋激烈,必须永葆激情、勇争一流。会议要求,要坚定“工业立区、工业强区”的鲜明导向不动摇,把准高质量发展的支点和重点。勇攀实体经济高峰,奏响质量变革、特色发展的最强音;勇立开放开发潮头,抢占转型升级、跨越发展的最前沿;勇闯科技长征之路,探索创新聚智、蓄势赋能的最优解;勇当服务发展尖兵,打造投资首选、资本青睐的最佳地。会议强调,要坚定“引领发展、服务发展”的初心使命不动摇,凝聚高质量发展的动力和合力。进一步强化责任担当、提高能力本领、造浓实干氛围,推动工业经济和开放创新工作再上新台阶、实现新跨越,奋力当好全市高质量发展排头兵。

【农村工作暨扶贫工作会议】 4月3日,高港区召开全区农村工作暨扶贫工作会议。区委书记出席并讲话。区委副书记、区长主持会议。区四套班子有关负责人出席。会议强调,做好2020年的农村工作和扶贫工作,要深入贯彻落实习近平总书记重要指示精神,增强做好“三农”工作的政治自觉、行动自觉。积极应对当前各种风险挑战,必须保持定力,坚决稳住“三农”底盘。决胜高水平全面建成小康社会,必须精准施策,加快补齐“三农”短板。开启基本实现现代化新征程,必须奋发有为,持续巩固“三农”地位。要扎实抓好“三农”工作各项硬任务,积极探索农业农村现代化发展路径。聚焦高水平全面建成小康社会和打赢脱贫攻坚战两大重点任务,不断增强现代农业竞争力,着力彰显田园乡村新面貌,持续提升人民群众幸福感,坚决打好脱贫攻坚“收官战”,坚持问题导向,抓牢关键环节,奋力推动“三农”发展迈上新台阶。要切实加强党对“三农”工作的全面领导,更好肩负起推进乡村振兴的时代使命。落实重农强农要求,强化要素投入保障,建强基层战斗堡垒,广泛凝聚工作合力,狠抓政策落地落实,不断开创全区“三农”事业发展新局面。(张　宇)

【区委全面深化改革委员会会议】 区委深改委第五次会议　4月24日召开,传达学习中央深改委第十二次会议和省委深改委第十一次会议精神,审议《高港区委全面深化改革委员会2020年工作要点》《政法领域深化改革重点任务责任清单》《推动开展商会调解工作的意见》《聚焦企业关切进一步优化营商环境若干意见》《2020年全区优化营商环境重点任务清单》《2020年度泰州市高港区优化营商环境考核办法》等改革文件,研究部署全年改革工作。会议强调,全区上下要坚持问题导向、目标导向、结果导向,坚决做到防控疫情、推动发展“两手抓、双胜利”,特别是要把改革作为“强引擎”,贯穿到一切工作中去,为夺取疫情防控决定性胜利、实现高质量发展提供强劲动力。

区委深改委第六次会议　6月17日召开,传达学习中央深改委第十三次会议和省委深改委第十二次会议精神,审议《高港区涉审中介机构星级管理考评试行办法》《高港区工程建设项目审批制度改革工作推进方案》《高港区困境儿童分类保障实施细则》等改革文件,研究部署改革工作。会议要求,要坚持底线思维,深刻吸取近期国内一些地区疫情防控反弹的教训,做好较长时期“双线作战”的思想准备和工作准备,坚持运用改革的思维和举措克服各类风险挑战，打好应对各种风险挑战的主动仗。要加大改革力度，针对企业复工复产、民生保障等重要方面，拿出实实在在的改革举措，在短板弱项上主动作为，在重点领域方面强化攻坚，不断完善社会治理体系，为经济社会发展添活力、挖潜力、增动力。要确保完成任务，对全年排定的各项改革任务和责任清单，要进一步细化改革推进方案，明确具体目标、时间节点，主动抓好推进落实，确保高质量完成既定的各项改革任务。

区委深改委第七次会议　7月27日召开，审议《泰州市高港区推进基层整合审批服务执法力量的实施方案》《泰州市高港区城市管理综合行政执法体制改革实施方案》《高港区行政许可及公共服务事项赋权清单》《高港区“全科店小二”专业化服务团队管理考核办法》《高港区“一件事一次办”改革工作实施方案》等改革文件，对改革任务进行研究部署。

区委深改委第八次会议　8月31日召开，审议《泰州市高港区区级派驻镇（街道）机构、人员管理办法》，研究组建区综合指挥中心有关事项，对改革任务进行研究部署。

区委深改委第九次会议　9月28日召开，传达学习中央深改委第十四次、第十五次会议和省委深改委第十三次会议精神，审议《高港区红十字会改革实施方案》，对改革任务进行研究部署。会议要求，要聚焦长远抓谋划，运用改革思维和改革办法，加强改革前瞻性研究，谋划好“十四五”时期改革工作，奋力在构建以国内大循环为主体、国内国际双循环相互促进的新发展格局中，擦亮高港改革品牌。要聚焦当前抓衔接，对标对表中央决策部署和省、市委工作要求，加强改革总结评估，把改革成果转化为制度优势，把制度优势转化为治理效能，增强改革整体效应，确保“十三五”时期改革工作圆满收官。要聚焦重点抓攻坚，对照上级部署的重要改革任务和改革试点，认真梳理，查漏补缺，及时总结提炼特色举措和典型经验，在抓改革落地见效上加大力度、加快进度、拓展深度，保证各项改革任务走深走实。

区委深改委第十次会议　11月9日召开，审议《高港区村（社区）党组织书记激励保障暂行办法》《高港区残疾人联合会改革实施方案》《高港区大力推进公共法律服务体系建设的实施方案》《泰州市高港区行政复议体制改革工作方案》等改革文件，研究成立中共泰州市高港区物业管理服务行业委员会事项，传达学习中央深改委第十六次会议和省委深改委第十四次会议精神，对改革任务进行研究部署。会议强调，改革只有进行时，没有完成时。要以更高的站位谋划改革，把深入学习贯彻党的十九届五中全会精神作为当前及今后一段时期的重大政治任务，深刻领会全会对全面深化改革的新部署、新要求，结合全区实际认真开展战略性思考、前瞻性谋划，持续推动高港区全面深化改革工作向纵深发展。要以更实的举措推进改革，强化“跑表计时、到点交账”意识，瞄准短板查漏补缺，直插一线精准调度，以钉钉子精神抓好各项改革任务落细落实。（戴　静）

组织工作

【概况】 2020年，区委组织部探索建立人才工作专项精准服务重大项目长效机制；创设“党建共享日”，推动“两新”党建整体提升、全面提升；在“防疫考场”辨真才、炼真金，推动干部宏观管理提质增效；实行全员全程考核，推进政治监督具体化、常态化；实行“三联机制”，推动党建考核争先进位。至2020年年末，高港区共有党的基层组织893个，其中，党（工）委36个、党总支106个、党支部751个。党员14464人。其中，女党员3701人，占25.6%；35岁及以下党员3226人，占22.3%；大专以上学历党员6622人，占45.78%。共调整区管干部7批次、217人次，其中，提拔重用13人（正科职5人，副科职8人），职级晋升74人[四级调研员6人、一级主任科员（主办）24人，三级主任科员（主办）44人]，到龄退休15人，挂职锻炼11人。调整区委组织部部管干部5人。

【贯彻《2019—2023年全国党政领导班子建设规划纲要》】 2020年，区委组织部参加市委组织部召开的学习贯彻《2019—2023年全国党政领导班子建设规划纲要》座谈会，在会上介绍高港区年轻干部工作的相关做法。开展年轻干部、党外干部、女干部配备情况专题分析研判，梳理配备情况，认清差距不足，将相关情况向区委常委会作专题汇报。结合市委“三比一提升”、园区体制改革相关要求，对全区8个园区、镇街进行调研式考察，开展乡镇换届专题分析，摸清干部“进退留转”情况和配备需要。全年提拔重用“90后”副科职年轻干部3人，其中2人进入乡镇党政领导班子；提拔重用女干部3人，提拔1名党外干部到区政府部门担任正职。

【干部教育培训】 2020年，高港区共选派110人次参加中央和省、市委组织部组织的调训。加强与市委党校的联系沟通，打造扬子江药业集团、雕花楼景区、海军诞生地纪念馆、口岸街道引江社区和徐庄村等具有高港特色的现场教学点。市委党校、周边市（区）各类培训班到高港区现场教学点参观学习11个班次，现场教学480余人次。建立健全300人的干部教育培训师资库，涵盖清华大学、北京大学、复旦大学等名校专家学者和本地领导干部。建立以全国重点师资课程为主、本地区特色课程为辅的全区干部教育

2020年8月27日，高港区举办"90后"年轻干部"实训提能"第三阶段演讲比赛 （区委组织部 供稿）

培训课程库。举办主体班次15个、专题班次94个。

领导干部能力建设讲坛 6—9月，举办领导干部能力建设讲坛4期，分别邀请浙江大学心理学博士崔翔宇、江苏省预防医学会会长汪华、上海社会科学院副院长王振、中国人民大学国际关系学院副院长金灿荣等作"如何成为一个很厉害的人""新冠疫情防控与公共卫生""长三角地区一体化发展""百年变局与中美关系"等专题讲座。区四套班子负责人、各地及各单位领导班子成员、省委选调生、专门人才、大学生村干部等1200余人次参加学习。

"90后"年轻干部"实训提能"活动 4—8月，组织园区、镇街和区级机关部门的130名"90后"年轻干部开展"实训提能"活动。活动共分为3个阶段开展。第一阶段，组织全区2018年以前进编的130名"90后"年轻干部进行闭卷理论测试，考察政策理论水平和综合文字写作能力；第二阶段，从第一阶段理论测试中选取前100名年轻干部，围绕政治理论、经济形势、园区建设、公文写作、农村工作等10个方面内容，邀请区内外具有较高理论素养和丰富实践经验的领导、专家进行授课，开展理论培训；第三阶段，采取"个人自荐+组内推荐"相结合的方式，筛选部分优秀年轻干部参加"青优微智汇"主题辩论赛和演讲比赛，并评选出主题辩论赛最佳辩手3人、优秀辩手6人，演讲比赛一等奖2人、二等奖3人、三等奖5人。"90后"年轻干部"实训提能"活动评选产生优秀学员10人。

高质量发展研修班 9月8—11日，组织部分园区、镇街、区级机关部门主要负责人以及优秀副科职干部，到陕西延安举办高质量发展研修班党性锻炼专题。采取专题讲座、现场教学、激情教学、情景教学等相结合的方式，带领学员接受理想信念教育、革命传统教育，汲取伟大的延安精神，进一步坚定理想信念、增强党性修养、涵养优良作风。

党员电化教育 在第十五届全省党员教育作品观摩交流活动中，高港区以"中国好人"陈伟为对象拍摄制作的微视频《长江的"孩子"》获微视频类一等奖，围绕"全面建成小康社会，实现第一个百年奋斗目标"主题拍摄制作的公益广告《决胜小康，奋斗有我》获微视频类三等奖和十佳制作奖，入选"学习强国"平台。以泰州港经济开发区招商团队招引长城汽车整车项目为主要内容拍摄制作的微视频《不到"长城"非好汉》和以泰州市广电台原副调研员徐勤生为对象拍摄制作的微视频《榜样》在泰州市首届"我是党员、奋斗有我"微视频大赛中分别获一等奖第1名和二等奖，并入选"学习强国"平台，区委组织部获组织奖。在2020年泰州市社会主义核心价值观主题微电影（微视频）征集评选活动中，微视频《那些花儿》获一等奖，《雪域"阿爸"》《匠心轮毂路》获三等奖。《雪域"阿爸"》在2020年江苏省社会主义核心价值观主题微电影（微视频）征集展播活动中获三等奖。

远程教育 开展基层远程教育站点"百村调查"活动，实地调研各镇街、村（社区）远程教育站点的硬件设施建设、学用活动组织、站点管理员业务能力水平等情况，优化制定全区基层远程教育站点星级评定表。从"硬件建设、队伍建设、学用组织、机制建设、成果转化"5个方面分20个小项对各镇街、村（社区）的98个远程教育站点进行考核评分、评定星级，共评定5星级站点3个、4星级站点23个、3星级站点59个、2星级站点7个，未定星级站点6个（站点待搬迁）。开展远程教育站点"提星提级"活动，组织各站点对标先进查问题、对照清单改不足。有7个站点被评为"提星提级"优秀站点。举办全区远程教育站点管理员培训班。全年组织143个远程教育站点开展"固定学习日"活动12次。打造党建电视栏目《高港先锋谱》，宣传优秀共产党员12人。

【干部考察识别】 2020年，区委组织部印发《关于在疫情防控期间考察识别领导班子和领导干部的通知》，组建7个专项督查考察组，不定期到园区、镇街开展督查考察。疫情期间，各督查考察组开展一线督查50余次、个别谈话106人次，形成疫情防控领导班子和领导干部综合考察报告8篇，10名区管领导干部因抗疫表现突出得到职级晋升。精选28名年轻干部，组建7支镇街年轻干部一线专项服务"突击

2020年2月13日，高港区年轻干部一线专项服务突击队进行物资配送
（区委区级机关工委 供稿）

队”，开展企业复工复产、物资配送保障、困难家庭对口帮扶等专项服务。结合疫情防控和“六稳”“六保”等工作，选派20名副科级以上干部驻点担任重点企业服务专员，做好疫情防控指导、政企联络互动、推动解决问题、安全生产督促等工作。

【干部监督与管理】 2020年，高港区召开干部监督联席会、交流会6次。结合个人有关事项报告、信访举报、考察考核等工作，先后对科级及以下干部提醒谈话7人、函询2人。全年对5名党政正职干部进行经济责任审计。对区退役军人事务局、区信访局、区机关事务管理局等16个被巡察单位2017—2020年选人用人工作情况进行专项检查，梳理形成共性问题清单4条。

中层干部备案管理 区委组织部、区人力资源社会保障局执行选拔任用工作规程，推动监督管理关口前移，强化任前方案报批、职数预审、档案核查，实现全程管控。对选拔任用的599名中层干部进行审核备案，其中提拔189人。

干部人事档案管理 区委组织部出台《高港区干部人事档案管理“三项机制”》，从管档人员监管、档案业务提升、工作督查考评3个方面建立机制，相关做法被“学习强国”平台、“先锋泰州”微信公众号推介。至9月，全区57个部门（单位）按照序时进度完成档案专审全覆盖、“回头看”工作，共审核认定干部人事档案4300余卷，累计补缴档案材料1万余份。

【年轻干部队伍建设】 2020年，区委组织部重视年轻干部培养锻炼，提档升级“青优微+”系列活动，锻造适应新时代发展的年轻干部队伍。

“青优微调研” 5月，创新“领导出题、组员选题、共同答题”思路，推行“1+2+N”调研模式（即1名区领导出题领题，2名“85后”副科职干部牵头负责，若干名“90后”股级干部分工推进），组织全区84名年轻干部组成12个调研组开展活动。采取“线上投票+领导打分”相结合的方式，对各组调研成果进行量化评分，评选出一等奖2组、二等奖4组、三等奖6组。

“青优微智汇” 5月、8月，分别采取镇街推荐、“实训提能”推荐等形式，组建14支辩论队，分2批次开展7场辩论活动，评选出最佳辩手7人、优秀辩手14人。

“青优微党课” 9月，研究确定6个党课主题，组织12人参加微党课现场决赛，评选出一等奖1人、二等奖2人、三等奖3人。

“青优微力量” 组织各镇街志愿服务分队围绕“一队一品”方向，定期开展志愿服务活动。“青优微力量”志愿服务活动作为优秀志愿服务项目参加2020年江苏省志愿服务交流展示会。

（李 艳 许诗蕾 丁 蓉）

【人才工作】 人才政策 2020年，高港区出台《关于激励引导全区人才在疫情防控一线担当作为的八条措施》，引导全区各类人才在疫情防控、企业复工中担当作为、贡献力量。八条措施，即强化人才政治吸纳，优化人才职称激励，优先人才项目申报，支持人才科研攻关，助力人才企业复工，加强人才关心关怀，加大人才表彰奖励，宣传人才先进典型。修订《高港区科技镇长团绩效管理办法》，提高团员工资待遇，加大奖励力度，激发招才引智活力。

人才引进 区分管负责人带头招才，分片区组团到西安、上海、南京等地开展集中招才活动。开展2020年度“百日百名”精准引才竞赛，招引高层次创新创业人才103人。选派8名科技镇长团团员到区挂职，服务全区科技人才工作。聚焦重点高校应届硕士以上优秀毕业生，选聘专门人才13人。聘任已离任科技镇长团团员担任区外“引才大使”。

“双创计划”申报 组织省“双创计划”人才项目申报，开展项目摸排、政策宣讲，在业务辅导、项目答辩等环节提供精准服务，高港有2名人才入选，共获项目资助100万元，入选率居全市前列。组织市“双创计划”申报工作，从项目质量、经济效益、社会贡献等方面评价项目，邀请第三方专业机构进行评审，有16名人才入选，共获项目资助740万元。

人才培育 全区新增高技能人才819人，高级专业技术资格人员163人，获市“311工程”科研项目资助2人。入选第二批省乡土人才

"三带能手"10人、"三带新秀"15人，创成泰州市乡土人才大师工作室6个；制定出台《高港区乡土人才"六个一"专项行动实施方案》，建立健全乡土人才信息库，召开乡土人才"三带两助"工作交流会，开展乡土人才成果观摩，评选表彰"十大乡土人才"，组织开展健康体检。1名人才入围国家级人才自主申报候选人名单，实现建区以来的零突破。

人才宣传　加大人才工作特色做法、人才先进典型宣传力度。全年累计有10余篇信息在国家级报刊刊载，30余篇信息在《组织人事报》《新华日报》等省部级报刊刊载，40余篇信息在《泰州党建》《泰州组工信息》等市级报刊刊载，150余篇信息在"学习强国"平台、"交汇点新闻"App、"江苏先锋"微信公众号、"先锋泰州"微信公众号等国家、省、市新媒体上宣传。《乡土人才陈伟用实际行动深情告白"母亲河"》被《大国人才》等国家级新媒体宣传推介；《"全科店小二"保障人才生活、企业发展无忧》被"学习强国"平台、《组织人事报》等宣传报道；《乡土人才王步忠：步步巧卖羊，财富能翻番》被中央电视台农业农村频道《致富经》栏目专题报道；《泰州长江护鱼员呵护长江水环境，致力长江大保护》被中央电视台新闻频道《新闻直播间》栏目宣传报道。

长城汽车泰州分公司2020校园招聘活动　（区委组织部　供稿）

优化人才发展环境　区委组织部联合区人力资源社会保障局、区教育局、区卫生健康委等落实区"人才十条"政策，为企业和人才兑付奖补资金近90万元，惠及各类人才200余人。为122名高层次人才申领泰州市生活补贴128万元。泰州苏中天线集团有限公司总经理殷伟等5人入选2020年度泰州市创新创业杰出（优秀）人才。发放凤城"英才卡"20张、人才"购房券"353张，为省"333工程"、市"311工程"培育对象发放图书资料补贴15.28万元。注重发挥人才在服务重大项目建设中的引领作用，推行"包办墙外事、帮办墙内事"的"全科店小二"服务模式，整合组织、教育、科技、工信、人社、卫生健康、交通等部门和科技镇长团，联合泰州港经济开发区共同组建长城汽车泰州项目科技人才工作专项服务团队，协助企业招聘各类人才1800余人，协调开通通勤公交线路2条，解决3000余名职工住宿、10余名职工子女入学等需求。

（王安峰　罗家宁　任甲重）

2020年高港区入选江苏省、泰州市"双创计划"资助人选一览表

表4

级别	姓　名	申报单位
江苏省"双创计划"	关慧平	扬子江药业集团有限公司
	刘　戈	泰州润骐防务科技有限公司
泰州市"双创计划"	王　杰	江苏锦泽原生物科技有限公司
	高小勇	江苏辛巴生物医药有限公司
	田　野	泰州奥莱格生物科技有限公司
	刘金旭	泰州润骐防务科技有限公司
	马忠雷	泰州市旺灵绝缘材料厂
	陈　雄	泰州市博泰电子有限公司
	孙九霄	泰州高意诚复合材料有限公司
	杨培霞	泰州市欣港电子材料有限公司

续表4

级别	姓　名	申报单位
泰州市“双创计划”	蒲志强	江苏中科智能制造研究院有限公司
	曹　艺	恒达亲水胶体泰州有限公司
	王长周	江苏铁佑德液压科技有限公司
	肖　峰	泰州贺安特动力科技有限公司
	卓龙海	江苏天华索具有限公司
	王慧青	江苏佳强照明电器有限公司
	李丽伟	江苏海企化工仓储股份有限公司
	魏臻武	泰州垄上行生态农业有限公司

【基层党建责任落实】 2020年，高港区召开区委党建工作领导小组会议，研究部署全区基层党建年度重点工作。组织实施区、镇、村三级“书记项目”107个，大泗镇“大泗良食，销稳致远”入选全市乡镇党委基层党建“十佳书记项目”。开展党建引领基层治理“难题筛排、一题众解”主题活动，聚焦乡村振兴、脱贫攻坚等方面难题，多角度寻求破解路径。推动大走访大落实“组长项目”，91个村（社区）的94个项目全部完成，累计投入资金1800余万元。深化区委常委“8个直到支部”制度，带动56名党委（党工委、党组）书记挂钩联系64个支部，相关做法入选省《法治政府建设示范清单》。选配8名镇街专职组织员，选派22名党建质量督察员。区组工干部党建创新策划团队获全市组工创意大赛第1名。评选高港区首批“基层党建质量奖”。组织3300余名党员干部下沉到686个村居网格，集中开展“三进九帮”活动，构筑疫情防控“红色防线”。选派167名驻厂员助力复工复产，在全市率先实现重点企业、规模以上企业全覆盖。实施推动党建考核指标高质量完成“三联机制”，推动各领域党建工作抓具体、抓深入。

【基层党员干部管理】 2020年，高港区出台做好“不忘初心、牢记使命”主题教育后续工作有关文件，推动落实具体举措13条。190余个支部2100余名党员到区“不忘初心、牢记使命”主题教育馆参加组织生活。推行“委员轮值制”，举办全区主题党日活动擂台赛，统筹利用党员组织生活馆、社区党群服务中心等资源。高港实验小学党支部、胡庄镇宗林村退役军人党支部的主题党日活动获评全市优秀主题党日。建成全市首个党员教育实境课堂，接待区内外16批次1500余人次观摩，工作经验被市委组织部向全市推广。联动开展党员集中轮训，全区参训党员数占党员总数的1/3。举办“弘扬实干之风、永葆奋斗精神”先进事迹报告会，评选表彰20名抗疫表现突出的优秀共产党员。出台《高港区党内关爱实施细则（试行）》和《高港区党内关爱资金筹集使用管理办法》，发放关爱资金134万元。

【农村党建】 2020年，高港区推进“雁阵培育计划”，区、镇两级累计培训32期、1100余人次，先后提拔培育对象担任村（社区）书记26人。推进村（社区）“两委”换届工作，建立换届人选储备库，构建“两联三员”工作机制，“两委”成员初步人选平均年龄全市最低。12月，白马镇完成全区换届试点工作。大泗镇大马村制定的五年发展规划作为样板在全市推广。选派8名村（社区）“第一书记”，在全市率先完成大学生村干部全员分流任务。推动“万企联万村、共走振兴路”行动，引导81个村（社区）与区内外115

许庄街道乔杨社区党群服务中心　　（乔杨社区　供稿）

个企业达成78个100万元以上的共建项目。出台《村(社区)党组织书记激励保障暂行办法》,全面推行AAAAA级管理模式,凭级定酬、择优定岗、以补定心,10余个省级以上媒体集中报道。

【城市党建】 2020年,高港区投入1000余万元改扩建7个城市社区党群服务中心,完成三年达标升级任务。实施"人气集聚计划",建立以党群服务中心为核心,以睦邻点、休闲广场、共建单位为基点的"一心多点"党群服务矩阵,4个社区获评全市"十佳"、优秀社区服务品牌。实施"全科社工"训用联动计划,组建"全科社工"特训营,培育金牌"全科社工"27人,其中16人进入社区新一届"两委"班子。

【"两新"党建】 2020年,高港区开展全区"两新"组织"家家到"走访调研,选派36名非公企业党建工作指导员,推动新建"两新"组织支部11个、新纳入工作覆盖82个。召开非公企业"四同八助"党组织创建推进会,启动非公企业群团聚力共建"四个一"工程,打造8个各具特色的组织委员"非公党建样板区"。创设"三日合一日、一日三共享"的"党建共享日",非公党建培训工作连续8年获评省"优秀"等次,为全省唯一,入选区创新创优项目。成立区物业管理服务行业党委、互联网行业党总支等功能型党组织92个,累计开展各类活动110场次,服务群众2000余人次。完成全省"两新"组织党务工作者专业化建设试点工作,出台《关于加强"两新"组织党务工作者专业化建设的意见(试行)》《高港区"两新"组织党组织星级评定暂行办法》《高港区"两新"组织党务工作者专业资格认证暂行办法》《高港区"两新"组织党务工作者激励保障暂行办法》,对210名党务工作者实行资格认证,落实"三级九档"薪酬待遇,制定《非公企业党建标准化建设操作规程》,开展党组织星级评定,公开招聘2名专职党务人才。构建物业党建新模式,以党员作用有形化、为民服务便捷化、物管模式精准化、公共资金效益化,推动提升物业管理服务水平,口岸街道新城社区党委获评全省物业管理服务行业党建工作示范点。实施社会组织党建"牵手助力"行动,从机关选调5名党务干部任社会组织"第一书记",推动社会组织党组织落实管党责任、规范组织生活、发挥先锋作用、打造特色品牌。

(乔 峰 庄坤江 张 超 杨 茗 徐志鹏 姚思远)

【公务员管理】 *公务员招录* 2020年,区委组织部组织开展公务员报名初审、资格复审、考察、公示、录用审批等工作,公开招录公务员26人(男性11人,女性15人),涉及16个部门(单位)。招考工作全程接受纪检监察部门和社会监督,确保阳光操作、公开公正,考录工作整体零差错、零投诉。

教育培训 10月22日—11月2日,组织全区新招录公务员、省委组织部选调生和高层次人才共46人参加初任培训,通过集中授课、现场教学、研讨互动、案例分析、技能实训等教学方法,围绕公务员制度、依法行政、廉政教育、生态文明建设和环境保护、安全生产、科学素养、拓展训练、应急救护培训等进行授课。全年在泰州市公务员培训网络平台组织全区科级以下机关单位工作人员600余人参加培训,通过个人自学、网络在线学等方式开展学习,完成率99%。

年轻公务员成长计划 实施年轻公务员成长计划,培训学员500余人次。开展"调研与策划""公文写作"专题讲座各4期,新《中华人民共和国公务员法》解读1期,读书分享活动1期。实施"青蓝行动"培养工程,采取"1+N"师徒抱团结对的模式,筛选政治素养好、理论水平高、工作成绩优的骨干组成"导师团",结对帮带2018—2020年招录的70余名年轻公务员,通过政策理论领学、业务指导促学、调查分析研学等多种方式,推进全区年轻公务员共同成长。

公务员年度考核 组织对全区52个部门(单位)的股级以下公务员(含行政附属人员)、参公管理人员进行2020年年度考核,经民主测评和实绩考核,评定优秀等次165人。报请区委、区政府为优秀等次的28人记三等功,为优秀等次的33人给予嘉奖。

规范机关事业单位津贴补贴发放 加大对全区各类机关事业单位津贴补贴和奖金发放情况的专项检查力度,促进全区机关事业单位津贴补贴发放规范有序。区纪委监委、区委组织部、区财政局、区人力资源社会保障局、区审计局等部门组成联合检查组,对59个机关事业单位进行抽查2次。

工资福利管理 做好易星工资软件V2020职务职级并行版的升级和维护服务工作,调整公务员职级序列工资。全年为全区机关事业单位工作人员办理正常晋升及职务、津补贴等工资变动核定5000余人次,为25名达到退休年龄人员办理退休手续。

【"高港党建"微信公众号】 2020年,"高港党建"微信公众号共发布微信183期、信息656篇。1—3月,在"战'疫'一线""党员突击队"专栏宣传抗疫一线的先进典型和鲜活事例20余个。4月起,先后开辟"书记项目·起航""书记项目·奋进""书记项目·巡礼"3个专栏,推送相关信息10余篇。6月,开辟"基层党建金点子"专栏,推介高港区的8个"金点子"。11月,开辟"学习贯彻十九届五中全会精神"专栏,推送相关信息10余篇。

(李 艳 曲朝霞 贺纯纯 侯 筠)

宣传思想工作

【概况】 2020年，高港区举办区委理论学习中心组集中学习13次，把学习课堂搬到“田间地头”的做法得到市委巡学旁听组肯定。连续8年获评省基层党员冬训工作示范区。《“三碗面”的小康路》《“小口罩”爆发大力量》分别获全省“百姓名嘴”风采展示二等奖、三等奖。发布抗疫新闻稿件300余篇，创作抗疫文艺作品30余部。加强和改进新闻对外宣传工作，全年对外发稿600余篇。大泗镇获评第六届全国文明镇。新时代文明实践中心（所、站）建设实现全覆盖。举办全省首届乡村少年宫优秀成果展示活动。新人选“中国好人”1人，“江苏好人”3人，“江苏最美人物”1人，“最美泰州人”和市“十行百星”20人。大型淮剧《大喇叭开始广播啦》在梅兰芳大剧院首演，获省优秀剧目奖。胡庄镇宗林村“农家书屋”获评市星级“农家书屋”。举办“柴墟读书节”等主题阅读活动100余场次，完成送电影下乡530场次。（孙兰香　赵　越）

2020年3月12—13日，高港区党员干部读书班在区新时代文明实践中心开班，全区党员干部通过视频直播的方式进行观看　（区委宣传部　供稿）

【理论学习中心组学习】 2020年，区委理论学习中心组共组织学习（扩大）会13次，其中交流研讨6次，编辑中心组学习资料7期，完成对各园区、镇街党（工）委理论学习中心组的巡学旁听任务，完成市委巡学旁听工作，完成省委党内法规评估组到高港区调研评估工作。8月21日，在大泗镇大马村召开中心组学习（扩大）会，把学习课堂搬到“田间地头”，参观大马村水生植物园，围绕“坚持以人民为中心”开展学习研讨。市委巡察旁听组参观会议并进行点评。

2020年高港区委理论学习中心组学习情况一览表

表5

学习主题	主讲人
传达学习习近平总书记重要讲话精神和中央、省委、市委相关会议精神	—
集中观看《江苏省安全生产教育培训视频教材——深刻吸取“3·21”事故教训专篇》	郑立新、邬燕云
开辟中国之治新境界——十九届四中全会精神解读	黄建军
推进乡村振兴与脱贫攻坚	孙耀武
学习《党委（党组）落实全面从严治党主体责任规定》	蒋向荣
传达学习全国两会精神	—
安全生产“三个责任”的落实	刘铁民
学习贯彻习近平总书记关于统计工作重要讲话指示批示和党中央、国务院重要文件精神以及统计法律法规	傅升
学习习近平总书记关于“六保”任务等重要讲话精神和中央、省委、市委关于“六保”的决策部署，学习《党委（党组）意识形态工作责任制实施办法》	张汉刚、高宇彤
《中华人民共和国民法典》专题宣讲	刘振
坚持以人民为中心	陈雯
中心组成员交流《习近平谈治国理政（第三卷）》学习体会，学习新修订的《江苏省宗教事务条例》、总体国家安全观及上级有关会议精神、《中华人民共和国公职人员政务处分法》	蒋向荣、高宇彤等
传达学习党的十九届五中全会精神	—

【基层党员冬训】 2020年，高港区丰富区级“读书班”、镇街“主体班”、村居“学习班”内涵，把线下集中培训向线上云课堂转移。围绕“十九届四中全会精神解读”“推进乡村振兴与脱贫攻坚”主题，邀请省委党校教授黄建军和孙耀武授课，全程通过网易和“微高港”微信公众号现场直播，首场直播手机客户端最高点击量8.71万人次，受众超16万人次。组织基层文艺骨干编排“鼓儿书”“快板”“三句半”等高港特色节目，制作《56小时：小口罩“爆发”大力量》《万众一心抗病毒》等10余个冬训微视频。冬训成果先后在“学习强国”平台、新华网、交汇点新闻等核心媒体刊登推介。高港区连续8年被评为全省基层党员冬训工作示范县（市、区），为泰州市唯一。

【社科宣传】 2020年，区社科联印发《高港区社会科学普及周活动实施方案》，组织区级机关相关单位及社科类各学会在雕花楼景区广场开展社科专家咨询、主题图片展、人文知识竞赛、科普图书展销、广场文艺演出、科普电影放映等活动。组织开展“当好排头兵”专题读书调研活动，为区委、区政府决策和经济社会发展服务。（王卫军　沈　浩）

【意识形态工作】 2020年，高港区委严格落实落细新修订的《党委（党组）意识形态工作责任制实施办法》，制定问题交办单、风险提示单、验收评估单“三张清单”制度。印发意识形态工作计划，制定全区党委（党组）意识形态工作共性、个性任务清单。区委常委会专题研究意识形态工作2次。定期召开意识形态工作联席会议。向市委专题汇报意识形态工作。在五届区委第十轮、第十一轮巡察中开展意识形态工作专项巡察。完善“扫黄打非”进基层体系建设，维护基层意识形态安全和文化安全，大泗镇新时代文明实践所推进“扫黄打非”进基层的特色做法在全市推广。

（孙兰香　赵　越）

【新闻宣传】 2020年，高港区围绕疫情防控、复工复产、春耕春种、战“疫”典型、脱贫攻坚、全面小康、关心困难群众、纪检监察、招商引资、项目集中开工、长城汽车泰州整车项目、营商环境等方面进行宣传报道。累计向区外各级媒体刊发稿件600余篇，其中，央视报道9篇，《人民日报》1篇，《农民日报》1篇，新华社3篇，《新华每日电讯》2篇，《经济日报》4篇，《瞭望》2篇，《经济参考》1篇，《半月谈》1篇，《检察日报》1篇，《工人日报》1篇，新华网近40篇，《新华日报》100余篇，光明网6篇，江苏卫视15篇，《泰州日报》400余篇，《泰州日报》头版头条20篇；在“学习强国”平台用稿469篇；“微高港”微信公众号发布原创微信750余篇；编辑刊出《泰州日报·高港周刊》45期；召开新闻发布20余场，在全市率先实现镇街新闻发布全覆盖；分类复工的经验被《经济日报》推荐；关于“粮食银行”的稿件被新华社和《农民日报》等媒体报道；反映西来原农场王步忠的创业致富故事《步步巧卖羊，财富能翻番》在央视农业频道《致富经》栏目播出；大泗镇农旅融合做法被上海东方卫视推荐；《泰州胡庄镇斥8000多万改善“大民生”》在新华网刊载；举办“相约高港，蟹逅胡庄”媒体行动和“跟着VR看小康”主题活动。（杨　鼎）

2020年国内主流媒体有关高港区新闻报道（部分）一览表

表6

日期	发表媒体	报道标题	作者
2月22日	《经济日报》	复工复产怎么做，快来看看好答案	杜昱葆
2月29日	新华网	战“疫”助农迎“暖春”　泰州亮“一揽子”实招	贾雯雯
3月6日	央视《朝闻天下》	高港志愿服务新疆班	—
3月11日	新华网	泰州高港淳化千里“结缘”扶贫“抗疫”同行	陶薇
3月15日	新华网	泰州高港：“一对一”帮扶圆困境学生“网课梦”	杨鼎
3月26日	《新华日报》	高港打造志愿服务参与基层文明实践样板	杨鼎、邵釜明
4月3日	新华网	泰州高港大泗“难点”变“亮点”　乡村有了“高颜值”	杨鼎
5月22日	中国经济网	全国人大代表徐镜人：特色创新、智能制造、规范种植——中药产业创新发展的三大抓手	朱国旺
5月24日	新华网	徐镜人：脱贫路上“百草”香	王天翊
5月25日	《瞭望智库》	扬子江药业：民族药企的匠心坚守	—

续表6

日期	发表媒体	报道标题	作者
5月25日	《人民日报》	徐镜人代表：推动中药产业创新发展	李龙伊
5月26日	《半月谈》	让中医药走出边缘化	徐镜人
5月27日	《经济参考》	徐镜人代表：推动中药产业创新发展	明航
6月9日	新华网	泰州高港“牛支书”带出亿元产业村	董鑫
6月11日	《新华日报》	泰州高港引江社区华丽蝶变	杨鼎
6月19日	新华网	泰州胡庄镇斥8000多万改善“大民生”	杨鼎
6月22日	《工人日报》	江苏高港“五位一体”探索劳保监督新机制	王伟、隆四清
7月7日	《新华日报》	一路飞驰，长城汽车刷新“泰州速度”	华桂栋、洪唯、王娜
7月10日	《经济日报》	图片新闻（泰州引江河管理处高港船闸防汛工作）	汤德宏
7月23日	央视农业频道《致富经》	步步巧卖羊，财富能翻番	—
8月7日	新华社	江苏泰州白马派出所：拓展基层治理新格局	陈席元
8月9日	新华社	江苏泰州：长江渔民上岸“转业”护鱼	陈席元
8月11日	《农民日报》	“‘粮食银行’让我们增收妥妥的！”	杨鼎、陈兵
8月25日	央视《新闻直播间》	高港组建护鱼队	—
9月3日	上海电视台都市频道《星旅途》	大泗农旅融合片段	杨鼎
9月29日	中国工业新闻网	“乡”约陈家不负“村”光　江苏高港区2020乡村旅游节热闹不断	杨鼎
11月20日	《中国经济周刊》	江苏高港：文明实践“四张清单”变“幸福账单”	杨鼎
11月26日	《中国经济周刊》	江苏泰州高港：乡土新秀“秀”乡土	卞晓江
11月28日	《新华日报》	高港刁铺街道：为提升群众幸福指数持续“加码”	朱骏
12月10日	《中国经济周刊》	泰州市高港区委“5A”级管理激励村书记干事创业	乔峰
12月20日	《人民日报》客户端	泰州市高港区：村书记凭绩定级以级定酬	乔峰
12月23日	《新华日报》	扬子江药业：将质量扛在肩上　用科技为品牌赋能	虞启忠

【网络媒体平台建设】 2020年，高港区开通冬训“云课堂”，创新开展全区党员干部读书班网络直播。成立互联网行业党总支，互联网行业党建“港城e网红”有关做法被市委网信办推广。推进“港城e家”自媒体管理品牌建设。“全网推送”新闻工作名列全市第一。建强核心网评员队伍，95篇网评文章在省、市级平台发表。网络问政平台处置率100%。中央网信办“共舞长江经济带·看高质量发展”网络主题活动采访团走进高港。

（戴斐斐）

【文明城市创建】 2020年，高港区开展市容环境改善、交通秩序综合整治、居民小区优化提升、背街小巷治理等10项重点工程。在城市出入口、主次干道等点位建设城市景观小品160余个，利用高立柱广告版面、过街灯桥、灯箱广告、建筑工地围挡等，宣传社会主义核心价值观、“文明健康有你有我”、关爱未成年人等公益广告。深化区领导挂钩联系镇街、道路制度，区四套班子负责人定期不定期开展巡查督查，及时协调解决发现的问题，问题整改率100%。探索成立创建专项督导组8个，驻点镇街开展督导工作，发现、通报、协助解决问题200余个。利用“啄木泰州”“啄木高港”“12345”等平台，接受群众举报，曝光身边不文明行为120余个。编发简报110余期，下发整改通知单50余张。助力泰州市实现创建文明城市“三连冠”。

【公民思想道德建设】 2020年，高港区建成新时代文明实践中心1个、所8个、站91个。探索形成具有高港元素的需求、资源、服务、落实“四张清单”制度。全年举办“道

2020年12月24日，江苏最美法治人物（何芬）先进事迹发布会在泰州广播电视大厅举行（区委宣传部 供稿）

德讲堂”总堂活动18期，各级各类“道德讲堂”活动800余场次。镇街、村居美德善行榜建成率100%，每半年更新1次，全年上榜好人300余人。举办红色故事宣讲大赛。开展“我与国旗合个影，我为祖国送祝福”宣传教育活动。持续开展“我推荐我评议身边好人”活动。张竹山被评为“中国好人”，全区累计上榜“中国好人”17人；张竹山、李正、王永红被评为“江苏好人”；何芬被评为“江苏最美人物”；落实“好人礼遇”政策，开展现金礼遇、赠阅党报党刊、组织健康体检、发放观影卡等活动，总投入近30万元。（杨 盟 侯 瑜）

【未成年人思想道德建设】 2020年，高港区深化“扣好人生第一粒扣子”主题教育，开展“全面小康，追梦成长”系列活动。口岸实验初级中学张云涛当选“新时代江苏好少年”，其事迹在11月24日央视少儿频道播出。开展“缤纷的冬日”“七彩的夏日”未成年人寒暑期系列活动，举办泰州市“开学第一课”示范活动。开展“我们的节日”主题活动，泰州市“我们的节日·中秋”主题活动在高港区春江花月夜景区举办。开展心理健康咨询辅导活动，口岸中心小学“阳光小屋”宣传教育、高港实验小学“阳光生活”主题绘画、高港实验学校“心理电影课程”等做法被省、市文明办宣传推广。用好未成年人社会实践基地、乡村学校少年宫、城乡社区校外辅导站，承办2020年“在同一片蓝天下成长”江苏省乡村学校少年宫优秀成果展演活动。（杨 寅）

【志愿服务】 2020年，高港区发挥“泰州市志愿服务云平台”效应，加大全区志愿者、志愿服务组织的注册登记力度，加大志愿服务活动的发布力度。全区有注册登记志愿者17.06万人。7000余名志愿者投身抗疫一线。选树一批学雷锋志愿服务先进典型，组织开展优秀志愿者、优秀志愿服务组织、优秀志愿服务社区、优秀志愿服务项目典型宣传展示活动。“代理家长牵手少年儿童徜徉书海”“文明实践‘四张清单’变‘幸福账单’”等做法被“学习强国”平台等媒体推介。（杨 盟 侯 瑜）

【全民阅读活动】 2020年，高港区制定年度全民阅读系列活动方案，组织举办“柴墟读书节”“我的书屋我的梦”“文化讲堂”等主题阅读活动。全区“农家书屋”开展主题阅读活动93场次，胡庄镇宗林村获评市星级“农家书屋”。做好全民阅读宣传工作，通过在“微高港”微信公众号发布、张贴公益广告、悬挂横幅等方式，普及全民阅读知识。开展“小手拉大手，书香润港城”活动，收集问卷2.2万余份。

【文化市场监管】 2020年，高港区开展“扫黄打非”“固边”“净网”“清源”“秋风”“护苗”等专项行动，共出动检查人员93人次。组织“绿书签”活动，发放“绿书签”，布置宣传海报。加强对印刷复制企业、出版物经营单位、电影院、校园周边

2020年10月17日，口岸街道举办“阅读悦享，书香柴墟”主题活动（口岸街道 供稿）

文化市场的检查，查获新闻出版领域违规案件2件，立案查处刑事案件1件。推进“扫黄打非”进基层示范点建设，实现91个村(社区)全覆盖。做好版权登记工作，承办全市版权登记培训班，全年完成版权作品登记2000余件。做好电影放映监管和平台数据报送工作，完成“送电影下乡”480场，建成大泗镇星河国际影院。(刘　波)

【“三下乡”集中慰问服务活动】 1月8日，高港区2020年“三下乡”集中慰问服务活动在胡庄镇宣传文化中心广场举行。16个单位(部门)向胡庄镇捐赠现金和物资共计20余万元。现场组织文艺演出、卫生服务、科技宣传、法律咨询、义务写春联等志愿服务项目10余个。

(卞小士)

统战工作

【概况】 2020年，高港区推荐提拔正科职非中共党员干部1人，民主党派发展成员11人。全区有党外市人大代表6人、区人大代表32人，有党外市政协委员16人、区政协委员94人。组织党外人士、民营经济人士参与疫情防控。支持民主党派加强自身建设。加强对党外代表人士的培训。

【多党合作】 2020年，区委统战部围绕服务中心工作和高质量发展，组织各民主党派、统战团体开展调研，制定调研课题计划，成立调研课题组，形成调研报告12篇。组织各民主党派、统战团体采取一党派(团体)、一主题、多形式的“1+1+N”方式开展系列活动，助力决胜脱贫攻坚、全面小康，相关做法被《新华日报》等媒体宣传报道。制定政党协商计划，召开党外人士情况通报会、座谈会、调研成果协商会等，支持党外人士履行职能。

“公益泰州·扶苗计划”爱心书画笔会活动现场　(区委统战部　供稿)

【党外干部选拔培养】 2020年，全区25个政府部门中有12个部门配备非中共党员干部，远超1/3的规定比例，法院、检察院配备非中共党员副院长、副检察长各1人。加强党外干部实践锻炼基地建设，建立健全党外干部理论学习、社会调研、日常管理、工作考核等制度。选派4名党外干部到实践锻炼基地挂职锻炼。举办统一战线“两支队伍”暨区委统战工作领导小组成员单位理论政策培训班、区统战宣传信息骨干培训班。

【非公有制经济领域统战工作】 2020年，高港区举办民营企业家大讲堂、“百团进百万企业”安全生产宣讲会。组织商会常(执)委单位参观周恩来纪念馆，开展“传承红色基因、促进‘两个健康’”等理想信念教育活动。区工商联、口岸街道商会、刁铺街道商会获评2020年度江苏省构筑民营经济舆论阵地先进单位。许庄街道商会、刁铺街道商会通过全国“四好”商会申报、复核。引导民营企业家投身光彩事业，相继开展“为了大山里的孩子”“发扬光彩精神·走进新疆昭苏·走进甘肃酒泉”“高港淳化一家亲·同心聚力奔小康”区域结对帮扶和“夏送清凉·共建文明”等活动。助力民营企业做好疫情防控和复工复产，引导民营企业家践行社会责任，全区民营企业累计捐款捐物8000余万元。扬子江药业集团董事长、总经理徐镜人被评为全国抗击新冠肺炎疫情民营经济先进个人。举办企业家沙龙活动4期；开展“访百企、走千商、献良策、出实招”活动和“主席基层行”活动，发放《疫情防控惠企政策汇编》，协调解决具体问题。

【党外知识分子和新的社会阶层人士统战工作】 2020年，区委统战部推荐市党外知识分子联谊会会员6人。在口岸雕花楼景区尚晋书院打造“党外知识分子之家”活动基地。举办读书交流会、留守儿童书法和古琴公益培训。组织召开新的社会阶层人士统战工作联席会议。召开高港区新的社会阶层人士联谊会一届二次理事会，调整领导班子。加强新的社会阶层人士实践创新基地建设，建立新的社会阶层人士信息员制度，健全完善学习培训、联谊交友、活动交流等制度，制作基地宣传画册，举办“公益泰州·扶苗计划”爱心书画笔会、政策宣传、周末观影等活动。开展网络人士重点人物调查工作，实行“一人一档”管理，成立网络人士之家——“港城e家”网络联盟、互联网行业协会党组织等网络人士工作平台，召开网络人士座谈会，签订网络人士自律公约。

（党红文）

网络信息管理

【概况】 网络管理 2020年，区网管中心收集交办工作信息1000余条。编印各类快报、专报、通报260余期。省、市重点网络问政平台和市交办事项回复处置率均达100%。建立24小时在线受理制度，形成"统一受理、分类处置、限时办结、反馈问效"的运行机制。

网络安全工作 制定印发《2020年高港区网络安全工作要点》《关于开展2020年网络安全工作责任制落实情况检查考核的通知》《关于开展全区"网安2020"专项行动的通知》等系列文件，推动网络安全工作纳入各地各部门重要议事日程。召开全区网络安全工作推进会，部署重要时期网络安全保障工作，统筹推进信息共享、通报处置、安全检查、安全培训等重点工作。以重点网站和重要信息系统为重中之重，开展网络安全技术检查检测，确保网络安全技术检查全覆盖。举办2020年网络安全宣传周活动，集中开展校园日、金融日、青少年日、个人信息保护日等主题日系列活动，重点开展网络安全进企业活动。

网络综合治理 制定印发《关于加快建立高港网络综合治理体系的实施意见》及分工方案，健全互联网违法和不良信息举报机制，开展"清朗2020"专项行动，协调推进"扫黄打非""扫黑除恶""非法金融"等专项整治。

网络"同心圆" 建设成立互联网行业党总支。成立"港城 e 家"网络联盟，组织"网络人士看高港"系列活动。"港城 e 网红"有关做法被省委网信办、市委办公室推广。

（戚锁林）

【"12345"民生服务热线】 2020年，区"12345"民生服务热线受理各类诉求24144件，比上年增长35.24%，办结率100%。其中，省"12345"热线379件，市"12345"热线23126件，市、区长信箱320件，区长公开电话143件。从诉求热点看，主要集中在城市管理（3868件，占16.02%）、民政社区（2772件，占11.48%）、民生服务（2560件，占10.6%）、住房保障（1938件，占8.03%）、环境保护（1893件，占7.84%）等方面。从承办单位看，主要集中在口岸街道（3655件，占15.14%）、刁铺街道（1960件，占8.12%）、大泗镇（1809件，占7.49%）、区住房城乡建设局（1796件，占7.44%）、许庄街道（1621件，占6.71%）等54个单位。定期梳理分析市民投诉热点和办理情况，全年编发通报6期、疑难单14件，领导批示22件次，疫情期间编发专报28期，形成意见、建议100余条。

【政务公开】 2020年，区网管中心推进基层政务公开标准化规范化工作，编制完成26个领域、33个部门和7个镇街的基层政务公开目录，形成区、镇两级基层政务公开标准事项公开体系。开展基层政务公开平台规范化建设改版工作，发布政府公开信息1377条。围绕"推进基层政务公开，筑牢食品安全防线"主题，举办食品安全宣传活动，提升人民群众食品安全意识。开展本地政策解读工作，制作政策简明问答14篇。加强政务新媒体日常管理，加大权威信息的发布频次，回应群众关切。开展信息公开培训工作，规范依申请公开答复流程，严守答复时限，办理政府信息公开申请22件。

【政府网站建设】 2020年，区网管中心推进政府网站建设管理工作，规范政府网站域名，落实网站信息三级审核机制。开展网站监测工作12期，在"我为政府网站找错"平台中未收到网民留言；政府网站发布各类政务信息9509条，被泰州市政府网站采用信息206条，江苏省政府网站采用信息76条；制作疫情防控、2020年高港区两会、文明城市创建、2020年网络安全宣传周等专题专栏15个，及时做好省政府网站政策文件库的录入工作，做到与本地信息公开平台同步发布。疫情防控期间，第一时间调整网站栏目设置，共发布疫情防控相关信息255条。区网管中心连续4年被评为全市政府网站信息工作先进单位。

【电子政务平台】 2020年，区网管中心健全网络动态巡查机制，规范政务外网实名制接入管理，实现全区4000余台终端集中管理。常态化开展政务外网安全技术监测，编发预警提示38期。利用市级政务数据共享平台建设成果，编制各类数据目录500余条，资源挂接率100%，汇聚30个部门超百万条政务数据。推进镇街综合指挥中心标准化建设，指导镇街加快数据归集和录入，打造端口互联、信息共享的综合指挥一体化体系。推动办文办件全程上网，相关业务系统平稳高效运行，无纸化办公推进成效明显。推进"一网通办"向镇街、村居基层延伸，实现"就近办、马上办"，推动"互联网+政务服务"优化升级。

（彭铁官）

督查与考核工作

【市（区）综合考评】 2020年，区考核办围绕"继续保持领先"的要求，统筹协调全区绩效管理工作。高港区获2020年泰州市市（区）综合考评一等奖，实现"十一连冠"。

【园区、镇街综合考评】 2020年，区考核办根据对各园区、镇（街道）年度工作实施目标考评的意见，对核心港区（永安洲镇）、泰州港经济开发区、口岸街道（临港经济园）、白马镇、大泗镇、胡庄镇、刁铺街道、许庄街道考核重点指标、高质量指标、专项工作、党建和社会管理工作、加分项。会同有关部门对园区（镇街）进行考核评比，泰州港经济开发区、刁铺街道、大泗镇获综合考评一等奖，核心港区（永安洲镇）、胡庄镇获综合考评二等奖。

【区级机关部门绩效管理】2020年，区考核办组织开展区级机关部门（单位）年度绩效管理评估工作。制定绩效管理实施细则，协调综合牵头部门制定共性目标考核细则，对个性目标实施季度考评。组织牵头责任部门开展共性目标考核、公众评议等工作，评选出人民满意机关（单位）和效能建设先进单位。

2020年度人民满意机关（单位）：财政局、农业农村局、高港生态环境局、人力资源社会保障局、教育局、卫生健康委、工业和信息化局、商务局、行政审批局、水利局、统计局、住房城乡建设局、人民法院、总工会、人民检察院。

2020年度效能建设先进单位：机关事务管理局、应急局、科技局、发展改革委、司法局、审计局、文化体育旅游局、民政局、市场监管局、信访局、税务局、自然资源和规划分局、金融监管局、城管局、团区委。

【区管干部考评】2020年，区考核办根据《关于实施机关干部绩效考评的意见》，对区管干部履职考评、群众评价、领导评价、动态绩效进行考核，共评出优秀等次133人，其中正科级64人、副科级69人。

【“骏马奖”评选】2020年，区委、区政府继续开展“骏马奖”奖评选工作，评出高港区新冠肺炎疫情防控工作“骏马奖”2批，共22名个人、2个单位（部门）受到表彰。其中，区疾病预防控制中心陈秀兰、泰州市第三人民医院汪羽、泰州市第三人民医院翟爱荣、高港中医院胡建国、永安洲镇卫生院朱美云、口岸街道田河社区卫生服务中心李健、刁铺街道社区卫生服务中心王菲、许庄街道社区卫生服务中心李文亮、白马人民医院高翠云、大泗镇卫生院陈俊、胡庄镇汪群卫生院蔡志华、区卫生健康委被授予高港区新冠肺炎疫情防控工作首批“骏马奖”，口岸街道柴墟社区笪克勤、区交通分局冯智洋、区公安分局创业园派出所叶振中、区委宣传部杨鼎、许庄街道三星社区蔡骏、区工业和信息化局李璟、白马镇窦平、胡庄镇胡庄社区焦翼飞、泰州港经济开发区徐劲华、区商务局李士珏、核心港区唐永兴、交警高港大队被授予高港区新冠肺炎疫情防控工作第二批“骏马奖”。

积极推荐申报泰州市“骏马奖”，有3人获得市级“骏马奖”。其中，大泗镇卫生院杨勇被授予泰州市新冠肺炎疫情防控工作首批“骏马奖”，刁铺街道明发社区霍荣康被授予泰州市新冠肺炎疫情防控工作第二批“骏马奖”，泰州港经济开发区时乾被授予泰州市第七批“骏马奖”。

【“创新创优”奖评选】2020年，区委、区政府继续开展“创新创优”奖评选工作，评出2020年度“创新创优”奖一等奖项目10个、二等奖项目15个、三等奖项目15个。

（禚宝明）

2020年高港区“创新创优”奖获奖项目一览表

表7

奖项	项目
一等奖	区住房城乡建设局：建成全国农村生活污水治理样板区
	区政协办：打造“青春高港·活力政协”品牌
	大泗镇：创成全国文明镇
	区交通分局：积极探索“农村公路+”模式
	区财政局：创新实行项目贷款招标采购
	区教育局：创成苏中苏北唯一省义务教育优质均衡发展区
	胡庄镇：创成全国“一村一品”示范村
	区农业农村局：“粮食银行”促进保供增收
	高港生态环境局：环保工作荣获省级表彰
	区地方金融监管局：高效实施口岸船舶公司企业破产重整

续表7

奖项	项目
二等奖	区商务局：推动泰州港经济开发区排名跃升全省第一
	区委组织部："三过硬"领航工程驱动非公党建高质量发展
	区纪委监委：多维监测推动政治生态风清气正
	区网管中心：有关工作连续四年全省第一
	区委办：党委信息工作首次摘得全省区级"桂冠"
	区督查考核办：创新应用全区营商环境线上评价系统
	区委宣传部：基层党员冬训全市唯一连续8年获省先进称号
	区政府办：涉外疫情防控工作获省委、省政府表彰
	区民政局：困境儿童精准排查和保障工作全省领先
	区司法局：公共法律服务工作成效显著
	区水利局：河道管护长效赋能
	区委政法委：平安建设实现全市"三连冠"
	区人大办："高港模式"成就全省首部代表履职平台建设地方标准
	区总工会：产业工人队伍建设改革走在全省前列
	区文化体育旅游局：精品文艺工程获评省"五星工程奖"
三等奖	区委统战部：创成国家级"两岸现代服务业合作实验示范基地"
	区级机关工委：以"党员突击"之力锤炼服务发展"主心骨"
	区供销总社："3+3+N"为农服务体系在全省供销系统领先
	白马镇：入选江苏省乡村旅游重点村名录
	区人力资源社会保障局："四轮驱动"打造就业新高度
	区卫生健康委：织密织牢疫情防控网
	泰州港经济开发区：打造汽车产业集群
	区行政审批局：全市率先规范涉审中介管理
	刁铺街道："公交电梯"助力老旧小区提气质
	区应急局：助推海企首创安全生产积分制
	许庄街道："聚精会神"工作机制助推码头治理快出成效
	区委编办："三整合"改革构建基层简约高效管理体制
	区工业和信息化局：有效助推企业复工复产
	永安洲镇：扎实推进同联中沟"生态样板河道"工程
	口岸街道：创新社会治理"114"工作模式

机关党建

【概况】2020年，区级机关新发展党员20人，转正预备党员23人，调入党员80人，调出党员107人。区委区级机关工委辖党组织119个，其中，党总支部12个、党支部107个。区级机关有党员1643人，其中，女党员496人，占党员总数的30.19%；大专以上学历1409人，占党员总数的85.76%；35岁以下党员427人，占党员总数的25.99%；36岁至45岁的党员477人，占党员总数的29.03%；46岁至60岁的党员498人，占党员总数的30.31%；61岁及以上的党员241人；占党员总数的14.67%；离退休党员246人。全年督促指导18个基层党组织完成换届选举。区委区级机关工委深化党建促脱贫攻坚工作，全年筹集资金5万余元用于帮扶。

【机关党的组织建设】2020年，区委区级机关工委做好机关党建述职考评。指导机关党组织开展"党员闪光·红领行动"、"固定学习日"、"三会一课"、主题党日活动。举办区级机关"习语心声话小康"诵读比赛、"青优微党课"比赛。继续开展"不忘初心·'童'圆梦想"主题活动，为99名学生圆梦微心愿。开展"周末高港·党员关爱服务行动"之"守初心为民谋福，勇担当聚力攻坚"主题实践活动。开展典型选树，评选出区级机关先进基层党组织10个、优秀党务工作者20人、优秀共产党员80人。做好"最美职工""最美志愿者""五一劳动奖章"评选推荐工作。

【机关干部教育培训】2020年，区委区级机关工委组织开展各类教育培训4期。5月27—29日，与口岸街道（临港经济园）党工委联合举办2020年度入党积极分子和发展对象培训班，采用专题辅导、集中授课、实践锻炼、参观学习的方式，将理论学习与体验式学习融为一体，入党积极分子及发展对象140余人参加培训。6月22—24日，举办区级机关基层党组织书记培训班，学习党的十九届四中全会精神、党建业务知识、党风廉政建设，区级机关党组织书记、党务干部110人参加培训。8月27—29日，举办区级机关"当好排头兵、奋斗我先行"党员主题轮训，区级机关党员代表（含预备党员）191人参加培训。9月24日，组织2019年下半年以来区级机关各部门（单位）新提拔的股级中层干部及新发展的党员120余人参加廉政谈话。

2020年6月10日，区委区级机关工委举办区级机关主题党日活动业务培训暨现场观摩会　　（区委区级机关工委　供稿）

【首届公益冬令营】1月15—16日，区委区级机关工委与高港电视节目中心、区委教育工委、区住房城乡建设局、区民政局、农业银行高港支行联合举办首届"周末高港·党员关爱服务行动"之"延续红色、展望未来"主题公益冬令营活动，共有52名优秀学生代表参加。学员接受军事队列和擒敌拳训练，学唱军歌，整理内务，徒步拉练，参观杨根思烈士陵园；学习习近平总书记关于把红色基因传承好等重要论述。

【党员抗疫突击队】2月2日，区委区级机关工委牵头成立高港区抗击新冠肺炎疫情党员突击队，组织56名（后扩增至110名）党员、志愿者全天候六班次轮班值守，在各交通卡口（高港区G40沪陕高速泰州收费站出口、S35泰镇高速高港收费站出口、G345在高港大桥西侧入泰州方向）连续执勤21天，协助专业力量做好车辆检查、人员登记、防疫宣传、群众疏导等工作，筑牢疫情防控一线堡垒。5月8日，区委区级机关工委印发《关于建立区级机关党员突击队预备队的实施方案（试行）》，以"我是党员，我先上"为主题，按党员总数的15%建立区级机关"党员突击队"预备队，以应对突发事件，解决重、难点问题；组建以区应急局、区农业农村局等单位为主体的专业突击队10支，在助力脱贫攻坚，安全生产，防洪防汛，服务"六稳""六保"等任务中发挥先锋模范作用。编纂《党员突击队抗疫纪实》，宣传报道党员突击队先进事迹。

【机关党建"互帮互学互促联盟"】2020年，区级机关工委组建首批机关党建"互帮互学互促联盟"，将32个单位编为5个党建联盟。各联盟结合行业特性、部门特色、党员特点，选取切口小、操作性强、“三务”融合度高的内容，按照任务明确、时间节点明确、方法步骤明确、实现目标明确的要求，实施联盟“三务”融合项目。实行项目进度月报制度。区委区级机关工委和联盟组长单位全程督促推进实施，不定期开展调研检查、研讨交流、互查互促。

【优秀主题党日活动评选】 6月10日，高港区召开区级机关主题党日活动业务培训暨现场观摩会，围绕如何理解主题党日活动、开展主题党日活动应该注意避免哪些问题、如何高质量开展主题党日活动等主题，进行专题业务培训，现场观摩泰州市第三人民医院第四党支部和区人民法院执行局党支部的主题党日活动。年末，区委区级机关工委开展“与奋斗同行，为党旗争辉”优秀主题党日活动评选，评选出优秀主题党日活动20例。

【“习语心声话小康”诵读比赛】 8月24日，区委区级机关工委举办区级机关“青优微+”之“习语心声话小康”诵读比赛，区级机关各部门（单位）的16名党员结合自身工作实际，围绕“听民声、解民忧、表民意、话小康”主题，讲述身边的小康故事和奋斗篇章。比赛共评选出一等奖2人、二等奖2人、三等奖4人。

（程小迎）

2020年11月16日，高港区举办“习语心声话小康”诵读比赛暨“百姓名嘴”风采展示活动 （区委宣传部 供稿）

机构编制工作

【概况】 2020年，高港区机构编制部门开展基层整合审批服务执法力量改革、城市管理综合行政执法体制改革，配合推进其他领域改革。加强机构编制管理工作，强化事业单位监督管理，科学合理配置机构编制资源。

【城市管理综合行政执法体制改革】 2020年，高港区统筹推进城市管理综合行政执法体制改革，出台《泰州市高港区城市管理综合行政执法体制改革实施方案》，调整区城市管理行政执法大队下设中队设置等。重新划分中心城区城市管理事权，印发《关于高港区中心城区城市管理事权划分等事项的通知》。厘清区城管局与口岸街道、刁铺街道城市管理职责关系，将区城管局派驻各镇街的执法中队与各镇街综合行政执法局进行整合，实行综合执法。

【权力清单动态调整】 5月，高港区启动新一轮权力清单动态调整工作，经过梳理汇总、集中审核、修改反馈、盖章确认等环节，对涉及区发展改革委、区住房城乡建设局、区卫生健康委等12个部门的149项权力事项进行动态调整，编制形成2020年度区级部门行政权力事项目录清单。11月，根据市委编办发布的《泰州市市设权力清单》及线下认领要求，印发《区委编办关于做好市设权力清单事项线下认领的通知》，征求区级部门意见，对接市级业务处室，以法律法规、政府规章为依据，共认领市设权力事项64项。

【机构编制管理】 2020年，区委编办坚持实行“严控总量，动态管理”，依托机构编制实名制信息库，对批准的机构编制实行全程管理和监督，提高编制资源的使用效益。重点保障民生事业、安全生产、城市管理等领域专业人员的招聘，有效解决高质量发展、“六稳”、“六保”等重点领域的机构编制问题。推进园区、镇街编外用工规范管理，审议出台《关于进一步规范各园区、镇（街道）劳务派遣人员管理工作的通知》，召开园区、镇街编外用工整改工作推进会，大幅缩减编外用工规模。审议出台《关于全面加强全区安全生产监管机构设置人员配备的通知》，会同区应急局召开全区安全生产监管机构设置人员配备专题会议，对落实情况开展专题督查，确保安全生产监管机构设置到位、人员配备到位、职能履行到位。审议出台《泰州市高港区区级部门及驻区单位安全生产工作职责任务清单》，覆盖全区安全生产各行业和各领域，构建权责清晰、分工明确的安全生产工作体系。

【事业单位管理】 2020年，全区完成事业单位设立登记3个，变更登记69个，证书延期39个，注销登记32个，完成党政机关、事业单位公益域名新注册和变更73个。5月，对全区222个事业单位年度报告按规定及时向社会公示。8月，确定并公示212个事业单位的信用等级。定期向区公共信用信息平台报送业务数据信息，与其他部门建立信息互通机制。10月，对6个事业单位开展“双随机、一公开”监管。

（赵聪聪）

党史、地方志、档案馆工作

【概况】 2020年，区党史方志办组织修改完善《中共高港地方史》稿件。编印《高港区红色故事选编》。6部名镇名村志中有5部通过终审。《高港年鉴（2019）》被评为2020年全省年鉴质量评审二等年鉴。区档案馆改造项目纳入2020年区政府民生实事项目。完成新冠肺炎疫情防控档案征集工作。配合泰州市党史方志办编纂《泰州市抗击新冠肺炎疫情实录》。实现村级建档全覆盖。结合史志档案工作特色，组织实施“运用史志档案资源加强党性教育”书记项目，组织“红色故事我来讲”“我是党课主讲人”“高港优秀历史文化红色文化在我心中”等主题党日活动。“档案见证改革开放，档案记录人民生活”图片展获2020年度全省档案开发利用成果奖。区党史方志办获评2020年度全省方志文化宣传工作先进集体，1人获评2020年度全省方志文化宣传工作先进个人。

【党史工作】 2020年，区党史方志办推进《中共高港地方史》编写工作，对57万字的初稿进行集中修改。汇编9本、170余万字的各园区、镇街、部门、重点企业编写的党史专题资料。每月按时编印高港区大事记。编印《高港区红色故事选编》，送给区四套班子负责人、各园区（镇街）、区级机关各部门，为机关干部学习了解地方党史提供基础材料。整理《血战龙窝口》等3篇红色故事报给区委宣传部。会同区扶贫办开展“扶贫路上，有我同行”征文活动，征集各类扶贫文章39篇，形成高港区扶贫工作基本历程文稿，将相关材料汇总报送至市党史方志办，2篇征文被市扶贫办、市党史方志办表彰。组织开展“高港优秀历史文化红色文化”主题拍摄和展示活动，形成一批关于历史文化、红色文化、老行当和建区初期历史的珍贵图片。配合市党史方志办编写《中共泰州历史人物传》。指导区老建会编纂出版《泰州市高港区革命老区发展史》。指导胡庄镇宗林村整理、编印红色故事。区党史方志办分管负责人在区级机关基层党组织书记培训班上宣讲中国共产党简史。区党史方志办工作人员在口岸实验小学宣讲红色故事。

2020年4月28日，《白马镇志》通过终审　　（区党史方志办　供稿）

【名镇名村志编纂】 2020年，区党史方志办推动《口岸街道志》《刁铺街道志》《白马镇志》《引江社区志》《乔杨社区志》《蔡庄村志》6部名镇名村志编纂工作。组织人员对名镇名村志稿件进行审读，开展复审、终审工作。4月28日、6月28日，《白马镇志》《乔杨社区志》先后通过终审，系2017年泰州市启动名镇名村志工程以来全市首部通过终审的镇（街道）志和村（社区）志。下半年，《蔡庄村志》《刁铺街道志》《引江社区志》通过终审。《白马镇志》送市党史方志办验收，进入出版程序。选派人员担任第一主笔，对提交验收的名镇名村志稿件进行审核把关。

【年鉴编纂】 2月24日，区委办、区政府办印发《〈高港年鉴（2020）〉编纂实施方案》。5月14日，区党史方志办举办全区年鉴业务培训班，邀请扬州市年鉴专家讲解扬州市打造精品年鉴工作经验。组织开展《高港年鉴（2020）》组稿、编辑、统稿、校核、修改工作。11月，经区政府批准，《高港年鉴（2020）》公开出版。年内，《高港年鉴（2019）》被省地方志办公室通报表扬，获评全省2020年度年鉴质量评审二等年鉴。“《高港年鉴》连续在全国、省级评比中获奖”被区委、区政府评为2019年度高港区“创新创优”项目二等奖。区党史方志办在泰州市中共党史和地方志学会、泰州市档案学会2020年年会上介绍年鉴编纂工作经验。加强对镇街年鉴编纂工作的指导，《永安洲年鉴（2017）》《大泗年鉴（2018）》公开出版发行。

【档案馆工作】 2020年，区档案馆改造项目被列入2020年区政府民生实事项目。区党史方志办对照

《档案馆安全风险评估指标体系》和档案馆业务建设评价要求，会同区机关事务管理局做好改造方案设计工作，跟踪推进项目实施。及早谋划智能化建设和档案设备采购方案，推动落实相关经费。区档案馆改造项目按序时推进，土建装修工程完成。做好区档案馆档案搬迁工作，有关档案暂存泰州市档案馆。区党史方志办会同市党史方志办指导扬子江药业集团筹建企业档案馆。会同区卫生健康委组织出生医学证明档案工作培训班，指导相关医疗机构做好出生医学证明档案工作。组织开展国际档案日主题宣传活动，举办脱贫攻坚工作图片展，开展“档案见证小康路，聚焦扶贫决胜期”主题征文活动，4篇征文在市档案局、档案馆评比中获奖。完成进馆农村承包地确权档案目录数据校核工作。对村级建档工作进行督查指导，开展全区村级建档工作情况调查，为口岸街道专题组织各村居档案员培训班。全区91个村（社区）按“六有”标准实现村级建档全覆盖。组织拍摄档案工作专题片，宣传村级建档工作和档案征集工作。加强档案征集工作，将老战士许维的红色档案和老职工江俊生的日记征集进馆。指导区行政审批局创建省四星级档案室和AAA级数字档案室。指导区委巡察办、区委组织部做好档案整理工作。配合市档案局、档案馆开展档案安全执法检查和村级建档工作调研。区档案馆全年接待查档599人次。

【新冠肺炎疫情防控档案资料征集整理】 新冠肺炎疫情防控档案征集进馆 2月18日，区档案馆会同区档案局印发《关于做好新冠肺炎疫情防控文件材料收集归档工作的通知》。5月29日，举办全区档案业务培训班，解读《泰州市重大活动和重要事件档案管理办法》，对做好新冠肺炎疫情防控文件材料的收集、归档工作进行辅导。8月19日，区档案局、区档案馆印发《关于接收新冠肺炎疫情防控档案进馆的通知》，明确接收档案范围、接收档案要求、档案交接手续和档案接收进馆时间。区档案馆加强对疫情防控材料收集归档的业务指导，将全区新冠肺炎疫情防控档案接收进馆。

《泰州市抗击新冠肺炎疫情实录》资料整理 5月，高港区疫情防控办公室印发由区党史方志办起草的《关于报送〈泰州防控新冠肺炎疫情实录〉所需资料的通知》。区党史方志办、区疫情防控办公室对各单位报送的资料进行汇总整理，撰写约1.2万字的高港区防控新冠肺炎疫情专记及近1万字的大事记，并择优选择相关单位专记、典型事例、先进事迹简介以及图片资料向市党史方志办报送。相关材料被收录进泰州市党史方志办、泰州市档案馆编纂的《泰州市抗击新冠肺炎疫情实录》。 （高蓓蓓）

老干部工作

【概况】 2020年，高港区有离休干部14人，平均年龄92岁。其中，90周岁以上12人，85~89周岁2人。副乡科级以上退休干部235人，其中，副县处级以上退休干部18人，正乡科级退休干部130人，副乡科级退休干部87人。有区级机关、镇街、社区老干部党支部38个。高港区“‘党建+’提升基层治理新高度”的做法被“江苏老干部”App宣传推介；刁铺街道圩岸社区“‘银发春华’醉黄昏”的做法被“学习强国”平台、“江苏老干部”App等媒体宣传报道。胡庄镇老干部党支部获评江苏省离退休干部先进集体，离休干部丁震宇获评江苏省离退休干部先进个人；老干部孔德筛获评江苏省首届“最美老干部志愿者”提名奖和泰州市首届“最美老干部志愿者”；口岸街道新城社区“余庆工作室”被评为泰州市首届“最美老干部服务团队”。高港区获泰州市市（区）老干部工作绩效考核一等奖。

【离退休干部党建工作】 2020年，高港区围绕“六有一提升”达标创优目标，推进离退休干部党建工作。坚持“三会一课”制度，组织老干部深入学习习近平新时代中国特色社会主义思想和党的十九届五中全会精神。组织老干部参观红色基地，收听收看全国离退休干部网上专题报告会。全年举办理论研讨12次，开展专题讲座和主题党日活动4次，形成调研报告5篇。依托区老干部活动中心，投入10万元建成老干部组织生活馆。全区38个老干部党支部全部通过省、市达标验收，其中，白马镇老干部党支部获评江苏省离退休干部“六有一提升”示范党支部，胡庄镇老干部党支部和白马镇老干部党支部获评泰州市“五星级”离退休干部党组织，口岸街道新城社区老干部党支部——“余庆工作室”获评泰州市老干部党建工作“十大品牌”。区委老干部局印发《高港区老干部工作绩效考核办法》，修订完善离退休干部党支部主要职责、党员学习、组织生活等10项制度。高港区“夯实‘党组织+志愿服务’行动，打造区域化离退休干部党建特色品牌”入选《江苏离退休干部党建创新典型案例》。

【老干部待遇落实】 2020年，区委老干部局向老干部赠阅《党的生活》《银潮》等报纸杂志，落实离退休干部阅读文件、参加重要会议和重大活动等制度。按照标准足额发放离休干部特需费、参观休养费、交通费、护理费、高龄护工费、住房补贴和改制破产企业离休干部月租补贴等。做好“江苏省离退休干部服务管理信息化平台”信息录入工作，

2020年6月29日，口岸街道新城社区老干部支部开展"畅谈奔小康，助推双胜利"主题党日活动（区委老干部局 供稿）

健全完善老干部个人信息库。组织老干部健康检查，健全完善老干部健康档案。落实离休干部有就医绿色通道、有家庭签约医生、有医疗特困帮扶机制。

【老干部活动】 2020年，高港区实施"银发生辉"工程，采取"支部+""党建+"等形式，组建119人的志愿服务队。组织老干部走进学校、社区、企业，讲党史国史、革命故事、发展故事、抗疫故事。组织老干部结对帮扶困境学生，协助开展"点亮微心愿·助力微梦想"活动10余场、集中志愿服务活动100余场。组织开展邻里互助、倡导文明等活动，协调解决垃圾分类、绿植补种等问题20余件次，举办道德讲堂8场。疫情防控期间，组织老干部志愿者参与卡口值班值守，捐款捐物共计6万元。组织老干部开展门球、乒乓球、象棋、垂钓、京剧等活动。（杨震宇）

对台工作

【概况】 2020年，全区新批台资企业4个，新增资台资企业3个，实际利用台资3607万美元。泰州市高港综合物流园区被授予两岸现代服务业合作实验示范基地称号。

【台资项目建设】 2020年，总投资6000万美元、占地15公顷的久裕科技自行车花鼓项目即将建成投产。总投资11亿元人民币、占地18.67公顷的将军机械高端精密机床项目厂房结构封顶。

【台企与台胞服务】 2020年，高港区对落户的20余个台资企业开展复工复产情况统计，为台企提供专利品牌申报等服务。协调江苏银行泰州分行为台企提供健康发展综合金融服务。对100余名台商、台胞开展台胞到泰州管理服务和情况统计、涉台投诉求助案件统计。做好涉台矛盾纠纷调处工作。建立区台办工作人员挂钩服务重大台资项目帮办制度。围绕依法治企、安全生产主题，举办"高港区台商讲坛活动"2期。开展"知识产权强企行动——走进高港区台企"活动。

【两岸现代服务业合作实验示范基地】 泰州市高港综合物流园区按照"港产城一体化"融合发展思路，以现代服务业特别是港口物流业为主导产业，集聚中外运、瑞茂通、海企仓储、统一超商、益嘉物流等一大批央企、上市公司、台资企业。11月23日，泰州市高港综合物流园区收到两岸企业家峰会正式批复，被授予两岸现代服务业合作实验示范基地称号。（钱锦江 曹 健）

泰州市高港区人民代表大会

综　述

【概况】 2020年，高港区召开人代会1次，人大常委会会议5次、主任会议8次，审议专项工作报告22件；开展视察、执法检查、专题询问和专题调研29次；作出决议决定4项，任免国家机关工作人员25人次；受理群众来信20余件，接待群众来访20余人次。年内，因工作变动、调离本行政区域，终止区人大代表资格8人；因病去世区人大代表2人；补选区五届人大代表9人。至年末，驻高港的全国人大代表1人、省人大代表3人、市人大代表30人，区人大代表172人。

【民生实事票决制】 1月，区五届人大四次会议组织代表观看2019年政府民生实事项目完成情况专题片，对2019年民生实事项目完成情况进行满意度测评，代表满意、基本满意率达99.15%。票决产生2020年民生实事项目10件：幼儿园建设项目、学校建设项目、村庄河道疏浚整治活水工程、农村生活污水治理项目、泰州市第三人民医院改造提升工程、健身惠民工程、“一路高畅”四好农村路项目、文化设施改造项目、老旧小区后街背巷整治项目、胡庄镇卫生院改造项目。深化民生实事代表票决制工作，制定2020年区政府民生实事票决项目建设计划和联系监督安排表，定期开展督查并发文通报。9月28日，区人大常委会组织部分区人大代表视察2020年区政府民生实事票决项目。9月29日，区五届人大常委会第二十五次会议听取和审议相关工作情况报告。至年末，区五届人大四次会议上票决产生的民生实事项目全部完成。

【人事任免】 2020年，区人大常委会坚持规范实施任前法律知识考试、拟任职人员向常委会作拟任职发言和任后颁发任命书、向宪法宣誓等制度规定。全年任免国家机关工作人员25人次。听取和审议区水利局、区科技局、区行政审批局、区商务局4个部门主要负责人履职情况报告，进行满意度测评。

（焦卫华）

【区人大法制委员会工作】 2月26日，区五届人大法制委员会召开会议，研究制定2020年度区人大法制委员会工作计划。3月，调研“套路贷”虚假诉讼专项治理工作情况。4月，调研适用认罪认罚从宽制度情况。9月，调研全区“七五”普法工作情况。11月，组织区人大代表视察法治政府建设情况。（周来泉）

【区人大财政经济委员会工作】 1月5日，区人大财政经济委员会第十四次会议召开，审查2019年国民经济社会发展计划执行情况和2020年计划草案的报告、2019年预算预计执行情况和2020年预算草案的报告；7月16日，区人大财政经济委员会第十五次会议召开，审查2019年区级决算草案和2020年上半年预算执行情况的报告、2019年区级预算执行和其他财政收支的审计工作报告；10月14日，区人大财政经济委员会第十六次会议召开，通报区委第一巡察组巡察反馈意见报告中关于财经监督方面的内容，组织学习中央和全国人大关于加强财经监督的文件精神；11月9日，区人大财政经济委员会第十七次会议召开，审查2020年区本级收支预算调整的报告。

4月，区人大财政经济委员会调研全区国有资产管理情况；7月，调研全区上半年经济运行情况；8月，视察园区开展“三比一提升”行动情况；10月，调研优化营商环境、服务民营经济工作情况；11月，调研审计查出问题整改工作情况、2020年预算预计执行及2021年预算初步安排和2020年税收收入完成情况；12月，调研“十四五”规划编制、2021年政府投资项目计划编制及2020年计划预计执行和2021年计划初步安排情况。（赵亚丹）

【区人大社会建设委员会工作】 3月4日，区人大社会建设委员会第一次会议召开，通过区人大社会建设委员会履职工作制度、学习制度、议事规则，研究制定2020年度区人大社会建设委员会工作计划；5月20日，区人大社会建设委员会第二次会议召开，讨论研究《中华人民共和国安全生产法》《江苏省安全生产条例》（以下简称安全生产"一法一条例"）执法检查方案；7月27日，区人大社会建设委员会第三次会议召开，讨论安全生产"一法一条例"执法检查报告稿。

4月，区人大社会建设委员会调研高新技术企业培育工作；5月，调研传染病防治和突发公共卫生事件应急工作；5—7月，与市人大上下联动，组织开展安全生产"一法一条例"贯彻实施情况执法检查；11月，组织区人大代表视察文化传承和保护工作。（朱俊茂）

重要会议

【区五届人大四次会议】 1月3—6日召开。应到代表173人，实到代表166人，列席161人。会议听取和审议区政府工作报告；审查和批准区2019年国民经济社会发展计划预计执行情况和2020年计划草案的报告；审查区2019年预算预计执行情况和2020年预算草案的报告，批准区2019年区级预算预计执行情况的报告和2020年区级预算；听取和审议区人大常委会工作报告、区人民法院工作报告、区人民检察院工作报告；通过上述各项报告的决议。组织观看2019年政府民生实事项目完成情况专题片，对项目完成情况进行满意度测评；决定设立区五届人大社会建设委员会，表决通过区五届人大社会建设委员会组成人员名单；票决确定2020年区政府民生实事项目。

【区五届人大常委会会议】 2020年，区五届人大常委会召开常委会会议5次。

区五届人大常委会第二十二次会议　3月30日召开，通报区人大常委会2020年度工作议题安排，听取和审议区人民法院关于开展"套路贷"虚假诉讼专项治理工作情况的报告。通过有关人事任免和撤职案。

区五届人大常委会第二十三次会议　5月28日召开，听取和审议区政府关于2019年度环境状况和环境保护目标完成情况、2019—2020年突出环境问题清单任务完成情况以及《中华人民共和国水污染防治法》《江苏省水污染防治条例》（以下简称水污染防治"一法一条例"）执法检查报告审议意见落实情况的报告，关于传染病防治和突发公共卫生事件应急工作情况的报告，关于2019年度行政事业性国有资产管理情况的专项报告；区人民检察院关于适用认罪认罚从宽制度情况的报告；区水利局、区科技局主要负责人履职情况的报告。审议区政府关于2019年度国有资产管理情况的综合报告。通过有关人事任免事项。

区五届人大常委会第二十四次会议　7月30日召开，听取和审议区人大常委会执法检查组关于检查安全生产"一法一条例"贯彻实施情况的报告，区政府关于2020年上半年国民经济社会发展计划执行情况、2019年区本级决算和2020年上半年预算执行情况、2019年度区本级预算执行和其他财政收支情况的审计工作报告，审查批准2019年区本级决算。通过有关人事任免事项。

区五届人大常委会第二十五次会议　9月29日召开，听取和审议区人大常委会执法检查组关于检查《中华人民共和国土壤污染防治法》（以下简称土壤污染防治法）贯彻实施情况的报告；听取和审议区政府关于2020年政府民生实事项目推进情况的报告，关于代表建议、批评和意见办理工作情况的报告，并对2020年政府民生实事项目推进情况开展专题询问。通过有关人事免职事项。

区五届人大常委会第二十六次会议　11月27日召开。听取和审议区政府关于优化营商环境服务民营经济工作情况的报告、关于2020年区本级收支预算调整（草案）的报告、关于审计查出问题整改情况的报告，听取和审议区商务局、区行政审批局主要负责人履职情况的报告，听取市人大代表周斌、徐建青履职情况的报告，并对优化营商环境服务民营经济工作情况开展专题询问，对专项工作报告、履职情况报告和区财政局等9个部门（单位）审计查出问题整改情况进行满意度测评，通过关于召开区五届人大五次会议的决定、关于进一步优化营商环境的决议、关于批准2020年区本级收支预算调整方案的决议。通过有关人事免职事项。

【区五届人大常委会主任会议】 2020年，区五届人大常委会召开主任会议8次。

区五届人大常委会第三十四次主任会议　2月27日召开。传达学习习近平总书记关于新冠肺炎疫情防控重要讲话指示和中央、省委有关会议、文件精神，讨论通过区人大常委会2020年度工作要点和区人大法制委员会2020年工作计划、区人大财政经济委员会2020年工作计划、区人大社会建设委员会2020年工作计划。

区五届人大常委会第三十五次主任会议　3月30日召开。听取人事任免事项的说明。

区五届人大常委会第三十六次主任会议　4月27日召开。听取区政府关于全区高新技术企业培育工作情况的汇报。

区五届人大常委会第三十七次主任会议　7月3日召开。听取人事任职事项的说明，讨论通过《高港区人大代表活动经费管理办法》，学习习近平总书记在十九届中央政治局第二十次集体学习时的重要讲话。

区五届人大常委会第三十八次主任会议 7月30日召开。听取人事任免事项的说明。

区五届人大常委会第三十九次主任会议 8月27日召开。听取区政府关于全区脱贫攻坚目标完成情况的汇报。

区五届人大常委会第四十次主任会议 9月22日召开。听取人事免职事项的说明。讨论市考核人大工作目标任务分解方案和专题询问2020年政府民生实事项目推进情况的有关事项。

区五届人大常委会第四十一次主任会议 10月29日召开。听取区政府关于“七五”普法工作情况的汇报，传达贯彻市委人大工作会议精神，讨论区委人大工作会议建议方案。（倪守红）

监督工作

【经济发展监督】 2020年，区人大常委会关注全区财政经济运行质态，围绕收官“十三五”、谋划“十四五”，审议2020年上半年国民经济社会发展计划执行情况的报告，专题调研“十四五”规划纲要编制情况，广泛汇集民智，提出意见建议，为完成年度目标任务、谋划好未来发展蓝图提供参考。围绕做好“六稳”工作、落实“六保”任务，视察园区“三比一提升”行动开展情况，调研高新技术企业培育工作，审议全区优化营商环境服务民营经济工作报告并开展专题询问，作出相关决议，支持和督促政府科学应对形势，调优思路举措，注重提升项目质效、推动创新发展、改善营商环境，加快培育新产业、新引擎、新动能，为经济高质量发展筑牢基础、提供支撑。围绕深化预算、决算管理，审议2020年上半年预算执行和2019年度决算报告、审计报告，推进人大预算审查监督重点向支出预算和政策拓展，细化审查区应急管理局等4个部门预算草案、区行政审批局等4个部门决算和垃圾处置专项资金使用情况，审议国资管理情况综合报告和行政事业性国资管理情况专项报告，提出进一步规范预决算编制、提高资金使用绩效、促进国资管好用好等建议。加大审计整改监督力度，推行联合交办、专项督查、销号管理，审议整改情况报告并开展满意度测评，促进审计查出问题整改到位、落到实处。

【三大攻坚战监督】 2020年，区人大常委会在防范化解重大风险方面，定期听取区财政部门债务管理和化解情况、审计部门债务审计和化解审核情况的汇报，开展专题督查，督促有关方面坚持底线思维，按照“遏制增量，化解存量”的原则，进一步规范举债、融资、担保等行为，健全风险防控机制，坚决守住不发生区域性金融风险底线。在精准脱贫方面，组织开展脱贫攻坚工作目标完成情况调研调查，专题审议专项工作报告，要求区政府及有关方面提高政治站位，强化责任落实，精准聚焦重点、难点和薄弱点，做好冲刺阶段工作，确保全区高质量如期完成脱贫攻坚目标任务。在污染防治方面，常态化听取审议年度环境状况和环境保护目标完成情况报告，紧盯突出环境问题清单督办问效，开展土壤污染防治法执法检查，跟踪水污染防治“一法一条例”执法检查报告审议意见落实情况，视察农村人居环境整治情况，推动有关方面牢固树立绿色发展理念，贯彻实施环境保护有关法律法规，持续加强生态环境综合治理和监管执法。

【民生事业监督】 2020年，区人大常委会专题调研全区疾病预防控制与健康管理、医疗服务保障等工作，听取审议传染病防治和突发公共卫生事件应急工作情况报告，针对疫情防控过程中暴露出的短板和不足，要求有关方面坚持问题导向，强化系统思维，一体推进补短板、堵漏洞、强弱项各项工作。推动区政府构建覆盖城乡的传染病监测预警网络，新建泰州市第三人民医院、区疾控中心PCR检测实验室，充实专业技术人员。关注民生实事项目建设，完善年初问选题、年中问进度、年度问效果“工作链”，坚持区人大常委会领导牵头、工委具体联系、代表小组全程参与的监督机制，综合运用代表视察调研、审议专项报告、开展专题询问和满意度测评等措施，主动对接，提出建议，督促有关方面加大项目实施推进力度。开展安全生产“一法一条例”执法检查，全程参与专项整治巡查督导，要求有关方面树牢安全发展理念，强化系统治理、精准施策、建章立制，坚决遏制重特大事故发生，切实维护人民群众生命财产安全。

【法律监督】 2020年，区人大常委会开展安全生产“一法一条例”、土壤污染防治法执法检查，坚持重点检查与委托检查相结合，动员人大代表广泛参与，加大暗访、抽查频次，进行法律知识考试等，实现检查多层次、方式多样化、地域全覆盖。及时将检查发现的问题形成清单向政府反馈，督促限期整改，有效发挥“法律巡视”监督利剑作用。围绕促进依法行政、公正司法，视察法治政府建设情况，听取“七五”普法工作情况汇报，推动政府在法治环境营造、综合执法监管、长效机制建设等方面加大力度，以平安法治建设的新成效增强人民群众的法治获得感。审议区人民法院打击“套路贷”虚假诉讼专项整治情况、区人民检察院落实认罪认罚从宽制度情况报告，督促有关方面进一步强化责任担当，更好发挥审判检察职能。配合上级人大开展立法调研、评估等活动，提出意见建议，助力地方立法提质增效。做好信访工作，主动参与化解矛盾纠纷和处理信访问题，维护群众合法权益。

【执法检查】 4—7月，区人大常委会组成执法检查组，对全区贯彻实施安全生产“一法一条例”的情况进行检查。5月20—21日，区人大常委会组织开展安全生产“一法一条例”集中执法检查，听取区政府专项工作汇报，开展有关法律法规专题辅导，分组实地察看江苏海企化工仓储股份有限公司、胡庄幼儿园临时安置点、大泗安置区建筑工地、白马人民医院、泰州大自然德森堡木业有限公司、许庄幼儿园、刁铺敬老院、雕花楼景区、长城汽车泰州整车项目等地安全生产情况，与有关单位负责人进行座谈交流。7月30日，区五届人大常委会第二十四次会议听取和审议区人大常委会执法检查组关于检查安全生产“一法一条例”实施情况的报告，建议区政府压紧压实党政领导责任、部门监管责任、企业主体责任，着力提高本质安全水平，有效防范和化解安全生产事故，不断夯实安全生产基层基础。

6—9月，区人大常委会组成执法检查组，对全区贯彻实施土壤污染防治法情况进行检查。7月24日，召开专题工作部署会，听取区政府相关部门自查自纠情况汇报，开展土壤污染防治法律知识培训。8月3日，市、区人大常委会执法检查组联动开展集中执法检查，实地检查原泰州新星染料化工有限公司场地修复工程、废旧农膜回收利用、大泗镇二陈村土地整理项目、富彤化学有限公司土壤污染防治等现场，听取区政府有关专项工作报告。9月29日，区五届人大常委会第二十五次会议听取和审议区人大常委会执法检查组关于检查土壤污染防治法贯彻实施情况的报告，建议区政府加强土壤污染防治法律宣传引导、落实土壤污染防治各层各级责任、推进土壤污染防治各项工作、加强土壤污染防治能力建设。

【专题询问】 9月29日，区五届人大常委会第二十五次会议听取和审议区政府关于2020年政府民生实事项目推进情况的报告，以联组审议的形式进行专题询问。区人大常委会组成人员和部分人大代表就部分项目未达序时进度等方面进行询问，有关部门分别受询作答。询问后，区人大常委会形成审议意见，要求区政府加强统筹协调推进、完善相关保障机制、做好2021年项目的谋划工作。

11月27日，区五届人大常委会第二十六次会议听取和审议区政府关于优化营商环境服务民营经济工作情况的报告，以联组审议的形式进行专题询问。区人大常委会组成人员和部分人大代表就简化审批程序，融合审批资源，化解审批难、用地难、用工难问题，规范环境执法，出台金融扶持政策，落实税收优惠政策等方面进行询问，有关部门分别受询作答。询问后，区人大常委会形成审议意见，要求区政府提高思想认识，增强优化营商环境的主动性；持续深化改革，提高政务服务效率和水平；破解要素制约，全面激发市场活力；强化宣传监督，推动形成优化营商环境合力。

（倪守红）

代表工作

【视察活动】 6月22日，区人大常委会组织部分区人大代表视察农村人居环境整治情况。代表们实地察看白马镇岱白村景观河道工程、大泗镇康乐村村容村貌和“厕所革命”、胡庄镇宗林村污水处理和垃圾分类等现场，听取区政府工作情况和区人大常委会环资城建工委调研情况汇报。建议突出重点环节，提升工作标杆；坚持标本兼治，提高工作质效；强化组织保障，落实工作责任。

8月7日，区人大常委会组织部分市、区人大代表视察园区开展“三比一提升”行动情况。代表们实地察看扬子江药业集团新药研发及人才培育基地、长城汽车泰州整车项目、益海稻谷深加工项目和大自然家居产业园4个项目现场，与园区和企业负责人进行交流沟通，专题听取区政府关于园区开展“三比一提升”行动情况的汇报。建议加快产业集聚速度、提升园区承载能级、培育产业核心竞争力，系统谋划，打造公正、高效的营商环境。

9月28日，区人大常委会组织全体组成人员和部分区人大代表视察2020年区政府民生实事票决项目推进情况。代表们实地察看鸿翔御景、育才新村等老旧小区整治项目，区文化馆、档案馆、图书馆文化设施改造项目，口岸中心小学田径场、柴墟幼儿园建设项目，白马中学与海军小学合署办学项目，“一路高畅”四好农村路项目，刁铺街道社区卫生服务中心、胡庄卫生院建设项目，胡庄镇宗林村生活污水治理项目，白马花园1号沟、胡庄镇宗林村村庄河道整治项目以及部分社区健身点新建及改造项目推进情况。建议加强统筹协调推进、完善相关保障机制、做好下年项目的谋划工作。

11月20日，区人大常委会组织部分区人大代表视察法治政府建设情况。代表们实地察看大泗镇网格化社会治理中心、大泗镇法治文化广场等现场，听取区政府关于高港区2020年法治政府建设情况的汇报。建议转变政府职能，打好法治政府基础；打造阳光政府，接受社会监督；坚持依法行政，提高治理能力。

11月26日，区人大常委会组织部分区人大代表视察全区文化遗产传承和保护工作情况。代表们实地察看蔡氏庄园、柴墟西路古建筑群、泰昌生木号等现场，听取区政府关于文化遗产传承和保护工作情况的汇报。建议增强政治意识，树立做好文化遗产传承和保护工作的责任感、使命感；增强法律意识，依法做好文化遗产传承和保护工作；增强创新意识，创造性做好文化遗产传承保护和利用工作；增强担当意识，努力构建文化遗产传承和保护工作新格局。

大泗镇人大代表工作站　　（区人大办　供稿）

【代表履职平台规范化建设】 2020年，高港区在全市率先实施镇街人大代表工作站提档升级工程。区人大常委会把开展“代表之家”和“代表工作室”标准化创建作为代表工作的重点课题，成立调研组，专题到先进地区考察学习人大代表联络站基本规范编制及落实情况，深入镇街、村居实地察看并征集意见。起草《人大代表工作站（人大代表之家）建设和工作规范》，报送市人大有关领导和委办审查指导，会同市市场监管局进行修改完善。9月29日，《人大代表工作站（人大代表之家）建设和工作规范》由市市场监管局发布，10月16日起正式实施，为全省首部代表履职平台建设地方标准。开展片区人大代表工作室建设试点工作，打造口岸街道龙窝片区、许庄街道乔杨片区等品牌工作室，完善制度软件和阵地硬件配置。12月3日，全市人大代表履职平台规范化建设现场推进会在高港区召开，区人大常委会就试点经验和特色做法作典型发言，与会人员观摩刁铺街道、许庄街道、大泗镇标准化人大代表工作站。市委书记、市人大常委会主任史立军对会议的召开作出批示。山东、安徽、辽宁及省内多地人大到高港区考察学习人大代表履职平台规范化建设工作。

【代表履职管理】 2020年，区人大常委会定期组织开展“主任接待代表日”“人大代表工作日”活动，推动长江大道部分道口绿化带过高影响交通安全、集中安置区停车难等民生问题得到有效解决。组织开展“五级人大代表回选区访选民，助力排查解决突出民生问题”“我为‘十四五’规划献良策”等主题实践活动，引导代表紧扣民生、发展两大主题，广泛听取意见，积极建言献策，推动问题解决。加强履职监督激励，完善代表履职登记统计、档案管理、述职评议等制度，出台代表活动经费管理办法，建立履职补贴制度。

【议案建议办理】 2020年，区人大常委会完善政府领导领办重点建议、人大领导调研督办、常委会各委办日常督促、人大代表广泛参与的工作机制，通过开展实地视察、审议专项报告、跟踪督办重点建议、进行满意度测评等方式，促进议案建议落地见效。9月29日，区五届人大常委会第二十五次会议听取和审议区政府关于代表建议办理工作情况的报告。区五届人大四次会议和闭会期间代表共提出议案建议58件，解决或基本解决的46件，建议办成率79.3%，代表满意、基本满意率100%。代表提出的关于推行义务教育延时服务、加大农业适度规模经营奖补力度等建议得到有效办理，一批事关群众切身利益的热点、难点问题得到较好解决。

2020年高港区五届人大四次会议议案建议一览表

表8

议案建议标题	提议案建议者
关于推进义务教育延时服务的建议	徐琴
加大土地流转，推进适度规模经营奖补力度	谢加宣

续表8

议案建议标题	提议案建议者
加快推进355省道改造建设	于祥
加快推进医疗器械产业园发展，招引优势项目入驻	杨建军等10人
关于尽快建立城区老年公寓（养老院）的建议	高小超等10人
请求政府有关部门加大生猪养殖政策的落实	郭宏鹤
关于在刁东中沟西侧打造刁东游园的建议	严美华等10人
关于启动老啤酒厂地块规划建设的建议	孙永忠等10人
关于及时解决万庄、环溪城中村改造项目遗留问题的建议	薛庆等10人
关于高港现代农业园区道路提档升级的议案	刘勇等10人
关于推进乡镇卫生院医养结合工作的建议	周彬
关于采取措施解决老企业用地不衔接问题的建议	郭宏鹤
关于加强对第三方环卫保洁公司管理的建议	李文兰
关于加强高港大道环境管理的建议	周义松
关于建立泰州市三水厂饮用水水源保护区市区分级管护投入补偿机制的建议	李兴兵
关于在孔桥集镇铺设燃气管道的建议	孙云生
关于解决我区物业难管理问题的建议	沈培林
关于加大沿江滩涂生态管护力度的建议	陆军
关于尽快解决王戚围庄河水质污染的建议	祁亚飞
关于增加河道专项经费的建议	乔向民
关于设立长江生态环境保护基金的建议	黄伟
关于进一步完善高港区东部地区路网建设的建议	孙云生等10人
关于明确长江岸线清理整治项目中航船舶办公楼迁移费用渠道的建议	王小飞
关于统筹解决高港区部分新建学校公用经费严重不足问题的建议	张志政等10人
关于加快推进白马镇污水管网建设的建议	李泽等10人
关于解决我区电线电缆乱搭乱拉现象的建议	赵琴
关于加快推进白马中心幼儿园建设的建议	李建光等10人
关于帮助白马镇完善骨灰存放堂手续的建议	窦新谋
关于加大农村公厕建设力度的建议	李泽
关于加大农村人居环境整治补助力度的建议	陈林

续表8

议案建议标题	提议案建议者
关于提高选拔优秀村（社区）党组织书记进专项事业编制比例的建议	史奎生
关于适当增加村干部退休待遇的建议	季宝宏
关于对宣堡港桥梁进行检修或重建的建议	季宝宏
关于加大农场扶持力度的建议	季宝宏
关于支持胡庄中小学改扩建的建议	陆河
关于将胡庄镇汪群社区污水管网纳入区级统筹规划建设的建议	谢春华
关于解决老旧小区物业管理难题的建议	刘俊等10人
关于增加口岸街道社区医疗站的建议	于跃进等10人
关于加强和完善动迁安置小区物业管理的建议	刘俊等10人
关于重建张马桥的建议	戴波
关于重新调整50路公交车路线的建议	戴波
关于加强废品收购站管理的建议	刘春生
关于为城区群众设置室内休闲娱乐场所的建议	董风琴
关于解决口岸实验学校门口拥堵的问题	戴萍
关于保障友谊路周边居民出行安全、便利的建议	曹亚楠
关于完善分级诊疗制度的建议	史爱梅
关于沿河西路泵站管网改造的建议	吕春红
关于整治雨污管网私接、私改、乱排现象的建议	李华
关于维修治安监控的建议	曹亚楠
关于尽快维修龙窝南路的建议	常建云
关于南官河安装防护栏的建议	虞继罗
关于妥善处理非生活垃圾的议案	戚晓艳等10人
关于对徐桥中沟、范雅中沟进行河道疏浚整治的议案	周红生等10人
关于建立完善新型职业农民培训机制的议案	曹小平等10人
关于加大沿江大道重要路口交通巡查的建议	虞继罗
关于改建农村公厕的建议	戴萍
关于老旧小区加装电梯的建议	沈金凤
关于加强拆迁地块后续管理的议案	于跃进等10人

【"主任接待代表日"活动】 10月中旬，区人大常委会分别在口岸街道、许庄街道组织开展"主任接待代表日"活动，区人大常委会副主任刘振东、杨春宣、李强、田宝武与代表们面对面交流，听取代表们的意见和建议。代表们围绕2021年度区政府民生实事项目和"十四五"规划，提出道路交通安全、河道整治、废旧电线杆存在安全隐患等多方面的意见和建议，9条意见、建议全部办理到位。

【"人大代表工作日"活动】 2020年，区人大常委会共组织开展"人大代表工作日"活动4次。征求选民对区人大常委会及"一府一委两院"工作的意见和建议，走访慰问基层困难群众。听取选民对全区2019年环境状况和环境保护目标完成情况的意见和建议，了解2019年全区开展"五级代表回选区访选民、助力打好'碧水保卫战'"活动中提出的意见和建议的落实情况，听取基层社区对传染病防治及突发公共卫生事件应急工作情况的意见和建议。开展"五级代表回选区访选民，助力排查解决民生突出问题"活动。向选民广泛征集2021年政府民生实事候选项目，组织代表回原选区向选民报告履职情况，听取选民建议，接受选民评议。传达学习全市人大监督工作会议精神。组织代表视察本片区范围内的2020年民生实事票决项目。全年参加活动的全国、省、市、区人大代表590余人次，接待走访选民2430余人次，收集、交办意见和建议260余条。

（焦卫华）

人大自身建设

【人大常委会及机关建设】 2020年，区人大常委会坚持从严从实加强党的建设，常委会党组以深入贯彻《中国共产党党组工作条例》为契机，落实全面从严治党要求，统筹谋划、协同推进党建工作和业务工作融合发展，突出政治建设引领，强化纪律作风保障，维护干事创业、风清气正的良好政治生态。人大机关党组以区委巡察为契机，全面检视治党管党方面存在的问题，对照巡察反馈意见，深刻剖析原因，细化整改措施，重在真改实改、见行见效上下功夫，形成一批制度成果，以巡察整改落实促进机关效能提升。机关党支部以换届选举为契机，进一步明确支部规范化建设的思路举措，努力打造坚强有力的战斗堡垒。举办人大干部和人大代表履职能力提升培训班，推行"每月一法"和执法检查前集体学法活动，常态化开展学习交流研讨活动，提高人大干部政治素质、法治素养、工作水平。加强区人大各专门委员会、常委会各工作机构建设，健全完善议事规则和工作制度，支持和保障其依法行使职权、充分发挥作用。做好重要会议、重大活动、重点工作、基层人大特色工作和基层代表先进事迹的宣传报道，推介11名人大代表的履职事迹，106篇稿件在市级以上媒体刊载。

【镇街人大建设】 2020年，区人大常委会坚持常委会领导班子成员分片指导、各委办挂钩联系镇街人大制度，加强联系督导，形成全区人大工作"一盘棋"格局。各镇街人大依法履职、创新实践。永安洲镇建立实施乡镇国资管理报告制度，持续深化全口径预算监督管理；白马镇、胡庄镇创新"网格+代表"模式，助力乡村环境综合整治；大泗镇推行建议督办调研、视察、评议三项机制，进一步提高代表建议落实率；口岸街道常态化开展部门工作评议，力促机关转作风、提效能；刁铺街道组织代表"微调研"，助力补齐民生短板；许庄街道开展"代表进企业"活动，帮助企业破解难题。

【人大工作创新】 2020年，区人大常委会将监督权、重大事项决定权、人事任免权行使有机结合，区、镇街人大及代表力量协同聚合，对安全生产、营商环境、污染防治等重点难点工作进行监督。5月15日，成立区人大预算联网监督系统提升建设领导工作小组，制定预算联网监督系统提升建设工作实施方案，实施预算联网监督系统改造升级工程。经过部署系统软件、接入部门数据、进行上线测试等阶段，新的预算联网监督系统于11月正式上线，构建"发现—交办—整改—反馈"闭环式监督运行机制。 （倪守红）

泰州市高港区人民政府

综述

【概况】 2020年，区政府统筹推进疫情防控和经济社会发展，做好“六稳”“六保”工作，各项事业取得发展。全区实现地区生产总值634.97亿元，比上年增长4.1%。一般公共预算收入46.4亿元，增长3.4%。全体居民人均可支配收入40915元，增长5.3%。

【政务信息】 2020年，区政府办编发《政务通讯》48期(专刊6期、普刊42期)，上报信息420余条，被国家、省、市采用56条。 （王　欢）

【专项督查】 2020年，区政府办围绕区政府常务会议、区长办公会议、专题会议相关议题的完成情况，以及人大代表建议、政协委员提案办理，开展督查。全年编印《督办通报》46期。 （高慧敏）

【政策调研】 2020年，区政府研究室主持起草政府工作报告、区政府五届六次全体(扩大)会议等会议文稿70余篇，参与起草区委、区政府综合文字材料100余篇。围绕产业发展、园区建设、安全生产、国企改革、营商环境、生态保护、富民增收等方面提出思考和对策，撰写重点调研文章20余篇。 （朱宇坤）

【外事工作】 2020年，区政府外办完成涉外疫情防控、助力企业复工复产等工作任务，完成APEC卡申办4批22人次，获评江苏省抗击新冠肺炎疫情先进集体。（郭　靖）

重要会议

【概况】 2020年，区政府共召开全体会议1次、常务会议8次、城乡规划委员会会议4次、区长办公会议9次、专题会议65次。

【区政府全体会议】 8月14日，高港区政府五届六次全体(扩大)会议召开。区政府主要负责人出席会议并讲话。会议指出，面对突如其来的新冠肺炎疫情，全区上下全面准确贯彻习近平总书记重要讲话指示精神，针对不同阶段抓牢主要矛盾，做好“六稳”工作，落实“六保”任务，战疫取得阶段性胜利，经济处于恢复性增长，民生实现普遍性改善。会议要求，身处决胜全面小康和“十三五”规划收官的关键时刻，各地、各部门必须奋楫扬帆、比学赶超，勇立潮头当好排头兵，要坚持以习近平新时代中国特色社会主义思想为指导，深刻把握构建以国内大循环为主体、国内国际双循环相互促进新发展格局的重大取向，坚持稳中求进工作总基调，紧紧围绕高质量发展，全面落实新发展理念，做好“六稳”“六保”工作，在“稳”和“保”的基础上积极进取，努力在危机中育新机、于变局中开新局，以夺取“双胜利”的更大成效，支撑和服务发展大局。会议强调，兑现得到人民认可、经得起历史检验的“庄严承诺”，全区上下必须埋头苦干、真抓实干，负重前行走好赶考路，要以更加强烈的担当意识，更加过硬的干事本领，大兴实干之风，矢志拼搏奋斗，致力开创幸福港城新局面。区工业和信息化局、区农业农村局、区文化体育旅游局作表态发言。

【区政府常务会议】 2月27日，区政府主要负责人主持召开区政府第二十二次常务会议，传达学习省安全生产第十二督导组督导工作会议精神，对高港区迎接市安全生产第五督导组督导工作提要求；研究、讨论并原则通过《高港区党政领导挂钩化解重大安全风险隐患建议方案》等12项议题。

4月23日，区政府主要负责人主持召开区政府第二十三次常务会议，传达学习省委依法治省办关于补短板、强弱项工作要求，讨论《2020年区政府规范性文件制定工作计划》等相关议题。

5月26日，区政府主要负责人主持召开区政府第二十四次常务会议，听取和讨论《高港区化工产业安全环保整治提升2020年目标任务》等11项议题。

6月16日，区政府主要负责人主持召开区政府第二十五次常务会议，传达学习省委、省政府关于做好当前疫情防控工作的会议精神，讨论凤栖湖生态区体旅融合项目及高港区备战省运会等事项，听取2020年以来安全生产工作情况汇报等事项。

7月24日，区政府主要负责人主持召开区政府第二十六次常务会议，听取《关于统计督察反馈意见整改工作的情况汇报》等文件内容及会议精神，讨论《高港区关于落实“六保”任务的工作方案》等相关事项。

8月28日，区政府主要负责人主持召开区政府第二十七次常务会议，听取《关于高港区第七次全国人口普查工作情况》等事项报告，讨论《高港区城市管理“党建+路长制”工作方案》《高港区红十字会改革实施方案》等事项。

10月30日，区政府主要负责人主持召开区政府第二十八次常务会议，传达学习党的十九届五中全会精神，听取《夏季高温季节以来安全生产情况汇报》，讨论《海军舰艇文化公园一期项目建设情况》《高港区残疾人联合会改革实施方案》等相关议题。

12月11日，区政府主要负责人主持召开区政府第二十九次常务会议，传达学习全国安全生产工作视频会议和省政府续会等有关会议精神，讨论并研究《新认定两所普惠性幼儿园方案》等相关事项。

（黄月琴）

2020年高港区政府重要会议一览表

表9

会议类别	召开时间	主要内容
区政府全体会议	8月14日	贯彻落实省委十三届八次全会、市委五届十次全会、区委五届六次全会精神，部署全年工作
区政府常务会议	2月27日	讨论《高港区党政领导挂钩化解重大安全风险隐患建议方案》等
	4月23日	讨论《2020年区政府规范性文件制定工作计划》等
	5月26日	讨论《高港区化工产业安全环保整治提升2020年目标任务》等
	6月16日	讨论凤栖湖生态区体旅融合项目及高港区备战省运会等事项
	7月24日	讨论《高港区关于落实“六保”任务的工作方案》等
	8月28日	讨论《高港区城市管理“党建+路长制”工作方案》等
	10月30日	讨论《海军舰艇文化公园一期项目建设情况》等
	12月11日	研究《新认定两所普惠性幼儿园方案》等
城乡规划委员会会议	4月3日	研究胡庄中心小学改扩建规划方案等
	5月19日	研究江苏凯威药用包装有限公司扩建厂房规划方案等
	10月29日	研究蜂巢新能源厂房项目规划方案等
	11月10日	研究高港实验小学东校区规划方案等
区长办公会议	1月9日	研究关于保障高港区课后延时服务的经费等事项
	2月27日	研究上缴对口支援资金事项等
	3月20日	研究科思燃气安全生产工作
	4月23日	研究拨付高港区第二、三批农贸市场提档升级奖补资金等事项
	5月26日	研究关于实施省教育考试机构能力提升工程（购置车辆）等事项
	7月24日	研究关于处置非法占用土地上新建建筑及其他设施的建议等事项
	8月28日	研究关于兑现2019年度区“工业十条”奖励的请示等事项

续表9

会议类别	召开时间	主要内容
区长办公会议	10月30日	研究关于拨付2019年度高港区“创新十条”政策奖补资金的请示等事项
	12月11日	研究关于追加2020年度工伤保险基金支出的请示等事项
区政府专题会议	1月7日	协调关于中国石化销售股份有限公司江苏泰州第十加油站与许庄中心幼儿园安全间距问题
	1月7日	研究关于国有建设用地使用权供应的问题
	1月9日	协调许庄街道蔡庄村蔡氏庄园修复工程相关问题
	1月9日	协调泰州市港口起重运输装卸服务处有关资产搬迁补偿问题
	1月13日	协调关于龙凤堂五期中药生产、年产15万吨发酵豆粕、益海嘉里（泰州）综合生态产业园等5个工业投资项目评估
	1月14日	协调原柴墟小学国有土地重新划拨等相关问题
	1月21日	协调解决泰州口岸船舶有限公司资金流动性问题
	1月30日	协调紧急改造孔桥卫生院有关事宜
	2月2日	协调基层卫生院疫情防控病房建设有关问题
	2月15日	协调疫情防控期间长江和古马干河、南官河高港段水域交通管控工作
	2月21日	研究关于国有建设用地使用权供应的问题
	3月10日	协调三福船舶发行债券压降担保规模问题
	3月17日	协调龙凤堂五期中药生产项目相关问题
	3月19日	协调关于区城投公司参与江苏华照节能服务有限公司股权合作项目事宜
	3月24日	协调高港大道城市化改造工程涉及张马二十三组征地进保等问题
	3月26日	协调高港区现代农业产业园区“三馆”相关事项
	3月26日	研究论证高港区现代农业产业园区生产基地建设及配套设施提升项目
	4月2日	研究关于国有建设用地使用权供应的问题
	4月9日	协调泰州市第三人民医院门急诊楼西延工程装修项目变更等问题
	4月23日	协调高港大道城市化改造春港路至蔡圩中沟段地面附着物迁移等问题
	4月30日	协调关于年产20000吨PVC硬片、年产6000吨PVDC复合硬片工业投资项目评估
	5月6日	研究解决泰州出入境边防检查站高港执勤队警力和经费等相关问题
	5月8日	协调关于区城投公司、核心港区相关融资、担保事宜
	5月18日	研究关于国有建设用地使用权供应的问题
	5月27日	协调兴化市长江引水工程房屋动迁等问题
	5月28日	协调关于年产30万套汽车灯具等6个工业投资项目评估
	5月28日	协调联东U谷·泰州智造科技谷项目有关问题
	6月4日	协调江苏创鸿资产管理有限公司发行债券相关事宜

续表9

会议类别	召开时间	主要内容
区政府专题会议	6月8日	协调泰州口岸船舶有限公司债券提前摘牌相关问题
	6月24日	协调2020年部分拟上市地块相关问题
	7月2日	协调关于中外运（苏中）智慧物流园一期等2个服务业投资项目评估
	7月8日	协调建设河整治项目动迁安置等相关问题
	7月10日	研究关于江苏创鸿资产管理有限公司发行债券相关事宜
	7月10日	研究区城投公司、高新园区、临港经济园相关融资、担保事宜
	7月13日	协调长城汽车泰州整车制造项目资金使用管理相关问题
	8月10日	协调关于区老年养护院消防整改和升级改造问题
	8月10日	协调解决泰州口岸船舶有限公司相关承租企业立项备案等相关事宜
	8月12日	协调林峰户外家具和儿童玩具等5个工业投资项目评估
	8月15日	协调许庄初中并入许庄中心小学合署办学扫尾项目相关事宜
	8月25日	协调高港大道城市化改造项目永安段杆线及路灯迁移等相关问题
	9月4日	协调长城项目南侧生态停车场建设等有关事宜
	9月9日	协调江苏创鸿资产管理有限公司发行债券相关事宜
	9月9日	研究核心港区、临港经济园、白马镇相关融资、担保事宜
	9月17日	协调高港区养老机构消防审验工作
	9月18日	研究关于国有建设用地使用权供应的问题
	9月21日	研究区城投公司、核心港区相关融资事宜
	9月22日	协调高港大道城市化改造项目相关问题
	9月22日	研究关于国有建设用地使用权供应的问题
	9月24日	研究区城投公司、引江公司收购相关资产等问题
	10月19日	关于协调推进中心城区停车收费试点工作
	10月19日	研究区城投公司、核心港区、临港经济园、白马镇、大泗镇相关融资、担保事宜
	10月20日	研究《泰州市高港区镇村布局规划》方案
	10月28日	协调“一路高畅”特色公路花海路路线等事项
	11月3日	协调伟业拆船有限公司新增修船项目事宜
	11月4日	协调口岸街道城东社区棚户区（城中村）改造有关事宜
	11月5日	研究关于政府债券项目单位加快地方政府债券资金使用事宜
	11月10日	协调临港经济园、白马镇、胡庄镇相关融资、担保事宜
	11月10日	协调刁东路游园新建公厕等有关问题

续表9

会议类别	召开时间	主要内容
区政府专题会议	11月11日	研究2019年市级农业可持续发展试验示范区专项资金项目实施方案编制工作
	11月17日	协调推进船舶污染物公共上岸点建设有关事宜
	11月17日	协调泰州市水工建筑工程公司改革相关问题
	11月19日	研究关于国有建设用地使用权供应的问题
	11月26日	协调金港南路和扬子江南路周边地块绿化工程回填土方来源等有关问题
	12月15日	协调江苏惠利生物科技有限公司厂房不动产权证补办等有关问题
	12月25日	协调汽车产业园基础设施配套工程等有关问题

民生实事项目

【概况】 2020年，高港区实施民生实事人大票决项目10个，分别为幼儿园建设项目、学校建设项目、村庄河道疏浚整治活水工程、农村生活污水治理项目、泰州市第三人民医院改造提升工程、健身惠民工程、“一路高畅”四好农村路项目、文化设施改造项目、老旧小区后街背巷整治项目、胡庄镇卫生院改造项目。

【幼儿园建设项目】 责任单位为区教育局、口岸街道、胡庄镇。实施柴墟幼儿园建设项目，占地面积约0.67公顷，建筑面积约7000平方米，5轨15班。至年末，完成三层教学综合楼建设。实施胡庄中心幼儿园改扩建项目，占地面积0.57公顷，建筑面积约5040平方米，4轨12班。至年末，完成三层教学综合楼主体工程建设。

【学校建设项目】 责任单位为区教育局、白马镇。实施白马中学与海军小学合署办学项目，新建综合实验楼1幢，建筑面积2400平方米；将现海军小学南教学楼交给白马中学办学，适度改造，改造面积440平方米。至年末，完成新建综合实验楼主体工程建设，完成海军小学南教学楼升级改造。

【村庄河道疏浚整治活水工程】 责任单位为区水利局。实施117条村庄河道疏浚整治和水系沟通，包含拆坝建桥、建涵等。至年末，完成119条村庄河道疏浚整治。

【农村生活污水治理项目】 责任单位为区住房城乡建设局。建设24个村庄污水管网共计100千米。至年末，完成污水管网建设106千米。

【泰州市第三人民医院改造提升工程】 责任单位为区卫生健康委。对泰州市第三人民医院病房大楼进行维修升级改造。至年末，完成病房大楼外立面翻新、屋面改造和7~9层内部装修。

【健身惠民工程】 责任单位为区文化体育旅游局、区教育局。实施首批校园体育锻炼场地面向社会开放工程，高港实验学校和口岸中心小学田径场节假日面向社会开放。实施新建及改造全民健身点项目，新建及改造全民健身点25个。至年末，完成高港实验学校和口岸中心小学校园体育锻炼场地面向社会开放工程。新建及改造口岸街道新城社区、许庄街道许庄社区、刁铺街道万庄社区等社区的全民健身点25个。

“一路高畅”四好农村路景观小品　（区交通分局　供稿）

"一路高畅"四好农村路一号驿站　　（区交通分局　供稿）

区档案馆、图书馆项目　　（区住房城乡建设局　供稿）

【"一路高畅"四好农村路项目】 责任单位为区交通分局。建设高港"一路高畅"先导段（白马—大泗段），里程约11千米。至年末，完成高港"一路高畅"先导段建设，道路主线全长13.69千米，秧田河桥、果园桥建成通车。

【文化设施改造项目】 责任单位为区机关事务管理局、区党史方志办、区文化体育旅游局。实施区档案馆项目，将教育局档案局大楼东楼1~5层共4200平方米，按《档案馆安全风险评估指标体系》建设标准改造成区档案馆。实施区图书馆项目，将教育局档案局大楼西楼1~4层共2600平方米，按《公共图书馆建设标准》和提档升级要求改造成区图书馆。实施区文化馆项目，将口岸实验学校中学教学楼1~3层（局部）共2660平方米，按《文化馆建设标准》改造成区文化馆。至年末，完成区档案馆、区图书馆、区文化馆改造项目。

【老旧小区后街背巷整治项目】 责任单位为区住房城乡建设局、口岸街道、刁铺街道。实施鸿翔御景小区、育才新村整治项目，其中，鸿翔御景小区补栽绿化约600平方米、新栽路牙约800米、楼道出新约800平方米，育才新村后街背巷增设路灯90盏、补栽绿化约3000平方米。至年末，完成鸿翔御景小区、育才新村整治项目。

【胡庄镇卫生院改造项目】 责任单位为区卫生健康委、胡庄镇。对胡庄镇卫生院进行改造，主要包括门诊楼、病房楼室内外改造，新建1幢1500平方米的综合楼。至年末，完成胡庄卫生院病房楼外墙翻新、屋面改造和内部装修，完成新建综合楼主体工程建设。（区发展改革委）

行政审批

【概况】 2020年，区行政审批局办理新建项目立项229件，技改项目立项109件，节能审查106件，环评报告表审批117件，环评报告书审批26件，新增市场主体11108户，食品经营许可139件，烟花爆竹零售经营许可44件，新登记各类型企业2041户，变更登记各类型企业2220户次，迁入、迁出253户次，注销各类企业1950户，三类医疗器械经营许可新办126户，药品零售经营许可新办21户。区政务服务中心各进驻部门完成各类办件30360件。根据《区政府关于调整区级安全生产审批事项的通知》，区政府明确区级涉及安全生产审批的非煤矿矿山建设项目安全设施设计审查，危险化学品建设项目安全设施设计审查，储存烟花爆竹的建设项目安全设施设计审查，金属冶炼建设项目安全设施设计审查，危险化学品生产、储存建设项目安全条件审查，烟花爆竹零售经营许可，危险化学品经营许可7项行政许可事项自2020年10月30日起从区行政审批局调整到区应急局，区行政审批局不再审批上述7项行政许可事项建设项目。

【行政审批"一体化"改革】 2020年，区行政审批局增设社会管理分中心、人社分中心、税务分中心、退役军人事务分中心，统一纳入区政务服务管理办公室管理、指导、考核。区行政审批局设置独立窗口和委托综合窗口，将36个部门、592个

区行政服务大厅 （区行政审批局 供稿）

事项全部进驻政务服务中心办理。设立“不动产登记专区”“企业开办注销专区”“一事一办专区”和“工程建设项目审批服务专区”，根据不同事项，按“一件事、全链条”服务划分，整合各专区不同部门事项，设立综合窗口，推行“前台综合受理、后台分类审批、综合窗口出件”的服务模式。

【“证照分离”改革】 2020年，区行政审批局结合商事登记、民生保障和投资建设三大领域的54项行政审批事项，形成《高港区实施“证照分离”改革全覆盖涉企经营许可事项清单》。针对涉及高港区17个部门的改革事项，加强部门联动，优化审批流程、简化审批环节、压缩审批时限，强化事中事后监管。对照涉及区财政局、区城管局、区公安分局等9个部门的17项告知承诺行政审批事项，明确公民、法人和其他组织的主体责任，通过信用体系建设、部门联合奖惩等举措，促进政府从“事前审批”向“事中事后监管”和“全程服务”转变。

【“一件事一次办”改革】 2020年，高港区推进“一件事一次办”改革，由区政府办印发《高港区关于推进政务服务便利化改革的实施方案》和《高港区“一件事一次办”改革工作实施方案》，发布涵盖医疗药械等重点领域的24个“一件事”。区行政审批局设立“一事一办”专区，划分为医疗药械、文体安全、食品卫生、文化教育等主题区域，设置综合窗口，提供收件、分递预审和EMS邮寄等服务。协同各部门对事项材料去重减繁，对审批环节精简优化，重造套餐式办理流程。筹建“一件事一次办”平台，形成平台建设方案。

【工程项目审批制度改革】 2020年，区行政审批局实体化运作工程建设专区，配置“立项用地规划许可、工程建设许可、施工许可、竣工验收”4个阶段和“店小二”综合受理窗口，实施项目审批“一窗受理、内部流转、并联审批、限时办结、告知承诺”的审批服务模式。出台《高港区工程建设项目审批制度改革推进方案》，重造审批服务流程，制定4个阶段办事指南和泰州市工程建设项目审批管理系统操作指南，项目审批链条上的各进驻窗口实现集成办公，将供水、燃气报装等公共服务事项纳入专区服务范围，实现工程建设项目从项目立项至竣工验收“一站式”服务。

【涉审中介服务改革】 2020年，区行政审批局系统调查2018—2019年施工许可或竣工验收项目（60个企业的98个项目）购买中介服务情况，形成投资建设领域中介事项20个，初步搭建中介机构基础数据库282个。引导各类中介机构、采购单位入驻泰州市涉审中介服务网上超市平台，共有132个中介机构入驻平台。印发《高港区行政审批中介服务事项清单》，全区涉审中介服务事项由原12个部门、63项精简为9个部门、42项，精简率33%。出台《高港区涉审中介机构星级管理考评暂行办法》，业主单位及行业主管部门从服务收费、服务效率、服务成果质量、服务态度等方面对中介机构执业行为进行“一事一评”“一年一评”，综合评定2020年度五星级中介机构22个。

【涉疫审批服务】 2020年，区行政审批局开通涉疫审批服务“绿色通道”“复工复产专窗”，完成龙凤堂五期中药生产项目备案，为“菜篮子”企业发放绿色通行证121张、调拨和转运证明200张。创新推出“专区标准办、便民就近办、主动对接办、倡导网上办、优化加快办、远程咨询办”审批服务，保障企业及时复工复产。

【“店小二”服务】 2020年，区行政审批局持续拓展“店小二”服务内涵，升级“全科店小二”专业化服务。前移服务至招商引资阶段，由区行政审批局、区发展改革委、区工业和信息化局、高港生态环境局等部门组成“招商店小二”服务团队，对引进项目拟选地址、生产工艺、安全环保及污染防治等提前把关。整合全区专业资源，后延服务至司法、金融、税务、科技等各个领域，直面项目建设及运营中审批难、融资贵、人才短缺等各类问题，以“多对一”方式一次性为企业解决一揽子事。出台《高港区“全科店小二”专业化服务团队管理考核办法》，对各园区、镇街及区级相关部门“店小二”实行分级分类考核。推行创建重点项目“一支工作队伍、一名服务专员、一份报批方案、一张图表清单、一套跟踪档案”的“五个一”工作法，实行区内重大项目清单化、清单节点化、节点责任化管理，制定“红黄绿”项目进度通报表，实时掌握项目办理进度。全年组织项目会商14次，完成会商项目30个，组织现场办公会、远程视频会等活动10余次，走访扬子江药业集团、长城汽车股份有限公司泰州分公司、泰州市华永医药投资有限公司等40余个企业，上门服务50余次。

【政府采购】 2020年，区公共资源交易中心完成全市首个政府采购电子化项目（泰州市高港实验小学校服采购项目），依托“泰州市政府采购交易管理平台”，创新“互联网+政府采购”模式，从采购项目需求申报受理、招标文件编制、招标公告发布、专家随机抽取、开评标、确定中标供应商到发布中标结果，均采取线上办理模式，实现全程信息化、无纸化操作，确保审批单位、采购单位、中心工作人员、供应商、评审专家开标前零接触，降低供应商投标成本。全年组织政府电子化采购51次。区政府采购预算金额3016.75万元，实际采购金额2700.85万元，资金节约率10.47%。

【基层政务服务体系建设】 2020年，区政府印发《泰州市高港区赋予镇（街道）经济社会管理权限（行政审批及公共服务类）事项清单（第一批）》，将直接涉及基层、企业、群众的32项政务服务事项下沉至镇（街道）为民服务中心办理。区政务服务管理办公室印发《关于推进全区镇（街道）及村（社区）政务服务机构规范化标准化建设的通知》，明确为民服务中心名称、窗口区域划分、大厅设置、窗口类别等标准。推行“全科+专窗”服务模式，实行无差别化受理、办理，各镇（街道）为民服务中心按照企业和群众办件频率，设置“民生综合窗口”“市场准入窗口”“社会保障窗口”和“全科窗口”等。各村（社区）便民服务中心按照“一窗受（办）理”模式设置全科窗口。统一制作办事指南、一次性告知单、事项清单等，开展集中培训和点对点培训，实现审批材料统一、审批流程统一、审批标准统一。 （张明东）

机关事务管理

【概况】 2020年，区机关事务管理局开展节能宣传周、全国低碳日等活动，组织节能宣传进机关、进学校、进医院。开展党政机关办公用房清理整改“回头看”，建立“一张网”管理系统并及时统计数据。规范公务用车管理。做好会议、活动的保障任务，助力优化全区营商环境。健全人防、物防、技防相结合的安全保卫机制。

【机关工程项目建设】 2020年，区机关事务管理局承建机关办公用房建设工程项目9个，分别是区纪委监委业务技术用房装修改造等6个工程项目以及水工大楼维修改造等3个零星维修改造项目，总建筑面积约2.2万平方米，总投资规模约3300万元。

【机关国有资产管理】 2020年，区机关事务管理局强化机关国有资产采购、领用、报废流程监管，继续推广条形码管理，做好固定资产登记，盘活利用闲置资产，提高资产使用效益。履行机关国有资产处置监管职能，审核区人民检察院、区商务局、区统计局等部门处置资产共计284.91万元。

【公务用车管理】 2020年，区机关事务管理局贯彻落实《高港区党政机关公务用车管理办法》，通过召开公务用车管理工作会议、联合区纪委监委开展专项督查等方法，指导、督促各地各单位建立健全公车管理台账，落实公车定点加油、定点维修、定点保险和平台化、信息化、标识化管理制度。

【机关办公用房管理】 2020年，区机关事务管理局完成区教育局、区农业农村局等单位办公用房调配使用。协调解决区卫生健康委PCR实验室用房问题。制定“两高”融合办公用房调配方案。

【机关后勤服务】 2020年，区机关事务管理局主办、协办各类会议1900余场次。保障机关应急公务、机要通信、接待调研及老干部用车等出行5000余次。配合区信访局等部门妥善接待群众上访。完成水、电、气维修4000余起。排查、消除机关楼宇消防等安全隐患10余起，各类设备设施安全运行无事故。 （刘贤臣）

信　访

【概况】 2020年，高港区共受理群众来信来访1904人（件）次，其中，来访286批次、1050人次，来信854件次。办理国家交办网上投诉件43件、省委书记与省长信箱56件、市委书记信箱86件。初信初访一次性办结率99%以上。

【领导干部接访下访】 2020年，区委、区政府坚持每季度听取信访工作汇报、分析研究信访形势、会商研究重点问题处置。区党政班子成员到区信访局或到基层接待会办疑难信访问题、调研信访工作共计125批次，会办解决信访问题125件，批阅处置重点信访事项53件。

【信访事项网上办理】 2020年，高港区加大网上信访宣传力度，加强网访事项线下办理督查，实现“阳光信访”信息系统区级全覆盖。网上信访、视频接访、网上投诉、领导信箱等综合效能有效提升。全区网上信访占信访总量的85.35%，纳入“阳光信访”的信访件全部按期办结，信访办理群众满意率99%以上。

【矛盾纠纷源头处置】 2020年，区信访局完善信息预警、应急处置机制，突出“一站式受理、一条龙服务、一揽子解决”，推动相关职能部门、责任镇街参与联合接访、联席会办。全年联合相关部门接访群众125批、536人次。区信访联席办牵头召开会办会议30余次，推动16件疑难问题妥善解决。

【信访积案化解】 2020年，高港区开展信访矛盾化解攻坚战，对重点案件实行领导分级包案，区党政负责人接访下访率100%，整体化解率80.4%。

【信访复查复核】 2020年，区信访局受理群众申请复查复核信访事项16件，复查终结14件，引导信访人撤销复查申请2件。 （区信访局）

对口支援与合作

【对口扶贫协作】 5月9—10日，陕西省淳化县委副书记、县长郭立志率领淳化县代表团到高港区学习考察，在高港区召开对口协作党政联席会议，两地签订《农副产品产销合作协议》。6月11—12日，高港区委副书记、区长孙宏建率领高港区政府代表团到淳化县对接交流，在淳化县召开苏陕扶贫协作联席会议，两地签订《扶贫协作和经济合作战略框架协议》和《园区共建框架协议》。8月11—13日，咸阳市政协副主席、淳化县委书记刘涛率领淳化县党政代表团到高港区考察，交流对口协作工作事宜，两地签订招商引资框架协议。9月下旬，高港区党政代表团到淳化县调研，推进扶贫协作相关工作，在淳化县召开扶贫协作联席会议。自2017年起，高港区对口帮扶淳化县，淳化县累计脱贫1.2万余户4万余人，退出贫困村95个。2019年5月，陕西省政府公告淳化县退出国家贫困县序列，摘掉贫困县帽子。

【对口合作】 9月下旬，高港区党政代表团到辽宁省本溪市平山区开展访问交流，在平山区召开对口合作联席会议，共商合作事宜。

（区发展改革委）

【医疗卫生对口支援】 2020年，高港区选派12名医护专家到陕西省淳化县开展医疗卫生对口支援，帮助淳化县人民医院、中医院提升外科、肿瘤科、检验科、针灸推拿科、临床护理的诊疗能力和管理水平。接收淳化县到高港区挂职交流的医护人员7人，安排泰州市第三人民医院、高港中医院市级重点专科主任进行一对一专家带教。（赵亚萍）

【苏陕协作——陕西农副产品进入泰州】 2020年，陕西中农厚朴农业科技有限公司（淳化啧啧棒农业有限公司上级公司）注册设立泰州中农厚朴商贸有限公司，负责陕西农副产品在泰州地区供销体系建设。中农厚朴农业科技有限公司与泰州市高港区润良商业有限公司（高港区大润发超市）、南通市旺盛农副产品有限公司（大润发采购指定配送商）达成三方合作协议，正式入驻大润发，设立销售专区。在泰州地区设立专柜46个，建立长期稳定产销对接关系100余个，全年完成销售400余万元。9月25—27日，中农厚朴农业科技有限公司在泰州市万达广场举办“陕西特色农产品消费扶贫泰州行”活动。区商务局对接市级相关部门单位，协调高港区大润发、苏民福等超市同步开展宣传推广活动，推动陕西特色农产品进入泰州。

【对口扶贫电子商务培训】 2020年，受疫情防控影响，苏陕协作——淳化网络运维人才第四期培训班采用线上培训的方式。区商务局对接做好师资组织工作，由淳化县商务、人力资源社会保障部门分批次开展点对点线上培训，提供全套视频及课本教材120余份，100余人参加培训。 （周 洪）

政协泰州市高港区委员会

综 述

【概况】 2020年，政协泰州市高港区第五届委员会共有界别19个，包括中共、工商联、无党派人士、工会、共青团、妇联、侨联、台联、文艺、新闻、教育、体育、医药卫生、农业和农村、经济、少数民族、宗教、科技、特邀。区政协委员164人，其中增补委员2人。在高港区的市政协委员24人。区政协党组有成员4人，其中书记1人。区政协机关党组有成员7人，其中书记1人。区政协常务委员会有主席1人、副主席5人、常委28人。区政协有内设机构5个，分别为办公室、学习提案文史委、经济城乡建设委、社会法制委、科教文卫体委。全年区政协召开全体会议1次、常委会议5次、主席会议4次，共讨论通过事宜16项；收到委员提案210件，立案148件，所立提案全部办复，委员满意率和基本满意率100%，表彰优秀提案15件；开展调研3次，形成调研报告3篇；组织视察、议政活动7次，提出意见、建议24条；向区人民法院、区人民检察院、区公安分局3个部门派驻民主监督小组，提出意见、建议13条。

【文史编研】 2020年，区政协围绕1977—1982年高港政治、经济、文化、教育等方面，编撰《高港文史（第九辑）》，计67篇28万余字。围绕文化高港建设，开展历史文化挖掘和研讨，先后在《钟山风雨》《大江南北》《泰州日报》《泰州晚报》等报刊发表高港文史资料计23篇、5万余字。开展史料征集工作，向《泰州当代乡贤（口述史丛书）（第一辑）》供稿3篇，向《泰州历代名人（第三辑）》供稿6篇，向省政协抗击新冠肺炎疫情专刊《钟山风雨》供稿18篇。8月，开展文史资料进社区、进学校、进企业活动。11月，中共、少数民族、宗教、侨联、台联、无党派人士界别小组委员围绕“文化融力，助推发展”主题，开展联界协商议事活动。

（李文华）

【专门委员会工作】 4月20日，区政协召开专门委员会工作会议，汇报交流各委办年度工作安排、创新举措；分管副主席进行点评、提出具体要求；宣布区政协人事安排及分工，区政协党组有关成员作表态发言；区政协主席部署工作。6月下旬，出台《关于政协委员全员编入专门委员会的意见》，充实壮大专门委员会工作力量，提升委员履职能力。

【界别委员工作】 2020年，区政协结合“有事好商量·民生专题协商议事月”活动开展“界别月”活动。中共界别开展“政企联手，共同打造企业环保开放日”协商议事活动，被人民政协网刊载；科技、工会、共青团、妇联、工商联界别分别围绕“高新技术企业培育”“推动工人文化宫高质量发展”“民营经济怎样为地方经济社会发展提供新动力”等议题开展协商议事活动；无党派界别组织委员参观“洪泽湖”舰，为海军舰艇文化公园建设建言献策；文艺、新闻、教育、体育界别组织委员、学校食堂负责人代表和家长代表实地走访部分学校（幼儿园）食堂，体验食堂饭菜口味，围绕“制止学校食堂餐饮浪费”建言献策；医药卫生界别与少数民族、宗教、侨联、台联界别小组联合开展“医疗资源下基层”协商，特邀界别与永安洲镇联合开展“推进基层医养融合发展”协商，农业和农村界别与胡庄镇联合开展“众兴路改建”协商。

【“政协委员工作日”活动】 2020年，区政协分别于2月、5月、8月、12月组织开展“政协委员工作日”活动。通过调研视察、座谈走访等形式，宣传中共十九届五中全会、习近平总书记在江苏考察时的重要讲话精神、区两会精神，帮助村（社区）理清工作思路，听取基层群众对政协工作的建议。结合全区新冠肺炎疫情防控工作，开展“战‘疫’有我，当好‘四员’”主题活动；结合大走访大落实新风行动、挂钩扶贫等要求，深入开展调研走访，广泛听取意见建议，收集社情民意信息。以建议函或社情民意信息等形式，向区委、区政府反映建议100余条。到镇（街道）、村（社区）开展“送服务、送政策”，为基层群众创业致富提供常态化服务；开展“送医送药”下乡镇、进社区义诊活动；组织慰问贫困群众，参与爱心募捐活动。

【政协委员“生日早茶议事会”】 2020年，区政协创新举办政协委员“生日早茶议事会”活动7次。围绕“推进项目建设助力‘双胜利’”“特色田园乡村建设”等主题，先后组织100余名委员品尝早茶，向其赠送书籍，组织视察长城汽车泰州整车项目、凤栖湖景区、蔡氏庄园等现场，开展建言献策。“学习强国”平台、省政协微信公众号、新华网、交汇点、泰州电视台高港频道等媒体给予专题报道。

【交流联谊】 10月，区政协举办“高港在外知名人士看家乡”“政协委员暨界别代表人士看高港”等活动。邀请《泰州晚报》作家团、记者团以及中国摄影家协会会员30余人，以“千年寿胜寺，大美凤栖湖”为主题，创作文学、书法、摄影作品百余篇（幅）。接待到高港区考察的省政协调研组以及广东、广西、湖南、河南、安徽等省内外政协单位20批次。组织区政协委员到陕西淳化等地考察苏陕扶贫协作项目，开展挂钩助学活动。做好省政协调研组“建好用好‘有事好商量’协商议事室”主题调研等组织、接待工作，配合市政协在高港区开展“走进委员”活动，召开《泰州市住宅物业管理条例（草案）》征求意见座谈会，开展发展现代物流业、重大产业项目招引、行政审批环境优化工作、“有事好商量”政协基层协商议事工作等调研活动。举办区政协系统第四届乒乓球比赛活动，组织区政协委员参加全市政协机关乒乓球友谊赛。（朱　娟）

重要会议

【区政协五届四次会议】 1月2—4日，区政协五届四次会议召开。应到委员162人，实到156人。会议听取并审议区政协党组书记薛永忠所作的常委会工作报告和区政协副主席周法鸣所作的提案工作情况报告；列席区五届人大四次会议，听取并讨论政府工作报告。区委书记应邀出席委员大会发言并讲话，区委副书记、区长参加委员大会发言并对委员发言做出回应。会议补选薛永忠为政协高港区第五届委员会主席，4人为政协高港区第五届委员会常务委员。会议表彰2019年度优秀政协镇街工委、优秀政协委员和区政协五届三次会议以来的优秀提案，通过区政协五届四次会议决议。

【区五届政协常委会议】 2020年，区五届政协共召开常委会议5次。

五届十三次常委会议　1月2日召开。通过有关人员辞职事项，听取区委组织部关于人事安排说明，协商候选人建议名单和监、计票人员建议名单。

五届十四次常委会议　1月4日召开。通过区政协五届委员会主席、常务委员候选人以及监、计票人员名单，听取各讨论组汇报讨论区委书记讲话、政府工作报告、政协常委会工作报告、提案工作情况报告和会议决议（草案）以及酝酿候选人和监、计票人员建议名单的情况。

五届十五次常委会议　4月10日召开。听取区政府关于统筹推进全区新冠肺炎疫情防控和经济社会发展工作的情况通报，常委们围绕“危中见机：新冠疫情与经济社会发展”进行交流研讨，建言献策。听取区政协人事安排说明。通过委员增补事项，增补区政协五届委员会委员2人。通报区政协五届四次会议提案审查立案情况。通过2019年度社情民意信息工作先进单位及先进个人名单、奖励发放方案和2019年12月社情民意信息拟发稿费方案，区政协界别小组、镇街委员活动小组、委员工作室分组调整事项。

五届十六次常委会议　9月24日召开。听取区政府关于全区1—8月经济社会发展情况的通报、区政协经济城乡建设委主任所作的关于省级现代农业园区发展情况的调研报告，常委们建言献策。区政协办公室、学习提案文史委、科教文卫体委、经济城乡建设委和社会法制委主要负责人进行年中述职，副主席分别进行点评。通过区政协社情民意信息考核奖励方案。

五届十七次常委会议　11月27日召开。听取区政府办关于区政协五届四次会议以来提案办理情况的通报和相关承办单位办理提案情况的汇报。区政府主要负责人出席会议，听取委员意见，提出工作要求。部分区政协常委、委员建言献策。对重点提案办理质量进行民主测评。通过人事免职事项。

【区五届政协主席会议】 2020年，区五届政协共召开主席会议4次。

五届十四次主席（扩大）会议　2月25日召开。通过区政协2020年工作要点。

五届十五次主席会议暨主席走访活动　7月10日召开。实地察看沿江生态环境保护整改现场，听取区政府关于全区沿江生态环境保护的整体情况通报、相关部门加强沿江生态环境保护工作的情况通报，区政协主席会议成员及部分政协委员建言献策。

五届十六次主席会议　9月24日召开。通过区政协社情民意信息考核奖励方案和区政协五届十六次常委会议方案。

五届十七次主席（扩大）会议　10月16日召开。围绕“弘扬优秀传统文化，助力‘四个高港’建设”主题，主席会议成员、区政协常委、政协机关全体人员以及部分企业家代表到凤栖湖景区开展专题视察活动并建言献策。（朱　娟）

协商议政

【委员议政】 4月29日，区政协科教文卫体委组织9名政协委员与区发展改革委、区住房城乡建设局、区文化体育旅游局、区自然资源和规划分局以及各镇（街道）召开镇（街道）体育公园建设协商议政会。建议强化顶层设计、全力破解制约因素、广泛开展群众体育活动。

5月21日，区政协办公室组织12名政协委员与区委办、区政府办、区委宣传部、区发展改革委、区教育局、区财政局、区住房城乡建设局、区文化体育旅游局、高港生态环境局、区自然资源和规划分局、区委区级机关工委召开用好海军资源建设滨江新城协商议事会。建议尽快启动舰艇保护和开发利用，回应各方关切；整合资源，建设新城；打造城市名片，放大资源优势。

7月10日，区政协社会法制委组织8名政协委员与区政府办、区住房城乡建设局、区水利局、区城管局、区自然资源和规划分局、区交通分局以及各镇（街道）召开防违控违工作协商议政会。建议加强宣传，营造防违控违的浓烈氛围；综合治理，破解存量违建拆除难题；以防为主，杜绝新增违建的产生；多措并举，着力提高工作实效。《打好“四张牌”，常态长效推进防违控违工作》被《泰州政协》第6期刊发。

7月30日，区政协科教文卫体委组织14名政协委员与区卫生健康委、区委编办、区财政局召开全区公共卫生服务体系建设和镇（街道）医疗卫生机构建设协商议事会。建议进一步提高对公共卫生体系建设重要性的认识，进一步加强公共卫生基础设施建设，进一步加强卫生人才队伍建设。

10月22日，区政协经济城乡建设委组织9名政协委员与区政府办、区住房城乡建设局、区城管局、口岸街道、刁铺街道召开城市精细化管理工作专题协商会。建议进一步理顺机制，规范推进城市精细化管理；进一步夯实基础，提升城市精细化管理水平；加强精管善治，提高城市精细化管理实效；加强各方协作，形成精细化管理工作合力。

11月18日，区政协组织44名政协委员与区发展改革委、区民政局、区住房城乡建设局、区农业农村局、区商务局、区文化体育旅游局、区卫生健康委、区“十四五”规划编制领导小组办公室召开“十四五”规划建言献策会。会议听取区发展改革委关于高港区“十三五”规划执行情况及“十四五”规划编制进展情况通报。部分政协委员分别从教育事业、科技创新、水利建设、生态环保、人才队伍、工业经济、乡村振兴、港口发展等方面对高港区“十四五”规划编制提出意见和建议。

【专题调研】 3—6月，区政协围绕失独家庭现状和困境开展专题调研，形成《关于失独家庭现状和困境的调研报告》。针对经济收入低、情感寄托缺失、养老就医堪忧等问题，建议强化保障，完善失独家庭救助体系；齐抓共管，用足用好现有政策；社会关爱，帮助失独家庭重拾生活信心。《关爱失独家庭，抚慰受伤心灵》被《泰州政协》第3期刊发。

4—9月，围绕省级现代农业园区发展开展专题调研，形成调研报告《以实体化运作推动省级现代农业园区快速发展》。建议以实体化运营为前提，着力完善园区管理机制；以提升配套功能为目的，着力完善园区基础设施建设；以招商引资为抓手，着力提升园区竞争力；以项目上争为补充，着力争取各类政策支持；以整合资源为支撑，着力积蓄园区发展后劲。《实体化运作省级现代化农业园区》被《泰州政协》第4期刊发。

5—9月，围绕医疗养老结合工作开展专题调研，形成《关于医疗养老结合工作的调研报告》。建议研究制定医养结合政策规划、提升养老机构医疗服务能力、强化医疗养老资源整合利用。

【委员视察】 9月27日，区政协组织9名政协委员视察“法治高港”建设情况。察看区青少年法治教育基地现场，听取情况介绍，开展座谈讨论。建议提高站位，厚植法治信仰；凝心聚力，共推法治建设；聚焦公正，强化依法治理；多措并举，推进法治惠民。

12月3日，区政协组织10名政协委员视察全区标准化厂房建设使用情况。察看高新园区双创一期现场，听取情况介绍，开展座谈讨论。建议加强规划设计，切实增强标准厂房建设的前瞻性；创新机制举措，全面提高标准厂房使用效益；加大服务扶持，推动标准厂房稳步发展。（朱　娟）

【“有事好商量”协商议事工作】 2020年，区政协创新开展“有事好商量”协商议事工作。4月23日，召开基层协商议事工作交流会。8月27日，召开全区“有事好商量”协商议事工作推进会。成立高港区推进“有事好商量”协商议事室建设工作领导小组。区委批转下发《中共政协泰州市高港区委员会党组关于充分发挥政协专门协商机构作用，推进“有事好商量”协商议事室建设的实施意见》。区政协印发《中共泰州市高港区政协党组关于中共党员委员参加双重组织生活的意见》《中共泰州市高港区政协党组关于党组成员联系中共党员委员、中共党员委

永安洲镇"有事好商量"协商议事室　　　　（永安洲镇　供稿）

员联系非中共委员的制度》《高港区政协协商议政质量评价办法（试行）》。建立高港区政协"有事好商量"协商议事专家团，成立区政协专家咨询委员会，在全市率先实现区、镇（街道、园区）、村（社区）、界别小组"有事好商量"协商议事室全覆盖。设计高港"有事好商量"标识。9月，开展"有事好商量·民生专题协商议事月"活动。全年组织开展各类协商议事活动308次，4580余人次参加，推动270余个涉及群众切身利益的民生问题得到实质性解决。大泗镇大泗社区协商议事室成为全市政协"有事好商量"协商议事工作推进会观摩点，永安洲镇、大泗镇、刁铺街道圩岸社区、白马镇白马社区的协商议事活动入选全市"有事好商量"典型案例汇编。"学习强国"江苏平台等媒体先后宣传报道相关活动30余次。

民主监督

【提案工作】 2020年，区政协共收到提案210件，经审查立案148件。至年末，提案全部办理结束，委员满意率100%。其中，《尽快实施高港大道改造》等已解决和已被采纳的提案110件，占74.3%；列入计划逐步解决的37件，占25%；尚不具备落实条件的1件，占0.7%。

2020年高港区政协优秀提案一览表

表10

提案号	提案人	案　由
2054029	戴永建　褚国玺	打造医养结合新模式　构建健康养老新体系
2054038	卞云祥	加强城市文明管理
2054053	张长荣	加强学校食品安全管理
2054067	沈　建	整治口岸街道龙圣小区黑臭水体
2054074	赵燕来　陈　娟	加快推进全区幼儿园建设
2054083	张显伟	建立长效机制　规范校外培训机构
2054090	杨　进　吴　辉	加强公立医院人才培养和储备
2054093	蒋震宇	改造建设农村公路危桥
2054098	薛荣明	加强涉及挖掘道路施工项目管理
2054104	都兴宇	推进保护长江工作
2054107	朱　平	进一步加大基层医疗单位资金投入
2054114	李秀年	保护港城历史街区
2054115	李鹏举	设立泰州收费站北长途客车下客点
2054126	冀小燕	加强对非法吸收公众存款犯罪行为的防范与遏制

续表10

提案号	提案人	案　由
2054142	戴小兰	加快推动汽车关键零部件产业集群发展
2054145	孙志平	强化机制　科技兴区

【社情民意信息】 2020年，区政协编发《社情民意信息》216期，其中，被全国政协《每日社情》采用4期，省政协采用6期，市政协采用26期；被市领导批示1期，区领导批示23期。收集和反映“关于进一步推动政协协商与基层协商有效衔接的建议”“当前劳动关系存在的不稳定因素及对策建议”等社情民意信息200余条。区政协被市政协评为信息工作先进单位，周昌军被市政协办评为信息工作先进个人，王欢等28人被评为高港区政协社情民意信息工作先进个人。

【委派民主监督】 2020年，区政协向区人民法院、区人民检察院、区公安分局委派民主监督小组，到受派部门了解实情、收集民意、梳理问题、商讨对策，提出整改建议方案，推动受派部门更好地改进作风、履行职能。从加大犯罪打处力度、加强执法规范化建设、形成破解执行难合力、建设更高水平“平安高港”等方面，提出意见、建议13条。4名专门委员会主任担任全区安全生产巡查督导组组长，带队到镇街、园区、企业开展安全生产巡查和派驻督导工作。4月下旬起，省、市、区三级政协联动开展化工行业安全生产专项整治落实情况民主监督，通过走访视察、调研座谈、明察暗访等形式，到有关镇街、园区及企业听取诉求，征集化工行业安全生产领域专家的意见，针对高港区化工行业存在的问题提出整改建议4条。（朱　娟）

政协自身建设

【思想政治引领】 2020年，区政协主动投入新冠肺炎疫情防控，第一时间发出“同心抗疫”倡议书，第一时间向抗疫一线的委员发出慰问信。全区政协委员以及工商联、各民主党派、无党派人士立足岗位，参与防控，尽责履职，捐款捐物累计156万元。围绕贯彻落实习近平总书记关于加强和改进人民政协工作的重要论述，组织撰写理论文章100余篇，《坚持协商为民，服务百姓民生》等8篇理论调研文章被《江苏政协》《泰州政协》刊发。开展“阅读增活力，学习最青春”读书月活动，与区法宣办联合开展民法典宣讲活动。9月中旬，在苏州大学举办为期1周的培训班，50余名政协干部和政协委员参加。《高港新闻》播报政协委员履职活动50余次，区政协微信公众号发布信息200余条。

【政协党的建设】 1月中旬，区政协召开“不忘初心、牢记使命”主题教育总结大会。5月，接受区委第二巡察组对政协机关党组的巡察。区委明确区政协机关党组组成人员。区政协落实区委《加强新时代人民政协党的建设工作的实施意见》，建立党组成员联系党员委员、党员委员接受双重管理等制度，健全区政协党组、机关党组、机关党支部、镇街党员委员活动小组的组织体系，在政协全会、委员培训等重要会议、活动期间设立临时党组织，组织委员到常熟市沙家浜革命历史纪念馆、靖江市东线第一帆纪念馆公园开展党性教育等活动。“学习强信念，评比增活力”主题党日活动被区委区级机关工委评为2020年度区级机关优秀主题党日活动。

【“活力政协”建设】 2020年，区政协打造“青春高港·活力政协”工作品牌。在泰州电视台城市频道开设“活力政协·委员风采”专栏，展播沈亚、韩韫、沈建、周娟、孙建东等10余名委员的履职风采。开展“活力政协”项目评比表彰，评选出一等奖1个、二等奖2个、三等奖3个、优胜奖6个。9月，在全省政协工作经验交流会上，区政协作《以创新激发基层政协工作活力》交流发言；12月，在全省市县政协主席座谈会上，区政协专题汇报“活力政协”建设情况。《打造活力政协，建设青春高港》被《江苏政协》第4期刊发。（朱　娟）

纪检监察

综述

【概况】 2020年，高港区共设园区纪（工）委2个、镇（街道）纪（工）委7个、区委巡察办公室1个及巡察组4个、派驻纪检监察组12个。各级纪检监察组织共立案139件，留置9人，涉嫌犯罪移送司法机关处理6人。

【区五届纪委第五次全体会议】 4月20日，中共泰州市高港区第五届纪律检查委员会第五次全体会议暨全区干部警示教育大会召开。区委书记出席并讲话。会议要求全区广大党员干部坚持以学懂弄通做实为目标，准确把握全面从严治党形势任务；坚持以党的政治建设为统领，坚决扛起全面从严治党政治责任；坚持以推动纪检监察工作高质量发展为抓手，加快推进区域治理体系和治理能力现代化。区纪委书记、区监委主任代表区纪委常委会向大会作《弘扬“高港精神”，强化实干担当，为当好全市高质量发展排头兵强化纪律保障》工作报告。会议组织观看警示教育片。审议通过工作报告和区第五届纪律检查委员会第五次全体会议决议。区四套班子相关负责人参加。

【纪检监察派驻工作】 2020年，区纪委监委持续深化派驻机构改革，对区级机关部门、区属国有企业、事业单位实现监督全覆盖。开展“派驻工作质效提升年”活动，制定《派驻纪检监察组工作规定》和《“嵌入式”监督清单》。

2020年4月22日，区纪委监委召开设立“作风建设观察点”工作部署会暨区监委第一届“特约监察员”聘请会议 （区纪委 供稿）

【纪检监察工作品牌创建】 2020年，区纪委监委在全市率先开展对村（社区）党组织书记“提级监督”工作，相关经验做法被《新华日报》、交汇点新闻客户端宣传推广。在全市率先建立纪律处分执行情况专项报告制度，维护纪律处分的严肃性和权威性。在全区创新设立作风建设观察点11个，选聘作风建设观察员32人，相关做法被市纪委专刊推介。创新构建信访举报“反向审核”全覆盖机制，被市纪委专刊推介。创新开展基层政治生态监测评估工作，建立“黄橙红”三色预警机制。深化拓展农村集体“三资”监管，全面推进“村级财务信息化结报系统”。建立“红黄蓝”标色评级管理机制，强化对问题线索的精准规范处置。系统构建派出监察员办公室人员力量专业化分工、监督审查无缝化衔接、标本兼顾精准化治理“三化同步”机制，被市纪委推荐至省纪委。全年实施容错纠错案例5件5人，开展信访澄清6件次，失实检举控告澄清和回访工作被省纪委纳入《2020年江苏纪检监察亮点工作集萃》。

（区纪委监委）

监督检查

【概况】 2020年，区纪委监委查处群众身边腐败和作风问题80起、123

人，给予党纪政务处分52人，组织处理71人。查处违反中央八项规定精神问题86起，处理128人，给予党纪政务处分61人，下发专题通报20期。

【监督执纪"四种形态"】 2020年，全区实践运用监督执纪"四种形态"448人次，其中，"第一种形态"296人次，"第二种形态" 119人次，"第三种形态" 9人次，"第四种形态" 24人次。

【专项治理】 2020年，区纪委监委开展疫情防控、脱贫攻坚、污染防治、安全生产等专项治理行动。对减费降税、违建别墅清理整治、禁捕退捕、农村乱占耕地建房问题专项整治开展监督检查。推进城乡低保金、困难学生补助金、尊老金"三金"和教育、医疗卫生、粮食"三系统"等小切口专项治理，深化拓展农村集体"三资"监管，实施护航民生行动，整治群众反映强烈的突出问题，确保各项惠民政策落地落实。全年开展专项治理行动31次，立案60件，给予党纪政务处分79人，涉及科级干部12人。（区纪委监委）

审查调查

【概况】 2020年，全区各级纪检监察组织受理信访举报222件次，信访转立案率位居全市第一。立案139件，其中自办案件108件，留置9人，给予党纪处分119人、政务处分31人，涉及科级干部16人，移送司法机关6人。查处的市地方海事局泰州海事所窝案被省纪委确定为违法违规"小化工"百日专项整治行动典型案例。制发全市首份从宽处罚建议书，被司法机关依法采纳。针对典型案件暴露的制度和管理漏洞，制发各类建议12个。

【监察调查】 2020年，区纪委监委深入开展非法金融活动专项治理以及对"黄赌毒"和黑恶势力听之任之、失职失责，甚至包庇纵容、充当"保护伞"问题专项整治。全年查处涉黑涉恶腐败案件3件、为黑恶势力充当"保护伞"案件1件。围绕涉黑涉恶案件暴露的行业监管缺位、履行主体责任不力等问题，先后发放监察建议书4份、纪律检查建议书2份。（区纪委监委）

党风廉政建设

【"两个责任"落实】 2020年，区纪委监委细化对园区、镇街及区级机关部门年度党风廉政建设与反腐败工作目标考评细则，组织各地各部门制定全面从严治党"三张清单"，依托履责记实平台开展审核及督查，完善明责、督责、考责、问责"四责一体"工作机制。全年实施问责49件，问责党员干部54人，问责党组织7个。落实党风廉政建设责任制，在全区打造党风廉政建设示范点3个。

【廉政教育】 2020年，区纪委监委在中央和省、市各级媒体用稿90余篇，其中在《中国纪检监察报》刊登文章12篇。"高港纪检"微信公众号推送79期、125条信息，"高港廉政网"同步更新。组织开展"亲语连廉"廉洁文化作品征集活动，16件作品在全市获奖，其中组织拍摄的《长江行动》获微电影（微视频、微动漫）类一等奖。开展"学纪守

大泗镇廉政文化广场　（区纪委　供稿）

高港区"学纪守廉"廉政讲堂　（区纪委　供稿）

廉”廉政讲堂活动，上好廉政公开课。常态化开展拟提拔干部任前测试、新录用人员岗前廉政集体谈话，举办各类警示教育学习70余场次，摄制年度警示教育片《底线不可越》。

（区纪委监委）

巡视巡察

【概况】 2020年，高港区委继续开展省委巡视反馈意见整改工作。组织开展第十轮、第十一轮巡察工作。对18个单位（部门）党组织开展常规巡察。开展危化品安全生产专项巡察。实现对机关（部门）、镇（街道）、村（社区）巡察全覆盖目标。共发现问题543个、问题线索26条。

【省委巡视反馈意见整改】 2020年，针对省委巡视高港反馈的6个方面、16类、40条问题，区委巡察办协助区委督促各责任部门推进各项整改措施有效落实，跟踪梳理巡视整改完成情况，向省委巡视办报送整改总结报告，做好市委督办重点问题整改，完成问题整改39条；制定整改措施138条，完成137条。对尚未完全整改到位的问题，与省委相关部门对接，做好汇报说明工作，并继续督促做好后续整改工作。针对省委巡视泰州反馈意见对照整改的33个问题，制定112条整改措施，全部完成整改，其中涉及高港的具体人、具体事共3个问题、9条措施，全部完成整改。针对省委巡视县（市、区）发现的5大类、17条共性问题，制定50条整改措施，全部完成整改。

【巡察监督】 5月下旬，高港区启动五届区委第十轮巡察，对区人大机关、区政协机关、区委宣传部、区委统战部、区人民法院、区委区级机关工委、区人力资源社会保障局、区司法局8个单位（部门）党组织开展常规巡察。9月初，启动五届区委第十一轮巡察，对区委办、区政府办、区委政法委、区委编办、区发展改革委、区财政局、区退役军人事务局、区信访局、区机关事务管理局、区自然资源和规划分局10个单位（部门）党组织开展常规巡察。根据省、市委部署，5月末—6月末，组建落实“六保”任务专项巡察组对海陵区开展专项巡察。8月29日—9月20日，对核心港区、区应急局、区市场监管局、区工业和信息化局、高港生态环境局等单位（部门）开展危化品安全生产专项巡察，共发现问题36个、问题线索6条。

【督促整改】 2020年，区委巡察办定期对区委巡察整改情况开展督查。协调纪检监察、组织部门开展日常监督，督促被巡察单位开展自查自纠，对村（社区）巡察整改情况开展专项督查。对督查发现的问题及时通报，强化责任履行，督促整改落实。出台《区委巡察整改督查评估办法（试行）》，明确由区纪检监察机关、组织部门、巡察机构、相关职能部门联合组建督查评估组，在巡察反馈后2个月、6个月、1年共3个时间段，分别采取会商审核、日常督查和报结评估3种方式，监督检查被巡察单位巡察反馈问题的整改情况。7月15日，该办法被市委巡察办《巡察工作情况》全文刊发。出台《高港区落实市委巡察整改工作挂钩联系制度（试行）》，定期开展挂钩联系，指导督促区级相关部门落实市委各项巡察整改；市委巡察的泰州港经济开发区、核心港区、区卫生健康委通过市委的报结评估，市委提级巡察口岸街道城南社区、徐桥村的整改意见上报市委巡察办审核，市委落实“六保”任务、政府投资重大工程项目、危化品安全生产专项巡察的整改工作按序时推进。

（张国荣）

民主党派·群众团体

民主党派

【概况】 2020年，高港区有民主党派成员212人，其中，民革39人、民盟31人、民建41人、民进15人、农工党53人、致公党12人、九三学社21人。有4个支部，分别为民盟高港支部、民进高港支部、致公党高港支部、九三学社高港支社；有3个总支，分别为民革高港总支、民建高港总支、农工党高港总支。成员中有市、区人大代表5人，市、区政协委员33人。（党红交）

【民革高港总支】 2020年，民革高港总支新发展党员3人，新增发展对象3人，共有党员39人，其中，区人大代表1人（含人大常委会委员1人），区政协委员8人（含政协常委2人）。全年共提交政协提案10件，社情民意8篇，其中《关于龙圣小区废气扰民问题的情况反映》得到区领导批示，相关部门及时查处整改。组织党员代表到靖江、盐城等地开展“长江生态环境大保护”“发展航模运动”专题调研，推动“航模运动基地”建设。开展“梨树认养”“捐资助学”活动，先后出资2万余元在许庄街道蔡庄村认养梨树100余株，向2名贫困学生捐资助学金3万余元。泰州市第三人民医院医生王学明和泰州百诺医疗器械有限公司董事长任刚、孔蓉夫妇积极服务抗疫斗争，获得民革省委表彰。（沈　建　党红交）

【民盟高港支部】 2020年，民盟高港支部新发展盟员2人，共有盟员31人，其中，市、区人大代表2人，市、区政协委员6人。全年组织盟员参加市、区信息培训、调研活动9次，形成调研报告3篇、社情民意12篇，盟员王欢撰写的《当前劳动关系存在的不稳定因素及对策建议》被全国政协《每日社情》采用。拓展社会服务工作形式，推动社会服务与各项盟务工作有机结合。全年组织社会服务活动1次，组织慰问活动2次。（韩　榅　党红交）

【民建高港总支】 2020年，民建高港总支新发展会员1人，共有会员41人，其中，区人大代表1人，市政协委员3人、区政协委员5人（政协常委1人）。全年撰写调研报告1篇，提交提案和社情民意16篇。环溪支部成立民建之家。新冠肺炎疫情期间，会员共捐款2.09万元，民建高港总支捐款2万元。开展“迎中秋、庆国庆——决胜脱贫攻坚，助力全面小康”文艺演出，向社区及居民现场赠送民法典50册。环溪支部开展“全民健康生活方式宣传月”活动，宣传学生营养健康知识，发放宣传读本800余本、宣传纸巾200余份。到贵州省黔东南苗族侗族自治州考察交流，开展助学行动，为22名贫困学生送去慰问品。在泰州市海军小学开展“携手筑梦”思源·助学行动，为该校所有特殊困难学生颁发助学金，柴墟支部和海

民建高港总支到口岸街道东南社区举办民法典专题讲座

（区委统战部　供稿）

军小学现场签订服务结对协议。柴墟支部被民建江苏省委评为2020年度优秀特色基层组织，会员秦勇华被评为优秀会员；倪浩群被民建泰州市委评为信息宣传工作先进个人。

（党红交）

【民进高港支部】 2020年，民进高港支部共有会员15人，入会积极分子2人，其中区政协委员1人。撰写提案《关于进一步推进我区垃圾分类的建议》，社情民意《要严格农村财经纪律，及时、足额发放土地流转费》，《关于利用我区非遗文化对学生进行爱国主义教育的调研报告》。组织参观民进镇江文化支部成果展览。新冠肺炎疫情期间，会员累计捐款6800元。 （包继林 党红交）

【农工党高港总支】 2020年，农工党高港总支新发展党员3人，共有党员53人，其中，区政协委员3人（政协常委2人），政协特约信息员1人。全年报送提案4条、社情民意6篇、宣传信息7篇，社情民意《关于尽快启动区域性传染病专科医院建设的建议》被农工党中央采用，宣传信息《农工党高港总支联合区政协多界别开展有事好商量协商议事活动》《防疫一线农工党员工作实录》被农工党中央网站采用。医卫界党员组织开展以"助力小康，奋斗有我"为主题的义诊活动，受益近200人。在"农工之家"增挂"有事好商量"协商议事室牌子，围绕"加强我区公共卫生服务体系建设暨镇街医疗机构建设""建言医疗资源下基层"等议题开展协商议事活动。11月12日，农工党高港总支换届大会召开，选举产生新一届总支委员会，下设泰州市第三人民医院支部、教育支部和综合支部。

（周 娟 党红交）

【致公党高港支部】 2020年，致公党高港支部共有党员12人。有市政协委员3人（其中1人也是区政协委员）。党员主要为泰州市第三高级中学及泰州市职业技术学院教师。年内，举办系列读书活动；围绕学龄前儿童患龋情况及干预技术开展调研，形成调研报告；举办"致公护蕾"活动，组织部分留守儿童参观泰州单声珍藏文物馆。

（李 蓉 党红交）

【九三学社高港支社】 2020年，九三学社高港支社共有社员21人，其中，区人大代表1人、区政协委员6人（区政协常委1人）。社员提出《改善城市内河水环境质量》《推动移风易俗，树立文明新风》《推进化解信访矛盾中的"四个+"工作法》《建设建筑垃圾集中消纳场所》等提案。联合泰州市慈善联合会和书法家协会开展作品义卖活动，所得善款用于救助许庄街道孤儿。社员史爱梅获市、区"见义勇为"先进个人称号。 （徐桂明 党红交）

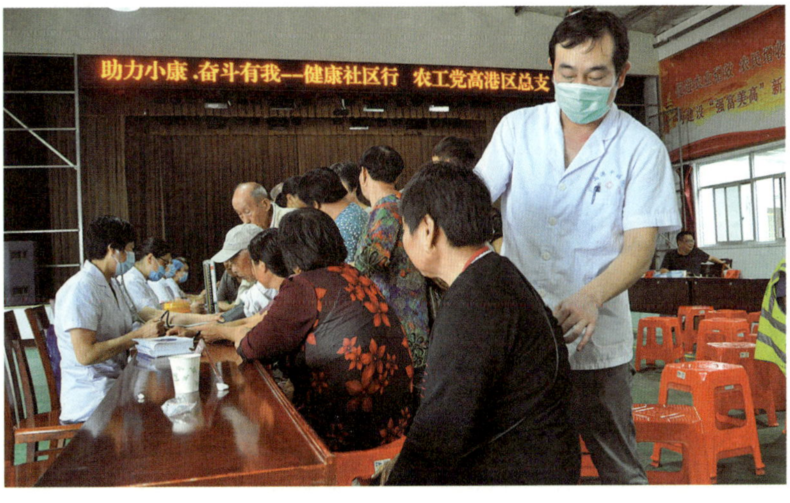

农工党高港总支开展送医下乡义诊活动 （区委统战部 供稿）

区总工会

【概况】 2020年，全区新增独立工会74个，新增会员2915人。至年末，累计建立工会组织581个，其中，独立企业工会366个，系统、直属单位工会35个，村（社区）联合工会92个，村、社区独立工会76个，行业（产业）工会联合会4个，园区、镇（街道）总工会8个。全区有工会会员38312人。建成"规范工会"30个、"模范工会"12个、"示范工会"3个，创成市级"百佳示范工会"3个。评选表彰区级工会工作先进集体6个。"学习强国"平台和《工会信息》《工人日报》《新华日报》《江苏工人报》《泰州日报》等媒体报道高港区工会工作信息70余篇。区总工会获评江苏省推动厂务公开民主管理工作先进单位，在全市工会系统绩效考评中获第1名。

【工会组织建设】 2020年，区总工会建成快递行业工会联合会和快递独立工会组织6个，覆盖快递员810余人。指导建立长城汽车股份有限公司泰州分公司工会，覆盖农民工1000余人。推动村（社区）建立独立工会，按照属地管理的原则，对"八大群体"人员实行二次覆盖。全年新增独立工会74个，新增会员2915人。

【先进推介】 2020年，区总工会利用"学习强国"平台，宣传蔡伟、戚俊宏、杨益、王步忠、邓小华等劳模（工匠）先进事迹；举办劳模工匠讲堂、劳模工匠精神"七进"等活动8场。11月，泰州市大泗学校教师钱维胜被中共中央、国务院授予全国先进工作者称号，并出席2020年全国劳动模范和先进工作者表彰大会。

4月，泰州市博泰电子有限公司获江苏省五一劳动奖状；杨勇、松村辉获江苏省五一劳动奖章；区人民法院立案庭、区人力资源社会保障局劳动人事争议仲裁院、泰州统实企业有限公司生产部制造一课被评为江苏省工人先锋号；统之幸食品（江苏）有限公司、区税务局获泰州市五一劳动奖状；厉凤林、王伟华、薛福荣、蔡国良、邵维君、翟爱荣、张峰获泰州市五一劳动奖章；泰州市万达轮业制造有限公司冲压车间、泰州国际集装箱码头有限公司电工班、泰州亚泰金属有限公司模具制造维修班组、泰州市美诺医疗器械有限公司组装三车间、泰州市高港中医院内科、泰州市第三人民医院感染性疾病科、区司法局祥泰公证处、区行政审批局公共资源交易中心被评为泰州市工人先锋号。

3—4月，区总工会授予陈秀兰等37人高港区五一劳动奖章，授予唐东荣等17人高港区新冠肺炎疫情防控专项五一劳动奖章，授予口岸街道蔡滩社区等5个单位高港区新冠肺炎疫情防控专项五一劳动奖状，授予泰州市高港区润良商业有限公司客服部等6个单位高港区新冠肺炎疫情防控专项工人先锋号。

5月，区委宣传部、区总工会发文表彰2020年度高港区“最美职工”，授予栾国强等10人高港区“最美职工”称号，授予袁健军等10人高港区“最美职工”提名奖。

11月，区总工会、团区委、区妇联、区邮政管理局联合发文表彰2020年高港区“十佳快递员”，授予沈丽等10人高港区“十佳快递员”称号。

【劳动技能竞赛】 2020年，区总工会以“当好主人翁·建功新时代”为主题，举办建筑电工、镶贴工、叉车、政务服务等10余个工种以及快递、医疗器械行业劳动竞赛。高港区行政审批局2名选手代表泰州市参加省首届政务服务技能竞赛，获得团体二等奖，2名选手被授予江苏省“政务服务业务能手”称号。

2020年8月11日，高港区镶贴工技能比武现场　（区总工会　供稿）

【职工创新创业】 2020年，区总工会、团区委、区妇联、区科协联合出台《高港区群团联合共建职工群众“双创”基地的实施意见》。联合挂牌职工群众“双创”基地7个，聘请劳模（工匠）组成创新创业导师团，带动150余名产业工人创业。“航母级双创基地助推职工创业”和“精雕细琢成就美好生活”2个项目获评全省工会促进就业创业优秀项目。

【职工文化建设】 2020年，区总工会举办区级机关趣味运动会、健康知识培训等职工文化活动20余场次。开展女职工“阅读强素质·奋斗建新功”读书征文活动，组织职工读书分享会，评选表彰优秀作品28篇，向市总工会选送“领读者”优秀作品4篇。对基层工会开展的文体活动给予补助，全区基层总工会开展本级工会职工文体活动20次。免费向基层工会赠送书籍4000余册，赠阅《工人日报》《江苏工人报》等工会报纸杂志1200余份。

【职工劳动保护】 2020年，区总工会在全市率先构建以群防、群控、群治为主要特色的“一室一日一单一网一会”五位一体劳动保护监督新机制，即在企业建立劳动保护监督检查员工作室，建立工作日活动制度，设立风险负面清单管理制度，建立网格化监督体系，落实安全生产专题职代会制度。市安全生产专题职代会现场观摩会在高港区召开。以安全生产为内容的职工代表提案被全国、省厂务公开协调小组表彰，“安全生产能级工资”“安全生产专题职代会”“无谴责提醒”“职工主动说和讲”等措施被纳入“泰州市安全赋能十条措施”。区总工会继续推动园区、镇（街道）召开企业职工代表大会现场会。益海（泰州）粮油工业有限公司、华润雪花啤酒（泰州）有限公司获评江苏省厂务公开民主管理先进单位，区总工会获评江苏省推动厂务公开民主管理工作先进单位。开展夏季“三送”活动，慰问户外及高温作业劳动职工，共筹集资金60余万元，慰问职工5000余人。举办健康科普知识讲座10场次。常态化开展“安康杯”竞赛、网上安康课堂、劳动保护监督检查进企业等活动，4篇“安全隐患随手拍”作品获得市级表彰，其中2篇获一等奖。

【工资集体协商】2020年，区总工会打造"能级工资+"协商模式，鼓励试点企业自选动作、创优创特，快递行业实现行业"能级工资"协商零突破。高港区打造"能级工资+"经验做法被全国总工会《工作情况交流》推介，被省协调劳动关系三方委员会发文推广。2个企业被评为全市能级工资集体协商十佳典型案例，3个企业被评为泰州市集体协商工作示范单位，3人被评为泰州市集体协商工作优秀个人。

【职工维权】2020年，区总工会开展"送法进基层"活动，举办《中华人民共和国民法典》专题讲座、法律广场咨询活动、"尊法守法，携手筑梦"农民工法律服务行动等法律宣传活动30余场，送出普法书籍5500余册、宣传资料4300余份，接待咨询职工400余人次。区总工会、团区委、区妇联、区残联共同出台《高港区群团联合共建"一站一室一网三员"维权体系的补充意见》，对全区职工、青少年、妇女儿童、残疾人的维权诉求实行统一受理、分类处置。将区人民法院、区人民检察院、区人力资源社会保障局、区司法局等设立的"工会维权驿站"提档升级为"群团维权驿站"，将优秀法官、检察官充实到劳模（工匠）维权工作室。发动基层参与，拓展"一网三员"维权力量。全年收集、处理各类纠纷和案件共涉及职工362人，帮助职工挽回经济损失210余万元。

【职工帮扶】2020年，区总工会帮助43名下岗或待业职工实现再就业；资助30名困难职工子女圆"上学梦"；制定出台《泰州市高港区总工会困难职工帮扶专项资金使用办法》，对符合条件的26名特困职工继续实施帮扶，将救助金从每人每月680元提高到710元；职工阳光互助互济活动新增参保职工1656人，报销500余人次，报销金额总计39.2万元。春节期间，开展"送温暖"活动，集中慰问区第二十一批特困职工和2019年度困难职工共61人，发放慰问金和春节礼包；另慰问劳模、困难职工等200余人。

2020年1月14日，区总工会启动"送温暖"活动　　（区总工会　供稿）

【非公企业群团共建】2020年，区总工会实施非公企业群团共建"四个一"工程，即建好"一套机制"、建优"一支队伍"、建牢"一个阵地"、建强"一个品牌"，探索非公企业"党建带群建，群团共建"新途径。组建8支共50余人的党群指导员队伍，举办非公企业党组织书记专题培训班12期，建成"党群之家"示范点8个，打造"群享惠"服务品牌。

【女职工权益保护】2020年，区总工会联合基层工会开展"关爱女职工"系列活动，举办维权"普法微课堂"、疫情防控法治宣传、慰问抗疫一线女同胞等活动。为152名环卫工人进行免费"两癌"筛查，组织5325名女职工参加免费体检。举办"女职工劳动保护特别规定"专题讲座，110人参加培训。举办"四季关爱·妈咪课堂"儿童健康讲座，解读孩子生长发育的有关知识。指导建成企业"爱心母婴室"2个，其中泰州市银杏织锦有限公司母婴室获市总工会"工惠爱心母婴室"称号。

【"三访三送"活动】2020年，区总工会开展"三访三送"活动，即访困难、访问题、访实情，送资金、送物资、送信心。访困难职工身体状况，访困难职工复工情况，推动全国级困难职工恢复上班。访困难职工实际困难，动员基层工会提供无接触服务。发放疫情防控期间临时生活补助，发放标准为特困职工及其家庭成员每人120元/月，累计帮扶311人次，发放资金总额近19万元。购买口罩1050只，以特困职工及其家庭成员10只/人的标准进行发放。对有特殊困难情况的职工家庭上门提供心理疏导，帮助重树信心。

【金秋助学活动】9月11日，高港区举行2020年"自强不息　共创未来"金秋助学活动。7月，区总工会开展困难职工家庭情况调查摸底，准确掌握困难职工子女在校人数、助学帮扶需求等信息，确认30名困难职工子女为助学对象。活动共筹集资金15万元，按每人5000元标准发放助学金。区总工会"金秋助学"活动连续开展20余年，帮助困难职工子女近500人。

【产业工人队伍建设改革】2020年，高港区被市委、市政府确定为第一批产业工人队伍建设改革试点市

2020年9月28—29日，全省重点工程劳动竞赛工作推进会在高港区召开
（区总工会　供稿）

（区）。区委、区政府成立产业工人队伍建设改革工作领导小组，建立联席会议制度。区总工会牵头起草出台《新时代高港产业工人队伍建设改革实施方案》，明确改革总体目标任务。牵头制定《关于在全区组织开展“家家到·月月送·惠工友·促产改”系列活动的实施意见》，活动范围覆盖全区8个园区、镇（街道）及有关重点企业，每月一主题开展活动。实施《产业工人赋能成长的奖补措施》，设立奖补资金200万元，对素质提升、创新创优、劳动竞赛、维权服务4类、14个项目进行奖补。兑付科技创新成果、先进操作法和发明专利、星级劳模（工匠）创新工作室、维权先进个人、学历提升、“能级工资”集体协商等项目奖补资金200余万元。出台《高港区产业工人队伍建设改革试点工作方案》，分别明确试点园区、企业和成员单位工作任务。高港区相关经验做法被《江苏改革简报》和《中国工人》杂志宣传推广。

【省重点工程劳动竞赛】 2020年，长城汽车泰州整车生产项目被列入省十大重点工程劳动竞赛项目，实现泰州市省重点工程劳动竞赛项目零突破。开展比效能、比创新、比安全、比环保、创优质精品工程“四比一创”劳动竞赛活动，创造11个月建成投产的“泰州速度”。9月28—29日，全省十大重点工程示范性劳动竞赛现场会在高港区召开，与会人员观摩扬子江药业集团和长城汽车泰州整车项目。

【劳模（工匠）创新工作室】 2020年，高港区探索开展“劳模（工匠）创新工作室+”活动，打造出联盟型、带动就业创业型、巧借外力孵化型、头雁引领型、内部学堂型、筑巢引凤型创新工作室。培育市示范性和区星级劳模（工匠）创新工作室4个。获泰州市职工十大科技创新成果、十大先进操作法、十大发明专利表彰5项。开展“名师带高徒”活动，培养技术创新人才192人，其中优秀学徒晋升为师傅79人。（隆四清）

团区委

【概况】 2020年，全区新发展团员603人，团员总数6344人。全区有基层团（工）委17个，团总支17个，团支部587个，团干部984人，其中专职团干部6人。有各级少先队组织23个，少先队员11204人，少先队辅导员261人。团区委获2020年江苏省希望工程圆梦行动先进集体奖；1人被团省委评为优秀共青团员，1人获2020年“最美泰州人”——青年人物篇先进典型表彰，6人获泰州市“最美中学生”称号，1人获泰州市“最美职校生”称号。新增市级青年学习社线路1条，新增省级、市级青年学习社3个。

【团、队组织建设】 3月31日，团区委召开六届四次全体（扩大）会议，总结2019年工作，部署2020年工作。开办全区基层团干部培训班、“一站两联”专题推进会、“巡回座谈”片区调训等班次。新建非公企业团组织219个，目标任务完成率124.43%。清理整顿不规范团组织17个。实现中小学少工委建设全覆盖，实现小学“分批入队”、初中“双积双评”（两次积分累计和两次民主评议）实施方案及积分手册制定全覆盖，初中团员经“积分入团”程序推优入团比例达97.61%。

【青少年思想引领】 2020年，团区委推动团员青年参与“青年大学习”网上主题团课。成立“1+N”青年讲师团，成员包括20名专职讲师及40余名流动讲师，开展制度自信主题宣讲活动23场，覆盖青年2000余人。全区共建有青年学习社24个，实现园区、镇街全覆盖。刁铺街道“薪火”青年学习社创成省级青年学习社，口岸街道“苔花绽放”青年学习社、美团外卖“袋鼠”青年学习社创成市级青年学习社。“长江之歌”青年学习社线路创成市级线路。开辟线上青年学习社，在“团聚高港”微信公众号专栏推送《习近平谈治国理政（第三卷）》，累计覆盖近5000人次。构建“线上+线下”活动载体，依托“苏青U+”平台开展各类活动，宣传青年在抗击疫情、志愿服务、服务大局中的典型事迹。承办团省委“诵读学传”活动走进泰州、泰州市“开

2020年9月19日，高港区首届青春社区节暨"好YOUNG的高港"青年工作品牌发布会在口岸街道蔡滩社区举行 （团区委 供稿）

学第一课"活动，开展各类主题团队日活动100余场，覆盖青少年1.5万人。8月19日，在口岸街道蔡滩社区举行首届青春社区节暨"好YOUNG的高港"青年工作品牌发布会。

【青年创新创业】 2020年，团区委举办青商企业进乡村活动10场次，促成村企合作项目11个。挖掘"新农菁英"人才30人，发放"新农菁英贷"3870万元。创新开展助农主播训练营1场，线上直播6场，带动销量近24万元。发挥青年人在服务重大项目建设、优化区域营商环境中的作用，开展"一线有我号队出列"活动，向全区园区、镇街项目服务"店小二"团队授"青年突击队"队旗。开展"苏青合伙人"创新创业计划，申报线上创业空间2个，入驻"高港电商创业中心""蜂鸟空间站"创业项目5个。推荐10个项目参与市蜂鸟青创大赛，入围决赛项目1个。

【青年志愿服务】 2020年，团区委号召全区各级团组织和团员青年参加新冠肺炎疫情防控工作。164名各级团干、180名青年报名参加疫情防控志愿服务，包括青年学生、个体业主、网约车司机。团区委筹集防疫物资，分发"团缘爱心包裹"200余份。通过"团聚高港"微信公众号发布政策引导、事迹报道等文章70余篇，阅读量2万余次。组建青年突击队"心理服务小分队"，为50余名受疫情影响人员提供心理服务。开展"美丽中国·青春行动"活动，打造"江洲行者"志愿服务品牌。

【青少年权益维护】 2020年，团区委推进"童享阳光·青力护航"计划，帮扶147名困境青少年。实施希望工程"圆梦行动"，资助52名贫困学生。成功争取"'梦想改造+'关爱计划"省级试点，完成9户困境青少年小屋改造。邀请近30名"最美青年"和爱心企业家与困境青少年结对。成立快递行业联合团工委，打造美团外卖、韵达快递"青年之家"。团区委与区人民检察院、区公安分局签订合作协议，针对罪错未成年人开展"临界预防"帮教工作。举办"12355"中、高考心理减压讲座10余场，开展"法治公开课"100余场，覆盖青少年6000余人。"麦田计划""馨雨之家"等社会组织常态化开展帮扶困境青少年活动。

【"开学第一课"示范活动】 9月1日，"幸福小康 追梦成长"泰州市"开学第一课"示范活动在泰州市口岸中心小学举行。活动分为童眼看小康、致敬奋斗者、追梦向未来3个篇章。带领村民脱贫攻坚、致富奔小康的市级最美基层共产党员代表张竹山，在经济领域有突出贡献的科技专家、市级创业之星代表张海霞，在教育教学领域表现突出的泰州市"十佳教师妈妈"代表王凡，在抗击新冠肺炎疫情领域事迹突出的医务工作者代表、泰州市首批援鄂医疗队队长施娟分别讲述自己的奋斗故事。市、区领导和有关部门负责人为2020年泰州市"新时代好少年"颁奖，为学生代表送开学礼包。 （曹雪菲）

2020年9月1日，"幸福小康，追梦成长"泰州市"开学第一课"示范活动在高港区口岸中心小学举行 （区委宣传部 供稿）

区妇联

【概况】 2020年，高港区有园区、镇街妇联8个，村（社区）妇联91个，机关企事业单位妇联27个，基层妇联干部140人。区妇联被评为江苏省三八红旗集体、泰州市维护妇女儿童权益先进集体，获江苏省妇女儿童慈善优秀组织奖。

【妇联组织建设】 2020年，高港区在“四新”领域新建妇联组织13个，汇福粮油、麦田志愿者协会等“四新”领域妇联组织成立；在社区网格、居民楼栋、妇联执委身边新建“妇女微家”14个，“合家欢”妇女微家、“圩您岸家”妇女微家被评为全市示范妇女微家。举办基层妇联干部岗位培训班、妇女微家微主人培训班和妇联执委培训班，培训基层妇联干部、执委200人。

【妇女思想建设】 2020年，区妇联组织妇联干部、巾帼志愿者和广大妇女争做新冠肺炎疫情防控的宣传员、排查员、监督员。在“三八”妇女节发起线上“全家战疫，宅出新花样”活动，帮助广大妇女和家庭抗击疫情。通过网络平台宣传抗疫先进典型事迹47篇。授予20名抗疫一线医务人员高港区“三八红旗手”称号。举办“致敬战疫天使”线上道德讲堂、“致敬巾帼领头雁”道德讲堂、“书香高港，家家幸福”、“妇联・悦读人”读书分享会。

【妇女创业】 2020年，区妇联组织优秀女性创业项目参加巾帼创业创新大赛，《逸秋农业线上农产品销售》项目获市级二等奖。举办“迎挑战，出实招，稳生产，提效益”女企业家座谈会，分享女企业家在疫情期间遇到的困难和采取的应对措施。举办“好苏嫂”家政服务培训班，培训妇女150余人。举办为期2天的留守妇女赋能培训班，讲授直播带货、推拿养生、插花、面点制作等相关知识，120人参加培训。

2020年7月13日，区妇联在大泗镇举办赋能空间手工制作培训

（区妇联　供稿）

【妇女权益维护】 2020年，区妇联联合区委政法委成立“网格+妇联”融合工作领导小组，推行巾帼网格员在网格中实行“四必访”，即对网格中困难家庭必访，对空巢老人及留守妇女儿童家庭必访，对涉及婚姻家庭矛盾纠纷的信访户必访，对生产经营遇到困难的创业女性必访。召开“网格+妇联”工作推进会。对454名巾帼网格员进行专题培训。开展《中华人民共和国民法典》宣传活动。举办“幸福护航”以案释法课堂6次、维权工作专业培训班4次。提档升级妇女议事会，为辖区妇女提供“说话、诉苦、讲理”的平台。推动家事调解专业化，举办全区家事调解员专题培训2场。全年区妇联接待处理来信、来访、来电40余件。

【家庭文明建设】 2020年，区妇联召开“崇礼尚美树文明新风，你我携手筑和谐家园”最美家庭推进会，徐勤生家庭获评全国“五好家庭”，王华芹家庭获评全国抗疫“最美家庭”，钱维胜家庭获评江苏省“最美家庭”。开展线上线下“书香飘万家”家庭亲子教育活动10余次，开展“凡事讲礼”文明礼仪进家庭专题讲座，培训家长300人。开展“三全”社区家庭教育支持行动，举办“栀子花讲堂”家庭教育微课决赛，授予34名参赛选手高港区家庭教育讲师称号。开展“美丽庭院”创建，对全区200个居室整洁靓化美、庭院布置协调美、生态绿化自然美、低碳节能环保美、家风家训风尚美的美丽庭院示范户进行命名表彰。许庄街道蔡庄村获评江苏省美丽家园示范点。

【巾帼志愿服务】 2020年，区妇联组织巾帼志愿者围绕家庭教育、文明礼仪、婚姻家庭等方面举办“十百千巾帼大宣讲”22场。推进“巾帼文明・在你身边”志愿服务活动，建立巾帼文明志愿服务先锋队10支，开展文明祭祀、绿色环保、公勺公筷等文明知识宣传16场次。

【妇女儿童关爱】 2020年，区妇联组织“在你身边，抗击疫魔”捐款活动，496人次参与捐款，筹集善款3.89万元。组织“99公益捐”，筹集善款24.24万元，全部捐入省妇女儿童福利基金会。春节期间，在各镇街组织开展“把爱带回家”关爱

2020年8月17日，区妇联在合家欢家庭农场开展爱心妈妈与困境儿童亲子游活动
（区委宣传部　供稿）

困境儿童活动10余场，慰问贫困妇女和困境儿童155人，发放慰问金8.92万元。开展“牵手成长，成就未来”助学活动，向22名中高考困境学生发放助学金2.3万元。联合女企业家协会帮助困难家庭290户，发放慰问物资计10万余元。组织育龄妇女开展“两癌”筛查活动，为4722名女职工开展健康体检。

【“百元带货，暖心助农”助力脱贫攻坚活动】 5月15日，区妇联开展“百元带货，暖心助农”助力脱贫攻坚活动，通过“以购代捐”“以买代帮”方式，帮助农场主减少因疫情造成的损失，900余名爱心人士下单，采购扶贫产品8.85万元。
（陈　媛）

区科协

【概况】 2020年，区科协推动基层科协组织建设规范化，促进活动开展常态化，完善“四长”委员履职服务保障体系。组织开展“砥砺奋进跟党走，建功立业新时代”主题竞赛活动。高港区第24届科普宣传周暨全国科普日集中志愿服务活动被中国科协评为2020年全国科普日优秀活动。与北美（硅谷）创新创业基地共建泰州海外人才工作被中国科协列为2020年海智计划资助项目。至年末，高港区有各类区级科技学会组织26个、园区科协3个、镇街科协7个、村（社区）科普协会91个、企业科协122个，中国科技志愿网注册志愿者860人。全年各级委员开展工作室工作日活动16次，提交科技工作者建议26篇，其中《“三产融合”发展的探索与思考》被市科协评为优秀科技工作者建议。

【服务科技工作者】 2020年，区科协以非公企业为重点，整合平台资源，推送服务清单，提供“订单式”服务，实施非公企业群团共建“四个一”工程，加强企业科协组织建设。开展2020年度“砥砺奋进跟党走，建功立业新时代”主题竞赛活动，评选表彰优秀基层科协组织23个、优秀科技工作者46人。8月14日，在泰州科技馆举办2020年度科技工作者专题培训班，邀请市科协主席作《科协发展史的回顾与展望》专题报告。举办法治报告会科技工作者专场，邀请江苏明港律师事务所律师作《中华人民共和国民法典》专题普法报告。组织开展高港区第三届“科技之星”评选表彰活动，授予中科院自动化所泰州智能制造研究院博士蒲志强、扬子江药业集团药物研究院课题组组长金霞等10人“科技之星”称号，在高港电视节目中心设《优秀科技工作者风采》栏目进行专题报道。泰州苏中天线集团有限公司朱其乐被评为泰州市最美科技工作者，万向精工江苏有限公司周旭、泰州市博泰电子有限公司刘兆被评为泰州市第十一届优秀科技工作者。全年区科协走访慰问优秀、困难和老有所为的科技工作者80人。

【服务企业】 2020年，区政府与北美（硅谷）创新创业基地共建泰州海外人才工作站，在扬子江药业集团药物研究院举办视频对接活动，达成高层次人才项目合作意向9个，入选中国科协2020年度海智计划资助项目。全年区科协征集企业科技人才需求92条，邀请省级学会专家学者分别到园区、镇街和企业开展会企对接服务活动24人次。省环境科学学会选派东南大学教授曾苏担任泰州晟禾水处理设备制造有限公司首席专家。区科协举办企业科技创新专题培训，引导企业建立健全科技创新工作体系，加快科技信息推广应用，形成典型案例5个，新增用户10个，66个高新技术企业注册“绿平台”。江苏昆仑光源材料有限公司、泰州海天电子科技股份有限公司等企业的6个应用科技信息工作案例被省科协企业创新服务中心评为优秀典型案例。

【科普宣传】 新冠肺炎疫情爆发后，区科协迅速启动应急科普工作机制，修订完善《应急科普工作预案》，编印新冠肺炎疫情防控科普宣传挂图、宣传手册5000余本（套），发放至91个村（社区）。陈群、孙瑾被市科协评为全市应急科普工作先进个人。组织动员社会力量参与“科普中国”应用推广项目，通过中国科协评估验收。在大泗镇、刁铺街道大丰社区和口岸街道柴墟社区建成小微科普体验馆3个。在白马

科普大篷车走进胡庄中心小学　（区科协　供稿）

镇陈家村、大泗镇北港村、胡庄镇周马村等村（社区）新建不锈钢标准化科普画廊7座。在泰州市永安洲实验小学报告厅举办以“科技战疫、创新强国”为主题的高港区第24届科普宣传周主场活动，在刁铺街道举办2020年度高港区全国科普日集中志愿服务活动。组织开展科普大篷车进校园、高端科普报告会进校园、科普公益课进校园等活动。举办青少年科技创新大赛、青少年“金钥匙”科技竞赛，泰州市口岸实验初级中学代表队在全省青少年“金钥匙”科技竞赛团体赛上获全市第一、全省第六。口岸街道蔡滩社区地震科普馆和泰州市润农农业发展有限公司分别被市科协评为优秀科普教育基地、农村科普示范基地。泰州市光普现代农业科技有限公司、泰州市高港区孔氏农场、泰州市高港区胡庄周马农业技术协会等单位被命名为市级科普惠农服务站，获市科普惠农优秀项目奖补。

【科技智库建设】 2020年，区科协加强与苏科创新战略研究院的合作，深化高港研究中心的共建，围绕“加强区域创新体系建设，加快高端产业集聚”等重点课题开展研究，形成调研报告和可行性研究报告提交区委、区政府。区政府与中国自动化学会达成战略合作协议，选聘中国自动化学会的中科院博士生导师易建强、“长江学者”董海荣等12名专家组建智能制造专家委员会。扬子江药业集团药物研究院陈令武、泰州市第三人民医院史爱梅被市科协选聘为智库专家。（陈　群）

区侨联

【概况】 2020年，全区有华侨、华人230余人（不含侨二代、侨三代），主要分布在北美、欧洲、东亚、东南亚、大洋洲等地区，侨眷属约560人。江苏江洲农业科技发展有限公司在安哥拉设有海外侨务工作联络站。

【侨界服务】 2020年，区侨联开展送温暖活动，看望慰问孤寡、病残侨眷。中秋及春节前夕，区侨联走访慰问侨眷60人次。春节期间，通过“高港区侨胞之家”微信群发布《致海外侨胞的春节慰问信》，向高港区侨眷及眷属邮寄慰问信。在国外疫情爆发期间，区侨联通过“高港区侨胞之家”发布《给海外高港同胞的一封信》，宣传国内抗疫经验。向海外侨胞及海外侨团邮寄口罩、一次性手套等紧缺的抗疫物品。6月，向江苏省人民对外友好协会推荐1名侨胞为2020年江苏青年友好使者。7月，开展高港区侨眷走访调查工作，建立侨胞数据库。8月，向江苏省侨联推荐5名海外侨胞为江苏省“助梦大使”候选人。

【侨界宣传】 2020年，区侨联宣传在抗击疫情中表现突出的侨界群众，向江苏省侨联推荐在国内抗击疫情一线作出贡献的侨眷。向省、市侨联报送江苏江州农业科技发展有限公司支援安哥拉抗击疫情情况。12月，江苏省侨界文化交流基地在口岸雕花楼景区揭牌。（张　文）

区工商联

【概况】 2020年，区工商联下辖商会14个，其中，镇商会4个，街道商会3个，行业商会2个，异地商会5个。新发展会员423人，共有工商联会员单位1459个，其中，企业会员1444个，个人会员15个。区工商联、口岸街道商会、刁铺街道商会被中华工商时报社评为江苏省构筑民营经济舆论阵地先进单位，1人被中华工商时报社评为江苏省构筑民营经济舆论阵地先进个人。

【商会组织建设】 2020年，区工商联坚持党建促会建，选拔任用1名机关中层干部和企业家副主席充实党组机构。召开区工商业联合会（商会）五届四次常委会暨五届五次执委会，增（替）补执行委员3人，增补常务委员3人，增补总商会副会长2人。与新疆生产建设兵团江苏商会结成友好商会。制定《工商联所属基层商会与行政机关脱钩工作方案》，指导3个镇街商会完成与行政机关脱钩工作。颁发《高港区工商联所属商会管理办法》，在各基层商会成立商会经费审查小组、设立纪检联络员。支持所属商会开展创建活动，全区7个基层商会均被江苏省工商联授予省“四好”商会称号，许庄街道商会通过全国“四好”商会复核验收，刁铺街道商会获全国“四好”商会称号。

【参政议政】 2020年，区工商联围绕提升工商联界别政协委员参政议政能力，举办培训学习活动5场次。提案《不断加强商会建设，助推地方经济发展》《大力发展实体经济，激发市场主体活力》入选区政协全体会议发言稿。社情民意《医疗器械产品检测领域“两个堵点”亟待疏通》被全国政协转送有关部门，被民建中央采用。开展上规模民营企业调查、民营企业履行社会责任调研和营商环境第三方评估工作，为党委、政府决策提供参考。启动工商联界别“有事好商量”协商议事活动，围绕“民营经济怎样为地方经济社会发展提供新动力”进行协商议事。举办“高港区企业家沙龙”活动4期，梳理上报企业提出的问题建议60余条，得到区领导的重视和批示，解决问题57个，活动成果获区政协“活力政协”暨基层协商议事项目评比优秀奖，相关做法被“学习强国”学习平台报道。

【思想政治教育】 2020年，区工商联制定工商联领导干部学法清单和学习计划，定期组织党员“固定学习日”活动，机关干部参加学习培训15场次。组织非公有制经济人士学习中共十九届四中、五中全会精神和全国工商联十二次会议精神，传达习近平总书记在党外人士座谈会上的重要讲话精神，到淮安开展“传承红色基因，促进‘两个健康’”教育实践活动。利用《中华工商时报》、“学习强国”平台、《泰州商界》、微信公众号和商会网站等媒体平台，宣传基层商（协）会工作亮点和非公有制经济人士投身光彩事业、转型升级的先进事迹30余个，先后向市级以上媒体报送疫情防控工作信息25条。开展“百团进百万企业”安全宣讲活动。以“企业安全培训”“泰信保”“富民贷”“银企对接”为主题，举办“高港区民营企业家大讲堂”4期，累计培训300余人次。

【服务经济发展】 2020年，区工商联与区人民法院联合出台《关于推动开展商会调解工作的意见》，推进诉讼与非诉讼相衔接商事纠纷协调解决机制建设。与区人民检察院联合开展“服务‘六保’‘六稳’，护航民企发展”——检察开放日活动。配合市司法局选好第一批泰州市行政执法监督民营企业联系点和特邀行政执法监督员。协助5个会员企业获得“泰信保”贷款2570万元，300余个企业获得普惠贷款3.27亿元。组织会员企业代表到新疆维吾尔自治区参加伊犁哈萨克自治州招商引资推介暨重大项目签约仪式和昭苏县招商引资推介会。举办高港发展大会暨在外知名人士看家乡活动，推介高港区投资环境。

【光彩事业】 2020年，区工商联定期开展“大走访大落实”“阳光扶贫”等活动，走访慰问困难群众、失独家庭、老党员、退役军人32人次。分别在白马镇世泽雕艺园和海军小学举办“青优微力量、童学童阅童成长”“金秋助学、送关怀”活动，向20余名特殊儿童赠送助学金和学习用品。开展“万企联万村、共走振兴路”活动，70余个民营企业与村（社区）结成联建对子。8月27日，开展“高港淳化一家亲·同心聚力奔小康”活动，区工商联捐赠款物计25万元用于对口扶贫陕西省淳化县。持续开展“主席走基层”活动，走访调研会员企业疫情防控和复工复产情况，围绕打通政策落实“最后一公里”，发放《疫情防控惠企政策汇编》和《泰州商界》疫情防控政策宣传特刊300余册。帮助11个复工企业购买口罩和防疫物资。 （严　菲）

区文联

【文联组织】 2020年，区文联下辖书法家协会、作家协会、摄影家协会、诗词楹联协会、音乐舞蹈家协会、老年书画协会、美术家协会，共有会员302人。其中，书法家协会48人，国家级会员1人，省级会员6人，市级会员16人；作家协会30人，省级会员2人，市级会员5人；诗词楹联协会35人，国家级会员2人，省级会员6人，市级会员9人；摄影家

歌伴舞《我们永远这样亲》获第十四届江苏省“五星工程奖”

（区文化体育旅游局　供稿）

协会42人，国家级会员2人，省级会员6人，市级会员16人；音乐舞蹈家协会55人，省级会员3人，市级会员8人；老年书画协会35人，省级会员5人，市级会员10人；美术家协会57人，省级会员5人，市级会员18人。

（高卫东）

【文艺创作】 2020年，高港区文艺骨干编排歌舞《我们永远这样亲》，创作歌曲《爷爷的军功章》，大型现代淮剧《大喇叭开始广播啦》，音乐快板《打赢疫情阻击战》，快板《众志成城战疫情》《“筷”乐勺健康》，小品《筑牢拒腐堤坝》《非法集资不能沾》，快板说唱《扫黑除恶亮利剑》等作品近40部。歌伴舞《我们永远这样亲》获第十四届江苏省“五星工程奖”。以口岸街道徐庄村第一书记徐勤生为原型创作的大型现代淮剧《大喇叭开始广播啦》在梅兰芳大剧院首演，在第八届江苏省淮剧艺术展演月活动中获得优秀剧目奖。（孙国星　高卫东）

区残联

【概况】 2020年，高港区有各类残疾人14930人。其中，视力残疾2581人，肢体残疾7095人，听力残疾1589人，言语残疾182人，智力残疾1342人，精神残疾1034人，多重残疾1107人。办理第二代残疾人证7019本，办证率47%。胡庄镇残疾人之家被评为省残疾人之家，江苏昆仑光源材料有限公司被评为江苏省助残先进集体。

【残疾人社会保障】 2020年，高港区有2937名残疾人享受困难残疾人生活补贴，2608名残疾人享受重度残疾人护理补贴。为1892名年满60周岁的残疾人发放每人100元养老补贴。为26名自主创业和个体就业残疾人发放专项补贴2.6万元，为94名在校残疾人学生发放空中课堂流量补贴0.94万元，为2135名低保外重度残疾人发放疫情期间临时生活补贴25.62万元，为59名辅助性就业残疾人发放生活补贴3.25万元。

【残疾人康复服务】 2020年，高港区完成2个社区残疾人康复示范点（刁铺街道关桥社区和胡庄镇戴陈村）改造升级，常态化为社区残疾人提供家庭医生签约服务、辅助器具适配服务等服务。为98名0~6岁残疾儿童提供免费康复服务，为44名7~15岁残疾儿童提供延续性康复救助。为128名残疾人适配轮椅、盲杖、助听器等辅助器具，为9名残疾儿童适配矫形器，共拨付资金11万元。为72名贫困精神病患者免费送药，转介3名新增精神病患者办理慢病医保，患者用药基本覆盖。为贫困白内障患者免费手术20例，救助资金2万元。完成残疾人家庭无障碍改造43户，共投入资金14.6万元。

【残疾人就业创业】 2020年，区残联为12名自主创业和个体就业人员申领补助10.1万元。组织残疾人专场招聘会1场，70余名残疾人参加应聘。全区18个企业集中安置残疾职工559人，按比例安排残疾人就业268人。组织开展残疾人职业技能培训班（插花班）1期，残疾人电子商务培训班1期，为60余名残疾人提供职业技能培训。组织残疾人参加泰州市残疾人创业就业大赛、盲人按摩技能竞赛、全省互联网+中药香包制作（非遗“传承”项目）就业创业线上培训班、西点烘焙培训班等。全区7个镇（街道）“残疾人之家”辅助性就业项目因地制宜、各具特色，区残联推介珠串、十字绣鞋垫、折纸、磨纸等辅助性就业项目。

【助残活动】 全国助残日、国际残疾人日、全国扶贫日等节日期间，区残联联合区残疾人福利基金会为困难残疾人家庭送去慰问品和慰问金。5月15日，举行“圆梦行动”暨困难残疾人家庭基本家电捐献仪式，向564名困难残疾人及其家庭捐赠太阳能热水器、电风扇等家电。

【残疾人文化体育】 2020年，区残联、区残疾人福利基金会、区书法家协会联合举办“文化助残、共筑大爱”迎春送福活动。区残联组织辖区内文体能手参加泰州市首届残疾人运动会，1人获优异成绩。

【残疾人维权】 2020年，区残联共受理残疾人来信56件、来访35人次。做好残疾人证的评定发放工作，全年新办残疾人证576本，重评451人次，残疾等级变动15人次，未发生因残疾人证办理和重评引发的突发信访事件。开展关爱残疾人普法维权工作，成立区残疾人法律救助工作协调组和法律救助工作站。

（尚建南）

区红十字会

【概况】 2020年，高港区有红十字基层组织31个，红十字会员9018人，其中青少年会员7644人，注册志愿者289人。区红十字会捐款收入375.11万元，支出356.88万元。继续开展“红十字博爱万人捐”活动，募集社会捐款86.27万元。做好红十字宣传工作。组织救护培训51场次，完成普及性救护培训6169人次，初级救护培训709人次。发放助医助学助困资金60.99万元。许庄街道孔桥社区、口岸街道徐庄村、永安洲镇润洲社区建成红十字博爱家园。

【区红十字会捐赠收支】 2020年，区红十字会捐款收入375.11万元。其中，“红十字博爱万人捐”86.27

万元，高港区“馨语爱心服务队”志愿者定向助学款6.87万元，定向捐赠医疗设备4.4万元，新冠疫情捐款129.62万元，新冠疫情捐物146.87万元，市红十字会补助重阳节活动经费1.08万元。“红十字博爱万人捐”中，区级机关捐款29.26万元，占33.92%；各镇街捐款32.02万元，占37.12%；文卫系统捐款21.92万元，占25.41%；其他单位和个人捐款3.07万元，占3.55%。捐款支出356.88万元。其中，助医支出1.82万元，助困支出45.2万元，助学支出13.97万元，支援对口帮扶淳化县贫困学生75人计15万元，新冠肺炎疫情捐款支出129.62万元，新冠肺炎捐物支出146.87万元，定向捐赠医疗设备2台计4.4万元。

【红十字应急救援】 2020年，区红十字会通过“微高港”微信公众号发布招募书，组建高港区红十字应急救援队，吸纳社会志愿者41人。制定救援队章程、制度，备案应急救援队员信息，开展应急救援知识培训7期，形成应急救援骨干队伍20人。在世界红十字日、防灾减灾日、世界急救日开展主题活动，传播社会公众自救互救技能，组织志愿者在许庄街道孔桥社区开展地震灾害应急演练1次。建成备灾救灾仓库，制定《高港区红十字会仓库管理暂行办法》，规范红十字人道物资的进出库管理。与区应急局签订《防灾减灾救灾联动工作机制合作协议》。修订红十字会自然灾害和突发事件应急预案。

【公益性应急救护培训】 2020年，区红十字会明确各镇街、各部门年度应急救护培训工作任务。全年完成初级救护培训709人，完成市交目标任务的147.71%；普及救护培训6169人，完成市交目标任务的112.16%。

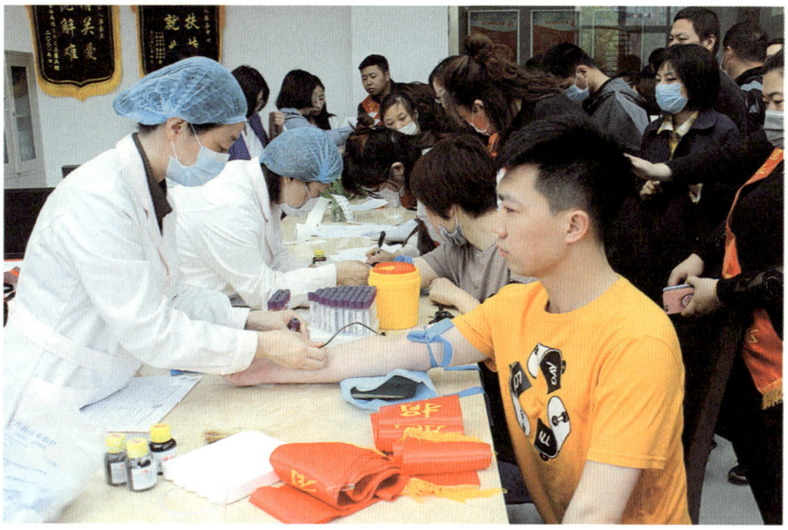

2020年5月8日，高港区开展纪念第73个“世界红十字日”暨造血干细胞集中采样活动
（区委宣传部 供稿）

【助困活动】 2020年，区红十字会开展“红十字博爱送万家”活动，救助426人，支出21.3万元，将省红十字会下拨的价值1.2万元的物资发放给困难群众。定向救助特困群众6人，支出13.17万元。救助口岸街道特困群众1人，支出3000元。救助胡庄镇特困群众1人，支出2000元。救助刁铺街道特困群众1人，支出500元。应急救助44人，支出8.8万元。重阳节慰问老人45人，支出1.08万元。火灾救助1人，支出3000元。

【助医活动】 2020年，区红十字会关爱女性健康项目支出1.82万元，救助贫困女性患者26人次，累计发放24.02万元，救助388人次。

【助学活动】 2020年，区红十字会资助孤儿24人，发放助学款7.1万元。高港区“馨语爱心服务队”定向助学款资助学生78人次，发放助学款6.87万元。

【造血干细胞捐献】 2020年，区红十字会为64名造血干细胞志愿者采集血样，完成市交目标任务的128%。完成再动员10例，完成高分辨进入体检阶段2例。扬子江药业集团员工陆科锦完成造血干细胞采集工作，捐献出234毫升造血干细胞混悬液，成为高港区第2例造血干细胞配对成功捐献者。

【红十字志愿服务】 2020年，区红十字会开展养老照护知识培训班7场，培训537人。开展服务活动3期，共入户服务55户。组织高港区“馨语爱心服务队”志愿者走进区残疾人托养中心、刁铺敬老院，开展关爱残疾人、老人志愿服务活动。

（孙晓红）

法治·军事

政法委与综治工作

【社会稳定风险防控】 2020年，高港区推进“排风险、建清单、除隐患、保稳定”专项行动试点，成立专项行动领导小组，组建工作专班，全面排查风险隐患，建立重大风险清单，4月17日完成首次拉网式全面排查任务。召开重大涉稳风险联合研判会议，对排查出的涉稳风险逐一过堂，最终确定区级重大涉稳风险15件，列入风险清单管理并明确责任单位。5月13日，省委政法委召开“排风险、建清单、除隐患、保稳定”专项行动动员部署会，高港区在会上作经验交流发言。全区录入“苏稳通”平台的市级重大涉稳风险8个，成功化解4个。

【社会治安防控体系建设】 2020年，高港区完成公安“110”接警区升级版技防城和“雪亮工程”建设，10月在全市率先通过省级验收。开展新一代“雪亮工程”暨技防城智能化建设需求调研，制定智慧技防小区、智慧技防校园建设任务方案，初步形成总体技术方案、工作方案、预算方案。

【扫黑除恶专项斗争】 2020年，高港区开展线索清仓、逃犯清零、案件清结、伞网清除、黑财清底、行业清源“六清行动”，推进“无黑城区”创建，扫黑除恶专项斗争年度绩效考评居全市第二。全区共立涉黑涉恶案件106件，破案59件，抓获涉黑涉恶犯罪嫌疑人197人。打掉涉恶犯罪团伙8个、恶势力犯罪集团3个，扣押、查封、冻结各类涉恶资产计1000万元。受理、流转黑恶类案件线索29件，破案10件。区委政法委协调交办区公安分局、区纪委监委、口岸街道城市综合执法局依法核查“4·17”举报涉黑涉恶案件线索，督促区公安分局加快办理红网交办线索。在扫黑除恶专项斗争中开展专项治理工作。至年末，红网交办线索全部办结。

【网格化社会治理】 2020年，高港区组织各镇街对网格划分、网格员配备、网格党组织建设、警网融合等工作进行逐村逐网格排查，安排人员分组进行重点督导。在全市率先成立高港网格学院，系统开展业务技能培训。评选、表彰全区“最美网格长”“最美网格员”共30人，3名网格员获评泰州“最美网格员”，2名网格员（长）被省委政法委通报表扬。推动治理网格和党建网格“双网融合”，在口岸街道、大泗镇打造“警网双格”融合试点，推进社区民警和网格员密切互动。开展公共法律服务、妇联工作、农村道路交通安全进网格工作，打造共建共治共享的社会治理

刁铺街道网格员参加疫情防控工作，对进出小区车辆进行登记

（区委宣传部　供稿）

格局。督促网格员（长）围绕矛盾预警、群租房和流动人口管理、安全隐患整治等内容，开展日常走访，及时发现安全隐患，定期帮扶特殊人群，足量上报有效信息。全面开展“警网有约”述职评议活动，提升社区居民对网格化服务管理工作的知晓率、满意率。高港区网格化服务管理知晓率、满意率较往年显著提升，上半年满意率94.5%，全市第一、全省第二；下半年满意率98.54%，全市第二、全省第四。出台《高港区关于坚持和完善“大数据+网格化+铁脚板”治理机制加快构建基层社会治理新格局的实施意见》。

2020年2月15日，高港区民警在泰州火车站实行24小时驻点，做好联系对接、核查登记、体温检测等工作　（区公安分局　供稿）

【法学课题研究】 2020年，区委政法委紧扣社会关注、群众关心的热点、难点，将市域社会治理现代化和政法领域全面深化改革列为高港区2020年度法学研究课题指南。区人民法院、区人民检察院、区司法局等单位的共16项课题入选泰州市法学会2020年度立项课题。组织法学法律工作者围绕网格化社会治理、P2P网贷平台发展的司法实践、新时期醉驾案件法律适用与综合治理研究等内容开展法学研究。组织开展2020年度法学研究课题评选活动，24项课题参选，评选出重点课题9项、一般课题9项。推进法学会融媒体建设，加强新媒体、新技术在法治宣传教育中的应用，在中央主流媒体和《民主与法制》刊物用稿22件。　（肖　磊）

公　安

【概况】 2020年，泰州市公安局高港分局（以下简称区公安分局）完成系列重大安保任务；牵头开展“治危除患”集中整治、违规违法“小化工”百日专项整治和“长江流域非法捕捞非法采砂”执法整治。破获刑事案件384件，破获“八类”案件5件，实现“八类”案件连续9年全破；抓获刑事作案嫌疑人464人。打掉恶势力犯罪团伙1个，查封扣押涉恶资产765万元。破获“12·4”非法出售航空发票案，获公安部、省公安厅贺电表扬。牵头全区疫情防控社会及社区组防控工作，实现接驳、隔离人员零风险事故。“甲壳虫”智能应用布控设备被省公安厅评为科技强警技术革新三等奖，创新推出“114”社区警务与网格治理融合模式被市公安局评为改革创新三等奖，“有声有色”智能报警系统被市公安局评为基层技术革新二等奖。打造白马派出所老兵服务队、永安洲派出所廉政示范点等特色党建品牌。区公安分局“石榴籽工作驿站”暨江苏省口岸中学“同心圆”教育基地揭牌。口岸警务工作服务站共接处警282起，现场处结率98%，服务救助群众180余次。全年公安系统6个集体和114人获得上级表彰。

【刑事犯罪侦查】 2020年，区公安分局侦破涉网黑恶犯罪4件，抓获犯罪嫌疑人28人，冻结赃款2.8万元，扣押赃款50.4万元，动员嫌疑人退还赃款21万元。侦办非法吸收公众存款案件2件，抓获涉案犯罪嫌疑人8人，刑事拘留2人，公诉6人。3—5月，组织开展“蓝剑1号”专项行动，共破获妨害疫情防控、损害企业权益、危害安全生产、侵害民生利益案件65件，涉疫诈骗案件3件，抓获犯案嫌疑人64人。破获通信网络诈骗案件59件，抓获犯罪嫌疑人42人，止付370余次，冻结涉案银行卡120余张，冻结涉案资金80余万元，为群众挽回经济损失191万元。查处各类毒品案件34件，其中涉毒刑事案件7件，抓获涉毒刑事作案成员8人，公诉2人，取保候审1人。抓获吸毒人员31人，缴获冰毒、大麻等各类毒品80余克。检查易制毒化学品企业505个次，下发整改通知书40余份，处罚违规化学品企业3个。

【经济犯罪侦查】 2020年，区公安分局协查涉众型经济犯罪84件，涉及参与人员218人。破获经济犯罪案件9件，刑事拘留7人，提请批准逮捕9人，公诉54人，挽回经济损失1000余万元。

【治安管理】 2020年，高港区共有娱乐服务场所122个。区公安分局查处为赌博提供条件案19件，罚款54人；查处赌博案12件，罚款47人；查处开设赌场案4件，抓获违法嫌疑人35人；查处卖淫嫖娼案3件，查获涉娼人员6人；责令关停硬件设施不达标水疗场所3个。排查清理群租房13户，排查整改安全隐患67处，依法取缔、拆除群租房28户。对全区12个寄递物流企业、6个寄递分拨中心、65个寄递网点和1180名从业人员全部实现在档在册、常态管控。与寄递物流业单位签订安全责任状。会同邮政管理部门开展联合执法40余次，抄告移送邮政管理部门查处违规单位3个，整改安全隐患19处。梳理全区126个涉危化单位基本数据，实行分类分级管控。加大烟花爆竹禁放和非法枪危爆物品收缴力度，排查整改安全隐患68处，制发限期整改通知书2份，收缴烟花爆竹58箱。整治涉水违法犯罪行为，立案、查处非法捕捞案件4件，移送起诉5人，办理行政案件4件，行政处罚4人；教育训诫21人，查缴电杆、电瓶、地笼等禁用违规渔具512套。完成“雪亮工程”暨“升级版技防城”建设，实现治安防控全覆盖。

【流动人口管理】 2—4月，区公安分局开展以实有人口、实有房屋源头信息采集为重点的“清源”专项行动。累计采集流动人口22528人、出租房屋1668户，注销流动人口24395人、出租房屋902户，变更流动人口3891人、出租房屋2985户。

【出入境管理】 2020年，区公安分局受理出境申请1089人次，其中，电子护照460人次，港澳台通行证申请629人次。因疫情原因劝阻2000余人办理各类出入境证件。全年未发生群众投诉、违规违法办理出入境证件事件。共登记常住境外人员74人，其中，外国人32人，港澳台居民42人。查处涉外行政案件4件，审核上报境外人员临时住宿信息231条。

【110接处警】 2020年，区公安分局共接报总警情数19465起，其中，刑事警情1436起、行政警情3275起、交通类警情74起、火灾类警情156起、求助类警情4031起、举报投诉类警情1360起、纠纷类警情7236起、其他类警情1897起。

【警务服务】 2020年，区公安分局推进“网格+警格”融合，建成一批“平安前哨”指挥室、“平安前哨”工作站，创新推出“114”社区警务与网格治理融合机制。深化“放管服”改革，构建“一窗式”归并办理、“零距离”服务前移、“分层级”规范审批、“不见面”全程在线新模式，深化“营商专员”机制，保障长城汽车泰州整车项目等重大项目建设。

（戴　华）

【道路交通安全管理】 2020年，泰州市公安局交通警察支队高港大队（以下简称交警高港大队）查纠各类交通违法行为14.4万起，其中，机动车违法行为9.84万起，非机动车、行人违法行为4.56万起；查获酒后驾驶252起。辖区交通事故共接处警1.08万起，其中，受理简易程序处理交通事故5606起，受理一般事故218起。完成春运、五一、端午、高考、中考等节点交通安全保卫任务。

路面勤务管理　将交通秩序整治活动和文明城市创建迎检工作结合，完善早晚高峰岗制度，强化全员接处警。开展农村与城区整治、大规模整治、异地交叉执法，不定点、不定期开展酒驾、毒驾整治。严查电动车闯红灯、逆行、不按规定载人、不按规定车道行驶、不按规定佩戴安全头盔等重点交通违法行为。

交通安全隐患排查　督促民警在日常交通管理和上下岗时加强交通安全隐患的排查。组织事故中队梳理交通事故多发点段，通过交通事故通案会、评析会，分析研判交通事故发生规律和特点，总结出交通事故多发时段、多发地段、多发车型以及诱发交通事故的重点违法行为，提出针对性强、易操作的预防交通事故对策措施。与交通运输管理部门合作，完善警示桩、防撞护栏、指示标志等，重点保障农村校车通行安全，完善临河、急弯、村庄及视线不良段的警示标志。发挥好道路交通安全生产专业委员会和领导小组作用，及时研究解决影响道路交通安全的突出问题。

交通安全宣传　围绕《江苏省电动自行车管理条例》开展普法宣传。突出交管阵地宣传，在交警岗亭、服务窗口等处摆放宣传展板，播放电动自行车违法教育警示片。联

高考期间道路交通安全管理　（区委宣传部　供稿）

系保险公司和辖区爱心企业捐赠爱心头盔。对骑乘电动自行车未佩戴安全头盔的违法行为人先进行处罚，再发放爱心头盔、开展教育。编写、发放《泰州交警致广大村民朋友们的一封信》《告沿街商铺一封信》《致高港区广大学生家长的一封信》。制作交通安全宣传三折页1万余份、宣传海报100余张、宣传横幅120条。（王阿林）

检　察

【概况】 2020年，区人民检察院提前介入并依法办理涉疫案件4件、4人。审查逮捕刑事案件26件、38人，提起公诉163件、282人，起诉案件有罪判决率100%。提前介入刑事案件2件，监督立案和撤案7件，纠正漏捕漏诉4人。办理民事检察案件52件。办理行政检察案件5件。办理公益诉讼案件55件。邀请“两代表一委员”参加专题视察、工作通报、公开听证11次，组织开展检察开放日活动5次，发布重要案件信息180份。1名干警获评全省优秀公诉人和泰州市“政法之星”，1名干警获评全国检察宣传先进个人。

【刑事检察】 2020年，区人民检察院办理公安部督捕涉黑涉恶目标逃犯王某寻衅滋事案件和中央扫黑除恶督导组交办的徐某等人赌博案件。结合案件办理，追缴涉案赃款120万元。密切跟踪办理未成年人涉恶犯罪中所制发检察建议的落实情况，与区教育局会商控辍保学措施，推动区政府出台《关于建立高港区义务教育控辍保学工作长效机制的指导意见》。持续参与“行业清源”专项整治，针对涉恶案件中发现的宾馆违规留宿未成年人导致违法犯罪行为发生情形，向主管部门发出检察建议，推动开展专项整治。加强与监察机关的衔接配合，办理本地及异地指定管辖职务犯罪案件9件、10人。在办理1件单位行贿犯罪案件中，行使自行补充侦查权，促使行贿人主动退出200万元违法所得，偿还国有公司债务1000万元。落实认罪认罚从宽制度，统筹推进认罪认罚从宽制度控辩协商同步录音录像试点工作。加强侦查活动监督，提前介入刑事案件21件，监督立案和撤案7件，纠正漏捕漏诉4人，依法监督纠正危险驾驶案件办理中抽血送检不规范问题。加强刑事审判监督。检察长列席法院审判委员会3次。对2件因被告人在认罪认罚后反悔并上诉，导致法律适用错误的案件，依法提出抗诉。加强刑事执行监督。结合《中华人民共和国社区矫正法》的实施，向1个有轻微违法行为的社区矫正对象制发《检察警示函》。全区刑事案件认罪认罚适用率96.9%，区人民检察院所提确定量刑建议法院采纳率100%，上诉率由6.7%降低至2.5%。

【公益诉讼检察】 新冠肺炎疫情防控期间，区人民检察院及时以《工作提醒函》方式建议区疫情防控办牵头对所登记的公民个人信息予以保护。对办理的11人侵犯公民个人信息案件，开展“一案双查”，依法追究犯罪人刑事责任，并提出附带民事公益诉讼，该案是全省检察机关首例以判决方式结案的“等外”领域公益诉讼案件，入选中国政法大学检察公益诉讼十大优秀案例。针对企业复工复产后危化品车辆增多的情况，对高港大道交通安全整治情况进行公益巡查回头看，联合交通、城管等部门消除道路安全隐患。开展瓶装燃气安全专项监督，针对经营户非法经营、存储瓶装燃气等安全问题，推动主管部门摸清非法经营供应点数量，建立瓶装液化气监管信息系统，联合各镇街和公安、市场监督等部门开展专项整治行动。针对部分小区室外健身器材使用安全隐患问题，向主管部门发出督促履职类检察建议，推动开展自查维修，保障群众健身安全。到各镇街调查基本农田保护情况，对发现的占用基本农田进行非农业建设情况，委托测绘公司进行专业测量，查清侵占面积，向属地政府发出检察建议，推动相关部门拆除违法建筑，恢复基本农田1200平方米。针对小区业主在装修过程中擅自砍伐公共绿化、占用绿化用地行为日益增多情况，邀请主管部门、社区、物业公司、律师等召开公开听证会，会商查处和防范对策。联合区人大常委会科教文卫工委、区文化体育旅游局进行实地调研和勘查，

2020年1月13日，区人民检察院牵头召开全区婴幼儿托育机构安全生产专项整治协调会
（区人民检察院　供稿）

督促相关部门加强对许庄街道蔡氏庄园内的新中国第一代面粉机的保护。牵头召开全区婴幼儿托育机构安全生产专项整治协调会，推动婴幼儿托育机构整改安全隐患。

【民事检察】 2020年，区人民检察院以民间借贷为重点开展虚假诉讼专项监督，依法监督纠正“假官司”3件。办理某商贸公司骗取调解书虚假诉讼监督案入选全省检察机关十大法律监督典型案例，被最高人民检察院转发。在全市率先开展“作废律师发票入判”“非法公民代理”等专项监督活动，针对假冒社区工作人员违法代理民事案件问题，提出类案检察建议，推动加强公民代理资格审查，规范法律服务市场，相关做法被省人民检察院转发。

【行政检察】 2020年，区人民检察院打造“企业安全服务检察+”品牌，联合行政执法机关，不以处罚为目的，帮助企业防范化解风险，被省人民检察院确定为“开展公益损害风险防控工作”试点单位。深化行政争议实质性化解，针对2件环境污染行政处罚争议案件，查明1个涉事企业违法行为认定依据不足，1个企业存在酌情减免情节，书面建议主管部门变更处罚决定，得到采纳。开展行政非诉执行检察监督，针对限制高消费令和纳入失信被执行人名单决定违反法定程序、部分法律文书存在瑕疵等情形，发出检察建议2份。

【未成年人权益保护】 2020年，区人民检察院坚持“教育为主、惩罚为辅”原则，对犯罪情节轻微、确有悔改表现的10名未成年人依法作出不批捕、不起诉决定。对7名涉案未成年人进行临界预防，向其中1名未成年人的法定代理人发出“督促监护令”，责令其承担家庭监护主体责任，相关做法被最高人民检察院推广，在全国检察机关专题理论研讨会上进行交流。“未成年人公益保护志愿团队”获评泰州市首届普法志愿服务“项目之星”。

【服务保障“三大攻坚战”】 2020年，区人民检察院办理非法吸收公众存款、电信诈骗、洗钱等案件16件，涉案总金额4400余万元。向10名受害家庭实施司法救助，发放因案致贫救助金27万元。依法支持8名农民工起诉讨薪案入选全省民事检察支持起诉典型案例。深入开展保护长江母亲河行动，起诉非法捕捞水产品等犯罪4人，并促使其自愿以货币补偿方式履行生态损害赔偿责任。

【食药安全检察行】 2020年，区人民检察院持续推进“食药安全检察行”活动。督促行政机关移送涉及食品药品犯罪案件4件、5人。联合市场监管部门对餐饮集聚区、药品零售连锁店等重点场所开展专项监督检查，对发现的问题线索进行调查核实后立案查处56件。对临时疏导点摊主食品安全隐患问题，发出诉前检察建议5份，协同相关部门共同治理。

【服务疫情防控】 2020年，区人民检察院提前介入并依法办理涉疫案件4件、4人，对1名积极悔罪补过的妨害公务案被告人从宽调整量刑建议，被省人民检察院疫情案件新闻发布会引用。对民营企业疫情期间落实安全生产情况进行回访，将法律监督作用延伸到案结后，相关做法被《新华日报》专题报道。

（孙伦步）

法　院

【概况】 2020年，区人民法院受理各类案件5110件，审理、执结4713件，比上年分别下降21.17%和17.6%。其中，受理刑事案件168件，审结148件；受理民商事案件2515件，审结2250件；受理执行案件2296件，执结2186件。14个集体、52名个人获上级表彰，区人民法院立案庭被评为江苏省工人先锋号，区人民法院少家庭获评省巾帼文明岗，何芬被授予“江苏最美法治人物”称号。

【刑事审判】 2020年，区人民法院审结聚众斗殴、寻衅滋事等暴力刑事案件17件、30人。审结贪污、受贿等职务犯罪案件5件、5人，300余名党员干部旁听案件庭审，接受廉政教育。惩治危害生产安全犯

2020年2月27日，区人民法院到扬子江药业集团提供抗疫法律服务，护航企业复工复产

（区人民法院　供稿）

罪，审结4件、4人。宣判电信诈骗、网络赌博犯罪案件15件、79人，涉案金额400余万元。贯彻教育感化挽救方针，落实犯罪记录封存、回访帮教等制度，审结未成年人犯罪案件7件、11人，适用非监禁刑9人。

【民商事审判】 2020年，区人民法院依法审结农村土地承包经营权案件7件，支持农村土地有序流转。健全劳动争议诉前调解联动机制，高效审结劳动争议、追索劳动报酬等案件192件。妥善审结家事案件341件。创新赡养案件100%畅行立案通道、100%落实庭前调解、100%开展巡回审理、100%实行案后回访、100%得到有效执行“五个100%”工作机制，妥善处理赡养纠纷28件，调撤率100%。组建民法典宣讲团，开展“菜单式”普法宣传活动21场。向经济困难当事人发放救助金50.2万元，减缓免诉讼费305万元。加强产权司法保护，成立商事审判专业团队，快速审结涉企买卖合同、租赁合同等案件334件。围绕服务供给侧结构性改革，强化企业破产处置府院联动机制，运用清算、重整等手段审结破产案件24件。抽调20余名干警，分别到武汉、上海等地法院，协调泰州口岸船舶有限公司外籍船舶解封事宜，帮助企业挽回损失4300万美元。70日内完成泰州口岸船舶有限公司及其关联公司破产重整。破产工作经验在《新华日报》《江苏法制报》和“学习强国”平台等主流媒体登载。

【案件执行】 2020年，区人民法院完善“执行+保险”工作机制，巩固拓展综合治理“执行难”格局。执结涉企产权、合同案件321件，标的额1.16亿元。探索“执转破”工作新路径，移送破产审查案件33件。围绕涉金融、民生等六类重点执行案件，集中力量攻坚，执结积案难案718件。坚持依法保障劳动者合法权益与企业生存发展并重，执结各类涉农民工工资案件549件，执行到位金额411万元，为492名农民工追回“血汗钱”。

【“六清行动”】 2020年，区人民法院推进线索清仓、逃犯清零、案件清结、伞网清除、黑财清底、行业清源“六清行动”，严惩黑恶势力犯罪。开展涉黑涉恶案件“回头看”，逐一核查问题线索，复查案件3239件，排查线索89条，刑事立案3件。全年宣判涉“套路贷”虚假诉讼相关案件2件、5人，涉案金额1300余万元。加大涉黑恶案件执行力度，财产刑执行到位57.85万元，追缴违法所得到位76.51万元。与区监委联合出台惩治“套路贷”虚假诉讼相关意见，健全完善甄别机制。

【刑事诉讼制度改革】 2020年，区人民法院推进“以审判为中心”的刑事诉讼制度改革，通知证人、鉴定人、侦查人员出庭作证6人次，落实庭审实质化。适用认罪认罚从宽制度，审结认罪认罚案件137件，当庭宣判率59.42%，服判息诉率93.88%。对轻微刑事案件适用速裁程序，大幅提升审判效率，平均审理天数仅5天。全年为54名被告人指定辩护。

【诉讼便民服务】 2020年，区人民法院推进“一站式”诉讼服务中心建设，打通“厅网线巡”一体化诉讼服务通道。突出集约集成、在线办理，优化整合立案、调解、送达、涉诉信访等程序性功能，为当事人提供“一站通办”的便捷服务。巩固立案登记制改革成果，确保有案必立、有诉必理。推广24小时自助立案，实现诉讼服务“不打烊”。依托“移动微法院”等平台，办理网上立案2248件。深化跨域诉讼服务改革，提供跨域立案服务40次，打造“家门口起诉”新模式。常态化开展巡回审判，及时就地化解矛盾纠纷。

【诉源治理】 2020年，区人民法院探索诉源治理新路径，新收一审民事案件比上年下降23.44%。设立诉讼与非诉讼对接中心，选聘人民调解员，驻院开展诉前调解，成功将275起纠纷化解在诉前。会同区工商联、区市场监管局等部门推动全市首家“商会调解”试点，及时化解民营经济领域纠纷，该工作被纳入区全面深化改革项目。推进“道交一体化”平台运行，成功调解103件，调处成功率98.5%。健全“网格法官+人民调解员+网格员”工作机制，主动下沉一线当好“八大员”，即当好冲锋在前的“战斗员”、城乡社区的“网格员”、企业发展的“护航员”、法律法规的“讲解员”、矛盾纠纷的“调解员”、社情民意的“调研员”、助力实战的“信息员”、基层一线的“服务员”。落实人民法院负责人常态化接访机制，受理来信来访160件。

【“分调裁审”改革】 2020年，区人民法院深化“分调裁审”改革，即案件繁简分流、调解、速裁、快审改革。调整充实2名员额法官+2名法官助理速裁团队，审结速裁案件1702件，占比75.99%，案件审理周期大幅缩短。成立简易案件快速执行组，做到快发款、快送件、快结案，高效实现申请人权利，首次执行到位3.08亿元。推进审判辅助事务外包，实现立案录入、材料转接、卷宗整理等辅助事务集约化管理。

【智慧法院建设】 2020年，区人民法院适应“互联网+”，启用律师绿色通道“一码通”，全面推广“江苏微解纷”“江苏微法院”“互联网开庭”“江苏微保全”“江苏微救助”等微信小程序，丰富拓展诉讼服务载体。深化信息技术在审判中的应用，完善电子质证、语音识别等功能。提升档案管理数字化水平，完善智能编目系统，通过省五星级档案室复查验收。推动执行指挥中心

升级，完善执行联动查控系统，提升案件流转速度。（王晓伟）

司法行政

【概况】 2020年，高港区司法行政系统推进法治建设，落实依法治区工作。部署“七五”普法终期验收，深化法治宣传教育。提升公共法律服务质量，维护社会公平正义。加强特殊人群管控。2月，高港区获评江苏省法治政府建设示范区。全区司法行政系统集体和个人受省部级表彰6次，区司法局被评为全国公共法律服务工作先进集体、江苏司法行政系统高质量发展先进单位。

【区委全面依法治区委员会工作】 4月，区委全面依法治区委员会第二次会议召开，审议通过《中共泰州市高港区委全面依法治区委员会2020年工作要点》。10月，区委全面依法治区委员会第三次会议召开，部署开展全区党政主要负责人履行推进法治建设第一责任人职责情况督察。在全区开展法治政府建设“补短板、强弱项”专项活动，对排查出的10个单位的14项问题进行清单式分解，研究制定平时督查、问题跟踪、情况通报制度，从制度层面规范各部门执法行为。完成省、市“七五”普法终期考核验收。评选表彰高港区第五批十大最美法治人物。开展城乡基层“援法议事”活动，形成刁铺街道圩岸社区“四张清单”助推“援法议事”机制长效化、口岸街道蔡滩社区“五在五心”工作法等9项经验做法和成果。在2020年度江苏省法治建设群众满意度测评中，高港区得分为95分，位居全市第一、全省第二。

【法治政府建设】 规范性文件和政府重大合同合法性审查 2020年，区司法局审核全区政策性文件35件，对省、市各类文件征求意见稿25件提出修改建议。开展涉及优化营商环境和涉及民法典行政规范性文件专项清理工作，及时公布清理结果。审查工程建设、技术服务、政府采购等各类政府合同、协议、招标文件93件，提出修改意见300余条。

行政复议与行政诉讼案件办理 办结行政复议案件18件，承办行政诉讼案件14件。办案中注重行政纠纷协调化解工作。继续推行行政机关负责人出庭应诉制度，出庭率100%。

规范执法行为 将各项执法种类和依据全部上网公示，对执法过程进行全程记录，将相关卷宗规范归档、保存。压缩自由裁量空间，坚持轻微违法首次不罚，最大限度减少执法办案对企业正常生产经营造成的负面影响。严格落实行政执法资格管理和持证上岗制度，及时做好机构改革后涉及42个区级行政执法主体执法权限的确认及500余名执法人员执法证申领换证工作。举办全区行政执法机关分管负责人、法规科科长专题培训班，50余人参加培训。对各镇街综合行政执法人员开展专题培训，100余名执法人员参加培训。实行日常监督、个案监督、专项监督相结合，实现执法要素和执法过程全方位监督。评查执法案卷120卷，逐一通报存在的问题并督促整改。

【法治宣传教育】 普法责任落实 2020年，高港区细化调整年度《区级机关部门普法工作责任清单》，完善“以案释法”“媒体公益普法”机制，推动实施“谁执法谁普法”标准化建设，重点突出政法、生态环境、农业农村、地方金融监管、教育、应急管理、城市管理等部门的“谁执法谁普法”责任，对“四绿”行动、防范非法集资、扫黑除恶等重点普法项目进行再推进。印发《泰州市高港区国家机关“谁执法谁普法”履职评议实施办法》，完善普法责任考评机制。

重点对象普法 制定《高港区领导干部学法清单制度》，做好宪法法律和党内法规的学习教育，结合法治政府建设“补短板、强弱项”专项活动，加强行政执法人员教育培训，实施领导干部任前法律考试3次，推动领导干部年度述职实现讲职责、讲规矩、讲法治“三同时，三结合”。及时开展全区各中小学法治副校长续聘选聘工作，开展“新学期法治教育第一课”、青少年法治宣传教育月、中小学生法治征文比赛、校园“法治大讲堂”、“模拟法庭进校园”等活动。深化“法企同行”活动，重视企业经营管理者和新市民普法，结合“安全生产主题年”活动，开展“以案释法基层行”活动，举办各类法律培训70余场，培训5000余人次，发放各类宣传资料1万余册，研发企业“全生命周期”公共法律服务产品30余件。

民主法治示范村（社区）建设 将民主法治示范村（社区）建设纳入乡村振兴战略，实行动态管理。推动公共法律服务进网格，巩固和拓展普法宣传阵地。试点“法律明白人培育计划”，刁铺街道圩岸社区围绕“乡贤文化”，让“老党员”发挥“新能量”，引入市级创投项目。支持鼓励村（社区）创新创优，口岸街道《蔡滩社区“五在五心”走出民主法治之路》入选全国法治乡村建设典型案例。全区有省级以上民主法治示范村（社区）46个（蔡滩社区为国家级），创成率50.5%。组织开展第十四批省级民主法治示范村（社区）和第八批全国民主法治示范村（社区）申报工作。

法治文化建设 完成区法治宣传教育中心暨青少年法治教育基地、口岸街道引江社区法治文化广场、大泗镇法治文化园二期和区法治文化广场提档升级工程。新建口岸中心小学宪法主题馆、新乡贤法治文化广场、江苏海企化工仓储股

大泗镇法治文化园　　（区委宣传部　供稿）

份有限公司等精品法治文化阵地，“一圈两线”法治文化自助旅游路线站点增加至31个。推进大泗镇“法治文化精品小镇”建设。编印《精准普法系列读本》。组织参加国家、省、市法治动漫微视频征集和网上巡映活动，自创和征集各类视频21个。开展法治文艺演出进基层15场次。指导建立“高港区普法志愿者协会”抖音账号，首次实现“法治宣传月启动仪式”网上同步推送。

“七五”普法终期验收　推进“七五”普法规划和决议的实施，梳理2016—2020年“七五”普法规划的贯彻执行情况，细化涵盖部门、镇街、村（社区）、学校、企业的考核细则任务分解表，召开全区迎检部署会议，制作宣传画册和主题宣传片，通过市级“七五”普法终期验收。

民法典主题宣传活动　在全区组织开展学习宣传《中华人民共和国民法典》主题活动。将民法典学习纳入各级党委（党组）中心组学法、会前学法、法治培训等内容，纳入国家工作人员在线学法考法内容，组织观看网上民法典公开课。组织中小学生开展民法典主题教育“五个一”活动，即开展一次民法典主题班会、一次民法典晨读活动、一次民法典征文或者演讲活动、一次模拟法庭活动，写一篇民法典学习感言或手抄报，在区青少年法治教育基地开设民法典专区。举办高港区“大江讲堂·周末法治报告会”——民法典专题宣讲活动。组织参加“中国普法”微信公众号推出的民法典在线有奖竞答、“美好生活，法典相伴”网上倡议接力、“健康生活·德法相伴”等活动。部门联动组织开展“法典相伴，为爱护航”和“地板时光亲子民法绘”等主题活动。举办法治文化作品创作活动，制作《民法典故事会》系列短片、《小司说法典》系列漫画和民法典系列快板、小品、相声等作品。开展民法典进社区、进乡村、进网格、进阵地、进网络、进公共场所活动，运用网站、微信公众号、“法润民生”微信群等开展公益普法，对法治文化阵地进行民法典专题内容更新。

【公共法律服务体系建设】　2020年，高港区完善区、镇街公共法律服务中心和村（社区）司法行政服务站功能，基本建成半小时公共法律服务圈。编印《高港区村（社区）法律顾问制度汇编》，91个村（社区）全部配备法律顾问。“12348”专线运行畅通，律师正常参与涉法涉诉信访值班。设立高港区疫情防控法律援助工作站，由全区6个律师事务所选派骨干律师轮值入驻，为家庭困难的计生服务对象提供法律咨询和法律服务。建成以区公共法律服务中心为中枢，以7个镇街公共法律服务中心、91个村（社区）司法行政服务站和区妇联、区残联、交警高港大队、区人力资源社会保障局、区人武部等专业性法律援助工作站为依托的法律援助组织网络。全区受理法律援助案件440件。在

2020年7月10日，区司法局在白马镇开展法援惠民生上门服务

（区司法局　供稿）

高港高新技术创业服务中心设立区公共法律服务分中心。区公共法律服务中心代表泰州市迎接省司法厅组织的“公共法律服务进园区、村（社区）法律顾问全覆盖”的互查和省司法厅对村（社区）法律顾问全覆盖工作的调研。

【律师事务】 2020年，全区共有律师事务所6个，律师74人，其中，专职律师40人、公职律师32人、法援律师2人。办理案件1164件，其中，刑事案件112件、民事案件912件、行政案件61件、非诉案件36件、仲裁业务43件。推进法律援助负面清单试点工作，综合运用质量评估、庭审旁听、案件检查等措施强化案件质量管理。建立优秀律师人才库，选聘优秀律师开展刑事案件法律援助，受理刑事法律援助案件107件。开展全区党政机关和区属企业配备公职律师、公司律师情况全面普查。8名在职公务员申报公职律师，2名法律援助公职律师通过年检考核。

【公证事务】 2020年，泰州市祥泰公证处办理各类公证案件4363件，比上年增长106.97%，业务增长率高居全省第三，其中，国内经济案件76件，国内民事案件4133件，涉外民事案件145件，涉港澳台案件9件。《重点企业融资受阻，抵押公证化解难题》案例获江苏省2020年度十大公证案例。《签名印鉴属实公证助力船舶企业融资案》《为未成年子女保留必要遗产份额的遗嘱公证案》《非婚生子女抚养协议公证案》《民营企业融资抵押登记公证案》4篇案例入选司法部案例库。

【人民调解】 2020年，高港区推动“网格+调解”工作，全区各级各类调解组织化解社会矛盾纠纷近1.1万件，调处成功率逾99%，其中非正常死亡纠纷35起，调处成功率100%。推动化解信访积案10余件，劝阻群体性上访10余批次、260余人次，防止民转刑案件13件、23人次。在江苏省司法厅网站、泰州市司法局网站等媒体上刊载人民调解信息10余篇。其中，《高港区实施“1+3”模式连续5年实现医疗纠纷零激化》信息获省司法厅副厅长批示肯定。高港区婚姻家庭纠纷调解委员会调解员王勇被评为全国模范人民调解员，高港区劳资纠纷调解委员会被评为省优秀人民调解委员会，2名基层调解员被评为省优秀人民调解员；刁铺街道大丰社区人民调解委员会家事调解工作室被命名为江苏省标准化家事调解社区工作室；《泰州市高港区刘某与某家具经销商消费纠纷调解案》入选司法部案例库。

【社区矫正】 2020年，高港区在全市率先成立社区矫正委员会。推进智慧矫正中心试点建设，更新软件、硬件设施，规范工作流程。开展社区矫正安全隐患排查整治、暂予监外执行专项检查、扫黑除恶专项斗争等工作。组织社区矫正对象团体心理辅导3期，实行损害修复个案矫治20人次。接收社区矫正对象108人，解除社区矫正92人，无脱管、漏管和重新犯罪。衔接刑满释放人员140人，落实帮教140人，帮教率和安置率均达100%。至年末，在册社区矫正对象140人，安置帮教对象631人。

【“百日维薪”专项行动】 2020年，高港区开展第五期“百日维薪”专项行动。接待农民工讨薪来访咨询445人次；受理农民工讨薪法律援助案件39件，受援人数86人，涉及金额170.5万元；办结农民工讨薪法律援助案件24件，受援人数38人，追索劳动报酬83万元。

【“法援惠民生”活动】 2020年，区司法局开展“公共法律服务进园区”“点援超市进乡村”活动，通过发放普法资料、联系卡和上门走访等方式，实现法治宣传与法律服务全覆盖。推进村（社区）法律顾问和司法行政服务站建设，组织法律服务单位与镇街、社区、企业建立联系制度，组织公共法律服务志愿者与困境儿童家庭结对共建，定期进行走访慰问和法律帮扶。完善普法平台建设，发挥微博、微信等新媒体作用，开展公益法律服务活动。加大矛盾纠纷排查化解力度，组织全区各级各类调解员到企业、工地等场所开展矛盾纠纷排查化解工作。

（蒋　浩）

人民武装

【党管武装】 5月26日，高港区召开全区武装工作会议。会议要求坚决听党指挥，不断增强看齐追随的政治自觉；牢记统帅训令，全面吹响备战打仗的奋进号角。区委、区政府和各镇街为民兵整组、军事训练、规范化建设、兵员征集等活动提供人员和经费保障，对人武部营院进行优化改造。

【军事战备工作】 2020年，区人武部组织跨区防汛抗洪联演、民兵应急分队轮训备勤。常态化保持日常战备，及时修订战备方案，突出改革期间和重大节日、敏感时段战备制度落实。疫情期间，累计出动民兵945人次，支援全区抗疫工作，其中大泗镇民兵的抗疫做法被“学习强国”平台等媒体转发。汛情期间，高港区民兵及时处置辖区内2处险情，被军地媒体广泛报道。组织抗洪抢险跨区联合演训。

【民兵整组】 2020年，区人武部采取同步出入转队、同步编兵配干、同步检查点验的方法，推动应急连、应急排、抗洪抢险和防化救援等专业

2020年6月19日，高港区开展防汛抢险联合演练

（区委宣传部　供稿）

分队建设。4月2日，组织整组业务培训会。4月22日，召开整组工作推进会，要求做到指导到位、目标到位、任务到位。4月29日，对首批编建的队伍进行整组点验。5月下旬，逐镇街进行整组点验。根据省军区统一要求，开展整组工作“直达末端”检查验收工作，完成基干民兵整组任务。

【征兵工作】 2020年，区人武部坚持“一季征兵、四季准备”，与区宣传、公安、卫生、交通、教育等部门联动，做好兵役征集工作。指导镇街突出前期早计划早部署早着手，中期抓标准抓规范抓关键，后期重回访重记录重服务。区人武部制作的征兵宣传片被推荐参加全省评比，进入前十名；18周岁青年兵役登记率100%，大学毕业生报名数比例列全市第一。

【“洪泽湖”舰入驻高港海军舰艇文化公园】 5月12日，“洪泽湖”舰在山东省青岛退役。5月15日，“洪泽湖”舰到达泰州国际集装箱码头，其后，入驻高港海军舰艇文化公园。“洪泽湖”舰是中国自主设计建造的第一代综合补给舰，1979年9月6日下水，1980年列编服役，先后执行重大战训任务千余次，总航程33万余海里，航迹遍布5大洲3大洋、26国29港，创下中国海军舰艇编队“首次环球航行”“首次通过巴拿马运河”等16项纪录，荣立集体二等功1次、集体三等功4次，被誉为“中华补给第一舰”。

（李袁靖）

人民防空

【概况】 2020年，泰州市民防局高港办事处（以下简称高港人防办）坚持“长期准备、重点建设、平战结合”方针，贯彻与经济社会相协调，与城市建设相结合，与防灾、救灾和处置突发事件相兼容的原则，坚持防空防灾一体化，开展民防知识教育，加强民防基础设施建设。建成社区民防工作站35个，实现主城区社区民防工作全覆盖。

【人防行政审批】 2020年，高港人防办按照《中华人民共和国人民防空法》和相关法规政策的要求，贯彻“应建必建，应收尽收”的原则，严把人防工程审批关，人防易地建设费收缴率100%。

【防空警报试鸣】 9月18日，高港人防办组织全区防空警报例行试鸣。防空警报鸣36秒，停24秒，连续3分钟；空袭警报鸣6秒，停6秒，连续3分钟。解除警报连续鸣3分钟。鸣响率100%，音响覆盖率95%以上。

（陈　诚）

2020年5月15日，高港区在泰州国际集装箱码头举行欢迎仪式，迎接“洪泽湖”舰

（区委宣传部　供稿）

港口·口岸

泰州港高港港区

【概况】 2020年，泰州港高港港区（含高港、杨湾、永安3个作业区）有长江泊位14个，其中万吨级泊位10个。集装箱、石油制品专用码头各1个。堆场面积64万平方米，其中集装箱堆场面积14万平方米，各类仓库面积1.2万平方米。有各类装卸机械300余台（套），最大起吊能力40吨，具备集装箱、件杂、散货、液体等形态货物的装卸能力，接卸钢铁、铁矿石、煤炭、粮食等主要大宗境外贸易货种近20个，与40余个国家的港口有运输往来。全年港口货物吞吐量4397万吨，与上年持平；境外贸易吞吐量617万吨，增长19%；装卸自然吨1808万吨，下降2.9%。泰州国际集装箱码头完成集装箱吞吐量32.6万标准箱。泰州港务集团有限公司实现营业收入2.69亿元，增长10.8%。

【港口建设】 2020年，永安作业区污水收集系统改造工程完工，用于生产污水的收集、处理和二次利用。推进永安作业区一期、二期工程改造，在完成各单项审批的基础上，报交通运输部最后审批。 （季 玲）

【泰州国际集装箱码头开启“公铁水多式联运”模式】 6月，泰州国际集装箱码头首次承接铁路集装箱下水业务，由宜昌等港口转铁路发往西南等地区。9月15日，泰州港—洋山港“天天班”直航首航仪式在泰州国际集装箱码头举行，标志着泰州港“天天班”直航航线正式开通。该航线由泰州国际集装箱码头与央企中远海运旗下的上海浦海航运、上海外轮代理三方共同打造，全市经该航线出口的货物，从泰州港到洋山港的航行时间可缩短50%，仅需3.5天，且每个工作日均有航班，帮助企业降低物流成本1000元/标准箱。12月18日，泰州港—盘锦港直航航线开通，该航线有效对接长江中上游港口至北方的货源，形成上游港口集装箱货源至东北港口的新中转通道。泰州国际集装箱码头正式开启“公铁水多式联运”模式。 （李 誉）

泰州国际集装箱码头堆场 （区委宣传部 供稿）

海 关

【概况】 2020年，泰州海关驻泰兴办事处监管一科监管进出口货运总量831.54万吨，比上年下降10.66%。其中，进口货运量752.69万吨，下降8.49%；出口货运量78.85万吨，下降27.22%。监管进出口集装箱101094标准箱，下降4%，其中，进口17745标准箱，增长4%；出口83349标准箱，下降5%。监管进出境船舶403艘次，下降15.69%。泰州海关驻泰兴办事处查验一科共查验进出境货物982票，其中，集装箱货物189票，大宗散货液体化工品793票。共查获55票，

海关大楼 （区党史方志办 供稿）

作“两简”案件处理12件，其中在泰州海关区首次截获夹藏出口水稻种子；移交缉私部门一般案件1件，补税51万余元。运用H986大型集装箱检查设备开展机检5429自然箱，日均机检21自然箱。

【进出境船舶疫情防控】 2020年，泰州海关驻泰兴办事处监管一科对入境船舶140艘次、出境船舶263艘次、进出境船员7914人次、换班船员605人次进行检疫查验和医学巡查工作。全年共有来自疫情高风险国家的入境船舶101艘次。成功处置船员抗体阳性1例、染疫嫌疑船员6例、船员急性阑尾炎1例、船员突发手外伤2例、船员小中风1例、船员胸闷呼吸困难1例等异常事件。检疫处理船舶73艘次，对5艘染疫嫌疑船舶进行消毒处理，对68艘来自非洲猪瘟等动植物疫区船舶的生活垃圾、泔水等进行除害处理。 （陈 雨）

海 事

【概况】 2020年，泰州海事局高港海巡执法大队服务进出高港港区船舶1.33万艘次，上缴港口建设费等各类规费854.04万元。保障泰州口岸船舶有限公司和泰州三福船舶工程有限公司7艘新造船下水、出坞。为益海（泰州）粮油工业有限公司、泰州永福港务有限公司75艘船舶252.92万吨大豆运输和重点民生物资运输提供水上安全保障。发挥12.5米深水航道效能，强化安全监管，严格受限船舶审批，加强对重点船舶的VTS监控、现场巡查及安全维护。全年开展进江海船检查197艘次，给予海船行政处罚61起，罚款金额31.7万元。

【船舶进出港报告专项整治】 2020年，泰州海事局高港海巡执法大队利用现场巡查、窗口办理业务、大屏幕展示等形式，向船员宣传船舶进出港报告制度。做好窗口核查和船舶现场监督核查。加大违法违规行为查处力度，对于恶意谎报、瞒报的船舶依法从重处罚。全年开展船舶进出港报告核查6450艘次，检查发现各类违规报告行为42起，开展教育培训12人次，实施相关行政处罚30艘次，罚款金额8.8万元。

【“三无”船舶专项整治】 2020年，泰州海事局高港海巡执法大队与公安部门开展联合行动，依法查扣非法航行、作业的“三无”船舶。高港辖区共拆解“三无”船舶10艘，实现“三无”船舶清零。

【船舶安全配员专项整治】 2020年，泰州海事局高港海巡执法大队开展船舶安全配员专项整治工作。查处船舶安全配员不满足要求，船舶有证无人，船员人证不符，船员证书伪造或失效，船员证书职务、等级、类别和航线不符合要求，《船员服务簿》记载不真实、不规范等违法行为。全年开展安全配员专项核查436艘次，实施行政处罚39起，罚款金额42.35万元。

【内河船舶生活污水生活垃圾专项整治】 2020年，泰州海事局高港海巡执法大队组织执法人员到辖区

泰州市海事局高港海巡执法大队工作人员登船开展安全宣传

（泰州市海事局高港海巡执法大队 供稿）

各码头、内港池、待闸区等重点监管区域张贴横幅，发放内河船舶生活污水生活垃圾污染专项整治“百日行动”宣传专刊。检查辖区在港作业船舶生活污水处理装置的配备和使用情况、船员防污设施设备操作能力、船舶垃圾收集和处置等情况，对涉嫌未正常使用生活污水处理装置等涉污违法行为及时取证，流转相关船舶信息，根据船舶违章行为实施行政处罚，责令进行整改。“百日行动”期间，开展内河船舶生活污水生活垃圾污染检查696艘次，实施相关行政处罚44起，罚款金额15.2万元。

【船舶燃油抽样检查】 2020年，泰州海事局高港海巡执法大队结合船舶安全检查和船舶现场监督，对船舶防止大气污染证书、轮机日志、油类记录簿等进行检查，对燃油进行取样、封存，在船舶排放控制区监督检查专项记录表中做好记录。运用船舶尾气遥测仪监测航经辖区的船舶，利用专业软件对可疑波峰进行重点分析；利用比值法得出较为准确的燃油硫含量，对存在违规嫌疑的船舶进行燃油抽检；利用燃油快速检验仪器对船舶燃油进行快速检测，将硫含量超标的燃油样品及时送有检测资质的机构进行检测，向船舶目的港核实船舶申请燃油豁免情况。全年开展船舶硫含量检测130艘次，检查发现船舶硫含量超标行为23起，实施行政处罚23起，罚款金额6.7万元。

【公务船及港作船防污染专项检查】 2020年，泰州海事局高港海巡执法大队走访辖区码头企业，开展码头污染物接收能力调查。重点对辖区3艘港作拖轮、2艘趸船、3艘清污船的垃圾和生活污水处置情况进行检查，推进内外艇趸生活污水设施改造，实现内部艇趸生活污水生活垃圾零排放。

泰州出入境边防检查站执勤一队营房 （边防中队 供稿）

【船载危化品和船舶防污染作业现场检查】 2020年，泰州海事局高港海巡执法大队集中执法力量加大对辖区船载危化品和船舶防污染措施落实情况的核查和处罚力度。开展液货船装卸及水上过驳作业场监督检查96艘次，固体散装货物装卸作业检查35艘次，船舶涉污作业现场检查27艘次，查处船舶未正常使用防污染设备和器材行为46起，查处船舶载运危险货物进港未经海事管理机构同意行为1起，查处水源保护区违规锚泊行为1起。 （邢本龙）

边防检查

【概况】 泰州出入境边防检查站执勤一队主要承担长江沿线高港段24千米岸线、10座对外开放码头、16个泊位的边防检查任务。2020年，共监管船舶762艘次、船员15070人次，巡查巡视4304次，联合处置4名发热体征船员疫情排除和2名受伤船员紧急救治事宜。联合海事等部门开展行动15次，查获走私案件1件，缴获成品油约300吨。

【执勤管理】 2020年，泰州出入境边防检查站执勤一队跟进中外人员复工复产，走访辖区企业，召开促进企业发展工作座谈会，针对企业发展需求，跟进9项边检保障举措。在2个开放码头设立前沿警务室，常态化运行“远散码头联动管理、港池锚地联合巡航、非法入境联合打击”机制；加强数据研判，为泰州医药高新区、高港区疫情防控提供数据支持；利用登轮检查、一线巡查等时机，对码头工人、船舶代理等涉检人员开展疫情防控、安全生产和法律法规宣传教育。全年开展法律宣传活动5次，服务新船出口6艘，泰州出入境边防检查站“保障新造船出口，促进口岸经济发展”的做法被江苏边检官方微博、中国水运网、国家移民管理局微信及微博平台等媒体报道。 （黄呈祥）

江苏泰州港经济开发区

综 述

【概况】 2020年，江苏泰州港经济开发区（下辖高新园区、核心港区、临港园区）实现地区生产总值585.6亿元，工业总产值1521亿元，财政收入87.12亿元，税收收入61.51亿元；累计有高新技术企业101个；新批外商和港澳台商投资企业17个，实际利用外资和港澳台资2.62亿美元；进出口总额14.31亿美元。在2019年度全省经济开发区综合考评中位列省级经济开发区第1名。

【省级经济开发区排名第一】 8月28日，省商务厅发布2019年度全省经济开发区科学发展综合考核评价情况通报，泰州港经济开发区在全省118个经济开发区（国家级27个，省级91个）中综合排名第20位，较2017年上升7位，超过8个国家级经济开发区；在全省91个省级开发区中排名首次跃升至第1位，较2018年上升4位。

（李雪云 丁 玲）

高新园区

【概况】 2020年，高新园区实现地区生产总值97.2亿元，比上年增长5.6%；工业总产值112.05亿元；完成开票销售74.8亿元，增长12%；工业税收3.8亿元，增长35%；工业利润5.7亿元，增长25.3%。完成一般公共预算收入3.06亿元。实际利用外资和港澳台资1.2亿美元。

【项目建设】 2020年，高新园区新签约1亿元人民币以上项目55个，总投资超263亿元人民币，其中，5亿元人民币和3000万美元以上项目19个，包括太洋铍合金、韵达江苏供应链总部基地、领巢增压器等项目。新开工1亿元人民币以上项目18个，总投资87.9亿元人民币，其中，5亿元人民币或3000万美元以上项目10个，包括优维年汽车内外饰、领蜂汽车变速器双模块、星瑞精密铰链及滑轨等项目。总投资80亿元的长城汽车泰州整车项目竣工投产，创造8个月首台白车身下线、9个月整车下线、11个月建成量产的“泰州速度”。为长城汽车整车配套的总投资17亿元的精诚工科汽车底盘、总投资11亿元的领诺智能汽车座椅、总投资11.77亿元的领巢智能汽车增压器、总投资10.5亿元的领蜂智能汽车变速器双模块、总投资5.7亿元的华强照明汽车灯具等核心零部件项目全面启动建设，并按序时进度推进。

【企业转型升级】 2020年，高新园区新增规模以上工业企业18个。泰州大自然德森堡木业有限公司的“简奢·雅韵”系列获2020年国家优秀工业设计奖，江苏张驰轮毂制造有限公司获批省级工业设计中心，江苏苏萨食品有限公司椰子汁饮料生产车间获批省级智能化车

高新园区一角 （高新园区 供稿）

2020年7月25日，长城汽车股份有限公司泰州分公司首台白车身下线
（区委宣传部 供稿）

间，江苏苏萨食品有限公司获批省级绿色工厂，江苏神驰机电有限公司、泰州永盛包装股份有限公司获批省级企业技术中心，泰州润杰物流安全装备科技有限公司、泰州永盛包装股份有限公司、泰州星瑞精密工业有限公司、江苏星徽精密制造泰州有限公司通过江苏省两化融合管理体系评定。

【科技创新】 2020年，高新园区获批高新技术企业16个、科技型中小企业32个，省、市级工程技术研究中心各2个；实施技改项目23个、高质量产学研合作项目12个，新建校企联盟5个，引进国家级领军人才3人；万人发明专利拥有量达62.5件，高新技术产业产值占规模以上工业产值的46%，全社会研发投入占地区生产总值的3.5%以上；“泰晶e空间”创成全区首个国家级众创空间。

【生态建设】 2020年，高新园区推进矿产压覆资源等区域评估工作，完成地质灾害、水土保持等区域评估专家评审。开展固定污染源排污许可清理整顿，75个企业获得排污许可证。

【基础设施建设】 2020年，高新园区完成华创电子信息产业园1~4号厂房、人才公寓、科技孵化器三期项目主体施工。铺设燃气管网2千米、污水管网3千米、供热管网5千米。双创基地一期项目竣工并交付使用。

【社会民生】 2020年，高新园区化解农民工工资拖欠等矛盾纠纷。妥善解决中小企业集约区标准厂房（二期）等12个重点项目失地农民的进保问题。做好普法宣传，开展“民法典进企业”等宣讲活动20余场。

【安全生产】 2020年，高新园区推进安全生产专项整治，组织“百团进百万企业”安全宣讲，检查企业254个次，组织整改排查出的隐患。全年未发生有较大影响的生产安全事故。

【长城汽车泰州智慧工厂竣工投产】 参见《年度聚焦》类目。

【江苏鼎实供应链管理有限公司揭牌】 9月14日，江苏鼎实供应链管理有限公司在泰州港经济开发区举行揭牌仪式。江苏鼎实供应链管理有限公司是由泰州港经济开发区全资子公司——泰州兴园科技有限公司与泰州市中优石化有限公司共同出资注册成立的合资贸易公司，注册资本5000万元，是园区首个国资控股的混改试点企业。 （丁 玲）

核心港区

【概况】 2020年，核心港区实现地区生产总值128.3亿元、规模以上工业产值255.07亿元，分别比上年增长3.46%、33.1%；一般公共预算收入2.77亿元；全社会固定资产投资88.39亿元；服务业增加值55.91亿元；高新技术产业产值47.52亿元。全年签约1亿元以上项目54个，新开工项目15个。协议利用外资和港澳台资2.47亿美元，实际到账7162.59万美元。自营进出口总额11.5亿美元，其中，进口9.45亿美元，出口2.05亿美元。泰州高港综合物流园连续3年被评为全国优秀物流园区。

【项目建设】 2020年，核心港区开工1亿元以上项目15个，其中，5亿元人民币或3000万美元以上项目6个，列全市B档园区第一。疫情常态化防控期间，协调龙凤堂五期中药饮片项目土地手续报批，推动项目于2月初复工。益海（泰州）粮油工业有限公司年产15万吨发酵豆粕项目开工建设，泰州市华永医药投资有限公司的医药制造公共服务平台项目南片区3幢厂房取得施工许可证并开工建设，江苏龙凤堂中药有限公司的中药提取2号车间竣工投产，高港智能制造产业园竣工并投入使用。总投资70亿元的扬子江生物制药项目、总投资18.7亿元的中科院自动化所泰州智能制造研发中心项目、总投资10亿美元的益海嘉里粮油深加工项目被列入2020年省重大项目，总数量在全市B档园区中排名第一。至年末，扬子江生物制药项目、中科院自动化所泰州智能制造研发中心项目完成年度投资计划；益海嘉里粮油深加工项目开工建设，完成序时投资计划。

泰州国际集装箱码头　　（永安洲镇　供稿）

【科技创新】 2020年，核心港区完成科技申报项目立项61个，高新技术产业产值占规模以上工业产值的19.6%；新增发明授权专利51件，发明专利申请245件，国际发明专利6件。江苏泰氟隆科技有限公司、江苏骏佳食品添加剂有限公司、江苏东宇墙纸有限公司、泰州市胤鸿机械设备有限公司、江苏省普菲柯医疗器械总厂被认定为江苏省高新技术企业。新认定市级以上研发机构8个，其中，省级技术中心2个（扬子江药业集团江苏龙凤堂有限公司技术中心、富彤化学有限公司技术中心），省级工程研究中心2个（江苏省聚合物功能高分子复合材料工程研究中心、江苏省模块式智能化修造作业装备工程研究中心），市级工程技术研究中心3个（龙凤堂中药现代工艺工程技术研究中心、富彤有机磷系阻燃剂工程技术研究中心、恒达羧甲基纤维素钠工程技术研究中心），市级科技公共服务平台1个（祥云软件船舶技术科技公共服务平台）；新认定建设市级以上科技创新载体2个（其中，泰州市中科智能制造众创空间为省级众创空间、泰州高港真江河豚星创天地为省级星创天地）；研发机构省级绩效考评优秀2个（江苏省三福船舶产品数字化设计与制造集成系统工程技术研究中心、江苏省海企液体化工储运工程技术研究中心），研发机构市级绩效考评优秀1个（江苏旺灵高频微波复合材料工程技术研究中心）。

【服务业】 2020年，核心港区完成服务业增加值55.91亿元，比上年增长7.81%，服务业增加值占地区生产总值比重为43.58%，增长1.24个百分点。完成服务业产业投资31.72亿元，增长8.27%；完成限额以上批零住餐销售总额270.38亿元，增长26.9%；限额以上消费品零售总额1.96亿元，增长9.9%。全年发放引导资金1256万元；新培育规模以上服务业企业9个、限额以上批零住餐企业11个。开通泰州港—盘锦港内贸直航航线，实现泰州港内贸直航航线零突破；联合泰州外轮代理公司开通泰州港—洋山港直航天天班。受疫情影响，集装箱码头全年吞吐量为32.6万标准箱，略有下降。江苏港瑞供应链管理有限公司实现开票销售71.1亿元，利税739.76万元。江苏瑞泰商业保理有限公司实现日均保理余额超9.23亿元，利税9855.49万元。泰州永安港务有限公司获评市重点物流企业。泰州益嘉物流有限公司成功申报疫情期间重点物流企业省级财政奖补资金。

【基础设施建设】 参见《街道·镇》类目。

【生态建设】 参见《街道·镇》类目。

（李　誉）

临港园区

【概况】 2020年，临港园区实现地区生产总值161.83亿元，比上年增长6.1%；一般公共预算收入2.3亿元；一般纳税人开票销售155亿元，

临港园区标准厂房 （口岸街道 供稿）

增长12%；规模以上工业总产值129.25亿元，增长15.26%；列统工业增加值34.47亿元，增长8.81%；完成固定资产投资76.49亿元，增长22.3%；工业投资41.11亿元，增长4.8%；服务业投资35.38亿元，增长51.8%；高新技术产业产值43.06亿元；限额以上批零住餐销售额382.54亿元；限额以上消费品零售总额9.35亿元，增长10.3%；实际利用外资和港澳台资7074万美元；建筑业总产值166亿元，建筑业入库税收1.77亿元；新增规模以上企业49个，其中，工业企业9个，建筑业企业12个，服务业企业11个，贸易企业17个。优化"店小二"服务模式，全年帮助办理私营企业522户、个体工商户7813户，为618个企业提供工商、税务、银行开户变更等服务。

【项目建设】 2020年，临港园区新签约50亿元人民币以上项目2个[风电设备项目、水利（海工）胶黏新材料项目]，5亿元人民币以上项目15个，3000万美元以上项目4个，1亿元人民币以上项目30个；完成飞地项目2个。新开工5亿元人民币或3000万美元以上项目5个（扬子江新药研发及人才培育基地项目、雕花楼商业街项目、泰铭表面改性再制造产品项目、伊美佑汽车自动变速箱项目、中科临港创新科技园产业基地项目），1亿~5亿元人民币项目8个（海燕大酒店AB区装饰技术改造项目，创新电子显示器支架技术改造项目，百力特汽车正时皮带、工业智能传动同步带项目，PVC生产线、PVDC复合生产线项目，扬子江注射用奥美拉唑钠项目，益联吊索具、汽车牵引盘项目，扬子江国家应急防控药物产业化平台建设项目，巧记堂食品保鲜膜套加工项目）。

【企业转型升级】 2020年，泰州市创新电子有限公司获国家级专精特新"小巨人"企业称号，泰州市金衡建筑材料检测有限公司获批国家标准化良好行为AAA级企业，江苏昆仑光源材料有限公司、泰州汇锦电子有限公司、泰州三福船舶工程有限公司获批江苏省星级上云企业，扬子江药业集团江苏制药股份有限公司获批江苏省示范智能车间，江苏天华索具有限公司通过江苏省两化融合管理体系评定，泰州苏中天线集团有限公司被认定为省级信用管理示范企业，泰州市榕兴医疗用品股份有限公司、泰州汇锦电子有限公司被认定为2020年市级管理创新先进企业。

【科技创新】 2020年，临港园区获批高新技术企业8个，进入省高新技术企业培育库企业8个，进入市高新技术企业培育库企业2个。完成产学研合作项目12个；技术合同交易额7.29亿元；规模以上工业研发活动企业占比85%，投入强度4%。新增发明专利申请248件，发明专利授权51件，国际专利申请7件。全年引进高层次人才84人、高技能人才128人，新增国家级人才2人。成功申报市"双创"项目2个，市311工程资助项目1个。泰州汇锦电子有限公司获批省级工程技术研究中心，泰州超人汽车电子有限公司获批省级企业技术中心，泰州苏中天线集团有限公司、江苏昆仑光源材料有限公司、江苏凯威药用包装有限公司等企业获省、市级研发机构绩效评价优秀等次。

【基础设施建设】 参见《街道·镇》类目。

【生态建设】 参见《街道·镇》类目。

（陈 燕）

扬子江药业集团

综 述

【概况】 2020年，扬子江药业集团产值、销售、利税分别比上年增长12.05%、11.05%和8.8%。企业连续6年在工业和信息化部公布的全国医药工业百强企业榜上排名第1位，获2020年中国品牌价值评价医药健康板块品牌强度、品牌价值双第一，蝉联全国医药行业质量管理成果评比一等奖总数第1名，实现“十六连冠”。列化学制药行业百强第1名，上榜中国企业500强（237位）、中国民营企业500强（第71位）、民营企业制造业500强（第38位）。在《全球1000强药企报告》中，扬子江药业集团列第27位。

【企业党建】 2020年，扬子江药业集团党委有党总支9个、党支部49个，党小组117个，党员1000余人。新冠肺炎疫情期间，扬子江药业集团向疫情一线及各大医院捐赠防护用品、药品及爱心款近1亿元；做好企业疫情防控和复工复产工作，受到国务院疫情防控第十指导组的肯定。集团被全国工商联评为抗击新冠肺炎疫情先进民营企业。参与健康扶贫、产业扶贫和教育扶贫。创建劳模和工匠创新工作室。开通职工班车，组织员工体检，举办民兵训练、运动会、线上读书等各类活动200余场次。7月1日，在扬子江药业集团东方红广场举行“七一”入党宣誓暨表彰大会。8月3日，邀请泰州市委党校政社教研室副主任为集团全体党员干部上“从党史中汲取前进的智慧”专题党课。2020年春节前夕，扬子江药业集团党委组织全体党员、干部职工开展扶贫帮困活动，帮助周边困难家庭289户，发放慰问金超过15万元。

（扬子江药业集团）

药品研发

【概况】 2020年，扬子江药业集团重新审视研发方向，整合临床研究团队。成立知识产权部门，新组建创新药评估团队。统筹协调立项工作，严密项目管理。优化创新资源配置，扩大与上海交通大学、复旦大学的合作。布局高端制剂，推动“由仿转创、创仿结合”转型。

【创新药研发】 2020年，扬子江药业集团创新药立项19个，其中改良型新药3个。获批临床药品2个，申请临床药品1个，筛选化合物药品3个，高起点引进洽谈合作项目4个。

【仿制药质量和疗效一致性评价】 2020年，扬子江药业集团加强产品布局，实行项目分级管理，保证仿制药的快速突进、快速获批。全年获生产批件14个，通过一致性评价品种16个，其中头孢丙烯片、注射用头孢西丁钠等10个品种为全国首家。左氧氟沙星滴眼液抢在第三批

扬子江药业集团实验室设备 （扬子江药业集团 供稿）

集采之前获批并中选。

【中药研发】 2020年，扬子江药业集团中药研发同步突破，引进中药生产批件2个，申报生产3个。创新开发经典名方，清解退热颗粒上市。

（扬子江药业集团）

质量管理

【概况】 2020年，扬子江药业集团持续完善质量管理体系，加强合规体系建设，推动质量管理精益化。开展药品管理法和新版药典的宣传学习，统一子公司质量管理体系，完善监督、检查、评比机制。利用双月例会进行现场会诊，解决技术难题；推行首席质量官制度；开展“质量品牌·安全环保月”活动。扬子江药业集团2项质量标准升格为江苏省地方标准。构建安全管理双重预防机制，实行全过程动态风险管理。

【质量品牌·安全环保月】 3月、9月，扬子江药业集团开展“质量品牌·安全环保月”活动，强化企业质量生产主体责任意识，提高员工的质量意识、品牌意识、安全意识和环保意识，提升企业在疫情防控期间药品生产保障与产品质量，助力企业夺取防疫与生产经营“双胜利”。

【质量管理评比】 9月22—23日，由中国医药质量管理协会主办的第41次全国医药行业质量管理（QC）小组成果发表交流会召开。全国100余个医药企业、682个课题分9个小组参加。扬子江药业集团100项课题全部获一等奖及最佳发表奖，蝉联全国医药行业QC评比总数第1名，实现“十六连冠”。12月1—3日，第45届国际质量管理小组会议（ICQCC）在孟加拉国达卡举行。大会采取“线上+线下”一体化发表形式，来自中国、新加坡、韩国、印度等9个国家和地区的261个小组1556名代表参加，其中中国代表团共有66个小组、284人参会。扬子江药业选派参赛的4个QC小组课题全部获最高奖铂金奖。其中，扬子江药业集团超越QC小组通过自主研究冻干粉针自动进出料系统充氮装置的设计与应用，实现冻干生产全过程充氮，打通生产车间国际化的关键环节；江苏海慈生物药业有限公司晨曦QC小组以降低某产品原料药杂质的含量为攻关课题，达到原研标准，达成出口欧美国家的意向；广州海瑞药业有限公司致远QC小组解决静脉血栓用药产品溶出曲线拟合度问题，加速其获批进程；江苏制药股份有限公司无极QC小组聚焦散风通窍滴丸扩批生产过程中的技术难点，降低其提取物的炽灼残渣，达成批量扩大。

（扬子江药业集团）

扬子江药业集团保质保量生产抗疫药品　（扬子江药业集团　供稿）

销售管理

【零售市场】 2020年，扬子江药业集团实施零售推广战略，打造“产品+资源+品牌+团队+服务”新零售合作模式。12月1日，以“传承精华中医药，守正创新龙凤堂”为主题的第八届中国医药连锁高峰论坛暨和熙论坛在集团总部举行，与会人员围绕中医药守正创新、医保新形势下的大健康趋势与未来发展、打通中医药服务民生“最后一公里”等话题开展交流研讨。

【销售支持】 2020年，扬子江药业集团加强带量采购和省级医保调出政策引导。市场医学部加强中成药、独家品种、新产品循证医学补充，进入指南共识诊疗方案4篇，省、市新冠肺炎诊疗指南16篇。国际事业部实现中药饮片在中国香港地区销售零的突破，首次引进高壁垒进口项目3个。

【互联网医院】 2020年，扬子江药业集团开辟销售新渠道，打造互联网医院，于5月11日正式上线，有27个药品、2个医疗器械、2个规格蛋白粉入驻“好大夫”医生精选库。新成立电商销售队伍，与阿里及京东达成合作。神曲消食口服液线上直播30余场，吸引观众60余万人次。与零售连锁客户联合直播5场，吸引观众1021万人次。

（扬子江药业集团）

集团化管理

【概况】 2020年，扬子江药业集团港内（即高港区内）板块在高效保障供货、加快转型升级中推动集团高效益。港外（即高港区外）板块统筹子公司发展，建制度、搭平台，强交流、促改革，分工协作，比学赶帮，对集团贡献持续提升。中药板块开辟保健食品和健康食品新渠道、新市场。

【港内板块】 2020年，扬子江药业集团瞄准研发和市场两端，适应不确定性供货需求，提升新品落地转化水平。三腔袋项目仅用8个月，完成从立项到符合GMP交付。完成“埃索”的FDA（美国食品药品监督管理局）注册申报和“右美”的欧盟注册申报，实现欧美市场注册零突破。江苏海慈生物药业有限公司优化1303创新药工艺，6个国际化项目稳步推进，获得国家企业技术中心认定。

【港外板块】 2020年，南京海陵药业有限公司完成创新药立项3个，完成高端制剂BE（生物等效性试验）2个，仿制药获批4个，申报生产品种11个。上海海尼药业有限公司获批生产品种1个，申报生产品种8个。广州海瑞药业有限公司2个品种进入国家集采，“正元”产能扩大2倍，成功立项小分子1个、中药创新药1个、高端制剂3个，获批生产品种2个。四川海蓉药业有限公司、四川海汇药业有限公司饮片销售增长73.7%；医疗器械新品上市品种6个，在最短时间生产出口罩，中成药拦截批件2个，创新药立项在研2个。北京海燕药业有限公司申报生产品种4个，申报临床1个，完成1个国际化项目合同签订，获评高新技术企业、专精特新小巨人企业。江苏紫龙药业有限公司完成创新药立项2个，高端制剂立项3个，品规申报生产5个，引进集团第一个国外创新医疗器械项目。苏州海岸药业有限公司加快新品转产，用1周时间通过兰索拉唑注册现场核查，用2周时间完成帕瑞昔布钠工艺验证。

【中药板块】 2020年，江苏龙凤堂中药有限公司开辟保健食品和健康食品新渠道、新市场，扩大多产线布局。饮片有137个上市品种、369个品规。成功探索中药材快速鉴别的检验方法，加快中药饮片产地加工研究。建立94个品种、166个道地中药材规范化种植基地，种植面积超26666.67公顷。黄芪基地通过“三无一全”品牌品种评审认证。江苏制药股份有限公司打通清解退热颗粒生产工艺，百天复产并上市；攻克“散风”“青乳消”“蓝芩”质量问题；攻克银杏叶提取物生产工艺的国际性难题；完成80个品种配方颗粒工艺验证。 （扬子江药业集团）

扬子江药业集团药物研究院大楼 （扬子江药业集团 供稿）

经贸合作

进出口贸易

【概况】 2020年，高港区实现进出口总额14.3亿美元，比上年下降9.1%。其中，出口总额3.7亿美元，下降30.71%；进口总额10.6亿美元，增长1.44%。上半年受新冠肺炎疫情影响，国际市场需求持续萎缩，企业遭遇接单难和市场开拓难，国际展会无法出去，线上接单难以短期见效，超过六成的出口企业订单大幅下滑。下半年有所回升。全年船舶出口降幅较大，下降49.73%。

【服务外包】 2020年，高港区完成服务外包执行额1.16亿美元。新增服务外包企业16个，分别为泰州信立企业征信服务有限公司、泰州艾肯精密科技有限公司、泰州市海维克体育用品有限公司、江苏中科智能制造研究院有限公司、泰州裕锦会计服务有限公司、江苏中科小达人智能科技有限公司、泰州大友财务咨询服务有限公司、泰州德友软件科技有限公司、泰州市创新电子有限公司、江苏昌华医疗器械有限公司、江苏医达科医疗器械科技有限公司、泰州天酬冶金科技有限公司、江苏大邦清洗有限公司、泰州量至设计装饰有限公司、泰州市晋邦医疗科技有限公司、泰州瑞洋立泰新材料科技有限公司。

【"广交会"参展】 受新冠肺炎疫情的影响，第127届、第128届中国进出口商品交易会（以下简称"广交会"）首次在网上举办，为期10天。高港区共有13个外贸企业参展，主要产品包含墙纸、餐厨用具、汽车轮毂、冷柜、吊索具、羽毛工艺品、绣花线、纺织面料等。

【中国国际进口博览会采购】 11月5—10日，第三届中国国际进口博览会在国家会展中心（上海）举行。高港区共组织近100个企业、300余名专业采购人员参加，采购商品主要涉及粮油食品、医疗器械、高端装备制造等，完成进口采购2690万美元。 （詹 绛）

招商引资

【概况】 2020年，高港区新签约1亿元人民币或1000万美元以上项目250个，总投资838.74亿元人民币。其中，外资和港澳台资项目29个，总投资21.67亿美元；5亿元人民币或3000万美元以上项目67个，总投资631.51亿元人民币。5月，举办"三比一提升"产业推介大会暨项目集中签约仪式，签约项目35个，总投资190.44亿元；5—6月，在全区组织开展"双招双引双月赛"活动，签约项目41个，总投资173.93亿元；7月，参加泰州（上海）城市推介活动，签

2020年10月10日，长城汽车股份有限公司泰州分公司首届供应商大会暨泰州港经济开发区投资推介会在高港区举行 （区委宣传部 供稿）

约项目3个，总投资34.1亿元；9月，举办中国泰州（高港）智能制造论坛，会上聘请专家12人，签订战略合作协议4个、技术服务协议5个、产业项目6个，总投资1.4亿元；10月，举办长城汽车股份有限公司泰州分公司首届供应商大会暨泰州港经济开发区投资推介会，签约项目10个，总投资30亿元；12月，参加泰州"产业强市·央地合作"北京投资促进系列活动，签约项目2个，总投资20亿元。

【利用外资和港澳台资】 2020年，高港区新批外商和港澳台商投资企业17个，其中制造业项目12个，占比超过70%。投资总额最多的项目为益海嘉里金龙鱼（泰州）调味食品有限公司。协议利用外资和港澳台资7.71亿美元，实际利用外资和港澳台资2.62亿美元，落地总投资3000万美元以上项目18个。 （李雪云 栾 静）

2020年高港区新批外商和港澳台商投资企业一览表

表11 单位：万美元

企业名称	企业性质	投资总额	注册资本	协议利用资金
泰州小山电子科技有限公司	独资	8000.00	5000.00	5000.00
泰州汗马进出口贸易有限公司	独资	4237.59	2825.06	2825.06
泰州林峰户外用品有限公司	独资	3000.00	1260.00	1260.00
泰州市优维金属科技有限公司	独资	7158.40	7158.40	7158.40
江苏湃领通信科技有限公司	独资	3000.00	3000.00	3000.00
益海嘉里（泰州）生物科技有限公司	合资	1468.41	939.78	845.80
泰州博睿海洋工程装备有限公司	独资	6000.00	6000.00	6000.00
益海嘉里金龙鱼（泰州）调味食品有限公司	独资	19336.07	5800.82	5800.82
泰州驰云设备科技有限公司	独资	30.40	30.40	30.40
泰州市清港智能制造有限公司	独资	6000.00	6000.00	6000.00
泰州市昊港电子科技有限公司	独资	6000.00	6000.00	6000.00
泰州市嘉蓝青贸易有限公司	独资	4000.00	4000.00	4000.00
泰州伊美佑国际贸易有限公司	独资	5000.00	5000.00	5000.00
泰州市奥蓝特海洋装备有限公司	独资	7000.00	7000.00	7000.00
泰州市丝洲路海洋装备有限公司	独资	5000.00	5000.00	5000.00
泰州市安享利日用品贸易有限公司	独资	7.34	7.34	7.34
泰州慧鼎高端装备制造有限公司	独资	6000.00	6000.00	6000.00

境外经济技术合作

【概况】 2020年，高港区新增境外投资项目4个，增资项目1个，目标完成率全市第一。全年新签境外工程合同额711万美元；完成外经营业额4501万美元。完成对外直接投资额420万美元，比上年增长776.83%。全区外派劳务工作稳中有序，未发生各类劳务纠纷。

【境外投资项目】 2020年，高港区新增境外投资项目4个，增资项目1个。新增项目分别是泰州市创新电子有限公司在越南设立的越南创新电子有限公司，协议总投资200万美元，于12月全部出资；泰州润杰物流安全装备科技有限公司在柬埔寨设立的润阳&润杰（柬埔寨）物流安全装备制造有限公司，协议总投资500万美元，于12月出资100.05万美元；江苏港瑞供应链管理有限公司在新加坡设立的港瑞供应链管理有限公司，协议总投资2900万美元，该项目成为高港区建区以来协议对外投资额最大的境外投资项目；泰州口岸船舶有限公司在新加坡设立的泰州口岸船舶新加坡办事处。增资项目为扬子江药业集团在荷兰设立的扬子江药业集团荷兰海鸥制药有限公司，中方投资总额由11万美元变更为376.46万美元，增资365.46万美元。

【境外工程承包】 2020年，高港区实现外经营业额4501万美元，主要来源于江苏大江建设工程有限公司的安哥拉罗安达机场项目、华为宿舍楼项目，江苏江州农业科技发展有限公司的安哥拉万博农场项目。 （高 然）

农 业

综 述

【概况】 2020年,高港区实现农林牧渔业总产值22.6亿元,比上年增长5.21%。其中,种植业产值15.91亿元,林业产值0.13亿元,畜禽养殖产值3.56亿元,渔业产值1.9亿元,农林牧渔服务业产值1.1亿元。全年粮食总产量9.23万吨,种植面积13.29万公顷。培育新型职业农民1021人。新认定农业产业化省级示范联合体1个,新增省级农业龙头企业1个,新增市级农业龙头企业2个。新增总投资5000万元以上的养殖类、农副产品加工类、综合开发类农业规模项目22个。2020年度乡村振兴实绩考核获得全省县级年度重点任务完成第一等次。 (华琳琳)

【高标准农田建设】 2020年,高港区实施高标准农田建设项目2个,治理面积600公顷,涉及许庄街道钱赵村、乔杨社区,刁铺街道万庄社区、环溪社区共4个村(社区),总投资1612.5万元,均为财政资金。项目区共建设泵站10座,硬质明渠12.3千米,暗渠0.15千米,机耕桥4座,涵洞38座,高效节水灌溉20公顷,硬质水泥路14.17千米。全区累计建成高标准农田8600公顷,高标准农田面积比重达67.72%。 (徐秋月)

【农产品质量安全】 2020年,高港区新认证绿色食品8个、有机食品159个,许庄街道和大泗镇建设绿色优质小麦基地共计2620公顷,通过省级绿色优质农产品基地验收,全区种植业绿色优质农产品比重为100%。12月,高港区通过国家农产品质量安全县动态监测检查。区级、7个镇街监管站和71个规模农产品生产基地检测点共上传果蔬等样品速测数据4.21万个,添加巡查记录398条。全区85个"两品一标"规模生产主体全部注册应用国家和省农产品质量安全监管追溯平台,全面试行食用农产品合格证制度,区财政统一配送合格证打印机40台(套),打印合格证2.94万份。江苏上膳源生态农业发展有限公司的"上膳源"牌蔬菜和禽类入选江苏省农业品牌目录(产品品牌)名单。胡庄镇、许庄街道、口岸街道的农产品质量安全监管站被泰州市农业农村局评为四星级农产品质量安全监管站。 (王义超)

【农业保险】 2020年,高港区农业保险(含涉农保险)保费总额2804.62万元,农业保险深度2.03%,农业保险密度1669元/人,三大主粮作物农业保险覆盖率87.21%。政策性农业保险保费除农户承担的157.08万元外,其余全部由各级财政承担。全年赔付总额448.65万元。 (桂 婷)

【农业执法】 2020年,高港区组织开展农业执法检查行动200余次,共出动执法人员1170余人次,联合市农业农村局执法检查6次。检查规范农资经营点和农产品生产单位100余个次。开展各类农资产品抽样送检40批次,其中,农药25批次,肥料10批次,兽药3批次,饲料2批次。 (吴 宾)

【农业安全生产】 2020年,区农业农村局开展农业安全生产专项整治,推进经营主体落实安全生产主体责任,建立"农业安全生产人民监督员"制度和安全工作惩处机制。开展农机、渔业安全生产专项整治,组织安全宣讲10余场次,发放宣传资料1000余份,组织安全培训7场次,参加培训人员500余人次。组织安全检查199组次,出动556人次,检查农业经营主体319个次,排查隐患398条,整改率100%。全年排查整改重大隐患3条,整改率100%。提交国务院督导反馈问题整改报告1份;整改市巡查督导反馈问题2条、隐患12条;落实整改区第七安全生产巡查督导组反馈问题5条、隐患14条,整改率100%。建立健全安全生产监管平台工作机制,按时间节点录入隐患数据,对所有隐患进行闭环管理,未发生平台告警现象。(潘 峰)

【农业休闲旅游】 2020年,高港区春秋季中药文化有机农业休闲二日游精品线路入围江苏省100条休闲旅游农业精品线路，该线路整合高港区精品休闲农业旅游资源，串联江苏逸夏果园有限公司、江苏中药科技园、江苏西来原生态农业有限公司、江苏上膳源生态农业发展有限公司、蔡庄蜜梨园、永安洲生态农业示范园、春江生态湿地公园、林丰特色海棠牡丹观赏园8个休闲农业旅游点。高港刁铺红烧羊肉入围江苏省百道乡土地标菜名单；高港区丰汇河豚主题庄园入围2020年江苏省主题创意农园名单。举办泰州·高港农民丰收节、永安洲镇农民丰收节暨第二届河豚文化节、首届高港江水清沙螃蟹节、刁铺街道“时和年丰·梦回田园”庆丰收暨乡村旅游节庆活动、许庄街道蜜梨采摘节等系列节庆活动。（刘 岳）

【农场主协会成立】 6月18日，高港区农场主协会成立，为全市首个县（区）级农场主协会。农场主协会与益海（泰州）粮油工业有限公司、省农垦农业服务公司签订三方订单收购协议，约定益海（泰州）粮油工业有限公司收购南粳9108和南粳5055，收购面积不低于666.67公顷，建立“龙头企业+协会+家庭农场”的机制，探索农业“种植+收储+加工+销售”一体化经营模式。

【农业物联网应用基地新增4个】 2020年，高港区新增农业物联网应用基地4个，分别为高港区钱赵农之梦家庭农场物联网智能控制基地、江苏鸿卓水产有限公司物联网智能控制基地、泰州市大江禽业物联网智能控制基地和江苏西来原生态农业有限公司物联网智能控制基地。（华琳琳）

种植业

【概况】 2020年，高港区实现种植业产值15.91亿元。粮食作物面积13290公顷，比上年增长1.2%，总产量9.23万吨，增长1.5%；油料作物面积1602公顷，增长9%，总产量5320吨，增长8.9%；果蔬种植面积4976公顷，减少0.6%，总产量18.57万吨，增长2.4%。种植的粮食作物主要为水稻和小麦。水稻主推品种为南粳5055、南粳9108，占97.4%，机插率95%。小麦主推品种为宁麦13，种植方式以机条播和机撒播为主。经济作物主要有油菜籽、花生和果蔬（含菜用瓜和瓜果类）。油菜主推品种为秦优11号和秦优10号，搭配德核杂8号，以十边隙地直播为主，占总种植面积的60%。蔬菜主要有茄果类、叶菜类、葱蒜类、根茎类。果品类主要有桃、葡萄、梨、草莓、西瓜等。

【粮食作物】 2020年，高港区粮食生产期间整体天气利好，有局部阶段性弊端：春季出现倒春寒，冻害影响后强化恢复肥和穗肥的应用，小麦后期产量提高；麦子腾茬快，水稻播期早，但栽后一段时间雨水偏多，搁田质量不高，病虫害发生中等，全年粮食总产高于上年。夏粮生产面积6409.5公顷，比上年减少0.9%；每公顷产5730千克，增长0.7%；总产量3.67万吨，减少0.2%。小麦种植面积6090公顷，减少1.1%；每公顷产5775千克，增长0.79%；总产量3.52万吨，减少0.28%。水稻种

口岸街道凤栖湖农场种植的西瓜 （区委宣传部 供稿）

胡庄镇泰州市御膳源生态农业有限公司种植的枇杷（区委宣传部 供稿）

刁铺街道万庄社区王陈农场种植的农产品　　（区委宣传部　供稿）

植面积4893公顷，增加2.36%；公顷产9338千克，减少0.5%；总产量4.57万吨，增长1.7%。优质食味性稻米占比97.4%，居全市第一。

【经济作物】 2020年，高港区油菜籽种植面积871公顷，比上年增长21%；总产量2571吨，增长22.4%。花生种植面积713.6公顷，减少2.2%；总产量2705吨，减少0.9%。蔬菜种植面积4711公顷，增长0.1%；总产量17.62万吨，增长2.9%。瓜果种植面积265公顷，减少11.9%；总产量0.95万吨，减少6.9%。花卉种植面积51公顷，增长4%。

【种植业补贴】 2020年，高港区继续实施农业支持保护补贴政策，耕地地力保护补助面积7423.73公顷，发放标准为每公顷1800元，全区补助1336.27万元。通过实施绿色防控项目、各类耕地保护项目等，为农业种植大户、规模经营主体发放各类新型绿色生产物资约60万元。

【高产增效示范片】 2020年，高港区共创建水稻绿色高效创建示范片3个，其中，胡庄镇、永安洲镇、许庄街道各1个，核心示范方面积347公顷，示范片种植主体以规模经营大户为主，涉及16个农场，辐射带动周边生产。种植品种为南粳9108、南粳5055，主要推广水稻机插秧技术、秸秆全量还田技术、病虫专业化防治技术、测土配方施肥技术。

（施菊琴）

畜牧业

【概况】 2020年，高港区实现畜牧业总产值3.56亿元、增加值1.78亿元。制定出台《关于进一步促进恢复生猪生产的政策措施》，超额完成市交生猪生产目标任务。招引牧原生猪养殖项目落户胡庄镇宗林村，项目总投资1.1亿元，占地面积5.33公顷；共建设平铺猪舍6栋、40个单元，其中，育肥舍4栋、保育舍2栋，建有无害化处理、洗消、粪污处理及饲料加工等配套设施设备。全区生猪出栏3.72万头，家禽存栏25.62万羽，肉羊年出栏1.38万只。有畜禽规模养殖场63个，其中，省级20个、市级14个、区级29个。全区生猪大中型规模养殖场比重为97.26%，比上年上升16.93个百分点；100只以上肉羊规模养殖场比重为83.5%，上升0.21个百分点。

【动物疫病防控】 2020年，高港区共检测牲畜口蹄疫免疫抗体331份、高致病性禽流感1530份、高致病性猪蓝耳病209份、猪瘟209份、新城疫545份、小反刍兽疫566份。全区牲畜口蹄疫、高致病性禽流感等重大动物疫病抗体检测合格率均超过省、市规定的标准。检测O型口蹄疫病原学样品86份，小反刍兽疫病原学样品488份，检测结果均为阴性。监测羊布病2666份、血吸虫病80份。开展流行病学调查工作，实地调查畜禽养殖场（户）31个，察看生猪1210头、羊9235只、鸡11.2万羽。

【非洲猪瘟防控】 2020年，高港区印发安全养猪十要诀、中小养猪场（户）非洲猪瘟防控技术指南和知识问答500余份，增强生猪养殖场（户）防控意识。将全区所有生猪养殖场（户）纳入网格化监管，及时掌握生猪养殖动态。采购消毒药、防护服等防控物资6万余元，加强联防联控、疫情举报核查和应急值守。制定《2020年高港区非洲猪瘟专项监测方案》，全区共检测非洲猪瘟病原学样品400份。在全区组织开展集中清洗消毒突击行动和灭蚊灭蝇灭鼠暨清洗消毒专项行动，共使用灭蚊灭蝇灭鼠药物20.75千克、鼠笼30只、黏鼠板30张；发放使用消毒药2.5吨。组织开展违法违规调运生猪专项整治行动，共出动排查人员1201人次，排查生猪场（户）2340个，检查生猪运输车辆11车。

【动物检疫监督】 2020年，高港区未发生动物及其产品安全事件。完成养殖环节“瘦肉精”集中监测抽样480份，均为阴性。全区检疫生猪3.41万头、家禽22.94万羽、羊6311只。强化养殖环节病死动物无害化处理监管，无害化处理病死猪252头。

【畜禽屠宰监管】 2020年，高港区开展打击私屠滥宰“扫雷行动”，进行畜禽屠宰环节肉产品质量安全专项整治，严厉打击各类屠宰违法行为。开展执法336次，出动执法人员672人次，未发现违法行为。

（王小斌）

渔　业

【概况】 2020年，高港区水产养殖面积682.7公顷，总产量4622吨，实现渔业总产值1.9亿元。区水产站在胡庄镇宗林村、田野村，永安洲镇东江社区建立水生动物疫病测报点3个，全年未发生重大水生动物疫病。创建“江水清沙”河蟹绿色养殖模式、暗纹东方鲀绿色高效养殖模式。推进用药减量示范基地建设，建立33.33公顷以上示范基地2个，示范推广面积333.33公顷。建立水产养殖工厂化循环水处理模式1个。

【渔业安全管理】 2020年，高港区全面落实渔业安全生产责任制，开展“安全生产月”宣传教育活动、安全生产消防应急演练、渔业安全生产培训，提高渔民的安全生产意识。开展渔业安全检查25次，发放安全宣传资料220余份。全年无渔业安全生产事故。（吴　宾）

农业产业化

【概况】 2020年，高港区上争省级现代农业发展专项资金，支持重要农产品生产供应经营主体，实施贴息贷款项目2个。全区新增总投资5000万元以上的养殖类、农副产品加工类、综合开发类农业规模项目22个，其中1亿元以上农业重大项目2个，农业利用外资和港澳台资588.93万美元；12个农业农村重大项目全部完工，年内完成投资6.5亿元。新认定农业产业化省级示范联合体1个，为泰州市高港区乐太速冻调制食品农业产业化联合体；新

机插秧作业　（区委宣传部　供稿）

增省级农业龙头企业1个，为江苏上膳源生态农业发展有限公司；新增市级农业龙头企业2个，为泰州市金路禽业有限公司和江苏新土地农业发展有限公司。全区市级及以上农业龙头企业保有量增至27个，其中生产加工型省级以上农业龙头企业5个。

【乡土特色产业】 2020年，高港区发展“一村一品”，推动乡土特色产品提档升级。重点建设道地中药材和特色果蔬产业，新编地方标准《大贝母栽培技术规程》；胡庄镇宗林村（河蟹）被认定为全国“一村一品”示范村；许庄街道明河村（水产）、大泗镇大马村（中药材）、胡庄镇赵市村（果蔬）被认定为市级“一村一品”示范村。（刘　姗）

农业机械化

【概况】 2020年，高港区推广各类新型农机具159台（套），使用农机购置补贴资金220.2万元。全区农机总动力12.24万千瓦。水稻、小麦耕种收综合机械化水平分别达98.5%、97%。

【水稻种植机械化】 2020年，高港区新增高速插秧机11台（套），水稻机插率95.8%。7个镇街机插率均达90%以上。0.2公顷以上育秧秧池面积70.33公顷。

【农机安全监理】 2020年，高港区落实农机安全生产责任制，开展农机安全生产专项整治工作，构建“平安农机”长效机制。注册登记联合收割机8台、拖拉机20台，年检拖拉机156台、收割机102台，注销长期脱检的变型拖拉机12台，实现全区在册变型拖拉机清零。投保各类农机政策性保险291份。

（赵　荣）

农业园区

【概况】 2020年，高港区有市级以上现代农业产业园区6个。其中，省级农业产业园区1个（江苏省高港现代农业产业园区），市级农业产业园区5个（胡庄镇蔬菜园艺产业园区、大泗镇生态种养产业园区、白马镇现代农业园、胡庄镇粮食现代化种植示范园、大泗镇中药文化观光园）。市级以上园区规划面积4356公顷。

【农业园区规划】 2020年，高港区完成省级农业园区新一轮规划编制工作。规划结合高港区农业发展的

现状和实际，与省级示范农业园创争规划相融合。从规划编制的空间范围看，由大及小，包括东部农业乡镇的产业布局规划、省级农业园区整体规划以及园区核心区详规，规划覆盖高港区全部市级以上现代农业产业园区；从产业导向看，明确主导产业及其分类；从功能布局看，规划园区综合服务中心、泗白路—金果路产业发展轴、绿色叶菜发展示范带、绿色叶菜产业示范区、药用银杏产业示范区、生态循环示范区与农产品加工物流区等“一心一轴一带四区”，列明一二三产业分区、板块之间的通联道路以及其他必要的配套基础设施位点。规划于2020年7月经高港区政府批复实施。

【江苏省高港现代农业产业园区建设】 2020年，高港区推动高港现代农业产业园区项目建设，建成牧原高港生猪养殖、年产1.3万吨水溶肥、律诚生态农业观光、高港现代农业产业园区服务功能配套提升、高港区优质葡萄绿色高效栽培设施建设、胡庄镇高标准农田、农村生活污水处理设施建设、胡庄镇村庄河道疏浚活水工程、年产10000吨速冻肉制品技术改造9个项目，新开工高港现代农业产业园区生产、初加工、冷链物流扩建及智慧农业平台新建项目和杏都葡萄园避雨棚升级改造2个项目。高港现代农业产业园区有42个业主、12个企业和3个经营大户，参与农户220户，组建专业合作经济组织15个，年培育新型职业农民300人。

（刘　岳）

农业企业选介

【江苏上膳源生态农业发展有限公司】 成立于2013年12月，位于江苏省现代农业产业园区（胡庄镇）。已开发土地约100公顷，投资近1亿元，建成有机蔬菜生产区、有机水稻种植区、生态家禽养殖区、育苗中心、物流中心等功能区域。公司以会员制消费为基础，先接受订单后组织生产，田间采摘、分拣包装、冷链物流、宅配到家全程实现自主运营。曾获中国蔬菜流通协会食品安全委员会理事单位、中国蔬菜百强品牌、江苏AAAA级绿色生态高效农业示范基地、江苏省四星级乡村旅游区、江苏省科普惠农兴村先进单位、江苏省农产品质量安全追溯管理示范单位等荣誉。2020年，实现销售收入3012.8万元，获批江苏省农业产业化龙头企业。

【泰州市金路禽业有限公司】 成立于2011年7月，位于大泗镇佴陈村。占地12公顷，总资产1063万元。年存栏蛋鸡约10万羽，产商品鸡蛋2100吨，产值1000余万元。参与制定泰州市地方标准《蛋鸡自动化密闭式养殖技术规程》（DB3212/T012-2013）。是农业农村部标准化示范场、江苏省畜牧生态健康养殖示范场、泰州市农产品质量安全诚信企业。2020年，获批泰州市农业产业化龙头企业。

【江苏新土地农业发展有限公司】 成立于2015年10月，位于永安洲镇，注册资本1000万元。总资产1177.62万元。公司以绿色无公害果树种植业和家禽养殖业为基础，将现代农业和现代旅游业有机融合，拥有葡萄园、果蔬自采园、珍奇植物观赏园、农艺互动园、果树认养区、智能化生产管理中心等，建设互动式现代农业特色示范园。以中国农科院郑州果树研究所、江苏省农科院、扬州大学农学院、江苏省葡萄协会、里下河地区农科所等机构为技术支持，建立桃、葡萄等果树与鸡鸭鹅立体种养模式。2020年，获批泰州市农业产业化龙头企业。

（刘　姗）

工业·建筑业

工 业

·综述·

【概况】 2020年,高港区有规模以上工业企业212个,规模以上工业产值比上年增长8.9%;规模以上工业增加值增长5.5%;规模以上工业利润增长18.5%;征收期工业一般纳税人开票销售完成1060.43亿元,增长4.9%;净入库税金完成43.6亿元,增长5%。泰州大自然德森堡木业有限公司"简奢·雅韵"获得中国优秀工业设计复评资格,为全市唯一。

【工业转型升级】 2020年,泰州市创新电子有限公司成为全区首个国家级专精特新小巨人企业。江苏宇马铝业有限公司、泰州润杰物流安全装备科技有限公司建成省级专精特新小巨人企业。恒达亲水胶体泰州有限公司、泰州威迈机电科技有限公司、泰州汇锦电子有限公司建成市级专精特新小巨人企业。扬子江药业集团、扬子江药业集团江苏制药股份有限公司、江苏苏萨食品有限公司、丰益生物科技(江苏)有限公司建成省级示范智能车间。统之幸食品(江苏)有限公司、丸庄金龙鱼(泰州)食品工业有限公司、江苏汇福油脂科技有限公司、江苏汇福蛋白科技有限公司、江苏凯威药用包装有限公司、泰州市旺灵绝缘材料厂建成市级示范智能车间。扬子江药业集团江苏龙凤堂中药有限公司、泰州超人汽车电子有限公司、江苏乐彩印刷材料有限公司、富彤化学有限公司、泰州永盛包装股份有限公司、江苏神驰机电有限公司建成省级企业技术中心。江苏张驰轮毂制造有限公司建成省工业设计中心。扬子江药业集团建成省重点工业互联网平台和工业电子商务应用示范企业。泰州永成科技创业园建成省级小微企业创业创新示范基地,为全市唯一。江苏中科智能制造研究院有限公司、泰州市金衡建筑材料检测有限公司建成市级中小企业公共服务二星级示范平台。

2020年度全市工业经济与开放创新工作先进单位和个人名单(高港区)

1.工业经济高质量发展

第一等次:高港区

2. 开放型经济高质量发展

第二等次:高港区

3.十佳工业企业

扬子江药业集团有限公司

国家能源集团泰州发电有限公司

4. 十佳工业转型创新投资项目

长城汽车股份有限公司泰州分公司年产20万辆整车项目

5. 十佳智能制造示范企业

丰益生物科技(江苏)有限公司

6. 十佳专精特新企业

泰州市创新电子有限公司

7. 十佳外经贸企业

益海(泰州)粮油工业有限公司

8. 功勋企业家

徐镜人 扬子江药业集团党委书记、董事长、总经理

【信息化建设】 2020年,区工业和信息化局推进"企业上云"工程和两化融合管理体系贯标,引导制造业企业加快智能化数字化转型。新认定四星上云企业3个、三星上云企业23个,富彤化学有限公司、江苏天华索具有限公司等12个企业通过两化融合管理体系贯标评定,扬子江药业集团获评江苏省重点工业互联网平台和工业电子商务应用示范企业,泰州港经济开发区进入江苏省工业互联网示范工程第二批"互联网+先进制造业"基地培育对象名单(全市唯一)。国家能源集团泰州发电有限公司和泰州电信建立泰州市首个5G商业应用项目。

【企业复工复产】 2020年,区工业和信息化局在全市率先制定《高港区疫情防控期间工业企业有序复工复产指导意见》,把全区工业企业按照类别、规模、效益等分为A、B、C、D四种类型,分级分类做好工业企业复工。在全市率先实现31个重点骨干企业、192个规模以上工业

企业全部复工。做好疫情防控重点保障企业推荐工作，扬子江药业集团进入工业和信息化部疫情防控重点保障企业名单，扬子江药业集团江苏龙凤堂中药有限公司、江苏省普菲柯医疗器械总厂、泰州市高港中药饮片有限公司、江苏海泰药业有限公司4个企业进入省工业和信息化厅疫情防控重点保障企业名单。深化疫情防控驻厂工作机制，建立“驻厂员”“联络员”队伍，为企业疫情防控和复工复产提供服务。建立“企业服务专员”队伍，152名“企业服务专员”为企业送政策、送服务、问需求、解难题。

【惠企政策落实】 2020年，区工业和信息化局组织开展“高港区涉企政策大讲堂”5期，邀请区税务局、区人力资源社会保障局等部门向园区、镇街工作人员以及企业相关负责人宣讲涉企政策。全年为实体经济降成本12.33亿元。组织企业申报各类奖补资金近1亿元，其中扬子江药业集团一次性获得中央财政应急物资保障体系建设补助资金2580万元。（孙　骁）

·大健康产业·

【概况】 2020年，高港区大健康产业实现产值1117.27亿元、利润81.52亿元，比上年分别增长15.6%、23%。有扬子江药业集团、江苏汇福油脂科技有限公司、泰州统实企业有限公司、华润雪花啤酒（泰州）有限公司等规模以上企业30个。

【扬子江药业集团江苏龙凤堂中药有限公司】 创建于2013年，位于永安洲镇，占地面积29.68万平方米，有员工1200余人，从事中药材种植、中成药生产、质检、研发、销售及物流等经营业务。主要产品有胃苏颗粒、荜铃胃痛颗粒、蓝芩口服液、黄芪精口服液、神曲消食口服液等。建有中药整体物流系统、机器人投料系统和生产执行系统。获批工业和信息化信部儿童专用中药新药神曲消食口服液产业化项目、中药流程制造智能工厂新模式应用项目。引入国家发展改革委中药质量安全检测及全过程溯源公共服务平台。2020年，被省市场监管局认定为2020年度优秀测量管理体系认证（AAA）企业，获泰州市市长质量奖。

益海（泰州）粮油工业有限公司2000TD稻谷深加工项目

（区发展改革委　供稿）

【益海（泰州）粮油工业有限公司】 创建于2006年12月22日，注册资金8900万美元，位于永安洲镇疏港北路。主要从事粮食加工、仓储，大豆蛋白及豆粕生产。占地面积22.93万平方米，建筑面积16万平方米。有员工700余人。主要产品为“金龙鱼”大米、食用脂油和“丰苑”豆粕。至2020年，累计投资额超30亿元，共缴税近5.7亿元。

【汇福粮油江苏泰州公司】 创建于2014年，为三河汇福集团全资子公司，包括江苏汇福油脂科技有限公司和江苏汇福蛋白科技有限公司。注册资金5亿元，占地28.33公顷，员工450人。2020年，实现开票销售77.22亿元。

【统之幸食品（江苏）有限公司】 创建于2016年，位于高新园区永盛路29号。日商独资企业，注册资本8200万元。占地面积3.91万平方米。主要研发和生产食品调味料、食品用香精、方便菜肴等产品，是统一企业（中国）投资有限公司的战略合作伙伴及协同创新重要基地。食品香精的生产采用MES信息化管理系统，对投入原料的重量、批号、品名等信息自动识别、记录。方便菜肴生产系统采用日本东洋自动包装机、中国台湾水浴式高温高压杀菌釜、日本安立自动化重量选别机、金属探测机及X光机，实现产品全检。2020年11月19日，二期项目签约。（孙　骁）

·高端装备制造产业·

【概况】 2020年，高港区高端装备制造产业实现产值123.83亿元、利润8400万元（不包含长城汽车股份有限公司泰州分公司）。有泰州三福船舶工程有限公司、万向精工江苏有限公司、泰州苏中天线集团有限公司等规模以上企业23个。其中，船舶行业实现产值108.26亿元，有规模以上企业9个；汽车零部件行业实现产值15.57亿元、利润1.11亿元，有规模以上企业14个。随着

蜂巢智行年产50万台双离合模块和50万台液压模块项目
（区委宣传部　供稿）

精诚工科年产25万车身冲焊件及汽车底盘项目　（区委宣传部　供稿）

长城汽车股份有限公司泰州分公司竣工投产，汽车整车及零部件制件产业集聚效应开始显现。

【长城汽车股份有限公司泰州分公司】 长城汽车股份有限公司泰州分公司是长城汽车在国内投资建设的第8个整车生产工厂，于2019年11月11日开工建设。以泰州整车生产基地为龙头主导，核心关键零部件生产为配套，同步规划汽车金融、汽车保险、共享出行等业务，构建完整的汽车产业链体系，包含诺博汽车内外饰、座椅，精诚工科汽车冲焊、底盘，蜂巢易创汽车增压器、双模块，曼德汽车灯具、线束、空调等关键零部件。2020年11月，项目竣工投产。

【万向精工江苏有限公司】 2011年3月投产，主要开发生产“WGC”“万向 WANXIANG”牌汽车轮毂轴承单元（第一代、第二代、第三代带ABS电子速度传感器）、汽车轮毂轴承等汽车零部件产品。授权实用新型专利19项，其中发明专利3项。为省高新技术企业、省民营科技企业、国家级两化融合管理体系贯标示范企业、江苏省两化融合管理体系贯标试点企业。2020年，实现营业收入5.89亿元，利税1900万元。

【泰州苏中天线集团有限公司】 创建于1986年，从1994年开始从事汽车天线的研发、设计、生产、销售。注册资金8900万元。被认定为江苏省高新技术企业、国家发展改革委汽车电子高技术产业化基地，承担省、市科技成果转化资金资助项目。拥有江苏省级车载信息天线放大器智能生产车间，是江苏省首批五星级上云企业。主要产品为汽车天线，年产量1500万支。2020年，实现主营业务收入3.5亿元，利税6500万元。

【江苏能建机电实业集团有限公司】 是原电力工业部定点企业，创建于1984年。集炉膛检修平台、蓝宝石晶片研发与制造、自动化控制、分离机械、蓝宝石生长及设备制造、维修机具、医疗器械制造等于一体。获批国家火炬计划项目2项、江苏省火炬计划项目2项、江苏省高新技术产品12项、江苏省名牌产品2项，“远亚”和“苏安”商标为江苏省著名商标。拥有发明专利15件、实用新型专利45件。参与制定国家标准2项、行业标准1项、团体标准2项。曾获得国家重点高新技术企业、国家标准化良好行为企业、省“重合同、守信用”企业、江苏省高新技术企业、江苏省科技小巨人企业、江苏省民营科技企业、江苏省创新型企业、江苏省两化融合试点企业等荣誉。锅炉炉膛检修平台市场占有率75%。2020年，实现产值4.5亿元、销售4.15亿元、利税4500万元。

【泰州三福船舶工程有限公司】 创建于1984年，拥有口岸厂区和永安厂区两个船舶生产基地，是江苏省十大造船企业之一。企业累计研发省级新产品9项、省级高技术产品16项，拥有发明专利6项、实用新型专利12项。2020年，实现产值103.62亿元、销售78.92亿元、利润1.75亿元。（孙　骁）

·电子信息产业·

【概况】 2020年，高港区电子信息产业实现产值26.2亿元、利润总额2.22亿元，比上年分别增长4.1%、26.7%，有泰州市创新电子有限公司、泰州市旺灵绝缘材料厂等规模以上企业19个。

【泰州市创新电子有限公司】 创建于2001年，位于临港园区友谊港路189号。注册资本300万元，有员工2500人，占地面积12万平方米。系专业从事液晶显示器支架、笔记本电脑转轴等机构件研发与制造的高新技术企业。企业研发中心有研发人员195人，与南京大学、江苏大学、武汉理工大学、南京理工大学达成“产学研”合作关系，拥有知识产权340余件，被认定为江苏省企业技术中心、江苏省工程技术研究中心、江苏省重点研发机构。在中国台湾设有研发中心，在日本、美国、越南等地设有分支机构。客户涵盖惠普、戴尔、联想、LG、冠捷电子、明基、三星电子等企业，全球市场占有率约20%。2020年，实现营业额11.4亿元。

【泰州市旺灵绝缘材料厂】 创建于1984年，位于永安洲镇马船东路8号。总资产1.63亿元，员工230人。拥有微波材料覆铜箔板专业化生产线，主要产品为高性能毫米级覆铜箔板系列。市场占有率位列国内生产覆铜箔板企业前列。为江苏省高新技术企业、江苏省民营科技企业、江苏省科技型中小企业。建有江苏省企业技术中心、江苏省高频微波复合材料工程技术研究中心、中科院泰州应用技术研究及产业化中心高频微波复合材料分中心、江苏省高频高速纳米陶瓷微波复合材料工程研究中心、江苏省聚合物功能复合材料工程研究中心。2020年，企业研发投入1300万元，实现销售7100万元、利润300万元、税收450万元。

【泰州市博泰电子有限公司】 创建于2005年，位于永安洲镇马船路10号。总资产1.19亿元，职工136人。拥有印制电路板专业化生产线，主要产品为微波高频电路板系列，市场占有率位列国内生产高频电路板企业前列，主要用于移动通信、汽车电子等领域。曾获得江苏省高新技术企业、江苏省民营科技企业、江苏省科技型中小企业、江苏省企业知识产权管理标准化示范单位、江苏省两化融合转型升级示范企业、江苏省管理创新示范企业等荣誉。建有江苏省企业技术中心、江苏省微波高频多层电路板工程技术研究中心、江苏省博士后创新实践基地。2020年，企业研发投入800万元，实现销售6300万元、利润100万元、税收400万元。

【泰州友润电子科技股份有限公司】 创建于2009年1月23日，位于高新园区永丰路6号，注册资本2800万元，占地面积2万平方米，建筑面积1.83万平方米，总资产1.14亿元，银行信用等级AAA级。共有员工168人，其中，大专以上学历53人，研发人员46人，高级技术人员3人。专业从事集成电路、半导体分立器件塑封引线框架研发、设计、生产的省级高新技术企业，是江苏省两化融合贯标示范企业、江苏省科技型中小企业。有三大系列100余个产品，产品经江苏省电子信息产品质量监督检验研究院检测合格，多个产品获得省新技术、新产品鉴定。公司通过ISO 9001质量体系认证、ISO 14001环境体系认证、ISO 16949质量体系认证。2020年，企业研发投入900万元，实现销售2.83亿元、利润800万元、税收600万元。 （孙 骁）

·新材料产业·

【概况】 2020年，高港区新材料产业规模以上企业实现产值29.11亿元、利润6100万元。其中，规模以上化工生产企业14个，实现产值28.94亿元、利润6100万元；规模以上壁纸生产企业1个，实现产值1700万元。

【江苏省瑞丰高分子材料有限公司】 创建于2008年，位于永安洲镇规划路6号。有大专以上学历29人，工程师2人。主要从事醋酸甲酯的研发与生产。产品采用独特的合成法生产，纯度99.99%以上，酸和醇含量低，满足树脂、油墨、涂料、胶黏剂以及生物医药行业的溶剂需求。产品出口欧洲、美国、拉美、日本、韩国、东南亚等国家和地区。2020年，主营业务收入1.18亿元，利润总

泰州市创新电子有限公司 （区党史方志办 供稿）

江苏瑞丰高分子材料有限公司 （区党史方志办 供稿）

额200万元。

【泰州市天润合成化工有限公司】 创建于2002年，位于永安洲镇裕兴路1号。占地面积12万平方米，有高分子材料工程师8人。主要从事树脂的研发与生产，有模压、拉挤、防腐、船用等系列树脂及胶衣。产品出口澳大利亚、新加坡、越南、埃及等国家。“永兴天润”商标为泰州市著名商标。2020年，主营业务收入2.76亿元，利润总额1100万元。

【泰州市永昌化工有限公司】 创建于2003年，位于永安洲镇马船路2号。注册资本500万元，占地面积1万平方米。专业从事生产三氯化磷、三氯氧磷、亚磷酸及盐酸等化工产品。建有年产2.1万吨三氯化磷、5000吨三氯氧磷、2.5万吨亚磷酸及副产9万吨盐酸生产装置。2020年，主营业务收入1.82亿元，利润总额1300万元。

【江苏鸿泰环保科技有限公司】 创建于2008年，位于高新园区创业大道312号。占地面积1.53万平方米，固定资产1100万元，员工60人，其中专业技术人员35人。主要生产经营家居及酒店等室内装潢墙纸，涵盖现代、欧式、中式、乡村、简约、油画等多种风格，材质肌理均为天然材质型。通过ISO 9001质量体系认证和中国绿色、环保、节能建材产品认证。 （孙 骁）

·电力工业·

【概况】 2020年，高港区有规模以上电力工业企业1个。完成发电量199.33亿千瓦时，开票销售70.4亿元，上缴税费6.11亿元，利润总额11.24亿元。

【国家能源集团泰州发电有限公司】 2020年，国家能源集团泰州发电有限公司共有员工392人，其中，专业技术人员67人，技能人员240人，应届大学毕业生6人。全年发电量完成199.33亿千瓦时，平均售电均价285.06元/千千瓦时（不含税）。入厂标煤单价完成634.72元/吨（不含税）。供电煤耗完成275.07克/千瓦时，发电厂用电率完成1.59%。供热量完成215.1万吨，固弃物总销售量112.03万吨。实现营业收入70.4亿元，利润总额11.24亿元；完成经济增加值（EVA）5.75亿元。获评第六届中国工业大奖、江苏省电力行业协会“标杆电厂”、江苏省科学进步三等奖、国家能源集团科技创新先进集体。

提质增效 全年利用小时完成4983小时，列江苏区域五大发电集团百万级火力发电企业第5名，高于区域11个百万电厂平均值（4690小时）293小时。加强与方天监控中心数据核对，做好向省能源局的沟通汇报，全年共争取到“以热定电”优先发电权5.52亿千瓦时，创历史新高。一期向二期转移电量9.6亿千瓦时，节约标煤约1.92万吨，实现经济效益1300万元。加强运行监督和优化调整，稳步提升供热能力和质量，助力公司热用户特别是医药、粮油等保障国计民生的企业及时有序复工达产。打破行政区域壁垒，向泰兴经济开发区泰兴恒瑞供热管理有限公司主供热管网供汽管道于7月20日正式投运，平均流量65吨/小时。向扬子江药业

国家能源集团泰州发电有限公司汽机房

（国家能源集团泰州发电有限公司 供稿）

集团江苏龙凤堂中药有限公司供热管网项目获上级单位批复。全年供热量完成215万吨，比上年增长13.9万吨。实施IC卡销售管理系统、码头装船系统技改项目，提升下水能力和销售辐射范围。加强市场形势研判，及时调整定价和销售策略，在保证安全的前提下有效提升收益水平，综合利用率100%。落实集团“一体化”要求，在保证安全稳定前提下，发挥煤场“蓄水池”作用，推动实现协同增效。全年装运集团内部煤炭649.11万吨，增长30.8%；掺烧进口煤、高硫内贸煤等经济煤种242.76万吨，掺烧比例29%，节约成本1.63亿元。

科技创新　全年获实用新型专利授权20项，新受理发明专利9项、实用新型专利18项，均创历史新高；共验收科技项目5项，“宋杰劳模与工匠人才创新工作室”获批挂牌。组织业务交流150余次、专题会议60余次、评审会30余场，6月完成需求评审，9月完成蓝图设计，12月完成基础应用功能开发，实现系统上线。升级更换3号炉低温过热器部分管段，解决氧化皮易堆积隐患。二期机组供电煤耗完成265.07克/千瓦时，比上年下降0.16克/千瓦时。3号、4号机组蝉联中电联火电机组能效对标1000兆瓦组别AAAAA级前两名，3号机组获评供电煤耗最优奖，继续保持行业内标杆水平。燃料智能化设备投运率100%，水尺与电子秤重量差异0.13%，达到国家能源集团先进水平。创新实施一、二期煤仓间皮带机连通项目，实现一期煤场存煤可以加仓二期机组。获江苏省科技进步三等奖1项、国家能源集团科技进步三等奖1项、泰州市职工十大科技创新成果2项。

安全环保　全年未发生人身设备和环境污染事故。推进集团公司安全生产专项整治三年行动，研究制定三年行动目标和计划实施方案，全面梳理安全管理薄弱环节和设备设施隐患23项，形成问题隐患和制度措施“两个清单”，明确整改职责和完成期限。开展防范煤场自燃检查、危化品检查、技改工程专项检查等10余次，排查、消除各类问题230余条，编制《安全生产专项整治信息周报》40余期。进一步实现覆盖全员、全专业、全过程的标准化管控，持续推进现场标准化隔离、可视化管理、脚手架标准化搭设等工作，通过每日检查、每周督查、定期通报等方式，提升安全文明生产标准化水平。加强承包商安全监管，召开承包商安全管理约谈会，强化考核评价工作。编制《外委队伍安全管理工作规定实施方案》。全面完成国家能源集团长江经济带环保督查问题整改，完成2号炉捞渣机湿渣改干渣技改、脱硝CEMS升级、生活废水及工业废水提效改造、含煤废水新建三级沉降池改造等项目，机组生产运行更加绿色环保。与主管部门对接，完成排污许可证延续换证工作。

疫情防控　新冠肺炎疫情发生后，公司第一时间成立疫情防控领导小组和8个专项工作组，落细压实“公司—分管领导—部门—员工”四级防控责任，召开专题会议2次。制定疫情防控专项方案，实行“日报告、零报告”制度，对员工及家属身体体温状况、外出情况、中高风险地区旅居史和接触接纳史进行全面摸排过筛，每日编制形成疫情防控工作报表。做好环境消杀和在岗防护，按要求向员工发放口罩等防疫物资，一级响应期间实行厂内封闭式管理。严格执行人员返岗申请审核制度，中高风险地区人员不得入厂，省外返回人员需经核酸检测阴性后才可申请入厂。加强门岗进出管控，启用人脸识别系统。对停靠公司码头的外籍船舶进行规范处置。（张倩倩）

·其他工业·

【概况】2020年，除大健康产业、高端装备制造产业、电子信息产业、新材料产业、电力工业外，高港区其他工业有规模以上企业108个，实现产值133.93亿元、利润13.67亿元。

【江苏明浩新能源发展有限公司】创建于2012年，位于永安洲镇马船路南侧。注册资本1亿元，占地4万平方米。建成日产量350吨燃料油生产装置，油品罐区仓储库容3.5万吨，有油罐车10辆、油船5条。年处置废矿物油1万吨，设有1000立方米废矿物油专用储罐2个，为市内重点企业配套处置废油。主要产品有燃料油、润滑油、船舶用油、锅炉用油、沥青。与中石油、中石化、中海油、中国远洋公司等大型国企有长期业务往来。为安全生产三级

江苏明皓新能源发展有限公司　（区党史方志办　供稿）

标准化企业，江苏省质量、服务、诚信 AAA 级企业，通过 ISO 9001 质量管理体系认证。2020年，实现产值3.62亿元。

【泰州市九旺混凝土有限公司】 创建于2010年，位于刁铺街道丰岸路。主要从事商品混凝土的生产、销售，混凝土制品的制造、销售。注册资本1009万元，生产场地4万平方米，年生产能力100万立方米以上。拥有自动商品混凝土生产线2条，运输搅拌车35台，泵车7台，车载地泵1台。职工46人。

【泰州正大饲料有限公司】 创建于1996年，位于永安洲镇疏港北路，由正大（中国）投资有限公司、南通正大有限公司共同投资。主要从事饲料的生产、销售和为集团产业链配套的养殖销售，年产量10万吨。曾获得江苏省高新技术企业、江苏省示范智能车间等荣誉称号。

（孙　骁）

建筑业

【概况】 2020年，高港区完成建筑业总产值701.15亿元，比上年增长7.04%。完成出省施工产值369.99亿元，增长7.83%；境外营业额798万美元，增长1.92%；完成工程结算收入375.91亿元，增长6.22%；利润总额20.51亿元，增长6.43%。完成本地区入库税收9.51亿元，增长4.3%。新增规模以上企业34个。创成市级文明工地10个、江苏省星级工地7个，全区纳入监管的60个工程项目实现全年安全平稳生产。高港区获泰州市建筑业工作目标考核一等奖。

【建筑规模企业】 2020年，高港区有资质建筑企业193个，其中，一级资质企业12个，二级资质企业75个。江苏华泰建设工程有限公司获批江苏省建筑业企业技术中心。

【建筑装饰企业】 2020年，高港区有在本地注册的建筑装饰企业51个，其中一级资质企业6个。从业人员2196人。年产值8.2亿元。

【建筑队伍】 2020年，高港区建筑业从业人数20.64万人，境外施工人数125人。全年受理建筑系统职业能力提升补贴、高级职称晋升补贴122人次，发放补贴7.87万元；组织"A、B、C 三类人员"报名培训考试563人次，新评定初、中、高级职称150人次。举办全区镶贴工职业技能竞赛、建筑电工职业技能竞赛，评选出"高港工匠"2人。

【建筑市场开拓】 2020年，高港区建筑业企业继续拓展省外市场。江苏大江建设工程有限公司承接31万平方米的安徽滁州华侨城欢乐明湖源庭及25.98万平方米的深圳鸿荣源鸿创科技中心项目，进驻浙江、安徽、珠海、深圳等地；江苏三泰建设工程有限公司承建河南新蔡县太平洋百货总包工程、浙江省舟山登步国际未来生命健康海岛项目，开拓无锡、盐城、扬州等省内市场；江苏临港建设有限公司中标宿迁泗阳东方红郡地块项目。

【建筑业市场监管】 2020年，高港区继续推进"泰州市建筑市场监管与信用信息一体化工作平台"应用，完善、更新入库企业信息。全区入库建筑企业98个，入库人员5480人，发放信用手册80本，信用平台信息达标率100%。全年为企业办理各类资质审批、人员变更、施工企业业绩补录、在线工程竣工（交工）申报等业务1561件。

【建筑质量管理】 2020年，高港区建筑企业共创成国优工程2项、省优工程3项、市优工程10项；获批省级工法2项，省级 QC 奖3项，发明专利15项，实用新型专利17项；创成省级绿色施工示范工程2个，市级 BIM 施工技术示范项目1个、试点项目2个。

（焦翼飞）

【建筑施工管理】 2020年，高港区共有纳入监管的新建工程项目60个，总施工面积129.58万平方米，工程造价49.86亿元。开展安全培训教育9次，组织节后复工、扬尘整治、起重机械、深基坑及高支模、脚手架工程、施工消防等专项检查7次，下发隐患整改通知书256份，停工整改通知书30份。查封塔吊、吊篮34台，对项目经理和专职安全员集中约谈1次，扣除企业信用分6个，移交区城建监察大队案件9件。配合省住房城乡建设厅开展专项督查3次，配合市住房城乡建设局进行在建工程项目综合大检查2次，对预拌混凝土企业进行专项督查考

江苏大江建设工程有限公司德清天安云谷项目部　（大江公司　供稿）

江苏大江建设工程有限公司承建的滁州华侨城欢乐明湖源庭项目

（大江公司　供稿）

核1次。发放安全宣传手册2000余份，布置安全生产警示标语和举报奖励公告200余处，开展安全宣传“春风行动”进工地活动2次，对项目经理和专职安全员共91人次进行安全能力考核。全区建筑工地围挡设置率100%，施工道路硬化率100%，规模以上工程车辆冲洗平台设置率100%，渣土密闭运输率100%，裸土覆盖率98%，建筑工地整治达标率98%。创成江苏省星级工地7个、市级文明工地10个。

【建筑行业农民工工资保障】 2020年，区住房城乡建设局共受理建筑行业农民工工资上访案件12件，涉及农民工100人，帮助追回拖欠农民工工资105万元。　（高进勇）

【江苏大江建设工程有限公司】 2020年，江苏大江建设工程有限公司与江苏能建机电安装工程有限公司合资成立泰州市大江建筑科技有限公司，从事铝模、爬架的生产、销售、安装等。建成建筑业企业省级技术研发中心。至年末，江苏大江建设工程有限公司有职工399人，其中，一级建造师34人，二级建造师22人，高级职称14人，中级职称70人。拥有长期劳务合作职工5000余人。全年纳税5993.94万元，获高港区建筑业纳税突出贡献奖；上缴区财政1202.3万元，创历史新高。

工程建设　完成施工产值20.18亿元，合同施工面积322.34万平方米，接转工作量40.76亿元，新签规模项目4个（建筑面积78.31万平方米，造价19.05亿元）。创省优质工程奖1项、省优质结构奖3项、省级QC成果奖4项、市优质工程奖2项、市新技术应用示范工程1项。申报发明专利1项、省级工法1项。安全生产形势保持稳定，全年实现“六无”生产目标，获省级安全文明标准化工地2项。

市场开拓　以“大江建设”和“江苏华建”双品牌开拓江苏、浙江、安徽、广东、广西、内蒙古等地市场。以“大江建设”品牌承接31万平方米的安徽滁州华侨城欢乐明湖源庭、25.98万平方米的深圳鸿荣源鸿创科技中心项目。以“大江建设”品牌进入中海地产徐州、盐城、廊坊、金华供应商库，以“江苏华建”品牌承揽11.2万平方米的包头中海望京府项目。深圳分公司首次进驻珠海市场，承揽18.7万平方米的珠海恒大林溪郡花园项目。被中海地产广西区域公司评定为优秀合格供应商。在安哥拉承接造价711万美元的华为宿舍楼项目。

（刘　岩　薛文杰）

【江苏三泰建设工程有限公司】 前身为1983年成立的泰兴县刁铺建筑安装工程公司。取得建筑工程总承包一级资质、建筑装修装饰工程专业承包一级资质、市政公用工程施工总承包二级资质、钢结构工程专业承包二级资质。2020年，完成建筑业总产值38.91亿元，工程结算收入20.72亿元，创利税1.65亿元，入选泰州市建筑业综合实力三十强企业。

【江苏华泰建设工程有限公司】 创建于1996年12月，拥有建筑工程施工总承包一级资质、对外承包工程经营资质。连续多年被评为江苏省建筑行业竞争力百强企业。拥有8万平方米的后方基地和科技创业基地。2020年，完成建筑业总产值83.02亿元，工程结算收入53.83亿元，创利税5.78亿元，入选泰州市建筑业综合实力三十强企业。

【江苏金云建设工程有限公司】 成立于1998年6月，拥有建筑工程施工总承包一级资质、建筑装修装饰工程专业承包二级资质和市政公用工程、地基基础工程、钢结构工程、环保工程三级资质。公司注册资本3.18亿元。2020年，完成建筑业总产值19.66亿元，工程结算收入9.89亿元，入选2020年度泰州市建筑业最具成长性企业。

【泰州宝厦建设工程有限公司】 成立于2016年12月，由泰州市交通产业集团下属子公司——江苏中泰建发集团有限公司与江苏宸业建设工程有限公司共同出资成立，注册资本1亿元。拥有建筑工程总承包一级资质。2020年，完成总体业务营收9.8亿元，入泰州库税收7517万元，入选泰州市建筑企业综合实力三十强企业。　（焦翼飞）

服务业

金融业

·金融管理与服务·

【概况】 2020年，全区金融机构存款余额607.8亿元、贷款余额340.41亿元，比年初分别增加91.03亿元、29.8亿元。普惠金融领域贷款余额61.1亿元。普惠金融领域贷款占比在高质量考核中排名全市第一。在2019年度全省金融生态环境综合测评中，高港区位列全省第二，连续5年位居全省前十。至年末，工商银行、农业银行、中国银行、建设银行、交通银行、邮政储蓄银行、招商银行、江苏银行、南京银行、中信银行、泰州农商行、江阴农商行、兴福村镇银行、浦发银行14个金融机构在区内设有支行。全区有小额贷款公司7个，其中，农村小额贷款公司6个、科技小额贷款公司1个，注册资本8.08亿元，贷款余额9.22亿元，支持客户数650户。有典当行3个、融资担保机构2个、融资租赁机构3个、商业保理机构2个。保费收入7.22亿元，比年初增加1.22亿元，增长20.28%。

【产业基金投资】 2020年，区金融监管局围绕建设以产业母基金为统领、各产业直投基金为主体的“1+N”产业投资基金体系，招引设立产业投资基金，重点投资高端装备制造、科技创新、环保新能源、医疗大健康等领域。至年末，区内设立母基金2只，总规模6.1亿元；产业直投基金（简称子基金）3只，总规模23.53亿元；产业基金投资区内企业5个，投资其他市区企业2个，总投资额1.61亿元；招引落地区内项目2个，总投资15.16亿元。年内，泰州润信产业投资基金招引太洋科技27亿元铍合金项目落户高新园区，11月项目建成投产。

【推进企业上市】 2020年，区金融监管局开展企业上市调研，发放调查问卷180份，回收有效问卷119份，调研走访企业36个。撰写调研报告，分析全区企业上市工作现状、存在的问题及原因，提出解决方案和建议。重新梳理挂牌上市后备企业库。组织专业中介服务机构针对后备企业进行剖析辅导，开展企业挂牌上市培训活动，鼓励企业利用资本市场。持续对接泰州市柯普尼通讯设备有限公司纳斯达克上市进程，挖掘江苏智慧优视电子科技有限公司、江苏惠利生物科技有限公司等重点上市培育企业。江苏惠利生物科技有限公司引入毅达资本A轮投资2000万元。全年7个企业在江苏省股权交易中心挂牌。

【金融监管】 2020年，区金融监管局强化对监管对象的日常分类监管；建立一企一档制度，完善监管档案。联合多部门常态化开展“双随机”检查。严格落实会商制度，强化源头防控，严把入口关。对注册成立地方金融从业机构的，穿透式核查股东资金合法合规性，促进机构设立依法合规。采取约谈、警告、整改等方式，以及劝其退市、司法移送等措施，加强对各类机构的监督。对4个小额贷款公司、2个融资担保机构、3个典当企业开展监管审计工作，2个机构非法集资线索移交司法机关。

【金融风险防范】 2020年，区金融监管局利用基层综治网格，建立金融网点排查网格92个。出台《打好防范化解重大风险攻坚战实施方案》《关于建立泰州市高港区打好防范化解重大金融风险攻坚战指挥部的通知》，明确责任分工，加大风险化解处置力度。协同相关部门、镇街妥善处置泰州口岸船舶有限公司等重点企业债务风险、扬州衡凯投资管理有限公司等重大融资担保风险、大宋珠宝等非法机构非法金融等各类风险。严肃查处和坚决打击各类非法集资、非法金融活动。做好农民资金互助社清退工作，深入基层制定“一社一案”个性化清退方案，为按计划完成清退任务打好基础。

【金融综合服务】 2020年，区金融监管局举办高港区助力企业复工

2020年3月10日，高港区举办助力企业复工银企签约仪式暨交通银行普惠产品宣讲会
（区金融监管局　供稿）

银企签约仪式、全区银行机构座谈会、全区投贷联动银企对接工作推进会等活动，搭建银企线下合作平台，畅通银企信息渠道。设立泰州市产融综合服务中心高港分中心，用好线上融资平台，解决企业融资难问题。疫情期间，指导企业利用产融平台直接对接银行、政府性融资担保和转贷机构，实现政银企保不见面线上对接，共有43个企业在平台发布59笔贷款需求，总额2.14亿元，平均贷款利率4.35%，综合融资成本平均下降0.5个百分点，其中，农业银行为重点防疫企业江苏普菲柯医疗器械总厂授信1500万元、工商银行为其转贷500万元，交通银行为泰州百诺医疗器械有限公司提供纯信用、低利息流贷。全年有3271个企业注册上线产融平台，累计解决企业融资需求20.8亿元。印发《关于建立常态化金融服务机制的实施方案》，建立“银行+部门”联动机制，当好金融服务“店小二”。继续执行《高港区鼓励银行业金融机构支持地方经济发展考核办法》，鼓励各银行机构主动对接企业转续贷和新增融资需求，通过延长融资期限、降低融资成本等方式支持企业发展。推动融资担保公司降低担保费率，2个融资担保公司担保费率均降至1%以下，累计减免企业息费128万元，惠及企业23个。

（区金融监管局）

·银行·

【中国工商银行股份有限公司泰州高港支行】 2020年，支行各项存款余额64.28亿元，比年初增加22.34亿元；各项贷款余额22.83亿元，比年初增加5400万元；实现拨备前利润1.31亿元。

信贷投放　全年对高港区重点企业实行4.68亿元风险参贷，向优质企业发放项目营运期贷款4000万元，为部分企业核定共计5亿元双优授信。加大对小微企业、个体工商户的扶持力度，累计投放普惠贷款3.05亿元。强化跟踪贷后管理工作，贷款不良率控制在规定比例内。

存款管理　创新服务模式，将客户体验与员工考核挂钩，竞争中高端客户。开展“阵地营销”，为客户提供多产品、多渠道体验。组织旺季竞赛，开展周边商户、专业市场、优质代发等重大项目的专业探索，抓好资金归集。优化客户资金结构，提升客户收益，加大理财产品销售，提升存款规模，提高存款质量。（王　懿）

【中国农业银行股份有限公司泰州高港支行】 2020年，支行本外币各项存款余额79.08亿元，比年初增加15.18亿元；本外币各项存款日均余额77.74亿元，比年初增加15.06亿元。支行内控评价继续保持“一类行”水平。被泰州市总工会评为泰州市模范职工小家。

资产业务　小微企业贷款净增16390万元，农户贷款净增8128万元，个人生产经营性贷款净增7356万元；年末涉农贷款余额9.04亿元，比年初净增4.46亿元；现代农业贷款余额3.48亿元，比年初净增0.48亿元。

存款业务　组织首季综合营销活动和“万马奔腾”“季季争先”“比学赶超”等各类营销竞赛活动，年末储蓄存款余额38.64亿元，比年初增加5.04亿元，比上年增加2亿元；储蓄存款日均增量4.12亿元，增加1.43亿元；对公存款日均增量10.94亿元，增加6.75亿元。

中间业务　实现拨备前利润1.08亿元，拨备后利润9431万元，中间业务收入4616万元。

（蒋建华）

【中国银行股份有限公司泰州高港支行】 2020年，支行本外币存款余额62.83亿元，较年初增加7.27亿元，其中，公司存款余额38.75亿元，储蓄存款余额24.08亿元。本外币各项贷款余额33.56亿元，较年初减少4.2亿元，其中，公司贷款余额26.6亿元，零售贷款余额6.96亿元。

存贷协调发展　注重对存量客户及产业链客户群的延伸营销，强化服务与沟通，巩固与扬子江药业集团等传统优质客户互赢互利的战略关系，对接好辖区各大工业园区。成功营销瑞坤、南韵等一批智慧工地项目。加大对重点企业客户的二次营销和跟进力度，做好中小授信企业、优质代发企业的拓展，重视储蓄存款源头的拓展，带动基础客

中国银行股份有限公司泰州高港支行 （区委宣传部 供稿）

户群的增长。至年末，拥有药厂系、海油系两大重点客户群，银、企、政三方良性互动，合作关系继续保持融洽。

内控管理 强化业务条线和基层机构的内控管理。组织员工参加综合素质提升培训、员工违规处理办法学习、典型案例学习等活动，提升全员内控合规意识、业务技能和职业操守；组织月度内控会议、“一把手讲合规”活动、合规演讲、合规座谈会等特色活动，提升全员内控防案水平。 （张佳华）

【中国建设银行股份有限公司泰州高港支行】 2020年，支行本外币一般性存款余额75.29亿元，新增18.83亿元；各项贷款余额57.33亿元，新增6.02亿元；中间业务收入6318万元。 （建行高港支行）

【交通银行股份有限公司泰州高港支行】 2020年，支行各项存款余额33.6亿元，较上年新增5.8亿元。坚持以负债业务为核心，抢占市场份额，强化日均和时点并重的绩效导向和要求，促进存款快速、稳定增长。支持小微企业，服务实体经济，新增小微企业用户37户，累计77户。新增发放贷款0.8亿元，年末贷款余额2.9亿元。将营销目标定位在产品有市场、发展有潜力、经营效益好、社会信誉好的中小企业。加快项目储备和落地，扩大贷款规模，优化信贷结构。 （李 华）

【招商银行股份有限公司泰州高港支行】 2020年，支行各项存款余额6.67亿元，贷款余额2.98亿元。针对优质客户，推出“闪电贷”“小微贷”等一系列产品。推出“丰润人生”系列、“卓远”系列等特色理财业务产品。 （季 蕾）

【江苏银行股份有限公司泰州高港支行】 2020年，支行人民币各项存款余额59.35亿元，比年初增加6.27亿元，其中，储蓄存款比年初增加1.01亿元，公司存款比年初增加5.26亿元。各项贷款余额57.24亿元，较年初新增1.3亿元，其中，个人贷款余额6.75亿元，比年初新增0.89亿元；公司贷款余额50.49亿元，比年初新增0.41亿元。实现净利润1.74亿元。小微企业普惠贷款余额3.75亿元，新增投放39户、1.28亿元。疫情期间，降低贷款利率，服务“六稳”“六保”任务。 （汪 俊）

【南京银行股份有限公司泰州高港支行】 2020年，支行本外币各项存款余额33.57亿元。贷款余额32.32亿元，其中，公司贷款29.64亿元，个人类贷款2.68亿元。泰州友润电子科技股份有限公司根据股份转让协议，与江苏鑫智股权投资管理有限公司在全国中小企业股份转让系统正式完成股份交割，成为南京银行泰州分行2020年第四届“投贷联动20强”活动首单投贷项目。支行推出“鑫人才”“鑫转贷”“增额保”等一系列产品，支持民营经济发展。针对优质企业，通过“鑫人才”投放信用贷款1000万元，解决企业担保难的问题。利用“鑫转贷”办理企业贷款2500万元，方便企业无本转贷。通过“增额保”产品投放贷款1500万元，解决企业抵押金额不足问题，放大贷款额度。 （张 平）

【中信银行股份有限公司泰州高港支行】 2020年，支行各项存款余额40.9亿元，较年初新增8.65亿元，增长27%；各项贷款余额11.02亿元，其中置换政府隐性债务8.4亿元，较年初新增8.99亿元，增长443%；实现国际收付汇量9310.34万美元，结售汇业务6550.39万美元。全年资产业务不良率为零。推出增信方普惠金融特色业务和一系列交易银行产品，为企事业单位提供在线金融服务。 （中信银行高港支行）

【上海浦东发展银行股份有限公司泰州高港支行】 2020年，支行各项存款余额21亿元，各项贷款余额18亿元。利用总行政策和产品，结合地方特色为客户制定最佳授信方案。为社区居民普及金融知识，开展防范电信诈骗以及反假币、反洗钱等宣传。 （浦发银行高港支行）

【中国邮政储蓄银行股份有限公司泰州市高港支行】 2020年，支行各项存款余额7.47亿元，贷款余额21.19亿元。与区金融监管局、区市场监管局合作，加强实地走访，了解客户贷款需求，加大对“三农”、小微企业、民营经济的支持力度，提供融资服务。被江苏省总工会评为“工人先锋号”。（邮储银行高港支行）

【江苏泰州农村商业银行股份有限公司】2020年，高港区域内所有支行网点各项存款余额92.32亿元，比上年增加6.93亿元；各项贷款余额46.96亿元，增加6.85亿元。

服务“三农” 推广农村普惠金融工程，构建农村普惠金融网络。至年末，涉农贷款余额39.17亿元，比上年增加4.65亿元，增长13.47%。

服务实体经济 对受疫情影响的中小微企业贷款，延期还本付息，做到“应延尽延”，贷款平均利率比上年下降15.8%，信用贷款余额比年初上升40%，制造业贷款余额比年初上升16.5%。“泰信保”比上年增加金额4290万元，增加户数16户；“富民贷”比上年增加金额4403万元，增加户数110户。

（泰州农商行）

【江苏江阴农村商业银行高港支行】2020年，支行各项存款余额7.66亿元，其中，对公存款6.76亿元，对私存款0.9亿元。贷款余额5.6亿元，其中，短期贷款3.68亿元，中长期贷款1.92亿元。大额存单1.4亿元。

（江阴农商行高港支行）

【泰州高港兴福村镇银行有限责任公司】2020年，全行各项存款余额4.19亿元，各项贷款余额7.05亿元，净利润1085.3万元，资产状况良好。全年零安全责任事故和案件发生。（兴福村镇银行）

·保险·

【中国人寿保险股份有限公司泰州市高港支公司】2020年，高港支公司实现总保费收入2.43亿元，比上年增长9.61%。首年期交保费4044.11万元，十年期及以上首年期交保费1926.53万元，其中，个人保险业务实现新单期交保费2945万元，银保渠道实现新单期交保费1039.72万元。团险渠道开拓政保业务287.01万元，发展非船舶法人业务456.92万元，老年人保险、计生系列保险分别实现保费收入226.57万元、604万元。全年处理赔付案件3988件，赔款支出1525.42万元。（中国人寿高港支公司）

【中国人民财产保险股份有限公司泰州市分公司高港营业部】2020年，高港营业部完成全险种保费1.01亿元。完成车险保费5285万元，比上年增长10.18%；完成传统业务保费623万元；完成新兴业务保费3395万元；完成农险保费834万元，增长4.63%。实现利润1299万元。车险、传统、新兴、农险四大板块均有盈利。（季　丹）

旅游业

【概况】2020年，高港区共接待游客166.2万人次；实现旅游总收入2277.37万元。新增国家AAA级旅游景区1个、省工业旅游区1个、省乡村旅游重点村1个。至年末，全区有国家AAAA级旅游景区1个，国家AAA级旅游景区4个，省工业旅游区4个，省星级乡村旅游区9个，省乡村旅游重点村1个，旅行社5个。全年旅游行业无安全生产事故。新建泰州市凤栖湖景区AA级旅游厕所1座。

2020年高港区省级以上旅游景区、景点一览表

表12

类别	景区名称	级别	地址
国家A级旅游景区	口岸雕花楼景区	AAAA	金港南路
	中国人民解放军海军诞生地纪念馆	AAA	白马镇
	白马文化旅游区	AAA	白马镇
	泰州市本草养生景区（江苏中药科技园）	AAA	大泗镇泗白路
	泰州市凤栖湖景区	AAA	口岸街道
省工业旅游区	世泽雕艺文化旅游区	—	白马镇野黄线东
	益海（泰州）粮油工业有限公司	—	永安洲镇疏港北路
	安爵理德咖啡观光工厂	—	许庄街道创业大道
	扬子江药业集团	—	扬子江中路
省星级乡村旅游区	上膳源泰州农场	四星	高港现代农业园管委会南侧

续表12

类别	景区名称	级别	地址
省星级乡村旅游区	鑫马生态园	四星	白马镇海军东路北
	杏都葡萄园	三星	胡庄镇润园路北
	西来原生态农场	三星	大泗镇霍堡村
	御膳源生态农业观光园	三星	胡庄镇胡庄社区
	逸夏果园	三星	白马镇陈家村
	天德园生态农庄	三星	永安洲镇兴隆社区
	御庐园生态果园	二星	永安洲镇永胜社区
	白马庙森林公园	二星	白马镇岱白村
省乡村旅游重点村	白马镇陈家村	—	白马镇陈家村

雕花楼正门 （区委宣传部 供稿）

【旅游项目建设】 2020年，高港区有新签约或意向性重点旅游项目11个，包括泰州濒湖中医康养田园综合体项目、海燕大酒店AB区技术改造项目、嘉信生态农业观光项目、丘比特花海项目、海军爱国主义教育基地项目、肯德基汽车穿梭餐厅项目、格林豪泰城市综合体项目、国际商贸中心项目、律诚生态农业观光项目、汉庭商务精品酒店项目、益海工业旅游区项目。共实施旅游项目51个，总投资113.63亿元。其中，公共服务设施类15个，总投资13.07亿元；住宿餐饮类5个，总投资4.75亿元；景区类3个，总投资4.94亿元；旅游小城镇与古街区类1个，总投资3亿元；乡村旅游类10个，总投资5.22亿元；文旅综合体类2个，总投资12.8亿元；旅游医疗健康与养生养老类3个，总投资12.8亿元；旅游商品与户外休闲用品类1个，总投资0.51亿元；文化创意设计类1个，总投资0.02亿元；装备设备制造类4个，总投资51.87亿元；其他类6个，总投资4.65亿元。泰州市凤栖湖景区被列为2020年江苏省重点文化和旅游项目。

【旅游品牌创建】 2020年，泰州市凤栖湖景区创成国家AAA级旅游景区。扬子江药业集团创成江苏省工业旅游区，白马镇陈家村被评为全国乡村旅游重点村培育单位、江苏省乡村旅游重点村。高港旅游文创产品虎头鞋、柴墟娃娃在“首届江苏旅游文创商品大赛”中分获银奖、铜奖。在江苏省第二届红色故事宣讲大赛中，中国人民解放军海军诞生地纪念馆1名讲解员获“志愿者组金牌讲解员”称号。泰州维景国际大酒店获泰州市“大众宴席暨游客喜爱的名菜名点大赛”金鼎奖。

【旅游节庆活动】 2020年，高港区举办旅游节庆活动10余次，包括2020年“中国旅游日”泰州分会场暨健康生活、欢乐旅游活动启动仪式，“魅力高港，美好乡村”高港区2020乡村旅游节，“孝义蔡庄，与‘梨’相约”蜜梨采摘节，2020年泰州·高港农民丰收节开幕式庆祝活动，2020年“时和年丰，梦回田园”农民庆丰收暨乡村旅游节活动，“丰收礼赞，水美柴墟”——2020年丰收旅游节活动，农民丰收节暨第二届河豚文化节，2020

2020年9月29日，高港区乡村旅游节在白马镇陈家村开幕，以上为活动现场图片（区委宣传部　供稿）

年首届高港江水清沙螃蟹节，口岸雕花楼景区“百年团圆月照楼，今岁中秋共相守”汉服巡游活动，“高港首届网红夜市美食文化节”活动，“2020年梦幻北极光之夜”灯光秀活动。

【旅游推介】 2020年，高港区组织区内旅游景区、乡村旅游区、旅行社以及媒体到姜堰区、盐城市大丰区、连云港市海州区及连云区开展旅游宣传推介活动。组织景区、“非遗”代表参加泰州文旅产品（上海）推介会、第二届大运河文化旅游博览会“运河城市文旅精品展”活动。组织景区、旅游文创企业参加“幸福水天堂，泰州慢生活”泰州文化旅游（嘉兴、福州、无锡）宣传推介活动。组织口岸雕花楼景区参加“乘着高铁游泰州”泰州文化旅游（北京）宣传推介活动。组织泰州城色文创参加江苏旅游新干线2020南京国际度假休闲及房车展。组织企业参加在上海举办的2020中国国际旅游交易会。

【凤栖湖景区建成】 泰州市凤栖湖景区位于高港主城区东部，北至春港路东延线，南至宣堡港，东至泰镇高速公路，西至新港大道，由泰州市港城建设投资发展有限公司投资建设，规划总面积2.5平方千米，占地面积227.53公顷，其中，公园186公顷（含水面近66.67公顷），预留民宿区域41.53公顷。总投资约6亿元。最大游客容量20万余人。打造集文化休闲、生态康养、体育运动、湖泊湿地等于一体的综合性文化公园。景区围绕“一湖、五区、七景”展开，一湖为凤栖湖水系，五区分别为文化体验区、森林游憩区、生态科普区、运动娱乐区、配套服务区，七景分别为有凤来仪、体育中心、凤凰台、杉林镜塘、荷风桂雨、凤栖捧月、嬉水金滩。2020年，凤栖湖景区建成并对外开放。12月，创成国家AAA级旅游景区。（仲　明）

房地产业

【概况】 2020年，高港区有房地产开发企业22个，完成房地产开发投资32.32亿元。新开工商品房面积49.04万平方米，竣工面积12.62万平方米。天逸名邸、珑悦花园等项目基本建成。南韵家园三期、天逸华府六期开工建设。新建商品房成交2801套、34.83万平方米，普通住宅成交均价6538.95元/平方米。

【房地产开发项目】 天逸华府五期、六期　位于高港大道西侧，港城路北侧，春港路南侧。由泰州宇泰置业有限公司投资建设。其中，五期占地面积1.6公顷，建筑面积3.01万平方米，年内竣工；六期占地面积2公顷，建筑面积6.3万平方米，年内在建。五期、六期合计总投资15亿元。

天逸名邸　位于王营路东侧，春港路北侧，高港大道西侧，蔡圩河南侧，由泰州宇泰置业有限公司投资建设。占地面积0.9公顷，建筑面积4.67万平方米，总投资1.5亿元，年内竣工。

明发国际广场13-1地块　位于泰高路东侧，马厂中沟西侧，高港大道南侧，由明发集团泰州房地产开发有限公司投资建设，占地面积2.57公顷，建筑面积5.54万平方米，总投资3亿元，年内竣工。

南韵家园三期　位于春城路南侧，王营河西侧，由泰州恒建置业有限公司投资建设。占地面积1.4公顷，建筑面积2.1万平方米，总投资1.55亿元，年内在建。

珑悦花园　位于珑湾路北侧，王营路西侧，蔡庄路东侧，通港东路南侧，由泰州中建楷昕房地产开发有限公司投资建设，占地面积23.3公顷，建筑面积9.37万平方米，总投资9.8亿元，年内竣工。

【房地产管理】 2020年，全区办理房地产预销售许可事项9件，批准预销售面积19.06万平方米。完成房地产交易2801宗。做好直管公房、既有房屋安全排查和白蚁防治等工作。（林明祥　史亚斌）

泰州红星美凯龙国际家居生活广场　（区委宣传部　供稿）

市场建设

【批发零售业】 2020年，高港区新增限额以上批零住餐企业85个。实现批发贸易额810.29亿元，零售贸易额79.15亿元。（李士珏）

【商品市场】 2020年，高港区有各类商品市场15个，其中，农贸市场12个，专业市场2个，小商品市场1个。

泰州红星美凯龙国际家居生活广场　位于创业大道与泰州大道交会处，2013年7月14日开业，总建筑面积6.29万平方米，营业面积4.45万平方米，采用第八代水晶魔方 shopping mall 结构，全玻璃外观造型。入驻商户200余个，汇集家居、建材、装饰品牌近300个。2020年，实现营业额0.8亿元。

泰州义乌大市场　位于春港中路与金港路交汇处，2008年开业，占地面积3万平方米，建筑面积7.2万平方米，总投资3.2亿元。一、二层为小商品批发与零售市场，三、四层为轻纺品、床上用品批发，五层为掌上明珠家具生活馆。共有商铺1859个。

【成品油市场监管】 2020年，高港区有20个加油站（点）通过成品油零售经营批准证书年检，其中，中石化9个（水上加油点1个）、中石油2个、中海油1个、社会加油站8个（水上加油点1个）。全区所有加油站均完成双层油罐改造，二阶油气回收装置全部安装到位。所有加油站实现规范化管理。

【农贸市场】 2020年，高港区共有星级农贸市场12个，实现各园区（镇街）标准化菜场覆盖率100%、达标率100%。其中，三星级农贸市场6个、二星级农贸市场2个、一星级农贸市场4个。农贸市场长效管理考核全部达优。

【再生资源专项整治】 2019年年末，高港区启动再生资源回收专项整治工作，至2020年年末，共出动600余人次，检查废旧回收经营主体262个次，完成整治70个，取缔劝离8个。（周　洪）

住宿餐饮业

【概况】 2020年，高港区实现住宿业营业额1.78亿元，餐饮业营业额8.96亿元。有限额以上住宿餐饮企业30个。

【泰州维景国际大酒店】 位于扬子江路与港城路交会处，由泰州市港城建设投资发展有限公司投资建设，委托中国旅游集团酒店运营有限公司经营管理。是集客房、餐饮、康乐、会议、健身、娱乐于一体的五星级标准酒店。共有地上24层，地下2层，高99.7米。总建筑面积约4.5万平方米，包括五星级酒店客房338间（套），配有餐厅5间、会务中心及康体水疗中心等。2020年，在泰州市"大众宴席暨游客喜爱的名菜名点"大赛上，泰州维景国际大酒店提供的"至尊大鮰鱼""豆沙仙桃"获一等奖，"秘制胡椒大虾""茴香砂锅豆腐包"获二等奖，2名厨师获"泰州名厨"称号。全年实现营业额5209万元。 （李士珏　周　洪）

【泰州海燕金陵精选酒店】 2019年开业，由扬子江药业集团投资兴建，南京金陵酒店管理有限公司经营管理。总建筑面积近6万平方米，共11层，为欧式建筑风格，拥有客房243间（套），宴会包间40间。2020年，获评泰州市诚信单位。

（扬子江药业集团）

粮食购销

【概况】 2020年，高港区开展夏秋两季粮食收购、好粮油品牌建设、粮库数据互通共享等工作，落实地方储备粮、成品粮油储备任务。全区涉粮企业原粮收购20.5万吨，其中，收购小麦1.62万吨，收购粳稻18.88万吨。原粮销售2.1万吨，其中，小麦销售1.02万吨，粳稻销售1.08万吨。

【"江苏好粮油"品牌创建】 2020年，高港区引导重点粮油企业加强自主品牌建设，争创"江苏好粮油"品牌。9月，益海（泰州）粮油工业有限公司的"金龙鱼"牌谷维多双一万稻米油入选"江苏好粮油"名录。

【成品粮油保供】 2020年，高港区完善粮食应急预案，加强粮油应急保供，提高成品粮储备安全保障能力。对泰州祥瑞食品有限公司、泰州泗润米业有限公司、益海（泰州）粮油工业有限公司开展调查摸底，择优选择益海（泰州）粮油工业有限公司、泰州祥瑞食品有限公司签订成品粮油委托代储合同，按照"政府补贴一点、企业让利一点"的方式，制定成品粮油保供企业补贴标准，确保成品粮油应急储备落实到位。疫情期间，组织列统粮油企业开展粮油保供重点企业财政补助及税收减免申报，为益海（泰州）粮油工业有限公司减免增值税2086万元，为江苏汇福粮油有限公司减免增值税640万元。

（区发展改革委）

供销合作

【概况】 至2020年，区供销社建成镇级基层社10个，农业专业合作社（联合社）24个，农村综合服务社93个，电商服务站53个，社有企业11个，构建覆盖区、镇街、村（社区）的三级为农服务网络体系。深化消费扶贫，建立对口扶贫销售点3个，帮助西藏自治区曲水县、陕西省淳化县销售当地农副产品28.9万元。全年供销系统实现销售额25.51亿元，利润总额1.3亿元，获全市供销系统综合业绩考核一等奖。

【基层供销社建设】 2020年，区供销社在全市率先完成区、镇两级供销社社员代表大会、理事会、监事会"三会"制度建设。推进资产维修。积极向上沟通，设立基层社资产维修专项资金，先后对永安洲、胡庄供销社资产进行维修翻建，保护基层社资产，提升资产使用效益。推动村社共建。刁铺基层社与明发社区采取合作共建的模式，建立刁铺供销社明发社区便民服务中心，为万人小区提供日用品超市、生活电商、扶贫专柜等"一站式"生活服务。强化项目引领。推动口岸基层社与引江社区、引江公墓管理委员会共同出资500万元成立润都农业供销有限公司，上争省级资金100万元，围绕特色田园乡村建设，打造高港区观光农业"春夏秋冬"展板。至年末，引江社区农产品电商展示中心竣工。社有企业泰州市乐太食品有限公司结对帮扶7个村（社区），建立联合党支部，投资700万元，新增年糕生产线1条，为帮扶村（社区）提供就业岗位15个。

【为农服务体系建设】 2020年，区供销社推动"3+3+N"为农服务体系建设，做强3个现代农业综合服务中心，做大3个农业特色产业项目，做好多个基层社特色项目。3个现代农业综合服务中心龙头效应初显，其中，胡庄镇同人于野现代农业综合服务中心实行统一优良育种、统一育秧插秧、统一订单收购，联合南京农科院为农户常年免费提供技术支持和上门跟踪服务；白马镇黄河现代农业综合服务中心开展土地全托管和半托管服务，提供代种代收、配方施肥、农产品购销、农资直供、病虫害统防统治、粮食烘干、秸秆回收、技术培训等服务，新上线智能配肥和水肥项目，服务周边1300余公顷农田，促进节能降本增效，打响"农民外出打工，供销合作社为农民打工"品牌；大泗镇前程现代农业综合服务中心在整合为农服务社、专业合作社、家庭农场的基础上，吸纳日用品超市、电动车专卖店、生鲜批发店入驻，创建大泗供销社药肥零差率配供和包装废弃物回收站点，为周边农民提供生产、生活、生态服务。3个农业特色产业项目顺利推进，其中，口岸基层社与口岸街道农业服务中心、引江社区共同出资500万元成立润都农业供销有限公司，发展观光农业和农村电子商务；区供销社

"大泗良食"农产品特色专卖店　　　　（区农业农村局　供稿）

与泰州市丰汇农业科技有限公司合作打造"泰州真江河豚"文化品牌，成立河豚养殖销售行业协会，建设渔民服务中心、产品研发中心、河豚文化展示馆、电商销售中心；建立以区级药肥包装废弃物配供回收中心为龙头、18个镇街配供回收网点为抓手的服务网络，辐射全区7个镇街。2个基层社特色项目工期收尾，其中，刁铺基层社与明发社区采取合作共建的模式建立高港优供居民生活服务中心；大泗基层社与省级经济薄弱村二陈村结对扶贫，建立"大泗良食"电商平台和线下体验店。《高港供销社推动构建"3+3+N"服务体系建设工程》被全国供销总社简报、中国江苏网刊载。

【供销绿色生态服务】 2020年，高港区供销系统打造药肥集中采购统一配供、包装废弃物回收处置、再生资源回收利用、秸秆综合利用"四位一体"供销绿色生态服务模式。建成标准化区级药肥包装废弃物配供回收中心，零差率农药配供量3吨，农药使用减少约4吨，全年回收药肥废弃包装物101万件。白马镇黄河现代农业综合服务中心建成全省首个智能测土配方肥项目，测土配方肥供应量2483.33吨，有效服务农田1333.33公顷。基层社回收秸秆6.72吨，再生资源回收中心回收废旧农膜40余吨。

【农资保障】 2020年，区供销社指导3个现代农业综合服务中心做好春耕物资采购、储备和供应工作，合理规划独立工作路线，落实疫情防控措施。泰州市海港电子商务有限公司对接有关家庭农场、农民合作社，采购、销售本地大米，B2B平台销售额100余万元。江苏福齐天生物科技有限公司保障全市春耕化肥供应，履约完成非洲3500吨可可专用肥订单。　（陈　巍）

电子商务

【概况】 2020年，高港区共开展各类电子商务培训推广活动16批次，新增电子商务培训774人次，新增电子商务创业人员117人。完成农产品电子商务销售额1.71亿元。（周　洪）

【农村电子商务】 2020年，区供销社提升2个农村电子商务中心（电子商务培训中心和孵化中心）运行质态，新建大泗镇二陈村、刁铺街道明发社区电子商务服务站点。举办农村电子商务培训，944人次参加。农村电子商务线上销售额5.83亿元，其中，农产品线上交易额1.71亿元，比上年增长36.82%。指导大泗基层社与省定经济薄弱村大泗镇二陈村结对扶贫，建立"大泗良食"电商平台和线下体验店，为挂钩村农产品提供展示、销售的绿色通道。成功申报电子商务特色村1个（大泗镇霍堡村），疫情奖补企业2个，大米销售奖补企业1个，新时代网上供销社网点42个，共申请上级补助资金131.4万元。
（陈　巍）

物流业

【概况】 2020年，高港区有规模以上现代物流企业34个，实现营业收入30亿元。集装箱物流中心加快运营，集装箱年吞吐量32.6万标准箱。

2020年高港区规模以上现代物流企业名录

江苏泰高高速公路有限公司
江苏泰州大桥有限公司
泰州高港汽渡有限公司
泰州嘉航海运有限公司
泰州中瑞物流有限公司
泰州圆通速递有限公司
中铁物流江苏有限公司
泰州市源通运输有限公司
泰州长丰海运有限公司
泰州俊涛水运有限公司
泰州市海顺水运有限公司
泰州港务集团有限公司
泰州长江船舶服务有限公司
泰州顺丰运输有限公司
泰州高远物流有限公司
泰州统一超商有限公司
江苏正德物流有限公司
泰州华盛物流有限公司
绿色动力优力博物流江苏有限公司
泰州港明船务有限公司

泰州益嘉物流有限公司
泰州港盛船务有限公司
泰州市永发港口开发有限公司
泰州益友船务代理有限公司
泰州扬子江船务有限公司
泰州东港货运有限公司
泰州东田船舶代理有限公司
泰州国际集装箱码头有限公司
泰州益海码头有限公司
泰州永安港务有限公司
江苏海企化工仓储股份有限公司
江苏优力博国际物流有限公司
泰州鸿宇国际货运代理有限公司
大泗医疗器械物流有限公司

【高港综合物流园】 高港综合物流园为全国重点物流园区、省重点物流基地、省级示范物流园区、省级现代服务业集聚区、省级生产性服务业集聚示范区。利用互联网、大数据、云计算、物联网、5G 等先进信息技术手段，发展智慧物流。有省、市级重点物流企业6个，A 级以上物流企业3个，开票销售超10亿元的重点商贸企业5个，税收超千万元企业5个。入驻企业包括物流类企业（运输型、仓储型）、贸易类企业、粮油加工类企业等。2020年，开票销售总额超300亿元，各类货物吞吐量近5000万吨，外贸进出口总额近12亿美元，物流业营业额超23亿元人民币。连续3年获评全国优秀物流园区，创成省级粮食物流产业园区。 （区发展改革委）

邮政　通信

·邮政·

【概况】 2020年，高港区有快递分拨中心6个，快递公司12个，网点50余个，从业人员1500余人。全年快递业务量3305.47万件，比上年增长23.57%，同城、异地、国际及港澳台快递业务量分别占全部快递业务量的9.44%、90.45%和0.11%。快递业务收入7.34亿元，增长14.2%。区寄递调解委员会共受理快递矛盾纠纷32起，成功调处32起，调处成功率100%。

2020年6月22日，高港区举办快递行业首届职工趣味运动会

（区邮政管理局　供稿）

【邮政发展服务】 2020年，高港邮政管理局组织开展“邮来已久、绿动未来”主题宣传活动，全区快递企业电子面单使用率99.05%，循环中转袋使用率90%。联合多部门在行业工会、妇联、团支部开展关爱“小蜜蜂”系列活动，5个分拨中心建立企业工会。筹办韵达多功能快递之家。举办首届快递行业趣味运动会、第二届快递技能大赛。组织快递行业“能级工资”集体协商会议。举办“港城快递花”身心修炼营、夏令亲子营活动。组织全区200余名快递女职工参加免费体检。

【寄递安全保障】 2020年，高港邮政管理局组织快递企业复工复产，做好疫情防控，保障寄递安全。落实重要时期的寄递安保工作。开展安全、消防、急救培训演练，共300余人参加。召开行业旺季安全保障会议。监督企业制定中秋、国庆、双十一等旺季时段安全预警方案。全年寄递行业实现安全生产零事故。

（嵇晓东）

·通信·

【电信】 2020年，中国电信股份有限公司泰州分公司高港区局（简称区电信局）完成主营业务收入1.14亿元，新兴业务收入0.2亿元。全年新开服务网点2个。

业务发展　为高港区9.41万用户提供移动通信服务，电信天翼用户数量较上年末提升0.64万户，移动手机业务网间份额较上年末增长2.63%。为高港区6.19万户家庭、企业提供宽带服务，宽带用户数提升0.13万户；为高港4.67万户家庭、企业提供电视接入服务，电视用户数提升0.09万户。完成新兴业务ICT（信息、通信和技术）收入1564万元，传媒收入10万元，完成永安洲镇智慧园区、国家能源集团泰州发电有限公司5G+MEC等标杆项目。

服务疫情防控　向进入高港区的非本地电信手机用户到高港登记短信提醒42.27万条，向高港区电信手机用户发送疫情防控公益短信17.2万条。通过“泰企通”平台助力企业复工730个。为扬子江药业集团、学校、口岸街道等提供免费的云会议系统，累计开通20余次，参与人数超1000人。提供体温云筛查设备24套，服务中小学复学。

助力企业信息化 为700余个规模以上企业提供上云方案，完成32个单位上云工作，其中10个企业完成三星级上云。（马友益）

【移动通信】 2020年，中国移动通信集团江苏有限公司泰州分公司高港营销中心（以下简称高港移动）用户规模24.3万户，运营收入超2.22亿元，比上年增长6.7%。高港移动累计有5G基站218个。

宽带网络建设 新增宽带网络小区（行政村）21个，新增宽带FTTH（光纤到户）端口4万余个，基本实现标准小区全覆盖，宽带总覆盖17.89万户，99%以上小区和村（社区）实现宽带接入。全年宽带用户净增3.7万户。新购节点机房3处，千兆宽带用户达4167户。对所有宽带小区完成光纤改造，到户带宽可达100 M。

企业事业单位和集团业务发展 有政府、金融、卫生、交通及各大中小企业集团用户20.5万人，集团客户服务满意度99.8%。全年新签订专网专线、一网通2800余条，覆盖全区7个镇街，产生收入30余万元。参与惠民工程建设，成功拓展公安雪亮工程一期改造、政法委云视讯、国土卫士等民生项目。（王 艳）

居民服务业

【理发美容业】 2020年，高港区新注册理发及美容业个体户56户，包括高港区反手秀美容美发店、高港区火辣三号美容店、高港区舒静理发店、高港区娟子理发店、高港区欣颜美容院、高港区友爱美容馆等。累计有注册的理发及美容业公司9个、个体户486户。

【洗浴业】 2020年，高港区新注册洗浴业个体户4户，包括高港区逸宸轩养生堂、高港区迎新浴室、高港区舒心浴室、高港区秀珍淋浴室。累计有注册的洗浴业公司10个、个体户184户。

【中介业】 2020年，高港区新注册房地产中介服务公司3个，包括泰州市冬盛房产有限公司、泰州恒泰地产营销策划有限责任公司、泰州珑悦房产中介有限公司。新增房地产中介个体户1户，为高港区璟权房产中介服务中心。累计有注册的房产中介公司39个、个体户27户。

【广告业】 2020年，高港区新注册广告业公司38个，包括泰州市深远广告传媒有限公司、泰州汐萌文化传媒有限公司、泰州市小考拉文化传媒有限公司、泰州市思灏文化传媒有限公司、泰州春田花花文化传媒有限公司、江苏汇纳传媒有限公司、泰州汇力文化传媒有限公司等。新增个体户57户，包括高港区振宇广告经营部、高港区洪伟广告策划部、高港区宇辰创意广告设计部、高港区一萌广告经营部等。累计有注册的广告业公司186个、个体户168户。

【家政服务】 2020年，高港区新注册家政服务公司75个，包括泰州市省章家政服务有限公司、泰州市洁相伴家政服务有限公司、泰州洁家家家政服务有限公司、泰州市恒海家政有限公司、泰州市永洁保洁有限公司、泰州市正飞人力资源有限公司、泰州市刘元劳务有限公司、泰州市展宏劳务有限公司、泰州锦庆瑞物业管理有限公司等。新增个体户10户，包括高港区爱尚我家家政服务中心、高港区大熊家政服务中心、高港区菊芳家政服务中心、高港区欣洁家家政服务中心、高港区巧手家政服务部、高港区乐多多家政服务部、高港区娟娟家政服务中心、高港区玖熙家政服务部等。累计有注册的家政服务公司248个、个体户104户。

【信息咨询】 2020年，高港区新注册信息咨询公司102个，包括泰州市陈萍市场营销中心、泰州奎霍环保科技服务有限公司、泰州代州管理咨询服务有限公司、泰州元怀管理咨询服务有限公司、泰州槐骁环保科技服务有限公司、泰州国奎环保科技服务有限公司、泰州市岸晖市场营销有限公司、泰州市明万凤市场营销有限公司、泰州梁大市场营销中心等。新增个体户472户，包括高港区昊群市场营销中心、高港区懿垚企业管理咨询服务中心、高港区苌桐企业管理咨询服务中心、高港区樱荣企业管理咨询服务中心、高港区青松市场营销中心、高港区丹娣市场营销中心等。累计有注册的信息咨询公司796个、个体户2654户。（孔 芳）

科　技

综　述

【概况】 2020年，高港区实现高新技术产业产值811.68亿元，占规模以上工业产值的56.69%。新增高新技术企业34个，高新技术企业培育入库40个。全社会研发投入占地区生产总值的3.85%。新增省科学技术奖1项（国家能源集团泰州发电有限公司“高参数大容量二次再热机组运行控制关键技术”项目），累计获省科学技术奖15项。新建“校企联盟”25个，签订“产学研”合作协议56项。新增省级企业研发机构3个、市工程技术研究机构8个、市科技公共服务平台1个；3个企业研发机构获省级研发机构绩效评价优秀等次，7个企业研发机构获市级研发机构绩效评价优秀等次。新增国家级众创空间1个。全年向16个企业发放“苏科贷”贷款6250万元。

（刘孟娜　杨　凌）

【科技研发机构】 2020年，高港区新增省级工程技术研究中心3个，分别是万向精工江苏有限公司承担的江苏省汽车轮毂轴承单元工程技术研究中心、泰州汇锦电子有限公司承担的江苏省（汇锦）屏显多功能支架工程技术研究中心、泰州润杰物流安全装备科技有限公司承担的江苏省航空安全紧固器工程技术研究中心，全区累计有省级工程技术研究中心20个。新增市级工程技术研究中心8个，分别是江苏鹏翎胶管有限公司承担的泰州市汽车流体管路工程技术研究中心、泰州市常泰电子有限公司承担的泰州市新型金属导体材料工程技术研究中心、恒达亲水胶体泰州有限公司承担的泰州市可燃冰开采专用羧甲基纤维素钠工程技术研究中心、江苏圣洁达水处理工程有限公司承担的泰州市（圣洁达）水处理设备工程技术研究中心、泰州市佳源机带有限公司承担的泰州市减速伞用耐高温柔性织物工程技术研究中心、扬子江药业集团江苏龙凤堂中药有限公司承担的泰州市中药大健康智能制造工程技术研究中心、江苏赛维环保有限公司承担的泰州市（赛维）环保过滤材料工程技术研究中心、富彤化学有限公司承担的泰州市有机磷系阻燃剂工程技术研究中心。泰州苏中天线集团有限公司承担的江苏省汽车天线系统工程技术研究中心、泰州三福船舶工程有限公司承担的江苏省船舶产品数字化设计与制造集成系统工程技术研究中心、江苏海企化工仓储股份有限公司承担的江苏省液体化工储运工程技术中心在省级研发机构绩效评价中获优秀等次。泰州市旺灵绝缘材料厂承担的江苏省高频微波复合材料工程技术研究中心、泰州市华强照明器材有限公司承担的江苏省（华强）光源器件材料工程技术研究中心、江苏乐彩印刷材料有限公司承担的江苏省环保型印刷版材工程技术研究中心、江苏昆仑光源材料有限公司承担的江苏省精密合金材料工程技术研究中心、江苏凯威药用包装有限公司承担的泰州市药用高阻隔复合材料工程技术研究中心、泰州市润杰五金机械制造有限公司承担的泰州市航空轻量化金属材料工程技术研究中心、泰州永盛包装股份有限公司承担的泰州市新型耐压瓦楞纸板工程技术研究中心在市级研发机构绩效评估中获优秀等次。泰州祥云软件开发有限公司承担的泰州市船舶技术服务科技公共服务平台获批市级科技公共服务平台。

【中国科学院自动化所泰州智能制造研究院】 2020年，中国科学院自动化所泰州智能制造研究院引进科研人员61人，新建研发场所5000平方米，购置研发设备99台（套），自主在研项目3项，新引进孵化和衍生企业8个，8500平方米的孵化、产业化基地即将装修竣工。新申请专利17项，取得受理17项，其中，发明专利11项，实用新型专利6项；申请软件著作权12项，其中已获登记软件著作权10项。开

中国科学院自动化所泰州智能制造研究院项目基地（区委宣传部 供稿）

发的“中科小达人”科教平台在部分学校试点。获批市级产业技术前瞻性项目1项、市“双创”人才1人。获批中国自动化学会科普教育基地、泰州市科普教育基地。入选江苏省重大创新载体平台项目。中科智能制造众创空间获批省级众创空间。9月，组织召开泰州市智能制造论坛大会。

（丁 钰 徐辉宇）

科技管理与服务

【科技计划】 2020年，高港区共获批各级各类科技计划项目41项。新增国家级众创空间1个，省级众创空间1个，省级星创天地3个，省级农业科技型企业1个，省重点研发计划（社会发展）1项，省科技基础设施建设计划3项。市科技基础设施建设计划9项，获得资助90万元。市级科技支撑（农业、社会发展、产业关键技术）项目8项，获得资助290万元。市级孵育计划10项，获得资助300万元。市级重大科技成果转化资金项目4项，获得创新积分900分，获得资助900万元。市级孵育计划10项，获得资助300万元。

2020年高港区科技计划项目一览表

表13

计划类别	项目名称	承担单位	奖励资金（万元）
国家级众创空间	泰晶e空间	泰州市鼎顺创业投资有限公司	—
省级众创空间	泰州市中科智能制造众创空间	江苏中科智能制造研究院有限公司	—
省级星创天地	泰州高港真江河豚星创天地	泰州市丰汇农业科技有限公司	—
	高港海诞农业星创天地	江苏泰供海诞现代农业发展有限公司	—
	泰州景观苗木星创天地	江苏林丰绿化工程有限公司	—
省农业科技型企业	—	江苏上膳源生态农业发展有限公司	—
省重点研发计划（社会发展）	治疗老年功能性便秘中药新药复方蓉术颗粒的研究开发	扬子江药业集团有限公司	100
省科技基础设施建设计划	江苏省汽车轮毂轴承单元工程技术研究中心	万向精工江苏有限公司	30
	江苏省（汇锦）屏显多功能支架工程技术研究中心	泰州汇锦电子有限公司	30
	江苏省航空安全紧固器工程技术研究中心	泰州润杰物流安全装备科技有限公司	30
市科技基础设施建设计划	泰州市汽车流体管路工程技术研究中心	江苏鹏翎胶管有限公司	10
	泰州市新型金属导体材料工程技术研究中心	泰州市常泰电子有限公司	10
	泰州市可燃冰开采专用羧甲基纤维素钠工程技术研究中心	恒达亲水胶体泰州有限公司	10
	泰州市（圣洁达）水处理设备工程技术研究中心	江苏圣洁达水处理工程有限公司	10

续表13

计划类别	项目名称	承担单位	奖励资金（万元）
市科技基础设施建设计划	泰州市减速伞用耐高温柔性织物工程技术研究中心	泰州市佳源机带有限公司	10
	泰州市中药大健康智能制造工程技术研究中心	扬子江药业集团江苏龙凤堂中药有限公司	10
	泰州市（赛维）环保过滤材料工程技术研究中心	江苏赛维环保有限公司	10
	泰州市有机磷系阻燃剂工程技术研究中心	富彤化学有限公司	10
	泰州市船舶技术服务科技公共服务平台	泰州祥云软件开发有限公司	10
市级科技支撑计划（农业）	优良保健植物不老莓资源引进及花青素提取关键技术研究与示范	泰州美成园林发展有限公司	20
	鳜鱼池套养澳洲淡水小龙虾模式创新研究与应用	泰州市东浦水产养殖有限公司	20
市级科技支撑计划（社会发展）	妊娠相关蛋白-A、缺血修饰白蛋白联合检测对急诊胸痛患者的诊断价值研究	泰州市第三人民医院	—
市级科技支撑计划（产业关键技术研发）	新型多配位剂体系无氰电镀金镀液制备关键技术研发	泰州市欣港电子材料有限公司	50
	超紫外波激光阵列修磨合金带材坯料技术研发项目	江苏昆仑光源材料有限公司	50
	应用新型辅料磺丁基倍他环糊精钠包合技术开发德拉沙星注射液	扬子江药业集团有限公司	50
	智能无人机集群系统关键技术集成验证与应用示范	江苏中科智能制造研究院有限公司	50
	基于智能监控云平台的新型超滤水处理系统的研发	江苏圣洁达水处理工程有限公司	50
市级孵育计划	高耐压高导通高热匹配的国产化IGBT引线框架的研发	泰州东田电子有限公司	30
	基于肠道微生物组大数据的健康管理	泰州润泰生物科技有限公司	30
	基于高频信号传输标准的新型型线包铜导体的研发	泰州市常泰电子有限公司	30
	交通运输专用超高分子量聚乙烯纤维制品的研发	江苏省海通索具有限公司	30
	一种高性能安全便捷式吊装系统的研发	江苏中泰吊索具有限公司	30
	新型高能钝感多元金属/氟聚物含能战斗部材料	泰州润骐防务科技有限公司	30
	LED柔性灯芯柱的研究开发	江苏佳强照明电器有限公司	30
	高灵敏度安全智能防护系统	泰州威迈机电科技有限公司	30
	可实现远程终端控制的高精准智能安全吊装系统及其工艺的研发	江苏亚太吊具有限公司	30

续表13

计划类别	项目名称	承担单位	奖励资金（万元）
市级孵育计划	面向“新冠肺炎”防控的一站式全自动测温消毒房的研究	江苏保力自动化科技有限公司	30
市级重大科技成果转化资金项目	PVC/PE/PVDC 药用复合硬片的研发及产业化	江苏凯威药用包装有限公司	200
	低 PIM 高性能微波高频复合陶瓷基板研发及产业化	泰州市博泰电子有限公司	250
	5G 通信半导体芯片集成超大功率全包封多载型引线框架的研发及产业化	泰州友润电子科技股份有限公司	200
	新型高效集成智能汽车轮毂轴承单元研发及产业化	万向精工江苏有限公司	250

【“产学研”合作】 2020年，高港区根据疫情防控要求，在互联网通讯平台举行“云对接”技术巡诊活动。到西安、武汉等地开展企业院校行、校企对接会等“走出去”活动4次，“一对一”专家服务、技术专家巡诊团等“请进来”活动13次。全年达成“产学研”合作协议56项。

【科技金融服务】 2020年，高港区共向16个企业发放“苏科贷”贷款6250万元。其中，泰州市贝斯特精铸机械有限公司获贷300万元，江苏科创医疗用品有限公司获贷300万元，泰州凯瑞电子有限公司获贷250万元，泰州库宝制冷设备制造有限公司获贷200万元，江苏昆仑光源材料有限公司获贷700万元，江苏天华索具有限公司获贷300万元，江苏子辰教育设备有限公司获贷500万元，泰州市宏达工矿安全部件有限公司获贷300万元，泰州市昊鑫电力机具有限公司获贷300万元，江苏凯威药用包装有限公司获贷400万元，江苏智慧优视电子科技有限公司获贷200万元，江苏保力自动化科技有限公司获贷500万元，泰州晟禾水处理设备制造有限公司获贷400万元，泰州市万达轮业制造有限公司获贷300万元，江苏中科爱码信自动化技术有限公司获贷300万元，江苏佳强照明电器有限公司获贷1000万元。

【农村科技服务】 2020年，高港区开展科技特派员选派工作，认定省级自然人科技特派员1人、市级自然人科技特派员19人，市级法人科技特派员6人。组织科技特派员参加果树种植、设施蔬菜生产实用技术等农业科技培训活动。

（周　静　胡　晖）

【企业技术需求征集】 2020年，区科技局运用QQ、微信等网络社交平台征集企业技术需求，了解区内民营企业生产经营和科技创新情况，拟定精准服务方案。共征集企业技术需求85项。对各类技术需求进行动态管理，按照制造工艺优化、装备改造升级、新型材料研制等领域方向进行分类归档，及时更新全区企业科技创新需求“一企一档”数据库，精准对接高校院所相关专业，举办校企技术巡诊对接和“产学研”活动12场次。（杨　凌）

【新增国家级众创空间1个】 2020年，高港区“泰晶e空间”众创空间入选2020年度国家众创空间备案名单，为全区首个国家级众创空间。该众创空间占地2200平方米，拥有创业工位120个，设立种子资金500万元，搭建人才引进、项目申报、创业投资等全方位孵化服务平台，为初创企业和创业团队提供开放式、全要素、低成本、便利化的创业孵化服务。至年末，入驻初创企业26个、创业团队33个。

【新增省级星创天地3个】 11月，省科技厅公布第四批星创天地名单，泰州市丰汇农业科技有限公司承担的泰州高港真江河豚星创天地、江苏泰供海诞现代农业发展有限公司承担的高港海诞农业星创天地、江苏林丰绿化工程有限公司承担的泰州景观苗木星创天地名列其中。全区累计有国家级星创天地2个、省级星创天地9个。

（丁　钰　徐辉宇）

高新技术产业

【概况】 2020年，高港区新增省级高新技术企业34个、省级高新技术企业培育入库40个、市级高新技术企业10个、省级民营科技型企业12个、区“瞪羚”企业8个、区“雏鹰”企业8个。

2020年高港区新增各类科技企业一览表

表14

类别	企业名称
省级高新技术企业	江苏华铭人防设备有限公司
	泰州市蓝天布业有限公司
	江苏泓博舞台设备科技有限公司
	泰州威迈机电科技有限公司
	泰州万诺纺织科技有限公司
	江苏维骏工业设备有限公司
	泰州市金鹰齿轮有限公司
	江苏保力自动化科技有限公司
	江苏泰华消防电气设备有限公司
	泰州亿丰达电器有限公司
	江苏长海消防装备有限公司
	泰州市柯普尼通讯设备有限公司
	泰州麒润电子有限公司
	泰州浙华机械精锻有限公司
	泰州莱迪弗彻照明科技有限公司
	江苏欧莱特新能源科技有限公司
	万向精工江苏有限公司
	江苏百顺胶粘带有限公司
	泰州市金海运船用设备有限责任公司
	江苏绿盟科学仪器有限公司
	泰州市万鑫泵阀配件有限公司
	泰州市华强照明器材有限公司
	江苏杰力钢缆索具有限公司
	江苏天华索具有限公司
	江苏益联工业装备制造有限公司
	江苏正申索具有限公司
	江苏展帆电力工具有限公司
	泰州市飞特尼龙绳网带有限公司
	江苏骏佳食品添加剂有限公司
	江苏泰氟隆科技有限公司
	江苏东宇墙纸有限公司
	泰州市胤鸿机械设备有限公司
	江苏省普菲柯医疗器械总厂
	扬子江药业集团有限公司

续表 14

类别	企业名称
省级高新技术企业培育入库企业	泰州莱迪弗御照明科技有限公司
	江苏固泰建筑材料科技有限公司
	泰州麒润电子有限公司
	泰州市亚泰机具厂
	泰州市康泰建材科技有限公司
	江苏科瑞塑业有限公司
	江苏东宇墙纸有限公司
	泰州市中优壁纸有限公司
	泰州中锴机械有限公司
	江苏向东塑料科技有限公司
	泰州市光明电子材料有限公司
	泰州市天润合成化工有限公司
	江苏三木页岩气高压软管有限公司
	江苏百顺胶粘带有限公司
	泰州市蓝天布业有限公司
	泰州万诺纺织科技有限公司
	泰州市美诺医疗器械有限公司
	泰州三凯工程技术有限公司
	泰州市五星教学设备有限公司
	江苏荣鑫通用设备有限公司
	泰州市万鑫泵阀配件有限公司
	江苏飞达安全装备科技有限公司
	江苏杰力钢缆索具有限公司
	泰州星瑞精密工业有限公司
	江苏华铭人防设备有限公司
	江苏维骏工业设备有限公司
	泰州市金鹰齿轮有限公司
	江苏泰华消防电气设备有限公司
	泰州港城交通科技有限公司
	江苏奥衍电气科技有限公司
	泰州市宇弘电子有限公司
	江苏德科电气有限公司
	泰州亿丰达电器有限公司
	泰州大自然德森堡木业有限公司

续表14

类别	企业名称
省级高新技术企业培育入库企业	泰州鑫海科能新型材料有限公司
	江苏保力装配式住宅工业有限公司
	舒禾江苏健康产业有限公司
	扬子江药业集团江苏龙凤堂中药有限公司
	江苏惠利生物科技有限公司
	泰州葛林美克医药科技有限公司
省级民营科技型企业	泰州东田电子有限公司
	江苏杰力钢缆索具有限公司
	泰州市乐太食品有限公司
	江苏保力自动化科技有限公司
	江苏保力装配式住宅工业有限公司
	江苏德科电气有限公司
	泰州万诺纺织科技有限公司
	江苏昆仑光源材料有限公司
	泰州市柯普尼通讯设备有限公司
	江苏益联工业装备制造有限公司
	江苏龙安电力设备有限公司
	泰州市迪康医用设备有限公司
市级高新技术企业	江苏玖润包装有限公司
	泰州润泰生物科技有限公司
	泰州泰慧达科技信息咨询中心
	统之幸食品(江苏)有限公司
	泰州市海新汽车部件有限公司
	泰州市乐太食品有限公司
	江苏福齐天生物科技有限公司
	江苏声光影剧设备有限责任公司
	泰州市飞特尼龙绳网带有限公司
	江苏展帆电力工具有限公司
区“瞪羚”企业	泰州万诺纺织科技有限公司
	江苏维骏工业设备有限公司
	江苏向东塑料科技有限公司
	江苏鹏翎胶管有限公司
	统之幸食品(江苏)有限公司
	泰州大自然德森堡木业有限公司
	泰州润骐防务科技有限公司
	恒达亲水胶体泰州有限公司

续表14

类别	企业名称
区"雏鹰"企业	泰州三凯工程技术有限公司
	江苏华铭人防设备有限公司
	江苏益联工业装备制造有限公司
	江苏奥衍电气科技有限公司
	泰州德诚精密线材科技有限公司
	江苏长海消防装备有限公司
	泰州麒润电子有限公司
	江苏固泰建筑材料科技有限公司

【科技企业孵化器】 2020年，高港区有省级及以上科技企业孵化器3个。泰州市高港区高新技术创业服务中心为国家级科技企业孵化器，累计入驻企业322个，在孵企业88个，毕业企业210个，孵化"双创"人才项目14项。泰州市华航科技企业孵化器为省级科技企业孵化器，依托泰州市华强照明器材有限公司以及复旦大学的科研成果资源和人才技术优势，累计入驻企业51个，在孵企业36个，毕业企业15个。泰州市泰州港核心港区科技企业孵化器为省级科技企业孵化器，累计入驻企业57个。（陈　燕）

气　象

【公共气象服务】 2020年，区气象局发布重要天气报告19期、一周天气公报52期、各类专题服务材料30期，公报内容包括最新天气变化、天气过程防灾减灾建议、夏收夏种及秋收秋种意见等。发布大雾橙色预警信号2次，大雾黄色预警11次，霾黄色预警6次，雷暴黄色预警信号16次，暴雨黄色预警10次，暴雨蓝色预警2次，大风黄色预警4次，大风蓝色预警1次，高温黄色预警10次，高温橙色预警3次，寒潮黄色预警2次，暴雪蓝色预警1次，道路结冰预警3次，霾黄色预警6次，台风蓝色预警1次。春运、春节、清明、五一、端午、中考、高考等重要节点，发布《天气公报》。开展各重要农事阶段的气象服务，包括4月下旬至5月上旬的小麦赤霉病防治气象服务，5月下旬至6月上旬的夏收夏种气象服务，10月下旬至11月的秋收秋种气象服务。

【防雷安全监管】 2020年，区气象局及时调整防雷安全监管重点和措施，确保全区防雷安全监管全覆盖。组织开展中秋及国庆"两节"期间安全检查、安全生产专项整治百日行动、安全生产大检查和专项整治行动等防雷安全监管工作。重新梳理高港区油库、气库、化学品仓库、烟花爆竹、石化等易燃易爆场所重点企业名录，开展全区重点危化企业全面安全检查51个次，共检查出安全隐患8处，全部整改到位。开展"双随机"抽查工作，加强防雷中介机构监管，对中介公司常州市防雷设施检测所有限公司、江苏天安防雷工程有限责任公司金湖分公司在高港区防雷检测活动进行抽查，提出整改措施9项，及时向江苏省市场监管信息平台上传检查结果。

【气象科普宣传】 2020年，区气象局暂停各类现场科普活动，开展网络科普宣传。"3·23"世界气象日，通过微博转发主题宣传片，在高港电视节目中心开展宣传活动。以视频或图片等形式对暴雨、大风、雷电、寒潮等灾害性天气进行科普宣传。（言文峰）

经济管理

宏观经济调控

【“十四五”规划编制】 2020年，高港区组织召开全区“十四五”规划编制工作推进会，成立高港区“十四五”规划编制工作领导小组，成立规划建议和规划纲要起草小组，形成区级“十四五”专项规划目录。9月上旬，公开征求社会各界意见，开展“十四五”规划专题调研；10月初，形成《高港区国民经济和社会发展第十四个五年规划纲要（初稿）》；11月末，完成第一轮意见征求。

【服务业发展】 2020年，高港区实现服务业增加值292.26亿元，比上年增长5.6%，增速排名全市第一，服务业增加值占地区生产总值的46%，增加1.6个百分点。完成服务业税收收入8.37亿元，服务业固定资产投资增长22.8%。规模以上营利服务业营业收入增长42.78%，商品房销售面积增长19.3%。新增规模以上服务业企业入库39个。完成市级服务业亿元项目开工认定14个，总投资68.98亿元。开展珠三角现代服务业招商活动，拜访碧桂园科技产业发展集团、深圳市深国际物流发展有限公司、招商局集团等企业，明确合作意向。

【投资项目审批】 2020年，区发展改革委完成政府投资项目审批163件，其中，项目建议书批复80件，可行性研究报告批复82件，初步设计批复1件。

【项目上争】 2020年，区发展改革委组织申报第一批、第二批、第三批地方政府专项债券，共23个项目获得地方政府专项债券29.85亿元。有4个项目被列入年度省重大项目投资计划，创历史最多。首次获批国家技术改造专项中央预算内投资，投资额3115万元。

【社会信用体系建设】 2020年，高港区开展企业信用管理贯标和示范创建工作，扬子江药业集团、益海（泰州）粮油工业有限公司、泰州苏中天线集团有限公司被认定为江苏省信用管理示范企业，147个企业被认定为江苏省信用管理贯标企业，29个企业被认定为泰州市信用管理示范企业。全年归集“双公示”数据1927条，其中，行政处罚信息298条，行政许可信息1629条。建立行业信用准入机制，拓展企业信用审查和信用报告应用，在各类财政资金、政策性贷款、优惠政策享受、评优评先及其他公共资源分配活动中，对有失信行为记录的行政相对人实施限制措施。提供信用审查及修复服务，开展信用审查273次，审查企业5618个次，帮助企业完成信用修复51个次。

【疫情防控物资统筹】 2020年，区发展改革委牵头制定《综合保障组疫情防控工作方案》《口罩分配使用管理办法》《口罩保供分配细则》等，对疫情防控物资使用范围、发放流程、管理责任等环节进行严格把关，确保各类物资依规高效保障到位。至6月末，通过应急供应和市场化供应方式调配口罩158.7万只，向机关各部门、各生产企业、各村（社区）发放。

【重大项目建设】 2020年，高港区新开工“三比一提升”项目（5亿元人民币以上及3000万美元以上项目）21个，总投资约159.09亿元人民币，年内完成投资68.2亿元人民币。其中，工业项目18个，总投资138.6亿元；服务业项目3个，总投资20.49亿元。新开工1亿~5亿元项目41个，总投资37.05亿元。1亿~5亿元人民币项目中，工业项目33个，总投资26.66亿元；服务业项目8个，总投资10.39亿元。2月24日，举行全区重大项目集中开工活动，10个单体投资5亿元人民币或3000万美元以上的项目集中开工，计划总投资94亿元人民币。6月11日，举行二季度项目集中开工暨项目观摩活动，18个项目集中开工，计划总投资108.4亿元。9月28日，举行2020年“冲刺四季度”重大项目集中开工活动，20个项目集中开工，计划总投资100亿元。 （区发展改革委）

2020年高港区新开工1亿元以上项目一览表

表15

项目名称	建设规模及主要内容	计划总投资（万元）
凯威年产20000吨PVC、年产6000吨PVDC项目	使用厂区原有土地，新建PVC车间1幢、PVDC车间4幢、分切车间1幢，并配套建设员工食堂1幢，占地面积约1万平方米，总建筑面积约1.95万平方米，新增智能涂布生产线、压延生产线、分切机、空调系统、太燃气锅炉等共35台（套），主要从事聚氯乙烯、聚偏二氯乙烯固体药用硬片的生产	20000
牧源10万头生猪养殖及配套饲料厂项目	租赁流转约5.33公顷用地，建设3万平方米的年存栏量10万头生猪场，建设配套饲料厂、公猪站、无害化处理设施、有机肥厂等	20000
海燕大酒店AB区装饰改造项目	对海燕大酒店进行改造，改造区域为AB区，改造面积约3.83万平方米，改造内容为室内装饰工程、消防工程、给水工程、排水工程（雨水、污水）、电力工程、绿化工程、照明工程等	19555
祥安年产30万吨路面新型材料（北片区）项目	用地2.8公顷，总建筑面积1.83万平方米，建设办公楼、实验楼、沥青拌和楼及相关附属设施，购置安迈4000型加热再生沥青混凝土搅拌站及水泥稳定碎石拌合站，从事环保沥青混凝土的生产	19000
扬子江国家应急防控药物产业化平台建设项目	利用原研发大楼实验室及中试车间、冻干3号车间、固体制剂2号及3号车间、大容量注射剂1号车间、口服液1号车间，总面积约1万平方米，新增配液系统、洗灌封旋盖线、电磁感应封口机等设备共计约60台（套），建成国家应急防控药物产业化平台，其中包括药物研发平台、药品中试生产线、生产车间，实现2个以上应急药品的产业化	15000
集久消防年产3万套防火门、3万套防火窗项目	租用厂房约2.25万平方米，配备门面开平机器、门面压机、激光割等生产设备65台（套），从事防火门窗的生产	15000
高港三水厂深度处理工程项目	在厂区预留空地上新建深度处理综合池、臭氧制备车间、叠合回用池、氧气站等，配套配电、自控系统建设。建成后，深度处理规模15万吨/日	12487
曼德汽车年产30万套汽车空调和冷却项目	租赁厂房面积约2500平方米，主要从事年产30万套空调和冷却项目	12000
亚太吊具智能吊具、吊索具专用存放架项目	新征用地约0.2公顷，在原有土地上翻扩建1.8万平方米标准厂房，主要从事绳网带、耐高温吊带、吊装工索具、平衡梁吊具生产销售	12000
顺丰速递全自动化分拣线项目	使用泰州顺丰速递闲置空间，新上全自动分拣线项目，项目完成后，顺丰泰州中转站将完成效率升级，增加年销售1亿元	11000
嘉信生态农业观光项目	使用流转白马镇陈家村的24公顷土地，项目内容包括花卉苗木种植12公顷，垂钓中心2.33公顷，科普教育基地4公顷，实践学习基地3.33公顷，改建民宿、农家乐、公厕等，配套周边绿化景观，从事乡村旅游休闲观光、青少年科普教育	10500
濒湖中医康养田园综合体	占地面积67公顷，建设集中药材规范种植基地、生态养殖湖羊基地、绿色有机果园种植基地、濒湖中医康养研究院于一体的濒湖中医康养田园综合体	10300
太洋年产2036吨铍及铍合金项目	租用泰州港经济开发区原江苏庆泰钢结构有限公司合法所有厂房8145.62平方米，建成生产线2条，主要配备节能环保工业炉、直流电弧炉、注模机等生产设备51台（套）。项目建成后，可年产2036吨	10000
弋戈年产6万套智能沙发、4000套智能床项目	建设用地2.46万平方米，规划总建筑面积1.68万平方米，包括生产厂房、仓库、动力车间等。项目建成后，可年产智能沙发6万套、智能床4000套	10000
大泗医疗年产2.5亿副医用口罩产品技改项目	租赁标准厂房5869平方米，采购全自动一拖一口罩机、全自动一拖二口罩机、N95口罩机等设备，从事一次性医用口罩、N95口罩产品的生产	10000
华扬大酒店项目	改建原有华扬集团大楼，包含集会议、娱乐于一体的多媒体中心、餐饮中心、休闲娱乐中心和酒店套房。项目完成后，可新增年销售4800万元，利税1200万元	10000

续表15

项目名称	建设规模及主要内容	计划总投资（万元）
律诚生态农业观光项目	总占地面积约15.07公顷，分三期建设花卉苗木种植基地、湿地保护观光带、生态农业观光区	10000
鑫健年产5000吨医用防护用品项目	租赁厂房及办公用房约1万平方米，建设4500平方米洁净无尘车间，新上KN90至KN99级熔喷布生产线34条，设计年生产能力5000吨	10000
创新电子年表面处理2000万套显示器支架项目	使用公司原有土地，新建1幢占地面积约5290平方米、建筑面积约2.11万平方米（14间、4层）的厂房，主要从事显示器支架表面处理项目	8000
国电厂内供热扩容技术改造项目	使用公司原有厂房、土地，拟新建供热站（半封闭式构筑物）1间，拟新增供热站设备1套，主要从事对外供热，项目建成后，可对外新增供热能力200吨/小时	7005
高港神驰年产20万台汽油、柴油发电机，10万台发电机组，50万台园林机械技术改造项目	利用公司原有厂房约5269.5平方米，拟新增流水线、高速冲床、绕线机、整形机、嵌线机、绑线机、槽纸机、熔接机、精整机、铆片机等主要生产设备共计约20台（套）。项目建成后，新增年产汽油、柴油发电机20万台，发电机组10万台，园林机械50万台	6000
宏腾年产2000万件汽车零部件及配件项目	使用标房7000平方米，主要从事汽车胶黏制品及防溅垫成板项目	6000
友润年产200亿只引线框架、3000吨异型铜带技术改造项目	新建厂房面积约4000平方米，新增自动锻打线、自动覆膜线、精密冲床、切断机等主要生产设备共计约24台（套），主要从事引线框架、异型铜带的生产。项目建成后，新增年产引线框架200亿只、异型铜带3000吨	6000
圣霆防护年产1000吨熔喷布、2000吨无纺布、6000万只口罩项目	使用厂房约3000平方米，购置挤出机、口罩机等主要设备20台（套），从事熔喷布、无纺布、口罩（KN95等）的生产	6000
高港万诺新增年产500吨彩色纺丝线技术改造项目	利用原有标准厂房约4500平方米，新增水泵、高温表面处理机、全自动软水器等主要设备，主要从事彩色纺丝线的生产，增加污水处理设备2套。项目建成后，新增年产500吨	6000
炎川不锈钢热处理项目	租用标房2000平方米，主要从事高性能含氮不锈钢在线热处理技术研究、开发和应用。建成达产后，形成年销售6500万元	5800
巧记堂年产100亿只食品保鲜膜套加工项目	租用标准厂房3000平方米（一期建筑面积1000平方米，二期建筑面积2000平方米），配备全自动保鲜膜机、称重机等设备124（台）套，建成食品保鲜膜套生产线100条，主要从事食品保鲜膜套的生产。项目建成后，可年产食品保鲜膜套100亿只	5800
扬子江新增年产2400万瓶注射用奥美拉唑钠项目	使用公司原有厂房5000平方米，配置冻干机、洗瓶机、隧道烘箱、贴标机、装盒机、半自动灯检机、包装线等设备约80台（套），主要从事注射用奥美拉唑钠的生产	5600
高港瑞福祥布业工业用布项目	占地0.47公顷，改、新建厂房共计8000平方米，购置现代化先进的生产设备5条。项目建成后，可新增开票销售8000万元，新增税收240万元	5500
高港峦之湄年产6万套服装、6000台缝纫机设备项目	使用公司原有土地约0.52公顷，建设建筑面积为6540平方米的标准厂房，配备缝纫机、熨烫机等主要设备37台（套），从事服装和缝纫机设备的加工生产。项目建成后，可年产服装6万套、缝纫机6000台	5200
德康年产400万件毛绒玩具技术改造项目	占地面积约0.73公顷，新建办公楼1幢、厂房2幢，建筑面积共计约1万平方米，新增缝纫机、套结机、切割机等设备126台（套）	5100
高港国电1号、2号炉底渣系统干出渣改造项目	对现有1号、2号炉底渣系统进行干出渣改造：拆除现有1号、2号炉底渣系统捞渣机、二级刮板机、渣仓、溢流水泵等设备设施；采购并安装2套干式排渣机系统，提高发电组系统的稳定性和可靠性	5100
益海榨油车间节能提升改造项目	对榨油车间进行改造，更换2台新型节能汽提塔，新增2台汽提塔预热器、1台换热器、3层VSC水层。项目改造完成后，可年节约蒸汽6.27万吨	5009
广运生物科技项目	购买及改造原展帆电子厂房，主要从事干食用菌加工、包装、销售	5000

续表15

项目名称	建设规模及主要内容	计划总投资（万元）
享畅新零售自动化机台项目	租用4000平方米厂房，主要生产新零售设备、无人售贩机、饮料调制设备、烘焙设备、冷冻食品加温加热设备，年销售3亿元	5000
百力特年产100万条汽车正时皮带、工业智能传动同步带项目	收购原有土地，新建1栋占地面积1500平方米、建筑面积4500平方米的办公楼及厂房，购置密炼机、开炼机、压延机等主要生产设备73台，从事正时皮带、工业智能传动同步带等产品的生产。项目建成后，年产汽车正时皮带50万条、工业智能传动同步带50万条	5000
益联年产20万套吊索具、10万套汽车牵引盘技术改造项目	使用公司原有厂房，新增数控锯床、车床等设备104台（套），主要从事吊索具、汽车牵引盘的生产。项目建成后，可年产吊索具20万套，汽车牵引盘10万套	5000
高港力能年产500万套自行车刹车毂闸项目	使用标准厂房约5000平方米，拟配备喷漆泳漆、喷粉混合生产线、压铸机、注塑机等主要设备，主要从事自行车刹车毂闸的生产。项目建成后，可年产自行车刹车毂闸500万套	5000
奥斯塔光伏连接盒、连接器生产项目	使用标房面积约6960平方米，新建光伏智能连接器生产基地1个，配置生产设备5条，年产值过2亿元	5000
飞跃新增年产5000台液压升降平台技术改造项目	使用公司原有厂房约4000平方米，新建厂房4000平方米，购置加工中心、数控机床新型设备，从事液压升降平台的生产制造。建成后可新增年产液压升降平台5000台	5000

说明：5000万元以上技改项目被认定为亿元项目

2020年高港区新开工“三比一提升”项目一览表

表16

序号	项目名称	建设规模及主要内容	计划总投资	
			内资（万元人民币）	外资和港澳台资（万美元）
泰州港经济开发区本部		—	717462	13330
1	优维年产10万台（套）汽车内外饰项目	新建标准厂房8.4万平方米，配备注塑机、顶棚压机、地毯压机、零部件组装等主要生产设备共计约600台（套），建成生产线3条，主要从事汽车内外饰零部件的生产。建成后实现年产内外饰产品10万台（套）	—	7330
2	统之幸年产1800吨调味料项目	新建厂房面积约1.5万平方米，新建调味料生产线1条，配备灌装机、封箱机、打包机、贴标机、自动开箱机等主要生产设备100余台。项目建成后，新增年产调味料1800吨	—	3000
3	林峰年产1450万件户外家具和儿童益智玩具项目	用地1.93公顷，建筑面积约2.94万平方米，建成生产线3条，配备中控吹塑机、压力机、弯管机、装配流水线等设备55台（套），主要从事户外家具和儿童益智玩具的生产。项目建成后，年产1450万件（儿童帐篷150万件、塑料玩具1200万件、编藤家具100万件）	—	3000
4	蜂巢蔚领年产80万台汽车增压器和3万台氢燃料电池空压机项目	总用地5公顷，总建筑面积3.33万平方米。配备压轮生产线、涡轮轴生产线、蜗壳生产线、增压器装配线和氢燃料空压机装配线等主要生产设备146台（套）。项目建成后，年产汽车增压器80万台和氢燃料电池空压机3万台	117755	—
5	领诺智能年产25万套汽车注塑成型及座椅项目	总用地9.73公顷，总建筑面积6.06万平方米。配备注塑机、涂装生产线、顶棚压机、地毯压机、零部件组装等主要生产设备603台（套）。项目建成后，年产汽车注塑成型及座椅25万套	110000	—

续表16

序号	项目名称	建设规模及主要内容	计划总投资	
			内资（万元人民币）	外资和港澳台资（万美元）
6	精诚工科年产25万车身冲焊件及汽车底盘项目	总用地8.2公顷，总建筑面积4.22万平方米。配备冲压多工位压力机、焊接线、底盘电泳线等主要生产设备571台（套），主要从事车身冲压件及汽车底盘件生产。项目建成后，年产车身冲焊件及底盘零部件25万台（套）	170000	—
7	蜂巢智行年产50万台双离合模块和50万台液压模块项目	总用地1.8公顷，总建筑面积1.24万平方米。配备壳体生产线、焊接生产线、装配生产线、测试生产线等主要生产设备291台（套）。项目建成后，年产双离合模块50万台和液压模块50万台	105407	—
8	华强照明年产60万只汽车灯具项目	总用地6公顷，总建筑面积11.85万平方米。配备SMT贴片机、回流焊、AOI测试检验机等设备140余套，实施汽车灯具、汽车电子、集成电路设计及制造项目。项目建成后，年产汽车灯具60万只	113300	—
9	佳群金属年产400万套汽车变速箱壳体、200万套汽车轮毂项目	总用地2公顷，总建筑面积约4万平方米。配备熔炼炉、压铸机、CNC加工中心、工业机器人等设备200余套。项目建成后，年产汽车变速箱壳体400万套、汽车轮毂200万套	50000	—
10	星瑞年产2500万套精密铰链、滑轨、铝金属制品项目	新建厂房面积约3.05万平方米，建成生产线3条，配备冲压设备、自动组装机、铆接机等主要生产设备共计248台（套）。主要从事精密铰链、滑轨、铝金属制品的生产。项目建成后，年产达2500万套（其中，精密铰链1000万套、滑轨1000万套、铝金属制品500万套）	51000	—
泰州港核心港区		—	470030	3000
1	益海年产15万吨发酵豆粕项目	利用厂区现有空地约1.47公顷，主要新建发酵豆粕车间1幢及其他配套设施，建筑面积约1.62万平方米。主要购置发酵罐、烘干设备、液体发酵设备、粉碎打包机等设备共32台（套）。项目建成后，可年产发酵豆粕15万吨，年新增开票销售6.3亿元、税收1600万元	—	3000
2	龙凤堂五期中药饮片生产项目	用地面积7.27公顷，总建筑面积8.1万平方米。该项目建设饮片车间、综合仓库、动力中心等车间，购置洗润切烘生产联动线、切烘生产联动线等先进自动化饮片生产设备共计100余套。项目建成后，年加工中药材和中药饮片1万吨，新增开票销售收入12.97亿元，税收1.3亿元	109000	—
3	华永医药制造公共服务基地项目	总占地面积约13.85公顷，总建筑面积约11.69万平方米，计划总投资10.6亿元，项目分为南北两个区。一期南片区收购转让原泰联沥青和祥安公司土地约6.73公顷，规划总建设面积约4.83万平方米，主要建设15幢3层的生产厂房以及配套设施。南片区先期建设3幢厂房、动力中心等，建筑面积1.12万平方米	106000	—
4	隆泰建筑年产21万立方米住宅产业化PC预制板生产线项目	用地约5.27公顷，建筑面积约6万平方米，配备模台、清扫机、划线机等设备307台（套），主要从事PC预制板的生产。项目建成后，年产预制外墙板7.2万立方米、内墙板7.2万立方米、叠合板3.6万立方米、PC异形构件3万立方米	58230	—

续表16

序号	项目名称	建设规模及主要内容	计划总投资	
			内资（万元人民币）	外资和港澳台资（万美元）
5	扬子江永安原料药项目	租赁扬子江药业集团江苏龙凤堂中药有限公司FDA多功能智能化厂房，厂房总面积约19万平方米，主要购置不锈钢反应釜，搪玻璃反应釜、双椎干燥器、智能微粒检测仪等设备仪器约1667台（套）。项目建成投产后，年产依帕司他、地佐辛氯沙坦钾、马来酸依那普利等22种原料药65780千克，年开票销售17.58亿元、税收2亿元	146800	—
6	泰州港综合提升三期项目	用地7.44公顷，主要建设集装箱堆场、商务写字楼和相关配套设施。项目建成后，新增集装箱堆存能力0.65万标准箱，新增集装箱通货能力20万标准箱/年	50000	—
	临港园区	—	259952	4200
1	伊美佑年产20万套5速汽车自动变速箱项目	由泰州伊美佑国际贸易公司投资建设，收购欧瑞格6.27公顷土地、6万平方米厂房及设备作为生产基地，配置测功机、空压机、冷冻式干燥机、加工中心、车床、吊装机、活塞压机、电机测试台等生产检测设备200台（套），新上自动变速箱装配线4条，主要从事5速汽车自动变速箱的生产。项目建成后，年产20万套	—	4200
2	泰铭年产15000平方米表面改性再制造产品项目	盘活诚达精工厂房土地约4.67公顷，改建面积3.14万平方米的厂房，新建厂房6800平方米，拟购置GUN喷涂系统、超音速火焰喷涂系统、大气等离子喷涂系统等进口设备173台（套），建成生产线6条，主要从事表面改性产品的生产。其中包含钢铁及有色金属的张力辊、转向辊、淬火辊、活套辊、纠偏辊、偏导辊、支撑辊、轧辊、导向辊和锌锅辊等表面防护涂层及其辊件制造；造纸印刷压光辊、网纹辊、印刷辊表面防护涂层；玻璃制造传输辊表面防护层；半导体部件表面涂层。项目建成后，年产1.5万平方米表面涂层处理产品，新增开票销售6亿元，利税3000万元	55000	—
3	中科临港创新科技园产业基地	依托中国科学院人才、技术、成果等优势资源，盘活远大旅游约6.67公顷土地、4.3万平方米厂房作为产业孵化基地，打造仪器设备共享平台、人才引进与培养平台、企业孵化与加速平台、科技金融服务平台等创新平台，建成具有示范性的高端装备制造、新材料、高端医疗器械产业特色集聚区	50000	—
4	扬子江新药研发及人才培育基地项目	用地约13.33公顷，主要新建中药研究院、药王圣殿、智能化集团档案馆、培训实验中心、中药百草园、人才公寓及配套设施约15万平方米。建设集人才培育、新药研发、成果展览于一体的综合型基地，形成“立项一批、研发一批、储存一批”的良性研发循环，构建完善的研发创新体系	78600	—
5	雕花楼商业街项目	占地约4.2公顷，规划总建筑面积7.3万平方米，宣堡港北侧地块主要建设柴墟故事馆、乐影空间、台湾文创空间、园区孵化展示、主题展览、教育训练基地、餐饮及商业综合体等。宣堡港南侧建设游园、亲水平台、休息亭和滨河景观带。项目建成后，形成滨水休闲、时尚购物、文创旅游等各种新业态	76352	—
	总计	—	1447444	20530

财 政

【概况】 2020年，高港区完成一般公共预算收入46.4亿元，实现财政收入平稳增长。推行项目贷款招标，完成长城汽车泰州整车项目18亿元融资。争取抗疫特别国债2.04亿元，安排疫情防控、稳岗返还、就业专项等资金0.92亿元，减征税费、办理退税3.16亿元，加快推动各类企业复工复产和经济社会恢复运行。全年发放转型升级、科技创新等资金4.7亿元。完善债务管理机制，推动债务管理前置审核。安排资金用于棚户区改造、城乡学校建设、医疗卫生机构改造等重点民生项目。完成13个划转国有企业审计评估，完成政府投资项目预（概）算82个。

【一般公共预算收支】 2020年，全区一般公共预算收入46.4亿元，比上年增长10.2%，加上级补助、债务转贷等收入24.23亿元，收入合计70.63亿元。一般公共预算支出48.9亿元，增长2.5%，加上解上级、债务还本等支出20.66亿元，支出合计69.56亿元。收支相抵，全区结余结转1.07亿元，均用于下年重点项目支出。

2020年高港区一般公共预算收入决算一览表

表17 单位：万元

项目	2020年决算数	2019年决算数	比2019年增（减）%
一、税收收入小计	328495	334267	-1.7
1.增值税	190532	207986	-8.4
2.企业所得税	65142	30137	116.2
3.个人所得税	15642	13799	13.4
4.资源税	—	—	—
5.城市维护建设税	26271	27644	-5.0
6.房产税	9794	7764	26.1
7.印花税	3790	3528	7.4
8.城镇土地使用税	5056	8456	-40.2
9.土地增值税	253	12377	-98.0
10.车船税	10	22	-54.5
11.耕地占用税	3586	14537	-75.3
12.契税	8422	7768	8.4
13.其他税收收入	-3	249	-101.2
二、非税收入小计	135541	86705	56.3
1.专项收入	19514	20546	-5.0
2.行政事业性收费收入	2432	3216	-24.4
3.罚没收入	1652	1517	8.9
4.国有资源（资产）有偿使用收入	24203	1605	1408.0
5.捐赠收入	—	2	—
6.其他收入	87740	59819	46.7
一般公共预算收入合计	464036	420972	10.2

2020年高港区一般公共预算支出决算一览表

表18 单位:万元

项目	2020年决算数	2019年决算数	比2019年增(减)%
一、一般公共服务支出	46789	46532	0.6
二、外交支出	—	—	—
三、国防支出	582	1009	-42.3
四、公共安全支出	11486	10307	11.4
五、教育支出	68774	67621	1.7
六、科学技术支出	22852	22753	0.4
七、文化旅游体育与传媒支出	5829	5904	-1.3
八、社会保障和就业支出	50634	50346	0.6
九、卫生健康支出	31522	32338	-2.5
十、节能环保支出	2766	6758	-59.1
十一、城乡社区支出	168475	149112	13.0
十二、农林水支出	30927	30781	0.5
十三、交通运输支出	385	578	-33.4
十四、资源勘探信息等支出	11541	8763	31.7
十五、商业服务业等支出	1606	1639	-2.0
十六、金融支出	146	60	143.3
十七、援助其他地区支出	800	844	-5.2
十八、自然资源海洋气象等支出	297	3528	-91.6
十九、住房保障支出	21034	27976	-24.8
二十、粮油物资储备支出	1135	508	123.4
二十一、灾害防治及应急管理支出	2300	1176	95.6
二十二、预备费	—	—	—
二十三、其他支出	70	30	133.3
二十四、债务付息支出	9049	8410	7.6
二十五、债务发行费用支出	32	40	-20.0
一般公共预算支出合计	489031	477013	2.5

【政府性基金预算收支】 2020年，全区政府性基金收入12.06亿元，加上级补助、债务转贷等收入35.15亿元，收入合计47.21亿元。政府性基金支出41.06亿元，加债务还本支出、调出资金6.09亿元，支出合计47.15亿元。收支相抵，结转下年支出623万元。

【国有资本经营预算收支】 2020年，全区国有资本经营预算收入4286万元。国有资本经营预算支出243万元。收支相抵，当年结余4043万元，全部统筹调入一般公共预算。

【社会保险基金预算收支】 2020年，全区社会保险基金预算收入4.14亿元，加上年结余收入4.3亿元，收入合计8.44亿元。社会保险基金预算支出3.49亿元。收支相抵，当年结余6557万元，年末滚存结余4.95亿元。

【稳增长资金投入】 2020年，区财政局拨付疫情防控期间“泰信保”业务贴息及重点企业贷款贴息114.96万元，省级普惠金融专项资金560万元。聚焦支小支农，研究制定《关于完善政府性融资担保体系切实支持中小微企业和“三农”发展的实施办法》。对泰州鑫港融资担保有限公司增资1亿元，总注册资本3亿元，12月，泰州鑫港融资担保有限公司被省财政厅、省地方金融监管局确定为江苏省政府融资担保（再担保）机构。落实“科技十条”“人才十条”等政策，兑付工业转型升级、科技创新奖励等各类企业奖补资金6825万元。

【民生资金投入】 2020年，区财政局落实民生保障政策，用于民生支出40.62亿元，占总支出的83.07%。拨付城乡居民基本医疗和养老保险财政补助资金2.17亿元。拨付城乡低保、残疾人补贴等资金0.87亿元。拨付农村基础设施建设4609万元，用于实施村级公益事业建设“一事一议”财政奖补项目、修建硬质化道路、亮化路灯、新建高标准农田、实施高效节水灌溉。发放农业支持保护补贴资金、稻谷补贴，涉及耕地7423.72公顷，惠及农户4.84万户。投入教育资金6.88亿元，兑付文化惠民券156.54万元、旅游消费券77.71万元。

【国企管理】 2020年，区财政局完成13个划转国有企业审计评估，有序推进国有企业工资总额、定员定岗、绩效考核等工作。实施预算编制管理，重点围绕职工薪酬、项目投资、管理费用、债务融资和营业收入等方面，对全区国有企业预算收支进行审核。改进考核评价体系，构建以党建、经济、个性、综合评价、民主测评为主要指标的经营业绩考核体系，组织签订国企管理工作年度目标责任状。制定出台《企业国有资产评估项目备案工作指引》《企业国有资产评估项目公示制度》，引导、监督国有企业依法合规投资。开展政策指导、上门服务，区属企业、园区企业在对外投资、并购混改、改制重组等重大事项中，按政策规范运作。督促区内国有企业减少各种支出超600万元。

【政府采购管理】 2020年，区财政局出台高港区政府集中采购目录及采购限额标准，规范政府采购行为，落实采购人的主体责任。推进“互联网+政府采购”工程建设，政府采购交易系统正式运营。对区直行政事业单位及社会团体2021—2022年度定点印刷进行公开招标，规范印刷领域采购工作。完成政府购买服务项目14个，实际采购金额1197.82万元，节约财政资金110.74万元，连续5年超过省、市规定政府绿色采购比例80%的要求。

【农村集体“三资”管理】 2020年，区财政局优化村级财务审批支付方式，在全区推行村级财务线上审批，整合网银、银村直联、线下支付等多种支付工具，为村级财务结算提供多样化的支付选择，提高支付效率。开展农村集体“三资”管理专项督查活动，重点督查开支标准的执行情况、会计信息质量和事务所履职情况等方面。高港区会计代理中心集中管理资金13.41亿元，办理收支业务43902笔，支付金额7.94亿元，退回不规范业务3762笔。

【预算绩效管理】 2020年，区财政局审核专项资金预算绩效目标369个、资金总额8.54亿元，组织实施重点评价项目19个、资金总额4.09亿元。完成政府投资项目预（概）算82个，审定金额14.78亿元，净核减资金约6600万元；审核项目资金拨付9.87亿元；对16个政府投资项目开展跟踪审计，涉及工程投资约4000万元；完成竣工财务决算审核10个，核减项目投资约123万元；对项目招标文件和合同合理性进行审查，提出修改意见124条。

【会计管理】 2020年，全区参加会计人员网上继续教育1982人次，区财政局办理会计人员继续教育减免353件。4月末前，区财政局完成全区9个代理记账机构的年度备案工作。5月，开展2019年度内控报告编报工作。7月，完成全区100个行政事业单位内控报告的汇总上报工作。10月，组织4人到国家会计学院参加全国大中型企事业单位总会计师素质提升工程培训。全年初级会计职称考试报名人数980人，通过182人；中级会计职称考试报名人数549人，通过95人；发放会计职称证书277本。（黄　冀）

税　务

【概况】 2020年，国家税务总局泰州市高港区税务局（以下简称区税务局）组织入库各项收入78.9亿元，比上年减少2.96亿元。其中，组织入库税收收入64.6亿元，减少2.1亿元；税收收入中，地方一般公共预算税收收入33.3亿元，减少2.8亿元。组织入库非税收入14.3亿元，减少0.8亿元；非税收入中，社会保险费12.3亿元，减少0.7亿元。

【税收征管改革】 2020年，区税务局推进行政执法公示制度、行政执法全过程记录制度、重大执法决定法制审核制度。健全税务行政执法与刑事司法衔接机制，完善信息共享、案情通报、案件移送制度。初步做到数据有分析、业务有扎口、任务有统筹、应对有团队、规范有制度。全年完成风险应对任务166户，风险应对总成效1.81亿元，其中，直接入库税款1.39亿元，户均成效109.11万元。实行分事行权、分岗设权、分级授权，强化内部流程控制，防止权力滥用。强化税收执法

区税务局办税大厅 （区税务局　供稿）

督察，推动中央决策部署和税收政策有效落实。

【减税降费】 2020年，区税务局全面落实落细各项税费优惠政策，释放政策红利，减轻市场主体负担。开展减税降费政策宣传辅导培训17场，涉及纳税人和缴费人4000余户次。

【税收营商环境】 2020年，区税务局实施《线上办税“一揽子”提升方案》，全面提高“国家税务总局江苏省电子税务局”平台、“江苏税务”App使用率，打造以“非接触式”办税为主，自助、手机、邮递、社会化等多渠道办税为补充，实体办税厅兜底的办税服务新格局。推广“泰税云”平台，企业激活率保持在100%，纳税人群覆盖面超过99%。依托平台开展重点税源企业、千户企业、规模以上企业财务报表申报辅导，解读减税降费和疫情防控税收优惠政策。联合区工业和信息化局在各园区、镇街设立“纳税人之家”实体场所，为每个“纳税人之家”配备税务“管家”1名，组建业务支持和纳税人维权专家团队。在2020年度全省税收营商环境重点指标评价工作中，高港区评价得分为92.8分，在全省县（市、区）中排名第三。 （区税务局）

审　计

【概况】 2020年，区审计局完成审计项目18个，其中专项审计调查3个；出具审计报告、审计调查报告、审计结果报告和审计决定书21个，审计移送书2个，向区领导报送审计要情2份；审计促进整改落实问题资金195.93万元，审计挽回（避免）损失2.03亿元。7月22日，区委审计委员会第三次会议召开，审议通过《高港区经济责任审计工作联席会议制度》，听取并审议《2019年度区级预算执行和其他财政收支情况审计报告》。

【政策跟踪审计】 2020年，区审计局对清理拖欠民营企业中小企业账款工作进行跟踪审计，实现欠款“清零”且无新增。开展新型冠状病毒感染肺炎疫情防控资金和捐赠款物专项审计，促进资金及时拨付、捐赠物资规范使用。参加上级审计机关统一组织项目，按时完成医疗保险、应对疫情保持经济平稳健康发展政策落实、就业优先政策落实、直达资金惠企利民等项目审计，选派人员参加长江经济带水污染防治情况审计。

【财政财务审计】 2020年，区审计局对区本级、区级部门（区农业农村局、区卫生健康委、区文化体育旅游局、区科协）、永安洲镇2019年度预算执行和其他财政收支情况实施审计，规范预算管理，维护财经纪律，提高公共资金使用效益。

【经济责任审计】 2020年，区审计局对永安洲镇、区民政局、区委编办、区司法局、区人力资源社会保障局5个单位主要负责人实施任中经济责任审计，促进领导干部推动所在部门、单位科学发展，规范权力运行，推进党风廉政建设。

【专项资金审计】 2020年，区审计局组织全区企业职工基本养老保险基金审计。开展园区科研院所合作项目绩效专项审计，针对合作成效、出借资金、研发资金等问题提出审计建议。

【国有企业审计】 2020年，区审计局开展泰州引江城市开发建设有限公司2019年度资产负债损益审计，重点关注公司资产运营管理、投资和建设项目管理情况，从完善制度、堵塞漏洞、促进企业发展等方面提出意见和建议，推进国企改革，促进规范运行，提高经济效益。

【固定资产投资审计】 2020年，区审计局对金港路北延、许庄中心小学改扩建2个民生工程进行竣工决算审计。组织中介机构对雕花楼二期、东方明珠二期等110个政府投资项目进行跟踪审核。审计核减工程造价2.16亿元，核减率13.38%。

【自然资源资产审计】 2020年，区审计局结合领导干部经济责任审计，对永安洲镇党委副书记、镇长任期内自然资源资产利用和环境保护责任同步实施审计，促进领导干部认真履行自然资源资产管理和生

态环境保护责任，推进生态文明建设，实现经济发展和生态文明建设双赢。（张艺慧）

统　计

【概况】 2020年，高港区开展第七次全国人口普查，完成住户调查等统计调查任务，推进GDP统一核算等统计改革。区统计局发布《2019年高港区国民经济和社会发展统计公报》，发行《高港统计年鉴（2020）》，编印《高港统计月报》"口袋书" 11期，撰写各类统计分析55篇。全年有3篇文章被《中国信息报》刊登，19篇信息被省以上媒体采用，10篇分析被区领导批示。

【第七次全国人口普查】 2020年，高港区根据国务院统一部署，开展第七次全国人口普查。《中国信息报》刊登《七人普入户登记技巧》，重点推介高港区人口普查做法。

普查启动　4月，召开第七次全国人口普查动员会议，正式启动普查工作。组建区、镇街、村（社区）三级人口普查领导小组，明确区领导小组办公室及内设机构工作组职责分工，制定人口普查工作进度计划。制定《关于组织人员参加高港区第七次全国人口普查综合试点工作的通知》，在刁铺街道通泰社区启动试点工作。

宣传动员　利用高港电视节目中心和"微高港"微信公众号等媒体进行宣传动员。以镇街为宣传主阵地，在普查小区内发放宣传资料。借助"小手拉大手"活动、"文化港城行基层巡演"，提高人口普查知晓度。在"中国统计开放日"开展"大国点名，没你不行"主题宣传活动。

入户登记　全区划分7个区级责任片区、91个镇街责任片区、1346个村（社区）责任片区，每级片区实行责任人与责任区一对一挂钩。入户了解家庭成员居住、学习、工作等情况，查看户籍资料，加强信息比对。核查普查小区边界、人口居住情况，摸清每一个建筑物内住房单元的数量及住户人数。

人口普查员开展入户登记　（区统计局　供稿）

数据质量　区第七次全国人口普查领导小组办公室指定专人对采集报送平台全程跟踪管理，定期上报问题，及时反馈解决方案。通过村级自查、镇街复查、区第七次全国人口普查领导小组办公室抽查的方式，对普查小区的登记数据进行"三级联查"，确保登记数据真实准确。每日查看各镇街上报进度，跟踪督促进度缓慢的普查小区，定期追踪更新出生人口和死亡人口的数量。利用部门行政数据和大数据资源开展技术比对工作，协助各镇街明确数据问题，把握辖区内人口变动情况，分析具体原因，提高数据准确度。

【统计调查】 住户调查　2020年，高港区全面开展住户调查样本轮换工作。10月末，确定第二轮新样本户名单。区统计局编制《高港区住户调查记账口袋书》《高港区住户调查记账注意事项》等资料，分调查点进行记账培训。12月，老样本户退出调查，新样本户正式记账。高港区第二轮新样本户共计120户，其中，电子记账116户，纸质记账2户，C卷2户，电子记账率96.7%。

粮食测产　组织全区15个遥感测量面积点进行春、夏播和秋、冬播遥感测量工作，组织全区8个粮食测产点进行夏、秋粮测产工作，对测产数据进行审核汇总并上报。由省调查队评估反馈高港区的粮食播种面积及粮食产量，全区粮食播种面积约13.29千公顷，总产9.23万吨，其中，夏粮播种面积6.41千公顷，秋粮播种面积6.88千公顷。

【统计服务】 经济形势调研分析　2020年，区统计局每月形成《高港统计专报》，每季度进行经济形势、高质量发展和GDP核算等通报，为领导决策和部门工作提供参考。围绕"六稳""六保"任务，到园区、镇街开展调研、指导，对短板指标和薄弱环节提出改进措施。撰写的《当前我区餐饮企业经营存在的困难及建议》被《高港情况》采用。走访调研有产品出口的规模以上工业企业28个。

统计预测预警　区统计局开展新冠肺炎疫情对经济运行影响调查分析，了解辖区内重点企业和单位的复产复工时间、复产强度、生产能力及人员到位情况，以及生产计划和一季度经营预期，掌握疫情对企业生产产生的影响，对一季度经济开局进行预警预判，提出科学意见建议。

重点指标专题分析 区统计局与区考核办联合开展高质量发展考核培训会，邀请市统计局专业处室负责人专题授课，对高质量发展考核指标和考核评价方法作详细解读。围绕新增规模以上企业、固定资产投资、规模以上工业增加值等重点短板指标，加强横向纵向比较，实行每月、每季动态跟踪、重点盯防、及时预警，形成“短”“平”“快”的统计快讯报市统计局和区委办、区政府办。

【GDP统一核算改革】 2020年，高港区加强园区、镇街和部门联动，每个季度均召开全区GDP核算联席会议，部署GDP统一核算工作，解读核算改革办法，研判经济指标的运行状况。邀请市统计局负责人参加联席会议，帮助找准突破点、着力点和关键点。加强经济运行预警，开展核算基础指标月度跟踪监测，进行横向、纵向对比，关注异常或敏感指标的变化。区统计局与相关部门沟通联系，调研重点企业，对月度波动较大的指标进行分析研究，提出统计建议。

【“小升规”统计审批】 2020年，高港区将2019年开票销售额大于等于1200万元的规模以下工业企业收集入库，对企业产值、主营业务收入、开票销售额等经济指标实行月度监测，建立“小升规”（小微企业升级为规模以上企业）后备企业信息台账，实时更新月度主要经济指标数据。全区共有“小升规”后备企业监测单位36个，比上年增长22.22%，其中月度、年度共入库31个。持续推进入库工作，到各园区（镇街）开展专项调研，“一对一”现场指导。将名录库中的建筑业在库单位与区住房城乡建设局数据库进行核实比对，挖掘有资质但未入库的建筑单位，一对一跟进入库进度。全年完成新增规模以上企业208个，其中，工业48个，服务业39个，批零住餐业85个，建筑业和房地产业36个。

【统计基层基础建设】 2020年，区统计局开展镇街统计站规范化“回头看”，采用自查和召开互审会、观摩会等形式，按照有主管领导、有工作机构、有统计人员队伍、有必要工作条件，以及统计管理活动法治化、统计业务活动制度化、统计数据处理信息化的“四有三化”标准进行评分，《“一查一审一观摩”推进基层统计规范化建设长效管理》获评省统计基层基础规范化管理创新项目；开展村（社区）统计规范化建设验收，全区75个村（社区）申报验收，其中8个村（社区）达示范标准，其他均达合格标准。全区累计有3个镇街统计站获评全省乡镇（街道、园区）统计规范化建设“百佳单位”，16个村（社区）获评全省村（社区）统计规范化建设“千佳单位”。建立健全诚信统计体系，全区统计系统人员60人、村（社区）统计协管员97人、联网直报企业统计人员520人签订《高港区统计局统计人员诚信统计承诺书》。全体统计调查对象严格执行统计报表制度，依法提供统计资料。区统计局创新选题、谋划、调研、会商、撰写、审稿“六步”工作法，提升系统工作人员分析写作水平；构建一周一论坛、一月一点评、一季一评议、一年一考核“四个一”评议机制，举办培训班、业务竞赛、课题攻关、专题研讨等活动，打造高港统计“3.0版”专业人才队伍，相关做法被《中国信息报》推介。

【统计执法监督】 2020年，区统计局根据《江苏省贯彻落实国家统计局第6统计督察组督察反馈意见整改方案》，形成整改措施清单，一一对账销号。建立区党政领导干部防范和惩治统计造假、弄虚作假责任制规定，推动各级党政领导干部树立正确的发展观、政绩观、统计观。与相关部门对接，推动统计执法大队人员落实到位，实行实体化运作。组织“双随机”执法检查，开展防范和惩治统计造假、弄虚作假专项治理，提高统计数据真实性、准确性。区政府常务会议专题听取统计督察反馈意见整改情况。

【统计法治宣传】 2020年，区统计局邀请市统计局负责人为区委中心组统计督察学习（扩大）会授课。编印《统计法律法规学习资料口袋书》，向全区副乡科级以上干部、部门统计工作人员发放。开展全系统督察整改专题学习会议，通报统计违法案件情况。结合“12·4”国家宪法日、“12·8”统计法宣传日、统计开放日等重要时间节点，开展统计法治宣传。 （蔡亚权）

市场监督管理

·综述·

【概况】 2020年，高港区新增企业1918个，注册资本123.35亿元，从业人数12887人，其中，公司制企业1778个，个人独资企业140个。新增农民专业合作社2个，成员出资总额300万元。新增个体工商户6197户，从业人员9103人，注册资本6.5亿元。至年末，全区登记企业14020个，注册资本1540.5亿元，从业人数133466人；登记个体工商户33607户，注册资本47.74亿元，从业人数62224人。共有食品生产企业36个、食品小作坊80个、食品销售单位1036个，餐饮服务单位1041个，特殊食品经营单位145个，药品零售企业101个（连锁门店63个、单体药店38个），互联网药品信息服务单位2个；医疗器械网络销售单位20个，医疗器械经营企业558个（医疗器械批发企业446个，医疗器械零售企业112个）；化妆品经营企业57个，化妆品使用单位57

个。全区在用特种设备数量7516台(套)(不包括压力管道),其中,锅炉50台,压力容器3152台,电梯2330台,起重机械1087台,厂内机动车辆897辆。压力管道全长241.73千米。有各类商品市场15个,其中,农贸市场12个,工业品消费市场2个,小商品市场1个。广告经营单位361户,其中,私营企业180户,内资公司8户,个体工商户173户;从业人员1719人,广告经营额5803.6万元。

【行政执法规范化建设】 2020年,区市场监管局推进执行市场监管领域行政执法公示制度、执法全过程记录制度、重大执法决定法制审核制度"三项制度"工作被列入高港区2020年度重点改革任务责任清单。由区市场监管局分管负责人带队,政策法规科在全局开展基层执法单位行政执法"三项制度"落实情况专项督查。通过实地检查和书面抽查相结合的方式,对照行政执法"三项制度"的具体实施办法要求,对基层服务窗口公示牌设置、电子触摸屏使用等行政执法公示情况,行政执法案件的音像记录、法制审核及卷宗整理归档情况,以及基层单位的行政执法电子化管理情况进行检查。将检查发现的问题进行通报,督促进行整改。区市场监管局全年开展行政处罚案卷评查2次,评查案卷37份;召开案审会9次,集中审理案件198件。受理行政复议5件,其中,得到维持2件,驳回申请人行政复议申请2件,申请人撤回1件。完成行政诉讼答辩1件,一审驳回原告起诉,二审维持一审裁定,未发生行政复议、行政诉讼败诉案件。应行政相对人申请举行行政处罚案件听证会4次,听取行政相对人听证意见。

【稽查执法】 2020年,区市场监管局办理各类案件187起,罚没入库582.21万元,6件案件依法移送公安机关。1月,对辖区内农贸市场、超市、餐饮店、药店进行交叉执法检查,共查处案件55起。重点开展熔喷布生产、销售企业及个体经营户执法行动,对无照经营、超范围经营,尤其是跟风转产、与熔喷布行业关联性不强、没有技术工人、不具备相应生产条件的"黑作坊"和"家庭式作坊"进行检查,出动执法人员186人次,立案4起。对全区药店口罩经营情况进行检查,打击非法销售口罩行为,办理泰州市大泗某购物广场销售冒用他人质量标志的不符合标准的口罩案,处罚款24万余元,被列为2020年度全市市场监管领域十大典型案例。联合公安机关进行线索追溯,成功查办"6·30"生产销售有毒有害食品案,抓获犯罪嫌疑人2人,该案涉及江苏、安徽、湖北、河南等省,被省、市市场监管局列为督办案件。联合公安机关进行追溯,成功捣毁跨区域生产销售伪劣产品犯罪团伙,破获"8·27"生产销售伪劣产品案,抓获涉案嫌疑人6人,涉案货值200余万元,该案被市市场监管局列为督办案件。

【抽样检验】 2020年,高港区完成食品抽检1146批次,检出不合格食品15批次,对检出的不合格食品,依法采取下架、封存、召回、立案查处等措施。强化快速检测的初筛作用,区食品安全快检中心和各市场监管分局快检室每月快检600批次以上,全年食品快速检测23819批次,检出疑似阳性75批次,合格率99.69%,将检测情况及分析依法进行公示。消费品合格率99.9%。做好向环境污染宣战工作,抽检柴油6批次、车用尿素6批次、燃料油1批次,结果均为合格。组织开展美容美发场所、沐浴场所、农药经营单位、售卖野生动物、人力资源市场、农民工工资支付等12项跨部门"双随机"联合抽查,区市场监管局、区商务局、区应急局、区工业和信息化局等14个部门参加,累计检查77户,检查结果在国家企业信用信息公示系统上向社会公示。完成药品抽检70批次,其中,西药57批次,中药饮片13批次,检验结果全部合格。

【消费维权】 2020年,区市场监管局共收到各类投诉举报3661件,比上年增长154.08%,涉及疫情防护用品、食品、药品、特种设备等,均在规定时限内办结和回复,为消费者挽回经济损失600余万元,消费者满意率达95%以上。2—5月疫情期间,共收到关于口罩、消毒用品、药品的价格及质量等方面的投诉举报260余件,立案查处16件。广告类、食品餐饮类、预付卡类、购房类投诉举报大幅增加,分别为631件、526件、61件、40件。投诉调解成功率94%,消费者满意率96%以上。组织开展"3·15"线下主题活动。利用横幅和电子显示屏在各大型商场、超市、集贸市场等地段开展消费维权宣传活动。配合区电视节目中心发布有关消费维权、消费警示系列报道6篇。

(吉鑫洋)

·工商行政管理·

【民营经济管理】 2020年,区民营经济发展领导小组办公室出台《关于贯彻落实〈中共中央国务院关于营造更好发展环境支持民营企业发展改革的意见〉的实施方案》,把全区各部门纳入服务民营企业发展大环境中,明确各部门的工作职责,推动民营企业改革创新、转型升级。4月27日,区市场监管局、区民营经济发展领导小组办公室、中国银行泰州高港支行、工商银行泰州高港支行联合开展主题为"携手抗疫,助力复工达产"政银企三方对接座谈会,26个企业参会。7月,开展民营企业问卷调查,共150个企业参与,梳理汇总问题46条并交办给相关部门，收到8个部门的办理回复。全区新增民营企业1991个，注册资本145.11亿元，从业人数13780人，其中，有限责任公司1844个，个人独资企业130个。新增农民专业合作社2个，成员出资总额300万元。新增个体工商户10252户，从业人员13503人，注册资本9.12亿元。至年末，全区注册登记的民营企业14444个，注册资本1571.43亿元；个体工商户38058户，注册资本50.92亿元。

【市场主体信用监管】 2020年，全区企业年报率99.1%、个体工商户年报率98%、农民专业合作社年报率100%。完成全区262户市场主体年报公示信息的抽查工作，抽查结果依法在全国企业信用信息公示系统中公示，有69个企业被列入异常名录，其中，公示信息隐瞒真实情况弄虚作假被列入异常名录53个，公司查无下落16个。办理动产抵押登记52件，助企融资28.7亿元。办理合同案件4件，罚没款合计18.75万元。

【电商网络监管】 2020年，区市场监管局开展以打击假冒伪劣为重点的专项网络治理行动，严厉打击网上销售假冒伪劣产品、不安全食品及假药劣药。以食品（含保健食品）、药品、电子产品、汽车配件、家具家装、家庭日用品、儿童用品、服装鞋帽、劳动防护安全帽等社会反映集中、关系健康安全的消费品为重点，加强监管执法和刑事司法。加强网络餐饮服务食品安全监管，强化风险监测，净化生产源头。针对“6·18”“11·11”电商促销，采取上下联动、政企联动、线上线下联动等方式开展专项监测，共监测辖区内网站、网店1926次，实地检查网站、网店经营者68个，督促网络经营者整改商品链接15条。网络违法案件立案11起，结案10起，罚没款合计7.74万元。

【广告监管】 2020年，区市场监管局组织开展疫情防控期间广告、非法捕捞长江渔获物违法广告、涉及金融业务违法广告等专项整治活动，线下检查户外广告709条，线上监测互联网广告5961条，查处广告案件9件。鼓励辖区内广告企业参加江苏省紫金奖·公益传播设计大赛，江苏宏大广告有限公司设计的4个公益广告、泰州宏峰广告有限公司设计的6个公益广告参赛。完成2019—2020年度全国广告业统计工作。

【农贸市场管理】 2020年，区农贸市场长效管理办公室出台《2020年度高港区农贸市场长效管理对镇街考核细则》《泰州市高港区农贸市场长效管理（考核）办法》，牵头起草并实施泰州市地方标准《农贸市场长效管理规范》（DB3212/T 1019-2020）。在市市场监管局组织的农贸市场长效管理考核中，高港区农贸市场考核优良率100%。拨付区级长效管理奖补资金近150万元。强化农贸市场疫情防控，及时约谈农贸市场负责人，进一步落实疫情防控主体责任，与各农贸市场负责人签订疫情防控工作责任书、承诺书；针对农贸市场防控要求，推行“驻场巡查”模式，做到保障民生与疫情防控两不误、两到位；对12个农贸市场疫情常态化防控措施进行定期督查。11月30日，区应对新型冠状病毒感染肺炎疫情工作领导小组增设市场与物流防控专项组，区市场监管局牵头负责。

【全面禁售长江流域非法捕捞渔获物专项整治】 2020年，区市场监管局制定《全面禁售长江流域非法捕捞渔获物专项整治行动方案》。开展禁售长江流域非法捕捞渔获物执法检查活动，出动执法人员3000余人次，检查农贸市场600余次，排查户外广告743条，监测互联网广告1387条。联合区城管局排查清除农贸市场、餐饮单位各类含有“长江水产品”“江鲜”等字样的广告、招牌20余处；动员7个名称和经营范围含有“江鲜”等字样的企业对其营业执照及许可证进行变更登记；对宣传及推广中涉及“江鲜”“江鱼”有关信息的4个网络平台督促进行整改。

【公平竞争审查】 2020年，区公平竞争审查联席会议办公室调整区公平竞争审查工作联席会议制度及成员单位，制定《高港区公平竞争审查联席会议工作规则》（修正稿）。组织22个成员单位进行业务培训。全年审查文件246份，均未违反公平竞争审查各项标准。 （吉鑫洋）

·质量技术监督管理·

【质量强区工作】 2020年，扬子江药业集团江苏龙凤堂中药有限公司获泰州市市长质量奖，为高港区首获泰州市市长质量奖的单位。扬子江药业集团江苏龙凤堂中药有限公司、江苏能建机电实业集团有限公司、江苏海企化工仓储股份有限公司获“泰州品质”证书。泰州市博泰电子有限公司、江苏泰氟隆科技有限公司被市市场监管局确定为2020年度打造质量管理体系认证升级版先进企业。举办泰州市“首席质量官”质量提升专题培训班，43个企业参加，53人获得“首席质量官”证书。新增检测机构1个，共有各类检验检测中心12个，其中，省级以上质检中心3个，分别为国家特种劳动防护用品质量监督检验中心（江苏）、江苏省测绘仪器计量中心、江苏省墙体装饰装修材料质量监督检验中心。新增工业产品生产许可证获证企业1个，共有获证企业11个，其中，危险化学品获证企业2个，直接接触食品的材料等相关产品获证企业7个，危险化学品包装物及容器获证企业1个，化肥获证企业1个。

【标准化工作】2020年，泰州市金海运船用设备有限责任公司获批筹建全国海洋船标准化技术委员会大型游艇分技术委员会无人艇标准化工作组。泰州市鼎顺创业投资有限公司的孵化企业服务标准化试点通过验收。泰州市高港区鑫华稻米专业合作社的泰州市水稻种植标准化生产应用试点示范项目通过验收。新增市级地方标准1项(《泰州市农贸市场长效管理规范》)。新立项市级农业地方标准1项(《大贝母栽培技术规程》)。江苏荣鑫通用设备有限公司参与制定国家标准《钢丝绳吊索使用和维护》和《一般用途钢丝绳吊索特性和技术条件》。江苏海企化工仓储股份有限公司牵头制定团体标准《散装液体化学品罐式车辆装卸安全作业规范》。泰州市金海运船用设备有限责任公司牵头制定团体标准《无人艇自扶正装置》。扬子江药业集团参与制定团体标准《稳健参数设计》。扬子江药业集团牵头制定省级地方标准《药品生产企业质量风险管控体系要求》《中药智能工厂中药水提醇沉提取过程质量监控》。江苏建声影视设备研制有限公司通过国家AAAA级标准化良好行为试点企业验收，江苏润杰物流安全设备有限公司、泰州市金衡建筑材料检测有限公司通过国家AAA级标准化良好行为试点企业验收。泰州市华强照明器材有限公司获第二届泰州市标准创新奖二等奖。

泰州市金衡建筑材料检测有限公司　　（口岸街道　供稿）

2020年高港区参与制定（修订）的国家标准、团体标准一览表

表19

标准号	标准名称	参与（负责）起草单位	发布时间
T/CITIF	稳健参数设计	扬子江药业集团	2020-01-15
T/CFLP 0026-2020	散装液体化学品罐式车辆装卸安全作业规范	江苏海企化工仓储股份有限公司	2020-03-02
GB/T 39480-2020	钢丝绳吊索使用和维护	江苏荣鑫通用设备有限公司	2020-11-19
GB/T 16762-2020	一般用途钢丝绳吊索特性和技术条件	江苏荣鑫通用设备有限公司	2020-12-14
T/CANSI 45-2020	无人艇自扶正装置	泰州市金海运船用设备有限责任公司	2020-12-21

【计量工作】2020年，区市场监管局开展春耕农资计量、节前超市商品定量包装及净含量等定量包装商品计量专项检查，控制商品过度包装行为。共抽检商品定量包装及商品量155批次，综合合格率为92.14%。开展重点领域的计量监督检查，检查6个夏粮收购点在用计量器具8台；检查8个“放心粮油店”在用计量器具97台；检查20个加油站的加油机176台；检查集贸市场11个；检查眼镜制配场所27个；检查能效标识产品经销商22个，产品总数82台；检查水效标识产品经销商19个，产品总数31件；检查29个企业用于安全防护的压力仪表184只。针对检查中发现的器具台账不完善、检定标签受损等行为，当场责令整改。完成计量合格确认企业7个，完成计量保证确认企业2个。中国石化销售股份有限公司江苏泰州王营加油站被确认为2020年省级诚信计量示范单位。扬子江药业集团江苏龙凤堂中药有限公司被认定为2020年度优秀测量管理体系认证（AAA）企业。

【特种设备安全管理】2020年，高港区开展特种设备安全专项整治活动，重点对学校、医院、车站、商场、住宅小区等公众聚集场所的特种设备使用单位、危化品单位、浴室锅炉使用单位、涉氨制冷单位、气瓶充装单位和造（拆）船企业开展专项检查。共检查企业810个，出动检查人员1635人次，发现安全隐患725项，下达特种设备安全监察指令书131份。其中，检查重点企业112个，出动检查人员231人次，发现安全隐患159项，下达特种设备安全监察指令书20份；安全生产专项整治行动中，排查企业741个，出动执法人员1490人次，发现安全隐患725项，下达特种设备安全监察指令书131份；危化品综合治理行动中，排查企业20个，出动执法人员66人次，下达特种设备安全监察指令书9份。发现安全隐患67项。全年立案21起，暂扣罚没款55.14万元。 （吉鑫洋）

·食品药品监督管理·

【概况】 2020年，区市场监管局检查各类食品生产、经营单位1977个，餐饮服务单位1041个，特殊食品经营单位145个。结合日常监管重点及专项整治工作，开展食品生产企业、食品销售单位、保健食品经营单位、养老机构食堂、学校食堂、年夜饭供餐单位、小微型餐饮单位、大型餐饮单位、高温季节冷藏冷冻食品等食品安全“双随机”检查13次，抽查食品生产经营主体380余个。对全区36个食品生产企业、1041个餐饮单位进行风险等级评定，张贴食品安全信息公示栏。建成农村（社区）集体聚餐“阳光宴会厅”11个，智慧农贸市场“阳光菜篮子”6个。开展药械专项治理及飞行检查13次，收集药品零售单位自查自纠报告102份，医疗器械经营使用单位自查自纠报告283份，药品、医疗器械经营使用单位2020年度自查报告386份，累计检查药械经营使用单位843个次，出动执法人员1686人次，对发现的问题责令现场立即改正，对涉及违法违规的5个药品、医疗器械经营企业进行立案查处。全年抽检药品70批次，上报药品不良反应281份、医疗器械不良事件报告153份，完成率分别达110%和133%，对医疗机构上报的1例严重不良反应开展真实性核查工作，检查结果均符合规范上报要求。公示年度药械经营A级诚信单位35个，其中，药品零售企业13个，医疗器械经营企业22个。检查化妆品生产经营使用单位59个，出动执法人员118人次。

【食品安全监管】 食品生产企业监管 2020年，区市场监管局按计划开展食品生产企业日常监管，共检查食品生产企业34个次，及时录入省级食品生产监管信息系统，对检查中发现的问题要求企业及时整改到位。根据对企业年度第一次全项目检查情况，开展风险等级评定，全区36个食品生产企业（其中10个停产），共评定A级19个、B级3个、C级3个、D级1个。

食品小作坊监管 全区累计核查并发放小作坊登记证80个，登记率100%。开展小作坊日常监管，查处脏乱差、拒不办证的小作坊。

餐饮服务单位监管 全区有持证餐饮服务单位1041个，其中，特大型餐饮单位7个，大型餐饮单位30个，中型餐饮单位199个，小微型餐饮单位725个，学校（含幼托机构）食堂36个，机关企事业单位食堂35个，养老机构食堂7个，工地食堂2个。实施餐饮服务单位量化分级管理和风险等级评定工作，加强餐饮服务食品安全监管。

特殊食品安全监管 摸排全区特殊食品经营单位145个。开展日常监管，督促经营单位认真执行索证索票、进货验收及台账管理制度。强化对特殊食品的进货渠道、标签标识、有效期限及产品合格证明等情况的检查，共检查特殊食品经营户205个次。开展特殊食品经营单位“双随机”检查，共抽查经营单位76个，将检查结果和整改情况录入系统并进行公示。开展婴幼儿配方乳粉专项整治，重点排查是否销售“湖南永兴固体饮料当特医奶粉销售事件”涉及的“倍氨敏”等固体饮料产品，排查经营单位的广告宣传，检查中未发现问题产品，针对5个婴幼儿配方乳粉销售单位管理不规范的问题发放责令改正通知书。开展保健食品专项清理行动，针对保健食品非法生产经营、虚假宣传、违法广告等突出问题，联合多部门开展监督检查，共出动执法人员336人次，检查保健食品经营主体142个，针对检查发现的16个问题发放责令改正通知书，督促及时整改到位。

智慧监管 推进全区大中型以上餐饮服务单位、学校食堂、养老机构食堂、农村集体聚餐示范点和省级餐饮质量安全示范店等205个市场主体入驻泰州市食品安全智慧监管阳光平台（Ⅰ期）。通过监管信息实时录入、专项检查分配、名单筛选、统计数据分析、执法文书现场打印等手段，逐步实现监管工作信息化，提高监管效率。

【食品安全专项整治】 2020年，区市场监管局突出重点领域重点环节食品安全风险防控，强化白酒质量安全、年夜饭、超范围超限量使用食品添加剂和非法添加问题、长江禁捕、小餐饮大排档无证经营、网络订餐等重点领域风险隐患排查。加强食源性疾病监测，全区哨点医院共采集食源性疾病病例206例，未发现食源性疾病聚集性病例，未发生食源性疾病事件。

小餐饮大排档专项整治 全面摸排全区小餐饮大排档现状，弄清食品经营许可、从业人员健康管理、防蝇防尘防鼠设施、食品加工制作场所、网络订餐等情况，建立基础台账。共排查小餐饮大排档460个。对4个多次劝导仍无效果的无证小餐饮实施行政处罚，罚没款合计1.5万元。

网络订餐“线上线下”食品安全专项整治 联合区人民检察院对线下餐饮实体店展开拉网式检查，出动执法人员122人次，检查入网经营单位83个，发现食品安全隐患86条，下达责令整改通知书14份，全部督促整改到位。

白酒质量安全专项检查　对全区白酒生产企业及小作坊进行检查，督促白酒生产企业和小作坊严格落实索证索票、进货查验、追溯信息记录等要求。共检查白酒生产企业及小作坊11个，发现问题6个，对发现的问题要求企业进行整改；快检21批次，无不合格产品。

禁渔期禁售江鲜专项检查　对全区范围内12个农贸市场进行全面排查，检查是否非法销售野生长江水产品、以非长江水产品冒充长江水产品。对68个餐饮服务单位开展检查，检查进货索证索票情况及菜品中是否涉及野生长江水产品。召开餐饮服务单位禁售江鲜集中约谈会，与45个餐饮服务单位签订承诺书。

食品小作坊食品安全风险隐患排查　结合食品小作坊日常监管、白酒小作坊专项检查等工作，全面排查食品小作坊风险隐患，共检查食品小作坊28个次，组织抽检30批次（其中6批次不合格），快检131批次（其中1批次阳性）。

养老机构食品安全风险排查　联合区民政局开展养老机构食堂检查，共检查养老机构食堂12个，对检查发现的问题联合通报，督促及时整改到位。

【药品安全监管】　药品安全专项整治　2020年，区市场监管局开展国庆及中秋双节前药械安全集中整治、中药饮片质量集中整治、夏季冷藏药品专项检查、零售药店飞行检查、村（社区）卫生室药械质量管理专项检查等整治活动，检查药品经营和使用单位191个次，出动执法人员382人次，及时通报检查结果。

诚信药店创建示范单位评定　19个药品零售企业申报参评，评选出2020年度高港区诚信药店创建示范单位13个。其中，泰州普安大药房医药连锁有限公司泰安店、泰州市益丰大药房连锁有限公司百姓人金港店被评为2020年度泰州市“十佳”诚信药店创建示范单位。

执业药师管理　泰州市第三人民医院副主任药师刘慧霞被评为江苏省2020千红杯优秀药师，泰州市第三人民医院副主任药师周琳被评为泰州市2020扬子江杯优秀药师。

疫苗使用环节监管　开展疫苗质量安全飞行检查，对区疾控中心和9个疫苗接种单位的疫苗购进、使用、管理等情况进行检查。配合市市场监管局开展疫苗质量安全抽查，抽查疫苗接种单位5个，对发现的缺陷项，责令现场立即改正。联合区疾控中心开展过期疫苗处置工作，向医疗废物集中处置单位移交过期疫苗914支。

网络监管　对辖区内2个持有互联网药品信息服务资格证书的企业网站进行网上巡查，每季度到企业现场检查1次。对20个取得医疗器械网络销售备案凭证的企业开展网络监测、现场检查。

全区首台无人售药机运行　泰州普安大药房医药连锁有限公司永安店设置高港区首台自动售药机，经营品种为非处方药、一类医疗器械及二类家用医疗器械，满足群众夜间突发性紧急用药用械需求。

【医疗器械安全监管】　医疗器械安全专项整治　2020年，区市场监管局开展国庆及中秋双节前药械安全集中整治、避孕套质量安全管理、打击非法经营装饰性彩色平光隐形眼镜行为、无菌和植入性医疗器械监督、医疗器械“清网”行动、防疫医疗器械质量检查、医疗器械使用单位专项检查等专项整治行动，检查医疗器械经营、使用单位558个次，出动执法人员1116人次，及时通报检查结果。

医疗器械代贮代配平台监管　组织对大泗医疗器械代贮代配平台103个入驻企业进行专项检查，将检查结果进行汇总分析，专题召开集中指导会，采取“一对一”服务方式，引导入驻企业规范经营。

生物安全风险隐患排查　共检查涉及生物安全企业3个，收集自查报告3份，出动检查人员20人次。针对排查中发现的隐患，现场明确防范、整改要求和时限。

医疗器械经营信用等级评定　各市场监管分局根据《高港区药品安全信用等级管理工作实施办法（试行）》《医疗器械经营企业信用等级评定细则》，结合日常监管情况，开展医疗器械经营企业信用等级评定，评定22个医疗器械经营企业为信用等级A级单位。

【化妆品安全监管】　2020年，区市场监管局建立高港区化妆品经营使用监管QQ群，完善相关单位基础信息。开展化妆品经营单位监督检查，重点围绕进货渠道、索证索票、产品合格证明、标签标示等内容，检查经营单位40个、美容美发场所19个，出动执法人员118人次。对投诉举报多、信用等级较低的企业有针对性地开展飞行检查，对发现的问题进行梳理分析，探索形成联合执法长效机制。开展主题为“安全用妆，伴您同行”的化妆品安全科普宣传周活动，宣传化妆品基本知识、标签内容解析、选购和使用注意事项、化妆品功效成分以及不良反应知识等。邀请泰州市人民医院皮肤科专家进行化妆品安全使用和科学护肤的公益咨询与义诊。组织监管人员参加“化妆品质量安全管理”主题公益网络课程。组织监管人员、化妆品经营单位相关人员及社会公众参加国家市场监管总局举办的第二届化妆品安全网络知识竞赛。督促辖区内化妆品电子商务经营者全面自查清理，开展《化妆品监督管理条例》及其配套文件的宣传培训，引导化妆品电子商务经营者依法建立并执行化妆品进货查验记录等制度，按照化妆品标签标示的要求贮存、运输化妆品。

【药品和化妆品不良反应与医疗器械不良事件监测】　2020年，区市场监管局推动全区药品和化妆品不良反应、医疗器械不良事件监测工作。与区卫生健康委加强合作，研究制定监测措施，召开全区 ADR/MDR（药品不良反应/医疗器械不良事件）监测工作推进会。全年上报药品不良反应报告281份、医疗器械不良事件报告153份，完成率分别达110%和133%。对医疗机构上报的1例严重不良反应开展真实性核查工作，结果符合规范要求，未发现假报、虚报行为。上报化妆品不良反应报告4份。

【医疗器械备案】 2020年，区市场监管局办理二类医疗器械经营备案272个次，其中，首次备案170个次，变更备案89个次，补发备案6个次，取消备案7个次。服务事项按时办结率100%。

【零售药店疫情防控专项检查】 2020年新冠肺炎疫情爆发初期，区市场监管局紧急调配16名分局执法人员，分8组对全区所有零售药店进行疫情防控专项检查，主要检查疫情防护用品（口罩、消毒液、一次性手套、体温计或红外体温枪等）的配备情况、质量及销售价格，共检查零售药店94个次。检查发现除部分药店库存少量一次性手套外，其余疫情防护用品均严重缺货，在售防护用品均明码标价。常态化检查处方药销售管理、药师在岗、工作人员自身防护、营业场所消毒防疫及进店人员体温测量等情况，共抽查零售药店820个次。

【食品药品化妆品安全培训与宣传】 2020年，区市场监管局开展药品抽检实训工作。举办药械监管领域投诉举报处理实务培训班、医疗器械风险管理培训班。参加市市场监管局组织的食品药品抽检工作、药械监管工作、化妆品监管工作及化妆品检查员专题培训。开展食品安全宣传周活动，组织“你点我检”现场快检活动，制作展板8块，发放食品安全宣传册1200余份，开办食品安全专题讲座5次，接受群众咨询74人次。在微信公众号等媒体上发布食品安全消费提示10次。开展“家庭过期失效药品回收”“执业药师进社区”“安全用药月”“安全用妆，伴您同行”等公益活动，接受咨询300余人次，义诊近60人，张贴海报15张，悬挂宣传横幅8幅，发放宣传单300余份，回收过期、失效药品50余盒。　（吉鑫洋）

区市场监管局检查零售药店疫情防控工作　（区市场监管局　供稿）

·知识产权管理·

【概况】 2020年，全区专利申请量2866件，其中，发明专利申请量931件，PCT 申请量23件；专利授权量1769件，其中发明专利授权量243件。有效发明专利量1115件。全区万人有效发明专利拥有量43.79件。万企有效商标注册企业数750个。共有全国驰名商标2件，为扬子江药业集团的“扬子江”和“护佑”商标。新增省地方标准《企业知识产权管理规范》贯标备案企业6个。新增省知识产权贯标管理绩效评价合格单位1个。泰州市创新电子有限公司承担泰州市高价值专利培育示范中心。2个企业承担泰州市企业知识产权战略推进计划。10个企业通过省知识产权贯标管理绩效认证。3个企业被认定为泰州市知识产权密集型企业。9个企业被认定为市“正版正货”承诺企业。扬子江药业集团江苏龙凤堂中药有限公司获泰州市专利金奖，3个企业获泰州市专利优秀奖。组织区级银企对接会，新增知识产权质押贷款3笔，融资金额2650万元。

2020年高港区知识产权计划立项情况一览表

表20

计划类别	承担单位
省地方标准《企业知识产权管理规范》贯标备案企业	泰州市金鹰齿轮有限公司
	泰州亿丰达电器有限公司

续表20

计划类别	承担单位
省地方标准《企业知识产权管理规范》贯标备案企业	泰州市银杏舞台机械工程有限公司
	江苏海港成套设备安装有限公司
	扬子江药业集团江苏龙凤堂中药有限公司
	统之幸食品（江苏）有限公司
省知识产权贯标管理绩效评价合格单位	泰州永盛包装股份有限公司
省知识产权贯标管理绩效认证	江苏海港成套设备安装有限公司
	江苏洁乐医用敷料有限公司
	江苏省海通索具有限公司
	泰州市佳源机带有限公司
	泰州市金鹰齿轮有限公司
	泰州市欣港电子材料有限公司
	泰州亿丰达电器有限公司
	泰州永盛包装股份有限公司
	泰州金海运船用设备有限责任公司
	扬子江药业集团江苏龙凤堂中药有限公司
市高价值专利培育示范中心	泰州市创新电子有限公司
市企业知识产权战略推进计划	江苏泰氟隆科技有限公司
	泰州汇锦电子有限公司
市知识产权密集型企业	江苏宇马铝业有限公司
	泰州润杰物流安全装备科技有限公司
	泰州汇锦电子有限公司
市“正版正货”承诺企业	江苏智慧优视电子科技有限公司
	泰州市榕兴医疗用品股份有限公司
	万向精工江苏有限公司
	江苏星徽精密科技有限公司
	江苏安凯隆消防装备实业有限公司
	泰州市润辉机械制造有限公司
	贝尔泰克医疗器械江苏有限公司
	泰州市金鹰齿轮有限公司
	泰州润杰物流安全装备科技有限公司
泰州市专利金奖	扬子江药业集团江苏龙凤堂中药有限公司
泰州市专利优秀奖	泰州市苏中天线集团有限公司
	江苏张弛轮毂制造有限公司
	泰州市创新电子有限公司

【知识产权宣传与培训】 "3·15"消费者权益日、全国知识产权宣传周期间，高港区开展以"知识产权与健康中国"为主题的宣传活动，向市民发放宣传资料，摆放知识产权宣传展牌，解答相关知识产权问题。组织人员参加省、市知识产权局举办的知识产权工程师培训、贯标内审员培训、企业高管知识产权涉外培训班、专利信息分析实战班等10余期培训，培训人员150人次。

（吉鑫洋）

价格管理

【管道燃气工程安装费调整】 2020年，高港区范围内新建住宅商品房和老居民住宅小区管道燃气工程安装费实行政府指导价格。别墅、排屋、农村居民自建住房、营业房、办公用房以及其他非住宅商品房的燃气工程安装费实行市场调节价。自6月1日起，高港区新建住宅商品房，单建11层以上的，燃气工程安装费标准调整为2200元/户；单建11层及以下的和复式等商品房可在上述标准基础上浮20%。老住宅小区管道燃气工程安装费标准可在上述标准基础上下浮20%。对持有低保、特困证的居民家庭按标准减半收取。

【非居民用天然气价格调整】 2月22日至6月30日，泰州永安港华燃气有限公司非居民用天然气基准价格由3.4元/立方米下调为2.94元/立方米；泰州科思燃气有限公司非居民用天然气基准价格由3.25元/立方米下调为2.82元/立方米。2月22日至6月30日，经工信部门审核、发改部门确认的生产新冠肺炎防控物资的企业，管道天然气价格每立方米再优惠0.2元。经卫健部门审核、发改部门确认有新冠肺炎治疗和防疫观察任务的医院（包括临时集中医学观察点），从2月1日至6月30日，管道天然气价格执行居民阶梯气价的第一、二阶梯平均价格。

从5月20日用气量起，泰州永安港华燃气有限公司非居民用天然气销售基准价格由2.94元/立方米降低为2.81元/立方米；泰州科思燃气有限公司非居民用天然气销售基准价格由2.82元/立方米降低为2.67元/立方米。

11月1日至2021年3月31日，泰州永安港华燃气有限公司非居民用天然气销售基准价格由2.81元/立方米调整为3.3元/立方米；泰州科思燃气有限公司非居民用天然气销售基准价格由2.67元/立方米调整为3.16元/立方米。

【非居民用水超定额（计划）累进加价制度】 1月1日起，高港区年用水量在5万立方米及以上使用城镇公共供水管网供水的非居民用水户实施非居民用水超定额（计划）累进加价制度。非居民用水超定额（计划）累进加价原则上为自来水基本水价加价。不包含水资源费、水利工程水费、污水处理费等。以1年为1个计费周期，非居民用户用水量超过用水定额（计划）的，超过部分除按规定的自来水价格执行外，还应当按以下标准征收超定额（计划）累进加价水费：超定额（计划）5%以上不足10%的部分，每立方米按相对应分类的供水价格50%加收；超定额（计划）10%以上不足20%的部分，每立方米按相对应分类的供水价格1倍加收；超定额（计划）20%以上不足30%的部分，每立方米按相对应分类的供水价格2倍加收；超定额（计划）30%以上的部分，每立方米按相对应分类的供水价格3倍加收；对高耗能、高污染、产能严重过剩等行业超定额（计划）10%以上的部分，每立方米按相对应分类的供水价格5倍加收。

【非居民用水价格调整】 2月1日至6月30日，经工信部门审核、发改部门确认的生产新冠肺炎防控物资的企业，自来水到户价格每立方米降低1元（基本水价、污水处理费各降低0.5元）。生产、经营服务业和特种用水的自来水到户价格在现行规定价格基础上降低10%（基本水价和代收费用同步降低）。经卫健部门审核、发改部门确认有新冠肺炎治疗和防疫观察任务的医院（包括临时集中医学观察点），自来水价格执行居民生活用水阶梯水价的第一、二阶梯平均价格。

（区发展改革委）

【市场价格监督检查】 2020年，区市场监管局围绕疫情防控，加强消费集中区域市场价格巡查，及时提醒粮油肉禽蛋等群众生活必需品经营者及防疫用品经营者落实相关价格政策，引导其合理定价、合法经营。加大价格监督检查和巡查力度，查处口罩价格违法案件2件，罚款1万元。关注口罩、熔喷布等防疫物资商品的价格动向，做好防疫物资价格监测工作。5月上旬，对二星级以上农贸市场商品明码标价工作进行布置。5月下旬，高港区电动自行车头盔市场出现货源紧张的情况，头盔价格大幅度上涨，区市场监管局在"高港市场监管"微信公众号发布《关于头盔价格政策提醒告诫书》，组织执法人员对辖区内头盔生产经营单位开展价格巡查工作，对相关政策进行提醒，对违反明码标价规定的，现场要求立即整改。五一、中秋及国庆等重大节假日期间，对大润发及大德福等重点超市商品价格、雕花楼景区旅游价格、高端白酒价格进行检查。

【转供电价格专项检查】 2020年，区市场监管局对绿源农贸市场、义乌大市场等22个转供电主体的价格执行情况进行检查，对其中6个转供电主体提出整改要求，退还多收价款2.46万元。

【企业复工复产价格优惠政策落实情况专项检查】 2020年，区市场监管局对高港自来水公司、泰州永安港华燃气有限公司等4个单位的价格执行情况进行检查，其中发现泰州永安港华燃气有限公司对高港区某药企未执行“对经工信部门审核、发改部门确认的生产新冠肺炎防控物资企业，管道天然气价格在上述降低后价格的基础上每立方米再优惠0.2元”的政策，督促退还多收价款；尚客优连锁酒店、泰州百诺医疗器械有限公司因租用其他企业厂房等原因，在相关水厂未设立户头，未享受到相关用水优惠政策，经协调，相关优惠政策全部落实到位。

【涉企收费专项检查】 2020年，区市场监管局对泰州市金田资产评估有限公司、泰州市海祥测绘有限公司等4个中介服务公司的服务收费进行检查，各中介公司均按其公示的收费标准收费，未发现价格违法行为。对5个行业协会、商会的收费进行检查，各协会、商会均按其章程规定的收费标准收取会费。对区农业农村局渔业资源增殖保护费的收费情况进行检查，高港区没有涉及渔业的小微企业，渔业资源增殖保护费全部停收。对高港区孔桥自来水厂水价执行情况进行检查，查明自来水价格未执行政府定价，督促退还多收价款，并处以罚款。对大泗卫生院、胡庄卫生院、张勤眼科医院及乔奇志口腔诊所的医疗服务价格进行检查，查处价格违法案件2件，没收违法所得。对明发集团泰州房地产开发有限公司、江苏宇泰置业有限公司普通商品房销售价格行为进行检查，未发现价格违法行为。

【价格投诉举报】 2020年，区市场监管局受理价格投诉举报102件，办结102件，协调退还消费者价款1187元，办结率和回复率均达100%。

（吉鑫洋）

自然资源管理

【用地保障】 2020年，高港区结合重大项目建设需要，向省自然资源厅申请调整土地利用总体规划。高港区共获批农转用征收批次（项目）3个，征收土地面积25.89公顷，其中，单独选址项目1个（泰州三水厂三号取水头部建设工程），面积1.22公顷；村镇批次2个（高港区2019年度第8批次村镇建设用地、2019年度第10批次村镇建设用地），面积共24.67公顷。获批农用地转用批次1个，为高港区2020年度第2批次村镇建设用地，面积2.56公顷。4个批次（项目）在申报中，分别是泰州市水生态调度控制工程、泰州同心110千伏输变电工程、高港区2020年度第1批次村镇建设用地、2019年度第2批次城市建设用地，总面积40.51公顷。

【不动产登记】 2020年，高港区不动产登记窗口共发放不动产权证书4714本，发放不动产登记证明6300本，发放房屋预告登记、预抵押登记证明978份，出具各类不动产权属证明5131份，办理抵押权注销1634宗（户），办理查封业务479宗（户），办理解封业务51宗（户）。推进调查和回复区长信箱及行风热线求助297宗。在区内多个银行设立不动产登记银行便民服务点。推进“房地一体”农村不动产登记，实现“房地一体”农村不动产权籍调查全覆盖，共调查全区宅基地总宗地数54120宗，总面积1898.64公顷。所有宗地全部完成“房地一体”权籍调查，实现入库4010宗；完成“房地一体”登记发证宅基地1950宗、集体建设用地9宗。

【自然资源确权登记】 2020年，区自然资源和规划分局配合自然资源部做好长江干流自然资源确权，核实登记单元界址线，协调水利等部门提供相关数据。配合江苏省自然资源厅做好引江河自然资源确权；制定出台《高港区自然资源统一确权登记实施方案》。完成相关农转用项目的用地预审及地籍审查工作。

【第三次全国国土调查工作】 2020年，区自然资源和规划分局向调查人员发放培训资料，邀请省第三次国土调查办技术组和江苏省地质测绘院技术部门开展技术培训。组织人员分析初始调查数据，开展调查成果“回头看”工作，排查梳理初始成果中的错漏情况。完成不一致图斑整改、国家抽查图斑核实和国家抽查图斑整改。区第三次国土调查办联系相邻县、区，协商完成数据接边工作。4月13日，高港区将调查成果提交省第三次国土调查办，成为全市第一个通过省级检查的县级调查单位。高港区第三次国土调查初始数据总图斑数60499个，举证图斑个数25099个，举证照片89741张；统一时点更新后，全区总图斑数量62704个，时点举证照片74990张。区第三次国土调查办协同江苏省地质测绘院排查疫情期间第三次国土调查保密工作，未发现失、泄密问题。

（区自然资源和规划分局）

城乡建设

城乡规划

【概况】 2020年，泰州市自然资源和规划局高港分局（以下简称区自然资源和规划分局）深化分区规划大纲方案，做好国土空间规划相关工作，完成镇村布局规划优化。推进历史遗留问题销号，深入推进工程审批制度改革，优质服务重大项目建设。承办人大代表建议6件、政协委员提案9件。办结群众来信1件、来访2件、来电2件，处理部、省、市、区等各类交办件14件，信访结报率100%。

【分区规划大纲方案调整】 2020年，区自然资源和规划分局针对原方案偏重于城乡规划模式的问题，督促设计单位落实新的国土空间规划编制要求，加强与土地利用总体规划等规划的衔接，关注耕地保护、生态保护等新要求，对分区规划大纲进行调整和完善。落实改增量规划为存量规划、改粗放扩张为内涵增长的要求，分析存量建设用地分布、建设用地需求缺口，研判上级下达建设用地指标约束条件，制定不同的建设用地规模和布局方案。深入分析城镇空间、农业空间、生态空间和城镇开发边界、永久基本农田保护红线、生态保护红线“三区三线”划定范围中的矛盾冲突情况，按照生态核心区域、基本农田、耕地、一般生态管控区域、城镇空间等不同的保护优先等级分类提出解决建议，协调划定“三区三线”。分区规划大纲方案修改完善后，成果按要求提交市国土空间规划编制组。

【国土空间规划】 2020年，区自然资源和规划分局开展生态保护红线评估调整，科学划定生态保护红线。以春江省级湿地公园、长江水域为主体，将泰州市三水厂及其预留发展用地、锦江路等不具备生态保护价值的用地调出生态红线，将泰州长江公路大桥南侧江滩、大桥两侧绿化、长江水域等具有生态保护价值的用地调入生态红线。将第三次国土调查的数据与土地权属关系、审批状态等土地管理数据相衔接，分析差异图斑形成原因，确定图斑用途。按照技术转换规则，整合规划编制所需的空间关联现状数据和信息，形成能够反映土地使用综合情况的现状底图底数，用于支撑国土空间总体规划编制。

【镇村规划】 2020年，区自然资源和规划分局加强规模管控，促进农村建设用地减量化，研究确定规划发展村庄拆迁撤并类村庄、一般村庄。核实调整部分村部位置、自然村总数及名称等。落实重点区域管控，严格永久基本农田保护要求，落实国家级生态红线、省级生态管控区等重点区域保护范围。按照自然、历史、文化、产业特色确定特色保护类村庄。加强规划衔接，确保镇村布局规划方案与分区规划大纲建设用地需求相衔接。6月4日，召开会议，征求区级部门、镇街关于高港区镇村布局规划的意见。6月18日、10月20日，2次专题向区委、区政府汇报规划编制情况，听取区委、区政府有关工作指示。9月18日，召开工作推进会，征求镇街、村（社区）层面的意见。11月13日，泰州市自然资源和规划管理委员会讨论同意高港区镇村布局规划优化成果并按程序进行公示。12月7日，成果获市政府批复。

【规划历史遗留问题销号】 2020年，区自然资源和规划分局全面梳理规划编制、规划许可和实施管理等方面存在的历史遗留问题，分门别类厘清各种情形，列出问题项目清单，形成专项报告。区政府召开专题推进会议，压实相关单位工作责任。通过上争解决、履行规划报批手续、适用规划用地性质兼容性等途径，推进问题销号。梳理出的23宗规划历史遗留问题中，除5宗暂缓实施外，其余均完成销号。

【工程审批制度改革】 2020年，区自然资源和规划分局完成“多规合一”业务协同平台建设和上线运行，具备项目储备管理、项目策划生成以及意见收集、消息推送等功能。落实“一费制”改革要求，经与区行政审批部门沟通，改工业性质建设工程规划许可人防手续前置为建设单位同步出具“依法缴款承诺书”后办理工程规划许可。落实市建设工程规划审批豁免清单，取消不涉及占用土地的管线类项目用地预审与选址意见书，并对一定规模以下电力外线和用水、用气接入工程免于办理建设工程规划许可证。

【重大项目规划服务】 2020年，区自然资源和规划分局开展许庄街区控规图则调整，服务长城汽车相关配套项目落地，调整成果于11月11日获市政府批复。配合做好扬子江中药研发生产基地、韵达物流江苏供应链总部等省重大项目用地需求测算、规划选址等前期工作。协调处理项目建设中遇到的问题，推进重点项目投产。

（区自然资源和规划分局）

海裕山庄口袋公园 （区住房城乡建设局 供稿）

口岸中学东侧口袋公园 （区住房城乡建设局 供稿）

城市建设

【概况】 2020年，高港区实施重点城建项目57个，完成投资约43.2亿元。完成市政公用设施投入3350万元。完成房屋动迁173户，搬迁面积约4.28万平方米。安置房在建项目3个，为环溪花园、大泗特色小镇居住区、富民嘉苑。改造老旧小区2个，整治后街背巷1条，铺设雨污管网100千米。

【重点城建项目建设】 2020年，高港区实施重点城建项目57个。完成长城汽车泰州整车项目配套道路、智能制造产业园支路、临港电子产业园支路3个交通和城市道路项目，口岸街道文化广场停车场、刁铺街道社区卫生服务中心、柴墟幼儿园、区教育局办公楼及教师发展中心、区档案馆、区图书馆、区文化馆和市级文物修缮8个社会事业项目；高永化工区污水处理厂一期，村庄生活污水治理，宣堡港截污纳管工程，迁善小区、繁荣小区、起凤新村老旧小区雨污分流改造工程，宣南中沟活水工程水污染治理，海裕山庄与春城路交叉口处口袋公园，老旧小区后街背巷整治7个民生保障和人居环境项目；固定应急避难场所建设工程、高港消防大队改扩建项目2个公共安全和应急管理项目。

环溪花园 位于刁铺街道环溪路南侧、扬子江北路东侧，规划用地约17.79公顷，总建筑面积约57.61万平方米，其中，地上建筑面积约41.37万平方米，地下建筑面积约16.24万平方米。项目规划综合容积率2.33，绿化率35%。主要建设保障性安置房、室内外配套设施、周边桥梁及4条道路。至年末，主体工程封顶。

许庄街道社区卫生服务中心 位于许庄街道三星西街33号，总建筑面积1.19万平方米，其中，医疗综合楼8347.04平方米，餐厅150平方米，医院配套3309.65平方米，垃圾处理站102平方米。按国家一级甲等综合医院规模建设，拟设立床位45张，日门诊人数约250人次。至年末，完成工程量的50%。

柴墟幼儿园 位于口岸街道登月新村东侧、通扬路南侧约100米。拟在原柴墟小学内新建5轨15班幼儿园。项目总投资2300万元，占地面积约0.67公顷，建筑面积约7000平方米。至年末，工程竣工。

【城市道路建设】 2020年，高港区建设城市及园区主次干道7条约15.57千米，完成投资12.52亿元。临港大道、通江东路、环城路、智能制造产业园支路、临港电子产业园支路等建成通车，高港大道城市化改造、疏港南路等工程有序推进。

长城汽车泰州整车项目配套道路　其中，临港大道西起新港大道，东至环城路，全长713.92米；通江东路西起新港大道，东至环城路，全长764.13米；环城路南起通江东路，北至临港大道，全长1150.31米。至年末，竣工交付。

疏港南路　北起建桥路，南至同兴路，全长5.7千米，宽50米，总用地28.47公顷（含古马干河特大桥），建设雨污水管道、路灯、弱电管道、绿化等配套设施，项目总投资13亿元，资金采用PPP模式。至年末，古马干河特大桥主塔封顶，路基完成80%工程量，同步实施雨污水管道、供水和管线工程。（王咏川）

【市政公共设施建设与维护】 2020年，高港区市政公用设施总投资3350万元。建立专业市政综合巡查队伍，市政设施完好率达95%以上，处理高港区数字化城管市政维修案例3402件，处理率100%，反馈率100%。完成污水管网全覆盖、雨污水管网完善、易涝片区排水改造、城区雨水管道疏通、老旧小区雨污分流、城区河道控源截污等工程。修复路面约1万平方米、道板约5800平方米，清掏雨水箅子约2500只，疏通雨污水管网20千米，维修隐患消防栓90处，补缺井盖248只，维修损坏护栏约2500米。配合河长制工作对完成整治的黑臭水体进行长效管护。

路灯管护　新增管护路灯454盏，其中，通港路东延168盏，春港路东延182盏，春城支路104盏，新增纳入能源合同管理LED灯930盏。更换中华灯灯罩1255只，更换LED灯头426处，灯杆扶正、迁移（包括基础松动重新浇筑）41次，拆除路灯灯杆（扬子江南路路东）21个，维修灯杆后盖43个；维修控制箱（接触器、时控、断路器）26个，处理交通事故撞毁路灯13次，紧急处理敷设YJV5×16毫米电缆629米、YJV2.5×3毫米电缆6米、YJV5×10毫米电缆96米；处理数字化城管反映问题121件，“12345”民生服务热线反映的问题71件，市政路灯设施完好率、路灯亮灯率分别达95%、99%以上。

污水管网建设　完成宣堡港截污纳管和疏港公路污水管网建设工程，实施繁荣小区、迁善小区和起凤新村老旧小区雨污分流改造工程，完善污水收集系统。新增污水管网11千米，实现建成区污水管网全覆盖，解决污水直排河道问题。

海绵城市建设　坚持规划引领、生态优先、因地制宜、统筹推进的原则，推进海绵城市建设。完成天逸名邸小区、宣南中沟活水工程、永宁路改造3个海绵城市建设项目。

燃气行业管理　与各燃气企业签订2020年燃气安全生产目标责任书，定期对辖区内燃气企业进行安全检查，实现全区燃气生产零事故。全年新增燃气配套用户1316户，其中老旧小区居民用户229户。（张　庆）

【城镇绿化】 2020年，高港区新增绿地面积204.06万平方米，其中，公园绿地113.86万平方米，附属绿地20.2万平方米，防护绿地70万平方米。新建东方明珠小游园和2个口袋公园，完成凤栖湖东片绿化、南部长江生态湿地走廊等绿化工程，南韵家园、天逸名邸、农业生态园空转绿等绿化项目。全区绿化覆盖率43.68%，城镇人均公共绿地面积14.6平方米，绿化数据指标在全市城镇绿化考核中名列前茅。（戴　炜）

【后街背巷及老旧小区改造】 2020年，高港区投资1850余万元对起凤新村、繁荣新村、迁善新村、鸿翔御景4个老旧小区实施环境综合整治。整治项目主要包括雨污分流、路面修复、绿化补栽等；投资约30万元对育才新村后街背巷实施环境综合整治，整治项目主要包括路牙更换、下水疏通、路灯更换、墙面出新、增设垃圾分类亭等。至年末，工程全部竣工交付。

【物业管理】 2020年，高港区有物业企业36个。征收住宅专项维修资金1416.25万元（维修资金1288.16万元，电梯消防专项维修资金128.09万元），核准使用维修资金455.55万元，实现专项维修资金网上申报，提高维修资金的使用效率。督促住宅小区物业服务单位做好疫情防控工作。强化“党建引领物业”，实现全区物业管理服务全面提质，打造“高管家·港刚好”物业党建品牌，指导物业公司成立10个党支部。推动老旧小区加装电梯，3台电梯通过验收，7台电梯完成钢结构加装。组织开展省级示范居住区创建工作，在全市率先创成省级示范点1个，另有8个示范点通过市住房城乡建设局验收，15个星级小区创建任务基本完成。打造“透明物业”，推行住宅小区“三公开，三透明”及物业企业红黑榜。开展住宅小区打通“生命通道”专项整治活动。配合开展全国文明城市创建工作，抄送巡查通报2次。加大对物业服务企业的定期考核、督查力度，全年发放限期整改通知500余份。建立健全投诉回访机制，处理各类投诉104起，回访满意率100%。（邱明泉）

【泰州市港城建设投资发展有限公司】 2020年，泰州市港城建设投资发展有限公司（以下简称区城投公司）有1个母公司（江苏创鸿资产管理有限公司）、14个子公司。获得中诚信国际信用评级有限责任公司中及东方金诚国际信用评级公司

AA+ 外部评级，资产总额超555亿元。主要从事政府授权范围内的国有资产经营、资产运作、房屋建筑工程施工、房地产开发经营、城市基础设施建设工程施工、土地管理、旅游景点经营管理、园区开发、驾驶员培训、热力供应等。

市政项目建设　全年项目建设总投入约7.4亿元。开工建设胡庄镇污水厂改造及配套管网工程、白马镇污水管网工程、大泗镇污水管网工程、江苏港城污水处理有限公司三期工程。实施刁铺龙王庙修缮工程、口岸雕花楼景区一期修缮工程。推进口岸雕花楼景区二期工程。凤栖湖景区对外开放。

资产保值增值　加大实体化运作力度，推动资产保值增值。其中，全资子公司泰州市港城驾驶培训有限公司总收入1600万元；泰州市港城绿化工程有限公司完成年初下达的1800万元业务指标；凤栖湖景区自10月开业，累计接待游客超过5.4万人次，承办江苏省第八届全民健身运动会航海模型竞赛及2020年江苏省青少年山地自行车锦标赛；泰州维景国际大酒店开业，获评2020中国年度备受欢迎新开业酒店、2020中国年度推荐餐饮好评酒店；江苏港城污水处理有限公司对企事业单位收费106万元，处理污水约1388万吨，达标排放率100%；泰州江东热力有限公司完成产值1.66亿元，实现年供汽总量100万吨，节约供汽成本约70万元，实现利润1122万元；泰州市弘祥房屋拆迁有限公司完成项目实施服务费595.5万元，残值费314.6万元；泰州市金港房地产估价有限公司完成任务指标；泰州市金港房地产测绘有限公司完成测绘面积87.6万平方米，完成口岸街道城东社区拆迁91户、预动迁4户，刁铺街道预动迁26户。

控制债务规模　制定并执行十年化债计划，按照每年降一等的化债要求，按期化解存量隐性债务。继续清理对外担保，追讨外借资金，对外借款余额已由1.78亿元降至0.52亿元。（蒋曙光）

【泰州引江城市开发建设有限公司】2020年，泰州引江城市开发建设有限公司（以下简称引江公司）实施新建项目27个、棚改项目1个，总投资约8.19亿元。组织召开项目协调会、现场推进会、矛盾协调会等25次，配合开展质量、安全、防尘、抗疫等专项督查6次，开展项目现场自查自纠12次，整改各类隐患110条。全年管理项目未发生事故。柴墟幼儿园、刁铺街道社区卫生服务中心、泰州市第三人民医院西延扩建等结转项目基本竣工，胡庄幼儿园、白马中学和海军小学合署办学项目、胡庄卫生院、泰州市第三人民医院病房楼改造等新建项目按序时推进。完成应急避难场所、大泗幼儿园等4个高质量考核和市交个性化考核项目。大泗安置区、环溪花园项目建设超序时进度。化解隐性债务1133万元，未发生贷款偿还逾期违约情况。全年支付各类工程款（含结转项目）12.01亿元，比上年增长16.5倍。12月30日，首批3亿元公司债券簿记发行。（引江公司）

乡村振兴

·镇村建设·

【概况】2020年，高港区完成24个规划发展村庄的生活污水治理，完成农村危房改造27户。创成区级美丽宜居乡村14个，大泗镇霍堡村创成省级特色田园乡村。

【农村危房改造】2020年，高港区完成农村危房改造27户，其中，修缮加固14户，翻建新建13户，拨付危房改造资金38.87万元。

【特色田园乡村建设】2020年，大泗镇霍堡村创成省级特色田园乡村，总投资2031万元，新建村口标识、道路、节点景观工程，实施为农服务综合体、亮化工程、村庄生活污水治理等项目，共完成建设项目21个。口岸街道引江社区、大泗镇前进村创成市级特色田园乡村。

【农村生活污水治理】2020年，高港区完成24个规划村庄的生活污水治理。累计铺设污水管网约178千米，建设就地污水处理设施74座。12月，高港区被住房和城乡建设部评为全国农村生活污水治理示范县（市、区）。（黄　淼）

【农村人居环境整治】2020年是农村人居环境整治三年行动计划收官之年。年内，高港区全域试点推广“农村人居环境信息化监管平台”，覆盖全区81个涉农村居，结合村庄清洁行动，清理各类农村环境问题1.04万个。全区农村人居环境长效管护行政村占比100%，实现村庄环境干净整洁有序行政村占比100%。全区实现城乡环卫一体化和生活垃圾分类全覆盖，农村生活垃圾集中收运处理率和无害化率均达100%，农村生活垃圾治理经验在全省农村人居环境现场会上交流。完成村庄生活污水处理项目75个，农村生活污水处理设施行政村覆盖率达62.5%，被评为全国农村生活污水治理示范区。完成河道疏浚整治110条，拆坝建桥、涵110座。新建农村公共厕所60座，农村无害化卫生厕所普及率98%以上。创成省级特色田园乡村1个。村庄环境长效管护创新做法被“全国农村人居环境”官方微信专题推广。泰州市农村人居环境整治现场会在高港区召开。高港区农村人居环境整治工作获评全省第一等次。（王　勇）

·农村经济·

【概况】2020年，高港区有涉农村（社区）84个；总农户6.86万户，乡村人口23.97万人，乡村实有从业人员13.31万人，耕地面积1.32万公顷。落实农村“一事一议”筹资财政奖补政策，有55个村（社区）实施“一事一议”，建设项目163个，项目投资资金3294.06万元，其中，省、市财政奖补564万元，村级筹资筹劳147.43万元，区级补助资金2582.63万元。农村居民人均可支配收入2.57万元。

【农村三大合作组织】 2020年，高港区新增农民专业合作社工商注册登记2个，新增登记成员10人。全区累计有农民土地股份合作社32个，登记成员6500人；股份经济合作社84个，登记成员23.6万人；农民专业合作社345个，登记成员1万人。推进农民合作社规范化建设，纳入征东软件农民合作社管理平台，实行会计电算化。市级以上示范社监测合格26个。

【农村改革】 2020年，高港区加快各类经营主体的规范化建设，新增家庭农场12个、规模经营面积133.3公顷，培育高港区华友农场等4个省级示范家庭农场、泰州烨腾农场等10个市级示范家庭农场、高港区承虎家庭农场等7个绿色家庭农场，新增由家庭农场共同参与的农业产业化联合体5个。许庄街道乔杨社区完成土地承包经营权有偿退出、农民集体收益分配权有偿退出、农户宅基地和住房有偿退出改革试验工作，通过省、市验收。深化承包土地所有权、承包权、经营权“三权分置”改革，许庄街道通过2020年度市级承包地“三权分置”改革示范乡镇认定。探索闲置农房和宅基地盘活利用改革，盘活大泗镇大马村闲置农房，打造“荷韵莲香”农家乐。

【企村联建】 2020年，高港区实施“万企联万村、共走振兴路”行动。全区81个联建村信息均录入全省“万企联万村”服务平台，启动项目数81个，联建覆盖率100%，综合评分位居全省第六、全市第一。高港区获评市级2020年度“万企联万村、共走振兴路”行动先进市（区）

（桂　婷）

【村级集体经济】 2020年年末，高港区农业资产总额188607.08万元，其中，流动资产90510.37万元，农业资产1171.53万元，长期资产25395.67万元，固定资产71527.86万元，其他资产1.65万元。全年村集体经济总收入总额21272.21万元，平均每个村253.24万元。其中，村级集体经济总收入50万～200万元的村（社区）44个，200万～500万元的村（社区）32个，500万～1000万元的村（社区）8个。年集体经济总收入最高的村（社区）为口岸街道口岸社区。经营性收入总额16610.68万元，经营收益总额2972.78万元。

【农村集体“三资”管理】 2020年，高港区定期组织开展农村集体资金、资产、资源“三资”管理工作督查，督促农村集体经济组织履行主体责任。开展联合督查3次，发布督查通报3期。针对“三资”平台预警情况共发布通报2期，区级机关向镇（街道）发布各类工作督查28条，镇（街道）发布自查自纠76条。全区84个涉农村（社区）的农村集体经济组织登记证全部发放到位，共界定集体经济组织成员23.47万人，量化经营性资产5.18亿元，印发股份证书6.9万本。农村集体资产资源交易项目总数1583项，实现成交金额19030.4万元，比上年增长48.3%。其中，溢价总金额483.23万元，溢价率2.6%，比上年增加1.7%。土地类交易总面积1057.07公顷，其他类交易总面积5.42万平方米。（傅谕文）

·老区建设与扶贫开发·

【概况】 2020年，高港区老区经济建设会、扶贫基金会、扶贫开发协会（以下简称区扶贫“三会”）实施扶贫开发项目35个，安排发放各类扶贫帮困、项目贴息资金39.97万元，其中“双百工程”资助特困生、贫困户261人（户）计31.75万元。出版发行《泰州市高港区革命老区发展史》。形成调研宣传文章30余篇，被市级以上刊物录用22篇。

【扶贫项目建设】 2020年，区扶贫“三会”实施各类扶贫开发项目35个，其中无息、贴息项目16个，新增吸纳贫困户就业400余人。为9个扶贫项目贴息4.5万元。胡庄镇的泰州市龙祥木业有限公司全年完成销售500余万元，实现利润50万元。广发水产养殖扶贫开发项目被评为全省老区建设示范项目。加大对革命老区的支持力度，白马镇、大泗镇、胡庄镇及许庄街道孔桥社区共有扶贫贴息项目10个。

【扶贫资金公募活动】 2020年，高港区共征集申报公募项目6个，其中省扶贫基金会募捐系统上线运行项目5个，募集资金70余万元。开展“众筹助老区高港行”网上公募活动，共募得善款17万元。

【扶贫志愿服务】 2020年，高港区有扶贫志愿者2186人，均与贫困户签订帮扶意向书。全区7个镇街、91村（社区）均组建爱心团队。利用微信群及时发布扶贫济困信息，引导扶贫志愿者与贫困户实行一对一或多对一的结对帮扶。口岸街道发动爱心人士捐款12万元，帮扶24名贫困高中生、大学生完成学业。白马镇发动爱心人士捐款2.66元，帮扶12户贫困家庭、9名贫困学子。

【调研推介】 在全区脱贫攻坚任务完成后，2020年，区扶贫“三会”转移工作重点，突出服务、助力乡村振兴。明确胡庄镇刘荡村、许庄街道蔡庄村2个联系点，所有镇街分会落实各自的联系点。区、镇两级坚持每月到联系点走访调研，会商解决乡村振兴中的热点、难点问题，通过调研报告的形式为党政领导提供决策参考。区扶贫“三会”组织共撰写调研宣传文章30余篇。口岸街道、大泗镇、许庄街道、胡庄镇分会都有文章在市以上刊物发表。区“三会”会长撰写的调研报告《动员社会各界力量，推进特色产业发展》《巩固脱贫成果，致力乡村振兴》分别被中国老区建设网、《江苏老区》杂志录用。《动员社会各界力量，推进特色产业发展》被市扶贫“三会”评为年度一等奖。　（孙小平）

城乡管理

【概况】 2020年，高港区继续推进停车位改造，启动部分路段停车收费试点工作。完成共享单车投放试运营工作。开展重点区域、流动摊点、渣土运输、户外广告、洗车行业、违法停车等专项整治。推进城乡环卫一体化和垃圾分类工作。加强违法建设防控工作，获全市违法建设防治工作考核一等奖，实现“十一连冠”。区城管局党支部被评为江苏省住房和城乡建设行业先进基层党组织，“城管法律现场学”项目被评为“泰州市首届普法志愿服务项目之星”。

【市容秩序专项治理】 2020年，高港区对主次干道沿线、重点商圈和省运会比赛场馆周边等重点区域开展“违法建设、违法广告、违法棚亭”整治行动，集中解决一批突出问题。3月，启动时代广场立面拆除工作，累计拆除主城区存在安全隐患的户外广告设施9000余平方米。统筹推进流动摊点整治，取缔农贸市场、重点商圈、学校周边等区域流动摊点100余处、出店经营200余处。加强渣土整治，完成渣土企业资质评审工作，区城管局与城区7个在建工地、5个渣土运输公司签订环卫责任状，立案查处渣土车20余辆。全区共有需要签订责任状的商户5833户，签订率100%。对城区户外广告资源进行统筹安排，布置扫黑除恶、全国文明城市创建、安全生产等公益广告。制定《高港区洗车行业专项整治工作方案》，开展洗车行业联合执法2次，建成洗车行业示范点1个，整治洗车店（点）47户，取缔6户，通过整改取得城镇排水排污许可证21户，不具备整改条件的洗车行规划搬迁中。开展违法停车整治，加大人行道机动车停放日常管控和执法力度，对城区实行无盲区、全覆盖巡查执法。

【城乡卫生管理】 2020年，高港区深入推进城乡环卫一体化工作，由专业化服务运营公司负责全区主次干道、背街小巷等清扫保洁，以及公厕、中转站、垃圾桶等设备的维护和运营。对城区主次干道实行“16小时清扫保洁”，发挥机械化作业优势，形成“道路清扫车为主、人工清扫保洁为辅、洒水车定时作业降尘”的保洁模式，建成区机扫率90%以上，主次干道基本实现全天候保洁、无缝隙覆盖。完成9座公厕人性化改造任务，改善如厕环境。开展城乡生活垃圾一体化处理工作，及时收集各镇街的生活垃圾，统一密闭运输至泰州垃圾焚烧发电厂进行无害化处理，全年处理量7.95万吨，投入处置费587.45万元、运输费792.82万元，无害化处理率100%。

【垃圾分类专项治理】 2020年，高港区召开会议专题研究部署垃圾分类工作，重新调整高港区城乡环卫一体化及垃圾分类工作领导小组，出台《高港区城乡环卫一体化及垃圾分类工作实施方案》《高港区城乡环卫一体化及垃圾分类工作考核办法》，定期对各镇街生活垃圾分类和治理工作进行随机抽查，建立“红黑榜”督查制度。在东方明珠、育才花园二期、百年豪景、锦江花园等小区开展“三定一撤”试点工作，推行生活垃圾定时、定点、定人分类投放管理工作模式，通过积分换物的奖励手段，提升小区垃圾分类管理质效。全年共建成省级垃圾分类达标小区5个、城区垃圾分类小区39个、垃圾分类单位44个，公共区域垃圾分类设施900组。清运处置城乡生活垃圾7.95万吨，其中，城市餐厨废弃物处置量0.54万吨，处理率100%；城市建筑垃圾资源化处置量1.52万吨，资源化利用率100%。

【违法建设专项治理】 2020年，高港区共拆除违法建设44处，总面积

生活垃圾定时定点分类投放点　（区城管局　供稿）

15882.82平方米，其中，新生违法建设5处，面积591.2平方米；历史违法建设39处，面积15291.62平方米。新生违法建设发现率100%，拆除率98%以上。2个“无违建小区”通过验收。

【数字城管】 2020年，高港区建立健全城市管理专项督查考核机制，出台《高港区2020年度城市管理工作专项考核办法》。数字城管平台上报、受理、派遣各类城市管理问题信息37019件，立案36696件，各专业部门应处理案件32446件，部门反馈32446件、办结32446件，月度结案率均为100%。排查缺损破损井盖946个，修复946个，修复率100%。开展“城建惠民”环境整治、道路破损、文明城市创建专项考核36次，全面排查城市市容环境问题，向有关单位交办问题280起。

【城市管理行政执法】 2020年，区城管局实施行政执法公示制度，依靠部门网站、政务服务窗口等，依法及时向社会公开有关行政执法信息；推进执法全过程记录制度，通过文字、音像等方式，对行政执法活动进行记录并归档，每月对中队案件文书制作和音像保存记录情况进行考评；推行重大执法决定法制审核制度，所有一般程序行政处罚案件均实行法制审核，做到“一案一卷一审”，29件重大行政处罚案件报区城管局领导集体研究决定。开展“双随机一公开”事中事后监管工作，完成5个抽查事项、7个抽查任务、111个市场监管主体的抽查，及时公示结果。完成“互联网+监管”事项的认领与监管行为数据的采集，除无监管对象事项外，监管行为覆盖率100%。立案查处一般程序案件57件（市容环境35件，违法建设22件），结案45件，1件涉嫌刑事犯罪的破坏绿化案件移送公安机关，办结简易程序案件22件，入账罚款金额合计136.4万元。全年未发生行政诉讼（复议）案件，无行政行为经复议、诉讼被撤销、变更、确认违法或者责令履职。

【停车便利化】 2020年，高港区完成口岸街道市民广场停车位改造项目，新增停车位150个。对中心城区停车泊位数据进行摸底调查，重新划设金港路路内停车位。召开全区停车等级划分及免费时段听证会。12月1日，启动金港路部分路段停车收费试点工作。

【共享单车投放】 2020年，高港区通过走访调研、现场勘察、逐点确认，采取边确认边施工边投放的方式，先后在口岸街道、刁铺街道、许庄街道、永安洲镇建成区建成共享单车站点150个，投放运营共享单车1500辆。 （李靓婷）

交 通

【概 况】 至2020年年末，全区公路总里程723.36千米。其中，按技术等级分，一级公路84.82千米，二级公路93.29千米，三级公路69.21千米，四级公路476.04千米；按行政等级分，国道23.04千米，省道27.3千米，县道133.83千米，乡道263.42千米，村道275.77千米。有公路桥梁313座。有过江通道1条（泰州长江公路大桥），汽渡1个（高港汽渡），通航船闸2座。公路客运总量56.13万人次。新增51路公交路线、“泰州好巴士1号线”。共开通公交线路19条，有营运车辆147辆，线路总长428.9千米，日运营829趟次，实现村（社区）公交线路全覆盖。

【交通机构改革】 9月，泰州市交通运输局完成交通运输综合执法改革，高港交通分局保留建制，撤销高港运输管理所。高港运输管理所承担的行政执法职能由市交通运输局设立的交通运输综合执法支队承担，其他职能由市公共交通服务中心承担。

【交通项目建设】 2020年，高港交通分局实施金果路泰镇高架至胡曲线路段道路安全提升工程、高港大道下穿宁通高速取直段工程、高港大道改扩建等交通工程。

金果路泰镇高架至胡曲线路段道路安全提升工程 总投资585万元，8月19日通过竣工验收。新建绕行辅道1.8千米，封闭中分带开口19处，两侧搭接道口封闭7处，交通标志160套，信号灯杆件39个，热熔型交通标线5600平方米，波形梁钢护栏684米，减速带225米。10

高港大道下穿宁通高速取直段工程 （区交通分局 供稿）

月20日，建成通车。

高港大道下穿宁通高速取直段工程 是江广高速公路改扩建的附属工程，全长0.72千米，道路红线宽度60米，同步恢复马厂中沟，建设马厂中沟桥，项目总投资约5600万元。5月1日，建成通车。

高港大道改扩建工程 全长17.2千米，起于向阳路与江平路交叉，向东至高港大道后向南，终于与泰兴市交界的东夹江路，总投资18.5亿元，采用PPP模式进行建设，中标单位为中交股份建设有限公司。永安洲镇段路面养护改善约6.2千米（泰镇高速至东夹江路）。12月28日，建成通车。

【农村公路建设】 2020年，高港区农村公路总里程673.02千米，其中，县道133.83千米，乡村道539.19千米。在全市率先实现区通镇公路一级化、镇通镇公路二级化。全区91个村（社区）双车道四级路通达率100%。按照“一县一品牌，一区一特色”的要求，推进高港区“一路高畅”农村公路品牌项目。大泗白马先导段11千米纳入2020年民生实事项目，总投资3500万元，9月12日进场施工，年末主体工程基本完工。继续做好农村公路提档升级，完成路肩备土、交通安全、绿化等道路附属工程。推进养护专业化，全区农村公路列养率100%。

【交通安全生产】 2020年，高港交通分局建立安全生产工作领导小组，明确主要负责人、部门负责人的安全生产责任。印发2020年高港交通系统安全监管等工作计划任务分解表。1月，召开系统安全工作会议暨春运、全国两会期间安全生产工作动员会，与区交通行业各单位主要负责人签定2020年安全工作目标责任书。春节前，对全区公路、桥梁全面巡查，对重点部位进行安全督查，对农村公路生命防护工程进行专项检查，对部分损坏设施进行更换。

【交通疫情防控】 2020年，高港交通分局制定新型冠状病毒感染的肺炎疫情防控工作预案。疫情期间共发放应急物资车辆通行证625张。1月28日，在国、省干线设立交通管控点；2月23日，撤销管控点。其间，G345高港大桥查控点累计出动交警505人次，交通执法人员293人次，医务人员273人次，镇街其他人员439人次，检查车辆23424辆次，检查驾乘人员38917人次，劝返外省籍车辆465辆次，人员773人次；S35泰镇高速高港查控点累计出动交警493人次，交通执法人员358人次，医务人员325人次，镇街其他人员174人次，检查车辆31293辆次，检查驾乘人员58284人次，劝返外省籍车辆1820辆次，人员1733人次。配合市外办落实境外到泰州人员接驳点选址工作。

【“泰州好巴士1号线”开通】 12月30日，“泰州好巴士1号线”开通，起讫点分别为青年北路公交枢纽和口岸公交枢纽，日配车36辆，日发班次240个，发车间隔5~12分钟，日均客运量超1.2万人次。取消原11路公交线路；优化调整K1路公交线路，调整后的起讫点分别为口岸公交枢纽和高港汽车客运站。

（高港交通分局）

水　利

·综述·

【概况】 2020年，高港区投资2000余万元，实施城区水利工程。投资2395万元，实施农村河道疏浚整治活水工程。投资1050万元，完成长江堤防防洪能力提升工程。全面完成农业水价综合改革任务，累计完成改革面积8626.67公顷。深化河长制工作，将“两违”专项整治向中沟河道拓展延伸，全年整治中沟河道“两违”问题527处。实行最严格水资源管理，加快节水型社会建设，国家级节水达标区创建工作通过省水利厅验收。高港区河长制工作年度考核获全市一等奖，农村河道长效管护考核获市优秀等次。

【城乡水利基础设施建设】 2020年，高港区编制《泰州市高港区“十四五”农村生态河道建设规划》《高港灌区节水配套改造与提档升级规划》和《高港区村庄河道疏浚整治活水工程建设方案》。投资2395万元，疏浚整治村庄河道119条，实施部分河道水系沟通，疏浚总土方量34万立方米，拆坝建桥、建涵、建站136座，同步落实好整治后河道的长效管护。投资2000余万元，实施小刘港泵站及河道整治工程、宣南中沟活水工程、刁铺街道王庄中沟河道疏浚整治工程等城区水利工程。投资1300余万元，配合市水利局开展古马干河闸外段整治工程征地拆迁等工作。

【农业水价综合改革】 2020年，高港区编制农业水价综合改革年度实施计划，核定分配农业灌溉水权，开展农业水价协商工作，全面完成改革任务，累计完成改革面积8626.67公顷，通过市级验收。（白　伟）

·引江河建设与管理·

【引江河工程管护】 2020年，江苏省泰州引江河管理处做好工程巡视检查和维修养护，确保工程设备设施完好。提升工程安全标准化水平，开展安全生产专项整治行动。完成《泰州引江河高港枢纽闸站下游段堤防应急加固工程可行性研究报告》编写，开展双电源供电改造前期研究。加快科技创新项目实施，船闸“不见面服务、不上岸过闸”管理模式和高港船闸闸口抓拍系统分别获得全国水利职工创新成果一等奖和优秀奖。管理处获得发明专利1项、实用新型专利

泰州引江河高港船闸　（泰州引江河管理处　供稿）

9项。3本技术专著出版发行。

【防汛防旱】 2020年，江苏省泰州引江河管理处共执行省水旱灾害防御调度指令37次，高港枢纽常态化向苏北及里下河地区大流量引水290天，累计引长江水50.8亿立方米。高港泵站冬春枯水期7次向通南地区开机送水0.69亿立方米，拉马河闸累计引水1217万立方米，服务地区工农业发展和城乡居民用水。高港泵站开机排涝4607.25台时，抽排涝水6.32亿立方米。汛期开展防汛巡堤查险工作，组织1038人次对管理处江堤实行24小时巡检，及时处置管涌。10月，省机动抢险三队出机20台（套）到南京高淳胜利圩排涝抢险，抽排涝水800万立方米。

【船闸管理】 2020年，江苏省泰州引江河管理处不断优化高港船闸运行调度流程，完善登记信息化和申报诚信化。疫情防控期间，做好通航服务工作，保障地方企业复工复产。高港船闸累计放行单机船14.7万余艘，船队1700余个，船舶通过量1.56亿吨。

【河湖管理】 2020年，江苏省泰州引江河管理处履行行业监管职能，做好河湖管理与保护工作。对里下河河湖巡查37次，涉湖四市九县湖泊管理单位及网格员按照网格化巡查制度加强日常巡查，新增涉湖违法行为明显减少，里下河湖区遥感监测变化点数量比上年减少50%。发挥里下河腹部地区湖泊湖荡管理与保护联席会议作用，兴化市平旺湖一期、陈堡草荡、蜈蚣湖一期、盐都大纵湖、兴化蜈蚣湖二期、得胜湖、宝应兰亭荡、广洋湖二期退圩还湖工程基本完成，全湖区2020年退出自由水面20.69平方千米。全面完成管理处管理范围内“两违”整治项目6个。开展省级河湖“三乱”整治项目核查验收销号，完成整改并进行验收的省级河湖“三乱”整治项目有37个，通过现场验收的项目有9个。根据省水政总队要求，开展对通榆河盐城段20个“三乱”整治点进行现场复核，对南通地区40个“两违”整治情况进行暗访，对南通、泰州境内重点河湖违建别墅进行暗访调查。做好里下河湖区、泰州引江河、通榆河“一湖两河”河湖长制相关工作。

（王昕炜　黄雪婷）

生态环境

环境质量

【空气环境质量】 2020年，全区空气环境质量优107天，良好175天，轻度污染48天，中度污染10天，重度污染2天。空气质量优良率为82.7%。污染天气中，细颗粒物（$PM_{2.5}$）有17天超标，可吸入颗粒物（PM_{10}）无超标，臭氧（O_3）有43天超标。

二氧化硫（SO_2） 全年平均浓度为5.4微克/立方米，较2019年下降22.8%，达到国家二级标准。

二氧化氮（NO_2） 全年平均浓度为26微克/立方米，较2019年下降10.3%，达到国家二级标准。

可吸入颗粒物（PM_{10}） 全年平均浓度为57微克/立方米，较2019年下降17.4%，达到国家二级标准。

细颗粒物（$PM_{2.5}$） 全年平均浓度为36微克/立方米，较2019年下降18.2%，达到国家二级标准。

一氧化碳（CO） 全年一氧化碳（CO-95per）浓度为0.74毫克/立方米，较2019年下降38.3%，达到国家二级标准。

臭氧（O_3） 全年O_3-8-90per浓度为102微克/立方米，较2019年下降44.4%，达到国家二级标准。

【水环境质量】 饮用水源地 2020年，高港区城区集中式饮用水源地——泰州市长江永安洲永正水源地水质达标率、覆盖率均为100%。

地表水 2020年，高港区2个地表水监测断面（南官河口岸闸、宣堡港口岸桥）水质为III类，优于考核要求IV类标准。

【生态环境质量】 依据《生态环境状态评价技术规范（HJ192-2015）》，2020年高港区生态环境质量指数为62.19，处于良好状态。（高竞明）

长江江堤 （区住房城乡建设局 供稿）

生态保护

·综述·

【生态文明示范区建设】 2020年，刁铺街道、许庄街道入选第三批江苏省生态文明建设示范乡镇（街道），口岸街道引江社区、大泗镇前进村入选第三批江苏省生态文明建设示范村（社区），高港区实现省级生态文明示范镇街全覆盖。

【生态保护项目建设】 2020年，永安洲镇下属国有公司泰州市兴业绿化工程有限公司投入约22万元对伟业拆船沿江岸线约2.3万平方米场地进行复绿，工程主要包括场地平整、土方换填、苗木栽植和养护管理，项目通过竣工验收。

【环保项目上争】 2020年，高港区组织各园区、镇街及相关企业申报环保项目，建立全区环保项目库，筛选其中21个项目进入省级环保项目库。全年上争各类环保资金583.18万元，其中，长江入河排污口排查整治专项资金106.25万元，省级环保引导资金50万元，泰州市排污权有偿使用和交易资金95.93万元，市级生态文明建设奖补资金110万元，市级重点生态功能区转移支付资金221万元。上争资金均拨付至相关项目。（高竞明）

·土地资源保护·

【土地整治】 2020年，高港区完成永久基本农田保护面积7522公顷、耕地保有量13280公顷任务。3月15日，区政府与各镇街分别签订《高港区耕地保护目标责任书》，将耕地保护任务纳入各镇街负责人个人考核目标。全区完成耕地占补平衡补充耕地项目，新增耕地面积8.26公顷，通过市级验收。完成永久基本农田保护任务，上级下达高港区永久基本农田保护面积为7366.4公顷任务，最终划定7522公顷，比上级下达任务多划155.6公顷。全区未发生项目建设占用永久基本农田的情况，无永久基本农田的补划；经土地资源全天候遥感监测成果与永久基本农田划定成果数据库套合，不存在疑似建设占用永久基本农田。

【土地资源执法监督】 2020年，区自然资源和规划分局共梳理2013—2020年违法违规用地问题51宗，面积78.76公顷。整改到位的项目34宗，总面积63.57公顷（其中耕地45.26公顷）；整改中的项目13宗，总面积11.36公顷；未整改的项目4个，总面积3.83公顷；整改率为80.71%。国家自然资源督察南京局下发的高港区应限期整改到位问题共34个（包括2018年度卫片自查上报违法用地问题），涉及土地面积59.95公顷，全部整改到位。省、市违建别墅问题清查整治专项行动领导小组办公室分2次下发待核查图斑共219宗，涉及土地1002.41公顷，经核查，高港区涉及其中207宗，核查后未发现有违建别墅问题。

（区自然资源和规划分局）

·水资源保护·

【节水型社会建设】 2020年，高港区创建各类市级节水型载体5个，其中，节水型企业1个（国家能源集团泰州发电有限公司），节水型学校1个（许庄中心小学），节水型小区1个（鹏欣瑞都小区）和节水型机关2个（区商务局、高港生态环境局）。推进益海（泰州）粮油工业有限公司水效领跑单位创建工作，对扬子江药业集团江苏制药股份有限公司、泰州统实企业有限公司开展用水审计。国家级节水达标区创建工作通过省水利厅验收。

【取水项目管理】 2020年，区水利局编制《高港区取水工程（设施）核查登记工作整改提升方案》，明确工作要求与时间节点。完成泰州市高港区柴墟农民用水服务专业合作社、泰州市高港区海诞农民用水服务专业合作社、泰州市高港区溪水农民用水服务专业合作社、泰州市高港区舟美农民用水服务专业合作社共4个农业灌溉项目的整改工作，补发取水许可证，完成城区生态补水项目的无证取水整改工作。加强对江苏宇马铝业有限公司、泰州元和丝业有限公司、华润雪花啤酒（泰州）有限公司、益海（泰州）粮油工业有限公司、高港灌区、泰州市菜篮子市场管理有限公司共6个保留类取水项目的监管，强化取用水管理、节水制度建设、节水管理审查，规范日常管理程序。

【灌区续建项目上争】 2020年，高港区完成灌区续建配套与节水改造项目上争工作。区水利局编制《高港灌区续建配套与节水改造项目总体方案》，上报省水利厅、省财政厅，获批准实施。工程批复总投资9800万元，分2021年和2022年两年内完成，主要建设内容为整治河道15条，实施河道疏浚34.48千米、挡墙护岸53.06千米。

【河道“两违”整治】 2020年，高港区将河道“两违”整治范围向乡级河道拓展延伸。年初，及时组织各镇街对辖区内中沟“两违”问题进行全面排查，共排查问题527处，制定《高港区中沟“两违”整治任务清单》。5月，区政府主要负责人部署开展全区中沟“两违”专项整治集中攻坚月活动，区河长办对整治工作进展实行“日通报”制度，至11月，中沟“两违”整治任务全部完成。重点推进泰州中航船舶重工有限公司违规项目整改工作，1.1万余平方米办公楼及围墙按期拆除，12个清理整治项目全部完成，并于7月10日通过省级验收销号。

【水政执法】 2020年，区水政监察大队开展联合清江行动和“三无”采砂船专项整治，对辖区内河道进行排查，累计巡查224次，其中江上联合巡查61次，立案2起。未发现“三无”采砂船舶，采砂船舶指定停靠点无采砂船滞留。

【河长制工作】 4月，高港区召开河长制工作专题会议，区政府主要负责人出席并讲话。全年13名区级河长开展巡河67次，108名镇级河长开展巡河1300余次，89名村级河长开展巡河4500余次。区河长办采取“四不两直”、专项督查、专题督办交办等方式，对全区各类河道专项整治和长效管护情况进行明察暗访，对整改不彻底、管护不到位、复绿不及时的镇街及时交办督办，全年下发督办单11份、交办单3份，督办问题38个、交办问题94个。在“微高港”微信公众号、高港电视节目中心、“高港河长”微信公众号等区级媒体发布河长制工作信息250

凤栖湖　　（区委宣传部　供稿）

余次，在《人民日报》、“学习强国”平台、《新华日报》、中国江苏网、《泰州日报》等市级以上媒体用稿70余篇。

【河道长效管护】 2020年，高港区落实水利部门、各镇街、各村组在各类河道管理中的主体职责，将河道长效管理工作纳入河长制工作考核。总结梳理河道管护存在问题，下发河道长效管护情况通报4份，推动各镇街在规定时间内完成整改。河道长效管理经费实行区、镇（街道）、村（社区）三级负担，全年落实奖补资金500余万元。

【样板河湖打造】 2020年，高港区按照《泰州市“生态样板河湖”评定管理办法》要求，编制生态样板河道打造方案，确定打造标准，明确完成时间和责任人。投入6亿元打造凤栖湖生态区，成为市级生态样板河湖建设的新亮点。投入3700余万元，完成刁东河、中心河、同联中沟等8条区级生态样板河道建设任务。（白　伟）

·森林与湿地资源保护·

【概况】 2020年，高港区森林覆盖率28.19%。全年新增造林面积180.33公顷，其中长江岸线造林面积25.6公顷。完成森林抚育面积337.47公顷，新建及完善农田林网面积363.27公顷。口岸街道龙窝口社区、新明社区和白马镇岱白村创成省级绿美示范村，白马镇陈家村创成省级林下经济示范基地。全区新增湿地保护面积13.47公顷，设置保护宣传牌，制定高港区自然保护地优化预案，自然湿地保护率达52%。对2个野生动物人工繁育单位进行退出处置，拨付补偿及处置资金255.95万元。全年成功救助夜鹭2只、白鹭1只、红隼1只。

【林业有害生物防治】 2020年，高港区发放美国白蛾防治用诱捕器20个、太阳能等离子杀虫灯1个、防控类药剂1000千克，周氏啮小蜂蜂蛹2000个、花绒寄甲500管。

【林地和林木采伐管理】 2020年，高港区强化林地用途管制，严格限制林地转为建设用地，严格控制林地转为其他农用地，实行林地占补平衡，保障林地资源总量只增不减。严格执行限额采伐、凭证采伐制度，全年获批征占用林地采伐量1.21公顷。

【公布三级古树名木】 7月，区自然资源和规划分局组织镇街林业工作人员逐一对全区的三级古树名木数据进行调查更新。11月，区政府发布《泰州市高港区三级古树名录（2020）》。

（区自然资源和规划分局）

2020年高港区三级古树一览表

表21

名称	树龄（年）	树高（米）	胸径/地径（厘米）	冠幅（米）	具体生长位置
黄　杨	405	5.1	32.3	2.0	口岸雕花楼景区
黄　杨	400	5.2	25.0	2.0	口岸雕花楼景区
龙　柏	100	4.8	28.0	3.0	口岸雕花楼景区
黄　杨	280	5.8	17.5	2.4	口岸雕花楼景区
黄　杨	284	5.8	16.0	2.4	口岸雕花楼景区
香　樟	160	9.7	73.0	7.0	口岸雕花楼景区
香　橼	100	5.0	28.5	2.8	口岸街道雅儒村3组
银　杏	200	8.0	84.0	4.5	口岸街道南韵家园前

续表21

名称	树龄(年)	树高(米)	胸径/地径(厘米)	冠幅(米)	具体生长位置
香　柏	180	8.3	26.5	1.5	刁铺街道环溪社区老啤酒厂
黄　杨	110	9.0	23.7	10.0	刁铺街道环溪社区赵庄3组
黄　杨	150	9.0	25.6	7.0	刁铺街道大丰社区4组
黄　杨	100	6.0	28.0	6.5	大泗镇大泗村曹于组
银　杏	130	11.0	90.0	15.0	大泗镇大马村北田
皂荚树	100	7.0	38.0	6.0	大泗镇大马村9组水生植物园
银　杏	110	14.0	48.0	12.2	胡庄镇周马村李元5组
银　杏	120	13.0	67.0	11.3	胡庄镇周马村李元5组
银　杏	110	17.0	67.0	14.1	胡庄镇庵桥村庵侨1组
银　杏	108	18.0	70.0	14.9	胡庄镇庵桥村庵侨1组
银　杏	120	13.8	78.0	14.2	胡庄镇薛垛村薛垛13组
银　杏	150	25.0	98.7	17.0	许庄街道许庄社区刁2组
银　杏	160	27.0	98.9	17.0	许庄街道许庄社区刁4组
银　杏	160	23.0	98.0	15.0	许庄街道许庄社区刁4组
香　橼	100	5.0	30.0	3.0	口岸街道雅儒村3组

·渔业资源保护·

【概况】2020年，区委农村工作领导小组印发《泰州市高港区长江干流水域禁捕工作监测办法》，建立区、镇、村三级禁捕网络责任体系，层层签订责任状，责任落实到人。成立长江护鱼员队伍，实行24小时巡查制，严厉打击各类非法捕捞行为，全面取缔非法捕捞网具。全区出动执法人员2000余人次，出动执法车辆205次，查获非法捕捞案件19件，清理网具900余个。承办泰州市涉渔“三无”船舶暨非法渔具拆解现场会。

护鱼员日常巡查　（区农业农村局　供稿）

【增殖放流】2020年，区农业农村局配合市农业农村局在高港区长江段开展渔业增殖放流活动，放流各类鱼种1779万尾，价值145万元。

（吴　宾）

节能减排

【污染物减排】2020年，高港区完成水污染防治工程1个，为江苏港城污水处理有限公司水生态保护工程。全年化学需氧量、氨氮、总磷、总氮排放总量较2015年分别削减12%、12%、8%、8%。全面完成市交主要污染物减排任务。

（高竞明）

【工业企业节能减排】 2020年，高港区召开节能（清洁生产）新技术、新工艺推介会，引导鼓励企业开展节能降耗、绿色创建和发展循环经济。益海（泰州）粮油工业有限公司的绿色化改造升级项目和江苏华照节能服务有限公司的绿色制造系统成功申报省级工业和信息产业转型升级专项资金；益海（泰州）粮油工业有限公司和江苏苏萨食品有限公司进入2020年江苏省绿色工厂（第一批）。高港区推动绿色制造体系建设，邀请专家向企业介绍多种节能技术、智能用电节能解决方案、纳米铜节能修复剂等技术和产品，鼓励和支持重点行业领军企业开展绿色关键工艺、核心技术攻关。

（孙　骁）

【公共机构节能】 6月，区机关事务管理局采用线上线下结合的方式开展“节能宣传周”活动。机关食堂根据就餐人数动态调整出菜数量，每天可节省菜品100余份，光盘人数比例由原来的50%上升到65%以上，餐厨垃圾下降20%以上。泰州市第三人民医院、区住房城乡建设局创成省级节能示范单位，区商务局、高港生态环境局创成市级节水型单位。

（刘贤臣）

污染防治

【水污染防治】 2020年，高港区协助召开全省长江入河排污口排查整治专项行动监测溯源启动会。推进“健康长江泰州行动”，细化分解“健康长江泰州行动”考核任务，按序时进度组织实施长江入河排污口分类整治和沿江地区危险废物处置专项整治。督促相关部门完成环境基础设施建设项目、污水处理厂提标改造项目以及水生态保护项目。完成泰州港经济开发区52个企业水平衡表填报工作。实施工业污染防治、城镇生活污水处理、农业农村污染治理、地下水污染防治等项目。开展农村生活污水治理信息调查工作，根据市住房城乡建设局、市生态环境局督查通报，高港区农村生活污水治理覆盖率全市最高。高港区省考、市考断面水质均达到年度水质改善目标，水质均达Ⅲ类水要求。

【大气污染防治】 2020年，高港区实施大气污染防治项目17项。开展涉挥发性有机化合物排放企业排查整治。完成高永化工园区“一园一策”编制工作以及10个省级重点挥发性有机物企业治理评估工作。配合市生态环境局做好非道路移动机械摸底调查、编码登记、申报登记、标识管理，完成重型柴油车远程在线监控安装、联网和平台建设。制定王营国控站点空气质量提升方案，组织对国控点周边3千米范围进行全面排除，形成问题清单，逐一整治，逐一销号。加大扬尘污染专项治理力度，推行“绿色施工”，落实建筑工地喷淋洒水等抑尘措施和渣土密闭运输管理。完成2个石材加工点整治工作。

【土壤污染防治】 2020年，高港生态环境局继续实施重点行业企业用地土壤污染状况调查，10个关闭地块完成监测布点工作方案和现场采样工作。

【危险废物污染防治】 2020年，高港生态环境局开展危险废物仓库现场检查工作，共检查企业88个，梳理问题447个，其中，重大隐患1个、较大风险1个、一般隐患问题7个，全部整治到位。按照“病区打包、分区存放、专车运输、及时处置”的医废处置工作要求，对高港区设立发热门诊的2个医疗机构进行专项执法检查。对照国务院安全生产督导组在泰州督导指出的“危废处置、危废管理及环保设施改造安全风险评估缺失”等共性问题，对全区产生危废及经营危废企业进行全面排查，对存在问题的企业进行专项督查，推动企业在规定时间内完成整改任务。

【污染防治设施专项整治】 2月3日，高港生态环境局开展污染防治设施专项整治，重点检查化工行业废气焚烧炉、挥发性有机物回收治理、污水处理等环保设施项目的立项、规划选址、安全及环境保护等相关手续。排查有危废存贮场所及污染防治设施的企业202个，检查出未落实安全“三同时”、未开展安全风险辨识或评估等问题，督促进行整改。

【长江入河排污口排查整治】 5月，高港区启动长江入河排污口分类整治工作，组织有关镇街对排污口进行认领，委托第三方编制口岸街道和永安洲镇长江入河排污口分类整治工作实施方案。7月2日，组织召开高港区长江入河排污口分类整治工作实施方案技术咨询会，对相关专业技术提出修改建议。最终确定119个有效点位，按照“取缔一批、整治一批、规范一批”原则明确整治要求，其中，明确进行取缔的46个，进行整治的53个，进行规范的20个。年内，完成取缔工作及整治初步工作，完成排污口平台信息录入工作。

【向环境污染宣战专项行动】 2020年，高港区向环境污染宣战指挥部印发《高港区向环境污染宣战2020年实施方案》《高港区2020年向环境污染宣战任务考核分解表》。召开向环境宣战工作部署、推进、调度会议，及时传达上级精神，明确职责分工。牵头与各园区、镇街及各有关部门签订打好污染防治攻坚战专项行动目标责任书。进行自查自纠，及时整改上级暗访曝光的问题。开展媒体曝光问题整改、各类信访处理督查，下发督办函23件、督查通报5次，曝光环境问题26个。

【排污许可证核发与登记工作】 2020年，高港生态环境局会同第三方专业技术人员到各园区、镇街召开排污许可证登记工作培训会，对登记管理企业进行分类指导，解答企业在填报过程中遇到的问题。建立排污许可证申报管理QQ交流群，加强沟通交流，及时答疑解惑，实现资源共享。派出技术指导组到各园区、镇街现场宣传排污许可制度重要性及相关法律知识，指导企业完成登记备案。全年完成33个行业679个企业固定污染源排污许可证核发、登记工作，完成率100%。（高竟明）

【农业面源污染防治】 秸秆综合利用 2020年，高港区建立健全“村收集、镇转运、区处理”的工作模式，收集秸秆11.73万吨。采取“还田为主、收集发力、禁烧为辅”的方式，形成布局合理、多元利用的产业化格局。推进水稻机插秧、小麦机播在秸秆还田中的集成应用，全区播种面积1.59万公顷，还田面积1.03万公顷，秸秆机械化还田率提升至98.43%。全区秸秆综合利用率98.25%。全年发放秸秆综合利用各类奖补资金187.34万元。（余文娴）

农药化肥减量增效 全区农药化肥施用量分别比上年减少3.8和1.3个百分点。在全区7个镇街共设置农药使用监测点20个、肥料使用监测点24个，新增50户肥情调查户，组织监测点、调查员业务培训会议，开展药肥监测记录互查。在口岸街道、永安洲镇建立水稻绿色防控示范区，强化病虫监测和物理防治法。（施菊琴）

畜禽养殖污染整治 全区畜禽规模养殖场粪便治理率、粪污处理设施装备配套率和畜禽粪污综合利用率均达100%，拆除养殖场3个、转产1个、治理2个。组织开展畜污治理“回头看”，落实专人定期对禁养区关停和非禁养区畜禽养殖废弃物资源化利用等情况实施监管，严防关停复养和畜禽养殖污染事件发生。组织实施农业生态保护与资源利用项目，按期完成项目建设任务。（王小斌）

环境监督管理

【环境执法检查】 2020年，高港生态环境局共形成执法记录296条，其中，标准执法记录225条，快捷留痕71条，出动执法人员600余人次。立案20件，查封扣押7件，限产停产12件，行政拘留2件。现场下发行政处罚决定书11件，罚款110.21万元。关停“散乱污”企业1个。出动执法人员120余人次，对重点排污单位40个、一般排污单位20个进行“双随机”执法检查，督促企业加强环境设施监管，强化生态环境意识。对检查中发现的34个问题，现场提出整改要求。未发现有企业涉嫌环境违法行为。

【环境应急管理】 2020年，高港生态环境局组织修编《高港区突发环境事件应急预案》《高港区环境风险评估》及《高港生态环境局突发环境事件应急预案》。指导口岸街道、永安洲镇开展临港经济园及核心港区突发环境事件应急预案修编工作并完成备案。53个企业完成危险废物专项应急预案备案；26个企业完成突发环境事件应急预案修编，其中，较大风险级别企业13个，重大风险级别企业1个，一般风险级别企业12个。

【化工行业和船舶行业专项督查】 2020年，高港生态环境局开展化工行业和船舶行业专项督查。开展化工行业专项督查26次，共检查化工企业106个次，发现安全隐患190个，全部整改到位；开展船舶行业专项督查22次，共检查企业25个次，发现隐患135个，全部整改到位。

【生态环保宣传】 2020年，高港生态环境局围绕“美丽中国·我是行动者”主题开展生态环保宣传活动。全年在《中国环境报》刊发报道5篇，《新华日报》刊发报道2篇，《江苏法制报》刊发报道2篇；在“国际在线”“中国经济网”“中国视窗”“中国网”等国家级网站共刊发报道11篇；在“中国江苏网”刊发报道11篇。报送各类信息86条，其中，被“美苏263”微信公众号采用4条，被“泰州263在行动”微信公众号采用44条。高港生态环境局会同团区委举办“江洲行者”保护长江母亲河主题宣传活动，会同区人民检察院举办“大江讲堂，环保法治”和“普法校园行”等活动。长江禁渔工作先后被央视和江苏卫视等媒体宣传报道，建设“生态缓冲区”的做法被《人民日报》及江苏卫视报道。

【环保信访】 2020年，高港生态环境局接到各类信访895件，其中，“12345”民生服务热线信访件786件，本级“12369”信访件49件。环境信访举报系统中，省级交办13件，市级转办25件，网络及微信来件22件。信访问题主要集中在工业废气、三产油烟、建筑施工噪声等方面。结案率和回复率均为100%，满意度达94%以上。（高竟明）

文化·体育

文化综述

【概况】 2020年，高港区共创作优秀文艺作品80余部，其中，歌舞《我们永远这样亲》获第十四届江苏省“五星工程奖”；现代淮剧《大喇叭开始广播啦》在泰州梅兰芳大剧院首映，获第十四届江苏省淮剧艺术展演月最高奖“优秀剧目奖”。全区共组织文艺演出、艺术普及、戏曲进乡村、知识讲座等文化活动2022场，服务105万人次，人均接受文化场馆服务次数4.13次，居全市第二。发放“文化惠民券”资助演出金额156.55万元，演出201场。组织2020年紫金文化艺术节泰州市高港区分会场、“大江文化惠万家”等活动，举办“苏演院线”大江剧院专场演出6场、大江艺术团基层巡演7场。 （孙国星）

【文化产业】 2020年，高港区组织申报省、市现代服务业（文化）发展专项资金，剧场演播厅用智能机器人吊杆成果转化项目、文创产品小程序商城（柴墟故事馆小程序商城）、西来原观光园文化长廊、全民健身中心城市书房项目分别获泰州市市区文化产业发展专项资金20万元、20万元、15万元、10万元支持。1个企业（江苏建声影视设备研制有限公司）、1个项目（剧场演播厅用智能机器人吊杆成果转化项目）申报泰州市第二批“1133”工程。全区新增规模以上文化企业29个。全区文化产业增加值占地区生产总值比重为3.4%。

【文化市场安全管理】 2020年，区文化体育旅游局牵头召开扫黑除恶专项斗争“六清行动”文化旅游专项整治小组调度会，制定《高港区文化旅游市场滚动排查整治机制实施方案》和《高港区文化旅游市场日常监管机制实施方案》。向有关文化旅游经营场所发放旅行社、互联网上网服务经营场所、星级饭店的测评标准，发放“文明健康，有你有我”“公勺公筷”“文明上网”等公益广告53份。在全区文化旅游场所全部暂停营业期间，每天开展巡查，共检查场所441个次。对旅行社、文化市场主体复工复业进行专门指导，编制高港区旅行社复工复业指引，发动20余个旅游市场主体参与泰州市旅游消费券工作，推动文化旅游市场重启。落实企业安全生产主体责任，与网吧、KTV、旅行社和星级饭店等34个单位负责人签订安全生产责任书；组织文化场所负责人参加安全生产培训班2期和消防演练2次，结合行业特点分别对单位负责人进行约谈；开展文化旅游市场专项检查20余次，排查发现存在安全生产隐患119个，全部整改到位。 （徐 欣）

文化设施

【高港美术馆（书画院）】 2020年，高港美术馆（书画院）组织开展线下展览11场、线上展览7场、线上名师讲堂7场、巡展9次及学术性讲座1场。作品《老皮匠》《高塬厚土》《窗台静物》入选“泰州小康路上”美术书法作品展，其中作品《老皮匠》由泰州美术馆收藏；作品《行业抗疫之线路抢修》入选江苏省抗疫主题美术书法精品展，签约“百年江苏”大型美术精品创作工程项目；作品《山居图》参加“致敬江苏援鄂白衣勇士”书画作品赠送活动，被赠予江苏援鄂医务工作者；刘红的“六个一批人才”研究课题《以泰州港为主题的研究》完成结项工作。 （隋 东）

【图书馆】 2020年，高港区图书馆新增图书5000册、报刊228种。全年接待读者14.91万人次。组织中小学生参加全省红领巾读书征文活动，2篇征文获省级三等奖，2篇获市级一等奖。疫情闭馆期间，举办多场线上展览、讲座、朗诵比赛、知识竞答及新书推荐活动。7月，举办“书香高港，书屋照亮乡村”免费送书活动。8月，举办“跟随绘本走进童心”绘本飘进幼儿园活动。9月，举办全区“农家书屋”管理员培训班。10

月、11月，举办高港区“文化讲堂”活动各1次。12月，举办“百馆荐书、全省共读”展览活动。（姚家艳）

【镇街宣传文化中心】 2020年，高港区共有镇街宣传文化中心6个。各镇街宣传文化中心组织开展广场舞、太极拳等培训活动60次，共培训文体指导员1200余人次。组织文化活动2000余次，各类惠民演出180余场，服务105万人次。（孙国星）

公共文化活动

【“苏演院线”大江剧院演出】 2020年，高港区举办“苏演院线”大江剧院演出6场，分别是扬剧《罗帕记》、演唱会《“音”为有你》、扬剧《李银江》、滑稽戏《王老虎抢亲》、音乐话剧《春风》、黄梅戏《罗帕记》。观众近5000人次。

【大江艺术团“文化港城行”巡演】 10月19—28日，大江艺术团在高港区7个镇街开展“文化港城行”基层巡演活动7场，近万名观众观看。代表节目有说唱《清风正气中国梦》、京歌伴舞《潮起东方》、越剧音乐快板《不忘初心春嫂情》、舞蹈《梦水乡》等。

【文化惠民券资助演出】 2020年，全区文化惠民券资助演出金额共156.55万元，点单演出201场次，观众近30万人次。编排说唱《清风正气中国梦》、京歌伴舞《潮起东方》、舞蹈《浪漫的草原》、越剧音乐快板《不忘初心春嫂情》等。10月22日，分别在口岸中心小学和高港实验小学举办儿童剧《青铜葵花》专场演出。11月11日，在大江剧院举办锡剧《珍珠塔》专场演出；19日，举办京剧《春草闯堂》专场演出。

【基层文艺团队优秀文艺节目调演】 11月3日，高港区2020年基层文艺团队优秀文艺节目调演暨法治廉政文化展示活动在大江剧院举行。共有20个优秀文艺节目参加调演。区老年艺术团摇滚说唱《追梦路上奔小康》、口岸艺术团舞蹈《江东明珠新高港》等6个节目获得最佳表演奖，区京剧联谊会器乐演奏《丰收乐》、星梦想艺术团方言韵白《天上不掉馅儿饼》等7个节目获得优秀表演奖，永安洲镇表演唱《抗疫群英谱》、白马海诞老年文化艺术团快板说唱《扫黑除恶亮利剑》等7个节目获优秀节目奖。（孙国星）

2020年10月29日，高港区举办“苏演院线”大江剧院《“音”为有你》专场演出 （区文化体育旅游局 供稿）

2020年11月3日，高港区举办基层文艺团队优秀文艺节目调演暨法治廉政文化展示活动 （区文化体育旅游局 供稿）

文学艺术

参见《民主党派·群众团体》类目。

电视节目

【概况】 2020年，高港电视节目中心有各类专业技术人员28人，其中记者8人、编辑3人、电视主播2人。

有自办新闻类栏目《高港新闻》和联办类栏目《今日扬子江》《高港警方》《法治天地》《高港财政》等。高港城市频道每天播出17小时，全年累计播出6205小时。借助热线电话、“大江论坛”等平台，关注民生热点问题。记者刘洪斌获泰州市“学习新思想，同心奔小康”百姓名嘴风采大赛一等奖、省委宣传部主办的“我身边的小康”百姓名嘴风采展示大赛二等奖，记者茅健卫被评为泰州市优秀抗疫新闻工作者。

【电视宣传】 2020年，高港电视节目中心在《泰州新闻》《新闻夜班车》《看泰州》《小范帮你忙》等栏目发片200余条。其中，《泰州新闻》头条和主题新闻20余条，被江苏卫视采用21篇。与泰州广播电视传媒集团（台）合作采制的《全国两会组合报道（徐镜人）》《志愿者服务新疆班学生》《长城汽车战高温忙生产》等8篇报道被中央电视台《新闻联播》《朝闻天下》《致富经》等栏目采用。《高港新闻》开设《贯彻区委全会》《高港先锋谱》《做文明人创文明城》《城建惠民》《建设平安法治高地》《活力政协委员风采》等系列专栏19个，采制各类主题报道196篇，采制人物类报道近100篇。

【疫情防控宣传】 2020年，高港电视节目中心成立党员突击队，深入疫情防控一线，宣传上级防疫要求、高港防疫成效、复工复产、典型人物等，累计播出各类疫情防控报道近300篇，播出通告、公益宣传广告、滚动字幕以及宣传专题80余条。策划推出“与春天同行——访企助企惠企”大型新闻行动和“精准助企、广告免费播”活动，帮助各类工贸企业制播人员招聘、产品销售等广告22条。

【访谈节目】 2020年，高港电视节目中心依托《乡村振兴看高港》栏目，分别邀请部门、村居负责人40余人开展访谈。组织记者、编辑深入村居一线，围绕脱贫攻坚、特色田园乡村建设、村庄人居环境整治等工作展开体验式、监督式报道，帮助解决问题20余个。

【电视节目安全播出】 2020年，高港电视节目中心根据疫情防控需要，将技术服务前移，加强对各类采编设备的保养调试，及时排除各类故障，保障疫情防控期间新闻宣传工作需要。落实各类技术规范、值班值守制度和应急预案，提高应急处理能力。9月，联系通信部门加装C波段滤波器，解决城区5G通信布网密度加厚给卫星信号造成的干扰故障，保障卫星信号正常接收。完成全国两会和国庆、十九届五中全会期间的安全优质播出保障任务。制定完善高港城市高清频道、高港区应急广播系统前端平台和高港区融媒体中心等建设方案。全年高港城市频道安全播出6205小时，播出电视剧53部、2219集，电影56部，《今日扬子江》17期，《法治天地》21期，《高港财政》47期。

（孔令武）

文化遗产保护

【物质文化遗产保护】 2020年，区文化体育旅游局督促口岸雕花楼景区管委会对景区内的4株古黄杨树加强管护，确保景区古树名木不受损伤。牵头制定泰昌生木号、龙泉池浴室、刁铺龙王庙修缮方案，交市文物局审批，由区住房城乡建设局组织实施。向兴港大道东侧、通江东路东侧、扬子江路东侧、环溪路西侧、姜泗路两侧、泗孔路两侧6处、5万平方米以上用地项目使用单位送达文物考古调查、勘探提醒告知单。完成姜泗路、泗孔路项目勘察，口岸街道的3个地块进入勘查实施阶段。8月，获省文物局2020年文物保护专项资金79万元。

【文物保护单位消防安全】 5月，高港区在口岸雕花楼景区庆元广场开展2020年高港区文化市场、文物保护单位、旅游单位、体育场馆、雕花楼景区消防安全演练暨消防安全知识培训活动，举办消防安全知识讲座和消防演练。结合夏季旅游安全汛期隐患排查、集中整治行动，组织高港区A级景区单位开展安全隐患自查，6月、7月，邀请市专家组对口岸雕花楼景区内文物保护单位消防设备设施、值班制度、安全巡查制度、食品卫生管理制度、用火用电情况、防汛安全应急预案等进行检查。8—11月，开展口岸雕花楼景区实施消防安全专项整治“百日攻坚行动”，消除消防安全隐患。

【非物质文化遗产保护】 2020年，高港区开展“非遗”进校园、进社区活动。3月，组织高港区鼓儿书传承人范正德参与新时代文明实践“鼓儿书”说唱视频录制，入选新华日报“交汇点”“非遗”传人抗疫纪实。5月，举办“传承魅力文化，增强民族自信”——传统文化走进高港中专系列活动，活动情况被中国火炬杂志社和“学习强国”平台报道。6月，在刁铺街道新时代文明实践所举办新时代文明实践——高港区2020年“文化和自然遗产日”宣传活动，活动情况被中国江苏网等媒体报道。8月，组织“非遗”项目根雕参加第二届大运河文化旅游博览会“运河城市文旅精品展”活动、中国人民对外友好协会“匠心筑梦——用民间艺术讲述脱贫故事”线上展览等活动。泰州木雕传承人帅春燕、传统绳带编织技艺传承人孙学仁、雅妙河戴氏中医喉科疗法传承人戴永星入选江苏省第五批省级“非遗”代表性传承人。泰州木雕传承人帅春燕、高港根雕传承人袁永亮获评江苏省第二批高级乡村振兴技艺师。传统绳带编织传承人孙学仁获2020年度高港区“十大乡土人才”称号。根雕作品《一叶

口岸虎头鞋制作技艺传承人走进校园 （区委宣传部 供稿）

知秋》在2020年第十一届中国（深圳）工艺美术博览会“飞花奖”评选中获银奖。上争泰州市“非遗”专项补助资金2万元。

【文化遗产日活动】 6月10日，高港区新时代文明实践——2020年“文化和自然遗产日”宣传活动在刁铺街道新时代文明实践所举行。开展说唱表演、作品展览、中医防疫宣传等活动，以图文展板展示人民海军诞生地、口岸雕花楼、李信昌过载行等文物保护单位，向市民免费发放雕花楼景区参观券、“非遗”画册。

（仲 明）

体 育

【概况】 2020年，高港区发放健身路径109套，农村“15分钟体育健身圈”基本建成。举办各类群众体育活动60余场次。承办江苏省青少年山地自行车锦标赛、江苏省第八届全民健身运动会航海模型比赛。配合完成全国第五次国民体质监测工作。

【全民健身基础设施建设】 2020年，高港区完善“城区10分钟体育健身圈”建设，农村“15分钟体育健身圈”基本建成。新建全民健身中心1000米长塑胶健身步道，增加大型体育运动标识8处，二代健身路径1套。向7个镇街发放二代健身路径109套。完成口岸中心小学和高港实验学校体育场地改造并对外开放。聘请专业维护公司对门球场、体育健身器材进行管理维护。建立镇街、村（社区）健身器材日常监管维护责任体系，定期对公共体育健身器材的安装、使用情况进行检查维修，及时消除安全隐患。

【群众体育活动】 2020年，高港区组织开展快递行业首届职工趣味运动会暨第二届职业技能竞赛等全民健身活动60余场次。组织一线社会体育指导员录制居家健身锻炼系列视频，指导市民科学健身，在“微高港”上连续推送一周，观看、点赞人数达6万人次。

【国民体质监测】 9月，高港区完成全国第五次国民体质监测抽样调查工作。分为幼儿（3~6周岁）、成年人（20~59周岁）和老年人（60~79周岁）3个年龄段，对近1000人进行监测。监测项目主要包括：身高、坐高、体重、胸围、体脂率、安静脉搏、握力、立定跳远、坐位体前屈、双脚连续跳、150米障碍跑、走平衡木、血压、肺活量、功率车二级负荷试验、握力、背力、纵跳、俯卧撑、一分钟仰卧起坐、闭眼单脚站立、选择反应时等指标测试。

【江苏省第八届全民健身运动会航海模型比赛】 9月24—26日，江苏省第八届全民健身运动会航海模型比赛在高港区凤栖湖景区举行。该赛事由江苏省全民健身运动会组织委员会主办，江苏省社会体育管理中心、江苏省体育彩票管理中心、江苏省航空运动协会、泰州市体育局、高港区人民政府承办。全省11个地级市代表队的214名运动员参加比赛。比赛分为竞速类、耐久类、仿真模型类、帆船类，共设10个项目。

【江苏省青少年山地自行车锦标赛】 10月14—15日，江苏省青少年山地自行车锦标赛在高港区举行。该赛事由江苏省体育局、江苏省教育厅、江苏省文明办、共青团江苏省委、江苏省妇联、江苏省发展体育基金会主办，泰州市体育局、高港区人民政府承办，高港区文化体育旅游局、江苏塞克林体育发展有限公司、泰州市高港区港城建设投资发展有限公司协办。南通、淮安、徐州、泰州4支代表队29名运动员参加山地越野和混合接力赛项目。比赛赛道总长约7千米，包含公路、桥梁、丘陵山地等赛段，男子组全程3圈，女子组全程2圈。徐州代表队的吴相龙获得男子组冠军，淮安代表队的沈雅馨获得女子组冠军，泰州代表队的王美琪获得女子组季军。

（孔小军）

教育

综述

【概况】 2020年，高港区域内有各级各类学校41所，其中，幼儿园17所，小学11所，初中9所，九年一贯制学校1所，中等专业学校1所，高中2所。在校生31673人，其中，幼儿园7331人，小学12676人，初中5456人，中等专业学校1932人，高中4278人。有专任教师2541人，其中，幼儿园453人，小学774人，初中681人，中等专业学校232人，高中401人。

【教育经费】 2020年，高港区教育经费总投入7.96亿元，其中财政性教育投入7.58亿元。全区义务教育经费全部纳入区财政保障范围，义务教育生均公用经费按省定标准的110%执行，即小学每生每年770元，初中每生每年1100元，其中10%统筹经费向小规模学校和经济薄弱地区倾斜，对不足300人的按300人核拨；学前教育生均公用经费为每生每年770元，超过省定标准，达到小学标准；中职教育生均公用经费为每生每年1500元，达到省定标准。

【教育基础设施建设】 2020年，高港区建成环溪小学、环溪初中、柴墟幼儿园。推进胡庄幼儿园、大泗幼儿园异址重建，以及白马中学迁入海军小学合署办学，胡庄小学、高港中专校改扩建项目。启动高港实验小学东校区、高港实验幼儿园、高港实验小学食堂综合体新建，高港实验学校、白马中心幼儿园异址重建，田河小学、田河初中、大泗学校改扩建等项目。

【素质教育】 2020年，高港区继续推进素质教育。1月，围绕“珍爱生命、学会生存、热爱生活”，开展“三生教育”。2月，组建高港区“暖心港”疫情防控志愿服务队，对广大师生进行心理辅导。3月，组织各中小学开展“抗疫同行，祖国加油”主题班会。4月，组织各中小学开展“清明祭英烈，丰碑励童心”网上祭英烈活动。5月，开展劳动教育和心理健康教育宣传月活动。6月，开展“我们的节日·端午”、禁毒教育、“6·5”环境日等主题德育活动。7月，组织科技辅导员暑期培训活动。8月，组织开展“关爱留守学生，争做教师妈妈”暑期专项行动。9月，承办泰州市“开学第一课”暨新生入学活动；开展“青少年法治宣传教育月”系列活动。10月，开展“我与国旗合个影+我为祖国送祝福”主题宣教活动；参加泰州市“学宪法讲宪法”活动。11月，组织学生完成青骄课堂知识竞赛；代表泰州市参加省“学宪法讲宪法”活动；组织高港区第四届童话戏剧节

泰州市高港实验小学学生创作的抗疫主题美术作品

（高港实验小学　供稿）

活动；组织开展高港区中小学生眼保健操评比活动。12月，组织开展高港区中小学跑操比赛；举行高港区中小学生个人艺术单项比赛；举行高港区“我和我的祖国”中小学合唱节，参加泰州市中小学生大合唱比赛；开展“宪法宣传周”系列活动；承办江苏省乡村少年宫优秀成果展活动。口岸实验小学创成江苏省艺术特色学校。孔桥小学创成江苏省绿色学校。海军小学、许庄初级中学、田河初级中学、江苏省高港中等专业学校创成江苏省体育特色学校。高港实验小学创成江苏省节水型学校。许庄中心小学创成泰州市节水型学校。口岸实验初级中学获江苏省32届金钥匙科技竞赛团体一等奖。孔桥小学、高港实验学校、田河初级中学、白马中学、口岸中心幼儿园、刁铺中心幼儿园创成泰州市法治校园。口岸中心小学、永安洲实验学校、江苏省高港中等专业学校获泰州市科学教育综合示范学校称号。孔桥初级中学、许庄中心小学创成泰州市心理健康特色学校。海军小学获2020年泰州市中小学合唱比赛一等奖，高港实验小学、永安洲实验初级中学获二等奖。口岸实验初级中学学生胡曼忆获泰州市“学宪法讲宪法”演讲比赛第1名，并代表泰州市参加省比赛获一等奖。刁铺中心小学学生袁慧颖获泰州市法治征文比赛第1名。区教育局获泰州市“学宪法讲宪法”活动和法治征文比赛优秀组织奖。

【教育督导】 2020年，高港区重组中小学幼儿园专兼职责任督学队伍，合理调整责任督学和督学责任区。修订《高港区中小学幼儿园综合工作考核细则》，建设“全领域、全口径、全支撑、全保障”督导体系。修订《高港区中小学幼儿园综合督导评估细则》，开展综合督导14次、常规挂牌督导240次。在全市率先组织开展中小学劳动教育专项督导，开展中小学体育工作、劳动教育专项督导4次。形成督导报告14篇、督学推介16篇。发布督导简报11期，通过网络平台推出督学宣传微信115条。分片分区组织中小学幼儿园防疫工作驻校组到全区各学校开展专项督查20余次。获得市对区2019年度履行教育职责考核第1名，通过省义务教育优质均衡发展区评估认定。

【校园安全】 2020年，高港区教育系统安全稳定零事故，创成泰州市“交通安全、食品安全、消防安全”先进学校10所。落实《泰州市教师安全素养培训五年规划》，4批次共220名教师通过泰州市教师安全素养线下培训，取得合格证书。重新明确校园周边“五岗”人员63人，区教育局、区应急局、区市场监管局、交警高港大队、区交通分局、区消防大队等部门开展检查20余次，发放整改通知书389份，共排查、整改安全风险隐患497个，其中，重大隐患2个，典型问题1个，整改率100%。所有中学危化品存储室统一安装一键报警装置，与公安联网。全区中小学、幼儿园新建标准微型消防站67个，消防改造经验被省电视台宣传。学校自办食堂全部进入“阳光食堂”信息化监管服务平台。

（徐云峰　李　蓉　严中海　徐筱艳　王网生　王文兵　毛建军）

学前教育

【概况】 2020年，全区有幼儿园17所，其中，公办园10所，民办园7所（普惠园6所）。在园幼儿7331人，教职工832人，专任教师453人，教师持证上岗率100%，大专以上学历占比100%。招录全额事业编制教师9人，乡村男幼师2人。异址重建胡庄幼儿园、大泗中心幼儿园，新建柴墟幼儿园。完成泰州市高港区机关幼儿园普惠性认定，普惠性幼儿园覆盖率95.68%，资源配置率74.6%。

【课程游戏化建设】 2020年，高港区推进课程游戏化建设，区域层面申报的泰州市“十三五”教育科学规划重点课题《区域协同构建幼儿园多元发展课程的研究》结题，多篇研究论文发表、获奖，部分幼儿园课程案例在中国教育报《学前周刊》和“早期教育”等公众号推出。泰州市金泰堡幼儿园创成第六批泰州市学前教育课程游戏化建设基地。全区累计创成市学前教育课程游戏化建设基地10所。

泰州市高港区东方明珠幼儿园　（区教育局　供稿）

【优质幼儿园创建】 2020年，大泗中心幼儿园通过省优质幼儿园复审，尚德智幼儿园创成市优质幼儿园。全区累计有省优质幼儿园14所、市优质幼儿园3所。

【泰州市高港区东方明珠幼儿园】 位于东方明珠住宅区内，创办于2016年5月，2017年9月开园，是全区第一所区教育局直属公办幼儿园，由区政府投资新建，占地面积4848平方米，建筑面积3700平方米，开设班级9个，可容纳幼儿300余人。学校创成江苏省优质幼儿园、泰州市学前教育课程游戏化建设基地、泰州市巾帼文明岗。2020年，有大、中、小班9个，在园幼儿326人，专任教师21人，均为在编公办教师。12月，成立泰州市高港区东方明珠幼儿园教育集团。获2020年高港区中小学、幼儿园管理工作考核优秀等级。

【泰州市口岸中心幼儿园】 位于口岸街道向阳南路73号，创办于1957年2月，2008年2月在府后人家小区创办分部，实行一园两址的管理模式。占地面积1.2万平方米，建筑面积7575平方米，绿化面积2330平方米。曾获得江苏省优质幼儿园、江苏省平安校园、江苏省巾帼示范岗、江苏省学前教育课程游戏化建设第四批项目园、江苏省文明单位、泰州市食品安全先进校、泰州市三八红旗集体示范工作室、泰州市法治校园、泰州市交通安全先进学校、泰州市儿童青少年近视防控先进校等荣誉。2020年，有大、中、小班24个，在园幼儿985人，专任教师65人，其中在编教师15人。

【泰州市刁铺中心幼儿园】 位于刁铺街道镇溪北路68号，创办于1983年，2018年11月迁址新园。新园工程造价2300万元，占地面积1.07万平方米，建筑面积6100平方米。设有科学探索室、创意美工室、生活体验馆、幼儿图书馆、玩沙池、戏水池、动物园。曾获得全国足球特色校、江苏省优质幼儿园、江苏省平安校园、江苏省巾帼示范岗、江苏省学前教育课程游戏化建设项目园、泰州市模范学校、泰州市依法治校先进校、泰州市绿色幼儿园、泰州市平安校园、泰州市优秀家长学校、泰州市卫生保健合格单位、泰州市消防安全先进学校、泰州市食品安全先进学校、泰州市交通安全先进学校等荣誉。2020年，有大、中、小班15个，在园幼儿631人，专任教师36人，其中在编教师12人。

【泰州市许庄中心幼儿园】 位于许庄街道创业大道119号，建于2001年9月。占地面积7880平方米，建筑面积4638平方米，绿化面积1268平方米。曾获得全国巾帼文明岗、江苏省优质幼儿园、江苏省课程游戏化建设第三批项目园、江苏省平安校园、江苏省体育特色幼儿园、江苏省爱国卫生先进单位、泰州市绿色幼儿园、泰州市优秀家长学校、泰州市第二批普通学校融合教育资源中心等荣誉。2020年，有大、中、小班13个，在园幼儿519人，专任教师34人，其中在编教师15人。

（徐云峰　李　蓉　陈爱华）

义务教育

【概况】 2020年，全区有义务教育阶段学校21所。其中，小学11所，初中9所，九年一贯制学校1所。有教学班435个，学生18132人，其中，小学生12676人，初中生5456人。有专任教师1455人，其中，小学教师774人，初中教师681人。做好进城务工人员子女、留守儿童和残疾儿童入学工作，保障适龄少年儿童接受义务教育的合法权益，义务教育入学率、巩固率均为100%。

【省义务教育优质均衡发展区创建】 2020年，区教育局逐项对照省37项、国家32项评估指标，推进省义务教育优质均衡发展区创建工作。让出办公用房，用于设立高港实验小学分校，整体分流原本部六年级学生。严控全区义务教育学校的起始年级班额，全面消除大班额。专任教师、骨干教师交流比例分别为23.8%、33.33%，连续多年超过15%的省定要求。组建小学、初中教育共同体各3个，实施管理互通、研训联动、质量同进、文化共建、项目合作、捆绑考核“六大行动”。在全市率先实施劳育、体育专项督导，省基础教育内涵（课程）建设项目覆盖60%以上的中小学。6月22—24日，江苏省义务教育优质均衡发展评估专家组对高港区进行现场评估。专家组通过实地考察学校、随堂听课、随机访谈、查阅资料等方式，考核高港区义务教育资源配置、政府保障、教育质量、群众满意度等方面的达成度。高港区义务教育优质均衡比例为90.6%，标准化建设基本达标率全市第一，创成苏中苏北唯一的省义务教育优质均衡发展区，并成为江苏省推荐参评全国义务教育优质均衡发展区的3个候选单位之一。

【课后延时服务】 2020年，高港区义务教育阶段各学校继续推进学生课后延时服务，在尊重学生和家长自愿的基础上，适度增加延时服务时间。一至六年级为1小时（春学期因疫情，小学未组织课后服务），七、八年级为1.5小时，九年级为3小时。开展课后服务的班级共378个，接受服务的学生14188人。

【泰州市口岸中心小学】 位于口岸街道春江路2号，始于清光绪年间的崇化书院，2018年10月由金港南路老校区迁至现址。占地面积2.98万平方米，建筑面积1.92万平方米，设有教学楼、实验室、报告厅、图书馆、体育馆、食堂、300米运动场、植物园等配套设施。曾获得江苏省科技教育特色学校、江苏省首批中小

泰州市海军小学　　（区委宣传部　供稿）

学校书法教育示范学校、泰州市文明校园等荣誉。2020年，有教学班35个，学生1695人，教师96人，市、区级骨干教师30人。

【泰州市海军小学】 位于白马镇学府路。占地面积2.69万平方米，建筑面积1.63万平方米。围绕“海军文化”，借助江苏省内涵建设项目《“海军文化”特色课程建设》和泰州市首批卓越项目《少年海军铿锵行》，丰富培育路径，凸显军事课程。2020年，学校获评江苏省体育工作先进学校、泰州市教科研先进集体、泰州市心理健康教育特色学校、泰州市节水型学校、泰州市近视防控先进校。11月，省内涵建设项目《“海军文化”特色课程建设》通过中期评估；12月，市卓越教育培植项目《少年海军铿锵行》考评等次为良好。有教学班16个，学生659人，在编教师53人。

【泰州市永安洲实验初级中学】 位于永安洲镇国学路1号。2019年，办学体制调整，泰州市永安洲实验学校拆分为初级中学和小学，共享教育资源，共用配套设施。总占地面积9.7万平方米，建筑面积7.6万平方米，设有教学楼、实验楼、报告厅、图书馆、艺体中心、游泳馆、400米运动场、植物园等配套设施。2020年，学校承办泰州市英语学科送教下乡、道德与法治学科名师送教下乡、泰州市数学解题大赛等大型比赛活动。共有30余名教师和28名同学分获市、区各类奖项。有教学班12个，学生526人，教师72人。

【泰州市许庄初级中学】 位于许庄街道创业大道。曾获得全国五四红旗团支部、江苏省智慧校园、江苏省体育特色学校、江苏省初中课堂教学改革优秀成果奖、泰州市文明校园、泰州市安全教育先进校、泰州市近视防控先进校、泰州市法治校园、泰州市“行政班+走班”课程管理改革先进校等荣誉。在区教育局组织的综合考核中，学校连续获优秀等次。2020年，搬入新校区与泰州市许庄中心小学合署办学，共享优质教育资源，占地面积1.26万平方米，建筑面积6835平方米。有教学班9个，学生380人，教师57人，市、区级骨干教师17人。

（徐云峰　李　蓉）

普通高中教育

【概况】 2020年，全区有市直普通高中2所，即江苏省口岸中学、泰州市第三高级中学，均为四星级高中。在校学生4278人，教师401人。高港区1202人报名参加高校招生考试，其中，普通类考生1107人，纯体育艺术类考生95人，新疆班考生121人。

【江苏省口岸中学】 位于高港区港口路26号，创办于1926年。1996年，被确认为江苏省重点高级中学。1997年8月，成为泰州市教育局直管学校。1999年，初中部撤出。2001年，通过国家级示范高中评估验收。2003年，成为江苏省首批四星级高中。占地面积11.67万平方米，建筑面积6.09万平方米。校内有清源亭、岳飞像等历史文化景点36处。曾获得全国教育网络系统示范单位、全国民族团结进步模范集

江苏省口岸中学　　（区委宣传部　供稿）

体、江苏省园林式单位、江苏省绿色学校、江苏省文明单位、江苏省文明学校、江苏省德育先进学校、江苏省实施素质教育先进学校等荣誉。2020年，有教学班53个，学生2718人，教师250人。

【泰州市第三高级中学】 位于刁铺街道校园路1号，创办于1942年，1959年迁至现址。2002年被确认为江苏省重点高级中学，2005年被确认为江苏省三星级高级中学，2018年被确认为江苏省四星级高级中学。占地面积6.8万平方米，建筑面积2.1万平方米。教室、实验室、电教馆、图书馆、阅览室均参照江苏省教育现代化标准配置。有400米环形跑道运动场、足球场、篮球场、排球场、风雨操场等体育活动场地，以及学生公寓、师生食堂。曾获得中国教育改革创新示范校、全国教育科研先进单位、全国特色语文示范校、全国青少年校园足球特色学校、全国青少年校园篮球特色学校、全国生态文明教育特色学校、江苏省德育先进学校等荣誉。2020年，有教学班33个，学生1560人，教师151人。

（徐云峰　李松涛）

职业教育

【概况】 2020年，全区有中等职业学校1所（江苏省高港中等专业学校），在校学生1932人，教职工247人，其中专任教师232人。有正高级教师1人，高级教师88人；省职教领军人才2人，省职业教育教科研中心组成员6人；市教科研中心组成员28人，市名教师2人，市学科带头人5人，市技术能手3人。建有校级名师工作室3个，市级名师工作室1个。年内，招收新生682人（含成教132人），毕业生628人（含成教154人）。学生参加2020年江苏省普通高校对口单招考试，本科进线率11.27%，公办大专及以上进线率100%。江苏省高港中等专业学校改扩建工程启动，总投资1.6亿元，新建教学楼、南北实训楼、食堂、学生宿舍等设施，建筑面积2.7万平方米，能满足2000名学生在校就读。3名学生被评为江苏省“三创”优秀学生，1名学生被评为江苏省“三创”优秀学生干部，2个班级获江苏省先进班集体称号，2名学生被评为泰州市“三创”优秀学生，4名学生被评为泰州市“三创”优秀学生干部。1名教师获泰州市优秀班主任称号，1名教师获江苏省技能大赛三等奖。

【职教人才培养】 2020年，江苏省高港中等专业学校中高职分段培养项目增加到6个（机电技术应用、计算机及应用、机械加工技术、物联网技术、生物制药、石油化工），创成江苏省现代化示范性职业学校。252名毕业生在本地就业共，其中，在长城汽车股份有限公司泰州分公司就业66人，在泰州维景国际大酒店就业33人。工业分析与检验专业创成省现代化实训基地和省现代化专业群。

（徐云峰　柳根林）

社会教育

【概况】 2020年，高港区有省级标准化社区教育中心7个，证照齐全校外培训机构88个。全区各社区教育中心通过线上线下开展抗疫情讲卫生、防范电信诈骗、农村交通安全、老年人智能手机应用、乡规民约、垃圾分类、生态农作物栽培等各类培训教育活动。全年从业人员继续教育参与率61.81%，城乡居民社区教育活动参与率分别为62.4%和46.76%，老年人参与率25.14%。

【社区教育】 2020年，区教育局对照《关于印发2020年高港区社区教育工作考核办法的通知》，组织进行现场和材料考核，公布白马镇等3个社区教育中心为考核优秀等次，发放考核经费奖励。开展具有高港特色的社区教育活动，参培人数17.7万人。白马镇社区教育中心王友传撰写的论文《新农村背景下农民素质教育研究》和《防控疫情下社区中学生的爱国主义教育》分别被《中国农村教育》和《吉林教育》首页刊发。胡庄镇社区教育中心的“晒家风亮家训树新风”创成2020年省社区教育品牌；白马镇社区教育中心编写的乡土教材《健康教育》入选2020年全国优秀乡土教材；泰州市教育科学规划课题《新型城镇化进程中农民公民素质教育实践研究》于6月结题。胡庄镇社区教育中心被评为2020年度江苏省社会教育先进集体，区教育局吴清华被评为江苏省“十三五”社会教育先进个人。

【校外培训机构整治】 新冠肺炎疫情期间，高港区暂停区内所有校外培训机构线下课程和集体活动，持续发布公开信、有奖举报办学机构违规经营公告，全面排查机构人员信息，取缔、关停无证机构。1月，举办校外培训机构安全工作会议。5月，举办校外培训机构疫情防控培训班。制定复工复课实施方案，组织联合抽查复验。修订完善《2020年高港区校外培训机构“白名单”单位量化考核评分表》，增设每季度检查主题，进行量化考核评分，公布季度量化考核结果。开展常态化疫情防控“四不两直”随机检查，针对发现问题，督促做好整改。

【“‘筝’情非遗传承”项目】 2020年，“‘筝’情非遗传承”项目被评为长三角地区社区教育特色地方品牌、江苏省社区教育特色品牌。口岸街道社区教育中心成立“‘筝’情非遗传承”项目组，结合周边学校的拓展课程，组建校园风筝兴趣小组，与校本课程相结合，与社区居民活动相结合，开办风筝知识讲座，组织学习风筝扎制、风筝放飞。借助风筝放飞活动，宣传安全用电、家训家规、村规民约等。项目组队员代表高港区风筝协会参加国内外各种风筝赛事，获各类奖项近40个。

（徐云峰　柳根林）

教师队伍

【概况】 2020年，高港区幼儿园专任教师大专及以上学历比例100%，小学专任教师本科及以上学历比例97.47%，初中专任教师本科及以上学历比例100%。全区有江苏省特级教师5人，江苏省特级教师后备人才14人，泰州市三级骨干教师188人，区级以上三级骨干教师占比33.8%，高于教育现代化15%的指标要求。职业类学校“双师型”教师102人，占专任教师比例86.44%。大泗学校教师钱维胜获评全国先进工作者。高港实验小学教师王凡被评为泰州市“十佳教师妈妈”，海军小学教师张翠芬、许庄初级中学教师张月平被评为“泰州市优秀教师妈妈”。

【教师培训】 2020年，区教师发展中心对2019年新入职的54名教师进行培训和综合考核。7月，遴选30名乡村初中物理骨干教师成立“骨干教师培育站”，开展为期1年的集体研修活动；组织各中小学、公办幼儿园党组织书记到淮安参加高港区教育系统党性提升研修班。8月，组织全区新入职的教师到淮安参加以提高师德师风为主题的专题研训班；组织各学段全学科全员培训，参培人员2000人次。8月、9月、11月，组织开展高港区校本研修系列培训活动。9—12月，对2020年新入职的52名教师进行培训2期。10月，组织2018—2020年非师范类入职教师进行集中培训；学前教育、小学语数英开始实施“泰州教育生活云”高港教师研修项目。11月，组织150名中小学数学教师参加江苏省名师送培活动。12月，启动高港区骨干校长教师高端培养项目。全区2093名教师继续教育学时认定合格，学时达标率100%。在江苏省教师信息技术应用能力提升知识网络竞赛活动中，区教师发展中心获江苏省优秀组织奖。

2020年9月18日，高港区举办2019年入职教师结业典礼暨2020年新入职教师首期培训开班仪式　（区教育局　供稿）

【教师交流】 2020年，全区99名义务教育阶段专任教师参加交流，占符合交流条件专任教师的23.8%；37名骨干教师参加交流，占符合交流条件骨干教师的33.33%，均高于省定15%的要求。

【教学科研】 2020年，学习力提升工程成为高港区重点改革项目，《光明日报》主办的国家级杂志《教育家》先后对大泗学校、胡庄初中教育集团、孔桥初级中学、口岸中心小学在学习习惯培养等方面的探索与成效进行报道。在江苏省教科院组织的省科研先进评选中，高港区教师发展中心研训部、江苏省高港中等专业学校、高港实验学校、田河幼儿园被评为省科研先进集体，李龙山、叶文杰、戴同兰、侯燕、田倩被评为省科研先进个人。全区入选泰州市新立项卓越教育培植项目数超过2019年，卓越教育项目在市政府履职考核中获满分，《新华日报》作《泰州高港：“卓越教育”项目培养更多卓越学子》专题报道。在江苏省学校管理优秀论文评选中，高港区一等奖以及总获奖数分别占泰州市的25%、20.4%。在泰州市在线案例评选中，高港区推荐的案例获奖率100%。

【教学比赛】 2020年，全区教育系统获省、市级教学比赛一等奖28人次，其中，口岸第二中心小学教师孔美雪获江苏省信息化教学能手大赛特等奖，汪群初级中学教师黄玲玲获江苏省初中历史青年教师基本功比赛一等奖，口岸实验小学教师唐萍获江苏省小学语文青年教师优质课一等奖，初中数学教师团队获泰州市解题大赛一等奖第1名。

（徐云峰　严永华　冯　宇）

卫生健康

医疗卫生机构

【概况】 2020年，高港区共有医疗卫生单位92个，其中，二级公立医院2个（泰州市第三人民医院、高港中医院），民营医院2个（张勤眼科医院、慕云儿科医院），公共卫生服务机构3个（区疾病预防控制中心、区卫生监督所、区妇幼健康计划生育服务中心），镇卫生院（街道社区卫生服务中心）9个，村卫生室（社区卫生服务站）62个，门诊部、诊所9个，护理站5个。全区各类卫生机构设置床位数1430张，其中，医院965张，卫生院（社区卫生服务中心）465张。共有卫生技术人员1376人，其中，执业医师、执业助理医师581人，注册护士571人；医院卫生技术人员769人，卫生院（社区卫生服务中心）卫生技术人员457人，疾病预防控制中心卫生技术人员9人，妇幼卫生保健机构卫生技术人员16人。

【泰州市第三人民医院】 始建于1958年，2006年由人民路旧院址搬迁至春港路。2013年经省卫生厅评审成为二级甲等综合性医院。医院占地面积3.3万平方米，建筑面积4.8万平方米，核定床位600张，设有14个病区，一、二级临床医疗、医技科室45个。医院资产3亿元，拥有MRI、64排螺旋CT、DSA、菲利浦C臂机、CR、DR、进口电子胃肠镜、彩色B超机、全自动生化分析仪、全自动化学发光分析仪、进口麻醉机、呼吸机、血透机、电视腔镜系列等医疗设备。有心血管内科、消化内科、骨科、康复医学科、肿瘤内科、中医肝胃科、中医妇科、中医肛肠科、口腔科等特色科室，心血管内科、麻醉科、消化内科、康复医学科、中医肛肠科、影像科为泰州市临床重点专科。能够开展心脏起搏术、电子胃肠镜下治疗、肿瘤插管化疗、重症胰腺炎治疗、妇科内镜诊疗、心血管疾病介入诊疗等治疗。融入泰州市人民医院医联体，泰州市人民医院40名专家入驻。2020年，在职职工652人，其中，卫生技术人员538人，医学硕士12人，正高级职称47人，副高级职称85人。全年门急诊就诊172855人次，住院10416人次。门急诊西延楼、PCR实验室、发热门诊建成并投入使用，老病房楼改造提升、生态停车场建设、信息化建设等项目正在实施。创成全国基层胸痛中心，影像科创成泰州市临床重点专科建设单位。

泰州市第三人民医院门急诊楼西延扩建项目（区住房城乡建设局　供稿）

【高港中医院】 始建于1968年，系集医疗、预防、保健、康复于一体的二级甲等中医医院。为江苏省中医院协作单位、泰州市中医医联体副理事长单位，新型农村合作医疗保险、市直及乡镇两级基本医疗保险定点医院。医院总建筑面积1.5万余平方米，设置床位310张，开放床位200张。设有急诊科、内科、儿科、外科、妇产科、骨伤科、针灸科、眼科、耳鼻咽喉科、治未病科等临床科室，以及检验、放射、B超、心电图、肺功能、内窥镜等医技科室。医院拥有CT、DR、彩超、彩色经颅多普勒、五分类血球计数仪、全自动生化分析仪、电子胃镜、结肠镜、腹腔镜、阴道镜、利普刀、心电监护仪、移动式C型臂X射线机、关节镜、多功能麻醉机、自动熏蒸仪等高、中档医疗设备。儿科、针灸康复科、妇科、肛肠科为市中医重点专科。开展中医特色服务项目80余种，具有中医特色的医疗技术40余项。2020年，在职职工219人，其中，卫生技术人员184人，中高级职称76人。全年门急诊就诊165206人次，住院4108人次。

【张勤眼科医院】 系泰州市第一个眼科专科品牌医院，位于扬子江中路98号。全院占地面积550平方米，建筑面积1820平方米，主要设备有白内障、玻切手术设备，光学相干断层成像OCT眼部检查设备，莱卡手术专用显微镜，综合验光设备和验光室，视功能检查设备，儿童弱视治疗仪等。编制床位数35张，实际开放床位数35张。卫生技术人员41人，其中，高级职称4人，中级职称6人，初级职称31人。2020年，门诊就诊15275人次，住院962人次。

【慕云儿科医院】 位于金港中路336号，占地面积600余平方米，建筑面积2100平方米。系集中、西医儿科门诊和病房于一体的综合儿童医院，高港儿童医保定点单位，国家二级中医专科医院。主要设备有进口生化仪、彩超、微量元素检测仪、心电图、DR放射诊断仪等。编制床位数80张，实际开放床位数40张。卫生技术人员17人。2020年，门急诊就诊9073人次，住院212人次。

【大泗卫生院】 位于大泗镇泗白路东侧8号，占地面积1.05万平方米，建筑面积6000平方米。系集中、西医门诊和病房于一体的一级综合乡镇卫生院，高港区医保定点医院。开设床位77张，职工63人，其中，高级职称14人，中级以上职称24人。拥有全自动生化分析仪、X摄影诊断机、DR影像机、电子肠镜、电子胃镜、彩色多普勒等医疗设备。

大泗镇卫生院一角 （区委宣传部 供稿）

【口岸街道田河社区卫生服务中心（高港中医喉科医院）】 始建于1958年，系集预防保健、医疗服务于一体的一级综合医院。位于口岸街道振兴南路（西侧）136号，占地面积1.16万平方米，建筑面积4500平方米。拥有全进口奥林巴斯光纤喉镜、五分类全自动血球仪、生化分析仪、DR及全套高档手术设备等医疗仪器设备。为泰州市医保、农保定点医院。设有特色专科——戴氏中医喉科，常规开展口腔、咽喉部常见病多发病及疑难杂症（西医手术配合）和内、外、妇科疾病诊疗。编制床位数30张，实际开放病床数30张。2020年，有卫生技术人员44人。门急诊44062人次，住院856人次。

（姚 瑶）

妇幼保健

【妇幼重大公共卫生服务项目】

“两癌”筛查 2020年，高港区完成宫颈癌筛查10115人，结案10115人，HPV检测10115人，其中阳性1478人，TCT检查1156人；乳腺癌筛查10115人，结案10115人。确诊宫颈癌6人、乳腺癌7人。

母婴阻断 落实孕产妇艾滋病、乙肝、梅毒检测费用减免政策。完成孕产妇艾滋病、乙肝、梅毒检测1617例，其中住院分娩产妇检测430例。孕期梅毒感染孕产妇0例，乙肝表面抗原阳性孕妇26例；乙肝表面抗原检测阳性26人，所生婴儿均注射免费的乙肝免疫球蛋白。

叶酸补服 加强宣传，倡导农村妇女在孕前和孕早期补服叶酸。加强叶酸管理和使用，明确专人负责叶酸的保管、发放和进销存资料的管理。全年增补叶酸妇女597人，服用依从率100%，增补叶酸知识知晓率100%。

【孕产妇健康管理】 2020年，高港区加强孕产期保健管理，每季度对孕产妇早孕建册、产前检查、住院分娩、产后访视、妊娠风险筛查评估、阳性转诊及随访等工作进行督导，对查出的高危孕产妇实行专册登记、专案管理、追踪随访、转诊护送、接诊救治，确保住院分娩。孕产妇1485人，其中，早孕建册1373人，早孕建册率92.46%；筛查出高危产妇77人，全程跟踪管理，保健覆盖率100%；孕产妇系统管理率92.97%；住院分娩1485人，分娩率100%，新法接生率100%；产后访视1485人，访视率100%，无孕产妇死亡。

【儿童健康管理】 2020年，高港区加强3岁以下儿童特别是体弱儿的筛选、随访，实行婴儿出生后产房建卡，增加高危新生儿访视次数。加强5岁以下儿童死亡监测及自动出院危重儿、严重缺陷儿的追踪、随访等工作。全区新生儿疾病筛查率99.8%、访视率99.8%，婴儿出生缺陷率0，婴儿死亡率1.99‰，5岁以下儿童死亡率3.32‰，无活产漏报；0~6岁儿童健康管理率100%，0~3岁儿童系统管理率99.52%，5岁以下儿童消瘦率1.1%。春、秋学期开学之际，组织开展托幼机构督导。开展在园儿童"六一"体检工作，共体检儿童5251人，入园新生健康档案建档率100%。对全区托幼机构734名保教人员进行儿童保健知识专题培训，组织托幼机构工作人员健康体检，发放体检合格证明。

【孕前优生健康检查】 2020年，高港区实行"婚前医学检查—孕前优生检查—婚姻登记"一站式服务。印发《高港区合并实施免费婚前医学检查和孕前优生健康检查项目工作方案》。全年开展免费婚前医学检查1245对，婚前医学检查率91.61%，免费孕前优生健康检查440对，筛查出高风险76人。

【母婴安全保障】 2020年，高港区建立孕产妇、新生儿危急重症救治（含高危转诊）绿色通道。高港中医院与许庄街道孔桥社区卫生服务中心建立妇幼联合病房，初步建立妇幼健康分级诊疗。定期组织开展妊娠风险筛查、高危孕产妇管理等专题培训。

【出生缺陷综合防治】 2020年，高港区完成免费产前筛查1485人、新生儿疾病筛查1504人、听力筛查1504人、先天性心脏病筛查1504人。

（田　荣　周　娟）

疾病预防与控制

【新冠肺炎疫情防控】 参见《年度聚焦》类目。

【传染病防治】 2020年，全区报告乙类传染病9种、190例，丙类传染病5种、229例。乙类传染病报告总数比上年下降10.38%，丙类传染病报告总数下降29.1%。全区各医疗机构严格执行传染病报告和登记制度，网上报卡完整率、准确率、及时率100%。

结核病防治　实施"三位一体"的结核病管理模式，强化肺结核的发现、诊断、治疗、管理。宣传国家的结核病防治工作政策和策略，普及结核病防治知识。发现活动性肺结核58例，其中，涂阳32例，病原学阴性24例，单纯性结核性胸膜炎1例，仅分子生物学阳性1例，网络报告率100%、转诊率100%、病人家属筛查率100%、追踪到位率100%、系统管理率100%。

艾滋病及性病防治　外地报至高港新感染艾滋病确认阳性病例14例，高港报告新感染艾滋病确认阳性病例1例。对感染者按时随访，填写随访表463份，感染者随访比例98%以上。每周五开展新发感染者CD4检测1次，检测比例100%。加强自愿检测登记咨询工作，启动自愿检测登记咨询个案表的网络直报工作，共计完成659份，超额完成上级要求的检测咨询任务。加强高危行为干预工作，对辖区内的大型宾馆、洗浴中心、KTV的高危人员进行干预，发放宣传资料，提高公共场所从业人员的防艾意识和防艾技能，干预比例95%以上。

【禽流感疫情控制】 2020年，高港区对城乡活禽市场、家禽规模养殖场（户）、家禽散养户、家禽屠宰加工厂等场所进行禽流感外环境采样监测。采样20个批次，计100个样本，经核酸检测H_9N_2阳性9份，H9（未分型）阳性3份，H_5N_6阳性1份，其余均为阴性。

【血吸虫病防治】 2020年，高港区开展春秋两季查螺工作，查螺总面积527.94万平方米（其中江滩235.23万平方米），查螺用工9111个工日，两季均未发现螺情。组织专业灭螺人员30余人，投入喷洒机3台，开展春秋两季药物灭螺施药，灭螺方法采用50%氯硝柳胺进行喷洒灭螺，灭螺剂量为2~4克/平方米，每平方米的喷洒水量不少于2千克，喷洒均匀，喷洒3遍（每遍间隔7~8天），灭螺总面积142.89万平方米，灭螺用工1450个工日，使用50%氯硝柳胺4.32吨，未出现中毒事件。永安洲镇永胜社区、东江社区为国家级血吸虫病监测点，监测流动人群病情201人，间接血凝试验检测均为阴性。完成本地居民血防查病1632人（血检1632人、粪检103人），流动人口查病201人，均未查出病人，血检阳性1人，扩大化疗1人。治疗救助晚期血吸虫病人22人，救助金额8.08万元。发放宣传材料近2万份，发放防护油膏200盒。设置血防临时警示牌39块。

【地方病防治】 2020年，高港区完成居民户碘盐监测300份，检出非碘盐1份、不合格碘盐5份、合格碘盐294份，盐碘均数24.08毫克/千克，盐碘中位数24.1毫克/千克，碘盐覆盖率99.67%，碘盐合格率98.33%，合格碘盐食用率98%，合格碘盐覆盖率99%。开展碘营养状况监测，儿童合格碘盐食用率98.5%，8~10周岁儿童未发现甲状腺肿大者，尿碘中位数247微克/升；孕妇合格碘盐食用率97%，孕妇尿碘中位数为182微克/升。

【寄生虫病防治】 2020年，高港区完成疟疾血检621人。宣传疟疾防治知识。对所有外出务工归国人员中的发热病人开展疟原虫血检，未发现输入性疟疾病例。

【预防接种和免疫规划】 2020年，高港区卡介苗接种率99.93%，第三剂脊灰疫苗接种率99.75%，第三剂百白破疫苗接种率99.85%，第一剂含麻疹成分疫苗接种率99.79%，第三剂乙肝疫苗接种率99.86%，第二剂A群流脑疫苗接种率99.47%，第一剂乙脑疫苗接种率99.91%，第二剂甲肝疫苗接种率99.92%。报告急性乙肝1例，急性乙肝48小时内流调率100%。AFP病例1例，为排除病例。麻疹专病系统报告疑似麻疹病例7例，经实验室检测排除病例6例。报告预防接种副反应38起，其中，一般反应34起，异常反应4起。开展“4·25”儿童预防接种宣传日活动，宣传主题为“及时接种疫苗，共筑健康屏障”，共设立宣传点10个，悬挂横幅10幅，发放宣传画册和折页100余份，接待咨询近100人次。

【慢性非传染疾病防治】 2020年，高港区居民电子健康档案建档22.5万份，建档率88.51%。65岁以上老年人累计体检3.42万人，老年人健康管理率75.75%。累计管理高血压患者3.39万人，随访13.77万人次，规范管理高血压患者2.24万人，规范管理率66.08%；累计管理糖尿病患者8778人，随访3.54万人次，规范管理糖尿病患者5500人，规范管理率62.66%。全区居民死因网络直报系统报告死亡病例2178例，死因报告率8.3‰。报告肿瘤发病信息1284例，随访信息5336例。报告急性心脑血管事件1504例。

【食源性疾病风险监测】 2020年，泰州市第三人民医院作为江苏省食源性疾病监测哨点医院，其他各医疗卫生单位作为泰州市食源性疾病监测哨点医院，负责食源性疾病病例、食源性异常病例的信息报送，区疾病预防控制中心负责信息审核及汇总。泰州市第三人民医院填报病例122例，其他各医疗卫生单位填报病例86例。 （耿桂琴　陆　军）

卫生监督

【概况】 2020年，全区发放各类公共场所卫生许可证172张，组织开展各类执法检查22次，检查相关单位1322个次，查处各类违法案件17件，罚没款18万元，处置各类卫生投诉举报3件。

【医疗机构监管】 2020年，区卫生监督所对全区医疗机构和疾病预防控制机构进行新冠肺炎疫情防控专项监督检查，共检查医疗机构13个、疾病预防控制机构1个，出动卫生监督员80人次，车辆20辆次，下达卫生监督意见书14份。对全区81个医疗机构执业行为开展监督检查。重点监督检查是否按证照许可范围开展诊疗活动，是否存在出卖、转让、出借医疗机构执业许可证或出租、承包科室情况，发布医疗广告、医务人员是否取得相应资质等。与各医疗机构及乡村医生签订“依法执业承诺书”200余份，在各村张贴“打击非法行医告市民书”80余份。开展医疗机构“双随机”检查，其中，国家“双随机”检查共检查医疗卫生医疗机构4个、计划生育医疗机构9个、传染病防治医疗机构4个，江苏省“双随机”检查共检查医疗卫生医疗机构11个、传染病防治医疗机构12个，高港区“双随机”检查共检查医疗卫生医疗机构11个、传染病防治医疗机构12个。区卫生健康委综合监督科、区卫生监督所、区疾病预防控制中心、泰州市第三人民医院成立综合检查组对各级各类公办医疗机构、民营医疗机构进行专项监督检查，对检查中发现的问题，现场下达卫生监督意见书，提出整改意见，要求整改到位。

【公共场所卫生监管】 2020年，区卫生监督所在新冠肺炎疫情爆发期间对全区开放的大、中型宾馆及快捷连锁酒店、超市进行监督检查，制发卫生监督意见书33份；对全区66个理发店进行拉网式监督检查，发放“高港区理发场所新冠肺炎卫生防控要求”和“倡议书”66份。开展公共场所国家“双随机”和省“双随机”监督检查，共检查公共场所97个，填写公共场所卫生随机监督抽查检查表97份，制发卫生监督意见书24份。其中，委托第三方检测机构泰州市盛世永康环保科技发展有限公司对39处场所的公共用品用具进行抽检，检测项目为用品用具的细菌总数、金黄色葡萄球菌、大肠菌群，以及沐浴用水的浊度、嗜肺军团菌，填写公共场所卫生随机监督抽查检测记录表39份，立案查处公共场所8个，罚款金额1.45万元。开展美容行业专项检查，主要检查经营场所有无卫生许可证、从业人员是否持有健康证、公共用品消毒设施设备是否能够正常运转，以及生活美容机构有无超范围从事针灸、拔火罐、纹眉、纹唇、割双眼皮等医疗美容服务活动，要求美容业主签订承诺书并张贴在醒目位置处，公布投诉举报电话。对主城区的沐浴场所进行监督检查，主要检查经营场所有无卫生许可证、从业人员是否持有健康证、公共用品消毒情况等，制发卫生监督意见书11份。

【学校卫生监管】 2020年，区卫生监督所组织对辖区内22所中小学落实传染病疫情报告人职责情况，以及制定落实传染病疫情应急预案、报告制度、学生晨午检制度和因病缺课登记追踪制度等情况进行监督检查。

【生活饮用水监管】 2020年，区卫生监督所每个季度对供水单位进行监督检查，对出厂水的余氯、浑浊度、pH 等指标进行现场快速检测，填写供水单位监督检查情况报告表4份。

【卫生行政执法】 2020年，区卫生监督所实行卫生行政处罚17件，结案17件，罚没18万余元，其中，医疗卫生行政处罚3件，公共场所卫生行政处罚10件，职业卫生行政处罚3件，传染病防治行政处罚1件。新冠肺炎疫情防控期间，对未取得医疗机构执业许可证擅自开展诊疗活动的2名乡村医生进行行政处罚并结案，罚没10.2万元，没收药品及相关器械8箱，吊销医师执业证书，责令停止非法执业活动，张贴取缔公告。5—6月，区卫生监督所开展打击非法行医专项行动，对重点单位、重点环节进行突击检查，严厉打击未取得医疗机构执业许可证擅自开展诊疗活动的“黑诊所”，无任何行医资格的“游医”“假医”等严重危害人民群众身体健康和生命安全的无证行医行为。

（孙选萍　孙　宏）

健康促进

【控烟工作】 2020年，高港区推进无烟环境建设，在公共场所设置明显统一的禁止吸烟标志，规定公共场所不得摆放烟具，发挥控烟监督员作用，做好劝阻吸烟工作。5月，对全区医疗机构开展控烟督查。组织参加“我为控烟发声”微信竞赛活动。

【农村改厕】 2020年，高港区拆除改造旱厕2713座，取缔露天粪坑696座，修缮户厕1002户。11月，省农村无害化卫生户厕改造验收销号现场核查组到高港区检查无害化户厕改造工作。

【健康教育】 2020年，高港区组织开展健康促进医院、健康促进学校创建工作。推广运用“居民健康素养网上学习测评系统”。开展2020年泰州市城乡居民健康素养综合水平监测工作。开展卫生宣传日咨询义诊及健康素养巡讲活动，宣传疾病防控和新冠肺炎疫情防控知识。组织参加2020年泰州市健康促进和健康教育职业技能大赛。

【病媒生物防治】 2020年，高港区做好居民楼院、农贸市场、餐饮行业等场所的病媒生物防治工作，发放鼠药400千克、灭蟑毒饵1.25万袋。

【卫生村创建】 2020年，口岸街道集成社区、徐庄村，大泗镇康乐村、杨营村，刁铺街道关桥社区、大丰社区，胡庄镇胡庄社区、刘荡村创成省级卫生村。

（管文建）

【学生健康监测】 2020年，高港区做好学生缺课监测工作。春学期当天上报率、非零报告率分别为64.14%、80.35%；秋学期当天上报率、非零报告率分别为95.2%、80.36%。春学期导致学生缺课的疾病前5位：感冒、其他、水痘、气管炎与肺炎、腮腺炎；秋学期导致学生缺课的疾病前5位：其他、感冒、气管炎与肺炎、水痘、麻疹。做好学生常见病监测工作，22所学校报送17981名学生的常见病监测数据（录入江苏省学生健康监测平台17981条），监测覆盖率99.36%。全区学生视力不良率56.18%，恒牙龋齿率5.56%，生长迟缓率0.2%，轻度消瘦率2.62%，中重度消瘦率2.06%，超重率17.52%，肥胖率19.56%，血压偏高率15.17%。12月，市、区疾控中心联合开展学校教学环境监测，完成海军小学等5所学校的教学环境监测任务，覆盖率25%，按时录入江苏省学生健康监测平台。

【基本公共卫生服务项目绩效考核】 2020年，区卫生健康委联合区财政局每季度对基本公共卫生服务项目工作的数量、质量进行考核，及时下拨项目经费。发放区、镇两级乡村医生养老保险补助各11.91万元，区、镇两级离退休乡村医生补助各73.18万元，全区易肇事肇祸严重精神障碍患者的监护人以奖代补资金15.32万元。

【家庭医生签约服务】 2020年，高港区共有家庭医生（健康管理）团队57个。常住人口签约服务11.43万人，签约率44.9%，重点人群签约11.46万人，签约率69.3%；建档立卡人群签约2120人，免费体检2029人，应签尽签率100%，免费体检率95.7%。

（耿桂琴　陆　军）

医政管理

【新冠肺炎医疗救治】 2020年，高港区成立区级医疗救治专家组，各医疗卫生单位成立由分管院长牵头的院内专家组。在许庄街道孔桥社区卫生服务中心设置发热病人留观点，治愈4名确诊病例。对医疗卫生人员实施全员培训，共培训14175人次，培训内容包括新冠肺炎8个版本的诊疗方案、医疗机构内预防与控制技术指南、个人防护等相关内容。

核酸检测　在泰州市第三人民医院建成核酸检测实验室，通过临床基因扩增检验实验室（PCR 实验室）江苏省临检中心专家组的现场技术验收，日检测量可达1800人。组织各医疗机构开展核酸检测，住院患者和陪护人员核酸检测9528人次，医务人员核酸检测2431人次。

规范发热门诊　泰州市第三人民医院、高港中医院改扩建发热门诊，规范就诊流程，规范医务人员的个人防护，对疑似病人实行单人单间。全区发热门诊共接诊发热患者846人次，留观117人，发现疑似病例2例。

【医联体建设】2020年，高港区以泰州市人民医院为龙头，以泰州市第三人民医院为枢纽，以高港区基层医疗单位为基点，形成泰州市人民医院—泰州市第三人民医院—大泗镇卫生院、永安洲镇卫生院、胡庄镇卫生院、许庄街道社区卫生服务中心紧密型医联体。泰州市人民医院第二批专家团队入驻泰州市第三人民医院。泰州市第三人民医院影像科获评市级重点专科建设单位。泰州市人民医院、泰州市第三人民医院专家团队在永安洲镇、大泗镇举行下基层大型义诊2次，社区科普讲课6次，服务群众约4000人。组织10名医疗专家定期对基层医疗机构进行技术扶持。全年泰州市第三人民医院、高港中医院向市外转诊4214人次，下转439人次。

【护理站设置】2020年，全区10个基层医疗机构与所在镇街养老院签订医疗服务合作协议，在口岸街道、大泗镇、白马镇、许庄街道、胡庄镇敬老院和区级老年养护院设置护理站。适应健康养老需求，推进医养结合型养老服务体系建设。

【医疗质量管理】2020年，区卫生健康委组织泰州市第三人民医院的专家对各单位“三合理”、院感、护理、药房管理、基本药物评价等工作进行督查，针对发现问题，要求及时整改。组织召开检验科负责人座谈会，商讨检验行业如何高质、高效、可持续发展。组织全区各级各类医疗机构参加泰州市组织的室间质控。泰州市第三人民医院定期召开基层胸痛中心联合例会，对基层骨干医师开展胸痛知识培训。7月，泰州市第三人民医院基层胸痛中心通过国家级胸痛中心认证。泰州市第三人民医院、高港中医院医疗废弃物监管信息系统上线。泰州市第三人民医院参加市卫生健康委组织的PDCA大赛，获得三等奖。基层卫生院团队参加市卫生健康委组织的感控知识大赛，获得团体优秀奖。

2020年8月19日，高港区举办庆祝中国医师节暨“最美医师”颁奖活动

（区委宣传部　供稿）

【药事管理】2020年，区卫生健康委将执行基本药物制度明确为各医疗机构重点工作任务。要求各医疗机构确定责任领导和具体责任人，做到基本药物有信息标注，每月开展处方点评，定期对医务人员的基本药物使用情况进行分析。严格毒麻药品的管理。加强抗生素合理使用，进行抗生素、辅助用药的“三合理一规范”督查，督促医疗机构合理检查、合理用药、合理治疗、规范收费。做好抗生素使用目录备案工作。及时报送短缺药品信息，建立药品库存预警机制，确保必要的库存使用量。全区9个基层医疗机构基本药物配备的品种和金额占比平均70%以上，较省卫生健康委下达的基本药物配备比高15%。

【健康扶贫】2020年，全区建档立卡低收入人口2207人，建档立卡2206人，建档率99.95%；签约2206人，签约率99.95%（1人为非高港籍，系统无法迁移）；年度体检2133人，体检率96.65%。稳步推进低收入人口大病专项救治，全面落实“先诊疗后付费”政策，做好家庭医生签约服务。

【体检工作】2020年，区卫生健康委组织开展征兵体检、高校体检、事业单位招聘体检、高层次人次招聘体检，共完成10批次、2500人次的体检任务。

【特色科室建设】2020年，刁铺街道社区卫生服务中心及永安洲镇卫生院针灸科通过市级特色科室复审，许庄街道社区卫生服务中心康复科被评为江苏省基层特色科室建设单位。大泗卫生院糖尿病并发症筛查工作站被中国微循环学会江苏省基本公共卫生服务技术指导中心评定为江苏省基本公共卫生服务创新项目，被省卫生健康委确认为省级糖尿病筛查工作室。

（赵亚萍）

人力资源

创业富民

【概况】 2020年，高港区发放富民创业贷款5500万元，新增创业人数1.12万人，支持成功自主创业3213人，创业带动就业1.5万人。

【创业培训】 2020年，高港区为中高等院校毕业生（含毕业前2年在校大学生、职技校生）、返乡农民工、下岗失业人员、城乡未充分就业人员、留学回国人员、企业职工等提供免费创业培训。全年举办创业培训班19期，培训757人，发放培训补贴59.2万元。

【大学生创业】 2020年，高港区继续实施“大学生创业引领计划”，开展“大学生优秀创业项目”遴选活动，发挥创业指导团作用，为大学生创业项目提供咨询辅导、项目孵化、场地支持、政策优惠、业务帮办等服务。全年发放大学生创业补贴30万元、创业担保贷款800万元，引领大学生创业1076人。5个大学生创业项目被评为市级大学生优秀创业项目，其中3个项目被评为省级大学生优秀创业项目。（李 玲）

城乡就业

【概况】 2020年，高港区通过“线上+线下”相结合的方式，举办各类招聘活动41场次，提供就业岗位5000余个，达成就业意向3800余人次。全年新增城镇就业人数1.41万人，失业人员再就业1.25万人，城镇零就业家庭始终保持动态清零。城镇登记就业率1.7%，继续保持全市最低。

2020年1月20日，高港区举办“春风行动”——劳动力综合交流洽谈会

（区人力资源社会保障局 供稿）

【劳务合作】 2020年，高港区在甘肃、广西、陕西等8个省（自治区）建立省外优质劳务基地25个。与河北北方学院、江西制造职业技术学院、山东德州弘德技工学校等21所院校达成合作协议。引进省内重点人力资源服务机构27个，省外人力资源服务机构32个，为企业输送工人1000余人。

【援企稳岗行动】 2020年，高港区为1077个企业发放稳岗返还补贴756万元，惠及职工3.15万人。为153个受疫情影响较重的批发零售、物流运输、文化旅游、餐饮住宿企业发放应急稳岗返还补贴1307万元。为2个困难企业发放困难企业稳岗返还补贴130万元。疫情期间，为6个重要医用物资企业发放一次性吸纳就业补贴150万元。

【人才网格服务】 2020年，高港区开通“高港就业人才网”，推进“互联网+就业创业”网络服务应用。该平台为求职者和用人单位提供求职登记、招聘信息发布、职位精准匹配等服务，构建供需双向互动机制，向符合匹配条件的双方实时推送就业服务信息。至年末，全区有283个企业完成注册，259个企业通过平台发布招聘信息1250余条。

【"春风行动"线上招聘】 2020年，高港区组织开展"春风行动"线上招聘系列活动，累计发布招聘信息5000余条，参加网上招聘企业300个次，提供就业岗位7000余个，达成就业意向3000余人次。

【职业培训补贴】 2020年，高港区共发放职业培训补贴1571.82万元。其中，发放以工代训补贴1425.67万元，补贴人数8156人；发放新型学徒制培训补贴57.2万元，向扬子江药业集团江苏龙凤堂中药有限公司发放补贴33.2万元，补贴人数83人，向泰州大自然德森堡木业有限公司发放补贴24万元，补贴人数60人；发放技能提升培训补贴88.95万元，补贴人数近1000人。

【技能状元大赛】 9月10日，高港区组织技术工人参加第五届江苏省技能状元大赛泰州市选拔赛暨泰州市技能状元大赛。泰州永安港务有限公司钱俊、李瑶获起重装卸机械操作工二等奖，江苏能建机电实业集团有限公司倪江飞、泰州港务集团有限公司唐勇征分别获得钳工、电工组三等奖。 （李 玲）

人才开发

【人才招引】 2020年，区人力资源社会保障局开辟"线上+线下"引才新模式。"线上"与智联招聘合作，开发"才赋高港"名企云聘小程序。"线下"与高等院校、劳务基地、人力资源服务机构、猎头公司等对接交流，开展校园招聘、订单送工、靶向洽谈、就业见习等活动。全年引进高层次人才325人，其中留学回国人员32人，集聚高校毕业生3730人。

【人才服务】 2020年，高港区发放人才购房券496万元，兑付353万元。建立市级高校毕业生就业实践基地21个，提供就业见习岗位1688个，发放就业见习补贴147万元，高校毕业生留岗率80%以上。落实区领导挂钩联系优秀人才、专家慰问、人才公寓、健康休养、体检等制度，帮助人才解决薪酬福利、家属就业、子女入学、医疗保障、住房保障等实际问题。为4名博士后人员申报项目奖补资金46.33万元，为46名"凤城英才卡"持卡人才报销健身费用6.6万元，为58名专家进行健康体检。

【人才培育】 2020年，高港区开展企业职称自主评审，有36人通过自主评审获得中级职称，获评人数比上年增长50%。全年新增专业技术人才1900人。开通高层次和急需紧缺人才高级职称考核认定绿色通道，泰州市华强照明器材有限公司陈龙和扬子江药业集团董达文获得专业技术高级职称。推进高层次人才项目申报，泰州港务集团有限公司曾焱获批江苏省突出贡献专家，泰州口岸船舶有限公司朱连兵入选享受国务院特殊津贴人员，扬子江药业集团宋敏、董志奎获评泰州市突出贡献专家。全年成立市乡土人才大师工作室6个，获评市企业首席技师1人，成功申报江苏省乡土人才"三带"能手10人、"三带"新秀15人。

【"泰爱才"校园引才活动】 2020年，高港区组织扬子江药业集团、长城汽车股份有限公司泰州分公司、益海（泰州）粮油工业有限公司等区内重点企业参加为期20天的江苏省"百日千万网络招聘专项行动"高校毕业生就业见习供需对接会，参加"泰爱才"赴外招聘线路9条。开展"走进本地高校，助力就业创业"人才专项活动，共组织30余个企业到南京科技大学泰州理工学院、南京师范大学泰州学院和泰州职业技术学院参加校园招聘，收到简历450份，达成就业意向109人。组织企业参加专区招聘，为95个企业发布大学生岗位招聘信息3600余条。

【职业技能等级证书评定】 2020年，高港区在扬子江药业集团、益海（泰州）粮油工业有限公司、泰州港务集团有限公司建立企业职工技能等级证书制度，共有1060名职工通过企业自主评价获得技能等级证书。全区新增高技能人才819人，每万名劳动力中高技能人才数1578人。 （李 玲）

人事管理

【事业单位招考】 2020年，高港区公开招聘事业单位工作人员98人，其中，中小学教师41人，幼师11人，医护人员9人，其他事业编制人员37人。招考工作全程接受纪检监察部门和社会监督，确保阳光招录、公平公正，考录工作实现无事故和零差错、零投诉。

【事业单位人事管理】 2020年，高港区加强泰州市第三人民医院和高港中医院备案制人员管理，推进基层医疗机构人才"区管院用"机制体制改革。全区事业单位岗位聘用率100%，聘用合同签订率100%。

【事业单位年度考核】 2020年，高港区对全区事业单位人员开展年度考核，通过民主测评和实绩考核，管理岗位评出优秀84人，专业技术岗位评出优秀530人，工勤技能岗位评出优秀3人。共有486名考核优秀的事业单位工作人员获嘉奖。

【工勤技能岗位管理】 2020年，高港区组织开展机关事业单位工勤技

2020年9月10日，高港区在刁铺街道圩岸社区举办退休人员公益书画培训班　（区人力资源社会保障局　供稿）

能岗位技术等级申报工作，其中，申报确定技术等级或晋升技术等级11人，申报汽车驾驶、计算机信息处理、行政事务等技师资格考评9人，申报高级技师技术等级5人。组织135名工勤人员参加继续教育培训。

【工资福利管理】 2020年，高港区为全区机关事业单位工作人员办理正常晋升及职务、职称、津补贴等工资变动核定5000余人次。办理机关事业单位退休人员一次性补贴400余人。办理抚恤金及遗属生活困难补助55人。落实新冠肺炎疫情防控期间全区医疗卫生机构事业单位工作人员有关工资待遇，为全区医疗卫生机构事业单位增核一次性工资绩效总量240.84万元，为13名一线医务人员发放临时性工作补助0.43万元，为1377名参加新冠肺炎疫情防治工作的医务人员和防疫工作者发放临时性工作补助302.84万元。（李　玲）

维权服务

【农民工工资保障】 2020年，高港区落实保障农民工工资支付制度，执行实名制管理和工资专用账户制度，全面推进欠薪治理。全年处理各类矛盾291件，其中，“12333”劳动保障热线、“12345”民生服务热线等平台流转信访件156件，国务院“根治欠薪进行时”反馈案件105件，“泰无聊”、微博、“小范帮你忙”等网络媒体欠薪线索7件。排查重大问题隐患23起，共为600余名农民工追讨工资1300余万元。

【劳动监察】 2020年，区劳动监察大队共受理投诉举报案件221件，其中，“工资及执行最低工资标准”案件207件，“未缴纳社会保险”案件12件，“其他”案件2件，查处案件196件，按期结案率100%，无行政复议和行政诉讼。主动监察用人单位910户。劳动监察联动平台举报投诉动态录入率100%，联动平台案件按期运行率100%，咨询信息录入数4500条，一级网格运行率100%。调解简易劳资矛盾纠纷253件，指导服务用人单位2214个次，采集新增用人单位信息3156条。劳动保障监察专职监察人员持证在岗率100%。规模以上企业劳动合同签订率100%，已建工会企业集体合同签订率100%。

【劳动争议仲裁】 2020年，高港区共处理各类劳动人事争议案件1832件（含2019年结转案件3件），涉及案件标的6200余万元，涉及人数1942人。立案处理677件（其中10人以上案件4件）；案外调解案件311件，基层劳动争议调解组织案外处理案件801件；立案处理的案件全部审结669件，按期结案率100%；结案案件中调解、撤诉共580件，裁决97件（其中一裁终局53件），结合案外调解案件数，调解成功率94.7%；结案案件中劳动者胜诉25件，用人单位胜诉30件，双方部分胜诉622件。

【和谐劳动关系创建】 2020年，高港区组织开展劳动保障诚信企业、和谐劳动关系企业评选等活动。江苏苏萨食品有限公司、国家能源集团泰州发电有限公司创成江苏省劳动关系和谐企业。江苏康贝宠物食品有限公司、益海（泰州）粮油工业有限公司创成泰州市十佳劳动关系和谐企业。扬子江药业集团江苏龙凤堂中药有限公司等13个企业创成泰州市劳动关系和谐企业。泰州统实企业有限公司等9个企业创成泰州市劳动保障诚信示范企业。（李　玲）

社会保障

社会保险

【养老保险】 城镇职工基本养老保险 至2020年年末，高港区城镇职工基本养老保险参保人数7.44万人，比上年增加2408人。其中，参保职工5.72万人（含参保农民工3661人），参保离退休人员1.73万人。缴费人数5.7万人。全年办理养老保险关系转移1260人次，办理到龄退休人员1206人。享受企业养老保险待遇1.76万人，人均养老金2086.81元/月。企业退休人员全部纳入社区管理，基本养老金按时足额发放率100%。全年城镇职工基本养老保险基金总收入4.56亿元，其中征缴收入4.21亿元；基金总支出4.49亿元，其中基本养老金支出4.29亿元；累计结余11.43亿元。

城乡居民基本养老保险 至2020年年末，高港区城乡居民基本养老保险参保人数5.37万人。全区城乡居民基本养老保险基础养老金标准为每人185元/月，领取待遇人数为5.04万人，基础养老金发放率100%。全年城乡居民基本养老保险基金总收入2.33亿元，其中个人缴费收入328万元；基金总支出1.77亿元；累计结余4.86亿元。

机关事业单位养老保险 至2020年年末，全区机关事业单位养老保险参保单位241个，在职参保人数4496人，正常缴费人数4213人，退休人数2310人。归集机关事业单位职业年金2.76亿元，其中，虚账记实9284万元、财政贴息1855万元、存量缴费1.65亿元。调整机关事业单位退休人员基本养老金，人均增加基本养老金228元，增幅约4%。全年机关事业单位养老保险基金总收入1.88亿元，其中征缴收入1.03亿元；基金总支出1.79亿元；累计结余940万元。

被征地农民社会保障 至2020年年末，高港区按《江苏省征地补偿和被征地农民生活保障办法》标准享受征地保障待遇1.21亿人，待遇标准为710元/月。按《江苏省征地补偿与被征地农民社会保障办法》办理社会保障人数1.44万人，其中，劳动年龄段9141人，养老年龄段5252人，养老金标准为781元/月。全年累计征收被征地农民社会保障资金6.13亿元，累计发放3.36亿元，累计结余12.69亿元。

【工伤保险】 2020年，高港区开展工伤预防和康复工作，共组织工伤预防培训1068人次、工伤康复22人次。至年末，全区工伤保险参保人数4.89万人。其中，农民工参保3.2万人，机关事业单位参保4496人。完成工伤认定案件385件，劳动能力鉴定案件238件，其中达到伤残等级225件。享受工伤待遇578人次，其中享受定期待遇96人。试行将新业态灵活就业人员、超过法定退休年龄的人员、在校实习生和各类群众自治性组织等聘（雇）用人员纳入补充工伤保险，共有4个企业为符合参保条件的97人购买补充工伤保险。全年工伤保险基金总收入1509万元，基金总支出3947万元，累计结余450万元。

【社会保险费减免】 2020年，为应对新冠肺炎疫情造成的影响，高港区阶段性减免社会保险费，纾解企业困难。大型企业减半征收2—6月应由企业承担的职工养老保险、职工工伤保险费，中小微企业和以单位方式参保的个体工商户减免征收2—12月应由企业承担的职工养老保险、职工工伤保险费。全年共减免征收职工养老保险费2.4亿元、工伤保险费1300.47万元。

【社保基金管理】 2020年，高港区开展“社会保险基金管理风险防控警示教育月”活动，规范业务流程，完善风险管理，加强内部控制，杜绝严重违规行为，提升社会保险基金风险防控能力，守护社会保险基金安全底线。实现各类社保基金网上监管全覆盖，业务、财务数据上传率100%。至年末，各项社会保险基金累计结余29.12亿元。

【城乡居民基本养老保险扶贫】 2020年，高港区开展城乡居民基本养老保险扶贫工作，区人力资源社会保障局、区扶贫办、区民政局、区残联等部门联动合作，为符合条件的建档立卡低收入人口、低保对象、特困人员、重残等贫困人员1733人，按照每人每年100元的标准代缴城乡居民养老保险，全年投入财政资金17.33万元。

【社会保障信息化建设】 2020年，高港区推进江苏省人社一体化信息平台建设和综合柜员制改革，对办事窗口、服务流程、风险防控、软件系统、人员配置进行全方位优化升级，打造便捷、高效的线上线下公共服务体系，基本实现日常业务"就近办、一门办、一窗办、一网办、全省办"。至年末，全区省社保卡持卡人数26.48万张，持卡率100%；电子社保卡申领4.92万张；社保卡申领实现"立即办、网上办、全省通办"；实现灵活就业人员及城镇居民保险一体机自助缴费功能，访问人数103万人次。（李 玲）

【医疗和生育保险】 2020年，泰州市医疗保障局高港分局落实疫情防控"三保障一支持"特殊政策，调减统一职工医保缴费费率，实施阶段性减半征收，减轻企业负担约7000万元。全面实行经办业务"综合窗口"服务模式，推行医保线上办理、电话办理等"不见面"服务，推进省人社一体化征缴业务衔接。落实困难群体资助参保和救助政策，持续做好边缘人口的监测预警工作，对可能因病致贫返贫的人员实施动态监测、精准帮扶，及时做好老党员医疗帮扶、退捕渔民参保等工作。推进扩面参保、基金管理等工作，全面做实基本医疗保险和生育保险市级统筹，省高质量考核异地就医门诊直接结算排名全市前列，被评为全市医疗保障系统2020年度推进省高质量考核工作先进单位、推进基本医疗保险和生育保险市级统筹工作先进单位。

城镇职工基本医疗保险 至2020年年末，全区城镇职工基本医疗保险参保9.26万人，比上年增加9800人。其中，参保职工7.02万人，参保退休人员2.24万人。职工医保政策范围内住院报销比例85%。

城乡居民基本医疗保险 2020年，高港区城乡居民基本医疗保险个人缴费标准为一般居民每人每年380元，特困人员每人每年150元，学生儿童每人每年200元。财政补助标准提高到每人每年680元。至年末，全区城乡居民基本医疗保险参保13.87万人。门诊待遇享受47.08万人次，住院待遇享受2.19万人次，大病保险待遇享受3.58万人次。居民医保高港区内定点医疗机构政策范围内住院报销比例71.7%。

生育保险 至2020年年末，全区生育保险参保5.39万人，其中女职工2.3万人。全年享受生育保险待遇2263人次，支付各项生育保险待遇1875万元。（于 慧）

社会救助

【最低生活保障】 7月，高港区最低生活保障标准由每人每月680元调整至710元。全年新增低保户128户、178人，核减低保户38户、64人。至年末，共有城乡低保户1655户、2071人，人均月补差531.3元，全年向低保家庭发放生活保障金1238.22万元。

【特困人员供养】 2020年，高港区分散特困人员供养标准由每人每年9944元提高至11076元，集中供养标准由每人每年10938元提高至12180元，每人每年医药费统筹1000元。全年向337名特困人员供养对象发放基本生活费396.17万元（含医药费统筹33.7万元）。

【临时生活救助】 2020年，高港区向64名符合临时救助条件的对象发放临时生活救助金23.98万元。元旦、春节期间，向2467名特困群众发放慰问金197.36万元。

【疫情防控期间困难人员保障】 2020年，高港区向全区城乡低保对象、分散供养特困人员等困难群众配发爱心口罩7000只。区民政局联合区商务局向全区分散供养特困人员、孤儿和困境儿童、疫情期间居家隔离的特殊困难人员等发放生活必需品260份，价值5万余元。1—8月，发放物价补贴1.96万人次，累计发放金额346.36万元。2—6月，发放疫情期间临时生活补贴2.43万人次，累计发放金额292.26万元。（杨国兵）

【慈善救助】 2020年，高港区慈善协会共募捐各类善款72.96万元。开展"情暖江苏·爱在泰州"春节慰问活动，慰问家庭60户，发放慰问金6万元。开展"牵手贫困学子"福彩慈善助学项目，资助24人共12.1万元。（尹继峰）

【医疗救助】 2020年，高港区资助困难群体参加城乡居民基本医疗保险5680人，落实资助参保资金182.85万元。医疗救助待遇享受3万人次，医疗救助基金支付655.23万元。转介预警信息3053人次，建档立卡低收入人口医疗救助资金托底68人次、托底金额1.16万元，医疗机构托底直接结算34人次、托底金额1.63万元。新中国成立前入党的老党员享受医疗救助111人次，医疗救助金额1.91万元。（于 慧）

社会福利

【老年福利】 尊老金发放 2020年，高港区发放尊老金1405.8万元，惠及老年人1万余人。

居家养老项目建设 新建口岸街道王营社区、柴墟社区、新明社区、朱营社区、雅儒村，刁铺街道明发社区、通太社区，许庄街道官沟社区、赵王社区，永安洲镇建安社区，胡庄镇汪群社区，大泗镇大泗社区，白马镇金马社区共13个标准化社区居家养老服务中心，累计建成标准化社区居家养老服务中心67个，城乡覆盖率分别为80%、40%；累计建成街道老年人日间照料中心3个，街道日间照料中心实现全覆盖，累计建成老年人助餐点45个，完成“十三五”养老服务体系建设任务。

政府购买居家养老上门服务　5月18日起，泰州市区恢复政府购买居家养老上门服务，服务对象包括政府补贴对象和政府普惠对象两类，累计服务政府补贴对象1300余人、普惠对象1万余人。开展“上门服务帮你忙，居家养老幸福享”活动，为70~79周岁有服务需求的社会老年人提供居家上门服务，服务人数2.23万人。政府购买居家养老上门服务结算资金659.12万元。（王竹芳）

特殊困难老年人家庭适老化改造　结合老年人身体状况及改造意愿实施具体项目，完成208户特殊困难老年人家庭适老化改造任务。（韩　韫）

老龄健康工作　开展“敬老月”活动，举办健康讲座、义诊、走访慰问等活动，共慰问老人4924人，发放慰问金4.2万元。开展江苏省第三届“百佳孝星”推选活动，15人获得省、市级“百佳孝星”称号。开展65岁以上老年人健康体检工作，共体检3.54万人次。（田　荣）

【儿童福利】　7月，高港区散居孤儿基本生活费标准从每人每月1600元提高到1704元。全年发放孤儿基本生活费120人次、19.8万元，发放困境儿童基本生活费2269人次、123.1万元。（陆及义）

【残疾人“两项补贴”】　7月，高港区调整困难残疾人生活补贴和重度残疾人护理补贴“两项补贴”标准。低保家庭内的重度残疾人生活补贴标准调整为每人每月249元，低保家庭内的非重度残疾人生活补贴标准调整为每人每月178元，低保家庭外重度残疾人生活补贴标准调整为每人每月710元，低收入家庭“一户多残、依老养残”特殊困难残疾人生活补贴标准调整为每人每月426元，三、四级智力、精神残疾人生活补贴标准调整为每人每月142元；城镇、农村重度残疾人护理补贴未作调整，仍然执行城镇重度残疾人护理补贴标准每人每月120元，农村重度残疾人护理补贴标准每人每月80元。全年发放“两项补贴”2223.28万元。（杨国兵）

2020年4月26日，区民政局举办全区困境儿童精准排查业务培训班
（区民政局　供稿）

【福利彩票销售】　2020年，高港区各类福利彩票累计销售2968.2万元。其中，电脑票销量2330.2万元，“中福在线”销量439.8万元，即开票销量198.2万元。（尹继峰）

住房保障

【保障性住房建设】　2020年，高港区开工建设各类棚户区改造住房及安置房665套，其中，棚户区改造开工89套，安置房项目新开工576套。建成各类棚户区改造住房89套。完成2个老旧小区综合整治。发放老职工一次性住房补贴53人，共137.24万元，其中，园区及镇街发放老职工一次性补贴33人，102.72万元，区级发放教职工一次性补贴20人，34.52万元。发放城镇中低收入家庭住房租赁补贴2户共9600元。向外来务工人员分配公租房13套。

【住房公积金管理】　2020年，泰州市住房公积金管理中心高港分中心累计归集住房公积金4.8亿元，比上年增长22.47%。新开户单位94个，新增开户职工4459人，年末开户人数49279人，年利息转本金1715万元。全年发放个人住房贷款651户共1.6亿元，回收贷款1.1亿元，年末贷款余额9.4亿元，个人贷款逾期率0.01%，贷款抵押到位率94.54%。（唐　婷）

社会事务管理

人口服务

【婴幼儿照护服务】 2020年，区政府办印发《关于促进3岁以下婴幼儿照护服务发展的实施意见（2020—2025）》。建立全区3岁以下婴幼儿照护服务工作部门联席会议制度。全区有托育机构12个，其中市普惠托育机构2个。

【计划生育优惠资金发放】 2020年，高港区发放计划生育奖扶资金1264.46万元，惠及13346人；特扶资金451.16万元，惠及565人；退休职工一次性奖励金242.26万元，惠及808人；城镇非从业居民一次奖励金6.9万元，惠及23人；独生子女父母奖励金15.24万元，惠及7620人。继续落实节育手术并发症人员生活补助制度，发放生活补助金86.64万元，惠及364人。（田　荣）

【婚姻登记】 2020年，高港区办理结婚登记2249对，比上年减少644对；离婚登记570对，减少170对；补发结婚证405对，减少129对；补发离婚证29对，增加7对。

【殡葬管理】 2020年，高港区落实惠民殡葬政策和生态葬要求，为2283名死亡人员免除基本丧葬服务费251.4万元。（陆及义）

基层自治组织建设

【村（居）委会换届选举】 2020年，高港区依法组织部分村（社区）开展村（居）委会补选，共有6个村（社区）完成村（居）委会主任的补选工作。9月30日，召开全区村（社区）"两委"换届工作部署会。举办村（社区）"两委"换届选举工作骨干培训班。开展选情摸排、经济责任审计、制定换届工作方案等换届准备工作。确定白马镇为全区村（社区）换届选举试点镇。至12月28日，白马镇7个村（社区）全部完成村（居）委会换届选举工作。

【推行"全科社工"服务】 2020年，高港区在9个城市社区推行"全科社工"服务模式，通过多样化选拔、系统化培养、规范化管理，打造一支由27人组成的专业化、职业化"全科社工"队伍。将民政、计生、社保、残联等各条线的业务进行整合，由一人一岗、专事专办转变为窗办理、一次受理，改革后的一个综合窗口能受理80余项业务。

【基层民主管理】 2020年，区民政局指导各村（社区）以楼幢、自然村或村民小组为基本单元开展"微自治"试点。组织开展"微自治"示范点评选活动，永安洲镇东江社区、大泗镇前进村获评泰州市"微自治"示范村（社区），永安洲镇兴

刁铺街道明发社区综合服务窗口　　（明发社区　供稿）

隆社区获评泰州市优秀村。选树基层治理典型案例，永安洲镇润洲社区的《社区吹哨，居民自治，全面提升治理能力》被评为泰州市基层治理示范案例。指导各村（社区）修订完善村规民约，胡庄镇胡庄社区、田野村，白马镇陈家村，许庄街道管营村制定的村规民约被评为泰州市示范村规民约（居民公约）。开展“一社区一特色一品牌”创建活动，评选第三届高港区“十佳”社区服务品牌，推荐前5名参加泰州市优秀社区服务品牌评选，永安洲镇润洲社区的《情“润”万家最“洲”到》、大泗镇康乐村的《康居康乐，常态长效》被评为泰州市“十佳”社区服务品牌，刁铺街道圩岸社区的《智慧圩岸》、许庄街道三星社区的《“三星”暖童心》被评为泰州市优秀社区服务品牌。组织开展“大江儿女·最美社区工作者”评选活动，表彰20名在疫情防控期间表现突出的城乡社区工作者。

【城市社区“微治理”项目】 2020年，高港区投入23.7万元，资助口岸街道育才社区、蔡滩社区和刁铺街道圩岸社区实施“微治理”项目，解决社区电动车充电、雨污分流、绿化亮化等方面的问题。

【社区综合服务中心建设】 2020年，高港区按照每百户不低于30平方米，总面积不低于600平方米的要求，推进社区综合服务中心达标建设。完成3个社区综合服务中心达标建设任务，分别是口岸街道新明社区和许庄街道赵王社区、官沟社区。全区累计有88个村（社区）完成社区综合服务中心达标建设，达标率96.7%。 （侯金春）

社会组织管理

【概况】 2020年，高港区新登记社会组织17个，其中，民办非企业单位11个、社会团体6个。至年末，全区登记社会组织总数713个，其中，社会团体489个，民办非企业单位222个，基金会2个。

2020年高港区新登记社会团体一览表

表22

单位名称	地址	主管单位	登记时间
泰州市高港区退役军人尊崇互助协会	高港区港城东路369号	区退役军人事务局	2020-01-10
泰州市高港区象棋协会	高港区港都花苑综合楼	区文化体育旅游局	2020-01-22
泰州市高港区农场主协会	胡庄镇田野村田厦7组	区农业农村局	2020-05-11
泰州市高港区胡庄周马农业技术协会	胡庄镇周马村李元3组999号	区科协	2020-07-10
泰州市高港区大泗良食农产品行业协会	大泗镇霍堡村11组	区农业农村局	2020-08-25
泰州市高港区大泗镇商会	大泗镇泗白路8-1号	区工商联	2020-09-18

2020年高港区新登记民办非企业单位一览表

表23

单位名称	地址	主管单位	登记时间
泰州市高港区港城房屋征收服务中心	白马镇现代产业孵化中心	区住房城乡建设局	2020-01-10
泰州市高港区永安洲永胜残疾人之家	永安洲镇永胜花苑	区残联	2020-04-03
泰州市高港区甜妈妈爱心服务驿站	高港区春江东路5号	区民政局	2020-05-26
泰州市高港区刁铺街道明发社区居家养老服务中心	刁铺街道解放东路666号	区民政局	2020-06-15
泰州市高港区咔乐街舞运动俱乐部	高港区江平小区三期6号楼	区文化体育旅游局	2020-07-24
泰州市高港区益众社会工作服务中心	高港区金港中路684号	区民政局	2020-07-29
泰州市高港区白马黄河残疾人之家	白马镇黄河村村委会	区残联	2020-09-01
泰州市高港区枫雅幼儿园	永安洲镇学府北路、中心路西	区教育局	2020-11-13
泰州市高港区口岸街道社会组织服务中心	口岸街道新城社区居委会	区民政局	2020-12-03
泰州市高港区胡庄宗林残疾人之家	胡庄镇宗林村村委会	区残联	2020-12-10
泰州市高港区中医药产业研究所	高港区江平路江圣村59号	区农业农村局	2020-12-16

【社会组织年检】 4—11月，高港区开展社会组织网上年检工作，符合年检条件的社会组织共有683个，参加年检共478个，未参加年检205个，年检率70%。年检合格的248个，基本合格的230个。

【社会组织建设】 2020年，高港区加强社会组织规范化建设，邀请省内外专家为社会组织开展专题培训7场。加大购买社会组织服务力度，实施第四届社会组织公益创投项目，投入资金近70万元，资助公益服务项目10个；组织9个社会组织参加泰州市第二届“四型”特色社区公益服务项目，投入资金约66万元，资助社区公益服务项目10个。（侯全春）

地名管理

【不规范地名整治】 2020年，高港区共排查出各类不规范地名28例，其中，房地产广告、户外标牌标识使用不规范地名3例，未命名或擅自命名21例，重名4例。根据整治清单，采取部门会商、专家论证、社会听证等方式，完成整治工作。

【“平安边界”创建】 年初，高港区制定《2020年平安边界建设实施方案及工作计划》，签订“平安边界”共建协议，定期开展互访、联防、联调等活动。（陆及义）

退役军人事务

【概况】 2020年，区退役军人事务局完成退役军人培训安置工作，鼓励支持引导退役军人就业创业，完成转业士官和计划分配军转干部移交安置工作，完成部分退役士兵社保接续工作。落实退役军人保障政策，推进优抚对象数据库规范化建设，保障各类优抚资金及时发放，做好优抚对象的审核、换证、上报工作，落实重点优抚对象医疗保障。开展高港区双拥示范点申报创建工作，组建退役军人志愿者服务队。区退役军人服务中心和6个镇街退役军人服务站创建成全国示范型退役军人服务中心（站）。

【军转安置】 2020年，高港区有序接收安置军转干部和转业士官，军转干部全部安置到公务员岗位，转业士官全部安置到事业编制岗位。妥善接收安置退役义务兵、退役士官，发放自主就业一次性补助金。自主就业的退役士官，其一次性经济补助金，以当地退役义务兵一次性经济补助金发放标准为基础，士官服役期间，每增加1年，增发10%。进藏兵按同期非进藏兵标准的2倍测算。对立一、二、三等功的分别给予增发。

【退役士兵就业创业】 2020年，区退役军人事务局按照“自愿报名、自选专业、免费培训”的原则，动员并组织退役士兵参加学历教育、技能培训和适应性培训。建立常态化联系制度，借助退役士兵微信交流群发布符合退役士兵特点的就业岗位、职业技能培训等信息。有就业意愿的2019年秋冬季退役士兵稳定就业率100%。申请再就业的下岗、失业转业志愿兵全部实现再就业。

【抚恤优待】 2020年，高港区打卡发放各类优抚对象抚恤补助金1000余万元，发放优抚对象有线电视和生活用水、电、气费等补贴，发放物价补贴，发放现役军人立功奖励金、优秀义务兵奖励金，发放义务兵退役一次性经济补助金、家属优待金、大学生入伍奖励金，发放企业军转干定向补助、困难补助。组织优抚对象按每人300元标准进行免费体检，落实重点优抚对象医疗保障。春节期间，打卡发放优抚对象慰问金。及时做好新增优抚对象的审核上报工作和伤残换证专项核查工作。完成符合条件的退役士兵的社保接续工作。

【优抚对象数据库及档案管理】 2020年，区退役军人事务局对全区所有优抚对象数据库及档案进行排查。对所有享受定补的优抚对象档案实行一人一档规范化整理，补录缺失材料。对残疾军人档案进行全面规范整理，通过市退役军人事务局复核，合格率100%。

2020年9月21日，高港区举办退役军人就业专场招聘会

（区委宣传部　供稿）

【烈士纪念】 2020年，高港区对烈士陵园绿化、道路、内部陈列进行改造，新增烈士墓10座。开展“致敬·2020清明祭英烈”网上文明祭奠活动。全年区级机关部门、园区、镇街到高港区烈士纪念馆开展缅怀先烈主题教育活动20余次。

【关爱退役军人】 2020年，高港区成立退役军人尊崇互助协会，引导社会力量关爱退役军人。推广运用“泰尊崇”App，开展退役军人家庭大走访活动。开展为立功受奖现役军人送喜报活动、“最美退役军人”评选活动和八一系列文艺活动。胡庄镇宗林村试点探索成立退役军人党支部，将退役军人归集在一个支部，定期开展组织生活，做好思想政治教育。（朱锦双）

【“中国人民志愿军抗美援朝出国作战70周年”纪念章发放】 2020年，高港区开展抗美援朝出国作战人员统计工作，发放“中国人民志愿军抗美援朝出国作战70周年”纪念章17枚。（李　玲）

2020年10月1日，江苏省口岸中学新疆部开展“我和国旗合个影”活动
（口岸中学　供稿）

民族宗教事务

【概况】 2020年，高港区有土家族、苗族、满族等少数民族31个，户籍人口983人，其中，以土家族、苗族、满族和壮族居多。江苏省口岸中学新疆部有班级12个，学生493人。全区经批准设立的宗教活动场（处）所11处，其中，佛教场（处）所5处，道教场（处）所1处，基督教场（处）所5处；有宗教教职人员38人，其中，佛教6人，道教8人，基督教24人。

【民族宗教政策法规宣传】 2020年，区民宗局利用微信群、微信公众号开展民族宗教政策法规和安全生产法律法规宣传。举办新修订的《江苏省宗教事务条例》专题培训班。指导高港区口岸街道古寿佛寺、高港区城隍庙、高港基督教堂深化政策法规宣传教育基地建设，开展政策法规宣传、教育培训、爱国主义教育等活动。联合区食安办走进清真食品经营网点，开展政策法规宣传和清真食品安全检查工作。

【服务少数民族群众】 2020年，区民宗局开展少数民族人口调查，动态调整少数民族人口台账资料，全面掌握全区少数民族人口情况。帮助3名流动少数民族学生解决入学问题。

【民族团结进步创建】 2020年秋学期，区民宗局与口岸中学共同组织新疆部学生返校工作，举行升旗仪式和“我和国旗合个影”活动。开展“红石榴家园”创建工作，与区公安分局共同建成“石榴籽”工作室。胡庄镇获评全省首批民族工作“红石榴家园”。

【清真食品补贴】 2020年，区民宗局开展具有清真饮食习惯的10个少数民族常住人口调查统计工作，向53名符合条件的少数民族群众发放清真饮食补助共计1.27万元。

【宗教活动场所管理】 2020年，区民宗局落实宗教活动场所疫情防控管理工作要求，疫情期间做好场所关闭监督，场所恢复开放后，指导常态化做好疫情防控工作。成立宗教活动场所安全工作专项整治行动领导小组，制定《泰州市高港区宗教活动场所安全工作专项整治行动实施方案》。开展场所安全培训、应急演练。联合消防、气象、第三方机构等，做好场所技防建设、隐患排查整改等工作。开展星级场所创建“回头看”和平安宗教活动场所创建工作。（耿红喜）

关心下一代工作

【概况】 2020年，高港区有关工委组织371个，其中，区级关工委1个，区直系统关工委4个，镇街关工委7个，村（社区）关工委91个，中小学、幼儿园关工委36个，民营企业关工委218个，镇街农经站关工委7个，派出所关爱工作站7个。村民小组（楼道）关工委联络员192人。从事关心下一代工作的“五老”志愿者3209人。

【青少年思想道德教育】 5月7日，区关工委与区文明办、区教育局、区委老干部局联合印发《关于开展“爱党爱国、立德立行”主题教育活动的实施意见》。区关工委组织编

2020年4月20日，许庄中心小学关工委举办防疫模范人物故事演讲

（区委宣传部 供稿）

印10余万字的《高港模范人物故事选编》，供学校、社区校外辅导站宣讲选用。5—10月，各地关工委组织开展线上线下活动。在省关工委、江苏少年网组织的“我为国旗点个赞”网络活动中，高港区17426人参加，4所学校获优秀组织奖。征集学生优秀征文213篇，其中，124篇获省、市级奖。许庄中心小学学生的作品《小康路上你我同行》被省广播电台录用展播。在省关工委组织的“颂时代楷模，赞中国精神”老少同台讲好中国故事朗诵比赛中，海军小学、汪群初级中学、汪群小学被评为先进单位，口岸中心小学等学校的4名学生被评为优秀朗诵者。年末，3篇作品发表于省文明办、省关工委《颂时代楷模，赞中国精神》优秀作品集。江苏少年网等媒体报道高港区爱国主义主题教育特色活动5次。

【校外教育辅导站建设】 2020年，全区有校外教育辅导站87个，校外教育辅导站工作人员361人。辅导站形成“校内延时办（四点半课堂）”“校社联办”“校企联办”“部门与社团联办”和“个人办站”等模式。9月17日，区关工委、区教育局印发《关于进一步做好中小学在职教师参与校外教育辅导站工作的通知》，保障规范办站。注重优化课程建设，刁铺街道圩岸社区校外辅导站的“非遗”及书画课程、许庄街道校外辅导站的农耕和粮油文化课程、胡庄镇“诗润童心”课程、白马镇陆家村校外教育辅导站的“童来童往，传承经典”国学诵读获评省优秀课程。10月，白马镇陆家村校外教育辅导站、许庄街道马厂社区“七彩阳光”校外教育辅导站获评省优秀校外教育辅导站，校外教育辅导站的4名教师获评省优秀校外教育辅导员。12月，口岸街道城南社区校外教育辅导站、刁铺街道圩岸社区校外教育辅导站、许庄街道蔡庄村校外教育辅导站获评泰州市第三批示范校外教育辅导站，校外教育辅导站的20名教师获评泰州市优秀校外教育辅导员。

【关爱青少年弱势群体】 2020年，区关工委与区教育局联合开展“春风行动”，组织教师与困境青少年长期结对帮扶。全区2200余名“四困”青少年人人有“爱心妈妈”或“慈祥爷爷”。8—9月，与区总工会联合开展“金秋助学”活动，30名贫困学生受到资助。12月，区关工委开展“双特双助”活动，帮助特殊情况、特别困难家庭学生解决学习困难、生活困难，资助8名学生共2600元。区、镇街关工委全年募集善款78.3万元，救助贫困学生228人。

【预防和减少青少年犯罪】 2020年，区关工委与政法部门联合开展“法雨润苗”品牌建设，完善“网格+关工”机制。全区7个公安派出所全部建成“关爱工作站”，聘请34名退休老公安人员实施关爱、教育、保护服务。退休老教师和律师在基层开展“德法微课堂”巡讲，受众2万余人次。各学校关工委开展“百师走访千生”活动，举办“家校发展论坛”，促进青少年学法守法。（陈连龙 张振余）

应急管理

综　述

【概况】 2020年，高港区做好应急救援预案的编制工作，修订完善突发事件总体应急预案和专项应急预案。强化应急物资储备，开展全区应急资源调查，建立应急救援物资储备制度，做好火灾预防、防汛防旱等工作。强化应急救援力量建设，逐步推动建立危险化学品、道路运输、建筑施工等专业应急救援队伍。强化应急救援队伍技能提升，定期组织训练演练，建立专家工作制度。做好汛期、节假日等重点时段的应急值守工作，确保24小时通信畅通，第一时间启动应急预案。全区有各类应急救援队伍25支、190人。

【应急救灾物资储备】 2020年，高港区应急救灾物资采用分布式存储，主要由区内各园区、镇街及相关部门按照各自职能，储备相应的应急物资，日常应急物资储备基本完善。

防汛抗旱应急救援物资储备　以抢排泵、打桩机、编织袋等为主体，汛前全区足额储备“三袋”（草袋、麻袋、编织袋）9.88万只、木桩440根、土工布0.59万平方米，配有应急排水发电机2台（套）、应急包40只、应急帐篷30顶，主要在区水利局、区住房城乡建设局、区供销社、区人武部等部门储备。

事故灾难应急救援物资储备　区应急局和永安洲镇联合建有1个20平方米的应急救援装备器材库。结合人武、消防应急资源，有正压式空气呼吸器、重轻型防化服共计42套，便捷式多功能气体检测报警仪5台。有防爆对讲机、防爆手电筒、呼救器、声级计、各类堵漏设施等应急救援装备，由专人负责管理。新配备救灾帐篷20顶、安全绳10套、救生衣100套、编织袋200只。各园区、镇街根据产业定位，储备一定的应急救援物资，用于初期应急救援处置，可调度性强。

消防设备设施　消防综合应急资源由区消防大队统一管理，有执勤车辆6辆，其中，水罐消防车1辆，泡沫水罐消防车2辆，压缩空气泡沫消防车1辆，登高平台消防车1辆，抢险救援消防车1辆。共有个人防护装备782件，抢险救援器材118件，泡沫灭火剂12.5吨。

【应急演练】 2020年，高港区组织应急演练和综合应急演练40余次。6月19日，组织100余名防汛应急人员开展防汛抢险联合应急演练。7月6日，在富彤化学有限公司组织开展2020年危险化学品事故综合应急演练。8月21日、9月15日、9月28日，组织有限空间、金属冶炼、粉尘涉爆事故现场处置方案演练，各相关企业负责人100余人次参加观摩。9月4日，在泰州大自然

2020年7月6日，高港区组织开展危险化学品事故综合应急演练

（区应急局　供稿）

德森堡木业有限公司组织开展应急演练。

【应急预案编修】 2020年，高港区修订完善突发事件总体应急预案和四大类、22项专项应急预案，包括《高港区突发事件总体应急预案》《高港区森林防灭火应急预案》《泰州市高港区一般生产安全事故应急预案》《泰州市高港区危险化学品生产安全事故专项应急预案》《泰州市高港区自然灾害救助应急预案》等。督促各相关部门、企业制定相应的应急救援预案并组织演练。（朱　蓉）

安全生产

【安全生产责任制落实】 2020年，高港区推动安全生产领域改革发展任务落实，将安全生产重点内容纳入高港区"十四五"规划纲要。出台《区委常委会成员、区政府领导班子成员2020年安全生产重点工作清单》《高港区党政领导干部到企业检查安全生产工作指南》等，建立区、镇两级党政领导干部挂钩化解重大（较大）安全生产风险隐患工作机制，量化细化党政领导干部的安全生产责任。健全完善安全生产专业委员会运行机制，将安全生产专业委员会调整为16个。完善各园区、镇街安全生产委员会组织架构，加强三大园区安全生产委员会办公室建设。制定出台《区级部门及驻区单位安全生产工作职责任务清单》。全区未发生工商贸生产安全事故。高港区获全市安全生产综合考核一等奖第1名。

【安全生产宣传】 2020年，区党政领导班子成员，各园区、镇街党政领导班子成员，区安全生产委员会各成员单位领导班子成员分别围绕"深入学习宣传贯彻习近平总书记关于安全生产重要论述和对江苏工作重要指示要求"等7个方面内容，到基层和企业开展宣讲。组织开展安全生产咨询日活动和安全生产警示教育活动。全年开展宣讲活动127场，覆盖全区192个规模以上企业和2000余个规模以下企业，受众1.45万人次。

【安全生产专项整治】 2020年，区应急局围绕23个重点行业领域，开展安全生产专项整治行动。共派出检查督查组4573个次、1.45万人次，排查整治问题隐患1.45万条，罚没金额553.34万元。配合做好国家和省、市安全生产督导，并对8个园区、镇街和16个区级部门开展安全生产巡查督导，实现巡查督导工作全覆盖。强化国家和省、市督导组反馈问题的整改落实，实现128条反馈问题全面清零，解决安全生产突出问题，健全长效工作机制。

【安全生产"双月会战"】 2020年，区委办、区政府办印发《关于开展安全生产"双月会战"专项行动的通知》。区应急局围绕危险化学品、金属冶炼、建筑施工、道路交通、消防等重点行业领域，围绕重点区域、重点场所和关键环节，深入排查安全风险隐患，制定风险防控、隐患整改措施清单，逐条逐项抓防控抓整改。各园区、镇街及各行业领域主动查、深入改，推动风险防范、隐患整改由量变向质变转变。倒逼生产经营单位落实安全生产主体责任，依法严惩安全生产违法违规行为。检查企业105个，排查隐患数727条，事前立案30起，罚没金额60.03万元。

【危险化学品安全监管】 2020年，高港区利用制度化检查、危险化学品安全专项整治、"双月会战"、危险化学品企业安全条件复核等，检查危险化学品生产经营单位120个次，下发现场检查记录120份，责令限期整改指令书113份，排查各类隐患740余条，隐患整改率100%。事前立案查处危险化学品生产经营单位19个，处罚金额102.95万元。开展安全环保整治提升行动，淘汰关闭化工企业4个。开展危险废物处置专项整治行动，摸排化工企业环保装置安全手续办理情况、固废危废仓库审批情况、废弃化学品存储情况，督促企业完善手续，妥善处理废弃化学品。开展油气输送管道安全生产专项整治行动，摸排管道企业项目手续办理等情况，督促强化管道安全管理。开展违法违规"小化工"和易燃易爆有毒有害原料废料贮存场所百日专项整治行

2020年8月21日，区应急局联合高港生态环境局对富彤化学有限公司环保装置开展联合检查　（区应急局　供稿）

动。在各企业、社区、主要路口和人员密集场所等张贴专项整治宣传海报2500余份。累计出动6679人次，排查企业（包括小作坊、小窝点）11751个，发现违法违规“小化工”5个，未经批准擅自从事危险废物回收处置、拆解的收购点2个，未经批准擅自储存易燃易爆有毒有害原料废料的场所14个。针对排查发现的问题，实行立即关闭、立即停产、立即取缔以及彻底断水断电、彻底拆除生产设备、彻底清理厂房、彻底清理生产原材料和产品。至7月30日，全部整改到位。

【冶金等工贸行业安全生产专项整治】 2020年，高港区开展冶金等工贸行业安全生产专项整治，对744个工贸企业开展全覆盖监督检查。召开各类推进会15次。8月，开展中期考核。10月13日、11月6日、12月16日，分别开展专项整治工作完成情况督导“回头看”。全年共检查工贸企业862个次，累计排查问题隐患2967条，其中，重大安全隐患25条，全部整改到位。共立案查处87起，罚没金额200余万元。对丰益生物科技（江苏）有限公司、益海（泰州）粮油工业有限公司、江苏汇福蛋白（油脂）科技有限公司、扬子江药业集团江苏龙凤堂中药有限公司、统之幸食品（江苏）有限公司等企业开展深度检查，共查出各类问题隐患183条，全部完成整改。

【烟花爆竹安全监管】 2020年，高港区共有烟花爆竹批发企业1个、烟花爆竹零售点137个。年初，开展烟花爆竹大检查，依法查处私储烟花爆竹的经营单位2个。对辖区内涉及“两关闭”零售网点组织开展“回头看”。每季度对烟花爆竹批发公司进行检查，每月对烟花爆竹零售经营单位进行抽查，对轻微超量储存的零售经营单位，现场责令其将超存的烟花爆竹运回批发公司。共检查经营单位130个次，排查隐患90余条（现场整改），均整改到位。要求各镇街安监所每月对辖区内烟花爆竹零售经营单位进行安全检查，及时上报检查统计表格，共排查隐患80余条，均整改到位。

【粉尘涉爆企业安全监管】 2020年，高港区共有粉尘涉爆企业62个，其中，涉及铝粉企业8个，木粉企业18个，粮食粉尘企业10个，其他粉尘企业26个。10人以上的铝粉尘打磨企业2个，30人以上的其他粉尘企业1个，关闭退出的铝制品打磨企业1个（泰州市江恒物资有限公司）。区应急局联合各园区、镇街对各类粉尘涉爆企业开展安全检查，对泰州双木林全屋定制有限公司、泰州市爱利特金属制品有限公司、江苏泰华消防电气设备有限公司、泰州量能车辆配件有限公司等10个企业下发重大安全隐患现场处理措施决定书，责令企业停止粉尘涉爆区域作业，立案调查泰州量能车辆配件有限公司等3个企业的违法违规行为，共罚款10.88万元。完成区领导挂钩江苏泰华消防电气设备有限公司重大隐患销号闭环。9月27—28日，到苏州市参加粉尘涉爆交叉互查。9月28日，在泰州市聚龙源装饰材料有限公司组织开展粉尘涉爆应急救援演练。10月16日，南通市应急局到高港区开展粉尘涉爆交叉检查，对泰州市爱利特金属制品有限公司、泰州大自然德森堡木业有限公司等企业开展检查。

【涉炉企业安全生产专项治理】 2020年，高港区有涉炉金属熔融企业25个，其中中频炉企业14个，主要为铸造及合金粉末企业。全区无5吨以上中频炉，超过1吨及以上的中频炉使用企业2个（江苏昆仑光源材料有限公司、泰州市康泰铝业有限公司）。5—6月，区应急局对14个中频炉企业开展全覆盖检查。8月6日，市政府督查高港区中频炉整治情况。11月13日，区应急局召开中频炉作业“回头看”部署会。12月16日，聘请省级专家对中频炉企业负责人和安全监管人员进行培训。

【“小字头”违法违规企业专项整治】 8—11月，区应急局牵头开展“小字头”违法违规企业（小企业、小作坊、黑窝点）排查整治工作，共排查20847处，发现问题企业19个，全部完成整改。

【双重预防机制建设】 2020年，高港区对744个企业全面推进安全生产风险管控和隐患排查治理双重预防机制建设，初步完成红橙黄蓝四色分布图绘制，重大风险场所全部完成所长制公告栏设置，培育双重预防机制建设标杆示范企业6个，推荐3个企业进行市级“0523”安全示范班组创建评比。辖区共有红色企业8个，橙色企业88个，黄色企业183个，蓝色企业465个，红橙色企业全部完成“一企一档”编制和专家审议。

【安全生产执法】 2020年，区应急局制定安全监管执法年度工作计划。采取“执法计划+专项行动+双随机”的方式，突出重点时间段、重点环节，加大安全生产执法力度，依法查处各类安全生产违法行为。针对年初疫情影响，对复工复产企业开展疫情防控和安全生产专项检查，专题研究并制定重点生产经营单位安全生产和防疫工作检查方案。联合各园区、镇街及各相关部门采取联合检查、突击检查、明察暗访、随机抽查等方式，重点在危险化学品、粉尘涉爆、消防、油气长输管线、城镇燃气、建筑施工、特种设备等行业领域开展检查督查。共对234个生产经营单进行监督检查，排查各类安全隐患1985条，立案查处安全生产违法行为116起，事前行政处罚总额341.33万元，其中重大行政处罚19起。

【安全生产标准化】 2020年，高港区全面暂停安全生产标准化评审工作。9—10月，聘请专家对泰州市三星铁氟隆有限公司等30个三级标准化企业进行标准化运行情况审计，对其他三级标准化企业评审资料进行书面审查。

【安全生产培训】 2020年，高港区组织开展“安全大讲堂”系列活动，邀请安全生产领域的专家、学者结合实例现场授课，累计培训8场次，培训1500余人。举办各类培训班115期，培训“三项岗位”人员共9000余人次，通过特种作业人员考试6619人、高危行业主要负责人考试48人、安全管理人员考试64人。

（朱　蓉）

消　防

【概况】 2020年，泰州市高港区消防救援大队（以下简称区消防大队）共接警出动389起，出动车辆620辆，出动警力2402人次，抢救被困人员18人，疏散被困人员26人，抢救财产价值313.4万元。火灾起数比上年下降10.5%。全区未发生重特大火灾事故。共走访慰问群众14人次，帮扶贫困家庭3户，慰问教育留守儿童43人，向其他部门单位提供消防技术服务131次。

【消防安全检查】 2020年，区消防大队共检查单位3211个次，发现火灾隐患或违法行为3528处，督促整改火灾隐患或违法行为3528处，临时查封120处，责令“三停”单位10个，行政处罚82.28万元，拘留3人。

【执勤训练】 2020年，区消防大队开展全员岗位大练兵工作，实行“每季度一比武、每月一考评、每周一小测”的训练新模式。在泰州市消防救援支队第一届“火焰蓝”体技能岗位练兵中，区消防大队获第1名，通港路消防救援站获第2名；在泰州市消防救援支队2020年度“火焰蓝”杯全员岗位练兵大比武中，通港路消防救援站获第1名，区消防大队获第3名。打造高层、地下、石化、大跨度、高速公路、水域六类专业救援队，与辖区7个单位建立全区消防应急救援联动机制，完成固定取水设施建设2处。全年制作数字化预案108份、类型预案11份，开展大队级熟悉演练12次、部门联合演练4次、中队级熟悉演练96次。区消防大队推动永安洲镇政府出台《泰州市泰州港核心港区（泰州市高港区永安洲镇）专职消防员管理办法》，将专职队员工作职责、征召录用、日常考评、岗位等级评定、工资待遇等进行明确。完成政府专职队法人登记，推动企业单位建成微型消防站152个。全年新增专职消防员12人、文员5人。投入25万元，完成PDT对讲机、无人机、夜视布控球、卫星电话等应急通信保障设备器材配备，区消防大队获泰州市消防救援支队2020年应急通信比武竞赛第1名。

消防练兵　　（区委宣传部　供稿）

【消防专项整治】 2020年，高港区开展火灾防控专项整治行动、打通“生命通道”集中治理行动、消防安全专项整治“百日攻坚”等专项整治工作。火灾防控专项整治行动期间，全区共排查商场、市场39个，劳动密集型企业17个，公共娱乐场所82个，群租房47处，宾馆饭店55个，高层建筑150栋，养老院4个，宗教活动场所3个，文物古建筑1个，学校5所，培训机构15个，医院2所，儿童活动场所4个，小微企业、家庭作坊5个，共发现违法行为及火灾隐患1544处，督促整改违法行为及火灾隐患1518处。消防安全“百日攻坚”专项行动期间，区消防大队本级共检查单位780个次（其中二级重点单位141个次），发现并督促整改各类隐患1797处。区民政局、区教育局和公安派出所等部门排查检查相关单位565个次。消防站开展社会面防火检查巡查，成立防火巡查小组2个，共检查社会单位600余个次。区消防大队联合区商务局、区市场监管局、区文化体育旅游局等11个行业主管部门开展联合监督检查及现场培训40余次，行业主管部门200余人参加。组织全区8个派出所50余名民警开展联合检查及现场培训10余次。开展大型商业综合体和大型医疗建筑消防安全专项检查，区消防大队联合区商务局、区卫生健康委等行业部门，邀请第三方消防专家，成立

区消防大队对消防车辆进行试水　　（区消防大队　供稿）

专项检查组4个，开展专项检查12次，发现并督促整改各类火灾隐患418处。部署开展全区“九小场所”消防安全专项治理工作，召开动员部署会及推进会10余次，开展检查培训20余场，培训镇街及社区工作人员600余人次。全区排查“九小场所”3807个，发现并督促整改各类火灾隐患1704处。开展畅通“生命通道”专项行动，组织各社区、物业管理公司对小区的消防车通道划定禁停区域、张贴提示性公告。排查小区66个，完成66个小区的标识测定，发动全区物业单位在小区内显著位置张贴打通“生命通道”通告6000余份，施划标志标线910处，设置警示标牌660处，清理违规占堵行为157处。

【消防宣传】 2020年，区消防大队开展消防宣传月活动，推进消防宣传进学校、进社区、进企业、进家庭、进公共场所。在醒目位置张贴消防安全通告3000余份，利用户外大屏、宣传橱窗等展示消防安全警示语。营区和科普教育基地2个固定消防宣传阵地接待参观人员300余人次。组织社区、农村开展“大喇叭、小喇叭”消防宣传提示语不定时播放活动，播放次数1000余次。5月，区见义勇为协会在区消防大队举行高港区见义勇为志愿岗（者）授牌暨表彰活动。12月，区消防大队联合区见义勇为协会开展2020年下半年消防志愿岗集中奖励慰问活动，对5名见义勇为志愿者颁发荣誉证书，发放慰问金。

（区消防大队）

防汛抗旱

【汛前检查及准备】 2020年，面对严峻的防汛抗洪形势，高港区全方位开展水利工程安全大检查和长江水下地形测量，对发现的问题及时交办，列出防汛隐患整改责任清单，明确责任单位、责任人和整改完成时间。口岸街道、永安洲镇分别落实专业维修队伍、人员，对沿江闸站机械设备进行维修养护，确保工程运行安全。全区成立各类防汛抢险突击队27支，队员1362人，成立防汛防旱工作技术指导组2个。修订完善防洪、抗旱、防台、排涝等各类应急预案。

【安全度汛】 2020年，高港区严格落实防汛防旱行政首长负责制，汛期坚持24小时巡堤查险和24小时防汛值班制，实行“日报告”“零报告”制度，对北沙易坍段和幸福闸、同兴闸、友谊闸、老鸦涵等病险涵闸组织力量开展拉网式检查，累计出动巡堤查险人员6947人次。科学调度水利工程，面对超强降雨量、超长梅雨期、超高水位线，及时开机排涝、开闸排水，预留调蓄空间，保持内河水位基本稳定。成功防御历史罕见的大洪水，全区安全度汛。

【防汛应急减灾工程】 2020年，高港区投资1050万元，实施长江堤防防洪能力提升工程，完成泰州长江公路大桥至泰州国际集装箱码头段和幸福闸至泰州口岸船舶有限公司段3.6千米长江堤防防洪能力提升工程建设，将防洪标准提升至“百年一遇”。投资100万元，整改泰州国际集装箱码头前沿附近被冲刷问题，确保码头安全运行。建成高港区农村基层防汛预报预警体系。

（白　伟）

防震减灾

【概况】 2020年，高港区建成全民健身中心、口岸实验学校、许庄中心小学、永安洲实验学校、孔桥实验学校5个固定应急避难场所。大泗镇康乐村创成国家级综合减灾示范社区。

【群防群测和防震减灾知识宣传】 2020年，高港区利用地震宏观测报点开展群测群防工作。对高港地震科普馆设备进行维护。科普宣传周期间，发放宣传资料，举办防震减灾科普咨询活动。（丁　毅）

街道·镇

口岸街道

·综述·

2020年,口岸街道总面积50.71平方千米,耕地面积1605公顷。辖行政村6个、社区17个、村(居)民小组352个。户籍户数22851户,户籍人口70710人。全年实现地区生产总值161.83亿元,比上年增长6.1%。其中,第一产业增加值2.84亿元,增长4.45%;第二产业增加值50.14亿元,增长3.28%;第三产业增加值108.85亿元,增长7.5%。一般公共预算收入2.3亿元。固定资产投资76.49亿元,增长22.3%。其中,工业投资41.11亿元,增长4.8%;服务业投资35.38亿元,增长51.8%。新签约50亿元人民币以上项目2个,5亿元人民币以上项目15个,3000万美元以上项目4个,1亿元人民币以上项目30个;完成飞地项目2个。新开工5亿元人民币以上或3000万美元以上项目5个,新开工1亿元人民币以上项目8个。实际利用外资和港澳台资7074万美元。居民人均可支配收入76201元,增长15.45%。

(刘蒙蒙)

·经济建设·

【项目建设】 参见《江苏泰州港经济开发区》类目。

【农业】 2020年,口岸街道实现农业总产值4.37亿元、增加值2.84亿元,比上年分别增长3.16%、4.45%。新增绿色优质农产品2个、水产养殖农业物联网示范基地1个。水稻种植面积782公顷,优质食味水稻种植率达100%。成功申报省级示范合作社1个、市级示范家庭农场1个、区级示范家庭农场2个、绿色家庭农场1个。实施农产品质量安全标准化提升工程,生产主体名录建档率、生产主体质量安全责任落实率、监管巡查率、省级农产品质量追溯平台运行率、可追溯率均达100%。成功申报省乡土人才"三带"能手1人、"三带"新秀2人。培训电子商务人才110人,农村电子商务交易额9680万元。

【工业】 2020年,口岸街道实现规模以上工业总产值129.25亿元,比上年增长15.26%;列统工业增加值34.47亿元,增长8.81%;完成工业企业一般纳税人开票销售155亿元,增长12%。新增规模以上工业企业9个,共有规模以上工业企业47个。工业投资总额41.11亿元,增长4.8%。泰州市创新电子有限公司获国家级专精特新小巨人称号。

【建筑业】 2020年,口岸街道完成建筑业产值166亿元、建筑业入库税收1.98亿元。新增资质以上建筑业企业11个,共有规模以上建筑业企业39个。建筑业从业人员9300人。

凤栖湖农场收获季 (区委宣传部 供稿)

【服务业】 2020年，口岸街道实现服务业增加值108.85亿元，比上年增长7.5%。服务业税收2.4亿元。服务业投资35.38亿元，增长51.8%。新招引5000万元以上服务业项目4个，新开工1亿元以上服务业项目1个。限额以上批零住餐销售总额365.73亿元，限额以上消费品零售总额8.74亿元。新增规模以上服务业企业8个，共有规模以上服务业企业24个。净增限额以上批零住餐企业7个。

【科技创新】 参见《江苏泰州港经济开发区》类目。（刘蒙蒙）

·人居环境·

【城乡建设】 2020年，口岸街道完成鸿翔御景老旧小区改造。建立完善"党建+物业"工作机制，鹏欣瑞都、美岸栖庭等7个小区通过市、区"党建+物业"工作考核验收。加强星级物业管理示范小区创建工作，创成三星级示范小区3个，二星级示范小区3个，一星级示范小区1个，智慧停车小区1个。开展小区消防安全通道专项整治工作，完成48个小区的消防安全通道划线工作。处理数字化城管平台市、区下派案件4783件，处理率100%。完成73座桥梁承重论证设限，高标准改造农村公路2千米。完成稚儒村生活污水治理设施建设，配套管网涉及300户。新增城市绿化面积70公顷、农田林网66.67公顷，建成城市口袋公园2个，新明社区、龙窝口社区创成省级绿美村庄示范村。

垃圾分类　投入约60余万元推广垃圾分类及源头治理，在各村（社区）建成港嫂兑换超市，方便居民将有回收价值的物品、有毒有害垃圾通过兑换积分的方式换取日常生活用品。完成东方明珠、百年豪景、锦江花园3个生活小区的"三定一撤"试点工作，通过省住房城乡建设厅组织的省级试点垃圾分类达标小区评估验收。东方明珠小区垃圾分类工作被选为省委组织部对口岸街道2020年高质量发展考核的考评项目，高分通过考核验收。

防违控违　口岸街道党工委实施"党建+防违控违"书记项目，开发"防违控违综合信息管理平台"，设置线上登记、数据分析、信息预警、分类处置4大板块。建立健全违法建设长效管理机制，开展"违法建设防治百日攻坚"活动。拆除违法建设118处共1.5万余平方米。东方明珠等3个小区高分通过泰州市无违建小区验收。"党建+防违控违"书记项目获高港区基层党组织书记项目"银质奖"。

征地动迁安置　完成兴化市长江引水工程涉及的24户动迁安置任务，完成沿线6个村（社区）附着物补偿协议签订工作，全线施工用地全部交付使用。实施城东社区许陈河南侧棚户区改造项目。完成东方明珠二期安置分房任务近1000户。为凤栖湖、高港大道、长城汽车泰州整车项目、水岸景城二期等8个项目征地涉及的1800名群众办理失地农民养老保险。

农村人居环境　拆除或改造旱厕1660座，清理暴露垃圾7408立方米，清理河塘沟渠250处。新建健身广场、小游园7个。新建（改扩建）农村公共厕所18座，村庄环境干净整洁有序的行政村比例100%。泰州市人居环境整治现场会在徐庄村召开。

东方明珠小区　（口岸街道　供稿）

【生态环境】 2020年，口岸街道开展长江入河排污口分类整治工作，拆除销毁长江"三无"船舶21艘，完成河湖"两违"整治11处。在双龙闸入江口建设水质自动监测站1座。完成小浏港泵站及河道整治工程建筑施工建设任务。推广"河长云"App。完成扬子江药业集团江苏制药有限公司废气处理装置升级改造。削减挥发性有机化合物，严格管控各类扬尘，对399个餐饮油烟问题开展整治"回头看"专项治理。禁养区退养鱼塘10口，水产养殖用药减量技术示范推广面积66.67公顷。秸秆"双禁"和综合利用工作在全区名列前茅。（刘蒙蒙）

·社会建设·

【教育】 2020年，口岸街道区域有学校（幼儿园）12所。其中，高中1所，初中2所，小学3所，公办幼儿园3所，民办幼儿园3所。完成柴墟幼儿园主体工程建设。口岸街道社区教育中心"'筝'情非遗传承"项目获评长三角地区社区教育特色地方品牌、江苏省社区教育特色品牌。在线上技能培训平台进行注册学习

水岸景城幼儿园 （口岸街道 供稿）

的企业职工1000余人，新增“江苏学习”在线学员345人，参加线下创业培训120人。口岸街道社区教育中心获评省在线学习平台推广先进集体。泰州市田河初级中学和泰州市口岸中心幼儿园创成市法治校园。

【文化体育】 2020年，口岸街道文化惠民投入35万元，举办文化惠民演出50余场次。举办“悦读悦享，书香柴墟”系列主题活动。布置国旗社区，开展“我与国旗合个影，我为祖国送祝福”等活动，“学习强国”平台、中江网等主流媒体作相关报道。完成国民体能监测460人次。对旅行社、网吧等单位进行多部门联动检查。

【卫生健康】 2020年，口岸街道有公办医疗机构2个，分别是高港中医院和高港中医喉科医院，共有医务工作人员261人。辖区有省级村卫生室10个、社区卫生服务中心2个。徐庄村、新明社区整合资源建设“阳光宴会厅”示范点。集成社区、徐庄村创成省级卫生村。辖区内用人单位职业卫生告知书、承诺书签订率100%。无害化卫生户厕普及率99.49%。开展“红十字博爱万人捐”活动，筹资7.49万元。组织造血干细胞采集及无偿献血活动，造血干细胞采集12例，无偿献血267例。做好新冠肺炎疫情防控工作，规范设置集中医学观察点2个，构建防控网格198个，投入防控力量2800余人，累计入户走访近2万户。疫情常态化管理期间，向45个规模以上工业企业、203个规模以下工业企业和104个贸易单位派驻驻厂员、联络员。

【社会生活】 2020年，口岸街道落实“惠企惠民”行动，新增就业6811人、创业5057人，创业带动就业21749人。申报高校毕业生就业见习基地4个，开发就业见习岗位超100个，70个企业申领以工代训补贴共208万元。新增高层次人才84人、留学回国人员5人、应届高校毕业生500人、高技能人才128人。低保核减34户、64人，新增22户、28人。至年末，共有低保户207户、266人，五保户105人，低保边缘户132户、368人，享受困难残疾人生活补贴525人、重度残疾人护理补贴484人。新增奖、特扶对象559人，经核查退出25人。累计发放各类民生保障和临时救助金1090万元，发放尊老金29591人次、336.9万元，发放疫情补贴54.73万元，发放奖、特扶资金5.3万元。推进社会保险扩面征缴，做好被征地农民社会保障工作，所有涉及补缴的征地进保项目全部办结。口岸敬老院消防整改工程通过区级部门联合验收，退役军人服务体系建设通过全省交叉检查。

【平安与法治建设】 2020年，口岸街道开展预防青少年犯罪、禁毒、反邪教、消防安全、打击非法集资、扫黑除恶专项斗争、烟花爆竹禁放、反间谍法等专项宣传活动。开展“百日维薪”、“防范非法集资”、“农民工学法活动周”、“送法进工地”、“4·8”司法日、“宪法公开课进校园”等集中宣传，共印发宣传资料5万余份，悬挂宣传标语800余条。利用“法润民生”微信群推送相关常识100余条。全街道共录入、调处矛盾纠纷2643起，处置群体性事件90余件、非正常死亡事件19件，调处成功率100%，履行率100%。受理来访来信44件，处理完毕35件（4件正在办理之中），结案率79.6%；网上信访56件，答复处理50件（6件正在办理中），结案率89.3%。区交办的14件信访积案均得到有效化解。开展出租房屋和流动人口专项整治、义乌大市场消防安全隐患排查整治。辖区164名刑释解教人员帮教率100%，安置率100%。配合上级协查线索11件，口岸派出所办理涉黑涉恶案件10件，其中团伙案件3件。

网格化治理 打造王营社区“警官网格”、徐庄村“技防网格”和城东社区“扬子江专属网格”等名优特色品牌，口岸街道网格化社会治理工作经验在全区、全市推广。疫情防控期间，发挥街道指挥协调网络和村（社区）联防联控网格作用，实质化运转“网格+警格”工作机制。1名网格长被评为江苏省“双胜利平安卫士”，4名网格员被评为区优秀网格员。

安全生产 落实安全生产责任制，实体化运行安全生产委员会办公室，配备安全监管执法人员7人、专职安全员5人。制定《口岸街道党政领导班子成员2020年安全生产重点工作清单》，严格执行党政领导挂钩联系重点企业制度。开展车库燃气整治、违法违规“小化工”整治、“百团进百万企业”宣讲等专项活动。定期聘请安全生产专家开展安全检查，检查生产经营单位207个次，排查整改各类安全隐患580条。排查企业、小作坊、小窝点3835个，发现违规从事化工产品加工的企业1个。排查整改车库违规使用燃气隐患600余户，清理整治燃气非法充装点19个。健全完善安全生产长效管护机制，制定安全生产网格化管理实施方案，分级分类强化日常管护。 （刘蒙蒙）

·政治建设·

【基层党组织建设】 2020年，口岸街道共有基层党组织203个，党员3250人。确立村（社区）党组织书记项目23个和新风行动组长项目24个。整顿软弱涣散党组织2个。新培植选树涉农村居“三色花开”“湿地红”等基层党建品牌。创成城市社区“红色管家”“五在五心”等物业党建品牌。引江社区、徐庄村作为党建先进典型被市委党校确定为校外现场教学点，接待全国各地代表团参观学习20余班次、近1000人。在全省率先开展村企共建活动，建立绳网带行业协会党组织和村（社区）党组织“红绳网联，村企共建”党建联盟，打造“绳彩飞扬”非公党建品牌。建立基层干部讲习所3个和青年学习社2个，开展青春社区节活动。启动村（社区）“两委”换届工作。

【宣传统战工作】 2020年，口岸街道选树各类先进典型12人，张竹山被评为“中国好人”、江苏省抗击新冠肺炎疫情先进个人，徐勤生家庭被评为全国“五好家庭”。在“学习强国”平台、《新华日报》、《泰州日报》、国际在线、人民网、中国江苏网、《江苏新时空》等媒体用稿150余篇，《新华日报》专版报道推荐临港经济园。全年专题召开研究统战工作会议2次，集中学习统战政策理论。引导非公企业人士热心光彩事业，为抗疫捐赠物资20余万元。

【纪检监察】 2020年，口岸街道围绕疫情防控、安全生产等重点工作开展专项督查，查处各类“不作为、慢作为、乱作为”问题36件，给予政务处分2人，诫勉谈话13人。查处各类“四风”问题11件，处理党员干部19人。对各类违规违纪行为进行党纪、政务、行政立案16件，开除党籍4人，给予党内警告处分10人，政务警告处分2人，下发问责决定9件。运用监督执纪“四种形态”51起，其中“第一种形态”37起。针对区纪委监委下发的3份纪检监察建议书和街道纪工委查处的4起典型案件，健全内部长效管理机制22条，开展警示教育7场。组织开展市委提级巡察、区委第八轮常规巡察整改工作，及时协调解决堵点、难点问题，巡后整改工作全面通过验收。

口岸街道爱心送餐活动 （口岸街道 供稿）

【人大工作】 2020年，口岸街道有全国人大代表1人，市人大代表6人，区人大代表48人。组织人大代表召开政情通报会2次，听取街道经济社会发展情况和财政预算执行情况的报告。组织辖区人大代表对街道政法和社会管理局、为民服务中心、综合行政执法局的工作开展评议，对“三大革命”（农村垃圾革命、污水革命、厕所革命）、城市管理、人居环境整治、村庄河道疏浚整治活水工程以及2020年度街道民生实事项目开展视察监督。全年收集意见建议80余条。组织40余名人大代表回选区，紧扣群众关心的热点问题，解决民生小事。邀请市人大代表史爱梅到引江社区开展健康知识讲座和义诊活动。组织基层代表对街道“12345”民生小事的办结率和办成率开展调研与监督。推动解决栾庄大桥破损影响群众出行安全、长江大道两侧绿植过高影响交通安全、电线杆破旧影响村民出行、雨天下水不畅导致严重积水、友谊中沟需安装护栏等问题。接待省人大和安徽、南通等地人大考察团的考察交流。口岸街道人大工作举措和优秀代表的履职事迹在《人民代表报》《江苏人大》《泰州日报》等报刊刊载。

【街道办事处自身建设】 2020年，口岸街道执行民主集中制，落实《口岸街道议事规则》，坚持重大问题集体讨论、集体决定。组织学习法律、法规，提升干部依法执政的能力和水平。推行政务公开，对重大事件做到“墙上（公示栏）、网上、会上”公开“三同步”。开展街道行政机构改革，8月，建立“一办八局一中心”，包括党政办公室（综合指挥中心）、党群工作局（党建工作办公室）、经济发展局、政法和社会管理局（网格化服务管理中心）、农业农村局、建设和生态环境局、财政局、社会事业局、综合行政执法局（安全生产监督管理办公室）、为民服务中心。政务服务实现线上、线下有机融合，街道为民服务中心有服务事项82个，全年办理事项1.47万件，满意度99.99%。

【政协工作】 2020年，口岸街道政协工委有委员41人，其中，市政协委员6人，区政协委员35人。完善“1+23”（1个政协委员之家和23个委员工作室）协商议事体系，办理政协委员提案28条，办结满意率96.4%。开展“有事好商量”主题活动，典型做法被“学习强国”平台推荐宣传。开展“活力政协，书香口岸”等活动，在区“活力政协”评比中获二等奖。在区政协乒乓球比赛中获第2名。

【群团工作】 工会工作 2020年，口岸街道有基层工会119个，其中，独立企业工会72个，村、社区联合工会23个，村、社区工会委员会23个，行业工会1个，企业建会率96%。街道工会围绕女职工权益维护、基层工会经费收支管理、《中华人民共和国民法典》宣传，开展系列讲座、专项督查9次。指导江苏天华索具有限公司、泰州市金衡建筑材料检测有限公司新建职工之家。承办高港区绳网吊索具行业技能比武大赛和高港区“创新杯”产业工人技能比武大赛活动。举办“促产改、提技能、助力乡村振兴”绳网带编织技能培训、“打造金牌班组长”技能培训、“excel精讲”技能培训和职工政务礼仪培训。疫情期间，组织10余个爱心企业筹集5.25万元和价值4万余元的物品，发放给重点村（社区）执勤人员及志愿者。江苏正申索具有限公司获评泰州市“三创争两提升”示范单位。

共青团工作 新建非公企业团支部39个，青年志愿者协会团支部1个。各级团组织书记配备率100%，参训覆盖率100%。街道团工委依托城市书房，建设口岸街道“苔花绽放”青年学习社。依托“苏青U+联青服务站”线上平台，开展“童享阳光”一对一牵手关爱集中服务日和“走非公企业，听青年心声”集中服务日活动。7月，高港区团代表联络站在蔡滩社区揭牌。8月，高港区首届青春社区节在蔡滩社区启动。推动青年商会企业江苏天华索具有限公司与大石村实现企村联建。引导广大青年争当“编外河长”，组织青年志愿者在南官河岸种植树木。口岸街道团工委被团省委评为江苏省五四红旗团委。

妇联工作 新建妇女微家1个、“四新”领域妇联组织2个。成立巾帼宣讲团，为辖区内198个网格配备专、兼职巾帼网格员198人。在泰州临港物业管理有限公司成立妇联组织，成立泰州市麦田志愿者协会妇联，组建“旗韵”妇女微家和三八红旗手（集体）工作室。举办“抗击疫情，你我同行”“妇女微家，请你吃瓜”“育婴培训促就业，护理技能惠万家”等活动，“礼赞国庆，旗袍文化交流”活动被评为泰州市妇女微家特色微活动。春节及疫情期间，为126名困境妇儿及家庭送上慰问金和慰问物资计6万余元。帮助5名儿童申报爱德基金会的“e万行动”救助金，帮助7名学生申报孤儿圆梦助学金，为4名困境中考生送去助学金。举办“共筑同心圆，把爱带回家”系列关爱活动，“我爱我的家，亲子共成长”六一主题关爱志愿服务活动，“书香飘万家，亲子共成长”端午主题读书会。举办“崇礼尚美树文明新风，你我携手筑和谐家园”最美家庭推进会。口岸中心小学高年级语文教研组获评省级巾帼文明岗，田河幼儿园获评市级巾帼文明岗，王艳获评江苏省第二批乡土人才“三带”能手。

（刘蒙蒙）

·村（社区）简介·

【引江社区】 位于口岸街道西北角，东与泰州滨江工业园相邻，南距国家一类深水港泰州港3千米，西与扬州市江都区接壤，北邻刁铺街道。国家重点水利工程引江河、336省道、沿江高等级公路穿境而过。由原天如村、宁都村合并而成。区域面积4.5平方千米，耕地面积84.53公顷。有居民小组21个，户

口岸街道引江社区文体广场 （引江社区 供稿）

籍户数678户，户籍人口2540人。社区党组织为党总支建制，下设党支部4个，党员98人。2020年，社区集体经济收入880余万元。开展乡村旅游提质升级行动，打造乡村文化旅游示范区。引江社区获省生态文明建设示范社区、区级“基层党建质量奖”提名奖等荣誉，社区党总支书记张竹山获评中国好人、江苏好人、全省抗击新冠肺炎疫情先进个人。（张竹山）

【新明社区】 位于口岸街道东南部，与永安洲镇毗邻，东接泰州长江公路大桥。中间贯穿5条南北向道路，分别是高港大道、新港大道、迎江路、锦江路、231省道。由原双新村及曹李村合并而成。区域面积3.5平方千米，耕地面积和水域面积127.6公顷，蔬菜种植面积26.67公顷，鱼塘面积19.07公顷，高效农业面积比重为30.6%。有居民小组21个，户籍户数765户（含已拆迁284户），户籍人口2972人。社区党组织为党总支建制，下设党支部4个，党员74人。2020年，社区集体经济收入198.53万元。新建建筑面积1000平方米的社区党群服务中心、建筑面积320平方米的阳光宴会厅。（李　忠）

【东南社区】 位于口岸街道东南部，东至东风路，西至高永路，南至文胜路，北接城南社区、大石村，沿江高等级公路贯穿全境。由原红园村、太平村合并而成。区域面积1.5平方千米，耕地面积71.03公顷。社区下辖网格5个，有居民小组22个，户籍户数657户，户籍人口2652人。2020年，社区集体经济收入129.7万元。翻建社区废旧电灌站；重新修整社区健身广场并安装健身器材、舞台灯、户外显示屏；拓建友谊桥，新建公共厕所，为3座通组小桥安装护栏，修建十一组通组道路，为独居老人修建通户道路；举办文化惠民演出2场。（陈开伦）

【城南社区】 位于口岸街道港口路南，紧邻永安洲镇，南靠龙窝口社区，西至扬子江药业集团。因坐落于城区南部而得名。区域面积2.5平方千米，耕地面积38.8公顷。共有涉农小组17个、小区2个，常住户数1259户，常住人口4552人。2020年，社区集体经济收入139.78万元。对15个涉农村组进行整治，对龙圣新村、江圣新村后街背巷乱堆乱放现象进行清理。对龙湖美景南大门、口岸实验学校北侧违章搭建棚进行拆除，拆除违章搭建棚10处共400余平方米。完成毛庄组约200米路段水泥路面的铺设工作。建造公共厕所2座。在一组、五组安装体育健身器材。完成污水管网改造29户。（李留华）

【龙窝口社区】 位于口岸街道南郊，与泰州港、泰州长江公路大桥、南官河大桥相毗邻，扬子江路、长江大道、锦江路横贯其间。由原二闸村、龙口村、龙窝居委会合并而成。区域面积2.6平方千米，耕地面积46.67公顷，全部流转实施虾蟹养殖和高效农业种植。有居民小组30个，户籍户数1415户，户籍人口5411人。社区为党委建制，下设网格支部4个，老干部支部1个，联合支部1个，党员244人。2020年，社区集体经济收入130万元。新注册企业3个，其中注册资金1000万元企业1个，新办个体工商户26户。对南官河近2千米的岸线进行整体填土复绿整治，实行长效管护。对10公顷闲置土地实施绿化。获评江苏省绿化示范村。（严　洋）

【城东社区】 东至高港大道，西至扬子江南路，北至港城路，南至江平东路。由原灯湾村和许陈村合并而成，根据地理位置取名为城东社区。辖区面积2平方千米，耕地面积21.27公顷。有居民小组21个，居民小区3个，户籍户数1118户，户籍人口5137人。2020年，社区集体经济收入137.71万元。通过省、市人居环境整洁村验收。修缮沈岱中沟西侧驳岸、道路300余米。新增健身广场1处。完成许陈河南侧棚户区内90户居民的动迁工作。慰问社区低保、重残、孤寡及70周岁以上老人800余人次。为60周岁以上老人免费赠送意外保险。（许迎春）

【王营社区】 南临港城路，东至高港大道，西至扬子江路，北到刁铺大转盘，沿江高等级公路穿境而过。由原白杨树村和王营村合并而成。区域面积4.6平方千米。有居民小区12个，分别为宏达花苑、天逸华

口岸街道王营社区开展“我与国旗合个影，我为祖国送祝福”活动

（区委宣传部　供稿）

府、海裕山庄、蓝波湾、龙锦华庭、锦绣珑湾、东方明珠、鹏欣瑞都、南韵家园、天逸名邸、金港装饰城、珑悦花园,常住人口1.64万人。其中,东方明珠小区是全市规模最大的保障性住房小区,占地面积28公顷,建筑面积35.36万平方米,绿化率36.18%。2020年,社区集体经济收入205.41万元。打造王营社区网格化治理中心,突出警格加网格的治理模式。（孙永平）

【蔡滩社区】 南至通扬路,东至金港路,西至南官河,北至蔡圩河。区域面积1.47平方千米,辖银杏苑、港城花苑、百年豪景、金港别墅等居民小区16个。户籍户数4313户,户籍人口16212人。社区党委下辖党支部11个,共有党员236人。党群服务中心建筑面积2500平方米。以三产服务业为主,有大型农贸市场、超市、商贸中心各1个,各类餐饮店164个,休闲中心7个。2020年,社区集体经济收入231.79万元。社区打造“五在五心”党建服务品牌,被评为泰州市物业管理服务行业党建工作示范点、泰州市物业管理行业抗击新冠肺炎疫情先进集体、泰州市优秀科普教育基地。（刘 俊）

【口岸社区】 位于高港区主城区。区域面积4平方千米。有光明、曙光等居民小组16个,户籍户数1410户,户籍人口4516人。社区党委设党支部7个,党员112人。社区下设一级网格4个,网格长4人,网格员16人。2020年,社区集体经济收入567.43万元。开展新春走访慰问活动,慰问老人、贫困户和困难党员。开展文化惠民演出3场。建成口岸社区党群服务中心大楼。开展农贸市场周边环境整治。（赵庆晨）

【田河社区】 位于高港主城区东郊,东邻宣堡港,西至高港大道,南与大石村接壤,北与集成社区交接。由原田河村和殷戚村合并而成。区域面积5平方千米,耕地面积92公顷。有居民小组22个,户籍户数832户,户籍人口2940人。社区党总支下设党支部4个,党员86人。设有网格12个,总网格长1人,网格长2人,网格员24人。辖区企业以生产绳网带和吊索具为主。2020年,社区集体经济收入37.65万元。完成振兴路沿线整洁工程,改善集镇环境。（徐永根）

【集成社区】 位于口岸街道东部,东接戴集社区,南接吴楼村,西接田河社区,北接凤栖湖景区。泰州长江公路大桥北接线、新港大道及田许线穿境而过。由原栾庄村与集成村合并而成。区域面积2平方千米,耕地面积92.46公顷。有居民小组18个,户籍户数742户,户籍人口2578人,常住人口1325人。社区党总支下设党支部3个,有党员78人。2020年,社区集体经济收入117万元。新建6米宽道路600米,完善路边绿化亮化工程。获评江苏省卫生村。（孙丽俊）

【戴集社区】 位于口岸街道东部,古高线、泰州长江公路大桥北接线穿境而过。由原戴东、戴西和戴集3个村合并而成。区域面积2.32平方千米,耕地面积116.2公顷。有居民小组18个,户籍户数664户,户籍人口2190人,党员74人。主要产业为传统农业、育雏、水产养殖等。2020年,社区集体经济收入218万元。投入10万余元用于环境整治项目,对家前屋后杂物等进行集中整治。新配备垃圾箱75只,向居民普及垃圾分类知识。戴集中沟节制闸工程竣工,河坡绿化工程基本完成。实施新风行动组长项目,改扩建一组、二组通组道路。（戴 勇）

【张马社区】 位于沿江高等级公路东侧,西邻扬子江药业集团,南与集成社区、田河社区接壤,北与朱营社区相邻,东至凤栖湖景区,田许线、张马中沟、周潘中沟贯穿南北。由原南马村、张周村合并而成,故命名为张马社区。区域面积2.1平方千米,耕地面积124.6公顷。有居民小组23个,户籍户数958户,户籍人口3475人。2020年,社区集体经济收入141万元。投入40万元整治人居环境;投入5万余元慰问困难群体;投入5万余元维修、新增路灯;投入25万余元拓宽、维修水泥路;投入5万余元改造户厕,全社区无旱厕和露天粪坑。打造牌楼景观工程。开展文化惠民演出3场、黄梅戏演出35场。（周爱琴）

【朱营社区】 位于口岸街道东北部,与许庄街道、刁铺街道所属村组毗邻。区域面积0.72平方千米,耕地面积55.33公顷。有居民小组12个,户籍户数432户,户籍人口1484人。2020年,社区集体经济收入199.25万元。开展新春走访慰问活动,慰问老人、贫困户和困难党员。投入35万元用于人居环境整治。开展文化惠民演出1场。（徐竞峰）

【柴墟社区】 位于高港区主城区,东至江平路,南至宣堡港,西至南官河,北至通扬路。由原口东居委会、口西居委会合并而成。有居民小组18个,户籍户数712户,户籍人口3966人,常住人口2315人,流动人口1032人,党员130人。驻社区单位12个。2020年,社区集体经济收入85.15万元。修复名仕雅居消防箱水管17个、消防喷头24个,修复中兴旺铺无水管消防箱67个。（王 毅）

【新城社区】 位于高港主城区,东至扬子江中路,南至通扬路,西至金港中路,北至蔡圩河。区域面积0.98平方千米。有居民小区12个,户籍户数2731户，户籍人口1.12万人。社区党组织为党委建制，下设党支部9个，党员127人。驻区单位有泰州市第三人民医院、口岸中心小学等，商业设施有大润发超市、海燕大酒店等。2020年，社区集体经济收入114.9万元。“余庆工作室”——高港区口岸街道新城社区老干部党支部被评为全市离退休干部党建工作“十大品牌”，“余庆工作室”被评为泰州市最美老干部志愿服务团队，口岸街道港城物业服务站党支部被评为泰州市五星级党组织。（薛余俊）

【育才社区】 东邻城东社区，南邻城南社区，西至南官河，北邻宣堡港。由原育才居委会、口南居委会合并而成，区域面积0.9平方千米。共有网格8个，常住户1377户，常住人口4682人，户籍人口2591人。辖区内有国家AAAA级旅游景区口岸雕花楼景区、江苏省口岸中学。2020年，社区集体经济收入85.14万元。发展预备党员1人，开展文化惠民演出3场。（徐少华）

【大石村】 位于江平线南侧，地处临港经济园腹部。因凌港中沟的大石桥穿村而过得名。由原乔岱村、大石村合并而成。区域面积2.6平方千米，耕地面积76.62公顷。有村民小组18个，居民710户，常住人口2642人。主要产业为传统农业和绳网带产业。2020年，社区集体经济收入236.57万元。完成江胜大道道路维修工程。（张桂荣）

【徐桥村】 位于口岸街道东部，东与泰兴市滨江镇接壤，北临雅儒村，西邻大石村，南靠东江社区，泰州长江公路大桥北接线、江平线穿境而过。由原徐桥、凌港、广胜3个村合并而成。在解放前有一个码头叫一口运，其中有一座木桥叫徐家桥，徐桥因此而得名。区域面积3平方千米，耕地面积199.87公顷。有村民小组20个，户籍户数951户，户籍人口3568人。党员85人。主要产业为传统农业、特色农业和三产服务业。2020年，村集体经济收入122.59万元。创成区乡村振兴“1123”集聚提升村。（周红生）

【郎庄村】 位于口岸街道东南部，东与泰兴市滨江镇、宣堡镇接壤，南临永安洲镇东江社区。345国道（江平线）穿境而过。由原江干村、郎庄村合并而成。区域面积2.28平方千米，耕地面积117.07公顷。有村民小组20个，户籍户数659户，户籍人口2261人。主要产业为传统农业、花卉苗木、中药材种植。2020年，村集体经济收入133.82万元。（陈　明）

口岸街道育才社区党群服务中心　　（育才社区　供稿）

【雅儒村】 位于口岸街道和泰兴市宣堡镇交界处，东与宣堡镇银杏村接壤，东北与宣堡镇张河村接壤，北与吴楼村接壤，西与大石村接壤，西南与徐桥村接壤，南与郎庄村接壤。辖区面积3平方千米，耕地面积107.67公顷。有村民小组14个，户籍户数695户，户籍人口2269人。主要产业为农业，农产品有润海生态大闸蟹和雅儒香米。2020年，村集体经营性收入46.74万元。完成活水工程建设，新建50平方米的居家养老服务中心，新增路灯120盏。（陈叶林）

【吴楼村】 位于口岸街道东部，泰州长江公路大桥北接线穿村而过，南接江平线。由原吴楼村、李庄村合并而成。区域面积2.8平方千米，耕地面积139.93公顷。有村民小组19个，户籍户数745户，户籍人口2432人。2020年，村集体经济收入303.15万元。（叶建峰）

【徐庄村】 位于口岸街道东北角，新港大道东侧，东风路出口处。区域面积6.3平方千米，耕地面积113.33公顷。有村民小组29个，户籍户数843户，户籍人口3119人。共有党员78人。2020年，村集体经济收入500余万元。新增LED路灯20个，新建农用桥1座。投入20万元打造阳光宴会厅。投入50万元购置秸秆清理机械1套，更换八行插秧机2台。举办惠民演出9场，举办首届红色电影周、老龄人掼蛋大赛和象棋比赛活动。11月，泰州市村居环境整治现场会在徐庄村召开。获2020年度口岸街道综合考核第1名。获评江苏省卫生村。（宗礼胜）

刁铺街道

·综述·

2020年,刁铺街道总面积17.58平方千米,耕地面积431.91公顷。辖社区8个,居民小组103个。户籍户数7696户,户籍人口37989人,常住人口50495人。全年实现地区生产总值29.53亿元,比上年增长6.64%。其中,第一产业增加值0.88亿元,增长4.44%;第二产业增加值8.81亿元,增长3.22%;第三产业增加值19.84亿元,增长8.33%。一般公共财政预算收入0.92万元。全社会固定资产投资50.72亿元,增长35.74%。新竣工1亿元以上项目3个。实际利用外资和港澳台资400万美元。　(孙子茜)

·经济建设·

【项目建设】2020年,刁铺街道签约1亿元以上项目19个,总投资20.1亿元。完成项目合同备案13个。开工建设1亿元以上项目3个,分别为格林东方酒店项目、光伏连接器项目和顺丰智能分拣线项目,总投入3.2亿元,年内均竣工投产。完成飞地项目1个。　(李　强)

泰州市欣港电子材料有限公司厂区一角　(刁铺街道　供稿)

【农业】2020年,刁铺街道实现农业总产值2.04亿元,增加值0.88亿元。利用农业"三资"0.5亿元。新增造林面积3.5公顷,关桥社区创成国家森林乡村。集中育秧面积2.7公顷,机插秧面积233.2公顷,机插率98%,夏秋两季秸秆还田492公顷,全年收集秸秆2062.67吨。新建"三化"树种育苗基地1.8公顷。50户区、街道结对帮扶贫困户收入指标全部达标。　(陈卫民)

【工业】2020年,刁铺街道实现工业总产值19.13亿元、增加值7.31亿元,比上年分别增长2.62%、1.3%;销售22.2亿元、利税1.02亿元、利润0.56亿元。共有规模以上企业14个,规模以上工业产值16.52亿元、增加值4.88亿元,分别增长4.22%、1.88%;销售15.4亿元、利税0.76亿元、利润0.46亿元。工业企业净入库税收4276万元,增长1.14%。工业技改投入15.72亿元,下降24.8%。工业企业用电量1214万千瓦时。　(栾志林)

【建筑业】2020年,刁铺街道有建筑企业18个。建筑业总产值54.03亿元,比上年增长13.29%。税收1.6亿元,增长5.51%。　(栾　裕)

【服务业】2020年,刁铺街道实现服务业增加值19.84亿元、税收1.09亿元。共有规模以上服务业企业39个。服务业固定资产投资33.2亿元,增长132.93%。　(栾志林)

【科技创新】2020年,刁铺街道新增发明专利申请量91件,发明专利授权量15件,有效发明专利量130件。新增省级高新技术企业后备企业7个,分别为泰州市金鹰齿轮有限公司、泰州亿丰达电器有限公司、泰州三凯工程有限公司、江苏泰华消防电气设备有限公司、泰州市五星教学设备有限公司、泰州港城交通科技有限公司、江苏保力装配式住宅工业有限公司。新增高新技术企业3个,分别为泰州市金鹰齿轮有限公司、泰州亿丰达电器有限公司、江苏泰华消防电气设备有限公司。成立泰州市(赛维)环保过滤材料工程技术研究中心。江苏保力自动化科技有限公司的"面向'新冠肺炎'防控的一站式全自动测温消毒房的研究"孵育项目成功立项。泰州市欣港电子材料有限公司的新型多配位剂体系无氰电镀金镀液制备关键技术研究获市级科技支撑计划(产业关键技术研发)立项。泰州贺安特动力科技有限公司与吉林大学泰州汽车动力传动研究院签订校企联盟协议,协助泰州市东方传动技术有限公司与江苏大学签订"校企联盟协议"。实施产学研合作项目4项,其中,泰州市欣港电子材料有限公司与哈尔滨工业大学化工学院签订"新型镀金镀银原材料领域研发项目"校企合作协议,泰州建源仪表有限公司与常州工学院计算机信息工程学院签订"学生校外实习基地"校企合作协议,泰州亿丰达电器有限公司与常州工学院计算机信息工程学院签订"学生校外实习基地"校企合作协议,江苏保力自动化科技有限公司与南京理工大学泰州科技学院签订"杏鲍菇智能分选关键技术研发项目"校企合作协议。　(陈子源)

·人居环境·

【城乡建设】 2020年，刁铺街道完成高港驾校动迁签约拆除工作，完成15户的预动迁签约。环溪花园3100套安置房建设进展顺利。投资400万元的大丰社区、万庄社区陈吉农村污水处理项目竣工。投资1500万元实施迁善繁荣小区、起凤新村等老旧小区雨污分流工程。拆除违章建设1500平方米。完成6个涉农社区、5个小区和4个单位的垃圾分类设施投放工作。督促江苏青杨物业公司对育才花苑小区加强管护，提升物业管理水平。累计维修农村公路面积2456平方米、镇区道路面积752平方米。（孙永忠）

【生态环境】 2020年，刁铺街道开展挥发性有机物专项治理，完成泰州市泰丰胶带有限公司、泰州市旭日皮带有限公司等企业挥发性有机化合物专项治理项目9个。完成8个涉及油烟单位治理项目以及9个汽修行业废气治理。强化扬尘管控工作，开展定期巡查，落实降尘、抑尘措施。推进排污许可证核发工作，组织企业参加培训，督促辖区内企业及时上报各项数据。开展固废危废专项治理工作，全面排查登记涉及机油使用单位，规范危废处置工作。开展黑臭水体整治，全面梳理工业排口。更新4条中沟、10条城区河道、7个社区的河长制公示牌。开展中沟“两违”整治，集中拆除违建6处，清理渔网渔簖5处。投入200万元实施村庄河道活水工程，整治扒翻种植1.5万平方米，新增绿化6000平方米。投入150万元打造刁东河、朱庄河2条生态样板河道。（时红俊　许江泰）

泰州市环溪小学鼓号队　（刁铺街道　供稿）

·社会建设·

【教育】 2020年，刁铺街道区域有学校8所。其中，高中1所，为泰州市第三高级中学，有教学班33个，学生1560人，教师151人。初中1所，为泰州市高港实验学校，有教学班33个，学生1546人，教师170人。小学2所，分别为泰州市高港实验小学，有教学班55个，学生2770人，教师139人；泰州市环溪小学，有教学班21个，学生963人，教师63人。幼儿园4所，分别为刁铺中心幼儿园（环溪幼儿园），有班级15个，在园幼儿631人，专任教师36人；明发幼儿园，有班级21个，在园幼儿640人，专任教师82人；水岸幼儿园，有班级10个，在园幼儿361人，专任教师34人；格林幼儿园，有班级5个，在园幼儿151人，专任教师11人。（薛倩云）

整治后的刁铺街道迁善小区　（区委宣传部　供稿）

【文化体育】 2020年，刁铺街道开展全国第五次国民体质监测抽样监测工作，共监测400人。安装一代健身路径11套，二代健身路径1套。开展各类文体培训8期，举办各类展览10期，举办文艺演出46场。疫情防控期间，编排快板《并肩防疫志愿同行》，宣传疫情防控知识。在高港区2020年基层文艺团队优秀文艺节目调演活动中，歌伴舞《环溪舟中坐雨》获最佳表演奖，原创小品《等你们回家》获优秀表演奖，街道文化站获优秀组织奖。歌伴舞《环溪舟中坐雨》在泰州市新创文艺节目调演活动中获原创节目奖。6月，承办高港区庆祝全国第十五个

文化遗产日系列活动。（朱 颖）

【卫生健康】 2020年，刁铺街道社区卫生服务中心下辖社区卫生服务站8所，有工作人员65人，其中，卫生技术人员58人，副高级职称15人，中级职称22人。药剂师王菲获高港区新冠肺炎疫情防控工作首批“骏马奖”、高港区五一劳动奖章，外科获评高港区工人先锋号，医生孙小朋获泰州市卫生健康委嘉奖，护士徐霞获泰州市“巾帼建功标兵”称号，医生陈丽萍获高港区“三八红旗手”称号。（孙昌东）

【社会生活】 2020年，刁铺街道举办SYB创业培训班2期，考试合格人数78人。新增就业2350人，新增创业900人，城乡劳动者就业技能培训200人，发放稳岗返还补贴85万余元。高校毕业生总体就业率96%。城乡居民医疗保险参保率98%，城乡居民基本养老保险参保率98%。做好城乡低保核查，确定低保户47户、58人，发放低保金34万元。发放残疾人“两项补贴”186人、158万元。（霍 慧）

【平安与法治建设】 2020年，刁铺街道打造综合型网格化治理中心，将8个社区、113个居民小组划分为74个网格(特殊网格3个)，有网格工作人员176人。全年上报事件1.99万条，办结率100%。组织开展“疫情防控·法治同行”、妇女维权“普法微课堂”、宪法宣传周等各类普法活动30余场次。圩岸社区创成省级民主法治示范社区。创新社区矫正对象网格化服务管理模式，社区矫正对象无脱管、漏管，无重新犯罪，相关经验做法被省司法厅社区矫正简报推广。成功调处各类矛盾纠纷960余件。完成司法所省级标准化建设。推动公共法律服务进网格工作，承办区公共法律服务进网格工作推进会，相关经验做法被“学习强国”江苏平台、《江苏法制报》、新浪网等媒体宣传推介。推出企业“全生命周期”公共法律服务产品1件，协助办理法律援助案件22件。办理“12345”民生服务热线反馈问题1990件，区长公开电话和市、区长信箱反馈问题27件，办结率100%，满意率99%。五一、全国两会、中秋及国庆节等重要节点，结合专项整治工作，聘请专家对重点企业、重点行业、重点领域开展安全检查。开展“三年大灶”安全生产专项整治工作。全年检查工贸企业240个次，排查隐患968条，下达整改通知书224份，完成隐患整改968条，闭环率100%。（韩 昱 薛 婵 陈 亭）

·政治建设·

【基层党组织建设】 2020年，刁铺街道共有党员1189人。新发展党员15人，其中，非公企业8人，社会组织3人。街道党工委围绕“党建+基层治理”，实施老旧小区雨污分离、安置小区加装电梯、增添群众健身娱乐设施等民生项目14个。构建“社区党组织+业主委员会+物业公司+红心管家”四位一体服务体系，老旧小区治理获区基层党建“书记项目”银质奖。选优配强社区干部队伍，调整社区党组织书记1人、下派人员5人，启动社区“两委”换届工作。组织“雁阵培育计划”，推进“全科社工”计划，12人通过区“两新”组织党务工作者专业资格认证。（戴 毅）

【宣传统战工作】 2020年，刁铺街道制定执行《2020年刁铺街道党工委中心组学习计划》，疫情期间利用网络平台开展“云学习”，确保冬训覆盖率100%。组织开展中共十九届五中全会精神宣讲、“五四运动”101周年主题活动、《习近平谈治国理政(第三卷)》读书分享会等活动。全年被新华社用稿1篇，江苏卫视用稿4篇，“学习强国”平台用稿49篇，《新华日报》用稿3篇，中国江苏网用稿51篇，“交汇点”用稿12篇。全街道实名注册志愿者2.68万人，组织志愿服务活动3322次，开展志愿服务时长41.6万小时。形成“七彩虹志愿服务队”“心语巾帼志愿服务队”“刁铺街道社会妈妈”等服务品牌。组织统战人士通过新媒体认真学习领会习近平总书记关于疫情防控工作的系列重要讲话精神。在明发智慧农贸市场开展民族宗教政策法规宣传活动。及时做好在港澳台人士和海外侨胞及其家属的摸排工作，做好人员分类统计造册。（唐翠白）

【纪检监察】 2020年，刁铺街道纪工委严格查案执纪，给予党政纪处分11人次，开除党籍处分2人次，党内警告处分6人次，政务警告处分3人次，问责基层党组织2个。开展专项治理督查21次。创树“环溪廉韵”廉政宣传品牌，3件廉洁文化作品获市级奖项。（徐晓莉）

【人大工作】 2020年，刁铺街道人大代表团共有市级人大代表1人，区级人大代表17人，聘请人大代表联络员7人。街道人大工委打造代表工作站，建立代表履职档案，发放代表联系卡，组织开展代表述职活动。涉及社会保障、医疗卫生、居住条件、农村环境等“急难烦忧”民生难题的建议均得到妥善处理。走访接待选民620余人次，收集建议63件。在市级以上媒体发表各类文章15篇。（朱 晨）

【街道办事处自身建设】 2020年，刁铺街道办事处贯彻落实区委、区政府决策部署，统筹做好疫情防控和经济发展，做好“六稳”工作，落实“六保”任务。高效有序进行疫情防控，在全区率先开发“扫码登记”系统，自助登记信息，推动企业全面复工复产。坚持特色发展，推进乡村振兴，开展农旅项目招引建设，招引总投资10亿元，打造集旅游观光、产业发展、康养度假于一体的田园综合体项目。刁铺街道社区卫生服务中心完成内装修进入设备采购阶段，环溪花园、环溪学校等民生实事项目稳步推进。建立党员干部学习教育常态化培训制度，继续用好“周五讲堂”“专家授课——月月讲”等学习载体，注重分层次、分领域开展教学活动，提升党员干部理论水平和履职水平。（薛倩云）

【政协工作】 2020年，政协刁铺街道工委共有政协委员18人，其中，市政协委员1人，区政协委员17人。在街道及8个社区设立协商议事室。在各类媒体发表宣传政协工作的稿件4篇。撰写提案20篇，社情民意12篇，其中，市采用3篇，区领导批示2篇。撰写文史稿件14篇。组织企业家委员参与光彩事业，到敬老院看望慰问孤寡老人，慰问环卫工人，慰问街道困难家庭15户，资助街道困难学生20人。连续9年开展品牌爱心助学活动“为了大山里面的孩子”，资助大山里的贫困学生26人。湖南省洪江市政协到刁铺街道考察。政协委员杨谢被评为泰州市“最美诚信人”。（唐翠白）

【群团工作】 工会工作 2020年，刁铺街道有基层工会39个，村（社区）联合工会8个。开展职工夜校（网校）培训、职工运动会、阅读分享会、“工会伴你行”志愿服务活动；开展“中国梦·劳动美”主题教育、劳模进企业、十九届五中全会精神宣讲会，加强职工群众思想政治教育；动员广大职工参与疫情防控工作。刁铺街道工会全年走访慰问特困群众20余人次，向贫困弱势群体送去慰问金合计约2万元。组织企业开展春节送温暖、夏季送清凉、献爱心活动，累计捐款捐物超3万元。（李萍）

共青团工作 刁铺街道团工委共下辖35个团支部，其中，社区团支部8个，非公企业团支部22个，有团员370人。依托“薪火青年学习社”，实施“童他一起·遇见美好”困境儿童关爱项目。刁铺街道“薪火青年学习社”先后接受团省委、团市委观摩5次，被评为2020年度泰州市“青年文明号”、2020年度泰州市青年学习社和2020—2021年度江苏省省级青年学习社。（王梦霞）

妇联工作 街道妇联以妇女儿童为活动主体，以服务群众、服务家庭为出发点和落脚点，通过“心语巾帼志愿服务队”“刁铺街道社会妈妈”等品牌策划开展各类志愿活动、公益维权活动30余次。依托“好苏嫂”服务品牌，为留守妇女提供能力学习培训、家庭实务操作，提供就业机会上百次。利用巾帼大讲堂，持续开展城乡妇女“学文化、学科技、学法律、学礼仪、学技能、学健身”活动，重点推动“乡村振兴巾帼行动”，实施“农村妇女素质提升计划”。开展寻找“最美”活动，传播良好家风，打造“完美儿媳”经典样板。（李萍）

商会工作 刁铺街道商会有会员154个，全部录入国家工商业联合会会员系统。协助组织驻厂员入驻辖区会员企业，帮助企业做好疫情防控和复工复产。组织会员企业为辖区环卫工人开展“送清凉”活动，为孤寡老人开展“暖冬行动”。联合区书法家协会、明发社区开展书法作品义卖活动，资助辖区残疾人家庭。泰州麦瑞杰医用包装有限公司向陕西省淳化县、新疆维吾尔自治区昭苏县、北京等地捐赠价值300万元的病毒采样拭子。（霍宏武）

·村（社区）简介·

【圩岸社区】 位于刁铺街道最南端，东至扬子江路，南至蔡圩中沟，西至南官河，北至许庄河。区域面积1.5平方千米。境内有高港生态公园、高港全民健身中心、高港实验学校、高港实验小学，有水岸帝景和格林美郡住宅小区。规划建设总户数5091户，入驻4760户，常住人口1.3万人。户籍户数716户，户籍人口1712人。辖区有机关事业单位10个、共建单位8个，下设网格片区11个。2020年，建成格林美郡8栋、10栋、11栋、12栋，建成社区党群服务中心门前充电桩，完成社区党群服务中心门前广场改造工程，完成社区城市书房提档升级。获泰州市优秀社区服务品牌、泰州市示范妇女微家等荣誉，社区党总支被评为刁铺街道疫情防控工作先进党组织。（李露）

刁铺街道政协之家 （刁铺街道 供稿）

刁铺街道万庄社区党群服务中心 （刁铺街道 供稿）

【万庄社区】 位于刁铺街道西侧，西与扬州市江都区浦头镇接壤，京沪高速、环港大道东西而行，泰州引江河、长江大道南北贯穿而过。辖区面积4.7平方千米，耕地面积130.49公顷。下辖自然村3个，居民小组18个，户籍户数938户，户籍人口3543人。2020年，社区集体经济收入277.07万元。围绕教学仪器、汽车配件等支柱产业，探索“支部+电商+农户”发展模式，由10余户居民家庭组成支撑杆“线上营销队”，年均营销额1000余万元。与江苏省农科院合作，种植新品花生、宁紫薯，引导农民发展高效农业。与江苏农牧科技职业学院合作，养殖万庄小香猪。改进万庄羊肉制作技艺，扩大万庄羊肉知名度。

（陈 婷）

【通太社区】 南至环溪路，北至泰州医药高新区寺巷街道，东至高港大道，西至水厂路。总面积3.6平方千米，耕地面积14.87公顷。有居民小组18个，户籍户数1614户，户籍人口4858人。拥有民营企业11个。2020年，社区集体经济收入181.82万元。4月，育才花苑老楼加装电梯工程全面启动。6月，作为第七次全国人口普查试点区域，完成第七次全国人口普查试点和正式普查工作。继续推行“红心管家”治理模式，加强小区日常管理，全年解决问题50余件。实施“书记项目”和“组长项目”，投入80余万元完成“打造河港美丽乡村”和“建设南街后街背巷整治”项目。在高港区基层远程教育站点“提星提级”活动中被评为优秀站点。

（杨福琴）

【环溪社区】 地处城郊结合部，北至宁通公路，南官河以东为城区，以西为涉农社区。由原赵庄、镇丰、刁西3个村和环溪居委会合并而成。区域面积3.5平方千米，耕地面积75公顷。有居民小组21个，户籍户数1731户，户籍人口5644人，党员176人。2020年，社区集体经济收入102.12万元。实施起凤新村雨污分离改造工程、臼前河补水工程，在社区西侧新建公厕1处。配合街道打造“花海项目”。

（孙 佳）

【关桥社区】 地处刁铺街道的南大门，属城区，西临南官河，高港大道、扬子江北路、金港北路、金果路穿境而过。区域面积3.2平方千米。有居民小组18个，住宅小区2个，户籍户数1050户，户籍人口4287人。社区党总支下辖潘庄、观五、圩岸、关桥4个支部，党员144人，下设网格片区9个。2020年，社区集体经济收入111.5万元。成立“温暖的家”残疾人康复示范点，扩展工疗室、功能训练室、文体活动室等服务场所，对残疾人建档立册，组织医生、志愿者定期上门走访、指导康复训练，向残疾人发放辅助器具，为贫困残疾人家庭进行无障碍改造。建成百姓大舞台、圩岸健身广场，建成公共厕所2座，完成观五河道补水、南庄排水设施改造工程。

（黄 璐）

【明发社区】 东至高港大道中心界，南至环溪东路、刁东中沟、解放东路连线中心界，西至扬子江北路中心界，北至环港大道中心界。辖区面积1.05平方千米，由秋红园、

刁铺街道明发社区业勤园小区 （区委宣传部 供稿）

刁铺街道界牌社区（区委宣传部 供稿）

明贵园、业勤园、千顺园、百合园和1个综合商业广场组成。户籍人口435人，常住人口7224人。社区党支部有党员26人，设有网格10个。2020年，社区集体经济收入34.45万元。社区党群服务中心投入使用。开发“智慧明发”App助力社区治理。6月，建成标准化居家养老服务中心。10月，秋红园第二批次16个充电车棚项目投入使用；在秋红园建成刁铺供销社明发便民服务中心。社区党支部书记、居委会主任霍荣康获泰州市第二批新冠肺炎疫情防控工作“骏马奖”，社区党支部被评为刁铺街道疫情防控工作先进党组织。（霍宏武）

【界牌社区】 位于刁铺街道西北部，东依南官河，南临京沪高速，西濒泰州引江河，北临泰州医药高新区寺巷街道，S355线、泰州港互通连接线穿境而过。由原界牌、薛李2个村合并而成。区域面积1.88平方千米，耕地面积83.37公顷。有居民小组12个，户籍户数574户，户籍人口2096人。2020年，社区集体经济收入70.4万元。流转土地种植花卉苗木。举办第二届刁铺街道农民庆丰收暨乡村旅游节。发挥网格议事作用，推进乡村自治体系。获评国家级“森林乡村”。（黄志勇）

【大丰社区】 位于刁铺街道西北部，东依南官河，南临宁通公路，西到泰州引江河、长江大道，北近泰州医药高新区寺巷街道，S355线穿境而过。由原旭光、大丰、北栾3个村合并而成。区域面积2.9平方千米，耕地面积59公顷。居民小组16个，户籍户数848户，户籍人口3185人，党员85人。有工业企业28个，主要产品为汽车同步器、教学教具。2020年，社区集体经济收入219.5万元，农民人均纯收入27536元。铺设便民停车场4处，修缮整治公厕1座，新建硬质化村组道路135米，完成人居环境整治工作。（薛亚秋）

许庄街道

·综述·

2020年，许庄街道总面积42.46平方千米，耕地面积1548.76公顷。辖行政村4个、社区10个，村（居）民小组254个，户籍户数11806户，户籍人口39217人。全年实现地区生产总值47.37亿元，比上年增长4.23%。其中，第一产业增加值1.45亿元，增长13.87%；第二产业增加值14.47亿元，下降4.41%；第三产业增加值31.45亿元，增长8.31%。完成一般公共预算收入6819万元，下降21.14%。全社会固定资产投资28.06亿元，增长6.47%。实际利用外资和港澳台资400万美元。新增市场主体10184个。居民人均可支配收入37187元，增长14.16%。蔡庄村被评为江苏省美丽家园省级示范点。（朱 芳）

·经济建设·

【项目建设】 2020年，许庄街道完成有效项目信息数30条，1亿元以上签约项目数22个，1亿元以上开工项目数3个，分别为年产500万套自行车刹车毂闸项目，年产500吨彩色纺丝线技改项目，智能吊具、吊索具专用存放架项目。（杨 刚）

【农业】 2020年，许庄街道实现农业增加值1.45亿元，农业利用“三资”2.73亿元。新增省级示范农场1个，为高港区金辉家庭农场。新增市级示范农场2个，分别为高港区润林家庭农场、高港区兰天家庭农场。新增区级示范农场7个。新增绿色农场1个，为高港区乡画生态农场。新增市级示范合作社2个，区级示范合作社1个。新增省级绿色优质农产品基地27.2公顷。新增市级“一村一品”示范村1个，为明河村。集中育秧面积4.24公顷，推广机插秧344.22公顷，机插率97.3%。实现优质水稻种子统供率100%，低毒低残留农药统供率90%以上。林业绿化总面积1962.3公顷，森林覆盖率46.1%。新增水稻侧深施肥机2台、玉米精量播种机1台、植保无人机3台。（唐晓庆）

【工业】 2020年，许庄街道规模以上工业实现利润1283万元、利税3486万元，比上年分别增长38.11%和13.26%。完成工业企业一般纳税人开票销售31.3亿元，工业净入库税收1.06亿元。净增规模以上工业企业4个，分别为江苏维骏工业设备有限公司、泰州华东锻造有限公司、江苏力之创特种设备有限公司和泰州市富泰吊装设备有限公司。完成工业技术改造项目25个。完成亿元结转技改项目2个，为泰州万诺纺织科技有限公司和江苏飞龙彩印包装有限公司设备技术改造项目。完成泰州市万达轮业制造有限公司、泰州万诺纺织科技有限公司、泰州银杏织锦有限公司、泰州市兴洲工矿设备有限公司、泰州市昊鑫电力机具有限公司、江苏维骏工业设备有限公司、泰州派沃运动器材有限公司、泰州市聚龙源建筑装饰有限公司、江苏力之创特种设备制造有限公司、泰州柯普尼通讯设备有限公司和江苏凯瑞电子有限公司11个企业的三星级上云。完成泰州万诺纺织科技有限公司和泰州市万达轮业制造有限公司的省两化融合管理体系评定。利用泰州市打造长三角地区绿色产业基地奖补政策和区“工业十条”政策，帮助21个企业上争项目资金近160万元。（唐为兵）

【建筑业】 2020年，许庄街道共有建筑企业25个，建筑业总产值168.45亿元，比上年增长9.37%。完成建筑业入库税收2.45亿元，增长24.82%。新增建筑业企业4个，分别为泰州宝厦建设工程有限公司、江苏恒安建设工程有限公司、江苏旭松建设工程有限公司、江苏飞硕建设工程有限公司。（徐　颖）

【服务业】 2020年，许庄街道新增规模以上服务业企业5个，限额以上批零住餐企业8个，共有规模以上服务业企业64个。全年完成服务业增加值31.45亿元，比上年增长8.31%；服务业税收1.22亿元；服务业产业投资9.91亿元。（刘朋生）

【科技创新】 2020年，许庄街道高新技术产业产值占规模以上工业产值36.9%。配合区“科技镇长团”走访企业12个，宣讲科技奖励政策，了解企业科技需求，助推企业创新发展。江苏安凯隆消防装备实业有限公司、泰州鸿安消防设备有限公司、泰州市昊鑫电力机具有限公司、江苏亚太吊具有限公司、泰州市万达轮业制造有限公司、江苏子辰教育设备有限公司、泰州市润辉机械制造有限公司、泰州万诺纺织科技有限公司、江苏维骏工业设备有限公司等14个企业完成江苏省科技型中小企业入库。申报江苏省民营科技型企业2个。泰州万诺纺织科技有限公司、江苏维骏工业设备有限公司、泰州市柯普尼通讯设备有限公司3个企业获批省高新技术企业。泰州市润辉机械制造有限公司、泰州市万达轮业制造有限公司、泰州万诺纺织科技有限公司等5个企业与大专院校签订产学研合作协议，泰州市润辉机械制造有限公司、泰州万诺纺织科技有限公司2个企业与院校成立校企联盟。（杨新锋）

·人居环境·

【城乡建设】 2020年，许庄街道对许庄中心小学进行改扩建，完成教学楼、综合实验楼、行政楼、食堂、风雨操场建设，并投入使用。对许庄中心小学原培实楼进行装修改造，改为许庄初级中学教学楼，9月1日投入使用。推行生活垃圾“住户分类、村居收集、街道转运、区级处置”模式，在各村（社区）共设立分类垃圾亭30座、分类垃圾桶760只、兑换超市13个。实施4个自然村农村生活污水治理项目，分别为赵王社区李王自然村、许庄社区许西自然村、孔桥社区孔桥自然村、乔杨社区联和自然村。（徐　颖）

【生态环境】 2020年，许庄街道关闭小化工企业3个。完成泰州市金宇喷涂有限公司、泰州市高港区盛源橡胶有限公司废气处理工程，启动泰州市美派墙纸有限公司废气处理装置提升改造工程。为5个企业办理排污染许可证，为61个企业办理固定污染源排污许可登记。改造孔桥集中居住区污水设施。建成许庄空气监测站，完成设备安装、调试。清理渔网渔簖13处，拆除中沟违法建设33处，其中，违章搭建11处、违法码头2处、违法停车场6处、垃圾池8处、圈养家禽6处。9月，完成河道疏浚整坡7条，建设方涵5座、圆涵3座，通过区级验收。投入160万元打造生态样板示范河道（凤凰河）。许庄街道通过省级生态文明建设示范乡镇复核，泰州市孔桥小学创成绿色学校。（张晓旭）

许庄中心小学　（许庄街道　供稿）

·社会建设·

【教育】 2020年,许庄街道共有学校6所,分别为泰州市许庄初级中学、泰州市许庄中心小学、泰州市许庄中心幼儿园、泰州市孔桥初级中学、泰州市孔桥小学、泰州市金泰堡幼儿园,共有在校教师254人,在校学生2770人。 (朱小敏)

【文化体育】 2020年,许庄街道组织星梦想艺术团参与惠民演出活动70场,开展送电影下乡58场、送戏下乡14场。举办"孝义蔡庄,与'梨'相约"蜜梨采摘节。新增文化体育设施面积5000平方米,村(社区)基层综合文化中心建成率100%。至年末,共有体育健身点94个,实现文体活动室、全民健身路径在行政村全覆盖,建成10分钟体育健身圈。 (李 萍)

【卫生健康】 2020年,许庄街道设有社区卫生服务中心2个,为许庄街道社区卫生服务中心和孔桥社区卫生服务中心,下辖村(社区)卫生室12个,共有医护职工99人,核定病床80张。10月,启动许庄街道社区卫生服务中心异地动工新建工程,新院地址位于许庄街道三星路东侧、王戚河南侧,占地面积1公顷,总建筑面积1.17万平方米,其中,综合楼9000余平方米。许庄街道社区卫生服务中心被江苏省卫生健康委评为2020年度城乡基层医疗卫生机构特色科室建设单位。组织医护人员参与新冠肺炎疫情防控工作,涌现出一批先进典型,许庄街道社区卫生服务中心医生李文亮获高港区新冠肺炎疫情防控工作首批"骏马奖"、高港区五一劳动奖章,唐患敏获高港区五一劳动奖章,吉静被评为高港区"三八红旗手"。 (孔凤琴)

【社会生活】 2020年,许庄街道新增就业3523人,新增农村劳动力转移112人,帮助城镇失业人员再就业980人、城乡就业困难人员就业90人,城乡劳动者就业技能培训314人,城乡新成长劳动力技能培训129人,补贴性职业技能培训2560人。举办SYB创业培训班3期,考试合格113人。职业技能鉴定获证408人。推进城乡居民基本养老保险续缴费工作,参保缴费7204人,其中扶贫代缴270人(低保和特困户53人、重残人员163人、建档立卡户54人),领取待遇8554人,其中未缴费直接领取基础养老金3270人,缴费人员和领取待遇人员占街道总人口的40%。城乡居民基本医疗保险参保21271人,参保率持续保持在98%以上。完成192户、272名低保户,60户、128名低保边缘户的动态管理工作,为17户困难家庭申请临时救助金近6.1万元。为30户困难老人完成适老化改造。 (王晓娟)

【平安与法治建设】 2020年,许庄街道社会管理服务中心开展法律服务196次,接待办事群众1.01万人次,调处各类社会矛盾纠纷1630起,其中成功化解重大矛盾7起,未发生民转刑案件。建成许庄社区法治文化小游园。辖区内共有省级民主法治示范村(社区)7个,区级民主法治示范村(社区)2个。共设网格88个,配备网格员88人,总网格长14人,网格长38人,兼职网格员42人。建成三星佳苑等智慧小区,使用大数据人脸识别。政法干部到基层一线排查出安全隐患67起,整改67起。网格员走访特殊人群,开展心理疏导、帮扶帮困等活动。到45个企业开展法治体检活动,开展知识产权保护宣传,提出风险提示意见、建议152条。召开营商环境企业家座谈会,听取企业意见建议,将营商环境纳入法治政府考核。排查涉黑涉恶线索2条,破获"八类"案件3起。接收社区矫正对象11人,解除矫正10人。走访安置帮教对象94人次,全年未发生矫正对象重新犯罪案件。对生活困难的安置帮教对象实行临时性救助。开展安全生产检查,共检查单位400余个次,发放隐患整改通知书320份次,排查隐患747条,全部整改到位。全年未发生安全生产事故。 (张 军)

·政治建设·

【基层党组织建设】 2020年,许庄街道党工委下辖党组织72个,党员1650人。全年召开党建专题工作会议4次,以"党建+"模式助力省级特色田园乡村建设。"三'星'暖童心"服务品牌被评为泰州市优秀社区服务品牌。选树抗击新冠肺炎疫情优秀共产党员6人,三星社区党总支书记、居委会主任蔡骏获高港区新冠肺炎疫情防控工作第二批"骏马奖"。投入近1000万元,新建官沟社区和赵王社区党群服务中心。成立软弱涣散村整顿小组,制定壮大集体经营性收入、拓宽增收途径等方面工作举措,帮助赵王社区强化班子建设,发展特色产业。组织近400人参加"当好排头兵、奋斗我先行"党员轮训。开展2020年高港区"百日百名精准引才"活动,引进高层次人才7人,成功申报市"双创"人才1人。为3个企业的4名人才申请生活补贴1.2万元。建立产业实训基地,举办各类乡土人才培训班,8名乡土人才入选省"三带"能手和新秀。 (凌 琳)

【宣传统战工作】 2020年,许庄街道党工委围绕12个专题安排学习12次。召开基层党员干部冬训动员部署大会。围绕乡村振兴、脱贫攻坚、乡风文明、环境整治等群众关心的热点难点问题进行宣传报道,被"学习强国"平台采用稿件35篇,被《新华日报》、《泰州日报》、"微高港"、泰州电视台、高港电视台采用

60余篇。国庆节前夕，组织师生代表开展“我和国旗合个影，我为祖国送祝福”主题宣传教育活动。联合区总工会组织开展“中国梦·劳动美”主题宣传教育活动。全街道有注册志愿者2.5万余人，志愿服务活动时长75万小时。开展“志愿服务大集市”和“九九重阳节·浓浓敬老情”志愿服务活动。三星社区朱登明母子二人接力抚养无血缘关系智残人士长达64年的事迹被“学习强国”平台、《新华日报》、《泰州晚报》等媒体报道。举行爱心企业助力疫情防控捐赠仪式，捐款捐物计12万元。（顾 莲）

【纪检监察】 2020年，许庄街道纪工委督促各单位在“两个责任”履职记实平台录入信息1834条。拍摄廉政微视频《亲·廉》，制作廉政公益广告《莲》，均获得泰州市“亲语廉连”廉洁文化作品三等奖。开展作风会风督查6次；围绕疫情防控、脱贫攻坚、环境整治等重点工作，开展督查42次，发现问题227个；开展各领域小切口专项治理15次，发现问题线索15条。运用监督执纪“第一种形态”处置38人，其中，提醒谈话13人，批评教育16人，诫勉谈话9人。共核查各类问题线索7条，处理各类信访17件。给予党纪政务处分11人。（李翠霞）

【人大工作】 2020年，许庄街道人大代表团共有市级人大代表3人，区级人大代表25人，聘请人大代表联络员18人。全年安排6名人大代表回原选区述职，开展人大代表工作日活动4次，接待、走访选民302人次，吸纳选民合理化批评建议意见40条。组织代表开展各类视察活动4次，召开政情通报会2次，召开人大代表会商活动1次。在市级以上报刊、网络发表文章2篇。接待泰兴、兴化等地代表团访问3次。（陈 澄）

【街道办事处自身建设】 2020年，许庄街道办事处坚持“三重一大”事项集体议事制度，推动民主、依法、科学决策。推进法治政府、法治社会建设。编制政府信息公开指南，依法公开政务信息，实施“三整合”改革，推进基层治理体系和治理能力现代化。加大审计、监察工作力度，压实安全生产、生态环保、河道管护等工作责任。畅通“12345”民生服务热线和市长、区长信箱等渠道，处理各类来信、来电、来访2200余件，群众关切得到及时回应和妥善解决。修订完善机关管理制度，开展公共机构节能减排。不断完善考核机制，差异化设置考核指标权重。（盛 玥）

【政协工作】 2020年，许庄街道政协小组共有政协委员25人。全年共有8篇社情民意信息被区政协采纳。建设街道、村（社区）“有事好商量”协商议事工作室，围绕民生实事和群众关心的热点问题开展协商议事活动56次，形成协商议事成果45件。安排政协委员走访慰问贫困户，直接帮扶贫困户15户、帮助解决问题16个。组织人员编写文史稿件，被《高港文史》第八辑采用9篇。（宗 晶）

【群团工作】 工会工作 2020年，许庄街道建有基层工会36个，村（社区）联合工会14个。有区三星级劳模创新工作室2个，分别为泰州市飞翔车辆工具厂陈国荣劳模创新工作室和泰州市银杏织锦有限公司陈斌劳模创新工作室，泰州市银杏织锦有限公司陈斌劳模创新工作室获泰州市示范性劳模和工匠人才创新工作室称号。许庄街道工会全年走访慰问特困群众6人次，向贫困弱势群体送去慰问金合计2500元。组织企业开展春节送温暖、夏季送清凉、献爱心活动，累计捐款捐物超2万元。（曹 燕）

共青团工作 许庄街道团工委下辖团组织45个，其中，村（社区）团组织14个，学校团组织5个，非公企业团组织22个，社会团组织1个，行业团组织2个，流动团支部1个。组织基层团支部的190名团员学习宣传中共十九届五中全会精神。许庄中心幼儿园志愿服务队被评为2020年度高港区青年文明号。帮助1名贫困大学生获得希望工程“圆梦行动”资助金5000元。（凌 琳）

妇联工作 成立“妇女微家”2个和“四新”领域妇联组织2个，新建赵王社区妇女儿童之家。承办泰州市农村妇女劳动力转移培训班暨农村留守妇女赋能培训班，做好妇女创业就业服务工作。举办妇儿社工项目系列活动和巾帼志愿者培训班。开展“欢欢喜喜过大年”“和你在一起”“女童保护”等关爱活动，承办高港区妇联“牵手成长，成就未来”助学活动。举办儿童安全守护培训2场，家庭监护指导和家长亲职能力培训各1场。开展“书香飘万家”亲子共读活动17场。开展家庭文明建设，10户家庭获评2020年度高港区“五好家庭”，9户家庭获评高港区“最美家庭”，15户家庭获高港区“美丽庭院示范户”，乔杨社区杨万红家庭获评泰州市“五美示范庭院”。（孙 薇）

商会工作 全年许庄街道商会走访慰问特困群众、低收入家庭、经济困难的老党员和老干部20人次，送去慰问金近2万元。开展金秋助学活动，结对帮扶大学生18人，资助资金3.6万元。联合街道安监科在街道办事处、泰州市聚龙源建筑装饰材料有限公司、泰州万诺纺织科技有限公司举办安全生产培训、安全生产讲座。组织36名会员代表人士到泰兴、淮安、连云港等地参观学习。疫情期间，搭建联保平台，解决泰州万诺纺织科技有限公司等4个企业2000余万元的资金缺口。（房 静）

·村(社区)简介·

【马厂社区】 地处京沪高速泰州港出口。由原马厂、万厦、王戚3个村合并而成。区域面积3.6平方千米。有居民小组18个,安置小区2个和商业小区2个,户籍人口4106人,常住人口4060人。马厂社区党委下辖马厂支部、王戚支部、万厦支部、工业支部4个支部,党员120人。主要以工业经济为主。2020年,社区集体经营性收入249万元,居民人均可支配收入3.8万元,工业产值9亿元、利税7200万元。获评江苏省优秀校外教育辅导站、泰州市五四红旗团支部(总支)。

(朱海军)

【三星社区】 位于许庄街道中心地带,东接周梓社区,西接马厂社区,南接曹官营社区,北至创新大道。区域面积1.5平方千米。共有网格4个,居民704户,户籍人口272人,常住人口3000余人,流动人口500余人。有党员51人。辖区内有商铺414个,三星级农贸市场1个,居住小区有三星嘉苑拆迁安置小区,学校有许庄中心幼儿园、许庄中心小学、许庄初级中学。2020年,三星嘉苑小区获评党建引领物业管理服务工作市级示范点、全市物业管理行业先进党组织、泰州市优秀社区服务品牌。

(蔡　骏)

【许庄社区】 位于东风快速路出口处,京沪高速由西北向东南穿境而过,新港大道纵贯南北,金果路横穿东西,东接乔杨社区,西邻曹官营社区,北与官沟社区接壤,南与口岸街道徐庄村、朱营社区毗邻。由原许东、许南、许西3个村合并而成。区域面积3.76平方千米,耕地面积64.1公顷。有居民小组26个,户籍户数1022户,户籍人口3290人。有私营企业25个,个体工商户300个,主要经营绳网带、吊索具、羽毛工艺品、服装加工、五金加工等。2020年,社区集体经济收入251.86万元,居民人均可支配收入36894元。投资近20万元新建公厕2座,投资16万元新建篮球场和百姓大舞台,投资30万元打造法治小游园。

(唐　勇)

【三旗营社区】 地处许庄街道北部,泰州大道、高港大道穿境而过。由原三旗村和大东村合并而成。区域面积1.5平方千米,耕地面积63.53公顷。有居民小组13个,户籍户数595户,户籍人口2004人,党员49人。主要产业为花卉苗木种植业。2020年,社区集体经济收入144.46万元,经营性收入74.11万元。对乐园河南侧坡面进行整治,种草栽树。更换社区主干道LED路灯,全面实现道路亮化。

(王志刚)

许庄街道马厂社区居民休闲长廊　（许庄街道　供稿）

【官沟社区】 位于泰州港经济开发区腹地,东南与泰州长江公路大桥北接线接壤,西北与泰州医药高新区毗邻,宁通高速、泰镇高速穿境而过。由原官沟、永太、庄佴3个村合并而成。区域面积4.8平方千米,耕地面积约100公顷。有居民小组28个,户籍户数1166户,户籍人口4185人。社区党总支下设党支部4个,党员114人。2020年,社区集体经济收入353.24万元,经营性收入332.4万元,主要来源为发包收入、投资收益等。建成社区党群服务中心,面积约1800平方米,设有便民服务大厅、党建阵地、居家养老服务等场所。

(周宜江)

【曹官营社区】 位于许庄街道南部,北邻许庄街道集镇,西、南分别与刁铺街道、口岸街道接壤交界,东与许庄社区接壤,宁通公路、刁孔线穿境而过。由原小营村、曹官村合并而成。区域面积3.1平方千米,耕地面积63.8公顷。有居民小组21个,户籍户数965户,户籍人口3276人。社区党总支下设曹官、小营、两新3个党支部,共有党员95人。有泰州市柯普尼通讯设备有限公司、泰州市宝羽工艺有限责任公司、泰州市高港区惠民物业管理有限公司等私营企业18个。2020年,社区集体经济收入135.59万元。投资31万元开展环境整治,新建公共厕所。

(顾宏兵)

【周梓社区】 位于泰州港经济开发区核心区域,鼓楼路、新港大道、东风快速路、创新大道、创业大道穿境而过。由原周梓、韩野、狄家3个村合并而成。区域面积3.6平方千米,耕地面积101.31公顷。有居民小组17个,户籍户数904户,户籍

许庄街道乔杨社区村庄河道 （乔杨社区 供稿）

人口3354人。党总支下设周梓、韩野、狄家、两新4个党支部，共有党员118人。产业以个体工商户、绿化培植和家庭农场为主。2020年，社区集体经营性收入157万元，居民人均可支配收入3.75万元。

（李惠民）

【乔杨社区】 位于泰州港经济开发区南侧，金果路、泰镇高速穿境而过。由原乔杨、联和、栾王3个村合并而成。区域面积3.78平方千米，耕地面积242.07公顷。有居民小组23个，户籍户数877户，户籍人口2973人。社区党总支下辖支部5个，党员82人，预备党员1人。有个体工商户、私营企业、小微企业46个。2020年，社区集体经济收入236.16万元，居民人均可支配收入3.8万元。

（乔宝余）

【赵王社区】 位于许庄街道最东部。由原赵庄、李王、董庄3个村合并而成。区域面积3.97平方千米，耕地面积262公顷。有居民小组24个，户籍户数964户，户籍人口3330人。主要产业有荞麦酒、三汇水蟹、珍珠米、花卉苗木等。2020年，社区集体经济收入321万元。加强环境整治，打造泰州市美丽宜居乡村建设工程。打造党建小游园，建成社区党群服务中心（二期），完善中心周围居民娱乐场地建设。

（王 勇）

【孔桥社区】 地处高港、姜堰、泰兴三地交界处。由原孔桥村、利民村合并而成，是原孔桥乡集镇所在地。区域面积2.01平方千米，耕地面积63.47公顷。有居民小组11个，户籍户数565户，户籍人口1945人。社区党总支下辖党支部3个，党员75人。2020年，社区集体经济收入72.3万元。社区居民张伯锋被评为江苏省“三带”能手。 （赵兴华）

【管营村】 地处泰州长江公路大桥北接线东侧，北临乔杨社区，东接孔桥社区。区域面积2.13平方千米，耕地面积136.51公顷。有村民小组12个，户籍户数571户，户籍人口1872人，党员72人。主要产业是稻麦种植。2020年，村集体经济收入172.96万元，经营性收入45.22万元。社区流转土地1公顷用作桃园开发以及螃蟹等水产养殖。投放垃圾桶580个，设有可回收垃圾积分兑换点1个。建成生活污水处理设施，完善雨污分流工程。利用边角隙地新增农民休闲小花园2个。

（孙学军）

【钱赵村】 地处泰兴、姜堰、高港接合部，金果路穿村而过。由原西孔、晓潮、钱庄3个村合并而成。区域面积4.12平方千米，耕地面积260.47公顷。有村民小组22个，户籍户数1222户，户籍人口3868人。村党总支下辖西孔、晓潮、钱庄3个党支部，党员113人。2020年，村集体经济收入149.13万元。完成许庄街道为农服务综合体项目建设，集粮食仓储烘干、农业机械存放及维修、农业机械操作培训等功能于一体。 （栾庆郭）

【明河村】 位于许庄街道东南部，西接乔杨社区，南接孔桥社区，北与赵王社区交界，东接钱赵村，孔泗公路、金果路穿村而过。区域面积2.36平方千米，耕地面积121.67公

许庄街道明河村党群服务中心 （许庄街道 供稿）

顷。流转土地113.33公顷,其中,花卉苗木种植49.33公顷、水产养殖44公顷。有村民小组15个,户籍户数571户,户籍人口1901人。村党总支下辖党支部3个,党员86人。2020年,村集体经济收入108.8万元。新装路灯67盏。获泰州市"一村一品"示范村称号。（许 峰）

【蔡庄村】 位于许庄街道东南部,东邻胡庄镇,南邻泰兴市宣堡镇,西邻孔桥社区,北邻钱赵村,宁通高速、古田线、许蒋线穿境而过。由原蔡庄、凡青、二青3个村合并而成。区域面积3.33平方千米,耕地面积202.6公顷。有村民小组23个,户籍户数931户,户籍人口3026人,党员112人。2020年,村集体经营性收入80.59万元,居民人均可支配收入3.66万元。开展省级第三批特色田园乡村试点工作,打造老中心港景区,修复蔡氏庄园。被评为江苏省"美丽家园"省级示范点。（蔡 春）

永安洲镇

·综述·

2020年,永安洲镇总面积55.9平方千米,耕地面积937.65公顷。辖社区11个,居民小组218个。户籍户数8281户,户籍人口30431人。全年实现地区生产总值128.3亿元,比上年增长3.46%。其中,第一产业增加值1.86亿元,增长4.43%;第二产业增加值70.53亿元,下降3.01%;第三产业增加值55.91亿元,增长7.81%。一般公共预算收入2.77亿元。全社会固定资产投资88.39亿元,下降3.16%。协议利用外资和港澳台资2.47亿美元,实际到账7162.59万美元;自营进出口总额11.5亿美元,其中,进口9.45亿美元,出口2.05亿美元。全年签约1亿元以上项目54个,新开工1亿元以上项目15个,其中,5亿元人民币或3000万美元以上项目6个。新增私营企业275个,新增个体工商户6210户。城乡居民人均可支配收入达40915元,增长5.3%。（李 誉）

·经济建设·

【项目建设】 参见《江苏泰州港经济开发区》类目。

【农业】 2020年,全镇农业利用"三资"8.44亿元,招引农业规模项目6个,实现农业增加值1.86亿元。农业综合机械化率达100%,种管收机械化实现全覆盖。全面推广南粳9108、南粳5055等优质稻米,优质稻米率占总面积的95%以上,绿色食品认证面积153.33公顷、品种5个(绿色大米面积145.33公顷、品种3个,绿色水果面积8公顷、品种2个),无公害水产品覆盖全镇。新增农产品合格证打印企业11个,农产品加工集中区实现销售收入158.09亿元,新增市级农业产业化龙头企业1个(江苏新土地农业发展有限公司)。举办农民丰收节暨第二届河豚节,丰汇河豚主题庄园被确定为2020年江苏省主题创意农园。

【工业】 2020年,永安洲镇实现工业总产值325亿元、征收期工业一般纳税人开票销售393.3亿元、利润3.96亿元。共有规模以上工业企业51个,规模以上工业总产值255亿元、增加值63亿元。工业企业净入库税收3.04亿元。工业投资56.7亿元。工业企业用电量4.18亿千瓦时。

【建筑业】 2020年,永安洲镇有建筑企业20个,建筑业总产值149.2亿元,建筑业入库税收2.18亿元。疏港公路(疏港南路)项目被评为2020年度泰州市公路水运品质工程市级示范项目、2020年度泰州市公路水运平安工地市级示范工程。

【服务业】 参见《江苏泰州港经济开发区》类目。

【科技创新】 参见《江苏泰州港经济开发区》类目。

【泰州(高港)智能制造论坛】 9月29日,2020年"中国泰州(高港)智能制造论坛"开幕,主题为"智汇新高港,筑梦新科技,打造泰州智能制造产业新生态"。组织专家围绕高速机器视觉赋能智能制造、智能制造成长路径规划、柔性制造技术效益、协作机器人助推工业4.0发展、城市应急急救信息化建设、5G+智慧医疗等话题开展交流研讨。中国自动化学会与高港区人民政府签订战略合作协议。12名专家受聘加盟中国科学院自动化研究所泰州智能制造研究院专家委员会。工业自动控制装置和机器视觉系统、3D视觉和智能物流机器人、智能实验室平台、移动医疗智能终端和急救解决方案平台、尖端实验仪器研发展销平台、高端电子检测设备研发和产业化6个项目签约落户中国科学院自动化研究所泰州智能制造研究院。

【科技助力复工复产】 2020年,永安洲镇运用互联网技术助力复工复产。联合中国电信泰州分公司永安支局推出线上信息采集小程序,利用微信小程序引导企业进行线上申报,减少人员接触,将园区汇总各企业表格的时间由3小时缩减为1分钟。联合钉钉泰州服务中心向39个复工企业发放无接触考勤机45台,利用手机蓝牙或定向Wi-Fi技术,员工位于设备5米范围内即可实现自动打卡、自动生成出勤报表。（李 誉）

·人居环境·

【城乡建设】 2020年,永安洲镇完成古马干河北侧益海米厂地块、新

永安洲镇区一角　　（区委宣传部　供稿）

型建材产业园地块、明珠大道东延及连接线、鸿兴路西延地块土地利用规划调整。医药制造公共服务平台标准厂房项目E1、E2、E3车间主体封顶。疏港公路古马干河特大桥项目主塔封顶，南北引桥预应力混凝土箱梁浇筑完成。疏港公路配套污水管网建成并投入使用，永安标准厂房区配套道路顺利完工，马永路西延项目、高港大道东侧浑水管网迁改项目开工建设。启动新型建材产业园码头群项目建设，完成前期决策、评价和设计工作。永安花苑二期安置房项目完成工程预验收工作。成立镇安置小区物业管理考核工作领导小组，开展季度物业管理考核。

【生态环境】 2020年，永安洲镇强化废气源头治理，对29个涉及VOCs（含粉尘）的企业开展排查整治，151个餐饮单位完成排油烟设施清洗。组织专家对入河排污口进行现场溯源，编制《长江入河排污口分类整治工作实施方案》。开展危废专项整治活动，组织省级专家对辖区内31个涉危废企业开展危险废物专项排查，排查整治环境问题206个，关闭退出化工企业3个。加大生活垃圾无害化处理力度，完善环卫设施，建立健全餐厨废弃物收运体系，生活垃圾无害化处理率100%。建成6个通江河道水质监测站和长江船舶污染物公共上岸点，完成长江绿化造林27.33公顷。打造同联中沟“样板河道”，完成8条河道疏浚整治，启动古马干河整治工程。

【渔民退捕护鱼】 2020年，高港区成立护鱼队，聘请永安洲镇东江社区10名老渔民为首批队员，负责对长江干流高港段进行24小时不间断巡航。组建专门微信工作群，与“12345”政务服务热线联通，同步接受群众举报，确保第一时间发现，第一时间取缔。全年护鱼队发现非法捕鱼行为67起，协助抓获电捕鱼人员4人，协助查扣移交捕鱼工具23套、“三无”渔船16条。

（李　誉）

·社会建设·

【教育】 2020年，永安洲镇有小学、初中各1所，教学班41个，学生1900余人，教师150余人；幼儿园2所，其中1所设有教学班15个，在园幼儿670余人，教师37人；1所正筹备投入使用。全镇教育资源基本实现集中共享。永安洲实验小学承办省乡村学校少年宫优秀成果展演活动和高港区“教育大阅读”推进会暨实施“崇读尚书”三年行动方案启动仪式。《穿越火线之英雄梦想》获2020年度江苏省情景剧大赛第3名。

【文化体育】 2020年，永安洲镇开展基层社区文体设施大排查，推进公共体育设施面积普查。新增体育健身路径10件套，篮球架1副。全年人均接受文化场馆服务次数4次。对部分“农家书屋”进行提档升级，图书流通量达19674册。举办“大江晚霞美·欢歌重阳情”专场文艺演出，承办“我们的节日·中秋”活动，举办第三届趣味运动会、全民阅读主题活动，开展

2020年10月9日，泰州市“我们的节日·中秋”主题活动在永安洲镇举行

（永安洲镇　供稿）

各类文化巡演、书法展览活动80余场次。配合做好区外旅游推介会工作，举办第二届河豚文化节，新增文旅项目7个，累计投资8.69亿元。成立永安洲镇文旅行业安全生产专项整治行动领导小组，对辖区内的3个网吧和3个旅行社开展检查14次，发出整改通知单6张，有关问题全部在规定时限整改到位。

【卫生健康】 2020年，永安洲镇有综合性卫生院1所，占地面积8000余平方米，集医疗、预防、急救、康复于一体，建有独立的门诊综合楼、病房大楼及相关辅助设施。拥有进口C型臂X光机、电子胃镜、彩色B超、全自动化分析仪、加拿大产IDC品牌DR和500毫安X光自动成像系统等一批先进的医疗设备。全院职工65人，其中大专以上文化程度占比70%，有主任医师1人、副主任医师12人、中级职称13人。全镇居民电子健康档案建档规范率93%。全年接种Ⅰ类疫苗5036针次，7周岁以内儿童一类疫苗接种率超过90%；完成血防查螺面积255.77万平方米，灭螺面积1428.89万平方米。

【社会生活】 2020年，永安洲镇新增就业4155人，城镇失业人员再就业1041人，新增农村劳动力转移132人，新增创业1558人，创业带动就业1637人，城乡劳动者就业技能培训349人，城乡新成长劳动力培训131人，引领大学生创业43人，新增职业技能鉴定获证151人。开展创业培训3期，支持成功自主创业人数238人，扶持农村劳动力创业人数127人。推荐4名优秀乡土人才参加“三带”培养对象遴选，其中，2人获评省级“三带”能手，2人获评省级“三带”新秀。1人入选省“双创”计划，8人入选市“双创”计划。全年引进高层次人才109人，新增海外优秀人才5人。组织开展高港区“人才十条”政策兑付，共为52名高层次人才办理申报手续。城乡居民基本养老保险参保人数6119人，城乡居民基本养老保险续缴人数5356人，企业职工养老保险参保人数新增566人，工伤保险参保人数新增666人，城乡居民医疗保险参保人数15577人，为771名失地农民办理失地保障。关注低收入群体生活，全年发放城乡低保金110.7万元、五保生活费14.1万元。发放优抚金206万元，“八一”荣誉金1.59万元，2019年秋、冬季退役士兵自主就业一次性经济补助金49.23万元，2017年、2018年入伍义务兵优待金、立功奖励金42.61万元。组织为残疾军人、在乡复员军人、带病回乡退伍军人、60周岁以上农村籍退役士兵开展免费体检1次。发放“光荣之家”牌25张。资助36名重点优抚对象参加2020年度城乡居民基本医疗保险。永安洲镇退役军人服务站被评为全国示范型退役军人服务站，在区退役军人事务局年终考核中名列第一。

【平安与法治建设】 2020年，永安洲镇全面落实“大数据+网格化+铁脚板”机制，做好疫情防控工作，累计采集疫情严重地区来苏返苏人员信息1208条，海员上岸信息74条，在外和在港澳台地区人员信息59条。全年录入网格事件27266件，办结27266件，办结率100%。推进扫黑除恶专项斗争，破获涉恶案件“3·4”赌场案；严厉打击和处置非法集资活动，全年未发生百万元以上非法集资案件。开展信访积案化解专项行动，化解一批信访积案。排查化解矛盾纠纷38起。完成“七五”普法终期验收。对润洲社区“法治游园”、永安洲实验学校“青少年法治宣传教育中心”、交警中队“交通安全宣传阵地”、江苏海企化工仓储股份有限公司“职工五有基地”进行提档升级，打造法治文化精品小镇。制作大型平面法治宣传广告2个、广告牌40块，张贴标语700余份，悬挂宣传横幅标语200余条，开动电子显示屏20余部，发放各类宣传手册3万余份。接收社区矫正对象16人，解除矫正16人，无脱管、漏管和重新犯罪现象发生。推进公共法律服务进网格，规范完善镇、社区两级公共法律服务中心，配齐配强硬件设施。印发《公共法律服务进网格业务指导手册》，简化办事流程。优化“一村一顾问”工作制度，接待法律咨询936人次，开展法律服务活动24次，实施法律援助13起、公证指引4起，基层法律工作者参与公共服务活动22次。（李　誉）

·政治建设·

【基层党组织建设】 2020年，核心港区党工委（永安洲镇党委）下辖基层党组织83个，其中，党委4个，党总支11个，党支部68个。共有党员1461人，其中新发展党员20人。印发《关于落实“四个坚持”，强化疫情防控组织保障的通知》，组织全镇所有党员干部参与疫情防控和企业复工复产工作，唐永兴、朱美云分别被评为泰州市、高港区优秀共产党员。举办“当好排头兵，奋斗我先行”首期党员轮训班，300余名党员接受培训。落实治理网格与党建网格“双网融合”，推动党建引领物业管理服务，润洲花苑通过市级二星级小区验收。实施城市社区“五有五化”职业体系建设，创新设置“全科”窗口，润洲社区“情‘润’万家最‘洲’到”获评泰州市十佳社区服务品牌。指导城市社区科学制定人气集聚计划实施方案。推进基层党建“书记项目”，打造综合执法优质高效满意平台，获全区基层党建项目铜质奖，“党建四融，助强管理”项目获高港区园区、镇街党（工）委组织委员“非公党建样板区”项目二等奖。协助拍摄《长江的孩子》专题片，获第十五届全省党员教育作品观摩交流活动一等奖。推进“两新”组织党务工作者专业化建设，2人取得高级证书，4人取得中级证书，26人取得初级证书。

【宣传工作】 2020年，永安洲镇严格履行意识形态工作“第一责任”，制定年度意识形态工作要点和任务清单，集中研讨《中国共产党宣传工作条例》、习近平总书记关于意识形态工作等重要论述，专题听取意识形态工作开展情况2次，组织理论中心组学习13次。集中宣讲、送学党的十九届五中全会精神。参加省、市理论宣讲比赛，《三碗面里的小康路》《56小时，小口罩爆发大力量》分别代表泰州市参加全省“春风化雨润心田”演讲比赛决赛和“点赞中国之治——从疫情大考看制度优势”演讲比赛决赛，分获二、三等奖，均为全市唯一。全年志愿服务时长超过50万小时。募捐抗疫物资总额超120万元。开展群众性精神文明创建活动，李正、王永红当选为江苏好人。深入推进“扫黄打非”集中整治，管好文化市场。举办港口物流业高质量发展新闻发布会，承办“共舞长江经济带·看高质量发展”江苏站网络主题宣传活动。发表网络评论文章35篇，在“学习强国”省级平台用稿62篇，均居全区第一。

【统战工作】 2020年，永安洲镇加深与党外代表人士、在外知名人士、民主党派人士、港澳台同胞和海外侨胞的联系沟通，完善在外知名人士数据库。春节期间，采取寄送慰问信、上门慰问等方式拜访、慰问33名永安洲籍在外知名人士及其家属。开展海外知名人士信息摸排，对17名海外华人、华侨信息进行登记。1人被评为泰州市侨联工作先进个人。引导统战对象履行社会责任，民革党员、泰州百诺医疗器械有

2020年8月28日，江苏省“从疫情大考看制度优势”演讲比赛决赛在南京举行，永安洲镇选手代表泰州市参赛 （永安洲镇　供稿）

限公司总经理任刚放弃春节假期，紧急生产口罩和医疗防护服支援疫情防控。汇福粮油江苏泰州公司、江苏泰氟隆科技有限公司等20个非公企业及企业内部非公经济代表人士捐款捐物超过120万元。放大益海丸庄酱油项目效应，创成苏台（泰州）大健康产业园，高港综合物流园区获批两岸现代服务业合作实验示范基地。开展少数民族人员调查，完善少数民族个人信息登记表。开展民族宗教领域安全生产专项整治。

【纪检监察】 2020年，永安洲镇召开党（工）委会议15次，讨论涉及党风廉政建设议题13个。微电影《长江行动》获市纪委廉洁文化优秀作品微电影类一等奖。到园区20个重点企业走访调研，收集企业对机关作风建设的建议和意见，为构建公正透明的营商环境提出参考建议。开展违法违规“小化工”专项整治工作督查。查处形式主义、官僚主义问题4件，处理党员干部5人；查处享乐主义、奢靡之风问题1件，处理党员干部3人，其中给予党纪政务处分3人；查处群众身边腐败问题和不正之风问题5件，处理党员干部12人，其中给予党纪政务处分8人；问责问题4件，问责党员干部4人。

【人大工作】 2020年，永安洲镇有省人大代表1人，市人大代表3人，区人大代表19人，镇十七届人大代表53人。全年召开人代会2次、主席团会议4次，组织开展“人大代表工作日”活动4次，听取和审议专项工作报告10项，组织代表视察、专项检查和调研活动11次，20余篇稿件被《人民与权力》《泰州日报》和上级人大网站采用。

【政府自身建设】 2020年，永安洲镇严格遵循“三重一大”决策程序，加强重大决策、政府规范性文件合法性审查，不断提升政府工作制度化、规范化、法治化水平。自觉接受人大法律监督和政协民主监督，办结人大代表建议17件，政协委员提案19件，满意率100%。及时办理“12345”民生服务热线交办件，办理群众来电1935件，群众诉求办结率100%、满意率95%。

【政协工作】 2020年，政协永安洲镇小组共有政协委员28人，其中，市政协委员1人，区政协委员27人。组织开展“政协委员工作日”活动4次，调研视察活动3次，组织委员参与评议全镇平安法治建设1次。

开展“有事好商量”协商议事活动35次，其中，镇级层面2次，社区层面33次，参加活动人数560余人次。向区政协五届四次会议提交提案46件，其中，区下派委员报送17件，镇党委推荐委员报送29件。转交主办或协办的政协委员提案19件，全部办理完毕，答复率和满意率100%。社情民意信息共采用46篇，其中，全国政协《每日社情》采用2篇，市政协采用7篇，区政协采用37篇，4篇获区领导批示。连续4年被评为高港区优秀政协工委。围绕“重大公共事务决策”“民生热点、难点问题”“涉及群众切身利益的实际问题”，采取会议式即时协商、走访式恳谈协商、书面式意见协商、调研式平台协商、网络式互动协商工作法，推进“有事好商量”协商议事工作。省政协研究室专题调研永安洲镇政协工作。在全市政协“有事好商量”协商议事工作推进会上，永安洲镇作基层镇街协商议事工作经验交流发言。获区政协“活力政协”建设暨基层协商议事项目评比一等奖。

【群团工作】 工会工作 2020年，永安洲镇共有基层工会组织78个，会员总数5000余人，其中，新增独立工会2个，新增会员42人。完成11个社区工会规范化改制。开展第四期职工阳光互助互济活动，新增参保283人，参保金额4.11万元，职工住院和特病报销人员47人次，赔付4.28万元。益海（泰州）粮油工业有限公司被评为2018—2020年度全省厂务公开民主管理先进单位。江苏汇福蛋白科技有限公司工会委员会被泰州市总工会评为泰州市模范职工之家。泰州国际集装箱码头有限公司电工班被泰州市总工会评为泰州市工人先锋号。江苏能建机电实业集团有限公司被泰州市总工会评为非公有制企业党建带工建“三创争两提升”活动市级示范单位。江苏海企化工仓储股份有限公司被泰州市总工会等部门评为泰州市集体协商工作AAAAA级示范企业。江苏能建机电实业集团有限公司获评江苏省安康杯竞赛优胜单位。江苏海企化工仓储股份有限公司、江苏能建机电实业集团有限公司能级工资集体协商案例获评泰州市能级工资集体协商十佳典型案例。

共青团工作 共有基层团组织105个，团员857人。推进基层团组织规范化建设，完成“磐石工程”整顿规范年工作目标，建立非公企业团组织15个。开展“青年微讲堂”活动20次，近1000人听课。推进“五四100周年——我和我的祖国”系列活动。依托永安洲镇青少年之家、青少年法治教育基地、国学生活馆等基地，实施基层团建“书记领题”项目。镇团委被评为高港区五四红旗团委，1人获评泰州市优秀团支部书记，2人获评高港区优秀团支部书记，2个企业获评高港区青年安全示范岗，1个企业获评高港区青年文明号。

妇联工作 共有基层妇联组织23个，新建妇女微家2个、“四新”领域妇联组织1个。全年开展巾帼志愿服务活动26次，家庭教育指导活动13次，维权宣传活动6次。“Women+”云平台活动发布信息4136条，向50名困难妇女儿童发放慰问金近2.5万元，“让爱住我家”罐爱公益项目募得爱心款2.55万元。组织近300名妇女开展免费“两癌”筛查。1人被评为江苏省女性社会地位调查优秀个人，泰州市核心港区爱心彩虹巾帼志愿服务队被评为泰州市优秀巾帼文明志愿服务先锋队，中心社区被评为泰州市维护妇女儿童先进集体，王丽三八红旗手工作室被评为泰州市三八红旗手示范工作室，泰州市景丰苗木专业合作社被评为市级巾帼示范专业合作组织，1人被评为泰州市优秀女企业家，镇妇联被评为高港区妇女工作先进集体。（李 誉）

·村（社区）简介·

【福沙社区】 位于永安洲镇最南端，与泰兴市接壤，西邻长江。由原永福、北沙2个村合并而成。区域面积5.6平方千米，耕地面积101公顷。有居民小组21个，户籍户数927户，户籍人口2890人。2020年，集体经济收入500万元，年终居民股份分红330万元，居民人均纯收入49500元。出资70万元为全社区居民购买新型农村合作医疗保险，向80岁以上老人发放尊老金共10万元，发放特困、特病、伤残人员补助20万元。投入30万元开展环境整治。

永安洲镇福沙社区文体活动广场 （区委宣传部 供稿）

【新街社区】　位于永安洲镇西南，西邻长江，拥有2.2千米的长江深水岸线。由原同兴、盘头2个村合并而成。区域面积8.56平方千米，耕地面积126.2公顷。有居民小组24个，户籍户数594户，户籍人口2217人，党员100人。2020年，集体经济收入433.84万元，居民人均纯收入42280元。投入近60万元新建党群服务中心；投入34万元实施“厕所革命”，改厕216户；投入近5万元为52~59周岁人员购买计生家庭险，为70周岁以上的老人办理意外保险；投入18.07万元对社区居民购买合作医疗保险进行补贴；重阳节、“七一”、春节等节假日，累计发放各项慰问金近18万元。

【永兴社区】　位于永安洲镇南部。由原胜利、天雨2个村合并而成。区域总面积4.81平方千米，耕地面积139.78公顷。有居民小组26个，户籍户数995户，户籍人口2139人。2020年，集体经济收入269.6万元，居民人均纯收入32159元。投入5.14万元为60周岁以上老人购买意外伤害保险，投入14.88万元为70周岁以上老人缴纳新型农村合作医疗保险，投入3.54万元为50~59周岁的计生家庭人员购买意外保险。结对帮扶贫困家庭17户45人，入户走访180人次，投入帮扶资金2.04万元。向老党员、孤寡老人、特困家庭发放慰问金6.89万元。开展“送戏下乡”活动2场。向11名在中、高考中取得优异成绩的学生发放奖学金共3.1万元。

【兴洲社区】　位于永安洲镇主镇区。区域面积1平方千米，耕地面积0.68公顷。有居民小区6个和涉农居民小组7个，户籍户数1438户，户籍人口5181人。有各类企业470个，个体工商户1430户。2020年，集体经济收入337.8万元，居民人均纯收入36986元。结对帮扶贫困家庭15户29人，入户走访147人次，投入帮扶资金13.2万元，实施困难救助439人次。投入13万元为20余名失业人员提供免费劳动技能培训，投入2.2万元为社区老人和计生家庭购买意外伤害保险、家庭保险，投入8万元对居民购买农村合作医疗保险进行补贴。

【润洲社区】　系永安洲镇最大的拆迁集中安置区，成立于2011年8月，位于永安洲镇主城区。区域面积0.3平方千米，有多层安置楼74幢和高层安置楼17幢，安置拆迁户2247户，常住人口超过9000人，外来人口约1000人。2020年，集体经济收入391.87万元，居民人均纯收入28660元。新增个体工商户320户，投入162万元用于居民房屋维修。向困难人员发放慰问金和物资共计9.85万元。成立“情润万家”志愿服务队，“情‘润’万家最‘洲’到”项目被评为泰州市十佳社区服务品牌。

【中心社区】　系永安洲镇面积最大的社区。由原明沟、引江、同联3个村以及永安村8~13组合并而成。区域面积9平方千米，耕地面积90.6公顷。有居民小组36个，户籍户数1147户，户籍人口2620人，党员108人。2020年，集体经济收入332.78万元，居民人均纯收入3.85万元。投入20余万元实施“厕所革命”；投入15万元扩建汇海停车场，新增停车位200个及办公场所500平方米；向困难群众、困难党员发放慰问金12万余元；为70周岁以上老人减免新型农村合作医疗保险费用10万元；重阳节和春节，向80岁以上老人发放物资及慰问金计9万余元。

【兴隆社区】　地处永安洲镇东部，与泰兴市滨江镇马甸社区接壤。由原新圩、新德2个村和原永安农场合并而成。区域面积3.38平方千米，耕地面积143.27公顷。有居民小组22个，户籍户数609户，户籍人口2146人。2020年，集体经济收入293万元，居民人均纯收入35787元。新增个体工商户510户。辖区通组道路全面实现硬质化、路灯亮化，生活污水集中收集、集中处理。建有健身广场5个，家庭农场6个，垂钓中心3个，落户小型企业11个。社区居民养老保险覆盖率95%，医疗保险覆盖率100%，就业年龄段人员就业率80%以上。全年结对帮扶低收入农户6户，入户走访24人次。

【建安社区】　位于永安洲镇东北部，高港大道、疏港一路穿境而过。

永安洲镇兴隆社区新时代文明实践所　　（永安洲镇　供稿）

由原保健、平安2个村合并而成。区域面积2.71平方千米，耕地面积172.41公顷。有居民小组21个，户籍户数581户，户籍人口2098人，党员72人。有小规模企业6个，高效设施农业基地2个，绿化苗木基地3个，共流转土地93.97公顷。2020年，集体经济收入375.5万元。

【东江社区】 位于江平线以西，沿江高等级公路以东，泰州长江公路大桥北接线、231省道、建桥路穿境而过。原为泰兴市第二捕捞公司，于2008年9月划入高港区永安洲镇，改名泰州市高港渔业公司，2010年组建东江社区。有永联、东江、新渔3个自然村，区域面积2.75平方千米，耕地面积77.93公顷。有居民小组14个，户籍户数723户，户籍人口2343人。2020年，集体经济收入795.87万元，居民人均纯收入37556元。组织党员和群众志愿者开展疫情防控工作，党员、群众捐赠物资计2.4万元。聘请专业设计单位编制特色田园乡村建设规划。完成渔船渔具补偿及进保安置，建立153名就业年龄段渔民动态管理档案，帮扶渔民上岸就业、创业。社区水产养殖特色产业被中央电视台报道，泰州高港真江河豚基地获江苏省星创天地称号，泰州丰汇农业科技有限公司获江苏省主题创意农园称号，社区集体聚餐点获泰州市"阳光宴会厅"称号。推进村庄环境治理，投入19.98万元建成秸秆禁烧堆放点。清理拆除旱厕169户，整改户厕318户。投入60万元用于改涵建桥、疏浚河道、沟通水系、整治岸坡。开展农村集体经济组织成员界定、资产量化、农村集体经济组织登记赋码等工作，共界定成员2315人，量化经营性资产2132.05万元。

【上桥社区】 地处长江沿岸，与扬中市隔江相望。由原堂圩、兴无、桥西3个村合并而成。区域面积5.2平方千米，耕地面积135.33公顷。有居民小组28个，户籍户数843户，户籍人口3014人。2020年，集体经济收入281.26万元，居民人均纯收入3.25万元。购买服务岗位16个，开展环境管护工作，发放工资及各项补助共49万元。投入近8万元新建便民公厕1座。社区企业职工劳动保障五大保险覆盖率提高至95%，城乡居民医疗保险、"新农保"、失地农民保障基本实现全覆盖。发放临时救助资金近10万元，困难家庭慰问金15万元。

【永胜社区】 位于永安洲镇最北端，与口岸街道新明社区接壤，西邻长江。由原福胜、永正2个村合并而成。区域面积3.9平方千米，耕地面积16.75公顷。有居民小组19个，户籍户数665户，户籍人口2643人。党总支下设党支部4个，党员94人。2020年，集体经济收入534.9万元、经营性收入476.3万元、纯收入244.5万元，居民人均纯收入4.2万元。新办民营企业104个，新增注册资本380万元。各项惠民投入130万元。投资50万余元新建便民疏导点；投资200余万元用于改造村级主干道，美化福胜中沟、永胜路、三圩路；新建党建长廊，新增永胜花苑彩屏及普法文化墙。

（李　誉）

白马镇

·综述·

2020年，白马镇总面积23.21平方千米，耕地保有量1344公顷。辖行政村5个、社区2个，村（居）民小组127个。户籍总数6541户，户籍人口22290人。全年实现地区生产总值15.86亿元，比上年增长2.98%。其中，第一产业增加值1.43亿元，增长4.49%；第二产业增加值4.84亿元，下降4.1%；第三产业增加值9.59亿元，增长6.73%。完成一般公共预算收入4005万元。固定资产投资11.2亿元。实际利用外资和港澳台资400万美元。进出口总额403.7万美元。新开工1亿元以上项目3个。新增私营企业132个，个体工商户4681户。白马镇获评省级卫生镇，白马社区老庄入选第三批江苏省传统村落名录，陈家村入选江苏省乡村旅游重点村名录。王华芹家庭获评全国抗疫"最美家庭"和江苏省抗疫"最美家庭"。（蒋　昊）

·经济建设·

【项目建设】 2020年，白马镇新开工1000万元以上项目28个，其中

"一路高畅"四好农村路秧田河桥　（区交通分局　供稿）

孔氏农场生产的稻鸭米　　（区委宣传部　供稿）

5000万元以上项目5个，包括泰州市公安局特警队反恐训练基地项目、“一路高畅”四好农村路项目、瑞福祥布业工业用布项目、飞耀机械升降平台项目、斯托尔年产5000台电脑横织机项目、嘉信生态农业观光项目。

【农业】 2020年，白马镇实现农业总产值2.26亿元、增加值1.43亿元，比上年分别增长4.31%和4.49%。农业利用“三资”1.45亿元。新增高效设施农业面积0.5公顷，土地复垦面积3.69公顷。招引各类农业项目9个，投资额近2亿元。小麦药肥统配率38%，优质水稻种植率超过95%，新增各类农业机械9台。高港区孔氏家庭农场入选2020年度江苏省家庭农场典型案例名单，孔氏农场大米获得绿色食品认证；高港区祥和农场创成省级示范家庭农场；泰州市赣东家庭农场获评第一批江苏特色优势种苗中心（企业），“白雪公主”草莓栽培技术示范推广通过2020年省级科技示范推广项目验收。发展农村电子商务，推行体验式销售模式。培育新型职业农民206人。

【工业】 2020年，白马镇完成工业投资额6.65亿元，规模以上工业总产值2.95亿元、主营业务收入2.92亿元、利润总额0.05亿元；工业企业一般纳税人开票销售7.62亿元，工业用电量796.31万千瓦时。全年新开工1亿元以上工业项目3个（瑞福祥布业工业用布项目、飞耀机械升降平台项目和斯托尔年产5000台电脑横织机项目）。

【建筑业】 2020年，白马镇有建筑企业5个。实现建筑业总产值27.03亿元，比上年增长12.06%。入库税收2125万元，增长4.27%。

【服务业】 2020年，白马镇实现服务业增加值9.59亿元，比上年增长6.73%；服务业投资4.55亿元；服务业占地区生产总值比重60.5%，提高2.12个百分点；限额以上批零住餐业销售额3.19亿元，增长14.79%；服务业税收2643万元。共有规模以上服务业企业5个，限额以上服务业企业10个。

【科技创新】 2020年，白马镇实施“产学研”合作项目2项。获批高新技术企业1个。获批市级科技支撑计划项目1项、市级企业工程技术研究中心项目1项，高港海诞农业星创天地通过第四批省级星创天地备案。高新技术产业产值占规模以上工业产值的47.62%。

（蒋　昊）

·人居环境·

【城乡建设】 2020年，白马镇有序推进区“一路高畅”四好农村路先导段、镇污水管网工程、派出所营房、白马中学与海军小学合署办学等项目建设。敬老院改造提升工程通过上级主管部门验收。及时维护维修破损路面、窨井、道路护栏、公交站台、道路指示牌等市政配套设施，改造硬质化道路面积约8600平方米。拆除违法建设面积2968.32平方米。全面深化全国文明城市创建，深入实施“城建惠民”行动。

白马镇区　　（白马镇　供稿）

【生态环境】 2020年，白马镇做好秸秆“三禁”和挥发性有机物排查治理工作，空气质量持续稳定向好。常态化推进河长制工作，开展废旧农膜、药肥包装废弃物回收和畜禽养殖污染治理，用好“河长云”App，白马社区河道疏浚整治活水工程、中沟“两违三乱”专项整治、陈家村庄河样板河道通过区级验收。推进86个企业完成排污登记工作，4个企业申领排污许可证，石材加工集中点完成环保整改验收工作，6个餐饮单位安装油烟净化设施。全年污染防治综合监管平台共处理线索45件，均按序时进度完成办结。全面排查整治企业固废危废处理隐患，土壤环境质量总体良好。开展国土绿化行动，新增造林面积6.47公顷。 （蒋　昊）

·社会建设·

【教育】 2020年，白马镇有学校4所，分别为白马中心幼儿园、海军小学、白马中学、白马成人教育中心校。在校学生1339人，教师125人。白马镇社区教育中心《健康教育》乡土教材获评2020年全国精品乡土教材，在全国农村成人教育平台展示。陆家村“童来童往，传承经典”校外教育辅导站被评为江苏省优秀校外教育辅导站。白马中心幼儿园创成2020年全国足球特色幼儿园。

【文化体育】 2020年，白马镇举办各类文艺演出30余场次，受众超2万人，其中全民文化惠民演出20余场。新增健身路径8套。白马镇老干部参加市老年门球赛获一等奖。9月29日，“魅力高港，美好乡村”高港区2020乡村旅游节在白马镇陈家村举办。10月1日，泰州首届菊花展在白马逸夏果园举办。10月末，在2020年全国公路自行车锦标赛暨全国青年公路自行车锦标赛上，陈家村的李天成（隶属于黑龙江省自行车队）获青年男子个人赛第1名。年内，《白马镇志》通过终审。

白马人民医院 （白马镇　供稿）

【卫生健康】 2020年，白马镇有医疗卫生机构7个，其中，医院1个（白马人民医院），社区卫生服务站6个。白马人民医院有职工52人，副主任医师8人，主治医师3人。开展妇女“两癌”免费筛查活动，检查人数4095人。成立应对新冠肺炎疫情工作领导小组，坚持“外防输入、内防反弹”防控策略，建立健全疫情防控长效机制，从严从细做好疫情防控工作，全镇实现零感染、零疑似。

【社会生活】 2020年，白马镇城乡居民养老保险参保人数5650人，续缴率90%，城乡居民基本医疗保险参保人数11769人。新增就业、创业3006人，退役士兵培训就业率100%。江苏圣洁达水处理工程有限公司被认定为泰州市青年就业见习基地。发放各类社会救助资金480余万元，197名被征地农民纳入社会保障体系。开展送政策、送培训、送人才、送服务“四送”助企活动，发放稳岗返还补贴24.7万元；帮助企业申领以工代训补贴19.9万元；帮助77人办理失业补助金领取手续。

【平安与法治建设】 2020年，白马镇推进扫黑除恶专项斗争，排查化解矛盾隐患970余起。科学应对严峻汛情，重视食药监管和安全生产，全镇社会大局持续安全稳定向好。

综合治理　推进村（社区）网格化服务管理，定期对网格内居民住户、出租房、重点人员、重点场所开展走访服务。组织7个村（社区）开展“警网有约”述职评议活动，增强社区民警、网格员（长）履职意识。推进交通安全、公共法律服务、妇联工作进网格，配合市、区开展政法干部“下沉一线，当好八大员”活动。深化网格工作站和社区警务室一体化建设，以白马派出所黄河警务室为示范，打造基层社区警务室品牌，“学习强国”平台和《人民公安报》《江苏法制日报》《江苏政法》《泰州日报》《泰州晚报》等媒体报道黄河警务室的创新举措。

矛盾纠纷处理　定期开展镇、村两级矛盾纠纷排查。创新“网格+调解”工作思路，发挥“老兵服务队”“蒋主任调解工作室”的作用。各级调解组织排查化解矛盾纠纷隐患970余起，矛盾纠纷有效化解和钝化率98%以上，成功调处涉遗产继承、工亡纠纷、人身损害赔偿、意外死亡赔偿等复杂疑难纠纷7起，涉及金额300余万元。

普法宣传教育　党政主要负责人切实履行推进法治建设第一责任人职责，组织开展法治政府建设

“补短板、强弱项”专项活动，排查并整改短板问题。开展“法援惠民生·助力农民工”“疫情防控，法治同行”“4·15国家安全教育日”“防范家庭暴力，关爱妇女儿童”等普法活动。将“公共法律服务进网格”作为重点惠民实事项目，推进司法行政工作与基层网格化治理全面深度融合。对金马社区、前进村、陆家村、陈家村4个省级民主法治示范村（社区）及1个省级法治文化建设示范点开展“回头看”工作，强化动态管理。

社区矫正与安置帮教　建立网上巡查、“矫务通”巡查、见面点评等制度，引导社区矫正对象遵纪守法、服从监管、主动改造。办理社区矫正适用前调查评估13起，入矫10人，解矫6人，收监0人。对社区矫正对象及矫正小组成员走访谈话450余次，开展刑释解矫帮教活动11次，电话抽查600余次。至年末，全镇在册社区矫正对象10人，无脱管、漏管和重新犯罪现象发生。

公共法律服务　排查调处农民工欠薪纠纷，为36名农民工提供法律援助。各村（社区）建立以村（社区）法律顾问为群主的“法润民生微信群”。试行法律顾问联席联动机制，定期组织村（社区）法律顾问、民调主任、法治副主任开展“法治讲堂”和集中法治会商，推动基层民主法治建设。

安全生产　开展安全生产专项整治“一年小灶”，做好区安全生产巡查督导反馈问题整改落实，持续深化安全大检查和专项整治，深刻吸取周边地区事故教训，聚焦危化品、有限空间、粉尘涉爆、特种设备、人员密集场所、烟花爆竹、危废处置、消防、建筑施工和燃气等重点行业领域，全面做好元旦、春节和全国两会等重要时段安全生产工作。开展“百团进百万企业”安全生产宣讲。制定《白马镇党政领导安全生产工作责任清单》。出台《白马镇有关科室和单位安全生产工作职责规定》，推动部门监管职责制度化、清单化。推进各类安全生产检查，累计检查生产经营单位230余个次，排查治理隐患1000余处，督促经营单位全部整改闭环。推动12个重点企业开展安全生产双重预防机制创建工作，泰州亚泰金属有限公司创成泰州市“0523”安全生产示范班组。（蒋　昊）

·政治建设·

【基层党组织建设】2020年，白马镇党委下辖基层党组织59个，其中，党总支7个、党支部52个。共有党员903人，其中新发展党员12人。从严落实“三会一课”、组织生活会等制度，推广主题党日30分钟学习、30分钟交流、30分钟实做“3个3”模式，开展过政治生日、党员承诺亮诺等工作。推动治理网格与党建网格“双网融合”，组建网格党支部26个。加强党员教育管理，培训党员241人。持续实施雁阵培育计划，打造“‘亮烛行动’助航年轻干部成长”工作品牌。探索推行基层党建责任、任务、问题“三单制”管理模式，实施党支部“创星升级”计划，完成全区村（社区）“两委”换届试点工作。老干部支部获评省离退休干部“六有一提升”示范党支部。

【宣传统战工作】2020年，白马镇加强对意识形态工作的组织领导，强化制度、阵地、队伍建设。全年开展中心组学习及各类调研活动15次、主题志愿服务活动180余次。“学习强国”平台党员覆盖率、用户活跃度继续保持全区领先，在“学习强国”平台用稿49篇。在各级主流媒体发表稿件160余篇。12月，白马司法所所长王锦明当选“最美泰州人”。加强网络安全和信息化工作，网评文章被省、市级平台采用10篇以上。中国人民解放军海军诞生地纪念馆获评泰州市统一战线教育基地，统战信息被《中华工商时报》用稿1篇，被省、市级媒体用稿近20篇。全镇统战人士积极参加疫情防控，捐款、捐物计8万元。镇民宗部门开展安全检查25场次，督查指导16场次，整改隐患15个。做好少数民族贫困对象慰问工作，加强少数民族流动人口服务管理，开展民族团结进步宣传。

【纪检监察】2020年，白马镇制定履行全面从严治党主体责任工作计划表，分解任务49项。更新充实“廉政档案”161份。细化请示报告备案事项工作方案，作出书面请示报告13次。开展重点领域及重点工作全程跟踪监督，下发书面反馈意见10份、督办通知书6份、限期整改通知书14份。采用“蹲点式”及“面见式”的检查方式，开展专项督查4次。通过集体廉政谈话、发布廉洁祝福语、下发《廉洁提醒告知书》等，开展廉政教育。全年给予批评教育7人，诫勉谈话15人，通报批评18人。立案8起，处理党员干部8人，其中，2人受开除党籍处分，1人受留党察看处分，1人受党内严重警告处分，4人受党内警告处分。纪检监察部门受理群众来信来访2件次，全部办结。制定《白马镇村（居）政治生态监测评估指标体系》，开展政治生态监测评估，收集问题线索21条。

【人大工作】2020年，白马镇组织召开人代会2次，补选镇长1人、副镇长3人，听取和审议镇政府工作报告、人大主席团工作报告和财政预算执行情况报告。推进人大代表工作站（人大代表之家）、片区人大代表工作室标准化建设。组织区、镇人大代表围绕脱贫攻坚、生态环境保护、平安法治建设及网格化社会治理等内容进行依法监督。共有45篇人大工作稿件在区级以上媒体刊载。推动工作创新，探索“网格+代表”模式，促进人居环境改善和文明乡风的养成，相关经验做法被“泰州人大发布”微信公众号报道。

【政府自身建设】 2020年，白马镇严格执行“三重一大”决策制度。推进法治政府、法治社会建设。编制政府信息公开指南，依法公开政务信息。自觉接受人大质询和政协问政，办理区级人大代表建议和政协委员提案15件，满意率100%。实施“三整合”改革，推进基层治理体系和治理能力现代化。畅通“12345民生服务热线”和市长、区长信箱等渠道，处理各类来信、来电、来访1500余件，群众关切得到及时回应和妥善解决。修订完善机关管理制度，开展公共机构节能减排。不断完善考核机制，差异化设置考核指标权重。

【政协工作】 2020年，白马镇政协工委完善镇、村政协协商议事平台建设，组织政协委员围绕供给侧结构性改革、公共体育设施惠民、乡村振兴等课题开展建言献策，政协委员提交提案5件。收集社情民意23条，内容涵盖经济建设、基层党风廉政建设、民生实事、矛盾调处、环境整治等方面，其中，13篇被市政协采用，2篇得到区领导批示。

【群团工作】 工会工作　2020年，白马镇有建会企业14个，有省、市、区劳模7人。镇总工会开展法律咨询、法律宣传、企业走访等普法维权活动10余次。泰州亚泰金属有限公司构建“一室一日一单一网一会”五位一体劳动保护监督新机制。开展“炎夏送清凉，关爱职工”活动，向泰州亚泰金属有限公司一线职工送去清凉饮料120份。

共青团工作　依托陈家村逸夏果园，打造“强国之星”青年学习社。新建非公企业团组织16个。打造“白马蓝”青年培育计划品牌，持续开展关爱困境青少年活动。依托“苏青益筹”平台，发动公益人士捐款4.14万元。落实“青春四进，建功乡村”行动，促成村企合作共建项目10个。完成“梦想改造+”关爱计划试点建设工作，帮助1户困境儿童家庭改善居住环境。

妇联工作　创成省级巾帼示范基地1个、市级巾帼示范基地3个、市级五美示范庭院1个。“逸秋线上农产品销售项目”获市第八届巾帼创业创新大赛创业类二等奖。“童享童乐”孤单留守儿童家庭公益服务项目成功申报市第三届“泰苏馨”妇儿家庭慈善公益项目。王华芹家庭获全国和江苏省抗疫“最美家庭”称号，王华芹入选泰州市最美巾帼奋斗者。

商会工作　引导企业转型升级、创新发展，帮助企业做好疫情防控工作。鼓励企业开展线上销售活动，发展电商产业。发挥非公经济组织中“两代表一委员”的作用，引导乡贤反哺家乡。邀请泰州市中医院专家到白马镇开展义诊和疫情防控知识宣传。参与东西部结对帮扶，组织会员企业向淳化县工商联捐赠价值6万元的消防器材设施，组织会员企业采购淳化县农副产品。（蒋　昊）

·村（社区）简介·

【金马社区】 区域面积4.13平方千米，耕地面积210公顷。有居民小组22个，户籍户数1357户，户籍人口4767人。社区党总支下设网格一党支部、网格二党支部、中老年舞蹈队党支部、“两新”组织联合党支部，党员115人。2020年，整治黑臭水沟1条，整治河道两岸乱垦乱种、乱堆乱放、乱占乱建等26处，维修道路2条，实施农村改厕140户。开展法治文化宣传、文化惠民演出等各类活动10余次。

【白马社区】 区域面积2.71平方千米，耕地面积153公顷。有居民小组15个，户籍户数712户，户籍人口2437人。社区党总支下设工业党支部、土地股份合作社党支部、“两新”组织联合党支部，党员76人。2020年，白马社区河道疏浚整治活水工程通过区级验收。铺设农村生产道路700米。复垦土地0.52公顷。完成“一路高畅”“兴化引水工程”项目白马段的施工。安置失地农民83人。开展创业培训15人，技能培训5人。实施农村改厕205户，填埋露天粪坑44个。白马社区老庄入选第三批江苏省传统村落名录。

【前进村】 区域面积3.28平方千米，耕地面积193公顷。有村民小组16个，户籍户数942户，户籍人口3359人。村党总支下辖5个党支部，分别是农业党支部、老年党支部、体育器材党支部、居家养老党支部和“两新”组织联合党支部，党员99人。辖区内共有生产型企业38个，主要以体育器材制造、销售为主。2020年，新安装路灯150盏。开展“万企联万村，共走振兴路”活动，与泰州市盾安保安服务有限公司签约共建。

【陈家村】 区域面积3.45平方千米，耕地面积212公顷。有村民小组20个，户籍户数1010户，户籍人口3419人。村党总支下辖4个党支部，分别为老年党支部、工业党支部、土地股份合作社党支部、“两新”组织联合党支部，党员110人。2020年，新建硬质化道路1200余米、安装路灯60盏。陈家村庄河样板河道通过区级验收。全年游客量20万人次，旅游商品线下转线上销售突破650万元。入选江苏省乡村旅游重点村名录。

【陆家村】 区域面积2.41平方千米，耕地面积130公顷。有村民小组17个，户籍户数644户，户籍人口2240人。村党总支共有4个党支部，分别为农业党支部、工业党支部、环境管护队党支部、“两新”组

白马镇白马社区　　（白马镇　供稿）

白马镇陈家村庄河　　（白马镇　供稿）

白马镇陆家村法治文化公园　　（白马镇　供稿）

织联合党支部，党员80人。2020年，开展村庄人居环境整治，提升河道水体质量。实施村庄道路、河道绿化3处。安置失地农民136人。帮助2户低保家庭进行危房改造、安装自来水。“童来童往，传承经典”校外教育辅导站被评为江苏省优秀校外教育辅导站。

【岱白村】 区域面积3.89平方千米，耕地面积227公顷。有村民小组21个，户籍户数988户，户籍人口3329人。村党总支辖4个党支部，分别为农业党支部、老年党支部、正兴土地房地产资产评估咨询有限公司党支部、“两新”组织联合党支部，党员105人。2020年，新建张垛组入户路，新建泰镇高速便道2800余米，原大坝路拓宽1500余米，安装路灯300余盏，复垦土地近2公顷。新建百姓舞台，打造建里河、法治长廊。整治乱堆乱放100余处、旱厕400余处。

【黄河村】 区域面积3.37平方千米，耕地面积219公顷。有村民小组16个，户籍户数810户，户籍人口2741人。村党总支下辖3个党支部，分别为农业党支部、工业党支部和“两新”组织联合党支部，党员91人。2020年，新建七组、八组硬质化通组路200余米，张垛组通组路拓宽500米。新建三组、四组、五组、六祖、窦垛组和张垛组污水管网项目。　　（蒋　昊）

大泗镇

·综述·

2020年，大泗镇总面积36.7平方千米，耕地面积2060公顷。辖行政村12个、社区1个，村（居）民小组232个。户籍户数9962户，户籍人口32723人。全年实现地区生产总值15.5亿元，比上年增长6.58%。

其中，第一产业增加值2.26亿元，增长4.5%；第二产业增加值3.92亿元，增长6.88%；第三产业增加值9.32亿元，增长6.96%。完成一般公共预算收入5839.1万元。全社会固定资产投资14.42亿元，增长12.3%。实际利用外资及港澳台资400.65万美元，进出口总额6097万美元。新增法人企业206个，新增个体工商户1303户。农村居民人均可支配收入25666元。大泗镇被中央精神文明建设指导委员会评为第六届全国文明村镇。（周　维）

·经济建设·

【项目建设】2020年，大泗镇完成签约项目17个。新开工1亿元以上项目3个，总投资10亿元的医疗器械产业园完成工地整理和围墙圈建；濒湖康养田园综合体项目稳步推进；神九舞台一期项目装修工程完工；国通医疗项目完成洁净车间建设；光耀机电1.74万平方米厂房重建项目完成平面规划审批，办理施工手续。

【农业】2020年，大泗镇实现农业总产值3.99亿元、增加值2.26亿元，比上年分别增长5.48%、4.5%。出台《大泗镇2020年盘活利用闲置农房（宅基地）改革试点实施方案》《闲置农房租赁办法》，试点改造闲置农房。开设"荷韵莲香"特色农家乐，鼓励村民参与乡村旅游发展。完成"大泗良食，销稳致远"书记项目，组建"大泗良食"行业协会，整合全镇70余个农产品品牌，创办"大泗良食"旗舰店1个，吸纳加盟店7个。创成省级绿色优质小麦基地。新大马农场、膳泰游家庭农场、裕丰源家庭农场创成市级示范农场，泰州垄上行生态农业有限公司获有机食品认证。获批绿色食品认证4个，分别为江苏西来原生态农业有限公司、泰州垄上行生态农业有限公司、泰州市高港区光普家庭农场、泰州泗润米业有限公司。大马村申报市级"一村一品"示范村。

【工业】2020年，大泗镇实现工业总产值7.99亿元，比上年增长15.9%。规模以上企业产值7.57亿元，增长16.66%；利润0.42亿元，增长30.07%。工业企业一般纳税人开票销售8.61亿元，增长13.86%；实体经济工商税收9639万元。工业投资增长13.39%。全镇工业用电量1523.56万千瓦时，增长7.62%。创成国家级软件企业1个，通过省两化融合贯标企业2个，江苏宇马铝业有限公司创成省级专精特新小巨人企业，贝尔泰克医疗器械江苏有限公司创成省四星级上云企业。

大泗镇西来原采摘观光园　　　　（区委宣传部　供稿）

【建筑业】2020年，大泗镇共有建筑企业3个，完成建筑业总产值31.66亿元，比上年增长8.55%。入库税收4738万元，增长4.71%。

【服务业】2020年，大泗镇共有规模以上服务业和限额以上批零住餐企业20个。实现服务业增加值9.32亿元，比上年增长6.96%。服务业增加值占地区生产总值60.13%。服务业税收0.45亿元。服务业产业投资6.21亿元，增长10.86%。

【科技创新】2020年，大泗镇新增省级高新技术企业3个，省级高新技术企业培育入库企业3个，市级高新技术企业1个；实现高新技术产业产值4.5亿元，比上年增长4.06%，占规模以上工业产值的比重为59.43%。全年发明专利申请量66件，发明专利授权量40件，有效发明专利拥有量55件。大泗中药养生小镇一二三产融合发展研究科技示范项目通过验收。（李凤银）

·人居环境·

【城乡建设】2020年，大泗镇特色小镇居住区建设加快实施，主体建筑封顶。打造3.1千米"彩虹路"，宣传片《小康路上的大康线》获省交通厅公开推介。做好"一路高畅"先导段建设服务工作，实施强电、弱电杆线迁移下地等配套项目。完善集镇排水设施，投资1600余万元建设集镇污水管网。7天完成兴化引长江水工程涉及的21户房屋动迁。开展乱占耕地建房图斑核查工作，摸排图斑806宗。拆除历史违建2148平方米。推进"厕所革命"，拆除露天粪坑638个、旱厕3637个，新建公厕36座。举办"美丽乡村""美丽庭院""美丽乡村平台'三甲'争夺战""美丽家乡"等短视频评选活动。提升生活垃圾分类试点村工作成效，持续开展垃圾分类宣传活动。霍堡村创成省级特色田园

大泗镇区　　（区委宣传部　供稿）

乡村，前进村创成市级特色田园乡村。霍堡村、前进村创成首批市级特色田园乡村信息化示范村。

【生态环境】 2020年，大泗镇关停"散乱污"作坊2个，推动2个企业安装挥发性有机物治理设施。开展餐饮油烟整治专项行动，推动17个餐饮单位安装油烟净化设施。严格实行施工场所沙石覆盖、洒水降尘等扬尘管控措施。降低化肥使用量，推广高效低毒低残留农药。开展"三乱""两违"整治行动，疏浚河道并实施生态护坡24千米，打造4.7千米大寨河连片水系生态样板河道。投资80万元购置全自动水域保洁船，探索市场化保洁方式。

（孙　宇）

·社会建设·

【教育】 2020年，大泗学校有教学班27个，学生1298人，教师105人。其中，小学部教学班18个，学生887人，教师58人；初中部教学班9个，学生411人，教师47人。大泗中心幼儿园有教学班10个，幼儿412人，专职教师27人（在编教师11人，非在编教师16人），保育员13人。大泗中心幼儿园创成省优标准公办幼儿园，异址新建项目开工建设，北教学楼主体封顶，南教学楼基础基本建设完成。2020年中考，被四星级高中录取33人（省泰中10人，空军航校1人），被三星级普通高中录取34人。大泗学校获评江苏省健康促进金牌学校、泰州市食品安全先进学校、泰州市中小学生近视防控先进校、泰州市首批体教结合创建学校。大泗学校初中部在全市校园足球特色工作汇报会上作经验介绍。

【文化体育】 9月，高港区第二届农民丰收节在大泗中药科技园举行。11月，"大江放歌"大泗专场文艺演出在大泗生态公园开演。全年举办文化惠民演出16场。送电影、送戏下乡144场。完成体育特色小镇申报工作，通过审批。

【卫生健康】 2020年，大泗镇有医疗卫生机构13个，其中，医院1个（泰州市大泗镇卫生院），村卫生服务站12个。举办首届中医膏方节。严格落实新冠肺炎疫情防控措施，制作《联防联控卡口管控流程图》，用好"大数据+网格化+铁脚板"工作模式，加强重点环节、重点部位、重点场所、重点人群排查管控，有效遏制疫情输入扩散。大泗镇卫生院医生杨勇先后获泰州市首批新冠肺炎疫情防控工作"骏马奖"、江苏省五一劳动奖章。

【社会生活】 2020年，大泗镇有低保对象356户400人，发放低保金256.28万元；五保对象59人，发放补助金61.1万元；低保边缘户89户169人，发放补助金6.76万元。资助775人参加新型农村合作医疗保险，支出金额16.8万元。发放帮困救济金5.8万元。完成涉及工业集中区、泗白路改扩建、老泗白路3个征地项目的152名失地农民社会保障办理工作。新建AAA居家养老服务中心1个。全镇13个村（社区）全部建成居家养老服务中心（站），其中AAA级居家养老服务站9个；建成老年人助餐点6个。通过政府购买养老服务方式，依托专业化养老服务公司为全镇80周岁以上老年人，以及特困人员、城乡低保对象、重点优抚对象、计划生育扶助对象"四类对象"开展服务。成立退役军人服务站，发放优抚金113万元，悬挂省级光荣牌匾998块，组织免费体检315人次。常态化运行残疾人之家。建档低收入农户377户、524人持续稳定脱贫，13个村（社区）可支配收入均在35万元以上，经营性收入均在18万元以上。

【平安与法治建设】 2020年，大泗镇网格化社会治理中心整合综合指挥、雪亮工程、消防安全、网格化信息系统、综治视联五个平台。依托网格采集源头信息，防范风险隐患，化解矛盾纠纷，整体联动处置。推进"网格+妇联""网格+党建""网格+警格"工作。做好信访工作，阳光信访件及时办理率、按期办结率、群众满意率均为100%，被评为2020年度全省信访系统"人民满意窗口"建设质量提升工程示范单位。全面推进依法治理，建成大泗法治文化公园，建设二期国安园和市场监管宣传园，社区法治文化阵地建成率100%，省级民主法治示范村建成率超过50%。

（谢佳佳）

·政治建设·

【基层党组织建设】 2020年，大泗镇深化党委委员挂钩联系支部制度。持续实施镇、村两级“党建+基层治理”书记项目，连续两年获评市乡镇党委基层党建“十佳书记项目”和全区园区、镇街党（工）委基层党建“书记项目”金质奖。修改完善《大泗镇党建工作考核细则》。开展13个村（社区）“两委”换届工作。督促村（社区）高质量制定发展规划，大马村“五年发展规划”被市委组织部作为样本收编、向全市印发。深化机构改革，打造基层“三整合”改革示范镇。探索“党建+培育”创新工作，打造党建“大堂小课”和“雁阵培育计划”。出台《大泗镇机关优秀人才培养管理办法》。实行“村企结对”制，共享学习教育阵地，提高党的组织和党的工作“两个覆盖”质量水平。深化非公党建“四同八助”创建和党务工作者专业化建设，开展“党建共享日”活动。拍摄“先锋在线”电教片《雪域阿爸：钱维胜》，在央视《朝闻天下》播出。承办省困境儿童“精准排查与保障”试点任务推进会、省共青团“童享小屋”现场观摩会。大泗镇党委获市红旗乡镇党委称号，获区党的建设工作一等奖、区基层党建质量奖。

【宣传统战工作】 2020年，大泗镇深入学习中共十九届五中全会精神，组织“百姓名嘴”、“鼓儿书”传承人进村宣讲。开展“爱心助餐日”“爱行‘大’道，情暖‘泗’童”等特色志愿服务活动，助力全国文明城市创建工作。被评为第六届全国文明村镇、2019年度全省基层党员冬训工作示范镇、2020年全省“扫黄打非”先进集体、2020年全省“扫黄打非”进基层示范点、泰州市新时代文明实践所示范点。大泗镇商会开展春节慰问活动，向大泗敬老院老人送去大米、食用油、牛奶等慰问品，走访慰问10户失独家庭，送去新春爱心礼包。疫情防控期间，统战人士捐资捐物，累计捐赠资金57万元。泰州市双星包装制品有限公司、泰州威迈机电科技有限公司、江苏宇马铝业有限公司等11个商会会员企业联合向公益泰州慈善联合会捐助爱心善款4.7万元，用于帮扶大泗镇困境儿童。非公经济人士募集3万元用于支持东西部扶贫协作活动。

大泗镇志愿服务大集市　（大泗镇　供稿）

【纪检监察】 2020年，大泗镇深化运用大泗廉政文化广场、大马“荷韵廉香”水生植物园等廉政文化阵地，拍摄《清廉说》廉政视频，制作廉政平面广告。常态化开展警示教育。对村（社区）“两委”拟提名人员进行“政治体检”，严把选人用人廉洁关。建立政治生态监测月评制度和例会制度，开展大泗社区政治生态监测评估。围绕疫情防控、扫黑除恶、安全生产、“三大攻坚战”等开展监督检查。做好区委巡察整改“回头看”，新建和优化相关制度及考核办法，按照序时保质保量完成问题整改。全年实施党内问责4起，督促镇、村保质保量完成巡察整改。实施提醒谈话5人次、批评教育10人次、诫勉谈话11人次，召开指定民主生活会1次。对7名党员干部给予党政纪处分及组织处理。集中整治形式主义和官僚主义，深入查纠享乐主义与奢靡之风，全面提升工作执行力，查处“四风”突出问题6人次。

【人大工作】 2020年，大泗镇召开人代会2次，听取和审议政府工作报告2次，审查和批准财政预决算报告2次，补选副镇长2人。票决产生年度民生实事项目8项，对上年度民生实事项目完成情况进行测评。常态化开展“代表工作日”活动，组织区、镇人大代表14人回选区述职。推进人大代表履职平台规范化建设，建成“人大代表工作站”。重视建议办理工作，创新开展“3+”工作模式，通过“平台+培训”提高建议质量，通过“调研+创新”提高办理时效，通过“机制+力度”提高办理质量。

【政府自身建设】 2020年，大泗镇加强重点领域、关键环节的审计监督。制止餐饮浪费，压紧财政支出，压缩“三公”经费。健全重大行政决策制度，严格执行“三重一大”决策议事规则，进一步规范招投标、工程建设、资产处置等事项。依法依规追回出借资金600余万元、工业厂房拖欠租金20余万元。主动公开政务信息，办理人大代表建议和政协委员提案35件，满意率100%。及时回应社会关切，办理“12345”民生服务热线、市长信箱交办件等各类投诉咨询，办结率100%。

【政协工作】 2020年，大泗镇成立镇、村（社区）“有事好商量”协商议事工作领导小组，建立1个镇、13个村（社区）“有事好商量”协商议事室，组织开展协商议事活动42次，有关活动被“学习强国”平台、交汇点、“江苏政协”微信公众号等媒体宣传报道。常态化开展“政协委员工作日”活动，组织政协委员视察大马水生植物园、江苏西来原生态农场，围绕推进农旅融合、助力乡村振兴建言献策。驻镇区政协委员提案获立案10件。大泗镇承办区政协委员提案13件，其中，主办3件，会办10件，全部办结。向区政协反映社情民意信息30余篇，多篇被省、市、区采用。征集《高港文史》（第九辑）史料23篇，被采用7篇。

【群团工作】 工会工作 2020年，大泗镇总工会打造联动式“职工书屋”，获评全国工会职工书屋示范点。落实“党建带工建”工作，经验做法被“泰州职工之家”微信平台选用推广。督导企业开展能级工资集体协商。王步忠劳模创新工作室被评为高港区星级劳模创新工作室。做好劳动保护工作，开展职工培训活动、文体活动、劳动竞赛。

共青团工作 引导青年坚守疫情防控一线，招募疫情防控青年志愿者63人。组织开展“绽放战疫青春·坚定制度自信”主题宣讲活动2次，“娇花亦能勇担当”疫情防控优秀女总支书记事迹报告会1次，举办“建好四个镇，有我一份心”和“好人好泗”青年干部演讲比赛。打造“青力倾为，童心同护”团建品牌，组织户外拓展、“苏青益筹”爱心筹款、“银杏果”公益暑托班、改造梦想小屋等活动，常态化关爱帮扶困境儿童。

妇联工作 探索“网格+妇联”工作机制，加强队伍建设，聘任55人为大泗镇巾帼网格员。成立“四新”妇女组织1个，新建妇女微家2个。开展“书香飘万家”亲子共读、“十百千”巾帼大宣讲、“最美家庭”评选等活动。11月14日，召开大泗镇妇联十三届执委会第二次全体会议，增替补执委5人，补选妇联主席1人。 （李 娜）

·村（社区）简介·

【大泗社区】 位于大泗集镇，由原泗水居委会、大泗村、小庄村、三星村合并而成。区域面积3.4平方千米。有居民小组23个，户籍户数1212户。党总支下设党支部3个，党员130人。2020年，集体经济收入168.73万元。居民人均可支配收入2.2万元。党员组织生活馆正常开放，接待参观学习活动20余次。新增公厕3座，完成三格式化粪池改造20座。打造人居环境提升点1处，设有高标准公厕1座、健身路径1处、健身器材1套、议事亭1座，墙面刷白及墙体彩绘3400余平方米。配合河长制工作，建设小庄河生态护坡890米，整治前进河河坡近1500米。新建室外全民健身路径2处。为55名居民办理失地保障。 （于 洁）

【时庄村】 位于大泗镇西北角，紧邻许庄街道、野徐镇。由原时南、时庄、野桥3个村合并而成。区域面积3.59平方千米。有村民小组21个，户籍户数968户。党总支下设党支部3个，党员92人。有花卉苗木基地4个，占地33.33公顷。林果业有泰州市三阳生态农业有限公司、道义果园和富珍果园。2020年，村集体经济收入63.91万元。居民人均可支配收入2.1万元。开展疫情防控、全国第七次人口普查、不动产登记及农村集体产权制度改革工作。实施曹港河活水工程、大时线拓宽，在十二组打造人居环境亮点工程。 （周 誉）

【马龙村】 位于大泗集镇北部，毗邻集镇，与白马镇陈家村接壤，坐落在泗白路两侧，泰镇高速穿村而过，为大泗中药养生小镇中心地带。区域面积2.2平方千米。有村民小组13个，户籍户数505户。党总支下设党支部2个，党员47人。2020年，村集体经济收入47.3万元。居民人均可支配收入2.18万元。新增绿化草坪1.22万平方米，改扩建道路2.3千米，墙面刷新2万余平方米，墙体彩绘1000余平方米，清理河道3千米，新建不锈钢垃圾房1座，新建路牙1000米，新安下水道1500余米。创成高港区人居环境集聚提升村。 （陈华琴）

大泗镇大泗社区小游园 （大泗镇 供稿）

【康乐村】　位于大泗集镇，沿泗白路错落分布，泰镇高速穿村而过，地处江苏中药科技园中心地带。区域面积1.7平方千米。有村民小组13个，户籍人口560户。党总支下设党支部2个，党员68人。2020年，村集体经济收入62.35万元。居民人均可支配收入2.56万元。新建公厕1座，投入近150万元建设泰州市样板河道中心河。泰州市凯利园林绿化工程有限公司培育红叶石楠、紫薇、香樟、广玉兰等名贵树木，销往全国各地；光普农场种植盆栽蔬菜，实现销售额460万元、利润80万元。获评全国抗震减灾示范村、江苏省卫生村、泰州市十佳社区服务品牌、高港区“一村一品”示范村。（钱　新）

【霍堡村】　位于大泗镇中部，姜泗公路穿村而行，紧邻大泗集镇。由原沙港、霍堡和小霍3个村合并而成。区域面积2.92平方千米。有村民小组18个，户籍户数761户。党总支下设党支部3个，党员93人。2020年，村集体经济收入203万元。居民人均可支配收入2.6万元。新增绿化面积5000余平方米，在十一至十四组乡村道路两旁新增红叶石楠、香樟等树木3000余株。新建高标准公厕5座。新修扩建道路近3000米，在二组新建排水管道250余米，新增路灯40余盏，替换损坏路灯130余盏。拆除辖区内河坡违章建筑4座。雨水污水管网铺设及泵站建设工程完工，覆盖全村。在小霍自然村打造乡愁馆、法治长廊、墙体彩绘、党员文化长廊等。创成江苏省特色田园乡村、泰州市信息化示范村、高港区特色电商村。（徐　标）

【大马村】　位于大泗镇东北部，泰镇高速、生产河、双马河穿境而过。由原大马、北田2个村合并而成。区域面积4.2平方千米。有村民小组17个，户籍户数747户。党总支下设党支部2个，党员62人。2020年，村集体经济收入153万元。居民人均可支配收入2.14万元。拆除旱厕103个，整治露天粪坑32个。旧墙刷白面积10084平方米，彩绘面积6385平方米。新建高标准公厕1座，拆除河道“两违”建筑10处。新建室外全民健身路径1套。完成道路硬质化总里程1620米，新增道路两侧路牙5730平方米，安装路灯122盏。获评泰州市“一村一品”示范村。（丁书萍）

【佴陈村】　位于大泗镇东部，姜泗公路穿村而行，直通大泗集镇。由原佴陈、东平、河北3个村合并而成。区域面积1.99平方千米，耕地面积106.67公顷。有村民小组15个，户籍户数525户。党总支下设党支部2个，党员52人。2020年，村集体经济收入66万元。居民人均可支配收入2.15万元。完成第七次全国人口普查任务。与江苏宇马铝业有限公司进行村企联建，为村集体增收36.4万元。新增土地流转面积31.2公顷，全村土地流转率达85%。实施大寨河河道改造工程。实施污水处理管网改造工程，铺设污水管网1.8千米，完成改造365户。新建高标准公厕4座。拆除河道“两违”建筑34处。投资40

大泗镇康乐村样板河道景点　（大泗镇　供稿）

大泗镇霍堡村乡愁馆　（区委宣传部　供稿）

万元推进土地复垦工程。帮助1户低保农户完成危房改造。（程　露）

【佴庄村】 位于大泗集镇以东，北邻佴陈村，南接胡庄镇，为佴家庄战斗发生地。由原佴南、东兴、佴庄、佴西4个村合并而成。区域面积2.5平方千米。有村民小组19个，户籍户数763户。党总支下设党支部3个，党员76人。2020年，村集体经济收入63.35万元。居民人均可支配收入2.16万元。在八组打造人居环境点，新增墙面刷白及墙体彩绘约4000平方米，新增绿化草坪约8500平方米，建设路牙约1300米，拆除旱厕300座，新建高标准公厕4座。新建法治文化宣传公园1座。开展村庄河道活水整治工程，全面完成污水管网及泵站建设。（高　丽）

【二陈村】 位于大泗镇东北部。由原中陈、陈西2个村合并而成。区域面积3.13平方千米。有村民小组19个，户籍户数789户。党总支下设网格支部2个，党员74人。流转土地70.6公顷，其中，谢小斌农场用地7.86公顷、维政家庭农场用地49.27公顷，主要种植水稻、小麦两熟；泰州垄上行生态农业有限公司用地13.47公顷，主要种植水稻、大豆、玉米、小麦和蔬菜，有机种植面积约30%。2020年，村集体经济收入156.25万元。居民人均可支配收入2.08万元。新建道路200米，拓宽道路400米。完成涉及14个村民小组的污水管网改造，新建污水泵站9座。新增路灯110盏，维修路灯36盏，新建渠道300米，河坡整治800米，建设文化墙800平方米，新建公厕1座。与泰州市大泗供销有限公司合作共建，创建农产品电商销售平台，进行直播带货，村集体经营性收入比上年增长70%。（钱　慧）

【北港村】 位于大泗镇东北部，东临姜堰区张甸镇，北接白马镇。由原三港、陈北、周垛3个村合并而成。区域面积2.12平方千米。有村民小组18个，户籍户数772户。党总支下设网格支部3个，党员73人。2020年，村集体经济收入84.7万元。开展疫情防控工作。完成18个小组人居环境整治，新建高标准公厕2座。完成涉及12个村民小组的污水管网改造，新建污水泵站9座。完成土地复垦复绿0.73公顷。完成第七次全国人口普查任务。通过"一事一议"项目，为建档立卡户修建通组入户道路。（谢家高）

【曹于村】 位于大泗镇东北部，与姜堰市张甸镇接壤。由原曹于、曹河2个村合并而成。区域面积2.48平方千米。有村民小组15个，户籍户数700户。党总支下设党支部2个，党员76人。2020年，村集体经济收入49.8万元。居民人均可支配收入1.8万元。对活水工程河坡进行绿化植树。新建公厕1座。打造环境整治点，墙面刷白5000平方米，墙壁彩绘500平方米，建设路牙3000米。完成一组、九组、十四组土地复垦约3.33公顷。（张　扬）

【前进村】 位于大泗镇东部，毗邻姜堰区张甸镇。由原前程、桥河2个村合并而成。区域面积2.7平方千米。有村民小组9个，户籍户数573户。党总支下设党支部2个，党员51人。特色产业为高效设施农业、花卉苗木种植、有机大米种植。2020年，村集体经济收入184.5万元。居民人均可支配收入2.56万元。对全村11条河道实施活水工程，5条河道进行生态护坡，对所有河渠进行清淤疏通。新增污水泵站7座，实现村庄污水管网全覆盖。增设新式公厕3座，新增沿路宣传栏25处。被国家林业和草原局认定为国家森林乡村。（孟　歌）

【杨营村】 位于大泗镇南部，东邻佴庄村，西倚两泰官河，南望鳅鱼港，北与大泗社区接壤。由原于家、陆垛、杨营3个村合并组成。区域面积4.5平方千米。有村民小组32个，户籍户数1125户。村党总支下设于家、陆垛、杨营3个党支部，党员100人。以种植水稻、小麦、油菜为主。2020年，村集体经济收入92.89万元。居民人均可支配收入2.17万元。执行"三会一课"、组织生活会、党员活动日等党内生活制度，常态化开展"不忘初心、牢记使命"主题教育。在杨营、陆垛、于家3个片区打造环境整治示范点，投入用工近5000个，清运各类垃圾约1万立方米，拆除旱厕290余个，拆除"两违"、残垣断壁90余处。新建公厕2座、健身广场2个。（张　燕）

胡庄镇

·综述·

2020年，胡庄镇总面积45.3平方千米，耕地面积3079公顷。辖行政村13个、社区2个，村（居）民小组305个。户籍户数13032户，户籍人口40132人。全年实现地区生产总值18亿元，其中，第一产业增加值3.67亿元，第二产业增加值3.43亿元，第三产业增加值10.9亿元。一般公共预算收入4993万元。固定资产投资10.89亿元。高新技术产业产值3.69亿元。全年签约产业投资项目23个。新增商务秘书公司1个、个体工商户1513户。农民人均可支配收入29916元。（孙　鹏）

·经济建设·

【项目建设】 2020年，胡庄镇签约产业投资项目23个，鑫健纺织、律诚生态农业等一批项目落户，德康二期、牧原生猪养殖等1亿元以上项目开工，水溶肥、军洋机械等重点

项目加快建设，招引江广运农业生物科技和炎川金属材料2个亿元飞地项目。（沈立志）

胡庄镇无人机植保作业　（胡庄镇　供稿）

2020年10月18日，首届高港江水清沙螃蟹节在胡庄镇举行　（胡庄镇　供稿）

【农业】 2020年，胡庄镇完成农业总产值5.57亿元、增加值3.67亿元。完成小麦及其他秋粮作物种植面积2013公顷，夏粮水稻种植面积1656公顷，果蔬种植面积180公顷。水稻机插秧率98%，水稻植保统防统治覆盖率100%。全镇农业机械化率达95%以上，小麦机条播率90%以上。水稻集中育秧28.93公顷，承办全区水稻集中育秧现场会。水稻种植标准化生产应用试点示范项目通过泰州市验收。招引5000万元以上规模农业项目2个，其中投资2亿元的牧原生猪养殖项目建成投产，投资1亿元的律诚生态农业项目二期工程施工中。泰州海壮生态农业科技有限公司投资1500万元的生态种养项目通过专家评审立项，江苏团菜宝电子商务公司入驻高港现代农业产业园区并正式运营，周马村的黑水虻养殖项目投产达效，陈隆村的6.67公顷钢架大棚芦蒿种植基地建成投产。农产品抽检合格率100%，创成四星级农产品质量安全监管站。建成牧原公司生猪养殖智能云平台物联网基地。完成绿色大米认证3个，有机蔬菜认证155个，完成绿色优质农产品基地认定面积2666.67公顷。在宗林村举办高港“江水清沙”螃蟹节及胡庄农产品展销会。完成农村电商销售9570万元，其中农产品销售4830万元。打造上膳源、团菜宝等农产品电商品牌，完成新型职业农民培训、电商培训260人次。宗林村通过农业农村部国家级“一村一品”示范村认定，赵市村获评泰州市“一村一品”示范村。组建泰州市乐太食品有限公司农业产业化联合体、高港区农场主协会、高港区螃蟹养殖技术协会。江苏上膳源生态农业发展有限公司通过省级农业产业化龙头企业、农业科技产业示范企业认定。新增市级农民专业合作社示范合作社1个、区级示范合作社3个。新增市级示范家庭农场2个，绿色家庭农场1个。高港区北全家庭农场被认定为省级示范家庭农场。泰州市润农农业有限公司获评市农村科普示范基地。宗林村入选泰州市特色田园乡村。完成村庄河道整治19条，水系沟通7023米，拆除废坝34处，开挖基础工程1处，浇筑底板32处，铺设涵洞31处，拆坝建桥3处，新建电灌站1座。

（陆新华　刘建明）

【工业】 2020年，胡庄镇实现全部工业产值8.1亿元、销售7.99亿元、利税0.32亿元。规模以上工业产值5.69亿元、销售5.46亿元。工业企业一般纳税人开票销售7.94亿元，工业企业净入库税收2700万元。完成固定资产投资10.89亿元，其中工业投资5.1亿元。新开工1亿元以上工业项目2个，计划投资总额2亿元。1个企业完成三星级上云工作。江苏乐彩印刷材料有限公司创成省级企业技术中心。（沈立志）

【建筑业】 2020年，胡庄镇有建筑企业8个。完成建筑业总产值21.83亿元，比上年增长22.14%；建筑业入库税收1195万元，下降2.95%。

（梅　景）

【服务业】 2020年，胡庄镇完成服务业产业投资5.79亿元，比上年增长17.55%。实现服务业增加值10.9亿元，占地区生产总值比重为60.56%。限额以上批零住餐业销售额11.73亿元，增长14.21%。服务业税收收入4710万元。（唐 颖）

【科技创新】 2020年，胡庄镇实施产学研合作项目4个，完成有效发明专利40个，新增省级民营科技型企业3个、省级高新技术企业后备入库3个、市级高新技术企业3个。江苏乐彩印刷材料有限公司市级企业研发机构绩效评价获优秀等次。高新技术产业产值占规模以上工业产值比重为62.83%。（沈立志）

· 人居环境 ·

【城乡建设】 2020年，胡庄镇完成桥梁限载标志安装，投入100余万元修复通村道路破损地段，消除校车道路安全隐患。实施总投资约3500万元的胡庄镇污水处理厂改造及管网配套工程。完成胡庄派出所营房大楼前期手续。查处违法建设10起，拆除违法建设面积2806.5平方米。（梅 景 宗智俭）

【生态环境】 2020年，胡庄镇加强生态红线区域监督管理，严控项目准入。实施生态保护修复工程，开展国土绿化行动，完成造林6.13公顷。强化工业污染全过程控制，执行大气污染物特别排放限值，完成"散乱污"企业综合整治任务。加强工业挥发性有机化合物排放监管，实施餐饮油烟治理项目1项。妥善处理泰州市污染防治综合监管平台问题线索77条。（刘 波）

· 社会建设 ·

【教育】 2020年，胡庄镇有胡庄中心小学、汪群小学、胡庄初中教育集团（胡庄初级中学、汪群初级中学）、胡庄中心幼儿园、汪群幼儿园。义务教育4所学校总占地面积7.95万平方米，建筑面积1.92万平方米。胡庄初中教育集团参加中考人数162人，被省泰州中学统招4人，四星级高中达线55人，普通高中达线92人。汪群小学获2020年江苏省智慧校园、全省"颂时代楷模，赞中国精神"老少同台讲好中国故事朗诵比赛先进单位、江苏省书法展示赛优秀组织奖等荣誉。（史丽红）

【文化体育】 2020年，胡庄镇投入100余万元对镇宣传文化中心进行改造，新增健身路径13套、篮球架4组。全年送电影156场、送书8000余册，举办文化惠民演出29场。承办高港区2020年"三下乡"集中慰问服务活动、2020年"宏达杯"乒乓球比赛、高港区"八一"建军节参观活动、高港区第六届"邮储杯"掼蛋比赛。举办高港区2020年首届"江水清沙"螃蟹节等各类文化体育旅游活动25场次。（洪 炼）

【卫生健康】 2020年，胡庄卫生院、汪群卫生院共有职工65人。实施"先住院后付费"49人次，签约服务466人，免费体检459人。为6080名65岁以上老年人开展健康体检工作。建立以村卫生室为基本单元的家庭医生工作室8个，家庭医生签约23997人。举办各类卫生健康知识讲座36次、健康咨询活动14次。（封年华）

【社会生活】 2020年，胡庄镇新增就业3008人，新增农村劳动力转移158人，帮助456名城镇下岗失业人员、53名就业困难人员再就业。组织城乡劳动者就业技能培训206人，其中，新成长劳动力技能培训102人，补贴性职业技能培训704人，创业培训考试合格119人，职业技能鉴定获证100人。城乡居民养老保险参保缴费10535人，城乡居民医疗保险参保25744人。做好全镇547户、698名低保户，41户、110名低保边缘户的动态管理工作。为27户困难家庭申请区临时救助金6.57万元，镇救助困难对象528人次、救助金额33.3万元。退役军人服务站组织390名重点优抚对象参加区免费健康检查，完成2019年退役士兵培训就业工作，协助区退役军人事务局帮助2名下岗志愿兵再就业，打造宗林村退役军人之家。戴陈村创成省级社区康复示范点，胡庄镇残疾人之家获评省级残疾人之家。（王雪云）

【平安与法治建设】 2020年，胡庄镇开展公共法律服务进网格活动，将法律扶贫和法律援助纳入网格管

胡庄镇宗林村银杏树　（胡庄镇 供稿）

理，为群众及企业提供优质公共法律服务。继续开展“百日维薪”“防范非法集资”等活动和扫黑除恶专项斗争，维护群众的合法权益。升级企业职工普法教育基地，通过“七五”普法验收。加强特殊人群管理，确保社会安全稳定。组织开展《中华人民共和国国家安全法》《中华人民共和国反间谍法》等宣传，发放宣传册6000份。在99个网格建立党小组，创新开展“群众微心愿、党员来接单”活动。15个村（社区）全部制定村规民约，成立“四会”。推广电信治安监控一体化平台，按照“雪亮工程”要求完善区域监控系统，建成网格中心指挥调度平台。各村（社区）开展“警网有约”述职评议活动，推进“网格+警格”融合。开展安全生产专项整治，组织安全检查223次，发现隐患1190条，限期整改闭环率100%。

（朱秀峰　史杏香　马爱堂）

·政治建设·

【基层党组织建设】 2020年，胡庄镇共有基层党组织64个，党员1879人。胡庄镇党委切实履行党建工作职责，召开党建专题会议6次，研究制定党建工作年度计划，部署全年党建工作重点任务。定期召开党委会和党建工作例会，听取党建工作汇报，解决基层党建面临的问题。严肃党内政治生活，督促基层党组织认真执行“三会一课”制度和开展主题党日（固定学习日）活动。以“党建+”为引领，统筹推进经济建设、安全生产、环境保护等中心工作，“党建+助残”用心服务好特定群体项目获区基层党建“书记项目”金质奖。开展村（社区）“书记项目”述评赛，15个村（社区）“书记项目”得到有效落实。组织镇机关党员到基层一线参与疫情防控。疫情期间，全镇党员捐款18.3万元。启动村（社区）“两委”换届工作。开展

胡庄镇宗林村退役军人之家　（胡庄镇　供稿）

“走亲连心、一线服务”大走访活动，强化干部作风，宣讲党的政策，掌握民情民意，化解矛盾隐患，回应民生诉求。深入推进“雁阵培育计划”，实施基层“青黄续接”工程，做好年轻干部培养，召开“90后”年轻干部座谈会。在疫情防控、脱贫攻坚、项目推进一线锻炼考察干部，新发展党员19人，转正19人。新招录公务员、事业单位人员8人。关爱困难党员、老党员，发放慰问金18.5万元。突出支部标准化、规范化建设，宗林村党总支获评区基层党建质量奖提名奖。组织“党建共享日”活动。以宗林村作为试点开展党员服务管理，成立全市首个退役军人党支部，建成全区首个村级“退役军人之家”，成立退役军人党员志愿服务队。10月，宗林村退役军人党支部开展“绿装宗林·奋斗红心”主题党日活动，入选泰州市优秀主题党日活动名单。举办党员主题轮训。　（薄兆山）

【宣传统战工作】 2020年，胡庄镇组织党委中心组理论学习。在“学习强国”平台、《江苏新时空》新闻节目、《泰州日报》等用稿106篇。举办泰州市胡庄镇新闻发布会和高港区2020年度首届“相约高港·蟹逅胡庄”网络媒体行动。建立少数民族之家，获评江苏省首批“石榴籽之家”。开展宗教活动场所安全专项整治，自查安全隐患13处，均整改落实到位。用好用足金融、用工、减负等扶持政策，服务非公企业发展。非公经济人士和新阶层人士主动参与疫情防控一线，累计捐款捐物30余万元。

（李　梅）

【纪检监察】 2020年，胡庄镇强化监督执纪，开展监督检查10余次，查处“四风”问题线索11件，群众身边不正之风和腐败问题线索13件，严肃查办纪检监察业务范围内信访7件，立案查处党员干部11人，问责党员干部4人、党组织3个。综合运用监督执行“第一种形态”41次。强化廉政教育，开展党风廉政教育10余次，申报市级家规促廉示范基地2处，上报廉政文化作品3篇，获市级二等奖1个、三等奖2个。

（王　伟）

【人大工作】 2020年，胡庄镇共有市级人大代表1人，区级人大代表24人，镇级人大代表71人。组织代表视察全镇重点经济增长点推进情况，听取镇政府关于优化营商环境、服务民营经济的工作报告。视察农村人居环境整治情况、河道管护改革情况。专题审议脱贫攻坚专项工作报告。现场视察、跟踪督查、审

议民生实事推进情况，调研基层传染病防治和突发公共卫生事件应急工作。配合开展安全生产“一法一条例”执法检查和《中华人民共和国土壤污染防治法》执法检查。跟踪水污染防治“一法一条例”执法检查报告审议意见落实情况。区、镇人大代表积极参加文明城市创建、卫生镇创建、新冠肺炎疫情防控工作。（戴　维）

【政府自身建设】2020年，胡庄镇完成基层“三整合”改革。严格执行“三重一大”议事规则和决策程序。深化政务信息公开，及时回应群众关切，办复区、镇人大代表建议20件，处理各类来信来访、政府热线1925件。加强财政资金使用管理。做好各类巡视巡察督察督导反馈问题整改。（孙　鹏）

【政协工作】2020年，胡庄镇共有市政协委员5人，区政协委员22人。制定“委员工作日”年度活动计划，开展“委员工作日”活动4次。完善协商议事载体，镇、村协商议事平台累计开展协商议事活动47次，解决民生实事47件。（李　梅）

【群团工作】工会工作　2020年，胡庄镇共有独立建会组织43个，会员3000余人，其中，独立企业工会20个，机关工会1个，幼儿园工会1个，行业（产业）工会3个，小企业集群工会1个，残疾人之家工会1个，农贸市场工会1个，村（社区）联合工会15个，规模以上和职工人数25人以上的非公企业工会组建率95%。推进农场联合工会职工之家阵地建设，打造泰州市乐太食品有限公司党工共建阵地。召开能级工资集体协商和安全生产职代会现场观摩会。举办技能比武大赛和各类职工夜校（网校）培训20余场。开展普法宣传、文体活动和帮扶行动。1人获评泰州市五一劳动奖章，1人获评泰州市优秀工会工作者，1人获泰州市工会安全生产和劳动保护技能大赛第3名，1个企业车间获评泰州市模范职工小家。

共青团工作　新建非公企业团组织16个，共有团组织45个，团员399人。加强青少年思想引领，各团组织利用党、团属阵地开展学习教育活动。关爱困境青少年，向30余名困境青少年送去学习设备、爱心书桌，资助2名困境大学生，为4名困境青少年打造“梦想小屋”。持续开办“银杏果”公益课堂暑托班。1人获高港区“大江儿女·最美青年”提名奖，1人获评泰州市十佳青年志愿者，1款“新农菁英”产品入选“江苏共青团助农丰收直播节爆款产品”。

妇联工作　全镇有妇联组织17个，其中，镇妇联1个，村（社区）妇联15个，企业妇联1个。选举产生新一届胡庄镇妇女联合会。新建“妇女微家”2个，成立胡庄镇家庭农场妇女联合会。组织开展“巾帼大宣讲”活动2场。持续开展“送法到身边”活动，到学校及各村（社区）举办讲座20余场。胡庄镇农业农村局成功申报2020年度泰州市巾帼文明岗，李爱萍家庭获评2020年度泰州市“最美家庭”，史亚发家庭获评2020年度泰州市“五好家庭”。（于　婕　刘　波　程　晶）

·村（社区）简介·

【胡庄社区】位于胡庄集镇中心，东邻刘元村，西邻史庄村，南邻周马村，北邻姜堰区张甸镇三彭村。银杏路、泰胡路穿境而过。由原胡庄村、孔庄村、淘沟村合并而成。区域面积4.7平方千米。有村民小组24个，户籍户数1115户，户籍人口3778人，党员145人。2020年，村集体经济收入159万元。新建硬质道路11千米。（史奎生）

【汪群社区】位于胡庄镇南首，与泰兴市根思乡、宣堡镇接壤。由原汪群村、麻桥村、合鹏村合并而成。区域面积5.87平方千米，耕地面积229公顷。有居民小组20个，户籍户数1083户，户籍人口3148人。2020年，村集体经济收入138万元。新建硬质道路2072米、渠道702米、健身广场1个，新增路灯90盏。（殷大宏）

【赵市村】位于胡庄镇东南部，东邻薛垛村，南接根思乡，西连汪群社区，北与刘荡村接壤。由原三和村、海潮村、赵狮村合并而成。区域面积5.08平方千米，耕地面积219公顷。有村民小组21个，户籍户数908户，户籍人口2658人，党员109人。“人民科学家”、中科院院

胡庄镇汪群社区党群服务中心　　（胡庄镇　供稿）

士叶培建为赵市村人。上膳源泰州农场地处赵市村腹地，常年种植绿色有机蔬菜。全村流转土地面积186.8公顷，建有家庭农场6个。2020年，村集体经济收入119万元。新建通组道路1200米，新建公共厕所1座。获评高港区“一村一品”示范村。（刘建忠）

【薛垛村】 位于胡庄镇东南部，西、南邻赵市村，东与泰兴市新街镇西河村接壤，北至戴陈村。区域面积2.58平方千米。有村民小组14个，户籍户数550户，户籍人口1751人，党员65人。耕地面积154.13公顷，鱼塘5公顷，高效农业面积39公顷，小农场面积74.53公顷。全村流转土地113.53公顷，主要用于设施大棚蔬菜基地、名贵苗木基地、葡萄园、稻麦两熟规模种植基地。成立平安义工、群众评议、慈善帮扶、党员义工等群众自治组织5个，近200名群众参与。2020年，村集体经济收入183万元，居民人均可支配收入2.81万元。新建硬质水泥路630米，硬质水渠180米，桥梁1座，方涵6座，电灌站2个。（张晓兰）

【戴陈村】 位于胡庄镇东南部，东邻新街镇，西至刘荡村，南靠薛垛村，北邻单王村，双园路贯穿境内。由原戴荡村、陈庄村合并而成。区域面积3.7平方千米，耕地面积223公顷。有村民小组22个，户籍户数934户，户籍人口2885人，党员88人。主要以农业经济为主，有小农场8个。2020年，村集体经济收入149万元。完成税收任务410万元。实施村“一事一议”项目，完成道路拓宽3000米。拆除旱厕940余座，新增路灯100余盏，环境整治投入30余万元。（谢桥华）

【刘荡村】 位于胡庄镇东南部，东临戴陈村，西临丁庄村，南靠高港现代农业园区，北依单王村、刘元村。由原刘东村、刘西村合并而成。区域面积3.56平方千米，耕地面积221公顷。有村民小组19个，户籍户数845户，户籍人口2543人，党员91人。有小农场5个、合作社1个，发展花卉林木、水产养殖等，建有“江水清沙”螃蟹养殖基地。2020年，村集体经济收入145.36万元，人均可支配收入31860元。投资近200万元建成刘中桥，新增健身广场2个。（季宝宏）

【单王村】 位于胡庄镇东北部。由原王元村、单野村、单庄村合并而成。区域面积5.1平方千米，耕地面积275公顷。有村民小组27个，户籍户数1039户，户籍人口3294人。有泰州市康格医疗器械有限公司、江苏科创医疗用品有限公司等20余个企业。花卉苗木基地46.2公顷，蔬菜大棚基地5.33公顷，提水养殖基地33.33公顷，稻麦种植基地106.67公顷，其中水稻绿色种植基地32公顷。建有花卉苗木专业合作社和植保专业合作社。便民服务中心建筑面积1290平方米，文化健身广场4个约2200平方米。2020年，村集体经济收入122万元，居民人均可支配收入23500元。新建硬质水泥路800米。（杨梅生）

【刘元村】 位于胡庄集镇东部2千米处。由原刘元村、吉野村合并而成。区域面积2.8平方千米，耕地面积145.9公顷。有村民小组18个，户籍户数590户，户籍人口1973人，党员81人。有江苏凯博医疗器械有限公司、江苏艾迪尔医疗器械有限公司、泰州市建达矿山机械配件有限公司等8个企业落户。有小农场8个，流转耕地面积111.97公顷，完成农业结构调整面积6.67公顷。2020年，村集体经济收入179万元。新建方涵2座、硬质路面820米。（刘建华）

【史庄村】 位于胡庄集镇西侧，金果路穿村而入。由原和丰村、史庄村合并而成。区域面积2.95平方千米。有村民小组18个，户籍户数742户，户籍人口2389人，党员93人。土地二轮承包面积131.6公顷，人均耕地0.05公顷，居民住宅用地52公顷。全村流转土地86.67公顷，自建标准厂房2700平方米。建有史庄村组织生活馆。2020年，村集体经济收入163万元。新建硬质水泥路600米、桥梁3座。（史建伟）

【庵桥村】 位于胡庄镇西部，东与史庄村毗邻，西与许庄街道钱赵村接壤，南与宗林村连接，北与大泗镇杨营村相连。由原黄楝村、庵桥村合并而成。区域面积2.8平方千米，耕地面积163公顷。有村民小

胡庄镇史庄村组织生活馆一角 （胡庄镇 供稿）

组17个，户籍户数666户，户籍人口2248人。金果路途径庵桥地段1700米，建成金果路两侧4公顷绿化带，宗黄河南北穿庄而过。有硬质化道路23千米，安装路灯500余盏，绿化总面积57公顷，土地流转面积138公顷。2020年，村集体经济收入165万元。新建硬质路面2100米、桥梁2座。（栾春勇）

【周马村】 位于胡庄镇南部，西临许庄街道，南临泰兴市宣堡镇。南有古田线，北有金果路。由原周元村、李元村和马群村合并而成。区域面积3.58平方千米，耕地面积204公顷。有村民小组22个，户籍户数922户，户籍人口3054人。有花卉苗木生产基地5.67公顷，草莓葡萄种植基地19公顷，银杏成片林20.67公顷，百年以上银杏树近百株，螃蟹养殖面积5.67公顷。有农村三大合作组织4个，建有农业经济合作社和植保专业合作社。有小微企业18个。2020年，村集体经济收入121万元。投入250余万元，新增造林面积15.87公顷，新增水泥路面1600余米。（李声岳）

【宗林村】 位于胡庄镇西南部，西临许庄街道，南邻泰兴市宣堡镇。南有古田线，北有金果路。由原宗庄村和肖林村合并而成。区域面积5.87平方千米，耕地面积292公顷。有村民小组27个，户籍户数1152户，户籍人口3616人，党员136人。规模农业面积200公顷，其中，"江水清沙"提水养殖66.66公顷，花卉苗木培植基地66.67公顷，成片银杏林66.67公顷，有百年以上银杏树近300株。有小农场1个，农业经济合作社4个。村庄绿化覆盖率65%。2020年，村集体经济收入266.56万元。成立全区首个村级退役军人党支部。建立泰州市首个村级"退役军人之家"和退役军人党员志愿服务队。编写宗林村革命斗争故事通俗读本——《红色宗林 经典回忆》，整理革命先烈家训，建设红色长廊，开展革命传统教育。引进泰州高港牧原农牧有限公司，存栏生猪3万头。实施污水管网工程，实现全村污水管网全覆盖。获得全国"一村一品"示范村称号。（刘伯阳）

【丁庄村】 位于胡庄镇中心位置，宣堡港、孔丁中沟贯穿庄中，古田线、胡曲线在此交会。由原孔丁村、大丁村合并组成。区域面积3.8平方千米，耕地面积211公顷。有村民小组21个，户籍户数978户，户籍人口3163人。全村耕地流转率90%以上，农业产业形成规模，建成花卉苗木种植区、水产养殖区、优质粮食种植区，小杂粮种植产生良好效益。有江苏福齐天生物科技有限公司、泰州市宇弘电子有限公司2个规模以上企业，有玩具、服装、鞋帽加工等小微企业10余个。有江苏泰安建设工程有限公司、江苏新浪建设工程有限公司泰州分公司等建筑企业。线上农产品销售"团菜宝"App入驻。2020年，村集体经济收入154万元。新建硬质水泥路843米。（孔维亮）

【田野村】 位于胡庄镇西南侧，东与丁庄村相邻，南与陈隆村毗邻，西与宗林村相接，北与周马村相依。由原田厦村、季野村合并而成。区域面积2.63平方千米，耕地面积146公顷。有村民小组16个，户籍户数739户，户籍人口2065人。经济以农业为主，发展高效农业和生态养殖。倡导"仁孝、奋进，和谐"社区文化。为泰州市卫生村。2020年，村集体经济收入128万元。新建硬质道路720米，硬质道路扩建580米，新建硬质水渠220余米。（田圣兵）

【陈隆村】 位于胡庄镇西南部，西临泰兴市宣堡镇崇头村，南邻泰兴市宣堡镇三堡村，南有润园路，北有汪宣线。由原陈兴村、三殿村合并而成。区域面积2.6平方千米，耕地面积177公顷。有村民小组16个，户籍户数668户，户籍人口2008人。有规模农业面积153公顷，其中，小农场4个、面积126公顷，设施大棚面积8公顷。2020年，村集体经济收入131万元。新建硬质道路656米，维修破损硬质道路108米，新建方涵7座，整治河坡6条。（谢春华）

人物·荣誉

道德模范与先进人物

·全国先进工作者·

钱维胜，男，1976年8月出生，中共党员，泰州市大泗学校副校长。2014年8月，钱维胜积极响应国家号召，主动申请并通过选拔，成为江苏省第一批援藏教师，赴拉萨江苏实验中学支教。2015年第一轮援藏结束时，当地家长和孩子联名写信深情挽留，最终，他克己奉公选择继续援藏，一留就是连续三轮。他凭着坚强的毅力，克服种种困难，深深扎根西藏，潜心当地教育事业，为江苏“教育援藏”品牌增光添彩。他凭借敬业奉献的精神和突出的教育教学实绩赢得藏族同胞的齐口称赞，学生们都亲切称呼其“阿爸”。曾获得中国好人、全国模范教师、江苏省优秀共产党员、江苏最美教师、西藏自治区优秀教育援藏工作者、第七届感动泰州十大人物等荣誉称号。2020年11月，被中共中央、国务院评为全国先进工作者。

·全国“五好家庭”·

口岸街道口岸社区徐勤生一家是一个温馨幸福的五口之家。从泰州市广电中心“退二线”的徐勤生积极响应市委号召，成为全市第三批机关选派干部到口岸街道徐庄村任职。他走遍村子的田间地头，和所有的村民交上朋友，把一个负债400余万元的穷村变成远近闻名的先进村。徐庄村获得江苏省三星级康居乡村、江苏省绿化示范村、江苏省生态村、泰州市全面小康建设示范村等荣誉称号。徐勤生被评为江苏省“最美人物”，他的家庭被评为高港区首届“五星级文明家庭”示范户。挂职期满后，徐勤生被任命为徐庄村终身荣誉书记。2020年12月，徐勤生家庭被全国妇联评为第十二届全国“五好家庭”。

·全国抗疫“最美家庭”·

王华芹，女，江苏泰供海诞现代农业发展有限公司总经理。疫情期间，积极参加市妇联组织开展的“娘家人送菜到家”活动，与家人一起连续两个月、每周一次为驰援武汉的31名医护人员家庭免费配送“暖心菜”，用实际行动助力抗疫，致敬英雄。2021年5月，王华芹家庭被评为全国抗疫“最美家庭”、江苏抗疫“最美家庭”。

·中国好人·

张竹山，男，1963年11月出生，口岸街道引江社区党总支书记。新冠肺炎疫情发生后，他牵头快速拟定三个“必须”防疫战略，即必须48小时内完成辖区678户居民的逐户排查及外地返乡人员的登记工作，必须48小时内让辖区所有群众知晓疫情形势，尽快制作方便群众理解、利于群众接受的防护知识及注意事项等宣传资料，必须迅速拿出应急预案及时、准确处置疫情期间突发情况。48小时内，他带领党员干部摸排辖区678户、2523名人员信息。他连夜在辖区设置检查点，带头捐赠筹集防疫物资，并组织创作快板、顺口溜等一批文艺宣传作品，及时传达权威信息、政策措施、科学防控知识。入选2020年2—7月敬业奉献类“中国好人”。

·江苏好人·

李正，1975年2月出生，永安洲镇永胜社区居民。抗疫期间，他了解到社区一线防疫人员物资紧张后，不仅拿出自家仓库中所有的防菌帽和防护服，而且购买40件反光背心捐献给社区。他建立“助飞希望”微信群，吸纳96名爱心人士加入，资助29名困难儿童。疫情期间，在李正的带领下，群内成员纷纷响应，捐钱捐物。2020年3月，被评为“江苏好人”。

张竹山，2020年3月，被评为“江苏好人”。

王永红，女，1968年2月出生，永安洲镇零散税收代征办公室办事员。她心地善良，孝敬婆婆，悉心照顾患重病卧床的丈夫，帮助丈夫成功恢复。王永红热心关爱困难儿童，1998年收养1名孤儿，之后20余年间，累计资助、照顾20余名困难儿童。2020年9月，被评为“江苏好人”。

·江苏最美人物·

何芬，女，1976年11月出生，中共党员，区人民法院审判委员会委员、立案庭庭长。20余年来，她把青春和热血都献给基层审判事业，默默守卫司法公正。近5年，共审结各类民商事案件1030件，服判案件上诉率低，且无一发回改判。2015年4月起，区人民法院先后在街道、社区及重点企业设立8个“何芬法官工作室”，选派法官担任工作室成员，为群众提供诉讼指引、就地立案、就地调解、法律咨询、巡回审理等便民服务。何芬经常到各个法官工作室进行“坐堂问诊”，耐心解答群众咨询事项。她曾获得全国优秀法官、全国法院系统“十大亮点人物”、“江苏好人”、泰州市“最美法治人物”、泰州市“百姓喜爱的好法官”、泰州市“十行百星”等荣誉称号，被省法院记一等功1次、二等功1次。2020年12月，被评为“江苏最美法治人物”。

·新时代江苏好少年·

张云涛，男，2006年8月出生，泰州市口岸实验初级中学八（6）班学生。他品行端正，与人为善，笃学不倦，矢志于学，热心公益，乐于助人，连续8年每学期被评为“三好学生”。在班主任的号召下，他发起“冬日暖阳行动”，发动身边的同学，捐赠衣物、书籍给贫困地区的孩子。2020年9月，被评为“新时代江苏好少年”。

·泰州市新冠肺炎疫情防控工作“骏马奖”获得者·

杨勇，女，1969年10月出生，中共党员，大泗镇卫生院传染病防控医师。在抗击新冠肺炎疫情工作中，始终战斗在防控第一线。发现有12名来自湖北的人员入住该镇宾馆后，立即开展身份登记、体温测量等工作。发现该镇有1名疑似病例的密切接触者，及时组织对其居家隔离、采样送检。2020年2月18日，被授予泰州市首批新冠肺炎疫情防控工作“骏马奖”。

霍荣康，男，1971年12月出生，中共党员，刁铺街道明发社区党支部书记、居委会主任。从2020年1月25日（正月初一）起，连续5天吃住在办公室，每天工作近18个小时，带领党员干部逐户排查湖北返回人员，及时对32人进行居家隔离。组织社区干部为居家隔离人员购买生活必需品，利用微信为居家隔离人员进行心理疏导。发动党员干部、爱心人士向湖北捐款3万余元。组织社区志愿者宣传疫情防控知识，发放宣传资料2万余份。2020年3月12日，被授予泰州市第二批新冠肺炎疫情防控工作“骏马奖”。

·最美泰州人·

孙仕民，男，1966年12月出生，中共党员，永安洲镇兴洲社区党总支书记。他发动能人创办泰州市兴洲市政工程有限公司，发展壮大社区集体经济。注重为社区群众办实事，帮助解决城镇低保10户26人，落实孤寡老人、残疾人、孤儿、留守儿童的福利和帮扶措施，居民的城乡居民医疗保险、老年人意外伤害险、计生险均由社区兜底。他先后获得泰州市最美社区工作者、高港区新农村建设先进个人、高港区“大江儿女·最美共产党员”等荣誉称号。2020年1月，被评为“最美泰州人”。

叶淑华，女，1979年8月出生，中共党员，胡庄镇敬老院院长。她热心公益事业，把业余时间投入到志愿服务中。她投入耐心、爱心和责任心，让老人们老有所养、老有所医、老有所乐。新冠肺炎疫情发生后，她放弃与家人团聚的机会，一直坚守在工作岗位上。曾获得高港区社区矫正先进个人、高港区“大江儿女·最美人物”等荣誉称号。2020年2月，被评为“最美泰州人”。

张晓兰，女，1964年12月出生，中共党员，胡庄镇薛垛村党总支书记。她通过盘活闲置资产、实施土地整理、招引产业项目等方式，增加集体经济收入。她与村民建立浓厚的感情，村民们把她当成知心朋友。在她的带领下，薛垛村获得江苏省“一村一品”示范村、江苏省水美乡村、江苏省巾帼科技示范基地、江苏省民主法治示范村、二星级康居乡村等荣誉称号。2020年3月，张晓兰被评为“最美泰州人”。

洪长青，男，1983年5月出生，中共党员，江苏省口岸中学总务处主任。在负责学校新疆部管理期间，他坚守岗位，用情温暖学生生活，用爱润泽学生心灵，用勤追求一流业绩，学校两次被国务院评为全国民族团结模范集体。在负责学校安全工作期间，他认真落实安全管理各项措施，学校被泰州市教育局评为泰州市安全管理先进学校、泰州市食品安全先进学校。在抗击疫情时，学校有497名新疆籍学生留校生活、学习，他始终奋战在一线，做好防疫物资储备、应急服务保障等工作。2020年4月，被评为“最美泰州人”。

虞敏，女，1974年3月出生，中共党员，泰州市第三人民医院主任医师。从医20余年来，她建立医院儿科病区，以精益求精的医疗技术，诊治大量患儿。先后获得泰州市知识型职工、泰州市青年岗位能手、泰州市十佳青年医生、泰州市十佳医德标兵等荣誉称号，当选泰州市第四届、第五届党代表。在国家、省级专业杂志发表论文20余篇。她带领的儿科团队获得江苏省工人先锋号、泰州市青年文明号、泰州市十佳五一巾帼示范岗等荣誉称号。在疫情防控期间，虞敏带头签下“请战书”，奔赴于儿科病房和发热门诊一线。2020年5月，被评为“最美泰州人”。

吕慧敏，女，1984年9月出生，中共党员，扬子江药业集团药物研究院研究所所长。2010年，她从北京大学医学部药学院药剂学硕士专业毕业后，到扬子江药业集团工作。参与和主导超过30个药物的研究与申报，成功开发曲司氯铵片、注射用替加环素、注射用盐酸吉西他滨、地佐辛注射液、盐酸莫西沙星氯化钠注射液、盐酸莫西沙星注射液、替格瑞洛片、注射用艾司奥美拉唑钠等多个产品。2020年5月，被评为“最美泰州人”。

唐永兴，男，1971年10月出生，中共党员，泰州市泰州港核心港区党工委委员，经济发展局党支部书记、局长。2020年年初，面对新冠肺炎疫情，唐永兴每天十几个小时在一线连轴奋战，投入到社区、园区防控一线中。曾获得泰州市委社会治安综合治理个人三等功、泰州市优秀共产党员、高港区新冠肺炎疫情防控工作“骏马奖”等荣誉称号。2020年7月，被评为“最美泰州人”。

张嘉乐，男，1987年8月出生，中共党员，扬子江药业集团有限公司口服液2号车间设备班长。抗击疫情期间，他充分发挥先锋模范作用，大年初五就主动投身“封闭式”蓝芩口服液生产复工中。每天组织设备工程师团队对各区域设备进行预防性维护保养，确保设备零故障运行。做好车间疫情防护工作，落实145名复工员工体温检测和住宿安全工作。2020年7月，被评为“最美泰州人”。

刘伯阳，男，1962年10月出生，中共党员，胡庄镇宗林村党总支书记。刘伯阳是一名退役军人，2010年担任宗林村党总支书记，带领村“两委”一班人，盘活村级资产，发展高效农业，打造最美村庄，提高村民收入，将宗林村从一个负债180万元的落后村，发展成年收入近百万元的美丽康居村。2020年8月，被评为“最美泰州人”。

陈爱华，女，1972年10月出生，高港区东方明珠幼儿园园长。她实施精准教育，推行“品质”管理；聚焦精神教育，锻造“品相”教师；打造精品教育，培养“品格”幼儿。把东方明珠幼儿园建成教育思想先进、管理科学规范、师资结构合理、幼儿全面发展的现代化学前教育精品园。2020年9月，被评为“最美泰州人”。

蒲志强，男，1987年5月出生，中共党员，中国科学院自动化研究所泰州智能制造研究院副院长，入选中科院青年创新促进会人才资助计划，中国科学院人工智能创新研究院、中国科学院轻型动力创新研究院青年科研骨干。近5年来，他主持中国科学院轻型动力创新研究院创新引导基金重点基金项目、澳门重点研发资助计划课题、国家自然科学基金项目等10余项研究项目。2020年10月，被评为“最美泰州人”。

杨谢，男，1975年11月出生，泰州艳阳天塑料科技有限公司总经理。2004年，他从湖南到高港区创业，将“品德比利润重要，诚信与发展同行”作为自己的座右铭，将公司发展成为LG、海信、容声、美的等大型企业的配套生产企业。与中科院上海药物研究所建立战略合作关系，研制出核酸检测盒。2020年11月，被评为“最美泰州人”。

王锦明，男，1980年6月出生，中共党员，白马镇司法所所长。他创新推行法律顾问联席联动机制、法律顾问法治走访全覆盖新模式，注重将调解案件和普法宣传结合。推行“四色积分预警”机制及“日巡查”“周通报”“月研判”“见面点验”等制度，实现社区矫正对象“零越界”“零警告”“零漏管”。2020年12月，被评为“最美泰州人”。

·泰州市“十行百星”·

王艳，女，1977年7月出生，凤栖湖农场法人代表。2013年，王艳开始创办凤栖湖农场，在她的努力经营下，农场规模越办越大，面积133.33公顷，主要种植水稻、小麦、西瓜、草莓等，被评为“中国生态有机食品行业首选品牌”、省级示范家庭农场、泰州市绿色家庭农场，甜瓜、西瓜等产品被认定为绿色食品A级产品。带动富余劳动力就业30余人，帮村民实现在家门口就业。疫情期间，王艳为湖北省荆门市送去1000副手套、4000副鞋套、1000副条形帽及口罩等防护物资，为高港区困难家庭送去大米、包子等应急生活物资，为周边社区捐款近万元。2020年，被评为泰州市“十行百星”——创业之星。

王步忠，男，1971年11月出生，中共党员，江苏西来原生态农业有限公司总经理。2013年，他回乡创业，投资3800万元在大泗镇流转土地35.53公顷，发展湖羊养殖、绿色水果种植，走上种养循环、绿色发展的道路。他不断加大研发费用投入，引进泰州市“双创人才”3人，主持实施中央财政及省、市多个推广示范项目。积极实施“企业帮扶薄弱村”工程，每年从销售额中拿出10%左右的资金用于对村帮扶。创建“残疾人扶贫基地”，辐射带动残疾人26户。在兴化市戴窑镇、高港区大泗镇前进村和佴庄村分别建立示范点带动养殖户10余户，解决贫困人口就业300余人。2020年，被评为泰州市“十行百星”——创业之星。

褚俊，男，1989年10月出生，高港区党员电化教育中心主任、区委组织部干部教育科副科长。他参与策划制作《丰年》《调解达人》《那些花儿》《匠心轮毂路》《永远的军礼》等10余部党员电教片，相关电教片作品曾获得全国优秀奖、全省二等奖、全市一等奖。他牵头推进远程教育站点拓展延伸和规范管理，多层次开展学用活动。他围绕区委、区政府工作重点，开展干部教育培训工作。牵头举办领导干部能力建设讲坛23期，培训各类领导干部1.2万人次，到上海、山东、南京、江西、河南等地参与举办各类主体班次近20期。他常态化参与开展党员网络新媒体教育工作，“高港党建”微信公众号先后100余次入选泰州市政务类微信排行榜前十强。2020年，被评为泰州市“十行百星”——公仆之星。

陈爱华，被评为泰州市“十行百星”——教育之星。

朱其乐，男，1987年4月出生，泰州苏中天线集团有限公司设计师。多年来，他一直从事汽车天线的研发设计工作，先后担任质量员、产品设计师。他注重科技创新，不断进行技术改造，开发、引进、吸收先进工艺，提高管理信息化和装备自动化水平。紧跟市场潮流，抓住车载多功能集成天线难点，开发4G、AMFM、GNSS等多功能集成天线，为公司创造效益。2020年，被评为泰州市“十行百星”——科技之星。

段德军，男，1978年10月出生，泰州市第三人民医院呼吸科主任。2019年6月，他响应泰州市卫生健康委关于医联体建设的号召，到泰州市第三人民医院工作。他将国内外最新的诊治指南、操作技术及理念引入呼吸科，为患者提供更好的治疗方案，减轻患者痛苦。新冠肺炎疫情期间，他担任泰州市第三人民医院发热门诊专家组副组长，为医护人员开展防控知识培训，坚持在发热门诊坐诊，并做好留观病房的日常工作，还要负责到社区采样。2020年，被评为泰州市“十行百星”——医务之星。

张娜，女，1986年11月出生，中共党员，区人民检察院第一检察部副主任。2016年，她成为高港区最年轻的员额检察官。她切实履行检察工作职责，从检以来办理各类刑事案件500余件，所办案件无一错漏。她履行监督职责从不退缩，追诉犯罪嫌疑人10余人。对符合救助条件、可以救助的被害人，她总是第一时间通知控申部门进行救助。她多次参加法治教育进校园、青优微志愿活动。参加省人民检察院举办的公诉人竞赛，取得全省优秀公诉人的好成绩。2020年，被评为泰州市“十行百星”——政法之星。

孔小军，男，1979年2月出生，中共党员，区文化体育旅游局体育科科长。他推动建成区、镇、村三级全覆盖的公共体育基础设施网络。组织成立足球、乒乓球、门球、风筝等群众体育社团28个，分期培训各级社会体育指导员1083人。每年组织举办各类群众体育活动60项次以上，引导更多的人参与体育健身。他参与创建“高港杯”全国象棋青年大师赛，填补高港区全国性赛事的空白。2020年，被评为泰州市“十行百星”——文体之星。

刘俊，男，1971年3月出生，中共党员，口岸街道蔡滩社区党委书记。他严格落实党的各项方针、政策，工作中脚踏实地、任劳任怨，积极为广大党员、群众办实事、谋福祉，开创社区党建工作新局面。在新冠肺炎疫情防控工作中，他不惧危险、冲锋在前，出色完成社区疫情防控工作。对所有小区安排卡口管控，制作社区专属车贴，分辨社区车辆与外来车辆，严格管控外来人员，形成群防群控、联防联治网格体系。动员湖北返乡人员配合做好居家观察，对他们进行心理疏通，提供暖心贴心的服务。2020年，被评为泰州市“十行百星”——社工之星。

张敏，男，1986年2月出生，中共党员，区市场监管局胡庄分局市场监管科科长，江苏省医疗器械A级检查员、泰州市食品中级检查员、泰州市药品检查员。从事食品药品安全监管工作近10年，除参加泰州市、高港区各类食品、药品、医疗器械专项检查和飞行检查外，多次被江苏省药品监管部门选派参加外市医疗器械生产企业新产品拟上市注册体系考核和生产许可证申领、延续体系考核工作。以组长身份带队参加省市场监管局各类医疗器械生产企业飞行检查和体系考核。2015年起，他累计主办各类行政执法案件150余件。新冠肺炎疫情期间，他主动报名参加高港区党员突击队，在完成市场监管本职工作的情况下，坚持在高港大桥卡口执守20天。2020年，被评为泰州市“十行百星”——市场监管之星。

·大江儿女·最美人物·

3月份高港区“最美志愿者”：

陆科锦　扬子江药业集团安保处工作人员

杨　蓓　区教育局研训员、高港区“教师妈妈”团队成员

陆　亚　口岸街道城南社区志愿者

王　兵　高港区“暖心港”疫情防控志愿服务队队长

何开菊　泰州市麦田志愿者协会监事

陈　奥　淮阴师范学院文学院大学生

张　慧　大泗镇团委书记

单　进　胡庄镇单王村志愿服务队成员

田　荣　区卫生健康委妇幼家庭发展（老龄）科科长

范　静　口岸实验初中“520师爱行动”团队成员

4月份高港区“最美青年人物”：

王燕勤　区委办政策法规科

科长

王咏川　区住房城乡建设局城市建设科科长

王　荔　区人力资源社会保障局就业管理中心主任

曲朝霞　区委组织部干部教育科科长

杨少春　许庄街道党政办主任、团工委书记、马厂社区党委副书记

许桂兰　泰州港经济开发区投资促进局招商二科科长

季荣华　江苏省普菲柯医疗器械总厂技术员、工程师

徐　霞　刁铺街道社区卫生服务中心护士长（副主任护师）

彭冬梅　口岸街道田河社区卫生服务中心护师

戴　茹　大泗镇正股级干部、二陈村党总支书记

5月份高港区"最美职工"：

栾国强　江苏大江建设工程有限公司

张友山　泰州市博泰电子有限公司

陈根龙　华润雪花啤酒（泰州）有限公司

顾冬兰　泰州市高港实验小学

马亚静　区委办

曹庆余　区委第三巡察组

杨震宇　区委老干部局

戴　炜　区住房城乡建设局

孙　骁　区工业和信息化局

奚海燕　口岸街道办

6月份高港区"最美社区工作者"：

董凤美　口岸街道柴墟社区党总支委员、会计站长

顾益民　口岸街道龙窝口社区党委副书记、居委会委员

王秀宏　刁铺街道圩岸社区党总支副书记、居委会副主任

谢　蓉　刁铺街道明发社区专职工作者

孙学军　许庄街道管营村党总支书记、村委会主任

孙仕民　永安洲镇兴洲社区党总支书记、居委会主任

蒋　华　白马镇白马社区党总支书记、居委会主任

纪祥飞　大泗镇霍堡村党总支副书记、村委会主任

史奎生　胡庄镇胡庄社区党总支书记

谢春华　胡庄镇陈隆村党总支书记

7月份高港区"优秀共产党员"：

王　军　区卫生健康委副主任

王　娟　大泗镇卫健办办事员

毛　燕　口岸街道（临港经济园）社会事业局卫生计生食品安全科科长

朱　军　刁铺街道社区卫生服务中心副主任

朱小敏　许庄街道审计所所长

朱美云　永安洲镇卫生院院长

刘　俊　口岸街道蔡滩社区党委书记

孙　立　刁铺街道万庄社区党总支书记

吴金峰　胡庄镇卫生院副院长

陈　敏　泰州港经济开发区服务业发展局副局长

季伟国　区疾病预防控制中心性病艾滋病防治科科长

周　波　区市场监管局胡庄分局局长

孟　明　泰州市第三人民医院神经内科主任

秦伟峰　白马镇见习镇长

徐　旭　泰州市第三人民医院肿瘤内科主任

徐云峰　区教育局综合科科长

栾春勇　胡庄镇庵桥村党总支书记、村委会主任

龚　雪　区政府发展研究中心信息研究科科长

鲍　馨　区工业和信息化局信息化发展科科长

戴　茹　大泗镇二陈村党总支书记

8月份高港区"最美医师"：

翟爱荣　泰州市第三人民医院感染科主任、副主任医师

段德军　泰州市第三人民医院呼吸科主任、副主任医师

徐　旭　泰州市第三人民医院肿瘤内科主任、副主任医师

宗　辉　高港中医院住院医师

黄　军　高港中医院主治医师

李　健　口岸街道田河社区卫生服务中心医教组组长、副主任医师

李文亮　许庄街道社区卫生服务中心副主任医师

季卫东　永安洲镇卫生院主治医师

李爱明　白马人民医院副主任医师

杨　勇　大泗镇卫生院社区医生、助理医师

8月份高港区"最美退役军人"：

陆科锦　扬子江药业集团安保队队长

曹登茂　高港区奥美健康咨询服务中心法人代表

徐晓东　高港中医院后勤保障和装备信息科科长

朱爱华　泰州市平安保安服务有限公司经理

仲伯兵　永安洲镇拆迁安置办公室工作人员

张立平　高港区消防救援大队通港路站消防员

张　剑　江苏鑫华东酒店管理有限公司董事长

吉桂清　高港区清清日用百货经营部法人代表

吉　维　江苏大江建设工程有限公司科员

张　荔　大泗镇佴陈村党总支书记

9月份高港区"最美教师"：

王　艳　江苏省高港中等专业学校

姚月四　泰州市高港实验学校

鞠　玲　泰州市孔桥初级中学

胡　婷　泰州市汪群初级中学

封　婷　泰州市高港实验小学

曹亚美　泰州市田河小学

邹莉莉　泰州市孔桥小学

徐　华　泰州市海军小学

杨　玲　泰州市口岸中心幼儿园

汪晓燕　泰州市白马中心幼

儿园

11月份高港区“最美法治人物”：

丁书华 区人民法院少家庭庭长

王小明 区行政审批局政策法规科科员

王锦明 区司法局白马司法所所长

刘 峰 区税务局法制股科员

孙晓虎 区教育局办公室科员

李红桂 永安洲镇党委委员、政法委书记

李 敏 区新闻中心出版科科长

张 娜 区人民检察院第一检察部副主任

陈 燚 区公安分局创业园派出所法制员

薛福荣 刁铺街道圩岸社区党总支书记

荣誉栏

·先进集体·

2020年高港区获国家级（含条线）表彰的先进集体一览表

表24

荣誉	获奖单位	授予时间	授予单位
全国农村生活污水治理示范县（市、区）	高港区	2020-12	住房和城乡建设部
全国公共法律服务工作先进集体	区司法局	2020-01	司法部
国家卫生乡镇	永安洲镇	2020-07	全国爱国卫生运动委员会
国家卫生乡镇	许庄街道	2020-07	全国爱国卫生运动委员会
第六届全国文明村镇	大泗镇	2020-11	中央精神文明建设指导委员会
第六届全国文明单位	江苏省泰州引江河管理处	2020-11	中央精神文明建设指导委员会
全国“一村一品”示范村	胡庄镇宗林村	2020-11	农业农村部
全国优秀物流园区	高港综合物流园	2020-11	中国物流与采购联合会
全国示范型退役军人服务站	大泗镇退役军人服务站	2020-12	退役军人事务部思想政治和权益维护司
全国示范型退役军人服务站	永安洲镇退役军人服务站	2020-12	退役军人事务部思想政治和权益维护司
全国敬老文明号	区退休人员管理服务中心	2020-12	国家健康卫生委、全国老龄办
国家级水产健康养殖示范场	泰州丰汇农业科技有限公司	2020-12	农业农村部
抗击新冠肺炎疫情先进民营企业	扬子江药业集团	2020-12	全国工商联

2020年高港区获省级（含条线）表彰的先进集体一览表

表25

荣誉	获奖单位	授予时间	授予单位
江苏省法治政府建设示范县（市、区）	高港区	2020-02	省委依法治省办
江苏省义务教育优质均衡发展县（市、区）	高港区	2020-12	省教育厅
江苏省卫生镇	白马镇	2020-01	省爱国卫生运动委员会
江苏省妇女儿童慈善优秀组织奖	区妇联	2020-01	省妇女儿童福利基金会

续表25

荣誉	获奖单位	授予时间	授予单位
全省"七五"普法中期先进集体	区司法局	2020-01	省司法厅、省委宣传部等
扫黑除恶专项斗争成绩突出集体	区公安分局扫黑办	2020-02	省公安厅
全省司法行政系统绩效考核优秀单位	区司法局	2020-02	省司法厅
全省司法行政系统新闻宣传工作先进集体	区司法局	2020-02	省司法厅
工程安全监督机构考核优秀单位	区建设工程安全监督站	2020-03	省住房城乡建设厅
江苏省工人先锋号	区人力资源社会保障局劳动人事争议仲裁院	2020-04	省总工会
江苏省工人先锋号	区人民法院立案庭	2020-04	省总工会
江苏省工人先锋号	泰州统实企业有限公司生产部制造一科	2020-04	省总工会
江苏省五一劳动奖状	泰州市博泰电子有限公司	2020-04	省总工会
江苏省推动厂务公开民主管理工作先进单位	区总工会	2020-05	省厂务公开协调小组
江苏省五四红旗团委(团工委)	高港实验学校团委	2020-05	团省委
江苏省五四红旗团委(团工委)	口岸街道团工委	2020-05	团省委
江苏省五四红旗团支部(总支)	区人民检察院团总支	2020-05	团省委
江苏省美丽家园省级示范点	许庄街道蔡庄村	2020-06	省妇联
全省住房和城乡建设行业先进基层党组织	区城管局党支部	2020-06	省住房和城乡建设行业党委
江苏省水利厅系统先进基层党组织	江苏省泰州引江河管理处高港泵站管理所党支部	2020-06	省水利厅党组
江苏省助残先进集体	江苏昆仑光源材料有限公司	2020-07	省人民政府残疾人工作委员会
全省优秀人民调解委员会	区劳资纠纷人民调解委员会	2020-07	省司法厅、省人民调解协会
省级示范家庭农场	高港区北全家庭农场	2020-09	省农业农村厅
全省基层党员冬训工作示范镇	大泗镇	2020-09	省委组织部、省委宣传部
江苏省乡村旅游重点村	白马镇陈家村	2020-09	省文化和旅游厅、省发展和改革委
江苏省希望工程圆梦行动先进集体	团区委	2020-09	省希望工程办公室、省青年发展基金会
江苏省第三批农业产业化省级示范联合体	高港区乐太速冻调制食品农业产业化联合体	2020-10	省农业农村厅
省级农业产业化重点龙头企业	江苏上膳源生态农业发展有限公司	2020-10	省农业农村厅
江苏省优秀校外教育辅导站	白马镇陆家村校外教育辅导站	2020-10	省文明办、省关工委
江苏省优秀校外教育辅导站	许庄街道马厂社区校外教育辅导站	2020-10	省文明办、省关工委

续表25

荣誉	获奖单位	授予时间	授予单位
全省团属报刊宣传工作先进单位	永安洲镇团委	2020-10	团省委
江苏省三八红旗集体	区妇联	2020-11	省妇联
全省抗击新冠肺炎疫情先进集体	区政府外办	2020-11	省委、省政府
江苏省卫生村	口岸街道集成社区	2020-12	省爱国卫生运动委员会办公室
江苏省卫生村	口岸街道徐庄村	2020-12	省爱国卫生运动委员会办公室
江苏省巾帼文明岗	区人民法院少家庭	2020-12	省妇联等
江苏省巾帼文明岗	泰州市口岸中心小学高年级语文教研组	2020-12	省妇联等
江苏省绿化示范村	口岸街道龙窝口社区	2020-12	省自然资源厅
江苏省公共机构节能示范单位	区住房城乡建设局	2020-12	省机关事务管理局、省工业和信息化厅、省财政厅
江苏省社会教育先进集体	胡庄镇社区教育中心	2020-12	省社会教育服务指导中心
江苏省特色田园乡村	大泗镇霍堡村	2020-12	省特色田园乡村建设工作联席会议、省住房和城乡建设厅
江苏省离退休干部“六有一提升”示范党支部	白马镇老干部党支部	2020-12	省委老干部局、省委离退休干部工作委员会

2020年高港区获市级（不含条线）表彰的先进集体一览表

表26

荣誉	获奖单位	授予时间	授予单位
2019年度泰州市综合考核优秀市（区）一等奖	高港区	2020-01	市委、市政府
2019年度重大项目建设——项目投入奖一等奖	高港区	2020-01	市委、市政府
2019年度全市重大项目建设——新开工项目奖一等奖	高港区	2020-01	市委、市政府
2019年度全市重大项目建设——竣工项目质效奖二等奖	高港区	2020-01	市委、市政府
2019年度全市重大项目建设——利用外资贡献奖二等奖	高港区	2020-01	市委、市政府
2019年度全市工业经济工作目标考核先进市（区）一等奖	高港区	2020-03	市委、市政府
2019年度全市开放型经济工作目标考核先进市（区）一等奖	高港区	2020-03	市委、市政府
2019年度全市乡村振兴工作目标管理二等奖	高港区	2020-03	市委、市政府

·先进个人·

2020年高港区获国家级（含条线）表彰的先进个人一览表

表27

姓名	荣誉	工作单位	授予时间	授予单位
王华芹家庭	全国抗疫“最美家庭”	江苏泰供海诞现代农业发展有限公司	2020-05	全国妇联
张竹山	敬业奉献类中国好人	口岸街道引江社区	2020-09	中央文明办、中国文明网

续表27

姓名	荣誉	工作单位	授予时间	授予单位
钱维胜	全国先进工作者	大泗学校	2020-11	中共中央、国务院
邹　新	全国检察宣传先进个人	区人民检察院	2020-11	检察日报社
王　勇	全国模范人民调解员	区司法局	2020-12	司法部
徐镜人	全国抗击新冠肺炎疫情民营经济先进个人	扬子江药业集团	2020-12	中央统战部、工业和信息化部等
徐勤生家庭	全国“五好家庭”	口岸街道徐庄村	2020-12	全国妇联
廖　月	水利青年理论学习标兵	江苏省泰州引江河管理处	2020-12	水利部

2020年高港区获省级(含条线)表彰的先进个人一览表

表28

姓名	荣誉	工作单位	授予时间	授予单位
刘　满	全省公安机关优秀110接处警民警	口岸派出所	2020-01	省公安厅
顾　敏	全省“七五”普法中期先进个人	大泗司法所	2020-01	省司法厅、省委宣传部等
张竹山	江苏好人	口岸街道引江社区	2020-03	省文明办
李　正	江苏好人	永安洲镇永胜社区	2020-03	省文明办
华　涛	全省法院刑事审判工作先进个人	区人民法院	2020-04	省高级人民法院
张　萍	江苏省建筑业先进协会工作者	区住房城乡建设局	2020-04	省建筑行业协会
杨　勇	江苏省五一劳动奖章	大泗镇卫生院	2020-04	省总工会
松村辉	江苏省五一劳动奖章	统之幸食品(江苏)有限公司	2020-04	省总工会
徐国华	全省网络舆情直报工作先进个人	区网管中心	2020-04	省委网信办
王华芹家庭	江苏省抗疫“最美家庭”	江苏泰供海诞现代农业发展有限公司	2020-05	省妇联
徐勤生家庭	江苏省“五好家庭”	口岸街道徐庄村	2020-05	省妇联
钱维胜家庭	江苏省“最美家庭”	大泗学校	2020-05	省妇联
王　艳	江苏省第二批“乡土人才”三带能手	凤栖湖农场	2020-05	省委组织部、省人才办等
郭玉婷	江苏省优秀共青团员	高港中医院	2020-05	团省委
张伯锋	江苏省第二批“乡土人才”三带能手	许庄街道孔桥社区	2020-06	省委组织部、省人才办等
刘　军	江苏省水利厅系统优秀党务工作者	江苏省泰州引江河管理处	2020-06	省水利厅党组
王　静	江苏省水利厅系统优秀党务工作者	江苏省泰州引江河管理处	2020-06	省水利厅党组
朱增伟	江苏省水利厅系统优秀党员	江苏省泰州引江河管理处	2020-06	省水利厅党组
周荣才	江苏省水利厅系统优秀党员	江苏省泰州引江河管理处	2020-06	省水利厅党组
张　娜	全省优秀公诉人	区人民检察院	2020-06	省人民检察院
宗　峰	江苏省新(拟)任职基层专武部长集训优秀学员	白马镇	2020-07	省委组织部、省军区动员局等
徐志俊	个人三等功(校园安全稳定工作)	区公安分局	2020-08	省公安厅

续表28

姓名	荣誉	工作单位	授予时间	授予单位
左祥生	全国第二次污染源普查表现突出的先进个人	高港生态环境局	2020–09	国务院第二次全国污染源普查领导小组办公室
周新春	全省优秀人民调解员	永安洲镇人民调解委员会	2020–09	省司法厅、省人民调解协会
王锦明	全省优秀人民调解员	白马镇司法所	2020–09	省司法厅、省人民调解协会
王永红	江苏好人	永安洲镇财政局	2020–09	省文明办
栾　艳	全省团属报刊宣传工作先进个人	口岸街道团工委	2020–10	共青团江苏省委
盛华平	全省纪检监察信访举报工作先进个人	区纪委监委	2020–10	省纪委监委
刘艳平	全省合法性审查先进个人	区司法局	2020–11	省司法厅
汪　羽	全省抗击新冠肺炎疫情先进个人	泰州市第三人民医院	2020–11	省委、省政府
张竹山	全省抗击新冠肺炎疫情先进个人	口岸街道引江社区	2020–11	省委、省政府
何　芬	江苏最美法治人物	区人民法院	2020–11	省委宣传部宣教处
周　娟	抗击新冠肺炎疫情先进工作者	区妇幼保健计划生育服务中心	2020–12	农工党江苏省委
戴小兰	江苏省巾帼建功标兵	区政务服务中心	2020–12	省妇联等
吴清华	江苏省“十三五”社会教育先进个人	区教育局	2020–12	省社会教育服务指导中心
姚　翔	江苏省住房城乡建设系统重点工程劳动竞赛有功个人	区住房城乡建设局	2020–12	省住房和城乡建设系统职工竞赛活动领导小组
秦勇华	优秀会员	区司法局	2020–12	中国民主建国会江苏省委员会
叶俊东	全省互联网违法和有害不良信息举报工作优秀个人	区委办	2020–12	省委网信办

2020年高港区获市级（不含条线）表彰的先进个人一览表

表29

姓名	荣誉	工作单位	授予时间	授予单位
张　伟	泰州市生态环境建设先进个人	区纪委监委	2020–02	市委、市政府
朱双六	泰州市生态环境建设先进个人	区考核办	2020–02	市委、市政府
徐静波	泰州市生态环境建设先进个人	江苏省泰州引江河管理处	2020–02	市委、市政府

附 录

组织机构及负责人

中共泰州市高港区委员会

书 记 叶冬华(12月24日任)
顾 萍(女,至12月24日)
副书记 孙宏建
蒋向荣(至12月24日)
常 委 叶冬华(12月24日任)
顾 萍(女,至12月24日)
孙宏建
蒋向荣(至12月24日)
高宇彤(女,至12月24日)
吴 斌
陈志斌
张汉刚
蔡秋云(女,至12月24日)
顾为进
李春荣(援疆)
夏万云
李 丹

泰州市高港区人大常委会

主 任 赵晓玲(女)
副主任 刘振东
杨春宣
李 强
田宝武

泰州市高港区人民政府

区 长 孙宏建
副区长 吴 斌
张汉刚
李新美(女)
杨益华(至9月29日)
刘 洪
王 庆
王晓云(挂职)
贺 骏(挂职,7月30日任,时间一年)

政协泰州市高港区委员会

主 席 韩 亚(至1月4日)
薛永忠(1月4日任)
副主席 周法鸣
徐桂明
周正青(援陕)
张 琴(女)
殷继东

中共泰州市高港区纪律检查委员会、区监察委员会

书 记 夏万云
主 任 薛永忠(至1月6日)
夏万云(1月6日任)

区人民法院、区人民检察院

人民法院
院 长 李惠平(女)

人民检察院
检察长 钱 峻

区委工作机构及区委部门管理机构

区纪委、区监委派驻纪检监察组

区纪委、区监委第一派驻纪检监察组
组 长 朱洪平

区纪委、区监委第二派驻纪检监察组
组 长 臧伯富

区纪委、区监委第三派驻纪检监察组
组 长 袁 军

区纪委、区监委第四派驻纪检监察组
组 长 时 彬

区纪委、区监委第五派驻纪检监察组
组 长 周根亮

区纪委、区监委第六派驻纪检监察组
组 长 蔡长春

区纪委、区监委第七派驻纪检监察组
组 长 李春年

区纪委、区监委第八派驻纪检监察组
组 长 闾 涌

区纪委、区监委第九派驻纪检监察组
组 长 孔书华

区纪委、区监委第十派驻纪检监察组
组 长 陆 斌

区纪委、区监委第十一派驻纪检监察组
组　长　马　剑
区纪委、区监委第十二派驻纪检监察组
组　长　孔　华（女）
区委办公室
主　任　王飞平
机要局
局　长　王飞平
国家保密局
局　长　王飞平
组织部
部　长　陈志斌
非公有制企业和社会组织工作委员会
书　记　李　艳（女）
党建工作领导小组办公室
主　任　乔　峰
公务员局
局　长　朱双六
宣传部
部　长　高宇彤（女，至12月24日）
文明办
主　任　陶春山
新闻办
主　任　邵釜明
统战部
部　长　李春荣
台　办
主　任　卢国平
民宗局
局　长　邱卜雨（至3月30日）
（暂缺）
侨务办
主　任　邱卜雨（至3月30日）
（暂缺）
政法委
书　记　蔡秋云（女）
编　办
主　任　高志勇
区级机关工委
书　记　阙　进（至3月20日）
邱卜雨（3月20日任）
区委巡察机构
区委巡察办
主　任　周　曦
区委第一巡察组
组　长　杭江河
区委第二巡察组
组　长　于　云
区委第三巡察组
组　长　朱新忠
区委第四巡察组
组　长　（暂缺）
老干部局
局　长　卞晓江

区人大常委会工作机构

办公室
主　任　戴　波
人事代表联络工作委员会
主　任　张　平
财经（预算）工作委员会
主　任　刘晓春（至3月30日）
（暂缺）
监察和司法（法制）工作委员会
主　任　徐　新
社会建设和教科文卫工作委员会
主　任　朱俊茂
环资城建（农业农村）工作委员会
主　任　陈鸿斌

区政府工作机构

办公室
主　任　徐旭东
发展改革委
主　任　陆　波（至11月27日）
（暂缺）
教育局
局　长　吴清华（女）
科技局
局　长　邱小平
工业和信息化局
局　长　秦荣生
民政局
局　长　陆明航
司法局
局　长　陈振东（至7月30日）
秦勇华（女，7月30日任）
财政局
局　长　张　琴（女）
人力资源社会保障局
局　长　匡裕民
住房城乡建设局
局　长　孙　跃
城管局
局　长　张小平
水利局
局　长　陈宝进
农业农村局
局　长　李明荣（至3月30日）
叶　健（3月30日任）
商务局
局　长　刘朝晖
文化体育旅游局
局　长　马才本（至7月30日）
栾　勇（7月30日任）
卫生健康委
主　任　刘长军
退役军人事务局
局　长　雷家昌
应急局
局　长　魏玉云（至7月30日）
王晓瑾（7月30日任）
审计局
局　长　曹映华
行政审批局
局　长　戴永建
市场监管局
局　长　蒋加华
统计局
局　长　李风华
信访局
局　长　韩记国（至3月30日）
沈虹振（3月30日任）
地方金融监管局
局　长　陆　青
机关事务管理局
局　长　白　剑

派出机构、直属事业单位

口岸雕花楼景区管委会
主　任　李忠钱
供销总社
主　任　戴立新
史志档案办公室[2019年1月24日机构改革更名为区党史方志办公室

（区档案馆）]
主　任　李秀年（至3月20日）
党史方志办公室
主　任　李秀年（3月20日任）

区政协工作机构

办公室
秘书长　张桂林（至4月10日）
学习提案文史委
主　任　程永进
经济城乡建设委
主　任　叶　智
社会法制委
主　任　陈文兰（女）
科教文卫体委
主　任　许建中

群众团体

总工会
主　席　丁新成
团区委
书　记　李晓娟（女）
妇　联
主　席　曹小平（女）
科　协
主　席　蒋　为
侨　联
主　席　张万卿
工商联
主　席　周正青
文　联
主　席　（暂缺）
残　联
理事长　吴玉春
红十字会
党组书记、常务副会长　金正文

垂直管理部门（单位）

公安分局
代理局长　李永祥
自然资源和规划分局
局　长　朱　兵
生态环境局
局　长　左祥生
税务局
局　长　赵剑三
高港电视节目中心
主　任　严　虎
交通运输分局
局　长　冯智洋
交警大队
大队长　王继军
消防大队
大队长　王林林
气象局
局　长　樊增华
邮政管理局
局　长　印红松（至5月26日）
　　　　吴东升（12月11日任）

园区、街道、镇

泰州港经济开发区
党工委书记　顾为进
管委会主任　田光明（至10月9日）
　　　　　　（暂缺）
泰州港核心港区
党工委书记　（暂缺）
党政办主任　（暂缺）
财政局局长　（暂缺）
规划建设局局长
　　　　印亚男（女，至3月20日）
　　　　（暂缺）
招商局局长　施　庆
经济发展局局长　唐永兴
社会事业局局长　（暂缺）
口岸街道（临港经济园）
党工委书记　陈新兵
办事处（管委会）主任　戚永生
人大工委主任　于跃进
刁铺街道
党工委书记　袁　斌
办事处主任　秦　鑫
人大工委主任　严美华（女）
许庄街道
党工委书记　顾为进
办事处主任　徐思达
人大工委主任　乔向民
永安洲镇
党委书记　王　庆
镇　　长　王小飞
人大主席　孙忠厚
政协工委主任　沈　亚（至11月27日）
白马镇
党委书记　戴建斌
镇　　长　徐思达（至1月12日）
　　　　　周　明（1月12日任）
人大主席　肖建华
大泗镇
党委书记　于勇军
镇　　长　刘　瑾（女）
人大主席　戴曙光
胡庄镇
党委书记　王　辉
镇　　长　何　强
人大主席　（暂缺）
政协工委主任　印　武（至11月27日）

人物名录

·党代表名录·

（按姓氏笔画排名，下同）

区第五次党代会第三次年会代表名录

丁骏、丁兆宏、丁新成、丁霞琴（女）、于云、于义祥、于勇军、于峻沣、于跃进、马才本、王正、王庆、王奕、王莹（女）、王辉、王飞平、王正宇、王亚美（女）、王启东、王阿明（女）、王国平、王海东、王瑞云、王瑞华、王镇静、毛一鸣、卞晓江、孔涛、孔玉美（女）、孔继美（女）、左祥生、石泰、卢国平、叶涛、叶智、叶俊东、田光明、田宝武、史建伟、史海燕（女）、白剑、印武、包志明、匡裕民、吉鹏军、朱双六、乔峰、乔向民、伏晨云（女）、任寿南、任泽南、刘宁、刘洪、刘瑾（女）、刘长军、刘为民、刘伯阳、刘振东、江波、许敏（女）、许建中、孙跃、孙琳（女）、孙小建、孙宏建、孙忠厚、孙建平、纪晓俊、严美华（女）、李丹、李亚、李艳（女）、李萍（女）、李梅（女）、李鑫、李乃平、李友荣、李长春、李风华、李正斌、李付林、李光明、李伯英、李明荣、李春玫（女）、李春荣、李俊仁、李翠霞(女)、杨华、杨勇、杨义琴(女)、杨春宣、杨益华、杨继萍(女)、吴斌、吴玉春、吴清华(女)、邱卜雨、邱小平、何强、余磊、冷洪、沈亚、沈灯英(女)、张杰、张玲(女)、张洁(女)、张倩(女)、张琴(女)、张慧(女)、张万卿、张小平、张东澜、张汉刚、张竹山、张建轩、张洪生、张桂林、张谊平(女)、陆波、陆明航、陈新、陈立穗、陈志斌、陈宝进、陈振东、陈晓芳(女)、陈道贵、陈献华、陈新兵、邵釜明、金正文、周旦(女)、周莹(女)、周曦、周法鸣、宗峰、居金文、赵剑三、赵晓玲(女)、胡万源、胡怀扣、闻逸玲(女)、闾涌、秦冲、秦荣生、袁斌、莫志娟(女)、贾月(女)、夏万云、顾萍(女)、顾为进、顾建富、顾海健、钱灯荣、钱润泽、徐小圣、徐旭东、徐思达、徐勤生、翁志林、凌世明、栾勇、高宇彤(女)、高志勇、高希兆、唐秧林、陶春山、曹小平(女)、曹映华、戚永生、戚俊宏(女)、葛玉书、董春艳(女)、蒋为、蒋加华、蒋向荣、蒋继成、韩亚、韩九灯、韩记国、谢桥华(女)、谢福进、阙进、蔡长春、蔡金花(女)、蔡秋云(女)、樊庆勇、薛永忠、戴茹(女)、戴莉(女)、戴永建、戴建斌、戴益章、魏玉云

·人大代表名录·

高港区出席十三届全国人大三次会议代表名录

徐镜人

高港区出席江苏省十三届人大三次会议代表名录

杨屹峰、孙宏建

高港区出席泰州市五届人大四次会议代表名录

王小飞、叶平、叶红(女)、田鹏、史爱梅(女)、吉江平(女)、匡雄杰、乔向民、钱峻、刘亚峰、孙跃、孙宏建、杨屹峰、李俊、余雨俊、张余松、陈志斌、陈富贵、周斌、赵晓玲(女)、秦荣生、顾萍(女)、徐伟全、徐建青(女)、徐祖跃、郭余庆、韩记国、窦文喜、蔡爱国、潘文标

区五届人大四次会议代表名录

丁杰、丁骏、丁觉民、于涛、于祥、于勇军、于跃进、王庆、王小飞、王飞平、王启东、王国平、王辉、王振山、王海峰、王道清、卞晓江、毛健(女)、毛晓平、尹杰、尹晓平、孔德刚、叶月琴(女)、田光明、田宝武、史俊、史见平(女)、史奎生、史爱梅(女)、吉园(女)、吕春红(女)、朱俊茂、乔向民、乔晶茗(女)、刘俊、刘勇、刘敏、刘华礼、刘春生、刘振东、刘瑾(女)、刘晓春、祁亚飞、许建强、孙琴(女)、孙云生、孙杰文、孙永忠、孙宏建、孙京津(女)、孙美靖(女)、孙忠厚、孙萌钰(女)、严美华(女)、何强、李华(女)、李泽、李强、李文龙、李文兰(女)、李丹、李伟平、李兴华、李兴兵、李春荣、李建光、李惠平(女)、杨勇、杨学军、杨建军、杨春宣、肖建华、吴剧(女)、吴斌、沈浩、沈金凤(女)、沈培林、张平、张轩、张娟(女)、张勤(女)、张小冬(女)、张万卿、张卫东、张汉刚、张志政、张素玉(女)、张晓兰(女)、张海霞(女)、张联生、陆军、陆河、陆成林、陈林、陈礼庆、陈志斌、陈根柏、陈新兵、陈鸿斌、陈富贵、季宝宏、周彬、周敏(女)、周琴(女)、周义松、周红生、周菊萍(女)、孟伯兰(女)、赵晓玲(女)、赵琴(女)、赵鹏程、胡庆生、姚洁、姚亚海、夏万云、凌晓娟(女)、秦鑫、秦勇峰、袁斌、顾萍(女)、顾为进、徐琴(女)、徐新、徐亚萍(女)、徐志辉、徐丽琴(女)、徐思达、徐晓丽(女)、徐勤生、殷德明、栾小丽(女)、栾中庆、栾春勇、钱峻、高俊、高小超、高宇彤(女)、高国达、高瑞斌、郭宏鹤、唐维刚、黄伟、曹美(女)、曹小平(女)、曹月华(女)、曹亚楠(女)、曹建芳(女)、戚永生、戚伍小、戚俊宏(女)、戚晓艳(女)、常建云(女)、葛玉书、董风琴(女)、蒋向荣、韩亚、韩绍庆、程驰、谢加宣、谢佳佳(女)、谢春华(女)、虞继罗、窦新谋、蔡秋云(女)、蔡爱国、薛庆、薛永忠、薛海明、戴波、戴娟(女)、戴萍(女)、戴纪凤(女)、戴建斌、戴曙光

·政协委员名录·

高港区出席泰州市政协五届四次会议委员名录

王绍文、刘保兴、孙长奋、李蓉(女)、李春荣、李相军、李新美(女)、杨明、陈龙、陈萍(女)、林智刚、周正青、赵琴(女)、姚洁、徐桂明、曹斌(女)、葛士平、董伟柱、蒋燕(女)、韩亚、焦开慧(女)、蔡伟、颜俊、薛永忠

区政协五届四次会议委员名录

于智平、王蓉(女)、王文瑞、王步忠、王宏贵、王国民、王祖奎、毛一鸣、毛庆武、毛明华、毛继忠、卞云祥、左祥生、厉凤林、石莹(女)、卢国平、叶挺、叶智、叶俊东、田建国、印江、印武、包继林、匡裕民、朱平、朱娟(女)、朱长顺、朱文正、朱宏俊、朱国宝、朱建军、乔记(女)、任刚、任寿南、刘小娟(女)、刘晓璐(女)、许林、许建中、孙阳(女)、孙乃清、孙志平、孙建东、孙承莉(女)、孙素红(女)、孙晓红(女)、严虎、李冰、李京、李艳(女)、李辉、李蓉(女)、李凤华、李永祥、李成焱、李苏华、李秀年、李佳丽(女)、李春荣、李鹏举、杨进、杨勇、杨谢、杨振中、吴琦、吴辉、吴清华(女)、邱卜雨、邱小平、何经天、余磊、余晓燕(女)、邹贤平、辛建林、沈亚、沈建、宋杰(女)、张伟、张杰、张明、张敏(女)、张琴(女)、张锋、张强、张

长荣、张月霞（女）、张亚芳（女）、张显伟、张桂林、张霁明、陆波、陆乔立、陈娟（女）、陈雯（女）、陈文兰（女）、陈学东、陈宝进、陈建梅（女）、邵釜明、周勇、周晔、周娟（女）、周正青、周昌军、周法鸣、周渊超、周鑫科、封茜（女）、赵晖、赵燕来（女）、胡万源、胡怀扣、施义明、施瑾瑜（女）、姚莉（女）、秦晖（女）、秦勇华（女）、袁庆、袁彩（女）、袁国湘、都兴宇、晋光泽、贾红梅（女）、顾秀琴（女）、徐华（女）、徐峰、徐萌、徐桂明、徐新华、殷继东、高立、高莹（女）、高卫东、高希兆、高迎阳（女）、黄文静（女）、梅娟（女）、曹明德、曹德桂、戚鸭章、常小红（女）、常建斌、蒋加华、蒋志忠、蒋玲丽（女）、蒋震宇、韩亚、韩韫（女）、程永进、詹绛（女）、褚国玺、蔡荀（女）、蔡卿（女）、蔡晶（女）、樊凯、樊成功、薛永忠、薛雨生、薛荣明、冀小燕（女）、戴小兰（女）、戴永建、戴益民

重要文件

·重要文件题录·

2020年高港区委重要文件题录一览表

表30

文号	文件标题	文件日期
泰高发〔2020〕3号	关于印发《关于抓好“三农”领域重点工作确保如期实现高水平全面小康的实施意见》的通知	2020-03-31
泰高发〔2020〕4号	关于印发《高港区2020年工作目标任务分解落实方案》的通知	2020-03-31
泰高发〔2020〕6号	关于深入做好排查解决突出民生问题工作的通知	2020-05-14
泰高发〔2020〕8号	关于贯彻落实泰州市委《关于切实提高民生服务保障水平的八条措施》的通知	2020-09-07
泰高发〔2020〕9号	印发《关于加强新时代人大工作和建设的实施意见》的通知	2020-11-19
泰高发〔2020〕10号	印发《关于贯彻〈中国共产党政法工作条例〉的实施细则》的通知	2020-12-17
泰高委〔2020〕46号	关于深入排查解决突出民生问题工作情况报告	2020-05-27
泰高委〔2020〕47号	关于成立区优化营商环境工作领导小组的通知	2020-05-28
泰高委〔2020〕77号	关于成立区“十四五”规划编制工作领导小组的通知	2020-09-01
泰高委〔2020〕83号	关于成立推进“有事好商量”协商议事室建设工作领导小组的通知	2020-09-09
泰高委〔2020〕84号	批转《中共政协泰州市高港区委员会党组关于充分发挥政协专门协商机构作用推进“有事好商量”协商议事室建设的实施意见》的通知	2020-09-09
泰高委〔2020〕88号	关于成立全区民生幸福行动指挥部的通知	2020-09-29
泰高委〔2020〕94号	关于成立泰州市高港区区域社会治理现代化综合指挥中心的通知	2020-11-23

2020年高港区政府重要文件题录一览表

表31

文　　号	文件标题	文件日期
泰高政发〔2020〕9号	关于做好我区第七次全国人口普查工作的通知	2020-02-26
泰高政发〔2020〕11号	关于印发《泰州市高港区政府投资项目管理办法》的通知	2020-03-07
泰高政发〔2020〕14号	关于印发《高港区突发事件总体应急预案》的通知	2020-03-17
泰高政发〔2020〕29号	关于印发《高港区关于加快推进农业农村高质量发展的若干政策意见（试行）》的通知	2020-04-30
泰高政发〔2020〕51号	关于调整区级安全生产审批事项的通知	2020-10-30
泰高政发〔2020〕53号	关于印发《高港区困境儿童分类保障实施细则》的通知	2020-07-16
泰高政发〔2020〕56号	关于印发《全面推进我区长江流域禁捕退捕工作实施方案》的通知	2020-07-17
泰高政发〔2020〕69号	关于印发《泰州市高港区赋予镇（街道）经济社会管理权限（行政审批及公共服务类）事项清单（第一批）》的通知	2020-09-27
泰高政发〔2020〕80号	关于对重大火灾隐患单位实施挂牌督办的通知	2020-11-04
泰高政发〔2020〕81号	关于公布《高港区三级古树名录（2020）》的公告	2020-11-05

2020年高港区委办重要文件题录一览表

表32

文　　号	文件标题	文件日期
泰高委办发〔2020〕7号	关于印发《高港区项目建设“三比一提升”行动方案》的通知	2020-03-11
泰高委办发〔2020〕13号	关于全面加强全区安全生产监管机构设置人员配备的通知	2020-04-15
泰高委办发〔2020〕17号	关于进一步规范各园区、镇（街道）劳务派遣人员管理工作的通知	2020-04-28
泰高委办发〔2020〕24号	关于健全完善深化全国文明城市创建区领导挂钩联系镇（街道）、道路制度的通知	2020-05-19
泰高委办发〔2020〕28号	关于印发《高港区机关事业单位工作人员全员全程绩效考核办法（试行）》的通知	2020-05-29
泰高委办发〔2020〕32号	关于印发《高港区党政机关公务用车管理办法》的通知	2020-06-05
泰高委办发〔2020〕37号	关于印发《泰州市高港区贯彻落实国家统计督察反馈意见整改工作方案》的通知	2020-06-30
泰高委办发〔2020〕38号	关于印发《高港区党政领导干部防范和惩治统计造假、弄虚作假责任制规定》的通知	2020-06-30
泰高委办发〔2020〕42号	关于印发《泰州市高港区安全生产专项整治三年行动工作方案》的通知	2020-07-20
泰高委办发〔2020〕43号	关于印发《泰州市高港区推进基层整合审批服务执法力量实施方案》的通知	2020-07-27
泰高委办发〔2020〕48号	关于印发《泰州市高港区城市管理综合行政执法体制改革实施方案》的通知	2020-08-12
泰高委办发〔2020〕49号	关于印发《泰州市高港区区级部门及驻区单位安全生产工作职责任务清单》的通知	2020-08-13

续表32

文 号	文件标题	文件日期
泰高委办发〔2020〕50号	关于印发《中共泰州市高港区纪律检查委员会、泰州市高港区监察委员会机关职能配置、内设机构和人员编制规定》的通知	2020-08-13
泰高委办发〔2020〕51号	关于印发《中共泰州市高港区委口岸街道工作委员会、泰州市高港区人民政府口岸街道办事处职能配置、职能机构和人员编制规定》的通知	2020-08-13
泰高委办发〔2020〕52号	关于印发《中共泰州市高港区委刁铺街道工作委员会、泰州市高港区人民政府刁铺街道办事处职能配置、职能机构和人员编制规定》的通知	2020-08-13
泰高委办发〔2020〕53号	关于印发《中共泰州市高港区委许庄街道工作委员会、泰州市高港区人民政府许庄街道办事处职能配置、职能机构和人员编制规定》的通知	2020-08-13
泰高委办发〔2020〕54号	关于印发《中共泰州市永安洲镇委员会、泰州市永安洲镇人民政府职能配置、职能机构和人员编制规定》的通知	2020-08-13
泰高委办发〔2020〕55号	关于印发《中共泰州市白马镇委员会、泰州市白马镇人民政府职能配置、职能机构和人员编制规定》的通知	2020-08-13
泰高委办发〔2020〕56号	关于印发《中共泰州市大泗镇委员会、泰州市大泗镇人民政府职能配置、职能机构和人员编制规定》的通知	2020-08-13
泰高委办发〔2020〕57号	关于印发《中共泰州市胡庄镇委员会、泰州市胡庄镇人民政府职能配置、职能机构和人员编制规定》的通知	2020-08-13
泰高委办发〔2020〕58号	关于巩固拓展“不忘初心、牢记使命”主题教育成果做好有关后续工作的通知	2020-08-20
泰高委办发〔2020〕59号	关于印发《泰州市高港区政治生态监测评估工作实施办法》的通知	2020-08-21
泰高委办发〔2020〕61号	关于印发《泰州市高港区区级派驻镇（街道）机构、人员管理办法》的通知	2020-08-31
泰高委办发〔2020〕63号	关于建立村（社区）“两委”换届“两联三员”工作制度的通知	2020-09-10
泰高委办发〔2020〕64号	关于建立推动党建考核指标高质量完成“三联机制”的通知	2020-09-10
泰高委办发〔2020〕72号	关于印发《高港区关于落实市委危化品安全生产专项巡察整改工作清单》的通知	2020-11-05
泰高委办发〔2020〕73号	关于成立泰州市高港区社区矫正委员会的通知	2020-11-17
泰高委办发〔2020〕76号	关于印发《高港区关于大力推进公共法律服务体系建设的实施方案》的通知	2020-11-23
泰高委办发〔2020〕77号	关于印发《泰州市高港区党史方志办公室职能配置、内设机构和人员编制规定》的通知	2020-11-30

2020年高港区政府办重要文件题录一览表

表33

文 号	文件标题	文件日期
泰高政办发〔2020〕2号	关于印发《关于推进工业经济高质量发展的若干政策意见（试行）实施细则》的通知	2020-01-10
泰高政办发〔2020〕3号	关于印发《高港区关于政务服务便利化改革的实施方案》的通知	2020-01-14
泰高政办发〔2020〕4号	关于成立高港区征地区片综合地价制定工作领导小组的通知	2020-01-15
泰高政办发〔2020〕5号	关于成立区政府推进政府职能转变和“放管服”改革协调小组的通知	2020-01-16

续表33

文　　号	文件标题	文件日期
泰高政办发〔2020〕8号	关于全区工业企业延迟复工有关事项的通知	2020-01-29
泰高政办发〔2020〕9号	关于加强新型冠状病毒感染肺炎疫情防控资金使用管理的通知	2020-02-10
泰高政办发〔2020〕11号	关于印发《泰州市高港区畜禽养殖禁养区划定调整方案》的通知	2020-02-28
泰高政办发〔2020〕14号	关于建立区政府债务金融工作例会制度的通知	2020-03-03
泰高政办发〔2020〕16号	关于印发《泰州高端原料药产业创新基地发展规划》的通知	2020-03-13
泰高政办发〔2020〕17号	关于印发《高港区政府集中采购目录及采购限额标准》的通知	2020-03-13
泰高政办发〔2020〕18号	关于印发《高港区2019年耕地保护督察整改工作方案》的通知	2020-03-18
泰高政办发〔2020〕19号	关于印发《高港区长江入河排污口分类整治工作方案》的通知	2020-03-17
泰高政办发〔2020〕21号	关于印发《高港区解决养老机构消防审验问题实施方案》的通知	2020-03-24
泰高政办发〔2020〕23号	关于成立高港区工业经济转型升级专项扶持资金审核领导小组的通知	2020-03-26
泰高政办发〔2020〕24号	关于开展优化营商环境有关行政规范性文件专项清理工作的通知	2020-03-30
泰高政办发〔2020〕27号	关于调整高港区气象灾害防御工作领导小组的通知	2020-04-08
泰高政办发〔2020〕28号	关于转发《市政府办公室印发〈泰州市关于进一步加快第五代移动通信网路基础设施建设的意见〉》的通知	2020-04-09
泰高政办发〔2020〕29号	关于成立高港区群租房安全管理工作领导小组的通知	2020-04-10
泰高政办发〔2020〕30号	关于成立金果路安全隐患综合治理工作领导小组的通知	2020-04-10
泰高政办发〔2020〕31号	关于转发《市政府办公室印发〈关于进一步加强城市地下管线质量管理的意见〉的通知》的通知	2020-04-10
泰高政办发〔2020〕33号	关于印发《高港区2020年参与"一带一路"建设工作要点》的通知	2020-04-16
泰高政办发〔2020〕34号	关于进一步落实粮食安全责任制确保粮食稳产增效的通知	2020-04-21
泰高政办发〔2020〕35号	关于印发《高港区熔喷布行业集中整治行动工作方案》的通知	2020-04-21
泰高政办发〔2020〕36号	关于印发《高港区地区生产总值统一核算部门联席会议制度》的通知	2020-04-21
泰高政办发〔2020〕37号	关于印发《高港区关于落实限额以下建设工程安全监督管理工作及加强手续不全项目处置的意见》的通知	2020-04-23
泰高政办发〔2020〕39号	关于印发《高港区2020年长江大保护工作任务清单》的通知	2020-04-29
泰高政办发〔2020〕43号	关于印发《高港区"健康长江泰州行动"2020年专项行动实施方案》的通知	2020-05-09
泰高政办发〔2020〕44号	关于印发《2020年全区优化营商环境重点任务清单》的通知	2020-05-11
泰高政办发〔2020〕45号	关于印发《聚焦企业关切进一步优化营商环境若干意见》的通知	2020-05-11
泰高政办发〔2020〕46号	关于成立高港区工程建设项目审批制度改革工作领导小组的通知	2020-05-11
泰高政办发〔2020〕47号	关于印发《高港区秸秆综合利用工作考核及扶持资金使用办法》的通知	2020-05-11
泰高政办发〔2020〕53号	关于印发《泰州汽车产业园项目资金使用与管理办法》的通知	2020-05-21
泰高政办发〔2020〕54号	关于印发《汽车科技产业园项目扶持资金使用与管理操作细则》的通知	2020-05-21
泰高政办发〔2020〕55号	关于成立高港区粮食应急收购工作领导小组的通知	2020-05-21

续表33

文　　号	文件标题	文件日期
泰高政办发〔2020〕56号	关于印发《进一步促进恢复生猪生产政策措施》的通知	2020-05-29
泰高政办发〔2020〕57号	关于印发《高港区涉中（工）频炉工业企业安全生产专项行动方案》的通知	2020-06-04
泰高政办发〔2020〕62号	关于印发《高港区废旧回收专项整治实施方案》的通知	2020-06-22
泰高政办发〔2020〕63号	关于印发《高港区2020年农村社区集体聚餐“阳光宴会厅”建设实施方案》的通知	2020-06-24
泰高政办发〔2020〕64号	关于印发《高港区推进敬老院改造提升的实施意见》的通知	2020-06-24
泰高政办发〔2020〕65号	关于成立高港区国家级节水型社会达标区建设工作领导小组的通知	2020-06-24
泰高政办发〔2020〕66号	关于印发《泰州市高港区国家级节水型社会达标区建设工作方案》的通知	2020-06-24
泰高政办发〔2020〕68号	关于印发《高港区工程建设项目审批制度改革工作推进方案》的通知	2020-07-06
泰高政办发〔2020〕69号	关于印发《高港区涉审中介机构星级管理考评试行办法》的通知	2020-07-06
泰高政办发〔2020〕70号	关于规范行政规范性文件备案工作的通知	2020-07-06
泰高政办发〔2020〕72号	关于印发《加快推进农村房地一体确权登记发证工作实施方案》的通知	2020-07-22
泰高政办发〔2020〕73号	关于转发《泰州市高港区长江流域禁捕退捕四个专项行动方案》的通知	2020-07-17
泰高政办发〔2020〕75号	关于印发《高港区落实“六保”任务工作方案》的通知	2020-08-03
泰高政办发〔2020〕76号	关于印发《泰州市2017年至2019年长江经济带水污染防治情况和“健康长江泰州行动”工作方案落实情况审计发现问题整改工作方案》的通知	2020-08-04
泰高政办发〔2020〕77号	关于印发《高港区“全科店小二”专业化服务团队管理考核办法》的通知	2020-08-05
泰高政办发〔2020〕78号	关于印发《高港区“一件事一次办”改革工作实施方案》的通知	2020-08-05
泰高政办发〔2020〕79号	关于印发《泰州市高港区关于促进开放型经济高质量发展若干政策意见（试行）实施细则》的通知	2020-08-06
泰高政办发〔2020〕81号	印发《关于完善政府性融资担保体系切实支持中小微企业和“三农”发展的实施办法》的通知	2020-08-07
泰高政办发〔2020〕82号	关于做好全区“十四五”区级专项规划编制工作的通知	2020-08-13
泰高政办发〔2020〕83号	关于印发《泰州市高港区镇（街道）权利及责任事项清单动态管理办法》的通知	2020-09-04
泰高政办发〔2020〕84号	关于印发《泰州市高港区区级部门向镇（街道）交办事项准入制度》的通知	2020-09-04
泰高政办发〔2020〕85号	关于印发《高港区城市管理“党建+路长制”工作方案》的通知	2020-09-07
泰高政办发〔2020〕86号	关于成立推进区域社会治理现代化建设更高水平平安高港领导小组的通知	2020-09-09
泰高政办发〔2020〕87号	关于开展民法典涉及行政规范性文件清理工作的通知	2020-09-11
泰高政办发〔2020〕88号	关于印发《泰州市高港区气象灾害应急预案（修订）》的通知	2020-09-17
泰高政办发〔2020〕91号	关于印发《高港区红十字会改革实施方案》的通知	2020-10-19

续表33

文　号	文件标题	文件日期
泰高政办发〔2020〕93号	关于进一步加强镇（街道）消防安全监管工作的通知	2020-10-23
泰高政办发〔2020〕94号	关于转发市财政局《关于印发2021年政府集中采购目录及标准》的通知	2020-10-29
泰高政办发〔2020〕95号	关于印发《2020年高港区政府重大行政决策事项目录》的通知	2020-11-05
泰高政办发〔2020〕96号	关于印发《高港区省级以上经济开发区安全专项整治三年行动工作任务清单》及专班成员名单的通知	2020-11-17
泰高政办发〔2020〕98号	关于印发《泰州市高港区一般生产安全事故应急预案》等3部应急预案的通知	2020-11-18
泰高政办发〔2020〕99号	关于印发《泰州市高港区超标粮食处置实施方案》的通知	2020-11-20
泰高政办发〔2020〕100号	关于印发《高港区地方政府储备粮食管理办法》的通知	2020-11-20
泰高政办发〔2020〕101号	关于印发《高港区粮食应急预案》的通知	2020-11-20
泰高政办发〔2020〕102号	关于成立深化国有企业负责人薪酬制度改革工作领导小组的通知	2020-12-11
泰高政办发〔2020〕103号	关于印发《泰州市高港区区级骨干河道保护规划》的通知	2020-12-15
泰高政办发〔2020〕104号	关于印发《高港区关于促进3岁以下婴幼儿照护服务发展的实施意见（2020—2025）》的通知	2020-12-16

·重要文件选录·

高港区关于加快推进农业农村高质量发展的若干政策意见（试行）

泰高政发〔2020〕29号

为全面落实中央和省市委关于“三农”工作的决策部署，加大对农业农村工作的投入支持力度，加快实施乡村振兴战略，促进我区农业农村高质量发展，确保农业农村现代化迈出更加坚实步伐，特制定以下政策意见。

一、省级农业园区发展奖。设立省级农业产业园区发展专项奖补资金，鼓励园区积极上争项目资金，按实际上争额的30%进行奖励，奖励资金主要用于省级示范园区的创建、重大基础设施与物质装备投入、优质项目招引、科技平台建设、人才引进、科技成果转化、种业种苗孵化、智慧农业示范等，每年不超过600万元。

二、农业重大项目招引奖。对实际投资额（不包括财政资金）在1000万元以上重大农业项目的直接招引人，给予实际投资额0.5%一次性奖励；农业+工业、农业+旅游、农业+康养等融合发展项目，采取一事一议的方式进行奖励。单个项目奖励上限为50万元。

三、特色农业产业基地建设奖。每创成1个省级及以上农业特色专业园区或特色产业集群，奖励镇街50万元；获得省级、市级农业产业化联合体称号的，分别奖励5万元、1万元；获得国家级、省级、市级“一村一品”专业示范村称号的，分别奖励40万元、30万元、20万元。

四、特色田园乡村创建奖。获得省级、市级特色田园乡村称号的分别奖励20万元、10万元。

五、村级集体经济发展奖。经济薄弱村集体经营性收入首次达到30万元、40万元、50万元的，分别奖励10万元、15万元、奖励20万元。

六、设施农业投入奖。固定资产当年投入100万元以上的设施农业项目，按投入资金的30%奖励，分三年到位；创建市级农业物联网应用示范基地达到市级标准的奖励5万元；创成市级智慧农业示范园奖励10万元。

七、农业品牌创建奖。获得国家级、省级、市级农产品品牌认定的，分别奖励10万元、5万元、3万元；获批绿色食品、有机食品、地理标志农产品的，分别奖励单个产品3万元、4万元、10万元；农业企业及其产品入选全国名特优新农产品、省农产品品牌目录的，分别奖励1万元、0.5万元。

八、农产品流通销售奖。建成区域性农产品冷链物流中心的，一次性奖励10万元；通过电商平台销售本地农产品（不含深加工），年销售额达到100万元以上（含）300万元以下、300万元以上（含）500万元以下、500万元以上（含）1000万元以下、1000万元以上（含）的，分别奖励2万、5万、10万、20万元。

九、农业科技创新奖。支持农业申报泰州市“双创计划”，给予入选创新类人才项目30万元资助、创业类人才项目50万元资助；与高校、院所共建研究院的，每个奖励50万元用于设备购置；新获认定的省级农业科技示范基地一次性奖励10万元；实现新型农业科技成果转化的，采取一事一议的方式进行奖励。

十、新型农业主体培育奖。获得国家级、省级、市级农业产业化龙头企业称号的，分别奖励10万元、5万元、2万元；获得国家、省级、市级农民合作社示范社称号的分别奖励10万元、5万元、2万元，获得省级、市级示范家庭农场称号的分别奖励5万元、2万元，获得绿色家庭农场称号的奖励2万元；全程提供水稻统防统治服务的，按每亩30元标准进行奖励；集中育秧秧池面积达到3亩以上的，按照每亩2000元标准进行奖励；农机服务组织购置新型农机具，当年投入作业的，按相关规定进行奖励。

以上“十条”，同一主体同一项目已享受过区级（含以上）财政资金扶持的，按就高不就低的原则，不重复奖补。不同行业对同一经营活动向上多头申报的，视为同一项目，不重复奖补。奖励主体是镇街、村居的，奖励资金不得用于发放个人奖金。当年发生重大安全、环保事故，或出现“不服从业务主管部门管理、不按规定参加相关保险、未经批准实施项目”等情况的，不予奖补。

本政策意见自印发之日起实施，原有涉农奖补政策中与本文不一致的，以此文件为准。凡符合原奖补政策一补三年项目条件的，原奖补政策延续至奖补期满为止。

本意见试行期2年（2020—2021年），区农业农村局和财政局负责制订实施细则，区委农村工作领导小组办公室负责解释。

高港区困境儿童分类保障实施细则

泰高政发〔2020〕53号

第一章 总 则

第一条 为进一步加强我区困境儿童分类保障制度建设，完善困境儿童关爱服务体系，建立适度普惠型儿童福利体系，切实保障困境儿童的合法权益，促进困境儿童健康成长，根据相关法律、法规、规章和国家、省、市政策文件规定，结合我区实际，制定本实施细则。

第二条 本细则所称困境儿童是指户籍在本区且年龄不满18周岁，因家庭贫困导致生活、就医、就学等困难的儿童，因自身残疾导致康复、照料、护理和社会融入等困难的儿童，以及因家庭监护缺失或监护不当遭受虐待、遗弃、意外伤害、不法侵害等导致人身安全受到威胁或侵害的儿童。

第三条 困境儿童分类保障工作，应当遵循下列原则：

（一）家庭尽责、强化监护；

（二）政府主导、健全机制；

（三）社会参与、形成合力；

（四）分类保障、适度普惠。

第四条 区人民政府应当将困境儿童保障和关爱保护体系建设纳入国民经济和社会发展规划，建立健全与经济社会发展水平相适应的困境儿童分类保障制度。

建立困境儿童关爱保护联席会议制度，健全政府领导、民政部门牵头、有关部门配合、社会力量参与的困境儿童保障协调机制，统筹保障政策和标准，整合优化社会资源。

足额安排财政资金，并积极引导社会资金投入，切实保障困境儿童分类保障和关爱保护工作经费。

建立健全困境儿童保障和关爱保护综合考核机制，科学评价工作绩效，对在困境儿童保障工作中作出显著成绩的单位、个人，按照有关规定给予表彰、奖励。

第五条 区民政局是困境儿童分类保障工作的主管部门，负责全区困境儿童分类保障工作的业务指导和监督管理。

人民法院应当对申请宣告儿童父母失踪、死亡及撤销父母监护权等案件设立绿色通道，及时将法律文书抄送区民政部门、镇人民政府（街道办事处），实现信息实时共享。

人民检察院应当对涉及儿童权益的民事诉讼活动进行监督，必要时可以支持起诉维护合法权益，对有关部门不履行相关职责的应当提出依法履职的检察建议。

公安部门应当加大对失联父母的查寻力度，对登记受理超过6个月仍下落不明的，通过信息共享、书面函复等途径，向民政部门或相关当事人提供信息查询服务。

财政部门应当加大资金保障力度，切实保障困境儿童分类保障和关爱保护工作经费。

发改部门应当督促相关部门健全信用评价和失信行为联合惩戒机

制，监督相关部门将存在恶意弃养情形或者采取虚报、隐瞒、伪造等手段骗取保障资金、物资或服务的父母及其他监护人失信行为及时录入公共信用信息系统，促进信息共享，协调、推进对以上失信行为的联合惩戒。

共青团应当充分动员青年社会组织和青少年事务社工，依托基层青少年服务阵地，配合提供各类关爱和志愿服务。

妇联应当发挥村（居）妇联主席作用，提供家庭教育指导、关爱帮扶和权益维护等服务。

关工委应当组织动员广大老干部、老战士、老专家、老模范等退休老同志开展多种形式困境儿童关爱服务和互助活动，协同做好困境儿童关爱服务工作。

报纸、电台、电视、网络等新闻媒体应当加强困境儿童保障政策宣传，动员引导社会力量关心、支持困境儿童帮扶救助工作。

民政、公安、法院、医疗保障、残联等部门和组织应当加强工作衔接和信息共享，为困境儿童审核认定提供支持。

第六条　镇人民政府（街道办事处）负责有关困境儿童保障的申请受理、调查审核。

村（居）民委员会协助做好有关困境儿童保障工作。

第二章　困境儿童分类

第七条　困境儿童主要包括以下几类：

（一）孤儿。指失去父母或查找不到生父母且未被依法收养的未成年人。主要包括：弃婴，弃儿，父母双方死亡、失踪（人民法院宣告，下同）的儿童，父母一方死亡另一方失踪的儿童。

（二）父母监护缺失的儿童。主要包括：父母双方服刑在押或强制隔离戒毒（刑期、戒毒期在6个月以上，下同）的儿童；父母一方死亡或失踪，另一方服刑在押或强制戒毒的儿童；父母一方死亡或失踪，服刑在押或强制隔离戒毒，另一方弃养（不履行监护抚养责任，失去联系在6个月以上，下同）的儿童；父母双方弃养的儿童；其他事实无人抚养儿童。

（三）父母无力履行监护职责的儿童。主要包括：父母双方重残（二级以上残疾，或三级四级精神、智力残疾，下同）、重病（参照各地重特大疾病救助办法规定且需要长期治疗，下同）的儿童；父母一方重残、重病，另一方死亡、失踪、服刑在押、强制戒毒、弃养的儿童；非婚生育，父母无监护抚养能力的儿童。

（四）重残、重病及流浪儿童。主要包括：二级以上残疾或三级四级精神、智力残疾儿童，或三级以上预防接种异常反应残疾儿童；患重大疾病儿童，包括艾滋病病毒感染、白血病（含再生障碍性贫血、血友病、地中海贫血）、先天性心脏病、尿毒症、慢性肾功能衰竭、器官移植、恶性肿瘤、颅内良性肿瘤等重大疾病，以及医保政策规定的住院和门诊治疗费用1年中自付部分超过2万元的疾病；长期在外流浪儿童。

（五）贫困家庭儿童。主要包括：最低生活保障、特困供养、低保边缘户家庭（人均月收入在低保标准以上、2倍范围以内）儿童。

（六）其他需要帮助的儿童。主要包括：遭受侵害和虐待的儿童，失足未成年人，遭遇突发事件、意外伤害或其他特殊困难陷入困境的儿童。

第三章　基本生活保障

第八条　高港区社会散居孤儿基本生活费补贴标准，按照泰州市政府公布的标准统一实施，原则上不低于当地儿童福利机构孤儿基本生活保障标准的70%，同时不低于当地最低生活保障标准的2.4倍，并建立自然增长机制，于每年7月1日提高孤儿生活费补贴标准。

第九条　父母监护缺失的儿童、父母无力履行监护职责的儿童、未满18周岁艾滋病病毒感染儿童按照社会散居孤儿基本生活费补贴标准的100%发放。

第十条　重残、重病及流浪儿童。根据儿童自身及家庭实际困境情况按政策分别纳入残疾人“两项补贴”、最低生活保障、医疗救助和临时救助范围予以保障。流浪儿童按照相关政策规定提供临时食宿、急病救治、协助返回等救助。对因遭遇突发性事件导致暂时性失依或基本生活陷入困境的儿童提供临时救助。

（一）低保及低保边缘户家庭的重残重病儿童，按照散居孤儿基本生活保障标准的80%纳入保障。

（二）其他家庭的重残重病儿童按照散居孤儿基本生活保障标准的50%纳入保障。

第十一条　贫困家庭儿童。

（一）对于无劳动能力、无生活来源、法定抚养人无抚养能力的儿童，纳入特困人员救助供养范围，基本生活标准不低于上年度人均可支配收入的45%，同时不低于低保标准的1.3倍。

（二）低保家庭的非重残重病儿童，按照散居孤儿基本生活保障标准的50%纳入保障。

（三）低保边缘户家庭的非重残重病儿童，按照最低生活保障标准的50%纳入保障。

第十二条　享受基本生活费补贴的困境儿童，年满18周岁仍在普通高中、中等职业学校、普通全日制专科、普通全日制本科学校和全日制高等职业学校就读，可继续享受困境儿童基本生活费补贴至毕业为止。

第十三条　符合多种救助条件的困境儿童，按照就高不就低的原则享受保障待遇，不重复享受。已享受残疾人两项补贴和最低生活保障但未达到困境儿童基本生活费补贴标准的实行补差发放。享受基本生活补助的困境儿童，按照社会救助和保障标准与物价上涨挂钩的联动机制，享受动态价格补贴。

第四章 基本医疗保障

第十四条 享受基本生活费补助的困境儿童纳入重点医疗救助对象，参加城乡居民基本医疗保险个人缴费部分，由财政给予全额补助。

门诊医疗救助：在本市门诊统筹的定点医疗机构就诊，政策范围内个人自付费用按85%比例给予医疗救助，每人每年累计门诊救助金额不超过5000元，其中单日救助金额不超过200元，每月救助不超过3次。

住院医疗救助：政策范围内个人自付费用，孤儿给予全额医疗救助，其他困境儿童按85%比例给予医疗救助。

第十五条 落实城乡居民大病保险倾斜政策，将纳入重点医疗救助对象的困境儿童大病保险起付标准比普通患者降低50%，各报销段报销比例提高5到10个百分点，不设年度最高支付限额。

第十六条 加强城乡居民基本医疗保险、大病保险、医疗救助、健康扶贫补充保险和“明天计划”、“省贫困家庭儿童重大疾病慈善救助”、“市牵手困境儿童福彩慈善保险”项目有效衔接，实施综合保障，梯次减轻医疗费用负担。鼓励社会慈善组织为孤儿投保意外伤害保险和重大疾病保险等商业健康保险或补充保险。鼓励、支持医疗机构采取多种形式减免困境儿童医疗费用。

第五章 教育保障

第十七条 将困境儿童全面纳入国家、省、市学前教育、义务教育、中等职业教育相应教育资助政策体系，落实学前学生保教费减免、中等职业教育免学费、各学段助学金等政策，切实保障困境儿童享受教育权。

完善义务教育控辍保学工作机制，确保困境儿童入学不失学，依法完成义务教育。

第十八条 加强困境儿童思想教育和精神关爱，建立教师与困境儿童结对关爱制度。充分发挥“福彩圆梦·孤儿助学工程”、“牵手贫困学子”福彩·慈善助学等公益助学项目作用，对年满18周岁仍在校就读的困境儿童实施跟踪帮扶。

第十九条 实施特殊教育发展工程，切实保障残疾儿童受教育的权利。加快推进融合教育资源中心建设，提升普通学校实施融合教育能力，促进残疾儿童最大程度融入普通教育。

第六章 康复救助服务

第二十条 定期开展残疾儿童筛查工作，准确掌握本地残疾儿童底数及康复需求。对有康复意愿并有康复训练适应指征的0~15周岁残疾儿童，及时提供康复救助服务。符合条件的困境儿童可同时享受重度残疾人护理补贴及康复救助服务。

第二十一条 康复救助内容

（一）为视力、听力语言、肢体、智力等残疾儿童和孤独症儿童提供基本康复训练。

（二）为视力残疾儿童验配助视器，为听力残疾儿童验配助听器（双耳）；为肢体残疾儿童装配假肢或者矫形器，适配轮椅、坐姿椅、站立架、助行器等辅助器具。

（三）为有手术适应指征的听力残疾儿童配发基本型人工耳蜗，提供人工耳蜗手术及术后基本康复训练。

第七章 困境儿童认定

第二十二条 个人申请。困境儿童本人、监护人或受监护人委托的近亲属，向儿童户籍所在地镇人民政府（街道办事处）提出书面申请，并签署《家庭经济状况核对授权书》。情况特殊的，可由儿童所在村（居）民委员会提出书面申请。

（一）困境儿童本人及监护人的身份证或户口簿、儿童近期免冠照片。

（二）儿童父母死亡的，应当提供公安部门或医疗卫生机构出具的死亡证明，或人民法院出具的宣告死亡法律文书。

（三）儿童父母失踪的，应当提供人民法院出具的宣告失踪法律文书。

（四）儿童父母服刑或强制隔离戒毒的，应当提供人民法院的裁判文书或公安部门出具的强制隔离戒毒决定书。

（五）儿童父母不履行监护抚养责任，失去联系的，应当提供公安部门出具的相关证明，或人民法院关于监护权确认（变更）的法律文书。

（六）儿童或其父母重残的，应当提供区级以上残联部门出具的残疾证明。

（七）儿童或其父母重病的，应当提供省内医疗保险定点三级医疗机构出具的重大疾病诊断证明书，或医保部门出具的年度自付超过2万元疾病的医疗费用支出证明。

（八）儿童年满18周岁仍在全日制学校就读，继续申请困境儿童基本生活保障的，应当提供在校就读证明。

（九）其他需要提供的证明事项。

能够通过部门共享查询的相关信息，可以不再要求申请人提供相关证明。

村（居）民委员会应严格落实困境儿童救助保护督导制度，积极发挥基层儿童主任作用，全面了解、动态掌握辖区内困境儿童情况，深入宣传困境儿童保障政策，强化困境儿童关爱保护。

第二十三条 镇级审核。镇人民政府（街道办事处）应当对申请人提交的材料进行审核，并在15个工作日内作出审核结论。对符合条件的，报区民政部门进行审批确认。对有异议或情况较为复杂的，根据工作需要采取入户调查、邻里访问、信函索证、信息核对等方式再次进行核实，并适当延长审核期限，最长不超过10个工作日。为保护儿童隐私，不再设置公示环节。

第二十四条 区级审批。区民

政部门自收到申报材料后，应在15个工作日内作出审批意见。符合条件的，从次月起纳入保障范围，并与社会散居孤儿、父母监护缺失等困境儿童的指定监护人签订监护协议书。对不符合保障条件的申请，应当书面说明理由。孤儿基本生活保障申请审批由区民政部门通过《全国儿童福利信息管理系统》逐级提交至省级民政部门核准。

第二十五条　困境儿童保障情形发生变化的，监护人或受委托的亲属、村（居）民委员会应当及时告知镇人民政府（街道办事处）。

乡镇人民政府（街道办事处）对困境儿童每年组织复核，区民政部门每年按照不低于20%的比例组织抽查。

村（居）民委员会每月对困境儿童进行探视巡访，了解儿童生活保障、医疗康复、监护保护等方面情况，帮助解决困难。

下列情形，应当及时终止困境儿童保障资格：

（一）困境儿童死亡的，依法被收养的，查找到失踪父母或父母重新履行监护抚养责任的，父母刑满释放或解除强制隔离戒毒期满3个月的，应自次月起终止发放基本生活费补贴。

（二）困境儿童年满18周岁，具备完全行为能力和劳动能力的，非在校学生则一次性发放6个月基本生活费补贴，不再纳入基本生活费补贴发放范围。孤儿成年后，不具备劳动能力、行为能力或限制行为能力的，按照相关救助政策规定予以妥善安置。

（三）困境儿童服刑在押、强制隔离戒毒、被执行其他限制人身自由期间。

（四）困境儿童或父母残疾等级经当地残联复评，不再符合认定条件的，重病经省内医疗保险定点三级医疗机构诊断已治愈，不再符合认定条件的，从次月起终止发放基本生活费补贴。

（五）困境儿童在外流浪乞讨期间。

（六）困境儿童户籍迁出本辖区，迁出地民政部门从次月停止发放基本生活费补贴，转为迁入地民政部门发放，并做好档案和信息系统的相关衔接工作。

（七）其他不再符合规定保障情形的。

第八章　监护责任落实

第二十六条　父母或其他监护人依法履行对儿童的监护职责，共同生活的其他成年家庭成员应当协助儿童父母或其他监护人履行监护职责。

父母或其他监护人应当学习家庭教育知识，接受家庭教育指导，正确履行监护职责，抚养教育儿童。

父母或其他监护人因外出务工或其他原因不能完全履行对儿童监护职责的，应当委托有监护能力的其他成年人代为照护，并将委托照护情况书面告知儿童所在的学校和实际居住地的村（居）民委员会。村（居）民委员会发现被委托人缺乏照护能力，不能有效履行照护职责等情况，应当及时通知儿童的父母或其他监护人。

第二十七条　对于父母死亡或宣告失踪、父母没有监护能力且无其他监护人的儿童、查找不到生父母或其他监护人的儿童，以及人民法院指定由民政部门担任监护人的儿童，由民政部门设立的儿童福利机构收留抚养，履行长期监护职责。

民政部门长期监护的儿童可以通过收养等方式妥善安置。

第二十八条　对于父母不履行或因故不能履行监护职责且短期内无法指定或者不适合委托其他代为照护导致无人照料的儿童、遭受监护人严重侵害紧急带离的儿童、来历不明暂时查找不到父母或其他监护人的儿童、人民法院中止监护人资格的儿童，由住所地村（居）民委员会或者儿童福利机构、未成年人救助保护机构承担临时监护职责。

对临时监护的儿童，优先考虑亲属寄养，不具备条件或不适合的，可以由未成年人救助保护机构或儿童福利机构进行收留、抚养。

对恶意不履行监护责任的父母，可依法追究其法律责任。对有能力履行抚养义务而拒不抚养的父母，可依法追索抚养费。

第二十九条　对于决定执行行政拘留的被处罚人或采取刑事拘留等限制人身自由刑事强制措施的犯罪嫌疑人，公安机关应当询问其是否有未成年子女需要委托亲属、其他成年人或民政部门设立的儿童福利机构、救助保护机构监护，并协助其联系有关人员或民政部门予以安排。

第三十条　学校、居民委员会、村民委员会、社会工作服务机构等单位及其工作人员，发现儿童受到监护侵害的，应当及时向公安机关报案或举报。

第九章　困境儿童关爱服务

第三十一条　镇人民政府（街道办事处）应当将困境儿童关爱服务纳入社区公共服务体系建设，每个镇（街道）建有1个农村留守儿童和困境儿童“关爱之家”，并由专业的社会组织负责运营。镇（街道）明确1名专兼职儿童督导员负责儿童关爱服务工作。每个村（居）委会至少设立1名儿童主任，负责困境儿童保障政策宣传和日常工作。

第三十二条　村（居）民委员会每月、镇人民政府（街道办事处）每季度、区民政部门每半年一次，建立困境儿童探视巡访制度，了解儿童生活、学习等各方面情况。

第三十三条　镇人民政府（街道办事处）整合民政、教育、卫生、司法、关工委、专业社会组织等力量，建立一名困境儿童由一名儿童主任、一名专业社工、一名教师妈妈、一名法援律师、一名家庭医生、一名“五老”志愿者组成的结对关爱服务机制，跟踪开展成长关爱服务，帮助链接有效资源。

第三十四条　通过政府购买服务等方式，发挥共青团、妇联等群团组织的社会动员优势，引入专业社会组织和青少年事务社工，完善困境儿童精神关爱机制，提供心理咨询、心理疏导、情感抚慰等专业服务，培养健康心理和健全人格。

第三十五条　加快孵化培育专业社会工作服务机构、慈善组织、志愿服务组织，引导其围绕困境儿童基本生活、教育、医疗、照料、康复等需求，捐赠资金物资、实施慈善项目、提供专业服务。积极倡导企业履行社会责任，通过一对一帮扶、慈善捐赠、实施公益项目等多种方式，为困境儿童及其家庭提供更多帮助。

第十章　法律责任

第三十六条　违反本细则规定，有下列情形之一的，依法追究相关机构和人员的责任；情节严重构成犯罪的责任人，移交司法部门依法追究相应法律责任。

（一）对符合申请条件的保障申请不予受理的；

（二）对符合保障条件的保障申请不予批准的；

（三）对不符合保障条件的保障申请予以批准的；

（四）不按照规定程序对保障申请进行审核、审批的；

（五）对不再符合保障条件的保障对象未予停止保障的；

（六）泄露在工作中知悉的困境儿童个人信息，造成后果的；

（七）丢失、篡改接受困境儿童保障款物、服务记录等数据的；

（八）不按照规定发放困境儿童保障资金、物资或者提供相关服务的；

（九）不按照规定及时核实处理有关困境儿童举报、投诉的；

（十）在履行困境儿童保障职责过程中有其他滥用职权、玩忽职守、徇私舞弊行为的。

第三十七条　采取虚报、隐瞒、伪造等手段，骗取困境儿童保障资金的，由有关部门决定停止困境儿童保障，责令退回非法获取的保障资金。对于出具虚假证明材料骗取保障的单位和个人，将相关信息记入社会信用体系。情节严重构成犯罪的，移交司法部门依法追究相应法律责任。

第三十八条　对威胁、侮辱、打骂困境儿童保障工作人员，扰乱困境儿童关爱保护工作秩序，构成违反治安管理行为的，依法由公安机关给予治安管理处罚。

第十一章　附则

第三十九条　本细则由区民政局负责解释。

第四十条　本细则自2020年7月1日起施行，原《泰州市高港区困境儿童分类保障实施意见》（泰高发〔2017〕19号）同时废止。本细则施行期间，如遇到上级政策变化调整的，按上级政策执行。

关于推进工业经济高质量发展的若干政策意见（试行）实施细则

泰高政办发〔2020〕2号

第一章　总则

第一条　为贯彻落实区委区政府《关于推进工业经济高质量发展的若干政策意见（试行）》（泰高发〔2019〕8号）文件精神，推动工业经济高质量发展，特制定本实施细则。

第二条　设立区级工业经济转型升级专项扶持资金（以下简称“工业专项资金”），用于泰高发〔2019〕8号文确定的扶持政策意见的兑现，支持区工业和信息产业转型升级，激发企业争先创优、做大做强，提升工业经济发展质量和效益，提高公共服务能力和水平。

第三条　工业专项资金每年由区级财政统筹安排，列入年度财政预算，用于文件确定政策的兑现，重点为我区企业转型升级、创业创新、融资担保等提供帮扶。

第四条　资金分配和管理遵循“公开透明、定向使用、择优支持、注重绩效”的原则。

第二章　支持重点及具体申报要求

第五条　高港区工业专项资金申（免）报主体必须满足的基本条件：

1.在高港区工商注册、税务登记、依法纳税，具有独立法人资格；

2.属于工业企业以及为工业生产配套的生产性服务业范畴，非政府投资项目；

3.具备健全的基础管理和财务内控制度，财务信息资料真实完整并按规定对外报送；

4.当年未发生较大及以上安全生产事故、较大环境突发事件及融资等严重失信行为。

第六条　为降低企业获取政策支持的成本，提高政策落实效率，对相关部门认可或授予各类称号、认证的项目，采取简化流程、免申报的方式。

免申报项目包括：

1.对当年获得国家级、省级制造业单项冠军示范（培育）企业、服务型制造示范（培育）企业、技术创新示范企业、工业设计中心（示范企业）、重点实验室或企业技术中心（工程研究中心、工程技术研究中

心）在市级奖补的基础上分别配套奖补25万元、10万元。（区发改委、工信局、科技局提供上级认定的文件或证书奖牌）

2.对当年新通过省级鉴定新技术新产品项目奖补3万元。（区工信局提供新产品新技术鉴定证书）

3.对当年新认定的国家、省首台（套）重大装备及关键部件、示范智能车间，在市级奖补的基础上分别配套奖补10万元、5万元。（区工信局提供工信部、省工信厅的认定文件或证书奖牌）

4.对新获得国家、省认定的科技小巨人企业和专精特新产品分别奖补5万元、2万元。（区工信局提供工信部、省工信厅认定文件）

5.对当年新认定的省级信用管理示范企业、省级社会责任建设示范企业，分别奖补10万元。（区发改委、工信局提供认定文件或证书奖牌）

6.对当年新认定的省级管理创新示范企业、省级战略性新兴产业创新示范企业、省级管理创新优秀企业分别奖补10万元、10万元、5万元。（区发改委、工信局提供认定文件或证书奖牌）

7.对当年新认定的市级管理创新先进企业、市级信用管理示范企业分别奖补2万元。（区发改委、工信局提供认定文件或证书奖牌）

8.对当年新申请三类医疗器械生产许可证的企业，产品通过注册检测的奖补2万元，通过临床试验的奖补20万元，通过体系考核并注册审核通过的奖补20万元，单个企业奖补不超过100万元。（区市场监管局提供注册检测报告、临床试验报告、三类医疗器械注册证等）

9.对当年首次获得中国质量奖、中国质量奖提名奖的企业，在市级奖补（一事一议）的基础上配套奖补50%。（区市场监管局提供相关表彰决定文件或证书奖牌）

10.对当年首次获得“中国驰名商标”的企业，在市级奖补的基础上配套奖补30万元。（区市场监管局提供国家商标局的正式批复批件）

11.对当年首次获得江苏省质量奖、江苏省质量管理优秀奖、江苏省名牌产品（著名商标）、江苏省质量信用AA级以上的企业，在市级奖补的基础上分别配套奖补50万元、30万元、10万元、5万元。（区市场监管局提供相关表彰决定文件或认定文件）

12.对当年首次获得泰州市市长质量奖的企业，在市级奖补的基础上配套奖补30万元。（区市场监管局提供相关表彰决定文件或证书奖牌）

13.对当年首次获得泰州市质量管理奖、泰州市名牌产品（知名商标）的企业分别奖补1万元。（区市场监管局提供相关认定文件）

14.对当年首次获得高港区区长质量奖的企业奖补10万元。（区市场监管局提供区政府表彰决定）

15.对当年牵头制（修）订国际标准的企业奖补30万元。（区市场监管局提供正式发布标准文本）

16.对当年牵头制（修）订国家标准、行业标准的企业奖补20万元。（区市场监管局提供正式发布标准文本）

17.对当年牵头制（修）订国家级团体标准的企业奖补10万元。（区市场监管局提供正式发布标准文本）

18.对当年牵头制（修）订省地方标准的企业奖补5万元。（区市场监管局提供正式发布标准文本）

19.对当年牵头制（修）订市地方标准的企业奖补2万元。（区市场监管局提供正式发布标准文本）

20.对当年参与制（修）订国家标准、行业标准、国家级团体标准的企业分别奖补5万元、3万元、2万元。（区市场监管局提供正式发布标准文本）

21.对当年承担组建全国标准化专业技术委员会分技术委员会或工作组的奖补10万元。（区市场监管局提供相关委员会或工作组批准成立文件）

22.对当年列入国家级高新技术产业标准化试点的企业奖补20万元。（区市场监管局提供认定文件）

23.对当年列入省级高新技术产业标准化试点、战略性新兴产业标准化试点的企业奖补10万元。（区市场监管局提供认定文件）

24.对当年列入市级高新技术标准化试点的企业奖补1万元。（区市场监管局提供认定文件）

25.对当年被评为国家标准化良好行为AAAA级、AAA级的企业分别奖补10万元、5万元。（区市场监管局提供认定文件）

26.对当年首次获得计量保证确认的企业奖补2万元。（区市场监管局提供计量保证确认证书）

27.对当年首次通过3A测量管理体系认证的企业奖补5万元。（区市场监管局提供相关认证证书）

28.对当年认定为国家电子商务示范企业、国家级“两化融合”示范企业及通过“两化融合”管理体系贯标评审验收的国家贯标试点企业，在市级奖补的基础上配套奖补20万元。（区工信局、商务局提供认定文件或证书）

29.对当年认定为省级电子商务示范企业、省级“两化融合”示范企业、省两化深度融合创新（互联网与工业融合创新）示范工程企业以及通过“两化融合”贯标管理体系评审验收的企业，在市级奖补的基础上分别配套奖补5万元。（区工信局、商务局提供认定文件或证书）

30.对当年新获省五星级、四星级、三星级“上云”企业，分别奖补20万元、10万元、5万元。（区工信局提供认定文件）

31.对当年新取得国军标体系认证和保密资质的企业分别奖补5万元，对当年新取得武器装备科研生产许可证、承制单位资格证的企

业分别奖补20万元，单个企业奖补不超过100万元。（区工信局提供相关认定文件或证书）

32.对首次进入全国企业500强和中国制造业企业500强的制造业企业，分别给予200万元、50万元奖补。（区工信局提供相关认定文件）

33.由区工信局会同区财政局对本区范围内企业根据当年实际入库税金（含固定资产抵扣、出口免抵额）的情况进行排名，前1~10位、11~20位的工业企业，分别授予企业主要负责人“功勋企业家”和“优秀企业家”称号，并分别奖补3万元、2万元。（区财政局、工信局提供依据）

34.由区工信局对本区范围内企业根据智能制造、融合发展水平情况进行考核，对智能制造、融合发展优秀的企业给予褒奖，分别授予“十佳智能制造企业”、“十佳融合发展企业”称号，并奖补企业主要负责人各1万元。（区工信局提供“十佳智能制造企业”、“十佳融合发展企业”名单）

35.“新三板”报会奖补20万元，成功在“新三板”挂牌上市奖补100万元；对当年进入主板辅导期的企业奖补150万元，首家成功在境内外主板发行上市的企业再奖补500万元，第二家及以后主板上市的企业奖补300万元。[区地方金融监管局提供企业“新三板”报会全国中小企业股份转让系统的报会材料反馈意见函；企业成功在“新三板”挂牌的，需要提供全国中小企业股份转让系统出具的企业挂牌同意函。进入主板辅导期的企业需提供在江苏证监局备案函或启动境外上市程序的企业，提供与境外保荐机构签订上市合作协议；成功在境内外主板上市的需要提供证监会批文或企业境外上市（含红筹上市）企业需提供相关国家、地区官方机构批文]

36.对首次列入规模统计，完成统计规范化建设，依法上报统计数据的工业企业，一次性奖补3万元。（区工信局提供新进规模企业名单）

37.对当年新建、当年达到规模以上标准、年内新增的规模以上工业企业，在原有奖补的基础上，再奖补1万元。（区工信局提供新进规模企业名单）

38.对当年新认定为国家级、省级生态示范园区、绿色园区分别奖补20万元、10万元。（区工信局提供相关认定文件或证书奖牌）

39.当年新认定为国家级、省级绿色工厂和清洁生产先进企业分别奖补10万元、5万元。（区工信局提供相关认定文件或证书奖牌）

40.当年新认定为国家级、省级绿色产品、绿色供应链的企业，分别奖补5万元、3万元。（区工信局提供相关认定文件或证书奖牌）

41.对企业当年开展能源审计的给予4万元的奖补。（区工信局提供相关认定文件或证书奖牌）

42.对当年开展能源管理体系建设的企业奖补6万元。（区工信局提供相关认定文件或证书奖牌）

43.支持产业区域创新中心建设，对当年获得国家级认定命名的奖补300万元；当年获得省级认定命名的奖补100万元；当年获得市级认定命名的奖补30万元。（区工信局提供相关认定文件或证书奖牌）

44.对当年评为省共性工厂和列入省共性工厂培育名单的企业，分别奖补20万元、10万元。（区工信局提供相关认定文件或证书奖牌）

45.对当年新认定的市级企业型创业平台奖补5万元。（区工信局提供相关认定文件或证书奖牌）

第七条　不属于上述免申报范围内的项目按照以下对应条款的要求申报。

一、申报要求

企业项目申报应提供以下基本资料：

1.资金申请报告，主要陈述企业基本情况、项目实施情况、对应政策条款等，落款为项目单位公章；

2.申报企业法人营业执照复印件；

3.申报企业纳税证明材料；

4.申报材料的真实性声明；

5.资金申请表。（园区、镇街审核盖章）

二、程序申报的项目范围

第一类　鼓励培育壮大战略性新兴产业项目

（一）软件业务开票销售类项目

1.申报主体另需符合以下特定条件：

（1）申报企业为经省评定的软件企业；

（2）软件业务（含信息服务、技术服务）开票销售首次达300万元（含）以上。

2.支持标准：奖励2万元。

3.项目申报需补充提供以下申报资料：

（1）鼓励培育壮大战略性新兴产业项目资金申请表；

（2）软件企业认定证书复印件；

（3）当年应税销售发票复印件。（汇总表须税务部门盖章）

（二）战略性新兴产业企业产品类项目

1.申报主体另需符合以下特定条件：

（1）拥有自主知识产权的战略性新兴产业企业，同一类型产品当年销售达1500万元（含）以上；

（2）企业终端产品与国家统计局战略性新兴产业分类所明确的产品名称相一致的企业。

2.支持标准：按销售收入的2‰给予奖励，单个企业奖励总额最高不超过50万元。

3.项目申报需补充提供以下申报资料：

（1）鼓励培育壮大战略性新兴产业项目资金申请表；

（2）申报企业法人营业执照复印件；

（3）申报产品当年应税销售发票复印件（汇总表须税务部门盖章）；

（4）知识产权等佐证材料。

（三）战略性新兴产业技术设备投入类项目

1.申报主体另需符合以下特定条件：

属于江苏省13个先进制造业集群重点领域，符合国家最新公布的《战略性新兴产业重点产品和服务指导目录》。

2.支持标准：战略性新兴产业项目（含技改、新建项目）技术设备（含研发技术、设备）投入300万元以上，按技术设备投资额的4%给予补助，最高不超过200万元。

3.项目申报需补充提供以下申报资料：

（1）鼓励培育壮大战略性新兴产业项目资金申报表；

（2）企业内审购置技术设备发票的汇总表，并附购置技术设备清单及发票复印件；

（3）项目立项批文；

（4）其他有关佐证材料。

第二类　鼓励企业升级改造项目

（一）企业升级改造项目

1.申报主体另需符合以下特定条件：

（1）申报项目经区有关部门核准或备案；

（2）当年技术设备投入1000万元以上、当年购买单台设备金额达200万元、“零土地”技改当年设备投入300万元以上、公共平台当年技术和设备投入100万元以上。

2.支持标准：一般工业项目当年技术（指技术转让、购买专利和软件等）和生产设备（含研发技术、设备）投入1000万元以上（含税价，下同）、购买单台设备金额达200万元的，按技术设备投入额的4%给予补助；以上补助最高不超过200万元。支持“零土地”技改项目。企业注册5年以上，3年内未有新增用地且在原有厂区内实施的“零土地”技改项目当年设备投入300万元以上，按设备投入总额5%给予补助，以上补助最高不超过120万元。鼓励专业技术平台或综合服务平台加大投入，对当年平台建设技术和设备投入100万元以上，按投资额5%给予补助，最高不超过100万元。

3.项目申报需补充提供以下申报资料：

（1）鼓励企业升级改造项目资金申报表；

（2）企业内审购置技术设备发票的汇总表，并附购置技术设备清单及发票复印件；

（3）项目立项批文；

（4）其他有关佐证材料。

（二）“机器换人”项目

1.申报主体另需符合以下特定条件：

上年度投入使用工业机器人及系统集成总价不低于20万元/台，且工业机器人本体不低于10万元/台。

2.支持标准：支持“机器换人”项目。对当年投入使用的工业机器人项目，机器人及系统集成总价不低于20万元/台，且机器人本体不低于10万元/台，按照不超过机器人总价（含系统集成）的5%给予补助，以上补助最高不超过150万元。

3.项目申报需补充提供以下申报资料：

（1）鼓励企业升级改造项目资金申请表；

（2）工业机器人及系统集成购置清单和发票复印件（包括机器人本体购置发票和机器人系统集成商解决方案服务费用发票）。

（三）互联网化提升改造项目

1.申报主体另需符合以下特定条件：

（1）企业在建或已完成互联网化提升项目，需围绕研发设计协同化、生产管控集成化、购销经营平台化、制造服务网络化等重点环节提升互联网融合创新发展水平；

（2）软件和配套硬件等当年投资达100万元以上且软件投资占比不低于30%的项目，具体内容包括：软件、配套硬件和信息化系统改造提升、维护建设等费用；企业内参与项目建设和维护的人员工资等占总投入的比例不超过10%；两化融合咨询服务及教育培训等费用占总投入的比例不超过20%。

2.支持标准：对企业在上述重点环节实施信息化改造、软件和配套硬件等当年投资达100万元以上，且软件投资占比不低于30%的项目，按不超过项目当年投入的5%给予补助，补助最高不超过100万元。

3.项目申报需补充提供以下申报资料：

（1）鼓励企业升级改造项目资金申请表；

（2）项目可行性研究报告；

（3）项目投资清单及有效的设备、软件购置发票及相关服务的购买发票；

（4）会计师事务所出具的上年度软件和配套硬件等投资的专项审计报告；

（5）其他证明材料。

第三类　鼓励企业创新发展项目

（一）新技术、新产品项目

1.申报主体另需符合以下特定条件：获省级鉴定的新产品或重点推广应用的新技术新产品，且当年开票销售达500万元（含）以上。

2.支持标准：奖励5万元。

3.项目申报需补充提供以下申报资料：

（1）鼓励企业创新发展类项目资金申请表；

（2）通过省级鉴定的新技术新产品的鉴定证书复印件、列入省重点推广应用的新技术新产品目录的文件复印件；

（3）申报产品（技术）当年应税销售发票复印件（汇总表须税务部门盖章）。

（二）当年邀请第三方服务中介机构促进企业转型升级项目

1.支持标准：按企业实际支付金额的20%进行奖补，最高不超过10万元。

2.项目申报需补充提供以下申报资料：

（1）鼓励企业创新发展类项目资金申请表；

（2）企业与第三方服务中介机构签订的协议复印件；

（3）第三方服务中介机构当年出具的增值税发票复印件，加盖企业和中介机构印章的服务费用清单；

（4）加盖企业公章和银行印鉴的付款凭证；

（5）企业转型升级成效案例；

（6）证明企业转型升级成效的相关材料。

（三）吸引技术入股或产学研联合开发，实现产品档次、技术和质量升级的企业。

1.支持标准：在新产品批量生产后，一年内新产品开票销售规模达1000万元（含）~5000万元、5000万元（含）~亿元、1亿元（含）以上的分别奖励5万元、10万元、15万元。

2.项目申报需补充提供以下申报资料：

（1）鼓励企业创新发展类项目资金申请表；

（2）技术入股或产学研联合开发合作协议复印件；

（3）企业支付技术入股或产学研联合开发相关费用凭证；

（4）申报产品当年应税销售发票复印件（汇总表须税务部门盖章）。

第四类　鼓励企业做大做强项目

（一）资本嫁接项目

1.支持标准：对当年与世界五百强企业或央企、上市公司等企业建立战略合作关系，实现高位嫁接的企业，经考核认定的最高分别奖补50万元、25万元。

2.项目申报需补充提供以下申报资料：

（1）鼓励企业做大做强类项目资金申请表；

（2）有资质的中介机构出具的能反映区外产业关联企业入股我区企业的实际到账金额的审计报告一份（或入账凭证）；

（3）区外产业关联企业入股后，企业股本变化前后公司章程各一份（复印件）；

（4）双方签订的正式资金入股的协议。

（二）兼并重组类项目

1.申报主体另需符合以下特定条件：

（1）需为高港区注册并发起兼并重组的企业；

（2）兼并重组的交易应为符合国家规定并已取得相关批准手续；

（3）并购完成后，发起方企业（含关联企业）需绝对控股，实现对被收购企业的实际控制。

2.支持标准：我区企业当年在我区兼并重组区内企业的，与兼并重组前相比，按比基年地方财力留成增长额，由同级财政给予三年奖补，第一年奖补100%，第二、第三年奖补50%；兼并重组区外企业或在区外（含境外）投资，并在我区设立财务结算中心，按比财务结算中心设立次年起地方财力留成增长额，由同级财政给予三年奖补，第一年奖补100%，第二、第三年奖补60%。

3.项目申报需补充提供以下申报资料：

（1）鼓励企业做大做强类项目资金申请表；

（2）董事会决议通过的兼并重组方案，主要内容包括企业概况（包括发起方和被兼并方）、实施路径、具体做法和主要成效等；

（3）兼并重组协议书（合同）复印件；

（4）兼并重组企业工商变更登记通知书、营业执照复印件、税务登记等；

（5）申报年度及上一年度经税务部门确认的纳税证明材料；

（6）对申报项目有帮助的其他材料及复印件。

（三）鼓励企业挂牌上市

1.支持标准：对企业完成股份制改造奖励10万元。

2.项目申报需补充提供以下申报资料：

（1）鼓励企业做大做强类项目资金申请表；

（2）资金申请报告：主要陈述企业基本情况、项目实施情况、资金申请事由等；

（3）企业法人营业执照复印件；

（4）企业上一年度审计的财务审计报告，包括资产负债表、损益表、现金流量表等；

（5）股改的佐证材料（包括与国家认可的专业中介机构签订的正式辅导协议、营业执照、付款凭证等）。

（四）奖补规上工业企业

1.申报主体另需符合以下特定条件：

符合国家现行有关中小企业划分标准中认定的中小企业（工信部联企〔2011〕300号）

2.支持标准：奖补规上工业企业，对当年开票销售收入、入库税收两项指标较上年增长30%以上且入库税收达50万元，奖补5万元；对当年开票销售收入、入库税收两项指标较上年增长25%以上且入库税收达100万元，奖补10万元；对当年开票销售收入、入库税收两项指标较上年增长20%以上且入库税收达200万元，奖补20万元。

3.项目申报需补充提供以下申报资料：

（1）鼓励企业做大做强类资金申请表；

（2）税务部门出具的近两年开票销售、入库税收证明；

(3)上两年度经中介机构审计的财务审计报告,包括资产负债表、损益表、财务报表附注等。(上述增幅需同口径比较,如企业年业绩经营不足12个月的应折算为12个月进行比较。)

第五类 鼓励企业绿色发展类项目

(一)节能改造项目

1.申报主体另需符合以下特定条件:

(1)项目已建成;

(2)项目及依托主体必须符合产业政策和有关规定,有完善的审批手续;

(3)企业当年节能改造项目年节能不低于100吨标煤,合同能源管理节能服务对象为泰州市内用能单位,项目年节能量不低于50吨标煤。

2.支持标准:按照400元/吨标煤奖补,单个项目封顶50万元。

3.节能改造类项目申报需补充提供以下申报资料:

(1)鼓励企业绿色发展类项目资金申请表;

(2)园区、镇街出具的项目进展情况说明;

(3)项目备案(核准)文件,相关部门出具的项目能评、环评或其他相关证明文件;

(4)有资质第三方机构出具的项目节能量审核报告;项目报告中需说明改造前后能耗情况,并进行节能效果分析和节能量计算;

(5)项目投入情况的财务审计报告(附采购合同、发票等投资凭证)。

4.合同能源管理类项目申报需补充提供以下申报资料:

(1)鼓励企业绿色发展类项目资金申请表;

(2)园区、镇街出具的项目进展情况说明;

(3)合同能源管理项目合同;

(4)节能服务机构按项目节能效果获取效益分成的证明材料;

(5)有资质第三方机构出具的项目节能量审核报告;项目报告中需说明项目实施的背景及必要性分析、改造前后能耗情况,并进行节能效果分析和节能量计算;

(6)项目投入情况的财务审计报告(附采购合同、发票等投资凭证)。

(二)对淘汰落后用能设备

1.申报主体另需符合以下特定条件:

(1)项目已建成;

(2)新购设备(剔除专用设备更新改造)投资额50万元(含)~100万元的项目。

2.支持标准:奖励8万元。

3.项目申报需补充提供以下申报资料:

(1)鼓励企业绿色发展类项目资金申请表;

(2)项目投资相关凭证(采购合同、发票等);

(3)重点说明被淘汰设备的名称、型号,及其对应的国家落后用能设备淘汰目录内容;

(4)更新和淘汰用能设备的影像资料(清晰显示设备铭牌),并提供新上设备的具体型号、规格、能效等级等参数;

(5)淘汰设备的拆解或废品处理凭证。

(三)节能监测项目

1.支持标准:第三方机构对高港区列入当年节能监测名单的企业免费进行节能监测的,按照2万元/户的标准给予奖励。

2.节能监测类项目申报需补充提供以下申报资料:

(1)鼓励企业绿色发展类项目资金申请表;

(2)与相关企业签订的免费服务合同或协议;

(3)节能监测报告,监测报告应包括企业重点用能设备及能效监测情况、对标情况,改造意见等。

第六类 鼓励产业高效发展类项目

(一)申报首次建成独立电子商务平台的工业企业(带支付功能)奖励

1.申报主体另需符合以下特定条件:在高港区范围注册、结算并开展相关业务活动。

2.支持标准:奖励5万元。

3.项目申报需补充提供以下申报资料:

(1)鼓励产业高效发展类项目资金申请表;

(2)工业企业设立电商平台佐证材料;

(3)开展相关业务活动佐证材料(签约合同、销售发票等);

(4)电子支付交易凭证及有关报表。

(二)鼓励企业提高建筑容积率

1.支持标准:经批准的新建、技改项目,新增建筑面积(不含办公楼、职工宿舍)1000平方米以上的,经区领导小组研究决定,可给予企业10万元至20万元不等的奖补。

2.项目申报需补充提供以下申报资料:

(1)鼓励产业集聚发展类项目资金申请表;

(2)项目备案(核准)文件;

(3)项目的用地许可证、施工许可证、施工合同;

(4)项目竣工验收报告等建筑容积率认定文件。

第七类 鼓励产业平台建设类项目

(一)鼓励各类平台建设项目

1.支持标准:鼓励各类工业检测、设计、加工中心、共性工厂、智能制造公共服务等平台在我区注册登记,对平台企业租赁经营场地按5元/平方米·月给予补助,实际租赁费低于5元/平方米·月的,按实际支付的租赁费给予补助,补助期限最长为3年,单个平台当年补助金额最高30万元,次年和第三年减半。

2.项目申报需补充提供以下申报资料:

（1）鼓励产业平台建设类项目资金申请表；

（2）企业有效营业执照；

（3）与园区、镇街签订的投资协议；

（4）缴纳租赁费用凭证。

（二）鼓励平台为我区企业提供服务

1.支持标准：各类工业检测、设计、加工中心、共性工厂等平台当年为我区企业提供服务费用达100万元以上，按服务费用的10%进行补助，补助期限最长为3年，每年补助金额最高20万元，次年和第三年减半。

2.项目申报需补充提供以下申报资料：

（1）鼓励产业平台建设类项目资金申请表；

（2）与企业签订的协议复印件；

（3）平台当年出具的增值税发票复印件，加盖企业和中介机构印章的服务费用清单；

（4）加盖企业公章和银行印鉴的付款凭证；

（5）其他相关证明材料。

（三）支持服务型制造发展。

1.申报主体另需符合以下特定条件：对物流及供应链管理、研发设计等生产性服务企业，为提升服务能力新增投资项目或融资租赁企业新购设备，当年投资达到100万元以上。

2.支持标准：给予申报当年投资额5%的奖励，最高不超过50万元。

3.项目申报需补充提供以下申报资料：

（1）鼓励产业平台建设类项目资金申请表；

（2）项目实际投入发票复印件；

（3）企业营业执照复印件；

（4）项目核准或备案文件；

（5）项目服务性收入发票复印件。

（四）鼓励企业从产品设备制造商转变为系统集成和整体解决方案提供商。

1.支持标准：按照服务实现销售收入的2%给予奖励，最高不超过50万元。

2.项目申报需补充提供以下申报资料：

（1）鼓励产业平台建设类项目资金申请表；

（2）企业营业执照复印件；

（3）服务实现开票销售发票复印件；

（4）系统集成和整体解决方案案例材料。

第八类　优化企业融资环境类项目

（一）支持企业发行债券和资产证券化产品

1.支持标准：对当年成功发债且当年入库税金达1000万元以上的企业，按其当年债券实际发行额的0.8‰给予奖补，单个企业奖补最高不超过100万元；对当年成功发行资产证券化产品且当年入库税金达1000万元以上的企业，按实际融资额的5‰予以奖补，单个企业奖补不超过100万元。

2.项目申报需补充提供以下申报资料：

（1）鼓励优化企业融资环境类项目资金申请表；

（2）税务部门出具的年度入库税金证明材料；

（3）债券、资产证券化产品资金入账凭证；

（4）发行债券、资产证券化产品相关佐证材料。

（二）鼓励融资租赁公司落户我区开展业务

1.支持标准：我区新设立的融资租赁公司，给予当年度到账注册资本金6‰的奖补，最高不超过50万元。融资租赁公司购买我区机械装备制造企业生产的全新机械设备，用于开展融资租赁业务，且租赁合同期限在1年以上（含1年），每套设备10万元以上的按照人民银行同期一年期贷款基准利率的50%给予一次性贴息补助，单套设备最高补助50万元。用于对我区实体经济开展租赁业务，补助最高上浮20%。

2.项目申报需要提供的申报材料：

（1）优化企业融资环境资金申请表；

（2）资金申请报告：主要包括企业开设融资租赁公司或开展融资租赁业务基本情况，取得运营成果，以及申报奖励资金额度等；

（3）营业执照正副本、国家相关部门批准或备案的文件复印件；

（4）具有相应资质的第三方机构出具的实缴资本验资报告，当年为区内企业提供融资服务情况的相关证明材料，当年购入本区机械准备制造企业生产的全新机械设备用于租赁业务的合同复印件、付款凭证及发票；

（5）其他相关材料。

第三章 申报、审核和兑付程序

第八条　区工信局牵头年度专项扶持资金申报工作指南的制定发布、受理申报、专题讨论等工作；区财政局牵头专项资金的预算安排、资金拨付以及绩效考评等工作。区工信局会同区财政局公开发布资金项目申报指南，明确当年扶持项目申报的具体要求及受理时间。

第九条　资金申请实行属地化管理。符合资金支持条件的项目，由项目申报单位向项目所在园区、镇（街）提出项目申请，并按要求提供项目申报材料。申报材料提交份数视具体项目评审需要而定，在申报指南中明确。

第十条　各园区、镇（街）对所属申报单位申报资格、申报材料的真实性和完整性等进行审查。对符合申报条件和要求的项目进行汇总，并形成书面推荐意见，随具体项目申报资料转报区对口部门。

第十一条　区工信局、财政局、

审计局、发改委、市场监管局、科技局、商务局、地方金融监管局、自然资源和规划分局、高港税务局和区纪委监委等职能部门、单位成立高港区工业经济转型升级专项扶持资金审核领导小组，组织召开专题会议，对申报资金扶持奖励的项目进行单位资格、材料真实性和合规性审核，并提出初步的评审意见和资金安排建议，由区工信局会同区财政局联合将扶持项目资金安排建议方案报区相关会议讨论。

第十二条　区财政安排的扶持项目资金，由区财政直接下达有关园区、镇（街）及项目单位。

第四章　资金监督管理

第十三条　资金申请单位要严格按照本细则规定和当年申报指南要求，申报有关扶持奖励资金。同一项目不得提出两类及以上的资金申请，也不得兼报区级其他财政扶持资金项目。

第十四条　区财政局、工信局、发改委、市场监管局、科技局、商务局、地方金融监管局、自然资源和规划分局等分别对各自对口专项资金管理使用情况进行定期或不定期跟踪检查。

第十五条　对违反财经纪律，虚假申报、违规使用扶持资金的单位和个人，依照相关法律法规予以处理处罚；构成犯罪的，移交司法机关处理。

第五章　附则

第十六条　本细则由区工信局、区财政局负责解释。

聚焦企业关切进一步优化营商环境若干意见

泰高政办发〔2020〕45号

为深入贯彻落实习近平总书记关于加大营商环境改革力度的重要指示精神和党中央、国务院决策部署，进一步打造充满活力、富有效率、更加开放的法治化、国际化、便利化营商环境。根据《国务院办公厅关于印发全国深化“放管服”改革优化营商环境电视电话会议重点任务分工方案的通知》（国办发〔2019〕39号）、《省政府办公厅关于印发聚焦企业关切大力优化营商环境行动方案的通知》（苏政办发〔2019〕48号）和《市政府办公室关于印发聚焦企业关切进一步优化营商环境行动方案的通知》（泰政办发〔2019〕56号）精神，结合我区实际，制定本意见。

一、工作目标

以回应需求服务企业为导向，以深化“放管服”改革为抓手，聚焦市场主体和群众办事创业的痛点、难点、堵点，精准发力补短板、强弱项，加快构建稳定公平透明、可预期的一流营商环境，努力实现“一年突破提升、两年全面优化、三年争创一流”，力争营商环境综合水平进入全省前列，打造长三角地区营商环境最优示范区。

——2020年，全区营商环境评价指标体系、制度框架体系、责任分工体系基本建立，开办企业、行政许可、纳税便利度等核心指标大幅提高，法治环境、“互联网+政务服务”等重点领域改革创新走在全省前列。

——2021年，全区营商环境制度政策体系更加完善，营商环境的标准体系进一步健全，主要营商环境指标达到或接近国内先进地区水平，各项改革创新示范引领效应充分显现。

——2022年，全区各领域营商环境进入国内先进行列，审批环境、开办企业便利度等部分指标达到全国先进水平。

二、主要举措

（一）便捷市场准入

1.加强清单标准化建设。进一步深化“市场主体准入清单”和“企业投资建设项目审批清单”管理，推进政务服务事项及实施清单标准化建设，完善清单内容，建立清单名称、审批事项、提交材料、格式文本等四级目录和材料清单，做到“清单之外无审批、清单内容全公开”。除国家法律、法规明确禁止准入的行业和领域外，其他行业、领域和业务全面放开，市场主体可以平等进入市场负面清单以外的行业、领域和业务。（责任部门：区行政审批局）

2.全面实施“证照分离”改革。对所有涉及市场准入的行政审批事项，按照直接取消审批、审批改为备案、实行告知承诺、优化准入服务等方式实施“证照分离”改革。对直接取消审批的事项，市场主体办理营业执照后即可开展相关经营活动。对审批改为备案的依法明确备案的环节、条件、材料、时限，不再进行审批。对实行告知承诺的事项，制定一次性告知书及承诺示范文本，对申请人符合承诺审批条件的，当场办理审批，加强事中事后监管。对实行优化准入服务的事项，制定出台精简环节、压缩材料、优化流程的工作程序和办事指南，进一步提高市场主体准入的便利化程度。（责任部门：区行政审批局）

3.推行“一事一办”。设置“一件事”服务专区，按照“一表申请、一窗受理、后台流转、联合踏勘、证照统发”的模式，实现只需到一个窗口、提交一次申请、递交一份材料，即可同时办理营业执照及相关许可证。实现开办企业“一表申请、一窗发放、2个工作日内完成”。（责任部门：区行政审批局）

4.推行公司登记“全区通办”。将公司登记服务窗口前移至条件成熟的社区或村居一级便民服务点，做好人员培训，软硬件配备到位，审批局通过数据共享后台核准后，由村居便民服务点直接发放营业执照，实现公司登记足不出村（居），就近通办。（责任部门：区行政审批局，各园区、镇街）

5.提升企业注销便利度。联动区税务局，对企业注销按风险等级进行分类处理、容缺受理。推广“企业注销一体化平台”，实现企业注销“一网”服务。简化企业退出市场机制，优化企业注销流程，压缩企业简易注销公告时间，将45天压缩至20天，公告结束后无异议企业做出承诺当天完成注销审批。（责任部门：区行政审批局、税务局）

（二）完善服务体系

6.推进综合受理窗口建设。大力整合政务资源，打破部门界限，推进数据集成和信息共享，优化提升政务大厅“一站式”服务功能，加快推进“一窗受理、分类审批、综合出件”，实现企业和群众必须到窗口办理的事项“只进一扇门”，为企业和办事群众提供一站式办理的政务服务，切实提高办事的便捷性。（责任部门：区行政审批局，各相关部门）

7.实行“线上+线下”不见面审批。依托江苏政务服务网，加快推行“网上办”和“代办制”工作，促进线上线下融合，不断深化“不见面”审批改革。加快全区政务服务“24小时不打烊”自助服务区建设，通过各类服务的整合，实现自助服务与网上服务、大厅服务的互动。（责任部门：区行政审批局、网管中心）

8.推行“全科服务”，当好“金牌店小二”。持续拓展“店小二”专业化服务范畴，前延服务触角至招商引资阶段，把好准入关，减少企业及政府过程性浪费。结合项目实际及企业需求，每周至少入园进企上门服务一次，直面企业项目建设及运营中用地紧、审批难、融资贵、人才短缺等各类问题，以“多对一”方式为企业解决一揽子事。加大“店小二”服务团队业务培训力度，强化团队专业化、规范化、标准化建设。（责任部门：区行政审批局、自然资源和规划分局、住建局、应急管理局、科技局、地方金融监督管理局、人社局）

9.提升企业办税便利度。推进“一窗受理”办税服务，除专业化涉税事项外基本实现涉税事项“一厅通办”，90%以上涉税事项在窗口即时办结，企业年平均纳税时间缩短至100小时。在市局统筹安排下，推广电子税务局线上业务智能审核、纳税人网上自主更正申报和补缴税款、退税（费）等功能。对纳税人重大项目、业务重组等复杂业务事项，根据企业需求，组建政策服务团队，提供个性化服务。（责任单位：区税务局）

10.探索建立“好差评”制度。加快全区政务服务“好差评”平台建设，探索实现“好差评”线上全覆盖、线下全联通、数据全汇聚、结果全公开。联动对接市级平台，根据市实时监测政务服务平台“好差评”系统建设情况，适时公布“好差评”结果，切实提升群众和企业获得感。（责任部门：区行政审批局）

11.探索试行“产业定制地”供应模式和区域评估。探索实施的“产业定制地”供应模式，将“标准地”和不同产业类型项目定制化需求有机结合，推行“以地招商”。在产业集聚区探索开展地质灾害危险性评估、矿产压覆评估、环境影响评价等区域评估，区域内工程建设项目共享区域评估评审结果，降低单个项目评估报告编制成本。对已完成区域评估范围内的工程建设项目推进告知承诺制。（责任部门：区自然资源和规划分局、商务局，各有关部门）

（三）优化工程建设项目审批

12.打造“工程建设项目审批专区”。按照项目审批全生命周期将流程划分为立项用地规划许可、工程建设许可、施工许可、竣工验收四大阶段，以高效便民、协同配套、应争尽争为原则，全面梳理审批事项，积极上争审批事项权限，实现项目审批“一窗办”。推行各阶段“一家牵头、内部流转、并联审批、限时办结”集成化审批，为工程建设项目提供“一站式”审批咨询、指导、代办和组织协调服务，全面实现工程建设项目立项至竣工验收全周期审批时间压缩至100个工作日以内。（责任部门：区行政审批局、自然资源和规划分局、住建局）

13.建设完善工程建设项目审批管理平台。按照“横向到边、纵向到底”的原则，以应用为导向，打破“信息孤岛”，整合、打通各审批部门信息平台端口，建立覆盖项目立项至竣工验收的工程建设项目审批管理平台，并逐步与市级、省级工程建设项目审批管理平台对接，实现审批数据实时共享，具备业务协同、在线并联审批、统计分析、监督管理等功能。（责任部门：区行政审批局、自然资源和规划分局、住建局）

（四）规范涉审中介机构事项

14.搭建中介服务机构基础数据库。对照《区级部门（单位）行政权力事项目录清单》，初步梳理形成工程建设项目涉审中介事项及对应中介服务机构清单。坚持“宽进严管，客观公平”的原则，鼓励引导符合行业标准的中介机构备案登记，入驻“中介服务超市”网上平台，搭建第三方中介服务机构基础数据库。[责任部门：区行政审批局、各行业主管（指导）部门]

15.完善“中介服务超市”平台功能。以“坚持用户思维、注重客户体验”为导向，依托泰州市“中介服务超市”网上平台，完善优化平台端口、功能，增强服务精准度和实用性，构建集“信息查询、信息公开、网上竞价、服务选取、服务评价”

五位一体的中介交易平台,形成中介服务“淘宝式”运行模式。[责任部门:区行政审批局、各行业主管(指导)部门]

16.推行中介服务机构星级评价机制。出台《高港区涉审中介机构星级管理考评暂行办法》,通过行业主管(指导)部门考核、业主单位满意度调查和第三方社会组织综合测评,实现对中介机构服务效能、信用管理等执业行为的星级动态评价,供各类投资主体参考选择,形成优胜劣汰,择优扶强的发展导向,促进中介市场健康有序发展。[责任部门:区行政审批局、各行业主管(指导)部门]

(五)创新金融环境服务

17.全面打造产融综合服务平台。设立区级产融综合服务中心,完善“线上+线下”一体化金融服务体系,缩短企业获得信贷时间,实现企业融资需求响应不超过2个工作日,信用贷款平均审批时间不超过7个工作日,抵质押方式获得融资时间不超过25个工作日,切实提高银企合作效率。(责任单位:区地方金融监管局、行政审批局,各园区、镇街)

18.大力开展普惠金融服务。充分发挥政府性融资担保机构担保作用,扎实推进“泰信保”、“富民贷”等普惠金融产品,通过风险分担机制,加强对创新创业、三农等领域中小微企业的金融支持,推进政银企担形成合力,构建新型政银企担营商关系。(责任单位:区财政局、地方金融监管局、人社局,各园区、镇街)

19.不断优化政府服务机制。由政府牵线为企业发展架桥铺路,推动“店小二”金融服务团队工作常态化,创新开展企业“小银团”融资套餐服务,满足企业多样化融资需求,实现银行政策有效组合。(责任单位:区地方金融监管局、财政局、工信局、科技局,各园区、镇街)

(六)加强人才用工保障

20.落实招才引智优惠政策。畅通优秀人才引进的“绿色通道”,帮助来高港优秀人才解决子女入学、就医、住房等实际问题。深入开展“新时代科技新长征”活动,集聚创新创业人才。加强本土人才培育,为产业和企业科技创新提供人才支撑。提高优秀企业家参加劳模和评选先进的比例,激励全区企业家拼搏创新、实干奉献。(责任单位:区人才办、人社局、科技局、教育局)

21.提升公共就业服务质效。开展企业职工技能提升“展翅行动”,提升企业职工技能,提高企业生产效率。每周三下午举办公共人力资源市场招聘会,为企业降低招聘成本,推进社保业务服务“应网尽网”,全面实现线上办理。(责任单位:区人社局)

22.优化企业特殊工时审批服务,促进企业提高管理水平和劳动生产率。(责任单位:区人社局)

(七)强化减税降费政策落实

23.严格落实减税降费政策。贯彻落实普惠性减税和结构性减税的各项政策,制定优惠政策清单,加大各项减税降费政策的宣传和辅导,确保优惠政策企业应知尽知,能享尽享,应享快享。(责任单位:区税务局、财政局、工信局)

24.清理规范涉企收费。全面实行收费目录清单制度,清单之外一律不得收费。完善政府性基金、行政事业性收费和政府定价经营服务性收费目录动态调整机制,梳理公布清费降本减负政策文件和收费减免与优惠政策清单,严格执行国务院涉企保证金目录清单管理制度,不得自立项目收取清单之外的保证金,增强政策的透明度,提升企业的满意度。深化生产许可证制度改革,引导和督促认证机构降低收费标准。(责任单位:区发展改革委、财政局、工信局、交通分局、公安分局、水利局、市场监督管理局、高港生态环境局)

25.优化社保征缴管理。推广实施“互联网+社保”新模式,减轻参保单位事务性负担。开展宣传推介,引导企业签订网报协议,帮助企业申领网报CA证书,确保企业实现网报功能,不断提高企业主动参与社会保险网上申报的积极性。定期开展培训,向企业发放网报证书和教学视频,利用工作QQ群定期组织交流和培训,在服务窗口增设网上申报专用电脑,对柜台办理网报单位进行一对一的指导。对网报工作开展情况及数据进行分析,进一步规范办理流程。(责任部门:区人社局)

(八)保障市场公平竞争

26.依法保障市场主体的平等待遇。各种所有制市场主体平等适用本区支持企业发展的各项政策。民营企业、中小微企业与国有企业在土地供应、项目申报、资质许可、产业扶持、用水用电等方面享有同等待遇。不得对市场准入负面清单以外的行业、领域、业务等设置审批限制,不得限制外地商品、服务进入本地市场。依据委托对全区范围内的经营者集中行为及其影响进行调查和提出意见。组织实施公平竞争审查制度,开展公平竞争审查。组织实施有关反不正当竞争的政策措施,加强对全区反不正当竞争工作的业务指导。(责任部门:区市场监督管理局、行政审批局)

27.依法保障市场主体通过公平竞争参与招投标活动。鼓励民营企业、中小微企业通过公平竞争,参与基础设施和公用事业项目建设。政府投资项目及建设工程不得以非公开招标方式设立各类预选企业名录,不得以业主强制选择等手段取代公平竞争。(责任部门:区住建局、市场监督管理局、行政审批局)

28.规范政府采购行为。实现政府采购项目的全过程信息公开,中标、成交结果、合同签订等信息应依法依规及时公开。建立公共资源交易项目标后履约回访制度,及时掌握项目标后履约中出现的问题,切实维护公共资源交易当事人的合法权益，保证公共资源交易项目的顺利实施。推进政府采购电子交易平台建设，提高政府采购竞争度和中小企业参与度。另外根据苏财购〔2019〕48号文件要求，取消机关、事业单位和团体组织会计服务、审计服务、法律服务、工程设计服务、工程监理服务和工程造价咨询服务的入围供应商库，为供应商营造公平竞争的环境。（责任部门：各采购单位、区行政审批局）

29.坚决查处和纠正滥用行政权力排除、限制竞争行为。开展公用企业限制竞争和垄断行为专项整治，制止和纠正供水、供电、供气等公用企业滥收费用、限定交易、实行差别待遇等限制竞争和垄断行为。（责任部门：区市场监督管理局）

（九）建立健全社会信用体系

30.推进社会信用体系建设。推动制度建设、信用记录、联合惩戒等方面实现新突破。建立信用信息采集目录，在办理注册登记、资质审核、市场准入、政府采购、招标投标、行政审批、公共服务和日常监管等过程中，全面记录市场主体信用行为，建立失信记录档案。加强信用信息征集、披露、使用和管理，并为市场主体提供信用信息查询服务。建立诚信教育长效机制，对失信企业法人代表开展信用修复培训，指导企业修复信用。（责任部门：区发展改革委，各相关部门）

31.健全信用联合奖惩机制。建立常态化的诚信“红黑名单”定期发布机制，实施守信联合激励、失信联合惩戒，健全以信用监管为基础的新型监管机制，实现“事前管标准、事中管检查、事后管处罚、信用管终身”。（责任单位：区发展改革委，各相关部门）

32.建立健全信用信息异议投诉制度。对市场主体提出异议的信息，公共信用信息工作机构和信息提供单位应当自收到异议申请后10个工作日内核实并反馈结果，经核实有误的信息应当在反馈之日起3个工作日内予以更正或撤销。失信联合惩戒错误导致市场主体合法权益受损害的，有关部门应当主动撤销并消除不良影响。（责任部门：区发展改革委，各相关部门）

（十）强化法治环境建设

33.控制压缩裁量空间。全面推行行政裁量权基准制度，细化、量化行政裁量标准，规范裁量范围、种类、幅度。制定出台涉企轻微违法行为不予行政处罚和一般违法行为从轻减轻行政处罚清单。行使行政裁量权要符合立法目的和原则，采取的措施和手段应当必要、适当，可以采取多种方式实现行政管理目的的，应当选择最有利于保护企业合法权益的方式。（责任单位：区司法局，各相关部门）

34.优化企业退出机制。加大闲置低效用地清理力度，按照市场化、法治化原则健全完善“僵尸企业”退出机制，加快产能过剩行业和“僵尸企业”用地退出、转产和兼并重组，保持市场主体健康性和活跃度。制定企业破产处置政府与法院协调联动机制意见，推动解决民生保障、稳定维护、风险防控、信用修复等方面存在问题，形成处置合力。完善破产案件审判管理、考核监督、简易审理等机制，提升审判质效，积极稳妥受理企业破产案件，服务市场主体有序退出，促进要素资源加快释放。加强破产审判队伍建设，健全完善管理人选任和履职管理机制，为企业破产处置提供专业化服务与保障。（责任单位：区工信局、法院、自然资源和规划分局、市场监督管理局、行政审批局、人社局、商务局、发展改革委）

35.营造良好法治环境。强化社会治安动态防控，大力开展企业周边治安整治，严厉打击黑恶势力、非法集资、金融诈骗、制假侵权等扰乱市场竞争秩序、影响社会发展稳定的违法犯罪行为，坚决维护市场主体合法权益。依法保护企业家的人身自由权、知识产权、自主经营权和合法财产权利。不断完善落实保障企业家合法权益的司法政策，严防刑事执法介入经济纠纷、民事责任变为刑事责任，让企业家安心干事创业。加强制度建设，严格规范行政执法，压缩自由裁量空间，促进行政执法公平公正、合法规范，最大限度减少执法办案对企业正常生产经营造成的负面影响，形成依法保障诚实守信企业家合法权益的良好法治环境和社会氛围。（责任部门：区司法局、地方金融监督管理局、公安分局）

36.强化知识产权保护。完善知识产权执法协调机制，开展知识产权保护的联动和协调工作，定期不定期的开展联合执法行动，严厉打击各类侵犯知识产权犯罪行为，维护权利人合法权益，营造良好的投资环境。支持企业参与国际标准制定、国际专利申请和国际商标注册，实行最严格的知识产权保护，开展打击侵权专项行动，强化知识产权保护行政执法与刑事司法相衔接。（责任部门：区市场监督管理局、公安分局、检察院、法院、司法局）

37.畅通政企沟通渠道。加大对企业服务力度，举办“大讲堂”活动。完善区领导挂钩服务重点产业、重要园区、重大项目制度，按照“有求必应、无事不扰”的原则，深入企业，送政策、察实情、解难题、促发展，帮助企业突破发展瓶颈，切实解决企业生产经营难题，解决企业发展的后顾之忧。（责任部门：区工信局、发展改革委、商务局）

三、保障措施

（一）建立推进机制。健全优化营商环境工作协调和推进落实机制，建立区优化营商环境工作领导小组。充分发挥“优化营商环境工作领导小组”的统筹协调、督促检查、调研评估等职责作用，通过细化分阶段重点工作，制定可量化、可考核、有时限的目标任务，对跨领域、跨部门、跨层级的重大问题，积极主动进行统筹协调,推动进一步优化全区营商环境工作与其他改革协同配合、整体推进。建立"重大项目服务部",促进重大项目加快落地和实施。各部门对照各自职责,梳理工作任务清单,明确时间节点和负责人,确保各项措施落实到位。

(二)加强督导考核。建立优化营商环境全过程督查问责机制,将优化营商环境工作列入区委、区政府重点督查事项和重大政策措施落实情况跟踪范围,建立快速便捷的投诉受理和调查追责机制。加大监督检查力度,通过检查、督查、评估、通报等多种方式,大力推动和督促落实各项改革任务。设立营商环境专项考核办法,对落实到位、积极作为的部门及个人通报表扬、给予激励,对发现的问题要坚决整改,对工作不落实的要严肃问责。区纪委监委选取部分重点工程、重点企业设立"营商环境观察点",选聘营商环境观察员,充分发挥社会监督作用。对观察员反馈的相关职能部门在办理行政许可和审批事项、落实惠企政策、开展执法检查等方面靠前服务不力、沟通信息不畅、政策解读不到位等问题及时跟进调查核实,对违规违纪问题严肃追责问责,推动责任部门将优化营商环境的各项措施落到实处,积极营造高效廉洁、风清气正的发展氛围。

(三)做到精准施策。加大营商环境跟踪研究力度,及时调整不符合发展趋势、不适应现实需要、不具备兑现条件、不明确落地流程的涉企政策条款,增强政策的稳定性和连续性。全面采用成本收益分析,对优化营商环境具体政策进行事前评估,防止给企业增加不合理的制度成本、时间成本和经济成本。对企业敏感的行业规定或限制性措施调整要设置合理过渡期,防止脱离实际、层层加码。动态对标国际标准和国内先进地区,积极借鉴、复制营商环境建设先进经验,有针对性地加以推广应用,积极创造条件,推动各项改革经验落地生根。

(四)加强宣传解读。各地各部门要设立营商环境专栏,宣传解读优化提升营商环境改革政策,听取企业和社会各界意见建议,解答和回应社会关注的热点难点问题,要公布举报投诉电话,接受企业和群众监督。新闻媒体要加大宣传力度,及时宣传营商环境建设的先进典型和工作成效,公开曝光对营商环境造成恶劣影响的行为,营造全社会关注、支持、参与营商环境优化提升工作的良好氛围。加强政企沟通和宣传解读,定期召开宣讲会和培训讲座、诊断咨询,开设各类企业服务活动场所。

泰州市高港区关于促进开放型经济高质量发展若干政策意见(试行)实施细则

泰高政办发〔2020〕79号

第一章 总则

第一条 为贯彻落实《关于促进开放型经济高质量发展若干政策意见(试行)》(泰高发〔2019〕10号)精神,助推我区开放型经济高质量发展,特制定本实施细则。

第二条 设立区级开放型经济高质量发展专项扶持资金(以下简称高质量发展专项资金),用于(泰高发〔2019〕10号)文确定的扶持政策意见的兑现,鼓励招引高端国际资本,鼓励转变外经贸发展方式,促进对外经济合作提质增量,扶持服务外包产业加快发展。

第三条 高质量发展专项资金,每年由区级财政统筹安排,列入年度财政预算。

第四条 高质量发展专项资金的分配和管理遵循"公开透明、定向使用、择优支持、注重绩效"的原则。

第二章 支持的范围、对象和标准

第五条 对区内现有企业以外资方式增资扩股的,每增资并实际到账100万美元的,奖补企业1万元,最高不超过50万元。

第六条 对新落户实际利用外资3000万美元以上外资先进制造业、现代服务业、现代农业、大健康类产业项目,每个项目奖补30万元,奖补对象为项目实施主体。

第七条 对当年经省商务厅新认定的跨国公司地区总部和功能性机构,给予100万元的奖补。奖补对象为跨国公司地区总部和功能性机构的实施法人。

第八条 对于企业质量体系认证、出口产品认证,境外商标注册、自主知识产权保护等费用,在省市补助基础上的剩余部分给予全额补助,每个企业最高不超过10万元。

第九条 对当年被评为国家、省级国际知名品牌企业,在省市奖励的基础上,分别再给予30万元、20万元的奖励。

第十条 对于在本区注册并获得省级外贸综合服务试点企业(为中小微企业提供物流、通关、信保、融资、结汇、退税等进出口环节中5项以上服务,其中通关、退税为必须提供的服务),奖励10万元。

第十一条 对当年一般贸易出口额在500万美元、1000万美元以上的高新技术企业分别给予2万元、5万元奖励。

第十二条　对当年被评为国家、省级进出口基地，在省市奖励的基础上，分别再给予20万元、10万元的奖励。对当年被评为省进口商品交易中心称号的企业，在省市奖励的基础上，分别再给予10万元的奖励。

第十三条　年出口在100万美元以上企业参加境外展，每个展会给予1万元补贴，同一企业累计补贴不超过5万元。

第十四条　生产型企业自营出口首次突破200万美元、500万美元、1000万美元的，分别给予2万元、5万元、10万元奖励。贸易型企业进出口额首次超过1000万美元、2000万美元、3000万美元，分别给予2万元、5万元、10万元奖励。

第十五条　对高港域内企业每年从泰州港进出口集装箱，每个标箱（外贸）给予40元奖励，单个企业年奖励不超过20万元。

第十六条　对新增的当年度服务500家以上企业、网店及个人的运营服务商并有电商成交实绩，给予10万元补助；对在第三方平台或自建平台成功运营的“高港地方特色产品馆”，当年度交易额在1000万元以上的，按销售额的0.2%奖补，最高不超过20万元。

第十七条　对传统企业转型升级开展应用电子商务，且当年网络销售额达1亿元以上的，经认定后奖补10万元；对注册地及结算地在我区，开展和应用电子商务的企业，当年度网络销售超过2000万元、5000万元、1亿元以上的，经认定分别给予2万元、5万元、10万元补助（开展跨境电商应用的企业按以上补助标准的1.5倍执行）。

第十八条　对高港籍大中专毕业生回乡开展和应用电子商务就业创业，优先享受小额担保贷款及贴息政策，对网上年开票销售额达30万元（农产品销售20万元）以上或年发件量达1.5万件或有缴纳社会保险从业人数3人以上的，给予1年期10万元贷款额的贴息（最高20万元贷款额的贴息）或4000元（最高8000元）奖补。

第十九条　当年新签外经合同额达到5000万美元、4000万美元、3000万美元的企业，分别给予5万元、3万元、2万元的奖励。

第二十条　对当年外经营业额累计达到3000万美元、2000万美元、1000万美元的企业，分别给予8万元、5万元、3万元的奖励。

第二十一条　企业在境外正式注册实体公司且当年实际投资50万美元以上的，给予5万元奖励。

第二十二条　对企业并购国外研发机构或国外具有自主知识产权的高新科技企业、知名品牌，且当年实际投资100万美元以上的，给予10万元奖励。

第二十三条　对进入国家境外经贸合作区和省级境外产业集聚区投资的企业当年中方实际投资额100万美元以上的，给予10万元奖励。

第二十四条　对当年经商务部确认在岸服务外包执行额达500万元以上或离岸服务外包执行额达100万美元以上的企业，给予6万元奖励；对当年经商务部确认在岸服务外包执行额达1000万元以上或离岸服务外包执行额达200万美元以上的企业，给予10万元奖励。

第二十五条　对服务外包企业当年离岸服务外包执行额超过200万美元的，每超100万美元增加奖励5万元，最高奖励不超过20万元。

第二十六条　支持服务外包公共信息服务平台和公共培训服务平台建设，对经省商务厅确认的服务外包公共服务平台建设实施单位，给予20万元的补贴。

第三章　具体申报要求

第二十七条　为降低企业获取政策支持的成本，提高政策落实效率，对部分项目采取免予申报的方式，即由区商务局牵头提供依据或证明，区商务局会同区财政局履行必要的审核程序后提交区政府审定。

免于申报的项目包括：第七条、第九条、第十条、第十一条、第十二条、第十四条、第十五条、第十九条、第二十条、第二十四条、第二十五条。

第二十八条　不属于上述免申报范围内的项目应符合以下基本条件方可申报奖励资金：

（一）申报项目的企业（单位）基本条件

1.在泰州市高港区工商注册、税务登记、依法纳税，具有独立法人资格的企业或在高港区创业的小微电子商务经营户；

2.具备健全的基础管理和财务内控制度，财务信息资料真实完整并按规定对外报送；

3.诚信记录良好，无违法违规、拖欠职工工资和政府性资金的行为。

（二）企业申报的项目需提供以下基本资料

1. 资金申请报告，主要陈述企业基本情况、项目实施情况、资金申请事由等，落款为项目单位公章；

2.申报企业法人营业执照复印件，进出口经营权证书复印件；

3.企业年度纳税证明

4.区级财政专项资金申请使用全过程承诺责任书。

第二十九条　增资扩股类项目申报奖励资金需补充提供以下材料：

1.增资扩股类项目奖励申报表；

2.企业增资扩股的资金到账证明材料，包括：银行进账单、FDI入账登记表（现汇出资）、资金入账证明（以人民币利润再投资等方式出资）、出资证明书及印花税缴纳凭证等。

第三十条　外资先进制造业、现代服务业、现代农业、大健康产业项目申报奖励资金需补充提供以下材料：

1.外资先进制造业、现代服务业、现代农业、大健康产业项目奖励申报表；

2.企业的资金到账证明材料，包括：银行进账单、FDI 入账登记表（现汇出资）、资金入账证明（以人民币利润再投资等方式出资）、出资证明书及印花税缴纳凭证等；

3.关于外资先进制造业、现代服务业、现代农业、大健康产业项目的相关证明文件；

4.项目信息、合同及开工的备案文件。

第三十一条　国际市场自主品牌建设项目需补充提供以下材料：

1.项目实际发生费用的合法凭证（发票）复印件（如外文发票须附翻译件并加盖申请单位财务章）；

2.银行付款凭证复印件（加盖申请单位财务章）；

3.项目申报单位与所委托的认证机构的合同复印件；

4.中外文认证证书的复印件；

5.认证机构资质证明文件。

第三十二条　高新技术产品出口类项目需补充提供以下材料：

1.在有效期内的省级以上高新技术企业证书；

2.海关出具的企业上年度一般贸易出口额证明文件。

第三十三条　境外展览会项目需补充提供以下材料：

1.企业上年度自营出口在100万美元以上的海关出具的证明材料；

2.展会项目实际发生费用的合法凭证（发票）复印件；

3.银行付款凭证复印件（加盖申请单位财务章）；

4.如境外发票，须附银行付汇凭证（加盖申请单位财务章）；

5.与展方或组团单位签订的展位确认文件（其中须包含展位面积和金额明细）；

6.如企业独立参加境外展览，还需提供境外展方邀请函及与展方确定展位的有关文件（其中须包含展位面积和金额明细）复印件。

第三十四条　电子商务项目需补充提供以下材料：

1.电子商务类项目申请表；

2.电子商务业务开展情况、运营服务协议或发票、经营户网页及交易明细截图、网络交易额证明、平台入驻签约合同等其他相关证明材料等。

第三十五条　走出去项目需补充提供以下材料：

（一）新签外经合同额项目

1.新签外经合同额项目申请表；

2.企业境外投资批准证书复印件；

3.境外企业注册文件复印件；

4.企业在商务部“对外投资合作信息服务系统—对外直接投资统计系统”里填报统计数据的证明，如网页截屏等（截止申报月前填报的对外投资的年报或月报数据）。

（二）外经营业额项目

1.外经营业额项目申请表；

2.国家境外经贸合作区项目提供商务部中标文件复印件，省级境外产业集聚区项目提供江苏省商务厅有关确认文件复印件；

3.申请企业关于境外项目实施进展情况报告（应包括境外企业负责人及联系方式，境外注册时间，境外经营地址，实际资金和实物投资额特别是土地、厂房、设备等固定资产投资额，经营状况、利润回报情况等，境外企业获取境外资源或带动国内出口或获取技术、品牌等方面情况）；

4.境外企业建设或经营现场图片等。

（三）企业开展境外投资类项目

1.企业开展境外投资类项目申报表；

2.赴我驻外经济商务参赞处（室）报到登记表回执（应加盖我驻外经济商务参赞处室的公章）或其他能够有效说明企业确已报到登记的证件材料复印件；

3.境外汇款申请书、海关报关单等资金、设备投入证明复印件等。以资金进行对外投资的，应提供境外汇款申请书（资金汇款申请单中应注明为投资资本金或境外投资款汇出，无注明或者为贷款、借款应提供相关原因说明及外汇管理部门的佐证材料）、资金汇款单、财务记账凭证、资金汇出当月的银行对账单（此应提供加盖银行红章的原件）等资金投入证明复印件等；以实物或设备等进行对外投资的，应提供海关报关单、财务记账凭证等投入证明复印件等；境外研发中心产生重大技术突破项目需提供由项目所在国（地区）具有全球网络、在相关领域具有成熟专业评估经验的中介机构对境外研发中心产生的科技成果的评估价值证明复印件等；

4.资金、设备在境外实际使用形成固定资产和各项费用支出的有关证明材料，如购建固定资产和费用支出的有关支付凭证、发票、合同等复印件；

5.投资当年度会计师事务所出具的年度会计报表审计报告（非合并抵销报告），应包括报告正文及附注，且有相关投资的注明。

第三十六条　服务外包类项目申报奖励资金要求：

（一）申报主体另须符合以下特定条件：

1.申报企业为在商务部服务外包统计系统注册的企业；

2.在岸外包执行额达500万元以上或者离岸外包执行额达100万美元以上；

3.申报的服务外包业绩数据在商务部服务外包统计系统中可核查。

（二）申报项目需补充提供以下申报材料：

1.服务外包项目资金申报表；

2.与服务外包发包商签订的服务外包合同复印件；

3.服务外包业务收入明细清单

及证明材料，包括：银行转账贷方凭证、发票复印件等；

4.财政部门指定的会计师事务所出具的包含服务外包审计项目的企业财务年度审计报告。

第三十七条 服务外包公共服务平台项目申报奖励资金需补充提供以下材料：

（一）申报主体另须符合以下特定条件：

1.平台实施主体需在商务部服务外包统计系统注册；

2.已建平台申报的服务外包业绩数据在商务部服务外包统计系统中可核查。

（二）申报项目需补充提供以下申报材料：

1.服务外包公共服务平台项目资金申报表；

2.省或市级商务部门认可的服务外包公共服务平台相关证明文件；

3.初建平台提供项目实施方案报告书、组织框架、营业执照复印件、办公场所租赁合同、项目实施预期评估报告及相关初期投入证明；

4.已建平台提供项目实施时限内平台建设或运营服务的情况汇报以及设备购置、运营及维护实际支出清单及凭证；实施时限内服务企业及服务项目清单；

5.初建平台与已建平台不得重复申报；

6.区商务局和区财政局要求提供的其他材料。

第四章 申报、审核和兑付程序

第三十八条 每年由区商务局会同区财政局公开发布高质量发展专项资金项目申报指南，明确当年项目申报的具体要求及受理时间。

第三十九条 资金申请实行属地化管理。符合资金支持条件的项目，由项目申报单位向项目所在地园区、镇街提出项目申请，并按要求提供项目申报材料。单独报送的申报材料不予受理。申报材料提交份数视具体项目评审需要而定，在申报指南中明确。

第四十条 各所在地园区、镇街对申报单位申报资格、申报材料的真实性和完整性等进行审查。对符合申报条件和要求的项目进行汇总，并形成书面推荐意见，随具体项目申报资料转报区对口部门。

第四十一条 区商务局会同区财政局，从区政府确认的专家库中随机抽取专家，组成相关类别的项目评议小组，对申报资金扶持奖励的项目进行单位资格、材料真实性和合规性审核，并提出初步的评审意见和资金安排建议，在高港区商务局网站上予以公示。公示无异议后，由区商务局会同区财政局联合行文将扶持奖励项目资金报区政府审批。区财政局会同区商务局将区政府批准同意的扶持奖励项目资金，联合行文下达有关区级项目单位。

第五章 职能分工及资金监督管理

第四十二条 区商务局负责高质量发展专项资金申报工作指南的制定发布、受理申报、组织评审等工作。财政部门负责高质量发展专项资金的预算安排、资金拨付等工作。

第四十三条 资金申请单位要严格按照本细则规定和当年申报指南的要求，申报有关扶持奖励资金。同一项目不得提出两类以上的资金申请，也不得兼报区级其他财政扶持奖励资金项目。

第四十四条 从高质量发展专项资金中按1%的比例提取项目综合管理与评审经费，用于项目评审、政策宣传发布及信息平台建设、委托第三方机构审计等专项经费支出。

第四十五条 区财政局、区商务局对专项资金管理使用情况进行定期或不定期跟踪检查。主要检查考核项目完成情况、项目组织管理水平、项目实施的经济社会效益、资金使用的规范化程度等内容。

第四十六条 对违反财经纪律，虚假申报、违规使用扶持奖励资金的单位和个人，依照《财政违法行为处罚处分条例》等相关规定予以处理处罚；构成犯罪的，移交司法机关处理。

第六章 附则

第四十七条 本细则不适用于政府投资性项目。凡当年发生重大安全生产事故、重大环境污染事故、违法经营、严重失信行为、不依法纳税的单位，不得享受本政策。

第四十八条 本细则实行最高限额原则，如本实施细则与其他政策相重叠的事项或同一事项涉及多条扶持政策的，按就高不就低的原则执行，不重复奖励。已明确享受相关优惠政策的，原则上不再享受。

第四十九条 本细则与泰高发〔2019〕10号同步施行，由区商务局、区财政局负责解释。

新闻报道

高港打造志愿服务参与基层文明实践样板

今年1月1日起，长江干流泰州段实行常年禁捕，全面禁止生产性捕捞，禁捕期限暂定10年。“中国好人”陈伟和他带领的长江母亲河保护志愿服务队200多名志愿者又一次来到长江边骑行，沿途向群众发放倡议书、宣传手册，呼吁大家践行绿色环保理念，争当保护长江母亲河的宣传员、实践者、监督员。

和陈伟一样，一个人带动一群人，一群人带动一座城，让越来越多群众从旁观者到参与者，再由参与者成为带动者。目前，高港依托新时代文明实践中心、所（站）构建了由区长任总队长的“大江志愿”服务总队，以及“百姓名嘴”宣讲、乡风文明“五老”、法律援助、关爱健康、“长江母亲河”保护等14支志愿服务分队。

文明实践的志愿服务作为一种重要的社会连接机制，是连接社会与民众、提升基层治理效能、共铸社会文明的有效方式。高港区强化统筹整合，探索志愿服务参与基层治理的新方式、新模式，打通宣传群众、教育群众、服务群众的“最后一公里”，做到“润物细无声”。构建“1+8+N”（1个中心、8个所、N个站点）文明实践矩阵，探索形成需求、资源、服务、效果“四张清单”制度，解决群众需求和资源供给不对称矛盾，优化乡村治理生态，推动基层服务再提升，夯实乡村治理根基。

家住高港区鑫港花苑的七旬独居老人王正喜想理个发，一个电话就有人上门服务。像王正喜老人这样的“需求清单”是由群众“自主点菜”，高港新时代文明实践平台通过“线下线上”多渠道收集汇总群众需求，做到精准“派单”，打造群众需求5分钟“诉求圈”。和王正喜老人不同的是，吴女士则是“资源清单”里的一员，她每天下午5点半至6点半自愿免费为新城社区居民提供缝补服务。

“文明实践‘四张清单’能更好地聚焦群众心愿，摸清家底实情，细化项目落实，让‘志愿服务红利’惠及千家万户，从而构建起全民共建共治共享的社会治理格局。”高港区委常委、宣传部部长高宇彤说。该区通过“资源清单”平台晒，区、镇、村以及群众自发组建的120多支志愿服务队，由区级中心统筹，所、站、点上下传导，实现四级平台之间的资源调配。“服务清单”统筹配，目前，“健康江来”“童来童往”“我是文明实践宣讲员”等常态化志愿服务清单项目已累计开展各类活动500多个；仅文化志愿服务一类清单，全区91个村、社区就有120多支队伍，广大群众足不出户就能享受到文化志愿服务。“效果清单”公开评，由群众打分、提建议，点评结果反馈至各级文明实践平台，统计显示，高港区群众合理需求兑现率达100%。

助力志愿服务参与社会基层治理，高港区在全市率先出台《礼遇中国好人、道德模范等先进典型实施办法》，建立、完善礼遇帮扶先进典型的常态长效机制，进一步汇聚向上向善的正能量，弘扬新风正气，从制度层面向社会传递出“好人好报”“有德者有得”的社会风尚。礼遇对象在转正定级、职称晋升、评先评优等方面优先安排；对当年当选的各类“先进典型”给予一次性现金奖励；每年赠阅党报一份、赠送20张观影券、为各类先进典型免费体检。此外，对礼遇对象创业的给予政策扶持；对生活困难的礼遇对象，在助学、低保、志愿服务等方面提供帮助。

善治是“润滑剂”。以善治村，有助于进一步弘扬民主道德风气。高港区许庄街道蔡庄村不忘用“软约束”的方式推进基层治理，20条村规民约便是其中的典型做法之一。家家立家规，户户亮家训。高港区胡庄镇宗林村1200多户家庭根据自家家风和教育理念，制定了各有特色的家规家训，并制成方形小竹匾挂在家门口，内容涉及和谐、孝道、家教、勤劳、节俭、励志、修养等多个方面。

高港区委副书记、区长孙宏建介绍，文明实践在社会基层治理共建共治共享中发挥了基础作用，接下来将进一步整合资源，完善文明实践各项制度，让文明实践更加精准化、智能化、群众化，进一步提高广大人民群众的幸福感和获得感。

（摘自2020年3月26日《新华日报》记者：刘宏奇、赵晓勇 通讯员：杨鼎、邵釜明）

泰州高港引江社区华丽蝶变

初夏时节，记者来到泰州市高港区口岸街道引江社区，探寻其华丽蝶变背后的“幸福密钥”。

引江社区由原天如、宁都两个自然村合并而成。合并初期，社区债务18万元，居民缺乏幸福感，村干部情绪低落。

想要摘掉“穷帽子”，就得找准“富路子”。2004年，当选该社区党总支书记的张竹山带着“两委”班子开展“头脑风暴”，最终达成两点共识：要想壮大集体经济、带领群众脱贫致富，必须要转思路、换脑筋，必须摒弃“等靠要”的思想。

引江河是该社区的核心资源和最大优势。社区积极争取扶持政策，在引江河西侧新建一座物资中转码头。凭借码头优势，社区成功招引到深圳混凝土行业领军企业——为海集团，总投资4000万元的泰州市为海混凝土有限公司项目顺利落户，给社区带来50余万元的集体收入。

引江社区还通过发展墓园经济、动员在外能人返乡创业以及流转千亩土地等举措，带动集体增收、居民致富。去年，该社区集体收入近千万元，人均年收入超3万元。

在居民班正平的农场内，成片的葡萄树长势喜人，泛青的果实挂满枝头。“你看，这一串串葡萄多饱满，按目前情况看，今年收入铁定超过去年。”班正平高兴地说。去年，他不仅自己挣了近30万元，还带动周边村民约200人致富。

在引江社区，有一个特别的公园——垃圾分类主题公园。公园里的道具，都是用废旧轮胎精心制成，传递着“垃圾分类、变废为宝”的环保理念。这里，是居民最喜爱的“打卡地”。

要过“好日子”，就要有“好生态”。社区抓住高港作为全国首批农村生活垃圾分类和资源化利用示范创建区的契机，在当地最早开展试点，除出台垃圾分类奖励制度外，还实施门前“三包”责任制，把每户村民房前屋后的清洁情况纳入考核。

生活美、生态美，群众的幸福指数越来越高。傍晚时分，绿茵茵的草地上、碧波荡漾的小河边，人们结伴而行，一路上欢声笑语。“路面变干净了，河水变清澈了，生态环境越来越美了。”谈起社区大变样，62岁的村民范国庆竖起大拇指。

集体收入增加，也让社区服务群众、惠及民生有了底气。近年来，该社区实施文化惠民工程，新建两个文体广场，居民健身点6处；硬化主次道路25公里以上，安装LED路灯350盏，通组通户道路硬质化率达100%；高标准改扩建社区卫生服务室、社区居家养老服务中心、残疾人康复中心，全面推行社区网格化服务管理机制；每年拿出10余万元，用于帮扶身患重病的困难群众。

针对合并初期“两委”班子成员普遍年龄偏大，文化程度偏低，班子能人偏少的状况，引江社区注重年轻干部的选拔培养，大力选拔学历高、有想法、肯干事的年轻同志进入“两委”班子。目前，社区“两委”班子平均年龄40岁，8名班子成员中有7人获得大专以上学历，成为一支能打硬仗的“铁军”。

近年来，社区书记张竹山被评为省首批“百名示范”村书记、省“吴仁宝式优秀村书记”，社区也荣获“省文明社区”“省生态村”等多个省级荣誉。

（摘自2020年6月11日《新华日报》记者：董鑫　通讯员：杨鼎）

一路飞驰，长城汽车刷新“泰州速度”

6月下旬，作为全省重大在建项目的长城汽车泰州整车项目推进又有新进展。厂房主体钢结构施工已完成，各车间内部施工及设备安装调试紧锣密鼓进行，刷新了项目建设的“泰州速度”。

长城汽车整车项目预计8月底通过工信部验收，到10月商品车批量下线，比原计划提前两个月。

为特色产业集聚寻找“新引擎”

去年11月11日，先期投资80亿元的长城汽车泰州整车项目开工，实现当年签约、当年开工。今年底前，一座现代化汽车新城将在泰州高港崛起。

园区现有汽车及相关零部件企业36家，产品涵盖汽车动力装置、轮毂、燃油管路、车载天线等多个品类，其中不乏万向精工这样全球知名的汽车轴承生产商。长城汽车是中外驰名的SUV、皮卡制造商，也是中国汽车品牌全球化的引领者。随着长城汽车项目的迅速签约开工，园区汽车产业集群加快集聚，汽车零部件企业将在家门口迎来新的发展契机。在“龙头项目”的带动下，泰州港经开区累计招引10个长城汽车产业链项目，投资总额超过130亿元，今年将力争落户汽车零部件配套项目30个以上。

长城汽车泰州分公司总经理蒋俊飞介绍，将于10月下线的第一辆车，是一款新型的电动车，集纳长城汽车最先进技术。到12月底，还将下线内部代号为A01的一款新产品，定义为国际车。未来泰州工厂将成为长城汽车在华东地区的一个支点工厂。

在泰州全力打造的三大先进制造业集群中，汽车产业成为高端装备制造业的重要组成部分。随着长城整车项目迅速推进，围绕打造汽车全产业链，园区对零部件项目精准摸排、精准招商，实现“签约一批、开工一批、筹备一批”，汽车产业集群“雪球”越滚越大。这几年，通过做强以汽车整车为核心的汽车及零部件产业，泰州港经开区致力打造千亿级产业园区，在江苏省级开发区排名持续跃升，大步跨入全省前五强。

为泰州人圆一个“汽车整车梦”

长城汽车泰州整车项目，是长城汽车在国内的第八个整车生产基地，也是江苏省重点支持建设的整车项目。这个重大产业项目，承载着500万泰州人的“汽车整车梦”。

长城汽车整车项目，是泰州汽车全产业链的“核”。该项目主要制造具有核心竞争力的哈弗品牌及新能源汽车，整体规划年产能为20万辆。下一步，泰州计划再通过5~10年发展，构建以汽车整车制造为核心，汽车关键零部件为配套，以及汽车金融、汽车保险、共享出行、汽车产业创业基地等为延伸的完整汽车产业链体系，打造华东地区最具影响力的汽车科技产业园。

长城整车项目施工“大步流星”，配套项目也“一路快跑”，一条先进的汽车全产业链在泰州疾速“隆起”。今年2月，长城汽车首批核心部件配套项目集中开工；5月8日，又有6个零部件配套项目集中签约落户泰州港经开区，涵盖汽车灯具、线束、空调，汽车KD工厂、汽车电池PACK等项目，单体投资平均在5亿元以上。眼下，汽车内外饰、汽车底盘、汽车座椅、汽车增压器等首批4个10亿元以上配套项目全速推进。按照计划，这些项目近期陆续进行钢结构、外网道路、设备基础等施工，到8月设备进场安装。这些项目产业集聚度高，均为长城汽车核心零部件项目，达产后预计亩均开票超过2000万元，亩均税收超100万元。

“泰州有独特的区位优势、雄厚的产业基础、一流的营商环境。同时，市、区两级政府务实高效的作风、真诚亲商的态度，都给我们留下深刻印象。”长城汽车董事长魏建军说，随着长城集团全球化步伐加速，泰州基地将成为长城汽车全球化战略的重要支点。

为制造业强市注入“硬核支撑”

一个重大项目托起一个支柱产业，刷新一座城市的经济发展版图。如今在泰州，“长城汽车”成为各级干部和产业界人士使用频率很高的热词。

泰州市委书记史立军表示，以长城汽车整车制造项目开工为新起点，全市上下将继续发扬“店小二”精神，千方百计为长城汽车项目推进创造有利条件、营造良好环境，推动项目早竣工、早投产、早达效，打造全国一流、国际先进的整车生产基地，为泰州建设制造业强市注入“硬核支撑”。抢抓长三角区域一体化发展国家战略机遇，一座活力十足的现代产业名城，正张开双臂迎接中外客商。

在长城汽车项目手续办理方面，高港区以“店小二”团队、“保姆式”服务全程跟踪审批，市级相关部门开辟“绿色通道”，最大程度压缩办理时限，提高推进效率。在用地保障方面，仅用2个月时间，泰州市创造性提出的“规划一致性”处理方案就获得省政府批准。项目用地确定后，高港各级干部连续奋战，仅用5个昼夜就完成项目地块248户动迁，25个昼夜完成1173亩场地平整，30个昼夜完成50万米的桩基工程。

泰州市工信局副局长朱亚坤认为，放眼更大范围，泰州汽车零部件制造业整体基础较好，围绕长城汽车产业链，完全可以进一步前延后伸，助推泰州先进制造业集群实现量质双提升。为此，市工信局对泰州相关企业展开详细调研，对其主要产品、主要配套企业、年销量及与长城汽车配套的意向等一一摸底梳理，形成130多家企业名录，近期又进一步筛选出30多家企业。市工信局、泰州港经开区将为本土企业配套长城汽车当好“红娘”，助推泰州汽车全产业链加快形成。

（摘自2020年7月7日《新华日报》记者：顾介铸　通讯员：华桂栋、洪唯、王娜）

扬子江药业：将质量扛在肩上　用科技为品牌赋能

2020年注定是不平凡的一年。

“扬子江成为民族医药第一品牌，既是物质的积累，更是精神的凝聚，还有智慧生态圈的超前布局。”董事长徐镜人如是说。

一个核心理念　一支过硬队伍固本培元

“品牌精神”和“品牌文化”构成了扬子江药业的品牌内核。

在扬子江药业品牌建设中，积极倡导“品牌是企业的灵魂，质量是品牌的灵魂”，大力弘扬“扬子江水哺育中华，扬子江药造福华夏”的品牌文化。扬子江药业始终坚持以高质量药品惠民，以高质量发展报国。

品牌首先是产品品质。在扬子江人的眼里，药品质量容不得半点的马虎和瑕疵。他们对质量的敬畏发自内心，而实现匠心品质离不开一支过硬的队伍。2019年，扬子江专门成立质量品牌部，形成集团化顶层设计、板块化监督管理、法人化合规运营模式。

一份担当传承　一种向上向善的精神

“金杯银杯，不如老百姓的口碑。”品牌，除了打造行业高品质标杆，更离不开老百姓的口碑。扬子江品牌凝聚着企业社会责任和担当。

2020年，面对突如其来的新冠肺炎疫情，扬子江药业在抗疫中彰显责任担当，第一时间紧急调配2000件具有清热解毒功效的药品，星夜驰援武汉。而这仅仅是扬子江药业传承向上向善精神的一个缩影。

近年来，扬子江药业与各级卫生健康事业管理部门、中国医院协会等单位携手合作，共同推进“精准健康扶贫项目”。以医院“结对”精准帮扶、专家下基层、医院管理专题讲座等形式开展对口帮扶，力求减少因病致贫的现象。

一张数字化转型蓝图　不断放大科技赋能优势

在扬子江药业品牌战略中，一张数字化转型的蓝图按下了“快进键”，以科技赋能品牌，以科技赋能企业，不断提升了扬子江品牌的“含金量”“科技范”“时代感”。

“扬子江数字化转型的一个标志就是成功搭建了集团数字化平台。”扬子江药业信息中心总监张爱军介绍，“管理数字化能够给我们带来的价值在于让一切都变成数字和可视化，这样就能实现更及时、更准确和更细致的管理。”

一张智慧生态网　构建市场竞争新优势

“强强联合，构建智慧生态圈，用品牌赋能品牌。”

科技赋能效应不断放大的背后，是扬子江药业智慧生态圈的布局和壮大，从传统制造向数字化转型的过程中，在供应、生产、销售、流通等环节对品牌生态圈超前布局。

扬子江药业集团零售市场部品牌管理处陈景介绍，扬子江药业从科技创新、资源融合、产业链构建等各方面，携手合作伙伴共建共赢，共同打造智慧生态圈，不断推动大健康产业可持续发展。

再出发　品牌引领笃行致远

“在中西药基础上，逐步涉足医疗器械、中药饮片、保健品等大健康领域，树立大健康领域优势健康品牌。”

打开扬子江药业“十四五”品牌规划，创新发展，大踏步推进品牌建设从B端向C端的转型；利用5G、AI、大数据、KOC等进行数字化、精准化的品牌营销；积极履行社会责任，支持医药卫生事业、教育、拥军和扶贫项目；实现中药国际化，同时布局国际高端市场的宏伟画卷正徐徐展开。

（摘自2020年12月23日《新华日报》虞启忠）

高港31家重点企业全面复工复产

2月22日清晨，经过长途跋涉，创新电子有限公司的85名外地员工，从河南濮阳市范县乘坐5辆返岗包车返回高港。这是我市通过“点对点”包车跨省接回的首批农民工。

创新电子节后复工以来，订单源源不断，交货压力较大，企业急需100多名关键岗位的熟练工返岗。得知这一情况后，口岸街道迅速协调市飞鹿客运有限公司，只用了半天时间就办理好返岗包车出省手续，解了企业燃眉之急。

在企业复工过程中，该区按照“优先保供、有序复工、条包块管”的原则，遵循“七必备、四步走、六到位”的要求，逐企会商制定复工生产方案，并严格落实疫情防控主体责任，成立专班、安排专人、制定专门防疫方案，确保企业安全有序恢复生产经营。

高港区针对企业复工发布“3+1”系列文件。“3”即《致高港区企业家的一封信》《高港区关于延迟工业企业复工的通告》《关于全区工业企业延迟复工有关事项的通知》。“1”为《高港区疫情防控期间工业企业有序复工复产指导意见》，对申请复工的工业企业实施A、B、C、D分类管理，实施“一企一策”精准服务。

企业复工以后，更重要的是达产达效。高港充分发挥“店小二”服务团队优势，派驻“驻厂员”，实行“靠前”监督和“硬核”推进，建立企业复工“资料验收—现场审核—评估反馈”的连轴转、大循环机制，确保复工审核有序快速推进。

高港区成立3支精准服务小队，对已复工企业开展走访服务，摸清企业运行态势，及时帮助企业解决原辅料、技术骨干、产品运输等问题。万向精工江苏有限公司是一家重点汽摩企业，目前，公司接到江铃汽车的500套负压救护车专用零部件订单。工信等部门落实专业人员主动对接企业，及时帮助企业排忧解难。2月16日，该企业加班加点生产出500套负压救护车专用零部件，缓解了“疫”线救护车的缺口压力。

高港区工信部门还全力促进上下游企业复工达产，理顺产业链，协调解决创新电子3家配套企业的复工问题，协调解决苏中天线8家上下游企业复工。

据了解，高港区共派驻已复工企业注册驻厂员369人，实现规模以上企业全覆盖。369名驻厂员既是政策宣传员，又是安全检查员，更是招商服务员。他们不仅指导企业复工，还监督检查企业的安全生产，做到在确保安全的情况下进行生产。

企业复工必须解决用工难题。高港区人社部门打出了“组合拳”，成立10个小组，开展“送人才、送政策、送培训、送服务”四送到企活动，同时充分发动区、镇街、村（社区）三级就业服务平台的优势，广泛征集用工信息，通过电子显示屏、QQ群、微信、公示栏等形式发布就业信息，吸引本地劳动力就近就地就业。该局还及时将招聘活动由“线下”转“线上”，举办线上高港专场招聘活动，累计为95家企业发布招聘岗位信息3600多条。

此外，该区鼓励企业管理人员充实到一线工作。从2月13日开始，江苏统之幸食品有限公司已有16名行政管理人员增援生产一线，做一些辅助性的生产工作。3月1日后，企业还将有一批管理人员投入生产一线，进一步缓解生产压力。

在全力推进企业复工复产的同时，该区将惠企政策落地落实，确保疫情防控和经济发展两不误。目前已为普菲柯医疗等企业上争支持防疫资金逾10亿元。

数据显示，截至目前，高港区31家重点工业企业已经全面复工，规模以上工业企业复工率达到100%。

（摘自2020年3月2日《泰州日报》特约记者：邵釜明　记者：潘荣进　通讯员：杨鼎）

大马：农旅融合催开致富花

“进了大马村，路上好栽秧；到了金龙桥，叮咚往前摇。”这是高港区大泗镇大马村的一首顺口溜，也是5年前该村的真实写照。“十三五”期间，大马被纳入省级贫困村名单。

五年的脱贫攻坚。如今，大马彻底脱掉穷帽子，桥宽路畅，产业兴旺，生态宜居，再没人传唱这首顺口溜，转而吟诵“接天莲叶无穷碧，映日荷花别样红”。

农旅融合改变了大马的一穷二白，鼓了村民钱袋子，也催开了大马的致富花。

农旅融合，汇聚乡村人气

大马村位于大泗镇北片区，地处偏僻。村庄无工业基础，户户务农。身强力壮的年轻人纷纷外出务工，留下了一村子老人和小孩，是典型的“留守村”。

“当时，全年村集体经营性收入仅5000元，在高港89个行政村中倒数第二。”大马村党总支书记于涛说，2013年底，他自掏腰包6万元，垫付村干部工资。

大马是于涛的老家。外出创业20多年，于涛的花卉苗木生意做得风生水起，2013年他回乡担当“领头雁”。

一穷二白的大马村，仅登记在册的贫困户就近27户41人，如何带领他们从穷困中“突围”？于涛的目光锁定村里一处芋头种植地。“这块地有200多亩，当初政府引进扶贫项目，土地流转给一个外地老板种植芋头，谁知一年亏损了几十万，老板不干了，人走了，地也荒了。”于涛认为，单纯依赖农业发展的路子行不通，他想尝试“农旅融合”的新模式，“大马拥有纯天然田园风光，空气清新、水系发达，独特的资源禀赋正是发展旅游业的天然优势。”

2017年，于涛将这200多亩荒地重新梳理，先期投入100多万元，带领村民挖池塘、栽睡莲、种荷花、养鱼虾，建起“荷韵莲香”水生植物园，探索“休闲农业+乡村旅游”的新路子。

2019年，水生植物园美景初显，碧波荡漾、莲叶田田、花香阵阵，吸引了不少游客前来赏景拍照。随着游客人数日渐增加，于涛信心大振，继续追加投资100余万元，在花海中修建八角凉亭、木栈道，增加各色稀有的睡莲、荷花品种，栽植鸢尾、水生美人蕉，给游客以更佳的游玩体验。他还在荷塘中放养锦鲤、黑鱼、鲫鱼、龙虾、螺蛳等，形成有机生态循环养殖。目前，园内的睡莲已达8个品种，荷花14个品种，各类鱼虾约40000斤。

为增加趣味性，园内还散养了少量鸡鸭鹅、水牛，添置了摇橹船，正在加紧建设水上浮桥、秋千等游乐设施。“游客来这里，不但可以赏花，水上嬉戏，还能垂钓，摸螺蛳，吃地道农家菜，体验沉浸式的乡村游。”于涛说。

今年盛花期，“荷韵莲香”水生植物园迎来一批又一批南京、常州、扬州、镇江等周边地区的旅游团，日接待游客量最高超2000人次。7月19日上午，园内接待了南京的一个40人老年旅游团，游客杨阿姨告诉记者，“荷韵莲香”水生植物园如今可是“网红”，她是在朋友圈看到这里的美景，特地报团赶来“打卡”的，“果然不虚此行，太漂亮了！我已经把照片发到了朋友圈，介绍更多的朋友来这里玩。”

人气的火热也有效带动了村集体收入，“平均每天卖出的鱼虾、螺蛳等有近千元，一年下来，能增加20万元集体经营性收入。”于涛说。

水生植物园也解决了村里贫困户的经济来源问题，有7个低保户长年在园内打工。今年67岁的钱灯友是个单身汉，一直靠吃低保生活。自打水生植物园开建以来，他就在园内负责锄草，每月有千余元收入。“我这岁数，出去打工，人家不要，多亏了于书记，让我的生活有了着落，现在的日子比以前好多了，再不用为钱发愁了”。

“花经济”打开了一条致富路。水生植物园附近村民纷纷将自家房屋改建成民宿、农家乐，推出“花”宿、荷花主题套餐。村民秦凯华家是个二层小楼，带大院子，他第一时间搞起了“荷韵莲香”农家乐，生意很是红火，“最多一天能接待10桌人，收入上万元。”

能人返乡，带动产业兴旺

这些年，随着乡村振兴战略的实施，大马村越来越多的年轻人选择回乡发展，“能人”们带回来的，除了新产业、新血液，还有新思想。

大马村一直普遍种植稻麦两熟，但收益甚微，几年前引进超级稻品种南粳5055，由能人承包2200多亩地，并注册商标，变“推销式”为“订单式”经营，激活传统产业。

“三福”河蟹是大马特色农业品牌，这几年销路不断拓宽，年销售额超500万元。400亩的养殖场也为全村16户低收入家庭提供就业岗位，平均每人每年工资收入超3万元。

村头300多亩经济花卉苗木种植园，引种了美国山核桃等优质品种作物，打造成为观光采摘为一体的现代化农业综合体。村里还依托大泗中药特色养生小镇的优势，种植了适宜本地沙质土壤生长的芍药和射干中草药500多亩，形成了具有较强竞争力的农业特色产业集群。

“产业兴旺最重要还是富民增收。”于涛召集村里能人集思广益，大家一致认为，发展农村电商是解决“三农”问题的有效途径，也是推动农产品流通渠道优化升级、打通扶贫攻坚战“最后一公里”的关键所在。

2017年起，大马村睡莲、荷花、大米、螃蟹、中草药等农产品相继“触网”，每年通过互联网销出的农产品总额达200余万元。该村也获评江苏省农村电子商务示范村。

“不仅要让农产品产得出、产得好，更要卖得出、卖得好，激发脱贫攻坚的内生动力，让产业因电商兴起来，贫困群众因电商富起来，农村因电商活起来，实现‘造血式’扶贫，才能从根本上脱贫。”于涛说。

去年，大马村集体经济纯收入已增至近60万元，村民人均纯收入达2.3万元，全村已实现全面脱贫，彻底摘帽。

“以前的大马是死水一潭，人人愁容满面，现在的大马生机勃勃，个个喜笑颜开。”村民钱为林高兴地说。

（摘自2020年8月3日《泰州日报》 记者：王馨凤 通讯员：杨鼎、徐华）

高港启动学校建设三年行动计划

作为为民办实事的重大项目，今年起，高港正式启动《高港区教育系统解决突出民生问题（学校建设）三年行动计划（2020—2022年）》，将利用3年时间，总投资20亿元，新（改扩）建20所中小学及幼儿园，完善城乡教育资源配置。今年上半年，该区已启动2所学校新建工程，本月起至年底前，还将陆续启动9所学校新（改扩）建工程。

今年，高港区将投资10亿元，实施11所学校新建改扩建项目。上半年已启动2个项目的建设，分别为环溪小学（初级中学）异地重建项目、柴墟幼儿园新建项目。本月起至年底前，还有9个项目也将陆续启动，分别为高港实验小学东校区新建项目、高港中等专业学校改扩建项目、实验幼儿园新建项目、龙湖美景幼儿园（暂定名）新建项目、白马中心幼儿园异地重建项目、胡庄中心幼儿园改扩建项目、大泗中心幼儿园异地重建项目、胡庄小学C级校舍改造项目、白马中学与海军小学合署办学项目。

“当前，高港区主要存在学前教育资源配置不足、普通高中优质资源比例不高、义务教育优质均衡发展‘大校额、大班额’问题突出、C级校舍占比全市排名靠后等四个方面的问题，启动《高港区教育系统解决突出民生问题（学校建设）三年行动计划（2020—2022年）》就是为了彻底解决这些问题，让全区城乡教育资源配置更趋合理、完善。”高港区教育局副局长吉波介绍，今年启动的11所学校建设项目，重点集中在三方面，一是学前教育资源配置提高工程，让更多孩子能就近入学，比如新建柴墟幼儿园、实验幼儿园、龙湖美景幼儿园（暂定名）等；二是义务教育学位增加工程，以解决“大校额、大班额”问题，如新建高港实验小学东校区、环溪初级中学；三是改造C级校舍，硬件设施全面提档升级。“所有学校的新建改扩建项目，无论是在城区还是乡镇，全部按照省一类标准建设，硬件设施一流，触摸一体机全覆盖，全面实现智能化教学。”

日前，环溪小学（初级中学）和柴墟幼儿园新建项目已经实现部分教学楼封顶。

（摘自2020年9月7日《泰州日报》记者：王馨凤　通讯员：杨鼎、王文兵）

泰州港经济开发区列省级开发区榜首

我市开发园区争先进位取得重大突破——近日，省商务厅《关于2019年度全省经济开发区科学发展综合考核评价情况通报》出炉，在全省91个省级开发区中，泰州港经济开发区一举夺冠，这也是泰州园区首次排名省级开发区第一。

这个成绩为泰州港经济开发区创建国家级开发区打下坚实基础。同时，这一成绩又得益于园区紧扣“创建国家级经济技术开发区”目标，围绕打造“上市公司集聚区、外资企业集聚区、特色产业集聚区”的发展定位，不断做大规模、做强特色、做优环境，全速推进高质量发展。

5项指标进十强

据了解，此次全省共有118家经济开发区参与考核，其中国家级开发区27家、省级开发区91家。值得一提的是，在省级和国家级经济开发区的综合排名中，泰州港经济开发区位列第20位，超过了8个国家级开发区。

“本次考评以《江苏省经济开发区科学发展综合考核评价办法（2018年版）》为标准，包括7大类46项大指标100多项细分指标。”高港区商务局局长刘朝晖介绍，评价结果显示，泰州港经济开发区多个指标都取得明显提升，其中，经济发展、科技创新、开放水平、贡献共享、改革创新等指标齐齐跨进省级开发区前十强，分列第7、5、8、2、8位，从而一举成为最大的“黑马”。

来看一组经济数据：2019年，园区实现地区生产总值578.9亿元、工业总产值1387亿元、公共财政预算收入40.2亿元、全社会固定资产投资299.3亿元，实际利用外资2.1亿美元。

“弹好”招商“三重奏”

这匹“黑马”的动能首先得益于园区头部企业的良好发展态势，它们各显神通，形成了实力强劲的企业军团。例如扬子江药业连续六年蝉联中国医药工业百强榜首，扬子江药业、益海粮油、万向精工、统一企业、星徽五金等建成智能工厂、智能车间，大自然德森堡木业公司为全市唯一的由功能性机构直接升级为跨国公司地区总部的外资企业，益海粮油去年进出口达5.9亿美元，这些都为园区大大加分。

另一个重要因素，是园区的项目很给力。创新方法抓招商，集中力量快建设，全力突破了一批重大产业项目，为园区发展、排名跃升提供了强大支撑。数据显示，泰州港经济开发区2019年新招引亿元以上内资项目184个，总投资377.23亿元，1000万美元以上外资项目21个，总投资21.23亿美元。同时，新开工亿元以上项目62个，新竣工亿元以上项目58个。

园区的一个重头戏，是极有章法地“弹好”了招商“三重奏”。

“产业链招商”，抢抓长城汽车

整车项目落户的重大机遇，坚持“强龙头、补链条、聚集群”的发展思路，发挥整车项目的带动集聚效应，对其核心配套零部件项目进行精准摸排、精准招商，先后招引落户20多个配套项目，总投资超130亿元。今年，将力争招引落户汽车零部件项目30个以上。

“以商引商”，园区不仅“撬动”20余家企业追加“二期、三期项目”，新增投资额超100亿元，更通过已落户企业牵线搭桥引入新项目。最典型的例子是，台湾统一集团旗下的统一企业、统一实业、统一超商3家上市公司落户园区后，帮助引进了合作关联企业——日本统之幸食品有限公司，统之幸又接着追加投资3000万美元建设二期项目，该公司今年1至8月实现开票销售2.68亿元、税收4873万元，同比分别增长97.8%、573.8%。

“资本招商”，去年园区与中信建投合作投资了中电科100亿元的连接基金项目，巧妙借助央企基金的平台优势和“圈子”资源，拓展优质项目信息源，成功招引了总投资50亿元的联动U谷·泰州智造科技谷、27亿元的太洋科技铍合金等一批高端战略性新兴产业项目，达到了“借船出海、事半功倍”的效果。

用心培植“梧桐树”

在想方设法招引“金凤凰”的背后，是园区千方百计对“梧桐树”的悉心培植，从而使园区开放开发和营商环境持续提升，这也是园区的重要得分项。

比如，将“店小二”服务进一步升级为“全科店小二”，在把好项目环保、规划落户关的同时，“服务触角”后延至金融、科技、技改、税务、人社等各个领域，直面企业项目建设及运营中审批难、融资贵、人才短缺等各类问题，以“多对一”方式为企业一次性解决一揽子难题。

再比如，高港推行涉审中介星级管理，实行“一事一评”“一年一评”，构建全面开放、规范高效、竞争有序、诚实守信的中介服务管理体系，规范涉审中介执业行为，促进中介服务质量和效率双提升。

今年以来，园区坚持疫情防控和经济社会发展“两手抓、两手硬”，经济运行稳定恢复。当前，市委市政府正大力开展开发园区“三比一提升”行动，深入推进园区改革工作，园区将再接再厉，继续实干苦干加油干，争取继续保持良好成绩。

最新的情况是，1至8月，泰州港经济开发区本部一揽子重点经济指标同比均实现了正增长。其中，地区生产总值、固定资产投资、开票销售和公共财政预算收入，分别比上年同期增长4.38%、2.82%、7.02%和2.4%，净入库税收增幅高达26.3%。

（摘自2020年9月26日《泰州日报》 记者：谢荣 特约记者：华桂栋 通讯员：杨鼎、洪唯、李雪云）

泰州国际集装箱码头首次运转铁路箱

近日，泰州国际集装箱码头首次运转了206个铁路集装箱。这是一个重大突破，标志着泰州港正式开启“公铁水多式联运模式”，向着江海联运中心港实质性迈进。

当前，我国正逐渐形成以国内大循环为主体、国内国际双循环相互促进的新发展格局，超大规模的内需市场即将到来。这给港口带来了发展新机遇，也对流通提出了更高要求。国内物流领域专家普遍认为，大循环、双循环需进一步提升物流效率，由几种交通工具相互衔接转运共同完成的多式联运，是高性价比、高效率的物流运输方案。

“泰州拥有长江白金岸线、深水良港，同时拥有铁路货运站和便捷的公路交通体系，发展公铁水多式联运，具有天然的便利条件。”泰州港核心港区党工委副书记，永安洲镇党委副书记、镇长王小飞说，“新形势下，发展多式联运是一个新趋势，必须用心摹画，抢抓双循环带来的‘新风口’。”

为此，泰州港国际集装箱码头“双管齐下”，精准延伸“触角”，迅速有效提升码头辐射力与承载力。一方面，加强与东北地区的出海港进行合作，比如辽宁营口、盘锦等海港；另一方面，不断接长长江“上江航线”不足的短腿，例如与素有“渝鄂咽喉”“三峡门户”之称的宜昌港加强合作等。

如此一来，泰州港集装箱运输就形成了新的多式联运通道。以东北腹地到泰州周边地区的货物为例，现在可通过鞍山由铁路运至营口等港口，然后再经过海运，最后进入长江水道运至泰州港；而泰州周边运至西南地区的货物，则可从我市用船从长江运抵宜昌港，再从宜昌上火车运至西南、华南等地。

“这样运输的好处是，货物无需全程通过铁路进行运输，可以有效降低企业物流成本。”泰州国际集装箱码头董事长赵峰介绍，同时，物流时间也比以前有所缩短。“比如泰州地区运到成都的货物，之前水运是到武汉港中转，花费时间较长，现在开通泰州港到宜昌港的航线后，改从宜昌港中转。由于宜昌港紧邻三峡大坝，可以节省不少时间。”

为更好更快推进公铁水多式联运模式，泰州港国际集装箱码头紧锣密鼓实施了一揽子新动作。

例如新组建了多式联运综合服务部门，专门推进这项工作；在9月开通上海洋山港“天天班”直航基础上，又积极筹备开辟泰州港至营口港、盘锦港、宜昌港等内贸直达航线，并大力扩展包括直达宜宾等港口的上江航线，从而拉长航线“短腿”。

码头基础设施建设也在健步快跑。“今年以来，6.5万平方米的二期堆场已经建成投运。”赵峰介绍，二期泊位改造工程在加紧推进，目前已具备生产性功能，正实施码头前沿抛石等工作，待验收通过后即可正式投入使用；总投资3.6亿元的泰州港综合提升三期工程也已开工，建成后将新增7.5万平方米堆场。

港口岸线是我市不可再生的稀缺资源。即将到来的“十四五”，泰州国际集装箱码头发展怎样在新形势下加油加速？

目前，泰州港核心港区已进行详细谋划。未来，码头将更加注重产业与港口功能“耦合”，加快发展港口后方配套产业，招引关联项目落地，纵深推动港口港区港城联动发展。特别是将向保税物流、冷链仓储、现代金融、大宗商品交易、期货交割、跨境电商、检验检测等高端港口服务业进军，进一步延伸港口贸易增值环节、拓展服务领域，着力做好“港口+产业+贸易+互联网+供应链金融”五位一体发展文章。

“我们将坚持科学论证空间布局、产业规划和集疏运体系，围绕‘枢纽’‘绿色’‘智慧’‘安全’，全面对标国际国内一流港口，在硬件设施、通关效率、综合费用、运营管理、服务能力等方面达到国内领先水平。”王小飞很有信心地说，“十四五”期间，泰州港集装箱年吞吐能力、实际吞吐量力争分别达100万标箱和50万标箱，努力将泰州港打造成为国际化、现代化的江海联运中心港。

（摘自2020年11月16日《泰州日报》 记者：谢荣　通讯员：杨鼎、周晔）

泰州国际集装箱码头　　（永安洲镇　供稿）

统计资料

2020年高港区国民经济综合指标一览表

表34

指标名称	单位	数值
地区生产总值	亿元	634.97
第一产业	亿元	14.40
第二产业	亿元	328.31
第三产业	亿元	292.26
服务业增加值占GDP比重	%	46.03
农林牧渔业总产值	亿元	22.60
建筑业施工总产值	亿元	599.42
粮食总产量	吨	92335.00
规模以上工业总产值	亿元	1431.85
高新技术产业产值	亿元	811.68
高新技术产业产值占规模以上工业比重	%	56.69
规模以上工业产销率	%	98.73
规模以上工业营业收入	亿元	1441.51
规模以上工业利润总额	亿元	98.88
R&D经费占GDP比重	%	3.80
社会消费品零售总额	亿元	96.69
出口总额	万美元	37000.00
协议利用外资和港澳台资	万美元	77119.00
实际利用外资和港澳台资	万美元	23044.00
一般公共预算收入	亿元	46.40
全体居民人均可支配收入	元/人	40915.00
城镇居民人均可支配收入	元/人	50068.00
农村居民人均可支配收入	元/人	25666.00

2020年高港区人均社会经济主要指标一览表

表35

指标	单位	数值
人均地区生产总值	元	245827
人均一般公共预算收入	元	17965

续表35

指标	单位	数值
人均一般公共预算支出	元	18949
人均进出口总额	美元	5536
人均社会消费品零售总额	元	37434
城镇非私营单位在岗职工平均工资	元	89587
全体居民人均可支配收入	元	40915
城镇居民人均可支配收入	元	50068
农村居民人均可支配收入	元	25666

2020年高港区主要经济指标占全市比重一览表

表36

指标	单位	泰州市	高港区	高港区占泰州市比重（%）
年末常住人口	万人	451.68	25.90	5.73
地区生产总值	亿元	5312.77	634.97	11.95
第一产业	亿元	307.10	14.40	4.69
第二产业	亿元	2541.10	328.31	12.92
第三产业	亿元	2464.57	292.26	11.86
人均地区生产总值（按常住人口计算）	元	117542.00	245827.00	209.14
一般公共预算收入	亿元	383.08	46.40	12.11
一般公共预算支出	亿元	627.68	48.94	7.80
社会消费品零售总额	亿元	1333.26	96.69	7.25
进出口总额	万美元	1464000.00	143000.00	9.77
出口总额	万美元	961000.00	37000.00	3.85
实际利用外资和港澳台资	万美元	149449.00	23044.00	15.42
协议注册外资和港澳台资	万美元	472833.00	77119.00	16.31
全体居民人均可支配收入	元	39701.00	40915.00	103.06
城镇居民人均可支配收入	元	49103.00	50068.00	101.97
农村居民人均可支配收入	元	24615.00	25666.00	104.27

2020年高港区人口及其变动情况一览表

表37　　单位：户、人

指标名称	全区合计	口岸街道	刁铺街道	许庄街道	永安洲镇	白马镇	大泗镇	胡庄镇
总户数	80169	22851	7696	11806	8281	6541	9962	13032
总人数	260365	70710	24862	39217	30431	22290	32723	40132

续表37

指标名称	全区合计	口岸街道	刁铺街道	许庄街道	永安洲镇	白马镇	大泗镇	胡庄镇
#男	130943	35134	12116	19535	14872	11403	17129	20754
女	129422	35576	12746	19682	15559	10887	15594	19378
出生人口	2029	619	200	316	224	168	256	246
#男	1081	347	108	169	107	82	139	129
女	948	272	92	147	117	86	117	117
死亡人数	2734	670	206	454	276	222	404	502
#男	1501	351	112	246	146	136	229	281
女	1233	319	94	208	130	86	175	221
迁入人数	896	370	201	59	50	67	67	82
#省内	404	168	100	17	26	27	21	45
省外	492	202	101	42	24	40	46	37
迁出人数	1322	468	154	194	166	57	96	187
#省内	812	265	87	132	117	29	50	132
省外	510	203	67	62	49	28	46	55

2020年高港区全体居民人均可支配收入和消费支出一览表

表38

指标名称	单位	2020年	2019年	增幅±%
一、可支配收入	元	40915	38863	5.3
工资性收入	元	24588	23560	4.4
经营净收入	元	6999	6805	2.9
财产净收入	元	4238	3864	9.7
转移净收入	元	5090	4634	9.8
二、消费支出	元	24897	25071	–0.7
（一）食品烟酒	元	7329	7283	0.6
（二）衣着	元	1775	1800	–1.4
（三）居住	元	4541	4622	–1.8
（四）生活用品及服务	元	1291	1286	0.4
（五）交通通信	元	3809	3875	–1.7
（六）教育文化娱乐	元	4076	4089	–0.3

续表38

指标名称	单位	2020年	2019年	增幅±%
（七）医疗保健	元	1777	1773	0.2
（八）其他用品和服务	元	299	343	-12.8

2020年高港区城镇常住居民人均可支配收入和消费支出一览表

表39

指标名称	单位	2020年	2019年	增幅±%
一、可支配收入	元	50068	47990	4.3
工资性收入	元	30498	29466	3.5
经营净收入	元	7811	7630	2.4
财产净收入	元	5607	5183	8.2
转移净收入	元	6152	5711	7.7
二、消费支出	元	28750	29096	-1.2
（一）食品烟酒	元	8035	8002	0.4
（二）衣着	元	2089	2127	-1.8
（三）居住	元	5396	5528	-2.4
（四）生活用品及服务	元	1657	1655	0.1
（五）交通通信	元	3956	4050	-2.3
（六）教育文化娱乐	元	4903	4952	-1.0
（七）医疗保健	元	2344	2356	-0.5
（八）其他用品和服务	元	370	426	-13.1

2020年高港区农村常住居民人均可支配收入和消费支出一览表

表40

指标名称	单位	2020年	2019年	增幅±%
一、可支配收入	元	25666	24100	6.5
工资性收入	元	14742	14006	5.3
经营净收入	元	5646	5471	3.2
财产净收入	元	1958	1731	13.1
转移净收入	元	3320	2892	14.8
二、消费支出	元	18476	18560	-0.5

续表40

指标名称	单位	2020年	2019年	增幅±%
（一）食品烟酒	元	6153	6120	0.5
（二）衣着	元	1252	1270	-1.4
（三）居住	元	3116	3157	-1.3
（四）生活用品及服务	元	680	690	-1.4
（五）交通通信	元	3565	3591	-0.7
（六）教育文化娱乐	元	2698	2692	0.2
（七）医疗保健	元	832	830	0.2
（八）其他用品和服务	元	180	210	-14.3

2020年高港区居民家庭年末耐用消费品拥有情况（每百户）一览表

表41

指标名称	单位	全体居民	城镇常住居民	农村常住居民
1.家用汽车	辆	60	70	46
2.摩托车	辆	31	33	28
3.助力车	台	198	187	214
4.洗衣机	台	114	107	124
5.电冰箱（柜）	台	143	123	172
6.微波炉	台	104	101	108
7.彩色电视机	台	233	229	238
8.空调	台	279	281	276
9.热水器	台	131	133	128
10.洗碗机	台	3	3	2
11.排油烟机	台	84	87	80
12.固定电话	台	25	24	26
13.移动电话	部	309	306	314
14.其中：接入互联网	部	309	306	314
15.计算机	台	100	104	94
16.其中：接入互联网	台	100	104	94
17.照相机	台	22	24	18
18.中高档乐器	台	14	13	16
19.健身器材	台	28	27	28
20.空气净化器（含新风系统）	架	11	16	4
21.吸尘器	台	29	39	16

机构简称

泰州市高港区部分组织机构全称、简称对照一览表

表42

全　称	简　称
中国共产党泰州市高港区委员会	区委
泰州市高港区人民代表大会常务委员会	区人大常委会
泰州市高港区人民政府	区政府
中国人民政治协商会议泰州市高港区委员会	区政协
中国共产党泰州市高港区纪律检查委员会	区纪委
泰州市高港区监察委员会	区监委
中共泰州市高港区委办公室	区委办
中共泰州市高港区委研究室	区委研究室
中共泰州市高港区委机要局	区委机要局
泰州市高港区国家保密局	区保密局
泰州市高港区国家密码管理局	区密码管理局
泰州市高港区档案局	区档案局
泰州市高港区网络信息管理中心	区网管中心
中共泰州市高港区委全面深化改革委员会办公室	区委深改办
中共泰州市高港区委组织部	区委组织部
泰州市高港区考核工作委员会办公室	区考核办
中共泰州市高港区委非公有制企业和社会组织工作委员会	区委“两新”工委
中共泰州市高港区委党建工作领导小组办公室	区委党建办
泰州市高港区公务员局	区公务员局
中共泰州市高港区委宣传部	区委宣传部
泰州市高港区精神文明建设指导委员会办公室	区文明办
泰州市高港区政府新闻办公室	区政府新闻办
泰州市高港区互联网信息办公室	区互联网信息办
泰州市高港区新闻出版局(泰州市高港区版权局)	区新闻出版局(区版权局)
中共泰州市高港区委网络安全和信息化委员会办公室	区委网信办
中共泰州市高港区委统一战线工作部	区委统战部
中共泰州市高港区委台湾工作办公室	区委台办
泰州市高港区政府台湾事务办公室	区政府台办
泰州市高港区民族宗教事务局	区民宗局
泰州市高港区政府侨务办公室	区侨办

续表42

全 称	简 称
中共泰州市高港区委机构编制委员会办公室	区委编办
泰州市高港区事业单位登记管理局	区事业单位登记管理局
中共泰州市高港区委政法委员会	区委政法委
中共泰州市高港区委区级机关工作委员会	区委区级机关工委
中共泰州市高港区委巡察工作办公室	区委巡察办
中共泰州市高港区委老干部局	区委老干部局
中共泰州市高港区委离退休干部工作委员会	区委离退休干部工委
泰州市高港区政府办公室	区政府办
泰州市高港区政府研究室	区政府研究室
中共泰州市高港区委外事工作委员会办公室	区委外办
泰州市高港区政府外事办公室	区政府外办
泰州市高港区大数据管理局	区大数据管理局
泰州市高港区发展和改革委员会	区发展改革委
泰州市高港区粮食和物资储备局	区粮食和物资储备局
泰州市高港区教育局	区教育局
中共泰州市高港区委教育工作委员会	区委教育工委
泰州市高港区科学技术局	区科技局
泰州市高港区工业和信息化局	区工业和信息化局
泰州市高港区民政局	区民政局
泰州市高港区司法局	区司法局
中共泰州市高港区委全面依法治区委员会办公室	区委依法治区办
泰州市高港区财政局	区财政局
泰州市高港区政府国有资产监督管理办公室	区国资办
泰州市高港区人力资源和社会保障局	区人力资源社会保障局
泰州市高港区住房和城乡建设局	区住房城乡建设局
泰州市高港区地震局	区地震局
泰州市高港区城市管理局	区城管局
泰州市高港区综合行政执法局	区综合行政执法局
泰州市高港区水利局	区水利局
泰州市高港区农业农村局	区农业农村局
泰州市高港区政府扶贫工作办公室	区政府扶贫办
中共泰州市高港区委农村工作领导小组办公室	区委农工办
泰州市高港区商务局	区商务局
泰州市高港区口岸办公室	区口岸办

续表42

全　称	简　称
泰州市高港区文化体育和旅游局	区文化体育旅游局
泰州市高港区卫生健康委员会	区卫生健康委
泰州市高港区退役军人事务局	区退役军人事务局
泰州市高港区应急管理局	区应急局
泰州市高港区审计局	区审计局
中共泰州市高港区委审计委员会办公室	区委审计办
泰州市高港区行政审批局	区行政审批局
泰州市高港区政务服务管理办公室	区政务服务办
泰州市高港区市场监督管理局	区市场监管局
泰州市高港区知识产权局	区知识产权局
泰州市高港区统计局	区统计局
泰州市高港区信访局	区信访局
中共泰州市高港区委信访局	区委信访局
泰州市高港区地方金融监督管理局	区金融监管局
泰州市高港区政府金融工作办公室	区政府金融办
泰州市高港区机关事务管理局	区机关事务管理局
泰州市高港区人民代表大会常务委员会办公室	区人大办
中国人民政治协商会议泰州市高港区委员会办公室	区政协办
泰州市高港区人民检察院	区人民检察院
泰州市高港区人民法院	区人民法院
中国人民解放军江苏省泰州市高港区人民武装部	区人武部
泰州市高港区总工会	区总工会
中国共产主义青年团泰州市高港区委员会	团区委
泰州市高港区妇女联合会	区妇联
泰州市高港区残疾人联合会	区残联
泰州市高港区科学技术协会	区科协
泰州市高港区工商业联合会	区工商联
泰州市高港区文学艺术界联合会	区文联
泰州市高港区归国华侨联合会	区侨联
泰州市高港区红十字会	区红十字会
泰州市高港区关心下一代工作委员会	区关工委
泰州市高港区哲学社会科学界联合会	区社科联
泰州市高港区党史方志办公室	区党史方志办
泰州市高港区供销合作总社	区供销社
泰州市高港区口岸雕花楼景区管理委员会	区口岸雕花楼景区管委会

缩略语注释

缩略语注释一览表

表43

缩略语	注 释
“1123”示范村镇	启动100个集镇的规划建设工作，创建100个示范引领村（含特色田园乡村），创建200个特色发展村，创建300个集聚提升村
“311工程”	选拔30名左右中青年科技领军人才，100名左右中青年学术、技术带头人和1000名左右优秀青年拔尖人才
“333工程”	培养30名左右研究成果具有国际先进、国内领先水平的国家级科学家、工程技术专家和理论家，培养300名左右具有省内领先水平的省级优秀人才，培养3000名左右成绩显著的市级优秀人才
“8个直到支部”制度	区委常委每人分别挂钩1个村（社区）党支部、1个机关事业单位党支部、1个“两新”组织党支部，规范组织生活直接到支部，政策理论宣讲直接到支部，党员教育管理直接到支部，联系服务群众直接到支部，推动发展直接到支部，调研化解难题直接到支部，推进工作落实直接到支部，创树特色品牌直接到支部
“一府一委两院”	区政府、区监委、区人民检察院、区人民法院
“一室一日一单一网一会”五位一体劳动保护监督新机制	在企业建立劳动保护监督检查员工作室，建立工作日活动制度，设立风险负面清单管理制度，建立网格化监督体系，落实安全生产专题职代会制度
“一站一室一网三员”维权体系	维权驿站，劳模（工匠）维权工作室，维权“一张网”，劳动关系信息员、维权服务员、劳动关系监督员
“一站两联”	县域团代表联络站，团的委员会成员联系团代表、团代表联系团员青年
“七种能力”	政治能力、调查研究能力、科学决策能力、改革攻坚能力、应急处突能力、群众工作能力、抓落实能力
“八大群体”	货车司机、快递员、护工护理员、家政服务员、商场信息员、网约送餐员、房产中介员、保安员
“八个更”	更好的教育、更稳定的工作、更满意的收入、更可靠的社会保障、更高水平的医疗卫生服务、更舒适的居住条件、更优美的环境、更丰富的精神文化生活
“八类”案件	杀人、抢劫、强奸、放火、投毒、爆炸、贩毒、故意伤害致人死亡案件
“九小场所”	小学校或幼儿园、小医院、小商店、小餐饮场所、小旅馆、小歌舞娱乐场所、小网吧、小美容洗浴场所、小生产加工企业
“三个区分开来”	把干部在推进改革中因缺乏经验、先行先试出现的失误和错误，同明知故犯的违纪违法行为区分开来；把上级尚无明确限制的探索性试验中的失误和错误，同上级明令禁止后依然我行我素的违纪违法行为区分开来；把为推动发展的无意过失，同为谋取私利的违纪违法行为区分开来
“三下乡”	文化、科技、卫生下乡
“三大攻坚战”	防范化解重大风险、精准脱贫、污染防治攻坚战
“三牛”	为民服务孺子牛、创新发展拓荒牛、艰苦奋斗老黄牛
“三不”机制	不敢腐、不能腐、不想腐机制

续表43

缩略语	注　释
“三无”船舶	无船名船号、无船舶证书、无船籍港
“三无一全”	药材无硫加工、无黄曲霉素污染、无公害及全程可追溯
“三比一提升”	重点开发园区比质量规模、比推进效率、比产出效益、提升核心竞争力
“三公”经费	因公出国（境）经费、公务车购置及运行费、公务招待费
“三公开，三透明”	收费标准、服务标准、服务内容公开，组织人事、财务收支、工作信息透明
“三务”融合	党务、业务、服务融合
“三同时”	同时设计、同时施工、同时投入生产和使用
“三全”社区家庭教育	实现社区教育社区全域、父母全程、家庭类型全覆盖
“三合理一规范”	合理检查、合理用药、合理治疗、规范收费
“三会一课”	定期召开支部党员大会、党支部委员会和党小组会，按时上好党课
“三创争两提升”	创争先进党支部、创争模范职工之家、创争工人先锋号，提升政治引领力、提升群众组织力
“三进九帮”活动	进村居，帮助宣传引导、帮助加强防控、帮助重点管控；进网格，帮助健全组织、帮助设岗领责、帮助加强联系；进企业，帮助提醒劝阻、帮助开展防控、帮助加强监管
“三定一撤”	设置密闭的生活垃圾定时、定点、定人分类投放亭，将小区原有布置的垃圾桶点位撤销
“三项岗位”人员	生产经营单位主要负责人、安全管理人员和特种作业人员
“三项机制”	干部鼓励激励、容错纠错、能上能下机制
“三带两助”	带领技艺传承、带强产业发展、带动群众致富，助力脱贫攻坚、助推乡村振兴
“三重一大”决策机制	重大事项决策、重要干部任免、重要项目安排、大额资金的使用，必须经集体讨论作出决定
“三保障一支持”	保障患者就医、保障医院救治、保障群众防疫、支持企业复工复产
“三停”	停止施工、停止使用、停产停业
“三整合”改革	推进基层整合审批服务执法力量改革
“五老”	老干部、老战士、老专家、老教师、老劳模
“五岗”	交通岗、治安岗、城管岗、食安岗和文化岗
“五位一体”总体布局	经济建设、政治建设、文化建设、社会建设和生态文明建设五位一体
“六无”生产目标	无一般死亡事故、无重大伤亡事故、无重大火灾事故、无重大厂内道路交通事故、无重大设备事故、无重大经济损失事故
“六有一提升”	每一名离退休干部党员都要有党的组织，每一个离退休干部党支部都要有领导班子、有组织活动、有作用发挥、有工作制度、有工作保障，以此提升离退休干部党组织的组织力
“六保”	保居民就业、保基本民生、保市场主体、保粮食能源安全、保产业链供应链稳定、保基层运转
“六清行动”	线索清仓、逃犯清零、案件清结、伞网清除、黑财清底、行业清源
“六稳”	稳就业、稳金融、稳外贸、稳外资、稳投资、稳预期

续表43

缩略语	注 释
“双师型”教师	“双证”教师或“双职称”教师，即教师资格+中级以上技术职务或职业资格教师
“双创计划”	高层次创新创业人才引进计划
“双招双引双月赛”	5月、6月两个月，开展招商引资、招才引智竞赛活动
“双随机、一公开”	在监管过程中随机抽取检查对象，随机选派执法检查人员，抽查情况及查处结果及时向社会公开
“四个一”工程	建好“一套机制”、建优“一支队伍”、建牢“一个阵地”、建强“一个品牌”
“四个高港	实力高港、精致高港、魅力高港、幸福高港
“四不两直”	不发通知，不打招呼，不听汇报，不用陪同接待，直奔基层，直插现场
“四比一创”	比效能、比创新、比安全、比环保，创优质精品工程
“四同八助”	同心同行同力同赢，助定战略、助强管理、助聚人心、助建文化、助攻难关、助兴人才、助联内外、助美声誉
“四好”商会	班子建设好、团结教育好、服务发展好、自律规范好
“四好”农村路	“建好、管好、护好、运营好”农村公路
“四困”青少年	心困、学困、贫困、残困青少年
“四绿”行动	整治补绿、拆违还绿、宜绿尽绿、见缝插绿
“四新”领域妇女组织	新领域、新业态、新阶层、新群体领域妇女组织
全面从严治党“三张清单”	任务清单、负面清单、监督清单
农村“四会”组织	红白理事会、道德评议会、村民议事会、禁毒禁赌会
农村集体“三资”	农村集体所有的资金、资产和资源
妇女“两癌”	宫颈癌、乳腺癌
村（社区）“两委”	村（社区）党支部委员会（党总支、党委），村（居）民委员会
村级建档“六有”标准	有分管领导、有管理制度、有专人保管、有专用橱柜、有档案资料、有检索目录
“两不愁三保障”	实现农村贫困人口不愁吃、不愁穿，义务教育、基本医疗、住房安全有保障
“两公”律师	公职律师、公司律师
“两代表一委员”	党代表、人大代表和政协委员
“两关闭”	关闭存在“下店上宅”“前店后宅”等形式与居民居住场所设置在同建筑物内的零售点，关闭与人员密集场所和重点建筑物安全距离不符合条件、集中连片经营、在超市内销售、未按规定专店（或专柜）销售的零售点
“两违”“三乱”	违法圈圩、违法建设，乱占、乱排、乱建
“两品一标”	绿色食品、有机农产品和农产品地理标志
“两高”“两区”	泰州医药高新区、高港区
“两联三员”工作机制	区委常委联系挂钩指导镇（街道）、职能部门班子成员联络协调服务镇（街道），特派环节工作指导员、挑选换届选举监督员、明确换届信息直报员

续表43

缩略语	注 释
“两简”案件	行政处罚简单、简易程序案件
“两新”组织	新经济组织和新社会组织
“两集中三剥离”	推动人员和资源向招商一线、服务一线集中；非主营业务逐步剥离，向特色园区、专业园区转型发展；非产业化功能加快剥离，专注于产业发展和项目建设；非必要办事机构坚决剥离，围绕经济管理和投资服务科学设置内部机构
两会	人民代表大会会议和政协全体会议
“放管服”改革	简政放权、放管结合、优化服务改革
城市社区“五有五化”职业体系	工作有标准，推动岗位职责清单化；选配有制度，推动进入渠道规范化；从业有资格，推动能力素质专业化；发展有空间，推动职级薪酬阶梯化；管理有机制，推动绩效考评科学化
科协“四长”	科协中的学校校长、医院院长、科技型企业厂长、农技站或企业服务站站长
统一战线“两支队伍”	党外代表人士队伍和统战干部队伍
党风廉政建设“两个责任”	在落实党风廉政建设责任制过程中，党委负主体责任，纪委负监督责任
推动党建考核指标高质量完成“三联机制”	建立联席会议调度机制按下“责任键”，建立联动推进落实机制按下“快进键”，建立联合督察问效机制按下“压力键”
秸秆“双禁”“三禁”	“双禁”指禁烧、禁抛，“三禁”指禁烧、禁抛、禁埋
“强富美高”	经济强、百姓富、环境美和社会文明程度高

说明：按缩略语首字笔画排列

索 引

说 明

1.本索引采用主题分析法提取，部分则选用关键词。

2.本索引按首字汉语拼音字母顺序排列。

3.索引名称后的数字表示内容所在的页码，数字后面的 a、b、c 分别表示左栏、中栏和右栏。

4.表格在页码出处后标注“表”字。

A

B

C

H

J

K

L

R

S

Y